秦汉政治思想史

孟祥才 著

中国社会科学出版社

图书在版编目（CIP）数据

秦汉政治思想史 / 孟祥才著. —北京：中国社会科学出版社，2018.4

ISBN 978-7-5203-1911-9

Ⅰ.①秦… Ⅱ.①孟… Ⅲ.①政治思想史—中国—秦汉时代 Ⅳ.①D092

中国版本图书馆 CIP 数据核字（2017）第 330323 号

出 版 人	赵剑英
选题策划	郭沂纹
责任编辑	郭沂纹　刘　芳
责任校对	石春梅
责任印制	李寡寡

出　　版	中国社会科学出版社
社　　址	北京鼓楼西大街甲 158 号
邮　　编	100720
网　　址	http://www.csspw.cn
发 行 部	010-84083685
门 市 部	010-84029450
经　　销	新华书店及其他书店
印　　刷	北京君升印刷有限公司
装　　订	廊坊市广阳区广增装订厂
版　　次	2018 年 4 月第 1 版
印　　次	2018 年 4 月第 1 次印刷
开　　本	710×1000　1/16
印　　张	37.5
插　　页	2
字　　数	615 千字
定　　价	128.00 元

凡购买中国社会科学出版社图书，如有质量问题请与本社营销中心联系调换
电话：010-84083683
版权所有　侵权必究

序

政治思想史是研究人们认识国家、组织国家、管理国家的各种学说及流派发生、发展规律的科学。中国社会科学院将多卷本《中国政治思想通史》作为院重大研究课题，将以分卷形式渐次出版，最后汇总成从先秦到20世纪的中国政治思想史的系统性学术著作。

与已经出版的中国政治思想史著作有所不同的是，多卷本《中国政治思想通史》强调的是从政治思想的本源出发，重新思考政治思想是什么，界定它的研究对象，廓清研究范围，按照新的路径依赖编写中国政治思想史。从政治学的角度看，政治思想史研究必须紧紧围绕"国家"这个概念展开，由此不仅要注意政治思想家绘制的社会蓝图，更要注意政治家在政治实践中所形成的治国思想，并使两者的研究有机地结合在一起，更清晰地反映不同历史时期政治思想的基本面貌。尤其需要注意的是，以往中国政治思想史的编写体例及研究方法大多属于"学案体"，改变陈旧的"学案体"编纂方法，建立以各种学说发生与演进为研究线索的科学体系，对中国政治思想史的研究来说是一个根本的变革。多卷本《中国政治思想通史》采用了新的编撰体例，其优点在于：一是比较容易摆脱旧体系的研究方法的束缚，有利于新思想、新观点的生长；二是使中国政治思想史研究比较容易贴近政治学的规范；三是使各种学说的来龙去脉一目了然，具有系统性；四是能够更好地揭示中国政治思想史研究的现代化递嬗过程。

孟祥才教授撰写的《秦汉政治思想史》，是多卷本《中国政治思想通史》的样板卷，全书涵盖的时段从公元前221年秦朝建立，到公元220年东汉灭亡，前后共441年。

秦朝，是由战国后期一个诸侯王国发展起来的统一大国。秦始皇继历代秦王蚕食诸侯之后，完成了统一六国的事业，实现了从分封制到郡县制的转变。他所建立的专制主义中央集权政治体制，及所采取的旨在巩固统一的某些措施，为后世帝王所师承。然而，秦朝急政暴虐，导致农民起义的爆发，幻想"后世以计数，二世三世以至于万世，传之无穷"的秦始皇及其亲手缔造的秦王朝在短短十六年内便在农民起义的熊熊烈火中化为乌有。

在秦朝废墟上建立起来的西汉王朝，因袭了秦始皇创立的军事封建专制主义，刷新治理，以秦朝速亡为鉴，"休养生息"，实行轻徭、薄赋、慎刑，在黄老"无为"的政治思想主导下，社会经济逐步发展。在西汉的"文景之治"之后，汉武帝刘彻以其雄才大略巩固并发展了秦始皇创立的统一事业和皇帝制度，实现了从军事封建主义向宗法封建专制主义的转变。皇帝制度的完型化过程，伴随着统治疆域的扩大和治理结构的完善，一套严密完整的官僚机构应运而生，中央有三公九卿制，地方有郡县制，基层有乡亭里制。

秦汉时期，地主土地私有制已经完全确立，"见税什五"的租佃制是地主阶级剥削农民的主要方式，一家一户的生产经营实体成为国家征敛赋税和徭役的唯一对象。随着官僚、地主兼并土地和武断乡曲愈演愈烈，至汉武帝晚年，地主阶级与农民阶级之间的根本矛盾日渐突出和尖锐。其后，王莽代汉，社会矛盾激化，终于爆发赤眉、绿林起义，终结了王莽的统治。

踏着起义农民尸骨建立东汉王朝的刘秀，高举"复汉兴刘"大旗，标榜"以柔道治天下"，加强君主专制和中央集权。历经明帝和章帝之后，外戚与宦官交替擅权，社会经济的发展导致了豪强地主势力的扩张，农民被迫弃业流亡，流民暴动此起彼伏，分散的"春饥草窃之寇""穷厄寒冻之寇"，终于汇聚成席卷全国的黄巾大起义，瓦解了东汉王朝。

社会存在决定社会意识。伴随天翻地覆的社会大变动，各种政治思想和治理理念也纷至沓来，"大一统""中央集权""专制主义"成为统治思想的主流，主导着秦汉的社会进程。

秦朝急政覆亡的教训，启迪了汉初君臣的思考。如司马迁所述："陆生（陆贾——引者）时时前说称诗书。高帝骂之曰：'乃公居马上而得之，安事诗书！'陆生曰：'居马上得之，宁可以马上治之乎？且汤武逆取而以顺守之，文武并用，长久之术也。昔者吴王夫差、智伯极武而亡；秦任刑法不变，卒灭赵氏。乡使秦已并天下，行仁义，法先圣，陛下安得有之？'高帝不怿而有惭色，乃谓陆生曰：'试为我著秦所以失天下，吾所以得之者何，及古成败之国。'陆生乃粗述存亡之征，凡著十二篇。每奏一篇，高帝未尝不称善，左右呼万岁，号其书曰'新语'。"[①] 归根结底，秦失天下是不行仁义之道的缘故。陆贾著《新语》，提出了"治以道德为上，行以仁义为本"的治理理念。于是，以轻徭、薄赋、节俭、省刑为内容的"黄老政治"，便在汉文帝、汉景帝以及萧何、曹参、陈平、张良等人主导下变成汉初的思想主流；在讲无为的同时，讲君臣之礼，序长幼之别，强调仁义道德，宣扬民本主义。针对同姓王日益做大、尾大不掉的形势，贾谊呼吁削弱地方势力，加强国家统一。到汉武帝时，政治上的统一，必然呼唤着思想上的统一。董仲舒的"罢黜百家，独尊儒术"倡议，席卷朝野，得到武帝认可。统治思想经过董仲舒的改造，形成以儒学为核心，吸收阴阳家、道家、法家学说中的某些成分的新儒学，着重宣传的是"君权神授"和"三纲五常"学说，倡导尊君爱民，主张什一之税和以德治国等。

到东汉光武帝刘秀时，董仲舒的学说被发展成谶纬神学，孔孟之道被歪曲成预卜吉凶的迷信，朝廷之上公然用占卜的办法决定国家大事。唯物主义思想家王充、桓谭对盛极一时的谶纬神学进行了勇敢的批判。白虎观会议后，官方经学走向没落，王充的批判体系正式建立起来。东汉末年宦官专权，以阀阅取士，用人唯亲，导致政治黑暗，激起以王符、仲长统为代表的社会批判思潮的勃兴，对豪门腐朽生活进行无情揭露，对阀阅取士的风气进行猛烈抨击。

总揽上述，秦汉时期的主流政治思想——统治思想递进的线索大体上是从秦朝的以法家思想为主，逐步改变到以儒家思想孔孟之道为核心，兼采阴阳家、道家、法家之长的新儒学体系，并形成了"三纲五常"的完整思想纲领，统治中国社会达两千年之久。

用《秦汉政治思想史》投石问路，旨在征询人们的规训与评判，恳请读者和学术界同仁不吝赐教，以便使多卷本《中国政治思想通史》的编纂更贴近历史实际，更符合新时代的要求。

白　钢　史卫民

2017年12月1日

[①] 《史记》卷97《郦生陆贾列传》。

目 录

绪论 …………………………………………………………（1）
 一　秦汉两朝的历史地位 ………………………………（1）
 二　秦与西汉政治思想概观 ……………………………（8）
 三　东汉政治思想概观 ………………………………（12）

第一编　秦朝与西汉时期的政治思想

第一章　社会变迁与社会思潮 …………………………（21）
第一节　社会经济变迁 …………………………………（21）
 一　"使黔首自实田" ………………………………（21）
 二　土地兼并与"限田"之议 ………………………（25）
 三　王莽的"王田"政策及其失败 …………………（28）
 四　工商政策的变迁 …………………………………（33）
第二节　政治结构变动 …………………………………（35）
 一　秦朝的中央集权与郡县制 ………………………（35）
 二　西汉的中央集权与郡国并行制 …………………（43）
 三　外戚擅权与王莽篡政 ……………………………（50）
第三节　各种政治思潮 …………………………………（53）
 一　"以法为教"与"以吏为师" …………………（53）
 二　"黄老之治" ……………………………………（58）
 三　"霸王道杂之" …………………………………（61）
 四　"改朝换代" ……………………………………（62）

第二章　统治思想与治国理论 ……………………………………（65）

第一节　秦始皇的君权至上论 ……………………………………（65）
一　君权至上，皇帝独裁 …………………………………………（65）
二　法制与耕战 ……………………………………………………（69）

第二节　李斯的专制集权论 ………………………………………（72）
一　李斯其人其事 …………………………………………………（72）
二　"焚书坑儒"与"督责之术" …………………………………（74）

第三节　"汉承秦制"与高帝、文帝、景帝君臣的政治思想 ………（81）
一　高帝的政治思想 ………………………………………………（81）
二　萧何、曹参的政治思想 ………………………………………（87）
三　陈平、张良的政治思想 ………………………………………（91）
四　叔孙通的制度秩序思想 ………………………………………（94）
五　文帝刘恒"民本"、省刑和用贤、求言的政治思想 …………（97）
六　景帝重农、薄赋、省刑和倡廉的政治思想 …………………（107）

第四节　汉武帝的集权政治思想 …………………………………（110）
一　空前的功业与统治思想的转变 ………………………………（110）
二　加强专制集权的政治措施 ……………………………………（112）
三　加强中央集权的财政经济措施 ………………………………（116）
四　大一统的集权政治思想 ………………………………………（120）
五　治理少数民族的思想 …………………………………………（125）

第五节　昭帝、宣帝君臣的儒法并用思想 ………………………（132）
一　昭帝、宣帝的政治思想 ………………………………………（132）
二　霍光的政治思想 ………………………………………………（138）

第六节　元帝、成帝、哀帝时期统治思想的转向 ………………（140）
一　"独尊儒术"政治思想的确立 ………………………………（140）
二　成帝、哀帝的政治思想 ………………………………………（143）

第七节　复古外衣下的王莽政治思想 ……………………………（149）
一　王莽的改制 ……………………………………………………（149）
二　儒表法里的极权政治理念 ……………………………………（154）
三　大汉族主义治理少数民族的思想 ……………………………（162）

第三章　思想家的政治思想 ………………………………………（165）

第一节　陆贾、贾谊、韩婴、贾山与晁错 ………………… (165)
　　一　打着黄老印记的陆贾思想 ……………………… (165)
　　二　儒法互补的贾谊思想 …………………………… (171)
　　三　浸透着儒家传统观念的韩婴和贾山的思想 …… (182)
　　四　尚法重耕战的晁错思想 ………………………… (191)

第二节　公孙弘和主父偃 ……………………………………… (194)
　　一　唯皇帝马首是瞻的公孙弘 ……………………… (194)
　　二　坚持极权政治意识的主父偃 …………………… (198)

第三节　"罢黜百家，独尊儒术"旗号下的董仲舒 ………… (200)
　　一　汉代新儒学的创始人 …………………………… (200)
　　二　"君权神授" ……………………………………… (203)
　　三　皇帝专制与中央集权 …………………………… (206)
　　四　"德主刑辅"的治国理念 ………………………… (209)
　　五　"禁民二业"——社会财富分配论 ……………… (214)
　　六　影响深远的贡献 ………………………………… (217)

第四节　播扬新道学的《淮南子》 …………………………… (222)
　　一　刘安与《淮南子》 ………………………………… (222)
　　二　"至德之世"的理想 ……………………………… (227)
　　三　驳杂拼凑的政治思想 …………………………… (230)

第五节　司马相如与东方朔 …………………………………… (239)
　　一　司马相如的政治思想 …………………………… (239)
　　二　东方朔的政治思想 ……………………………… (241)

第六节　《史记》展示的政治思想 …………………………… (245)
　　一　"中国史学之父" ………………………………… (245)
　　二　儒道互补的政治思想 …………………………… (248)

第七节　《盐铁论》展现的不同政治理念 …………………… (254)
　　一　桑弘羊其人及其法家的政治观念 ……………… (254)
　　二　贤良文学的儒家政治意识 ……………………… (264)

第八节　贡禹、匡衡、鲍宣与谷永 …………………………… (271)
　　一　贡禹的"重本抑末""节俭省刑"思想 …………… (271)
　　二　匡衡的政府"节俭"观念 ………………………… (275)
　　三　鲍宣的"民本"意识 ……………………………… (277)

四　谷永的"惠民"思想 ……………………………………………… (279)

第九节　刘向、刘歆父子的政治思想 …………………………………… (283)
　　一　刘向的"圣君""贤臣"思想 ………………………………… (283)
　　二　刘歆古文经学的政治情结 …………………………………… (296)

第十节　扬雄与严遵 ……………………………………………………… (299)
　　一　扬雄的悲剧人生 ……………………………………………… (299)
　　二　《法言》的理性政治思维 …………………………………… (302)
　　三　严遵《道德指归论》展示的道家政治理想 ……………… (306)

第十一节　《孝经》的政治思想 ………………………………………… (313)
　　一　《孝经》的成书和影响 ……………………………………… (313)
　　二　"移孝作忠"的政治思想 …………………………………… (315)

第二编　东汉时期的政治思想

第四章　社会变迁与政治思潮 …………………………………… (321)
第一节　社会经济变迁 …………………………………………………… (321)
　　一　"假民公田"与"度田" ……………………………………… (321)
　　二　豪族田庄经济的发展 ………………………………………… (325)

第二节　政治结构变动 …………………………………………………… (330)
　　一　"退功臣，进文吏" …………………………………………… (330)
　　二　外戚、宦官交替擅权 ………………………………………… (334)
　　三　政治加速腐败 ………………………………………………… (340)
　　四　朝廷中央权力弱化、州牧郡守坐大与武装割据
　　　　集团的形成 …………………………………………………… (342)

第三节　各种政治思潮 …………………………………………………… (350)
　　一　白虎观会议与"以经治国"局面的形成 ………………… (350)
　　二　"清议"与"党锢之祸" ……………………………………… (355)
　　三　社会批判思潮的勃兴与"清议"向"清谈"的转化 ……… (359)

第五章　统治思想与治国理念 …………………………………… (365)
第一节　光武帝的所谓"以柔道治天下" ……………………………… (365)

一　加强中央集权　完善各种制度 …………………………（365）
　　二　发展生产　安定民生 ………………………………………（390）
　　三　所谓"以柔道治天下" …………………………………（406）
第二节　明帝、章帝和献帝的政治意识 ……………………………（412）
　　一　明帝的治国方略和理论 ……………………………………（412）
　　二　章帝的治国方略和理论 ……………………………………（417）
　　三　献帝的"禅让"理念 ………………………………………（423）
第三节　东汉两大外戚集团代表人物窦融、窦宪和梁统、梁冀的
　　　　政治思想 ……………………………………………………（431）
　　一　窦融和梁统的政治思想 ……………………………………（431）
　　二　窦宪和梁冀的政治思想 ……………………………………（435）
第四节　曹操的权力独擅观念 ………………………………………（439）
　　一　迈向权力极峰 ………………………………………………（439）
　　二　"宁负天下人"的极权观念 ………………………………（444）

第六章　思想家的政治思想 …………………………………………（454）
第一节　桓谭的政治思想 ……………………………………………（454）
　　一　反谶纬神学的斗士 …………………………………………（454）
　　二　"明君""贤臣""修德""善政" ………………………（456）
第二节　班彪、班固父子的政治思想 ………………………………（460）
　　一　班彪的政治思想 ……………………………………………（460）
　　二　班固的政治思想 ……………………………………………（464）
第三节　王充的政治思想 ……………………………………………（477）
　　一　东汉唯物论思想的旗帜 ……………………………………（477）
　　二　命定论统摄下的政治观 ……………………………………（483）
第四节　清流派官吏与太学生的政治思想 …………………………（486）
　　一　清流派官吏的政治思想 ……………………………………（486）
　　二　太学生的政治思想 …………………………………………（494）
第五节　郎𫖮与襄楷的政治思想 ……………………………………（497）
　　一　郎𫖮"为仁为俭"、修礼任贤的政治思想 ………………（497）
　　二　襄楷要求君王纳谏用贤、"修德省刑"、无为节欲的
　　　　政治思想 ……………………………………………………（500）

第六节 《太平经》与张鲁的政治思想 …………………………… (501)
　　一 《太平经》的政治思想 ………………………………………… (501)
　　二 张鲁的政治思想 ………………………………………………… (505)

第七节 何休与郑玄的政治思想 ………………………………………… (507)
　　一 何休的君主本位思想 …………………………………………… (507)
　　二 郑玄的传统儒家理念 …………………………………………… (512)

第八节 东汉末年社会批判思潮中的政治思想（上）………………… (516)
　　一 左雄的"选贤"理论和张纲的排拒宦官、外戚的主张 ……… (516)
　　二 张衡的政治思想 ………………………………………………… (521)
　　三 王符的"民本"意识 …………………………………………… (524)
　　四 崔寔的严刑峻法论 ……………………………………………… (536)

第九节 东汉末年社会批判思潮中的政治思想（下）………………… (543)
　　一 徐干的"贤人"政治思想 ……………………………………… (543)
　　二 仲长统儒道互补的政治思想 …………………………………… (549)
　　三 荀悦和荀彧兄弟的政治思想 …………………………………… (556)
　　四 孔融的政治思想 ………………………………………………… (569)

第十节 东汉隐者群的政治思想 ………………………………………… (572)
　　一 隐逸者的历史谱系 ……………………………………………… (572)
　　二 隐逸者的政治思想 ……………………………………………… (574)

第十一节 黄宪的政治思想 ……………………………………………… (577)
　　一 《天禄阁外史》释疑 …………………………………………… (577)
　　二 社会批判中展示的儒家传统政治理念 ………………………… (579)

主要参考文献 …………………………………………………………… (583)

绪　论

秦汉两朝（公元前221—公元220年）近四个半世纪的悠长岁月是中国封建社会的初级阶段。正是在这一时期，我们的祖先在世界东方这片广袤的土地上创造了当时世界上具有领先地位的政治、经济制度和博大精深的灿烂文化，不仅深深影响了此后中国历史的发展，而且在相当大的程度上左右着东亚历史的发展走向。从那时至今，历史的车轮已经滚动了两千多年，当年雄视东亚的秦汉帝国已经发展成为令当今世界瞩目的伟大的社会主义的中国，那时形成的以汉族为主体的中华民族已经繁衍成为今天世界上人口最多的民族，那时基本定型的汉字汉语已经成为世界上使用人数最多的语言文字，而那时形成的中国传统文化经过两千多年的发展、丰富和不断地新陈代谢，已经成为当今世界上唯一的没有中断过的历史最悠久、内涵最宏富的文化系统，在世界多元的文化格局中占有重要的位置。

一　秦汉两朝的历史地位

秦朝（公元前221—前206年）是一个短命皇朝，如果不计其在春秋战国时期的悠久创业史，而从秦始皇统一六国的年代算起，它只存在了16个年头，可以称得上"其兴也勃焉，其亡也忽焉"。尽管如此，其在历史上的开创之功却永垂千古。这主要体现在奠定祖国疆域之基，创设专制主义中央集权的行政体制，建立地主私有的土地制度，育成中国一统的民族认同观念等方面上。继承秦制的两汉皇朝极大地弘扬了秦朝的功业，从而将中国封建社会前期的历史推向一个辉煌的顶峰，创造了前无古人的巨大成就。

如果说，统一的秦朝奠定了今日我们伟大祖国幅员辽阔疆域的基础，那么，汉朝就更进一步扩大和巩固了这个基础。当秦始皇及其臣子们在琅琊刻石上顾盼自雄地写上"六合之内，皇帝之土。西涉流沙，南尽北户。东有东海，北过大夏。人迹所至，无不臣者"的时候，秦朝的疆域也不过东尽大海，西至今日之甘肃，北至今日之内蒙古、辽宁，南至今日之两广和越南北部。大体上是以兰州为基点画一纵线的今日中国的中、东部地区。但是，到汉朝，特别是到汉武帝统治时期，其疆域已经向周边大大扩展了。其中，东北越过鸭绿江，达到今日朝鲜的北中部。西部则越出新疆，达到巴尔喀什湖以东以南地区。北部越过长城，到达广漠的内蒙古草原。南部则越出广西、云南，几乎囊括了今日越南的大部分和缅甸的北部，从而成为东亚疆域最辽阔的国家。当时的汉朝，与横跨欧亚的罗马帝国，雄踞中亚的大夏王国和称雄印度半岛的孔雀王朝，作为地球上人类文明历史进程中几颗耀眼的明星，遥相辉映，共领时代的风骚。

汉朝是民族融合的大熔炉。它以政治、经济、文化为纽带所形成的熊熊炉火，熔铸出以汉族为主体的中华民族。这个伟大的民族，不停地繁衍生息，不断地吸收新鲜血液，愈挫愈奋，历经磨难而不衰，终于发展成自立于世界民族之林的参天大树。秦朝的统一虽然使数以百计的氏族、部落聚拢在一起，共同生活在"车同轨，书同文"的华夏大地上，但是，由于秦朝存在的时间十分短暂，无法从文化上和心理上消除民族和地域的差别与隔阂，所以，当陈胜在大泽乡振臂一呼的时候，打着六国旗帜的反秦队伍立即云集响应，而原秦国腹地的关中、汉中和巴蜀等地却平静得犹如一潭死水。这说明秦民与原六国之民之间民族的畛域尚未消除。汉朝统理中国四百余载，不仅使中原地区背景各异的民族认同了汉族这个共同体，以炎黄子孙自居，而且使汉民族对周边少数民族产生了越来越大的向心力和凝聚力，匈奴、鲜卑、乌桓相继内附，西南夷、南越、东越等族接受了汉朝郡县官员的治理，而西域不同民族建立的大大小小的三十六、五十二"国"，也在汉朝西域都护的管理下心悦诚服地做了汉朝的臣民。在四百多年的漫长岁月里，在日益密切的经济文化交流中，不知有多少胡人汉化到中原的城市乡村，也不知有多少汉人胡化到北国的草原穹庐和天山脚下的田园牧场。这种不间断的双向融合为日后一些少数民族如匈奴、鲜卑、羯、氐等完全融入汉民族的大家庭创造了条件。这一时期，汉民族进一步继承和弘扬了它的前身华夏民族海纳百川的恢宏气度，形成了善于吸收、包容和改造外来民族和外来文化的民族特性，使它在以后的历史征程中能够较好地以开放的心态对待外来的民族和文化，使这个民族大熔炉熔铸的民族越来越多，使中华民族越来越兴旺发达，也使中国的古老文化在不断吸取外来文化的基础上，日益丰富和发展。

汉朝制定的各项法律制度和采取的一系列政策措施，以及它对全国的有效治理，进一步巩固和加强了中国的统一，使中华民族是一个统一的整体、华夏大地是一个统一的国家的观念，成为以汉族为主体的中国各族人民的共识。春秋战国以来，随着民族融合的不断发展，各地区经济文化交流的日益频繁，中国统一的趋势迅速增长。"天下恶乎定？""定于一。"①孟子的回答，反映了当时一批具有远见卓识的政治家和思想家对社会未来发展趋势的正确展望。但是，由于各种复杂因素的制约，中国的统一却是通过长期激烈的战争手段完成的。秦国的近百万大军经过长期的征战，使六国的统治者及其臣民统统在秦国的坚甲利兵面前被迫放下了武器，做了统一之君的子民。被胜利冲昏了头脑的秦始皇踌躇满志地预期，他美好的江山社稷会二世三世至于万世，传之无穷。然而，秦始皇并不清楚，这个统一国家的基础还很不巩固。因为尽管统一已经实现，但地区和民族的畛域尚未消失，而武力的征服又不可避免地给六国的臣民留下心灵的创伤。特别是秦朝建立后所实行的厚关中、薄山东的歧视性剥削政策，更激起六国臣民对故国的怀念。所以，秦末农民战争就几乎发展成六国的复国战争。这说明，秦朝的统一尽管有着时代的必然性，但全国人民的心理准备还不充分，长期封国割据形成的地域间的心理阻隔并没有消失。在汉朝统治中国的四百多年间，刘邦及其子孙制定了一系列从政治、经济和思想文化上加强统一的政策，特别是汉武帝时期所实行的一系列促进统一和集权的措施，更进一步加强了全国各族人民在政治、经济和思想文化上的联系，使秦朝统治时期还存在的地域的、心理的阻隔基本消失了。"春秋大一统者，天地之常经，古今之通谊也"，董仲舒的观点虽然在形式上是他个人的创造，但其根源却在于中华民族已经形成的稳定的统一观念。这一观念的力量是如此强大有力，以至匈奴人自称"夏后氏之苗裔"而拉近与汉民族的距离，所有周边少数民族几乎都形成了对统一中国的归属感，而此后的分裂割据就被视为大逆不道了。东汉以后的中国历史，尽管也出现过三国两晋南北朝、五代十国和宋辽夏金时期的分裂割据局面，但统一

---

① 《孟子·梁惠王》。

的时期毕竟占了主导地位。应该承认，这种情况的出现自然有着深刻的政治、经济、文化、民族与社会的根源，但汉朝时期已经形成的根深蒂固的大一统观念也起了不容忽视的重要作用。

汉朝进一步改造和完善了秦朝建立的专制主义中央集权的行政体制和法律制度。刘邦及其布衣将相虽然推翻了秦朝，并且，终汉之世，他的子孙和那些大大小小的政治家、思想家也没有忘记对秦朝的暴政发出正义凛然的批判，然而，"汉承秦制"却又是千真万确的事实。原因就在于，当时的历史条件还无法给汉朝提供另外的选择。这也说明，秦皇朝的覆亡主要是政策的失误而非政治体制的弊端，因而刘邦及其子孙也就只能继承其政治体制而刷新政策。刘邦及其后继者继承和完善了皇帝制度、三公九卿的中央行政制度（武帝后演变为中外朝制度，东汉又演变为台阁制度）和郡国并行的地方行政制度，县、乡、亭、里、什、伍编制和一整套选举、任免、升降、奖惩的基层管理制度，以及税收、财政、徭役和兵役制度等。与此同时，萧何损益《秦律》制定了汉朝的《九章律》，叔孙通等人制定了朝仪等礼乐制度，张苍等人制定了历法和度、量、衡等各种章程，韩信等制定了军法，使西汉朝的法律制度较之秦皇朝更加完善。侯外庐先生以此作为中国封建社会确立的标志，并不是没有道理的。由秦朝首创，汉朝加以继承和完善的一整套封建专制主义中央集权的行政体制和各种法律、礼仪制度，作为一种模式，被后来的历代封建王朝所损益继承。尽管这些制度和法律从本质上体现的是地主阶级对农民阶级的统治，但在中国两千多年的封建社会里，其积极意义仍是不可忽视的。中央集权的行政体制和缜密完备的法律制度，有力地促进了统一的多民族国家的形成、巩固与发展，维护了社会的安定，为社会经济的发展和广大人民正常的生活提供了较好的政治环境。庞大而严密的官僚制度有较明确的分工和一定程度的权力制约，因而具有较高的效率和较强的自我调节功能，从而保证了整个国家机器正常而有序地运转。汉朝继承和完善的这一套政治法律制度以及由它所派生的许多优秀的政治文化遗产，如统一集权观念、民本理论、循吏清官意识以及"和为贵"、尊老恤贫等人文理念，对以后中国历史的发展产生了巨大而深远的影响。

汉朝统治时期所继承和完善的经济制度，在后世也大体上延续下来。如国家土地所有制和地主土地私有制相结合的土地制度，地主剥削农民的主要方式——租佃制度，以一家一户为单位的男耕女织的农业经营方式，

"重本抑末"，盐铁官营的工商政策，城市作为政治、经济和文化中心的基本模式等都延续下来。这些制度所制约的稳定的社会结构及其顽强的再生能力，是理解中国封建社会长期延续和资本主义萌芽难以长足发展的钥匙。土地自由买卖和诸子析产制的形成，使万世一系的大土地所有者难以存在，从而造成财产所有权与行政权、司法权的分离。而土地所有权的变动不居又造成阶级关系的不断变动和地主、农民两个阶级的不断更新，也就使中国封建社会不存在欧洲封建社会那样严格的等级制度。由于一家一户的小农是封建国家赋税和徭役的主要征发对象，封建皇朝就必然厉行"抑兼并"的政策，加上农民战争的调节，因而自耕农和半自耕农在一般情况下就成为农村人口的大多数。他们亲身感受到的剥削和压迫主要来自封建官府，因而农民起义的斗争矛头总是指向封建王朝及其各级政府。由于历代封建皇朝与汉朝一样执行"重本抑末"和盐铁官营的工商政策，使大量工商利润都进入国库，成为皇室和封建国家财政开支的重要来源，国家和私人的资本积累因而受到严格的限制。由于城市一直是封建国家控制的政治、经济、文化中心，特别是工商中心，工商业者也就一直作为封建皇朝的附庸而存在。所以，尽管秦汉时期中国的工商经济出现过繁荣发展的局面，后来更是几度辉煌，然而，在中国封建社会却始终未能形成与封建地主阶级旗鼓相当的如同欧洲市民阶级那样的工商业者。不过，应该承认，在秦汉时期形成的中国封建社会的经济结构和农业生产者一家一户的经营模式，在自然经济条件下，具有很大的优越性和顽强的生命力，因而在两千多年间使中华民族创造了世罕其匹的物质文化和精神文化，形成了绵延不绝的东亚文明的发源地。

汉朝以恢弘的气度，四海一家的心态，顺应历史潮流的政策，奠定了中国封建社会在国内民族政策和对外政策方面基本开放的格局，对中国封建社会的政治、经济和思想文化的发展产生了巨大而深远的影响。刘邦在对匈奴的战争受挫以后，接受娄敬的建议，毅然采取了"和亲"政策，创造了处理国内民族关系的比较理想的模式。汉武帝以后，在处理汉族与其他少数民族关系方面亦推广了这一模式。刘细君与解忧公主的远嫁乌孙，王昭君与呼韩邪单于的联姻，都成为维系汉朝与西域、汉朝与匈奴友好关系的纽带，在中国民族关系史上留下了千古佳话。汉朝首创的这一"和亲"政策，后来几乎为历代中国封建王朝所继承。唐朝和清朝都建立了幅员辽阔、国内众多民族友好和睦的封建大帝国，而恰恰就是这两个朝代创造了我国"和亲"史上最辉煌的时期。不可否认，尽管两汉400多年间汉朝与周边少数民族间也发生过一些战争，但民族关系的主流却是和平的经济文化交流。汉朝对内服的少数民族一般都实行特殊的优待政策，以先进的生产技术和先进的文化促进了各民族经济文化的发展。岭南的百越之族，在先进的汉文化的熏陶下，很快改变了刀耕火种的落后面貌，大大缩短了与中原地区社会发展的距离。西南夷聚居的川、滇、黔地区也有了长足的进步。而内服的匈奴人在五属国的治理下，逐渐由游牧民族变成农业民族，与汉族融为一体，为开发中国西北地区做出了重要贡献。

汉朝以宏伟的气魄开辟了与朝鲜、越南、日本等周边国家交往的渠道。高度发展的汉文化对居于朝鲜半岛的高句丽和三韩（马韩、辰韩、弁韩）等产生了十分深刻的影响。他们均模仿汉朝的政治制度建立自己的统治机构，引进汉字作为表意工具，大量的生产工具、工艺品、服饰、乐器，以及建筑艺术的传入，大大丰富了朝鲜人民的物质生活和精神生活。由此，朝鲜的历史就与中国结下了不解之缘。越南在秦汉时期虽然已经迈进了文明的门槛，但在不少地方还保留着十分落后的经济生活与风俗习惯。例如，他们以狩猎、采集和捕鱼为生，农业还停留在原始状态；他们仍然在树上筑巢而居，还不知房屋建筑为何物；他们仍维持着原始落后的群婚制，子女只知其母不知其父，等等。汉朝在越南设立交趾、九真、日南三郡以后，选派能吏，加强治理，大力全面地推行先进的汉文化。例如，东汉时期，任延任九真太守后，一方面推广铁制工具和水稻栽培法、代田法、区种法等先进生产技术，使越南人民过上自给自足的农耕生活；另一方面广泛宣传父慈子孝、兄友弟恭、夫唱妇随等儒家伦理观念，改变了他们的原始婚俗和其他落后习惯，大大提高了他们的文明程度。从汉代开始，中国的儒学开始迈出国门，在朝鲜、日本和越南等地广泛传播。由此，东亚儒学文化圈开始形成，以后更不断发展、繁盛，一直持续到今日，成为全世界瞩目的文化现象。汉朝从武帝起，全力开拓经营西域，通过政治、经济、军事和外交的种种手段，开辟了从长安经河西走廊和天山南北路通往中亚至欧洲的丝绸之路。当清脆的驼铃声打破千年大漠的沉寂时，一条东西方文明交流的长桥第一次被架设起来。中国的丝绸经过中亚，跨越地中海的波涛，传到罗马帝国的王廷。从而使西方第一次知道东方有一个文明高度发达的大汉王朝，也使中国人民知道在地中海的彼岸有一个神奇的罗马帝国。这就大大开阔了中华民族的视野，改变了中国人一向认为中国就是天下的观念。汉朝开辟的这条陆上中外文化交流的通道，在中国长期的封建社会里一直是中国对外开放的主要渠道。伟大的中华文明的优秀成果，如四大发明，就是通过它传到中亚、欧洲和北非。而中亚和欧洲的许多文明成果也通过它传到了中国，大大丰富了中国人民的物质和精神生活。从总体上看，汉朝所奠定的中国对外政策的开放格局和优良传统，基本上为后来的历代王朝所继承，从而使灿烂的中华文明基本上在开放的态势下不断地丰富和发展。

汉朝创造了高度发展而又丰富多彩的民族文化和处于世界领先地位的科学技术。汉字汉语作为独特的语言文字系统，在汉代已经定型和成熟。《史记》《汉书》确立了中国封建社会正史的基本模式。陆贾、贾谊、晁错的政论散文，司马迁、班固的历史散文，成为后人学习的典范。乐府和古诗十九首等五言诗代表了诗经、楚辞之后诗歌艺术的高峰。书画、音乐、舞蹈和杂技等更是留下了累累硕果。以《九章算术》《周髀算经》等为代表的数学，以太初历、三统历为代表的历法，以《灵宪》为代表的天文学和以浑天仪、地动仪为代表的天文仪器，以《氾胜之书》为代表的农学，以《黄帝内经》《神农本草经》《伤寒杂病论》为代表的医学，以及造纸术的发明等，标志了我国自然科学和技术科学的巨大成就。在思想方面，汉武帝宣布实行的"罢黜百家，独尊儒术"的政策，宣告了我国封建社会统治思想的确立，更是影响深远的大事。秦朝统一全国后，推行"以法为教""以吏为师"的文化专制主义，以"焚书坑儒"的野蛮暴行宣告了春秋战国以来思想上"百家争鸣"局面的结束。然而，秦朝二世而亡的现实深深震撼着秦汉之际的所有政治家和思想家。因而，在汉初的思想领域便出现了一个反思秦朝二世而亡的广泛思潮，它显示了中国人对自身社会和历史的自觉的深刻思索。陆贾、贾谊、主父偃、晁错、严安、贾山、司马迁，以及《淮南子》的创作群体，直到董仲舒等，都是这一反思潮流中光彩夺目的人物。在他们的反思中涉及武功与文治、德化与刑罚、有为与无为、社稷与百姓、天命与民心等一系列治国方略和治国艺术等重大问题。其间，诸子余绪的活跃，各学派之间激烈的诘辩，其目的只有一个，就是寻找一个适合封建统治需要的思想体系。在现实的教育和陆贾、叔孙通等人的启导下，首先是刘邦的思想开始向儒学倾斜。刘邦死后，他的后继者又钟情于黄老刑名之学，于是形成了黄老之学独步西汉政坛50余年的局面。当雄才大略的汉武帝继位的时候，黄老之学已经完成了它的历史使命。这时候,原始儒学经过叔孙通等一大批儒生的不断改造,到董仲舒手里便发展到一个新的阶段,一个体系庞大、结构严谨、内涵丰富、义理深邃的新儒学体系形成了。通过董仲舒的贤良对策,"推明孔氏,抑黜百家",儒学从此走上独尊的地位,成为两千多年间中国封建社会的统治思想。在中国封建的社会结构和政治经济制度不发生根本变化的情况下,儒学在思想上的主导地位就是不可动摇的。即使在魏晋南北朝玄学兴起、佛教大盛的时期,儒学也没有失去思想上的盟主地位。儒学丰厚的内涵构成了中国传统文化的主要内容,在形成中华民族的心理结构上起了重要作用,深深地融进了中华民族的血液里。显然,汉朝在建树中国封建社会的统治思想和构筑中国传统文化的骨架方面所做出的贡献是永远光耀千古的。

二 秦与西汉政治思想概观

秦汉两朝是中国封建社会的初级阶段,正是在这一时期,确立了此后两千多年中国古代社会政治思想的核心内容,这就是君主专制和中央集权。在紧紧围绕"国家"的概念展开的论述中,思想家们比较多地使用"君王""臣子""百姓""社稷""民本""仁政""耕战"和修、齐、治、平等概念及范畴,内容涉及"内圣外王""家天下、公天下"、干预与放任、有为与无为、德主刑辅与严刑峻法、重本抑末与农商并重、天下一家与夷夏之防以及统治权合法性等一系列问题。

由于中国古代社会从野蛮进入文明是从"禹传子,家天下"开始的,所以"家国同构"就既是一种制度,也是一种理念。夏、商、周三代的王权尽管还不如后世的皇权那么专制和独裁,但已经产生出"普天之下,莫非王土,率土之滨,莫非王臣"的事实和观念。秦始皇统一全国后,空前地强化了家天下的制度和观念,将君主专制推向一个新的里程碑。他将自己的名号定为皇帝,独占"朕"的称谓,建立起一整套绝对排他的"皇位世袭""皇权无限"的君主专制的制度。按照这个制度的安排,他为始皇帝,以后的皇位继承人二世、三世……以至亿万年地传递下去,使嬴氏皇统永续永存。皇帝拥有全国的行政、司法、军事、财政等的全权,从中央到地方的各级政府都围绕着皇权运转,忠实地为之服务。他制定法律和各种规章制度,并通过诏、诰、命、令、敕等指导行政及其他各项国家和社会事务的运作。为了保证君主专制的顺利运行，他建立起中央集权的行政体制，即中央的丞相和诸卿制度以及地方的郡县制度，使国家的政令能够迅速从中央贯彻到全国各地。与此同时，秦始皇及其臣子还坚决否定了分封皇室子弟的建议。他们笃信韩非集大成的法家学说，"事在四方，要在中央，圣人执要，四方来效"是他们遵循的基本观念，而维系这个君主专制主义和中央集权体制的思想武器则是墨家创始的"尚同"之论和法家的严刑峻法理念。而为了将全国臣民的思想统一到这个理论上来，才有先是"焚书"继而"坑儒"的举措。由于秦朝是通过武力统一而建立，所以秦朝的君臣特别钟情于耕战，在和平年代继续战争年代的政策，使用民力巨大而急促，全然不思百姓要求过上和平、安宁、富足生活的愿望，压根不知道缓和矛盾为何物，对儒家宣扬的"仁政""德治"理想更是不屑一顾，这就使秦朝统治不可避免地与"暴政"联系在了一起。

然而，历史吊诡的是，秦始皇万世一系的宏愿到二世即戛然而止，这使代秦而起的西汉君臣长期沉浸在对秦朝二世而亡教训的反思中。西汉初年的君臣尽管在"汉承秦制"的惯性运行中接受了君主专制和中央集权体制，但对法家的严刑峻法理论则屡加痛斥，由此导致了汉初60年左右的"黄老政治"的出现。其实，黄老"无为而治"的思想作为政治的指导原则，并不是否定君主专制和中央集权，而是在行政理念上要求远离秦朝式的"暴政"，而以轻徭、薄赋、节俭、省刑的政策缓和君民即统治者和百姓的矛盾。如果说文帝、景帝、萧何、曹参、陈平、张良等在具体行政措施上体现了"黄老政治"的实践活动，那么，陆贾则通过《新语》一书对"黄老政治"做了深入系统的理论阐发。陆贾作为刘邦驾前的谋士，时时在他面前称说《诗》《书》，刘邦回以"乃公居马上而得之，安事《诗》《书》？"陆贾则对以"居马上得之，宁可以马上治之乎？"他的话使刘邦意识到夺取天下和治理天下必须使用不同的政策和方略，于是支持陆贾写出了《新语》一书，并将其作为自己和臣子们的政治教科书。由于黄老政治提供了较为宽松和缓的政治社会环境，西汉初年出现了诸子余绪重新活跃的局面，其中儒、道的互黜成为思想领域斗争的主要内容。代表黄老思想的黄生与代表儒家思想的辕固曾当着汉景帝的面辩论"汤、武革命"的是与非，黄生激烈攻击"汤放桀，武王伐纣"，认为那是"犯上作乱"之举，并以帽子和鞋子不能倒置论证皇位的不可侵犯，说明此时的黄老思想已经抛弃了以老庄为代表的原始道家的无政府倾向，变为皇位世袭、君主独尊和君主专制理念的铁杆拥护者了。

　　西汉初年近60年的"黄老政治"虽然取得了经济恢复发展、百姓生活安定且有所改善的效果，但由于"禁网疏阔，网漏吞舟之鱼"，造成诸侯王和地方豪强的坐大。此时淮南王刘安推出的《淮南子》，作为黄老思想的又一代表作，在很大程度上反映了诸侯王的利益。在政治思想上，《淮南子》一方面继承儒家的民本思想，强调利民、安民的治国理念；另一方面发展道家"无为"理论的积极内涵，完善了"君道无为"的学说，这显然不利于君主专制和中央集权。汉武帝登基以后，决心改变这一局面，于是有了在政治、经济领域加强中央集权的各种政策措施的出台。在思想领域与之呼应的是董仲舒新儒家思想的出现和"罢黜百家，独尊儒术"政策建议的提出。董仲舒大力弘扬孔、孟、荀等原始儒家的基本理论，同时吸收墨、道、法，尤其是阴阳家的某些思想资料并加以改造，构筑了体大思精、结构严整的新儒学。他改造先秦的"天人感应"论，将"君权神授"的理论系统化，给皇帝统治权的合法性罩上神圣的灵光；糅合墨家"尚同"和法家"法""术""势"的理念，将君主专制和中央集权的理论进一步系统和深化，使"《春秋》大一统者，天地之常经，古今之通义"的理念深入人心；引申阴阳家天道"阳尊阴卑"的观念，将"德主刑辅"的治国理念提高到新的理论层次；以"民本""重本抑末"和"禁民二业"为原则，推出了"限田""限奴"和"使富者足以示贵而不至于骄，贫者足以养生而不至于忧"的社会财富分配论。董仲舒新儒学的出现，开启了儒学神学化、儒家宗教化、孔子教主化的进程，为封建统治找到了较为理想的主流意识形态，标志着中国古代政治思想的发展达到了一个新的里程碑。此后中国两千多年的政治思想，基本上都是董仲舒思想的弘扬和发展。

　　与董仲舒同时和稍后，司马谈和司马迁父子在汉代政治思想史上占有一席之地。司马谈写了著名的《论六家要旨》，第一次比较系统准确地评判了先秦以来儒、墨、名、法、道、阴阳六家的优长与缺失。他的道家倾向在一定程度上影响了司马迁。司马迁作为中国古代学术的集大成者，以《史记》一书奠定了他中国古代"史学之父"的尊位。他的儒道互补的政治思想，一方面承认求利是人的本性，政治的功能就是承认人们的求利并使这种求利的活动在正常秩序的范围内进行；另一方面，他又大量吸收儒家的尊君、礼贤、民本、仁政、礼义廉耻、贵贱尊卑以及法家的以法治民防奸等理论，目的是期望国家和社会在和谐有序的状态下运行。出于尊君和加强中央集权的理念，他对刘邦剪灭异姓诸侯王的举措基本上持肯定态度，认为文、景、武数代君王削弱同姓诸侯王的政策是"强本弱枝"所必须执行的政策。

武帝以后，昭、宣两朝在重臣霍光的掌控下，致力于武帝政策的补偏救弊。此时在思想领域发生了一个大事件，即桑弘羊和贤良文学就国家盐铁政策进行的一场大辩论。这场辩论的中心议题，不是要不要维护君主专制和中央集权的问题，而是为了维护君主专制和中央集权采取什么政策的问题。在辩论中，桑弘羊政治思想最突出的特色是钟情法家的基本理念，认为要想治理好国家，做到国泰民安，首要条件是必须有雄厚的经济基础，有充裕的财税收入作支撑。所以，凡是能够增加财政收入的社会事业都应该受到重视，得到发展。农业固然重要，但能提供巨大利税的工商业同样重要。因为国富重于民富，所以统一货币、盐铁官营、酒专卖、平准均输、算缗告缗等政策必须坚持。桑弘羊将其政治思想归结为彻底的法治主义，将治国完全落实到法、令之上，认为"执法者国之辔衔，刑罚者国之维楫"，认定只有实行严刑峻法才能使"民不逾矩"，只有轻罪重罚才能使百姓惮于犯法。贤良文学处处与桑弘羊对着干，他们以儒家传统的"仁义礼乐""重本抑末"为武器，猛烈攻击政府实行的盐铁官营、酒专卖以及均输等经济政策是"示民以利"，违背了"导民以德"和"以礼义防民欲"的儒家信条。

元帝以后直至西汉末年，汉代的政治思想在维护君主专制和中央集权的前提下，日益向儒家的理念倾斜。贡禹大力提倡"重本抑末"和"节俭省刑"的思想，匡衡着重阐发政府"节俭"的观念，鲍宣突出弘扬"民本"意识，谷永则进一步强调"惠民"思想，而刘向、刘歆父子更将"圣君""贤臣"的理念做了深入的发挥和阐述。所有这一切，都是围绕着强化君主专制和中央集权。只有来自民间的严遵在《道德指归论》中，尽情地宣泄了他理解的道家"无为而治"的理想，但由于人微言轻，所以难以对当时政治产生什么影响。然而，所有这些针对西汉朝政弊端的纠错建议都无法改变它每况愈下的颓势，于是基于"君权神授""三统""三正"和"五德终始"等理念而孕育的"改朝换代"意识就潜滋暗长，认为汉朝"气数已尽"，必须有新起的帝王通过再受命"与民更始"。经过眭弘、盖宽饶、甘忠可、夏贺良等人的卖力鼓吹，哀帝在建平二年

（公元前5年）自己演了一次"再受命"的闹剧，改号"陈圣刘太平皇帝"，结果是几个月后草草收场，夏贺良成了这场闹剧的殉难者。尽管如此，"改朝换代"的思潮却没有消歇，随着政治腐败的加剧和阶级矛盾与社会矛盾的日益激化，社会各阶层几乎都对刘氏皇室的继续统治失去信心，并将改变现状的希望寄托于皇统的更替，这就为王莽的篡汉提供了舆论支撑和社情民意的条件。

西汉自成帝起，至哀帝、平帝，30多年间，一方面是政况国势日非，另一方面是三代皇帝都没有子嗣，朝廷大权落到"一门十侯，五大司马"的外戚王氏家族手中。这个家族的最后一任大司马大将军王莽，充分利用当时的各种有利条件，娴熟地制造层出不穷的"符瑞"，通过"受天明命"将刘氏皇统变换成王氏皇统，建立新朝，在中国历史上第一次实现了政权的和平转移，树立起一面被千古唾骂的篡政的旗帜。之后，他苦心经营新朝14年，以一系列的逆历史潮流而动的所谓改革最后将自己送上断头台。王莽的政治思想披着浓重的复古外衣，骨子里依然是绝对的君主专制和中央集权。因为他的所有经济改革措施都是最大限度地将财富集中到自己家里，他所有的政治改革措施都是最大限度地将权力集中到自己手里，同时要求将全国臣民的思想都统一到他的一系列装饰着儒家信条的诏书和祭天策文阐发的理念上来。

三　东汉政治思想概观

刘秀以西汉宗室后裔的身份参加了新朝末年推翻王莽政权的武装斗争。他充分利用当时谶纬迷信泛滥朝野的社会氛围，高举"复汉兴刘"的大旗，广泛宣传"刘秀发兵捕不道，四夷云集龙斗野，四七之际火为主"的谶语，最后削平所有武装割据势力，建立东汉皇朝。他登上帝位后，标榜"以柔道治天下"，推行了解放奴婢、"假民公田""度田"和精兵简政、"退功臣，进文吏"等一系列涉及经济、政治及军事的政策措施，目的显然都是加强君主专制和中央集权。其后，比较有作为的皇帝明帝和章帝，他们的治国方略和行政理念，也基本不出维护君主专制和中央集权。而窦宪、梁冀、曹操之类挟天子以令诸侯的权臣，尽管巧立名目掌控朝廷一切大权，甚至喊出"宁负天下人"的极权口号，但他们打出的旗号依然是君主专制和中央集权。

东汉时期，儒学对政治的影响越来越大，白虎观会议以后，"以经治国"的理念进一步深入朝野，所谓"以《禹贡》治河，以《洪范》察变，以《春秋》决狱，以三百篇（《诗》）当谏书"被视为天经地义和理所当然。同时，自西汉末期出现的经学上的今古文之争也愈演愈烈。今文经学日益与谶纬相结合，沿着神秘、迷信和烦琐的路子发展。而迅速崛起的古文经学，则以清醒的人文主义与之颉颃。桓谭作为东汉初年反谶纬神学的斗士，以"明君""贤臣""修德""善政"阐发自己的政治理想。班彪、班固父子虽然对"君权神授""天意所钟"的统治权来源论深信不疑，但他们更看重人事的作用，对"圣君""贤相"、礼、乐、政、刑对巩固君主专制和中央集权的作用更加重视。王充尽管是东汉唯物论思想的一面旗帜，然而他"命定论"统摄下的政治思想却显得贫乏和无力。他一方面承认贤君治国能带来百姓平安和国家昌盛，另一方面又坚信治乱与贤君无关，而是与"时""数"紧密相连。"世之治乱，在时不在政；国之安危，在数不在教。贤不贤之君，明不明之政，无能损益"。这就将人的主观能动性从社会历史领域驱除出去，使历史变得神秘不可理解了。

东汉中期以后，随着外戚和宦官交替擅权造成政治日益腐败，清流派官吏与太学生相结合，以"清议"为武器，展开了对宦官专权下的腐败政治的猛烈抨击。杨震、窦武、陈蕃、李膺、魏朗、刘瑜等人，作为清流派官吏的代表，在批判腐败政治的同时，对儒家的"君明""臣贤""仁政""民本"，特别是要求君王正身、纳谏、远佞、亲贤等理念做了较充分的阐发。以刘陶为代表的太学生，是反击宦官的主力，他们一方面猛烈抨击宦官"手握王爵，口含天宪"的嚣张气焰，对东汉王朝面临的"八方分崩，中夏鱼溃"的尖锐的社会矛盾和阶级矛盾忧心忡忡；另一方面从强烈的民本理念出发，认定皇帝与百姓是一个利益共同体，"帝非民不立，民非帝不宁"，要求皇帝固"农本"，薄赋敛，轻刑罚，以挽回颓势，再造圣明之世。与太学生因"清议"惹出"党锢之祸"差不多同时，两个在野的知识分子通过上书表述了自己的政治思想，他们是郎𫖮和襄楷。他们借天象变异说事，郎𫖮要求君王"为仁为俭"、修礼任贤，襄楷要求君王纳谏用贤、"修德省刑"、无为节欲，同时都对东汉朝廷信用宦官表现出深恶痛绝的态度，呼唤清明政治局面的出现。

随着东汉社会矛盾和阶级矛盾的激化，终于酿成了黄巾农民大起义的爆发。而作为农民起义教科书的宗教经典《太平经》也在此前后于社会上广泛流传。它推出了一个"大平均"的乌托邦理想,期望出现一个"财物共有""人人劳动"、男女平等、"无刑而自治"的社会。与此同时,张鲁据汉中自立,利用五斗米道建立政教合一的政权,"不置长吏,皆以祭酒为治",置"义舍",恤弱济贫,同时"教以诚信,不欺诈","犯法者三原,然后乃行刑",其政治思想尽管披上宗教的外衣,但基本上是儒家"德主刑辅"思想的实践。

东汉后期,经学上的今、古文学派在竞技和斗争中发展,差不多同时产生了各自顶尖级的大师。今文经学的大师何休通过其代表作《春秋公羊解诂》,从"天人合一"的哲学的高度,论证了"大一统"的神圣性与合理性。他要求树立君王本位的原则,做到"一法统,尊天子","重本尊统",维护以天子为中心的专制主义中央集权的绝对权威。同时要求君王厉行"仁政","德主刑辅","尊老爱民",大力张扬儒家传统的"民本"意识,时刻关心民瘼,忧百姓之急,缓刑罚,薄赋敛,节制剥削,以维持朝廷的长治久安。古文经学大师郑玄则通过遍注群经,"述先圣之元意,整百家之不齐",较好地完成了统一经学的历史使命。他的功劳是通过所注经典的广泛传播,保存和传递了儒家的政治理想,缺点是他自己没有针对当时的社会现实提出具有创意的政治对策。

东汉后期,由于外戚和宦官交替擅权,不仅政治腐败日甚一日,国家的财政状况也日益严峻,到了国库空虚、民穷财尽的地步,整个社会笼罩着面临危机的悲戚之气。在这种现实刺激下,具有社会担当意识的知识分子纷纷站出来畅言国事,形成了举世滔滔的批判思潮。左雄针对宦官垄断朝政、阉贱居高位、英俊沉下僚的局面,大声疾呼通过"选贤"给刚正廉明的知识分子以晋升之阶。张纲猛烈抨击宦官专权是"秽恶满朝",外戚梁冀擅政是"豺狼当路",要求皇帝"恭俭守节,约身尚德",改变这种政治局面。著名天文学家张衡借天象灾异上书,要求选举重德行,为官贵清廉,谏议顺帝紧握"刑德八柄",不使属于皇帝的大权旁落,更要接受前朝奸佞弄权搞乱朝政的教训,牢记"前事不忘,后事之师"的古训,重用贤臣,摈弃奸佞,使朝政恢复到"神望允塞,灾消不至"的良好局面。布衣王符,一生隐居乡间,位卑不忘忧国,潜心著述,写了《潜夫论》,一面痛斥东汉政治的黑暗,一面从"民本"出发,认定"天以民为心"和"民者国之基",认为君王治民的最根本原则是道、德、教、化,要求君王"通聪兼听",排除"乱臣""污吏"的干扰,"明操法术,自握权秉""尊贤任能,信忠纳谏""变民心",励忠臣,使臣民乐于"贡忠言"与"奉法术",以期出现一个"君明""臣正""百姓化""奸匿绝"的美好社会。崔寔既有在朝廷中央任职的经历,又有长期做地方官的实践经验,不忘民间疾苦,心系朝廷安危,写了《四民月令》和《政论》两书,表现了强烈的担当意识。他针对东汉朝政日非、文恬武嬉、"王纲纵弛于上,智士郁伊于下"、奸佞执柄、酷吏虐民的政况国势,在重申传统的任贤使能、求"明哲之佐,博物之臣""重本抑末"等观念的同时,特别提出了"深其刑而重其罚"的对策,显示了他向刑名之学的倾斜,这反映了他希望迅速廓清东汉末年乱世之局的急迫心绪。建安七子之一的徐干,认定自己生活在一个"邦无道"的乱世,因而淡泊名利,潜心著述,写出了传世名作《中论》。该书内容丰富,但比较集中的还是对清明政治和君子人格修养的论述。在他看来,政治清明与否关键在于国君是英明还是愚暗,二者的区分在于是"务本"还是"详于小事而略于大道,察于近物而暗于远数"。一个英明的君主必须眼光远大,胸怀四海,其所关注的务必在"大道、远数",同时明晰大臣是"治万邦之重器",任用得人是良好政治的关键。他对浮华交会使知识界弥漫着浮躁、矫饰的风气深恶痛绝,希望儒生们恢复传统的君子人格,关心国家民族的命运,辅佐君王共同创造一个天子圣明、宰辅贤良、百官尽职、百姓安乐的政治清明局面。

仲长统是东汉末年社会批判思潮中最重要的代表人物之一,他写的《昌言》一书是当时思想界顶尖级的著作。这部书所展示的思想显示出明显的儒道互补的特点。其中提出的十六条纲领,既是他政治、经济、军事、教育、教化、伦理思想的总汇,也是他为挽救东汉皇朝颓势开出的药方。他以强烈的使命感,深沉的忧患意识,提出了一系列救治之方。他要求加强对皇室子弟的教育,使他们成为品格高尚、率己正人、勤政爱民的表率,以担负起统治万民、管理国家的重任。他力倡建立严格的选士制度,真正把社会的精英选拔出来,以组织一支高效廉洁的国家官吏队伍,并以高薪养廉的办法保证他们衣食无虞,以使之毫无后顾之忧地投入到政务活动中去。同时要求朝廷任人以专,赋权以重,使之大胆决策,果断行政,从而实现国家行政的高效有序运作。他提倡德、刑并用,既反对轻德重刑,又反对弃刑而只靠教化,甚至主张恢复肉刑以达到对犯罪者的威慑。在经济上,他看到土地私有、土地买卖,尤其是皇室、豪民兼并土地给整个社会，特别是给社会下层百姓带来的危害，极力主张恢复井田制。这些主张尽管反映了那个时代相当一批知识分子从解决土地问题入手抑制贫富分化的热望，但展示的却是他们带有迂腐气息的幻想。仲长统对东汉朝廷日益恶化的财政状况忧心如焚，认为这一切都是三十税一的轻税政策造成的。他主张限制土地兼并，让无地少地的农民耕种无主荒地，发展生产，培养税源，同时恢复什一税制，以解决朝廷财政能力弱化的问题。仲长统最具创意的是他对历史的认识，他通过总结三代以来的王朝在不断的战争和灾难中的更替，认定社会发展的规律是"乱世长而化世短"，人类历史只能在频频的灾难中蹒跚而行。仲长统最后由于官场失意和对汉末政局的极度失望而转向道家，希望远离政治的困扰而在悠游岁月中苟全性命。

荀悦是汉末著名的历史学家，他的政治思想主要展现在《申鉴》和《汉纪》中。他坚信人的主观能动性在社会发展进程中的作用，认为历史上英雄成就的大业都是"天工"和"人代"的结合。在对秦和西汉的观察中，他注意到政体的变化，比较了分封制与郡县制的优劣，认为适合当时情势的制度就是最好的制度，永恒的"百王之法"是不存在的。荀悦认为理想的政治可以归结为政之大经——法教，仁、义、礼、智、信，"天作道，皇作极，臣作辅，民作基"。具体到圣哲王之政，就是承天、正身、任贤、恤民、明制、立业，进而还要屏四患——伪、私、放、奢，崇五政——兴农桑、审好恶、宣文教、立武备、明赏罚。这些内容基本上概括了儒家"仁政"思想的主要组成部分。再进一步，他又解释了一个明哲君王应该坚持中、和、正、公、诚、通六项"立道经"的原则，还应去除任贤能的十大障碍：不知、不尽、不任、不终、以小怨弃大德、以小过黜大功、以小失掩大美、以奸评伤忠正、以邪说乱正度、以谗嫉废贤能，并能"察九风以定国常"，具体就是发扬"治风"而整顿驱除衰、弱、乖、乱、荒、叛、危、亡八风，从而给社会造就一片晴明的天空。荀彧是荀悦的同宗兄弟，是曹操最得力的谋士之一。他的政治思想表现在始终不渝地维护汉室的正统地位，是他建议曹操接汉献帝至许昌，竭力恢复汉献帝作为皇帝至尊的地位，又提出"隆礼兴学"，弘扬忠、孝、节、义等传统道德观念。是他反对重划全国疆域为九州的建议，限制曹操扩大冀州的地盘，又是他反对曹操晋爵为公和加九锡之议，加剧了自己同曹操的矛盾，最后被逼"仰药自杀"。孔融为孔子二十世孙，他一直以复兴汉室为己任，与专权自恣的曹操对着干，引起曹操的疑忌与不满。当曹操以邺城（今河北磁县南）为自己的封地，全心经营之时，孔融抛出了《请准古王畿制》的上书，要求将洛阳为中心的王畿扩大至千里，目的是削弱曹操的地盘和权力。最后被曹操以"谤讪朝廷"、不孝父母的罪名"下狱弃市"。

东汉时期，隐逸者形成一个引人瞩目的群体。他们之中，有假隐、儒隐和道隐的区别，其中只有道隐是真正意义上的隐逸者。他们的政治思想是远离主流意识形态的另类，他们固执地认为，以国家政权产生为标志的文明社会，不过是一个强盗当道的社会，混乱之世是强盗露出了本来面目，太平之世只不过是强盗戴上了"圣""贤"的桂冠，二者没有本质的区别。所有文明社会的制度以及与之相应的伦理观念，如忠、孝、节、义、仁、礼、智、信等，统统违背人类生命的自然要求，都是对人类本性的戕害。在他们看来，自从国家产生以后，人类社会就到处布满生命的陷阱，而诱导人们掉进陷阱的主要是官位、权力和富贵利禄。所以他们的结论是，贵不如贱，富不如贫。而为了避开危及生命的险境，也只有走入与贫贱为伍的隐逸之地了。

秦汉政治思想中还有一项重要内容，就是对统治权即皇权合法性问题的论述。本来，先秦思想家已经对此问题有了不少论述。如司马迁在《史记·五帝本纪》以及夏、商、周三代的本纪中就总结了那个时代帝王统治的五种合法性：天意所钟者，武力征伐的胜利者，依血缘关系的有序继承者，品格高尚能力卓越者，以"禅让"方式获得者。后来，孔子、孟子等儒家代表人物则特别强调其中的天意所钟和品格高尚能力卓越以及二者结合的合法性。以武力统一六国的秦始皇，自豪地宣布他统治的合法性是武力征伐："寡人以渺渺之身，兴兵诛暴乱，赖宗庙之灵，六王咸伏其辜，天下大定。"① 刘邦步秦始皇的后尘，毫不讳言他的皇帝位子是自己提"三尺剑"取得的。但他们后来又都借天意加以伪饰，秦始皇依三统、三正、五德终始神化皇权，刘邦杜撰出赤帝子杀白帝子的故事以强化自己皇统的"天命攸归"。

董仲舒系统地阐述了"君权神授"的理论，用"天人感应"将天意与人为沟通起来，给朝代更替和皇权转移一个合理的诠释，从而奠定了中

---

① 《史记》卷6《秦始皇本纪》。

国此后两千多年皇权合法性的最经典的主流意识。与之相匹配,依血缘关系的有序继承的合法性和忠君观念的正当性就几乎成为社会的共识。后来王莽的篡汉,就充分利用了"君权神授"的理论,让自己随意制造的"天意"战胜"忠君",将一个新朝顺理成章地压到了百姓头上。刘秀同样利用了"君权神授"的理论,再补以"汉室正统"的传统观念,比较顺利地建立起一个名复其旧、实际创新的东汉皇朝。东汉末期,皇权极度弱化,曹氏集团经过近30年的精心经营,已经掌控了东汉朝廷的全部权力,造成皇权转移的不可逆转的水到渠成之势。于是曹丕及其谋士就精心设计了一出禅让戏,自编、自导、自演,牵着如同傀儡的汉献帝,完成了魏代汉的政权转移,再一次凸显了禅让的合法性。显然,秦汉时期的政治家们都是心知肚明,皇权的合法性其实在于最强大力量的支撑,合法性的观念也是随力量的转移而转移,其他任何美妙的说辞都不过是强权的婢女而已。

第 一 编

秦朝与西汉时期的政治思想

第一章　社会变迁与社会思潮

第一节　社会经济变迁

一　"使黔首自实田"

土地制度是封建专制主义中央集权制度的经济基础。公元前216年（秦始皇三十一年），秦朝下令"使黔首自实田"①，标志了中国封建社会初期土地制度的重大变革。关于这次变革的性质和秦朝土地制度的性质，学术界至今还有不同的理解。

范文澜认为这是"确定土地私有制度——东周后半期开始有两种土地所有制度，经长期斗争，至公元前216年（秦始皇三十一年），'令黔首自实田'，土地个人私有制也就是封建地主占有土地制以法律的形式确定下来了"。② 翦伯赞认为这是"中国的土地之由封建领主所有完全转化为商人地主之集团的所有"③。郭沫若主编的《中国史稿》则认为，"它标志着在战国以来封建土地私有制发展的基础上，进一步在全国范围内确认了封建土地私有权……从此，无论是原先社会改革比较彻底的秦国地区，或是社会改革不够彻底的六国地区，封建地主土地所有制都得到了迅速的发展"。④《剑桥中国史》对此问题的解释比较谨慎："这句话如果准确，并且解释无误，意味着到这个时候，土地私有制在全帝国已成为既成的事实。"⑤ 以上解释为中外史学界大多数学者所分别认同。不过，也有

---

① 《史记》卷6《秦始皇本纪》集解引徐广曰。
② 范文澜：《中国通史简编》第二编，人民出版社1958年版，第14页。
③ 翦伯赞：《秦汉史》，北京大学出版社1983年版，第27页。
④ 郭沫若：《中国史稿》第2册，人民出版社1979年版，第121页。
⑤ ［英］崔瑞德、［美］费正清主编：《剑桥中国史》，杨品泉等译，中国社会科学出版社1992年版，第74页。

部分学者做出另外的解释,如侯外庐在《封建主义生产关系的普遍原理与中国封建主义》等文章中认为,根据马克思主义原理,私有权的缺乏是封建生产关系的特征,在整个中国封建社会中,国家对土地拥有所有权,贵族、官僚、地主对土地拥有占有权,农民(主要是自耕农)只拥有土地的使用权。所以,"使黔首自实田"并不表明对农民土地私有权的确认,只表明承认农民对土地的使用权。① 林剑鸣对此问题又有新的解释:"秦王朝政府'使黔首自实田'……就是运用政权的力量在全国范围内扫除障碍,促进封建土地私有进一步发展的重要措施。"他否认此一措施"仅仅是承认土地私有",因为土地私有权早在公元前594年鲁国实行"初税亩",公元前408年秦国实行"初租禾"就在全国范围内确认了。他认为"使黔首自实田"的意义在于:"令全国百姓(黔首)将自己所有的土地——包括田地与休耕地(即'田'与'莱田')如实上报。这表示,今后国家不再干预私有土地使用情况,不再规定必须有'田'与'莱田'的明确划分。这就无异于宣布'爰田'制的彻底废除。"②

究竟应该如何认识"使黔首自实田"的内容及其意义呢?要厘清这个问题就必须对此前中国土地制度的变化作一概要的追溯。

西周实行的是宗族土地等级所有制,又名"井田制"。这个井田制并不是孟子解释的"八家共井,公事毕,然后治私事"那样的内容,而仅仅是一种计量土地和赋税的方法,即六尺为步,百步为亩,三百步为里,方里为井,井九百亩。以此为标准,计算封地、采邑与农田的数量以及赋税的多寡。春秋时期,随着生产力的提高与经济的发展,各诸侯国之间、诸侯国内部卿大夫之间展开了激烈的斗争,不少侯国灭亡,许多卿大夫"降在皂隶",土地逐渐集中于在斗争中获胜的侯国和宗族之中。如晋国韩、赵、魏三家、齐国的田氏等。他们把奴隶制的宗族土地等级所有制逐渐变成了封建的土地国有制。春秋时期各个大国都进行了不同程度的经济改革,而这些改革恰恰促进了宗族土地等级所有制向封建土地国有制的转化。齐国的"相地而衰征"、楚国的"量入修赋"、晋国的"作爰田"、鲁国的"初税亩",都是通过改变征税方式,促进了封建土地国有制和授田制的形成。战国时期,各国普遍都实行了授田制,授田标准是一夫百

---

① 《侯外庐史学论文选集》,人民出版社1987年版。
② 林剑鸣:《秦汉史》,上海人民出版社1989年版,第120—121页。

亩。如李悝在魏国"行尽地力之教",其标准就是"今一夫挟五口,治田百亩"。① 孟子也说,"五亩之宅,树之以桑","百亩之田,勿夺其时",② 荀子讲过"百亩一守",③《管子》也讲过"一农之事,终岁耕百亩"。④ 秦国的税收"人顷刍稿"也是按百亩计算。不过,实际授田时还要根据土地的好坏或加一倍或加二倍授予。农夫授田后,按一夫百亩缴纳定额赋税,"以其授田之数,无(垦)不(垦),顷入刍三石,稿二石"。战国时期列国在实行土地国有制的同时,实际上也开始了土地私有化的过程。战国时期封建土地私有化的途径有三,"一是军功赐田和各种赏田的私有化,二是贵族官僚土地的私有化,三是农民授田的私有化"。⑤ 在农民授田私有化的过程中,"使黔首自实田"具有重要意义。因为战国时列国授田的目的,是把授田农民束缚于土地之上,以授促垦,保证国家的赋役之源,所以实际上土地是只授不还,后代可以世袭使用。加上鼓励垦荒,随着人口的繁衍增多,土地的垦辟也越来越多,各农户长期使用授田和自己新垦之田,对土地的占有权逐渐变成了所有权,私有程度越来越高。土地私有的重要标志是土地买卖的盛行与合法化。战国时期土地买卖的史料有二则,一是《韩非子·外储说左上》记载的中牟令王登推荐两位文学之士到赵襄子那里任职引起的连锁反应,"中牟之人弃其田耘,卖宅圃而随文学者邑之半",说明宅圃的私有化;二是赵括被任命为将军时,将赵孝成王所赐金帛"归藏于家,而日视便利田宅可买者买之",⑥ 说明当时土地买卖已经合法化了。土地私有化的发展必然引起赋役制度的变化。西周时期国人与野人的不同税制开始逐渐合流为统一税制。这是因为,随着授田制的发展和奴隶的解放,国人与野人的身份差别逐渐打破,他们作为授田农民被置于同样的赋役制度下,即什一税制的"粟米之征",再加上"布帛之征""力役之征"等,也就是田租(田税)、户税、人口税等的定额税制了。至此,封建土地国有制实际上已经变成了土地私有制,田税并不含田租,它只是国家主权的象征。秦朝统一全国后,黔首名义上虽然

---

① 《汉书》卷24《食货志》。
② 《孟子·梁惠王上》。
③ 《荀子·王霸》。
④ 《管子·轻重甲》。
⑤ 田昌五、漆侠主编:《中国封建社会经济史》第1卷,齐鲁书社1996年版,第57页。
⑥ 《史记》卷81《廉颇蔺相如列传》。

还是授田农民，国家名义上还是全国土地的所有者，但实际上，黔首已经成为土地的所有者了。国家除了占有官田、山林川泽和无主荒地外，其对全国的土地，只是拥有名义上的所有权，或在某种特殊情况下有权干预外，实际上已经不能算是国有土地了。在这种情况下，为了进一步鼓励广大农民的生产积极性，促进未垦土地的迅速垦辟，于是下令"使黔首自实田"，以皇帝诏令的方式，允许农民自由占田垦荒，只要按时去政府登记新垦土地和按规定缴纳赋税就可以了。此后，国家对民间的土地买卖不再干预，国有与私有的土地并存而界限分明，土地兼并成为历代皇朝关注的问题，因为它日益成为影响社会矛盾和阶级矛盾的重要因素。正如董仲舒所说："用商鞅之法，改帝王之制，除井田，民得买卖，富者田连阡陌，贫者无立锥之地。"①"使黔首自实田"的意义在于，它奠定了此后两千多年中国封建社会土地所有的基本格局：国有土地、地主土地、农民土地三者并存，此消彼长；土地买卖，加上诸子析产，使土地所有权的转移比较迅速，所谓"田无常主，民无常居"，② 不易形成百世不变的大地主，同时使自耕农与半自耕农的土地数量在土地总量中占有较大比重。由此，使地主阶级与农民阶级的成员都处于不稳定状态，沦落与上升是经常进行的，因而也就无法建立起稳定的等级制度。这一切恰恰构成中国与欧洲封建社会显著不同的特点。欧洲的封建领主不但能够世袭地稳定地占有领地，而且能够世代占有领地上的劳动者农奴；他们不但具有固定的等级身份，而且在领地上直接拥有行政权、司法权和兵权，封建领主不需要另设一套官僚机构，便可以有效地对农奴进行统治，因此专制主义中央集权制度也就无从产生。中国的情况则不同。在地主土地所有制下，土地可以自由买卖，或土地兼并，这样就造成了土地所有权的流动性较大，个别地主对土地的占有和经营也比较分散，不能同政治上的统治权力和统治范围紧密地结合在一起。因此，在经济上既不能形成较完整的封建庄园经济体系，在政治上地主和佃农也不能形成像欧洲那样封建领主和农奴之间的牢固的封建隶属关系。秦朝以后，我国的封建地主一般是采取租佃制的形式剥削佃农的，所谓"耕豪民之田，见税什五"。③ 由于地主对土地占有不

---

① 《汉书》卷24《食货志》。
② 《后汉书》卷49《王充王符仲长统列传》。
③ 《汉书》卷24《食货志》。

稳定，对佃农的占有也不稳定，而且地主在他们的土地上也没有行政和司法等权力，特别是游离于地主经济范围以外的大量自耕农，更非个别地主的力量所能控制。在这种情况下，地主阶级为了有效地控制农民，镇压农民的反抗和起义，以保证他们对土地的占有和保护封建剥削，就需要一个凌驾于社会之上，集中代表全国地主阶级利益的政治权力，这种权力就表现为专制主义中央集权的政治制度。可见，从战国的诸侯封建割据到秦朝专制主义中央集权制封建国家的建立，并不是偶然的，而是由封建土地所有制这一经济基础所决定的。秦始皇三十一年"使黔首自实田"实际上是用法律形式保护封建土地所有制，并进而为巩固专制主义中央集权制度服务的。

二 土地兼并与"限田"之议

汉武帝统治时期，西汉皇朝虽然在政治、军事、经济和文化方面都有很大的发展，但封建社会内部固有的矛盾也走向激化。武帝晚年已经意识到这一问题，因而有"轮台罪己之诏"的颁布。他辞世之后，当权的霍光等人小心翼翼地继续其缓和阶级矛盾的政策，后世史家就以"昭、宣中兴"概括了这近40年比较稳定发展的历史。不过，"昭、宣中兴"并未从根本上解决西汉百年来积累的矛盾，宣帝以后的元、成、哀、平时期（公元前48—公元5年）的50多年间，西汉就在阶级矛盾和统治阶级内部矛盾的迅速激化中走向灭亡。而其中变化的关键是元帝统治时期。他继位后，基本上放弃打击豪强和商人的政策，缩减官营事业。初元五年（公元前44年），罢"齐三服宫、北假田官、盐铁官、常平仓"。① 又实行奖励高利贷的政策、对地主贵族的复除政策、卖官鬻爵以及大量赏赐勋戚贵宠的政策等，从而使商人豪强地主势力迅速膨胀起来。在对外关系上，则采取收缩政策。初元三年（公元前42年），罢珠厓、儋耳二郡。由于元帝时政策的变化，一方面使政治日益腐败，进一步激化了地主阶级与农民阶级的矛盾；另一方面也使地主阶级的力量迅速扩张，加快了其内部的分化。贵族官僚地主、儒家地主、世家豪族以及商人地主等，彼此间不断地进行着激烈的斗争、分化和重新组合，使社会矛盾更加复杂化、尖锐化。

---

① 《汉书》卷9《元帝纪》。

促成社会矛盾日益尖锐的首先是土地问题。本来，经过秦末农民战争以及汉初的政策调整，西汉前期的编户齐民大都得到一小块土地，再加上当时人口较少，封建剥削较轻，军功地主和豪族地主的贪欲多少受到一些限制，所以土地问题并不突出和严重。但是，由于土地是封建社会最重要的生产资料，是财富的象征和标志，因而不断增加土地就成为各类地主和富商大贾刻意追求的目标。兼并——一种凭借政治经济势力的强买和变相霸占——成为他们获取土地的主要手段。而势小力薄，在沉重的赋税徭役和天灾人祸冲击下不断破产的小农，就成为土地兼并的牺牲品。这样一来，封建土地私有化的不断加深与土地的不断集中相表里，成为封建社会的基本经济规律。在中国封建社会的历史上，除了大规模的农民起义和农民战争暂时对土地兼并有所抑制之外，封建统治阶级自身采取的任何政策和措施都无法阻止这一趋势的发展。在汉武帝时董仲舒就已经觉察到土地集中和贫富分化所引起的潜在危机，惊呼"富者田连阡陌，贫者无立锥之地"，"邑有人君之尊，里有公侯之富"，① 希望汉武帝采取措施加以限制，但却没有引起汉武帝的注意。由于汉武帝及其子孙没有采取任何限制土地兼并的措施，昭、宣之后土地兼并更加剧烈地发展。甚至皇帝也带头兼并土地作为自己的私田。谷永在一次上书中就直言不讳地批评汉成帝"弃万乘之至贵，乐家人之贱事；厌高美之尊称，好匹夫之卑字"，"置私田于民间，畜私奴车马于北宫"。② 皇帝带头，诸侯王、列侯、公主、外戚、功臣在其封地和封地以外的地方群起效尤，竞相兼并土地，"田宅无限，与民争利"。③ 佞臣董贤22岁被任命为大司马，一次就从哀帝那里获得2000顷土地的封赏。外戚王莽之家，一门十侯，五大司马，获爵位者几十人，一次次的封赏使大量的土地成了他们家的私产。元始三年（公元3年），王莽一次就得到29600顷土地的赏赐。而在此前一年，他为了献媚元后，曾带头拿出30顷土地以"赈济贫民"，可见其土地数量之多。除了通过封赏这种"合法"途径获得土地之外，他们更多的是通过强占、贱买等种种非法手段，千方百计地攫取土地。如王莽的叔父、红阳侯王立

---

① 《汉书》卷24《食货志》。
② 《汉书》卷27《五行志》。
③ 《汉书》卷11《哀帝纪》。

通过南郡太守李尚，"占垦草田数百顷，颇有民所假少府陂泽，略皆开发"。① 除皇帝、贵族和外戚等占有大量土地外，一般官僚地主也利用权势和财力，大量兼并土地。成帝时丞相张禹就是一个特别热衷兼并土地的官僚商人地主的典型。《汉书·张禹传》说他"为人谨厚，内殖货财，家以田为业。及富贵，多买田至四百顷，皆泾渭溉灌，极膏腴上贾"。到他年老时，又看中了平陵肥牛亭地方的土地，汉成帝竟然答应了他的请求，下令"平陵徙亭它所"，将这块土地白白送给了他。遍布乡野的中小地主，也利用他们在地方上的权势，包揽词讼，侵吞小民，兼并土地。力量不断膨胀的富商大贾，更利用他们经营工商业和高利贷获得的大利，勾结官府，广置田宅，"关东富人益众，多规良田，役使贫民"。② 土地兼并日益剧烈的结果，是大量农民的破产。这些失去土地的农民，除沦为地主的奴婢、依附佃农，受其役使外，就是大批地变成流民。西汉后期，流民问题，史不绝书，始终是令统治者头痛的社会问题。因为生产者与生产资料分离，一方面激化了地主与农民的矛盾，另一方面也减少了封建国家的赋税收入，激化了封建国家与大土地所有者的矛盾。

还在汉武帝统治时期，董仲舒就已经觉察到土地和奴婢问题的严重性，并提出了"限民名田以澹不足，塞兼并之路"、"去奴婢，除专杀之威"③ 的限田限奴的建议，但在当时似乎没有引起任何反响。到西汉后期，土地和奴婢问题的严重性已经引起了不少人的关注。元帝时御史大夫贡禹多次上书，建议大量遣散宫女，并将国家控制的诸官奴婢10万余人"免为庶人"。④ 元帝仍置之不理。哀帝刚继位，大司马师丹就提出了限田限奴的建议。哀帝大概想给臣民一个与民更始的好印象，立即发出诏书说："诸侯王、列侯、公主、吏二千石及豪富民多畜奴婢，田宅亡限，与民争利，百姓失职，重困不足。其议限列。"⑤ 于是师丹与丞相孔光等人一起，经过斟酌损益，拿出了一个限田限奴的方案："诸王、列侯得名田国中，列侯在长安及公主名田县道，关内侯、吏民名田，皆无得过三十顷。诸侯王奴婢二百人，列侯、公主百人，关内侯、吏民三十人。年六十

---

① 《汉书》卷77《孙宝传》。
② 《汉书》卷70《陈汤传》。
③ 《汉书》卷72《贡禹传》。
④ 《汉书》卷11《哀帝纪》。
⑤ 同上。

以上，十岁以下，不在数中。贾人皆不得名田、为吏，犯者以律论。诸名田畜奴婢过品，皆没入县官……掖庭宫人年三十以下，出嫁之。官奴婢五十以上，免为庶人。"① 显然，这是一个充分考虑大土地所有者和奴婢占有者利益的方案，它在承认和照顾他们根本利益的前提下，在承认土地和奴婢买卖的前提下，要求对土地和奴婢的拥有量加以适当的限制。这个方案一公布，立即引起了巨大的社会反响，"时田宅、奴婢价为减贱"，它在一定程度上得到了广大劳动人民的拥护。如果这个方案真正得到贯彻执行，至少可以延缓土地集中和奴婢增加的速度，使尖锐的阶级矛盾趋于缓和。但它却遭到当时宗室贵族及哀帝外戚丁、傅等新暴发户的极力反对，"丁、傅用事，董贤隆贵，皆不便也"，② 官僚地主和富商大贾也群起反对。哀帝本来就缺乏改弦更张的诚意和勇气，现在面对一片反对之声，只得下了一个"且须后"的诏书，将这个方案束之高阁。此后，哀帝不仅不再提及土地和奴婢问题，而且以一次赏赐宠臣董贤两千顷土地表示了对以上改革方案的完全否定。这说明，尽管朝野不少有识之士看到土地和奴婢问题的严重性，并试图予以解决，但由于当时反对的力量即既得利益集团异常强大，"积习已久，强者怙之"，③ 作为最高统治者的皇帝也只能采取妥协让步的政策。看来由刘氏皇朝的执政者进行改革之路是难以走通的。与此同时，以贡禹、谷永、薛宣等一大批臣子提出的诸如抑制外戚、惩罚奸佞、裁汰冗员、轻徭薄赋、节俭省刑、奖掖廉吏、拔擢贤才等建议，也通通变成了纸上具文。

三 王莽的"王田"政策及其失败

公元9年，王莽利用西汉末年社会矛盾和阶级矛盾激化引起的社会危机，特别是社会各阶层对西汉皇朝的失望和"改朝换代"思潮的泛滥，通过篡政的方式颠覆了刘氏皇统，建立新朝。以后，他立即依照《周礼》设计了一套披着复古外衣的改造蓝图。主要内容就是王田奴婢政策。始建国元年（公元9年），王莽颁布了实行王田奴婢政策的法令：

---

① 《汉书》卷11《哀帝纪》。
② 《汉书》卷24《食货志》。
③ 王夫之：《读通鉴论》卷5。

> 古者，设庐井八家，一夫一妇田百亩，什一而税，则国给民富而颂声作。此唐虞之道，三代所遵行也。秦为无道，厚赋税以自供奉，罢民力以极欲，坏圣制，废井田，是以兼并起，贪鄙生，强者规田以千数，弱者曾无立锥之居。又置奴婢之市，与牛马同栏，制于民臣，颛断其命。奸虐之人因缘为利，至略卖人妻子，逆天心，悖人伦，缪于"天地之性人为贵"之义……汉氏轻田租，三十而税一，常有更赋，罢癃咸出，而豪民侵陵，分田劫假。厥名三十税一，实什税五也。父子夫妇终年耕芸，所得不足以自存。故官者犬马余菽粟，骄而为邪；贫者不厌糟糠，穷而为奸。俱陷于辜，刑用不错……今更名天下田曰"王田"，奴婢曰"私属"，皆不得买卖。其男口不盈八而田过一井者，分余田予九族邻里乡党。故无田，今当受田者，如制度。敢有非井田圣制，无法惑众者，投诸四裔，以御魑魅，如皇祖考虞帝故事。①

王莽在诏令中正确地指出了西汉末年土地高度集中、赋役剥削严重、奴婢与牛马同栏等诸多悲惨的社会现实，说明他当时对面临的社会矛盾有着比较清醒的认识，也希望通过改制来解决这些问题。但是，由于王田奴婢政策本身违背了社会发展尤其是经济运行的客观规律，其失败又是必然的。

王莽的王田制，实质是要变地主阶级土地私有制为封建的土地国有制。这个制度的基本要点是：土地所有权归国家，禁止土地买卖，"男口不盈八，而田过一井（九百亩）者"退出超额部分，无田农民按一夫一妇授田百亩。这个制度表面看起来似乎可以解决当时土地高度集中的问题，但实行起来却遇到许多难以克服的矛盾。第一，王田制尽管对大土地所有者做了妥协，规定只要男口盈八，土地就可达到或超过九百亩，但王田政策还是不可避免地遭到大土地所有者的反对。因为无论如何，那些膏腴万顷的大地主，总要有一部分或大部分土地被收归国有的。第二，从春秋末年起，田亩制度有很大变化，已不再是"方里而井，井九百亩"了。如赵过的代田就是240步为亩，还有480步为亩的。而且，田亩是按阡陌计算并设立疆畔道路的。所以，即使按一夫百亩计算并分配土地，也无法恢复井田制。何况，井田制到这时已是人人言殊，莫得其究竟了。第三，

---

① 《汉书》卷99《王莽传》。

王田制缺乏相应的执行机构，核实土地和户口，进行土地分配。按照王莽的诏令，大户要把多余的土地自行分给九族邻里乡党，而他们的户口中往往包括族人、奴婢和依附农，无法核实有多少男口，核实了也无法析户析产。别说是奴婢了，依附农也是难以自立的。还有不少农民，土地不足百亩，要不要补足其差额呢？第四，土地和户口是封建赋役制度的依据，改变田制就要相应地改变赋役制度。在王莽的王田制中，这些问题没有解决，也是无法解决的。总而言之，王田制在实行过程中必然遇到的不可克服的矛盾使王莽束手无策。最重要的是，到王莽的时代，地主土地私有制已经历了数百年的发展，土地占有情况十分复杂，想凭一纸命令重新授田，势必引起难以平息的混乱，给社会带来动荡和不安。而土地不准买卖的规定更难以行得通。因为自从地主阶级的土地私有制产生以后，土地买卖就成为它的必然伴侣。一方面，贵族官僚、豪族地主和富商大贾占有土地的欲壑是永远无法填满的，购买（这种购买往往与政治特权相结合，表现出强购、低价购进的兼并色彩）是他们经常使用的获取土地的方式。当王田政策公布之后，他们在极力抵制的同时，必然是力图迅速卖出多余的土地；另一方面，拥有一小块土地的编户农民在赋役和高利贷的重压下走向破产的命运又是必然的。在荒年恶岁，他们不得不出卖自己的土地以抵偿债务，而在另外的情况下，他们中有些人随着经济状况的好转又希望购进一些土地。王田政策公布后，一时地价低廉，他们中的殷实户自然愿意乘机买进土地。不准买卖土地的法令，既使大土地所有者不满，也使部分农民产生反感。因此，这一条款在实行过程中几乎遇到来自所有阶级和阶层的不满与反对。最后，由于王田制中有"男口不盈八"之类的灵活规定，就给执行政策的各级官吏以上下其手、营私舞弊、贪赃枉法的充分机会。这也不能不给政策的执行带来许多意想不到的困难。

从现有史料看，王莽的王田政策曾一度推行。地皇二年（公元21年），公孙禄在批评王莽的政策时就指出："明学男张邯、地理侯孙阳造井田，使民弃土业。"① 由于王田政策存在一系列难以克服的矛盾，强制推行的结果是引起巨大的社会动乱。"制度又不定，吏缘为奸，天下謷謷然，陷刑者众"，②"农商失业，食货俱废，民涕泣于市道。坐卖买田宅奴

---

① 《汉书》卷99《王莽传》。
② 同上。

婢铸钱抵罪者,自公卿大夫至庶人,不可胜数。"① 尽管王莽一开始就以严酷的法令惩办反对王田制的吏民,但由于这个政策既不符合客观实际,又无法满足农民的土地要求,再加上整个地主阶级的反对,这个政策很快就终止执行了。

从政策条文看,王莽的奴婢政策只对私奴适用,与官奴婢毫不相干。王莽实行这个政策的主观意图,是阻止劳动者主要是农民的进一步奴婢化,以解决农村劳动力的不足,从而保证封建国家的赋役剥削。但是,这个政策同样也存在不可克服的矛盾。改奴婢为"私属",不准买卖,实质上是冻结现状,承认奴婢存在的合法性,最多不过是将奴婢改变为农奴而已。而且,在奴婢政策中并未规定奴婢后代的身份,他们的后代仍然是要当奴婢的,只不过世代奴婢改名世代"私属"罢了。一方面承认奴婢存在的合法性,另一方面又禁止奴婢买卖,这与王田政策一样是行不通的。既然土地集中的问题无法解决,就不能阻止农民脱离土地,而在使用奴婢仍然合法的情况下,也就无法阻止破产农民沦为奴婢。而且,由于贵族官僚、豪族地主和富商大贾像兼并土地一样热衷对奴婢的追求,在奴婢政策颁布之后,又必然使他们要求调整自己所拥有的奴婢数量。这样,奴婢买卖反而较平时更加兴旺。纵使法令禁止买卖奴婢,公开的买卖也必然转化成秘密的黑市交易。这从因买卖奴婢触犯刑律人数之多就可充分反映出来。奴婢所有者因王莽的政策损害了他们的利益而归怨王莽,奴婢也因这个政策没有从根本上改善其境遇而对王莽没有好感。所以王莽在始建国四年(公元 12 年)宣布废除王田政策的同时,也取消了禁止买卖奴婢的法令。历史证明,一方面,王莽限制私人扩大奴婢占有的办法根本行不通;另一方面,他又通过十分酷烈的法令制造大量的国有奴婢,"吏民抵罪者浸重"。在新朝统治下,每天都有众多的人因触犯王田奴婢、五均六筦、铸钱等法令被罚做官奴。所以王莽事实上不仅没有取消奴隶制残余,反而使之扩大化了。

王莽的王田奴婢政策,集中反映的是他作为封建帝王的利益,本质上是宗法地主的利益。它基本上是脱离实际的复古主义的空想,在实际上还不如一定程度的限田限奴方案更有现实意义,更不如西汉政府曾实行过的"假民公田"或"赋民公田"等措施对生产的发展有利。由于这个政策在

---

① 《汉书》卷 24《食货志》。

一定程度上损害了豪族地主的利益,因而在他们看来王莽是"逆子",它更损害了广大农民的利益,所以在他们眼里王莽是灾星。这样,王莽自己就把自己孤立起来,当初拥护他上台的几乎所有阶级和集团都开始怀疑和反对他了,王莽也逐渐由踌躇满志变得一筹莫展。三年以后,始建国四年(公元12年),代表豪族地主的区博上书说:"井田虽圣王法,其废久矣。周道既衰,而民不从。秦知顺民之心可以获大利也,故灭庐井而置阡陌,遂王诸夏,迄今海内未厌其弊。今欲违民心,追复千载绝迹,虽尧舜复起,而无百年之渐,弗能行也。天下初定,万民新附,诚未可实行。"①王莽眼看王田奴婢政策事实上业已破产,也只得下诏加以废止:"诸名食王田,皆得卖之,勿拘以法。犯私买卖庶人者,且一切勿治。"②这表明,王莽在被现实碰得头破血流之后,只得老老实实地向土地兼并者和奴婢所有者屈服了。明代学者邱浚对王田奴婢政策的失败提出了颇有见地的看法,他说:"井田既废之后,田不在官而在民,是以贫富不均。一时识治体者咸慨古法之善而卒无可复之理,于是有限田之议,均田之议,口分世业之法。然皆议之而不果行,行之而不能久。何也?其为法虽各有可取,然不免拂人性而不宜于土俗,可以暂而不可以常也。终莫若听民自便之为得也。"③恩格斯指出:"当一个国家内部的国家政权同它的经济发展处于对立地位的时候——直到现在,几乎一切政治权力在一定的发展阶段上都是这样——斗争每次总是以政治权力被推翻而告终。"④王莽设计的王田奴婢政策,尽管至今还引起某些历史学家的赞叹,但由于它违背了客观经济规律,其失败是必然的。

王莽实行王田奴婢政策,本来是为了维护和巩固封建统治,但结果适得其反:它不仅激化了新朝与广大劳动人民的矛盾,也加剧了统治阶级的内部斗争。原来拥护他代汉自立的剥削阶级的集团和阶层,看到王莽复古主义的狂想给自己带来意想不到的危害,因而逐渐对王莽产生离心倾向。后来在反对王莽的起义队伍中,混入一大批刘氏宗室贵族、豪族地主和富商大贾的代表,对王田奴婢政策不满是主要原因。广大农民和奴婢通过王

---

① 《汉书》卷99《王莽传》。
② 同上。
③ 《大学衍义补·一四"制民之产"》。
④ 恩格斯:《反杜林论》,《马克思恩格斯选集》第3卷,人民出版社1972年版,第222—223页。

田奴婢政策的推行和废止，也逐渐认清了王莽的真面目，从而打消了对他的幻想，开始酝酿对王莽的武装反抗。

四　工商政策的变迁

秦朝建立以后，秦始皇实行"车同轨""书同文"和统一货币、统一度量衡的政策，本来应是为工商经济的发展创造了良好的条件，然而，由于秦朝在国家实现统一和国内和平的条件下仍然继续战争时期的政策，就使发展工商经济的良好条件基本上没有发挥应有的作用。西汉建立后，尽管在基本经济政治制度上继承了秦制，但是，因为前期60多年间推行"黄老政治"，实行轻徭、薄赋、节俭、省刑的政策，大大减少了政府对经济的干预，这就使西汉前期的经济很快得到恢复和发展，手工业、商业和城市空前繁荣。"用贫求富，农不如工，工不如商，刺绣文不如倚市门"的谚语，正是反映了工商业的发展。当时市场繁荣，货物种类繁多，《汉书·食货志》记载的商品就达数十种之多，很多大商人"贾郡国，无所不至"，通过赢利，积聚了数以千万计的巨额财富。西汉时期，繁荣富丽的城市，灿若繁星，不仅中原地区原有的著名城市如长安、洛阳、临淄、邯郸等，超过昔日的繁盛，而且在江淮地区和南方、西南也崛起了一批新的城市，如江陵、合肥、番禺、成都，都成为区域性贸易的中心。

不过，西汉建国初期实行的黄老政治虽然对安定民生、发展生产、繁荣经济起了显著的积极作用，但是，这种"无为""放任"的统治政策也给地方豪强势力，其中包括大工商主的坐大提供了适宜的环境和条件。如赵国人卓王孙，在秦时被逼迁往蜀地，后在临邛冶铁致富，"有僮千人，田池射猎之乐，拟于人君"。① 这些人不仅欺压百姓，而且逃避赋税，蔑视官府，他们"滞财役贫，车毂百数，废居居邑，封君皆低首仰给焉。冶铸鬻盐，财或累万金，而不佐公家之急"，② 显然，如果放任他们发展下去，将严重影响国家的统一和稳定。于是，汉武帝在其实行的全面强化中央集权的政治制度和经济措施中，就有新的工商政策出台：他通过统一货币控制金融，从工商业者那里夺回巨大的利源；通过盐铁官营掌握关系

---

① 《汉书》卷24《食货志》。

② 同上。

国民经济的最重要部门,将巨额的税利收归国有;通过算缗告缗增加工商税和没受大工商主的财富,使国家在短时间内积累起巨额的财富,从而支持了汉武帝"内兴功业,外攘夷狄"的伟业。然而,这种近乎杀鸡取卵式的对工商业的掠夺政策只能奏效一时,却不能保证工商业的长期发展和繁荣。所以,汉武帝死后,当国的权臣霍光就通过贤良文学参与的一场有关国家盐铁政策的辩论,使汉武帝严厉统制的工商政策发生松动,私营工商业又恢复了生机。

王莽建立新朝的第二年,即公元10年,在颁布王田奴婢政策的第二年,王莽又颁布了他的城市经济政策:五均赊贷之法。五均是由政府对工商业经营和对物价进行统制与管理。它的执行集中在几个主要城市——长安、洛阳、邯郸、临淄、宛、成都。这些地方设立五均司市师,其主要任务是:第一,平抑物价;第二,以成本价格收购滞销的重要民用商品,使生产者不致受损;第三,经管赊、贷两种经济活动。王莽这些对工商业经济活动的管制措施,后来发展为六筦:盐、铁、酒由政府专卖,铜冶钱布由国家铸造,山林湖沼由国家管理,五均、赊货由政府办理。总起来看,这些国家对工商业等经济活动的管制措施,主要内容都是汉武帝的工商政策中所固有的,目的是抑制富商大贾的过分剥削,将工商利润收归国家。政策本身并不错,但执行的结果却证明它是一个以聚敛财富为目的的搜刮政策。这是因为,王莽任用的主持这些事业的官员,绝大部分是原来的大工商主。如拥资五千万的临淄姓伟,家资十万的洛阳张长叔、薛子仲等人,都当上了经办六筦的羲和命士,进一步打破了汉初禁止工商业者做官的法令。这类人本来就是囤积居奇、贱买贵卖、哄抬物价并以高利贷对人民进行掠夺的老手,而今穿上政府官员的服装,便更加肆无忌惮地以权谋私、贪赃枉法、巧取豪夺。他们"乘传求利,交错天下,因与郡县通奸,多张空簿,府藏不实,百姓愈病"。[1] 越到后来,五均越成了官僚、豪富互相勾结鱼肉人民的手段,六筦更成了剥削人民的工具。例如六筦规定的税收名目之繁多、制度之烦琐,就创下了空前的历史纪录:"工商能采金银铜连锡登龟取贝者,皆自占司市钱府,顺时气而取之。""又以周官税民,凡田不耕为不殖,出三夫之税;城廓中宅不树艺者,出三夫之布;民浮游无事,出夫布一匹。其不能出布者,冗作,县官衣食之。诸取众物鸟

---

[1] 《汉书》卷99《王莽传》。

兽鱼鳖百虫于山林水泽及畜牧者，嫔妇桑蚕织纴纺绩补缝，工匠医巫卜祝及它方技商贩贾人坐肆列里区谒舍，皆各自占所为于其所在之县官，除其本，计其利，十一分之，而以其一为贡。敢不自占，自占不以实者，尽没入所采取，而作县官一岁。"① 这其中有些税收项目是针对工商业者的，这当然是必要的。但更多的则是榨取劳动人民。农民因无力耕种要交税，离开土地的流民要交税，凡到山林湖池畜牧、打猎、渔采者，养蚕纺织的妇女，手工匠人、小商贩，以至巫、医、卜祝、方士等人，都要取其赢利的十分之一交税。由于这些人本小利微，这种税收对他们来说是不堪负担的。相反，对那些本大利丰的富商大贾就有利得多。天凤四年（公元17年），王莽正式设立羲和命士，专门监督五均六筦的执行。同时，还下令重六筦之法："每一筦下，为设科条防禁，犯者罪至死，吏民抵罪者浸众。"由于法令繁苛，"民摇手触禁，不得耕桑，繇役烦剧，而枯旱蝗虫相因。……吏用苛暴立威，旁缘莽禁，侵刻小民。富者不得自保，贫者无以自存，起为盗贼"。② 纳言官冯常上书王莽，要求他停止执行五均六筦之法。王莽非但不听，还下令免除其职务。接着任命酷吏侯霸等分督六尉、六队，给予他们类似汉刺史那样的权力，变本加厉地继续推行。直到地皇三年（公元22年），即王莽垮台的前一年，他才下令废除此法。但为时已晚，它所激化的阶级矛盾只有通过农民战争去求得暂时解决。

第二节　政治结构变动

一　秦朝的中央集权与郡县制

在秦朝以前，中国历代王朝的最高统治者都称王，夏、商、周三代皆如此。周朝王以下的爵位有公、侯、伯、子、男（学术界对此有不同看法）等。从春秋末到战国时期，奴隶制"礼崩乐坏"的状况愈演愈烈。旧时制度被冲垮，战国七雄相继称王。昔日唯我独尊的名号被许多人堂而皇之地采用了。公元前221年，秦王嬴政完成统一大业后，面对"六合之内，皇帝之土"的美好江山，他认为王的称号已经无法表示自己的威严和事功了。于是下令群臣议建新的名号，他说："寡人以眇眇之身，兴

---

① 《汉书》卷24《食货志》。
② 同上。

兵除暴乱，赖宗庙之灵，六王威伏其辜，天下大定。今名号不更，无以称成功，传后世。其议帝号。"① 当时的丞相王绾、御史大夫冯劫、延尉李斯等人奉命计议一番，向嬴政建议以传说中的三皇中的"泰皇"为尊号，命为"制"，令为"诏"，天子自称为"朕"。嬴政斟酌其建议，决定采用"泰皇"的"皇"字，和"五帝"的"帝"字，将自己的名号定为"皇帝"。从此，皇帝作为中国封建皇朝最高统治者的名号一直沿用了两千多年，成为千千万万野心家拼命争夺的目标。嬴政又追尊自己的父亲庄襄王为"太上皇"，决定取消夏、商、周以来的谥法。接着，嬴政依据"五德之运"推定了秦皇朝相应的一套正朔、服色、车马制度。由此开始，与皇帝有关的一套制度初步形成，如"朕"是皇帝独享的称谓，"制""诏"是皇帝命令、文告的独特形式，"陛下"是臣民对皇帝的尊称，"乘舆"指皇帝用的车马衣服器械百物，"玺"即皇帝之印。皇帝的亲属也有了独有的称谓，如皇帝父曰太上皇，母曰皇太后，妻曰皇后，子曰皇太子、皇子，女曰公主等，与之相联系，又有了太子制度、后宫制度、外戚制度和宦官制度等。

秦朝在皇帝之下建立起一套从中央到地方的专制主义中央集权的行政体制。

秦朝中央官制的核心是丞相制度。这个制度在秦灭六国前就建立了，统一全国后进一步完善。丞相制度的建立，完成了战国以来政治制度方面的重要转变。它一方面彻底废除了"世卿世禄"的选官制度，建立了任免制的官僚体制；另一方面又使权力进一步集中，成为专制主义中央集权行政体制发展过程中的重要一环。丞相的具体职责是：（1）为国家选用官吏。如李斯经丞相吕不韦推荐任郎官。（2）弹劾百官与执行诛罚。最典型的是李斯任丞相时建议焚书，统一舆论，最后导致坑儒的惨剧。（3）主管郡国的上计与考课。（4）总领百官朝议与奏事。由于丞相总揽全国政务，诸事猬集，所以设丞相府，拥有一个较庞大的官吏班子，以便维持全国行政的运转。

与丞相相匹配，秦始皇还设立了相当于副丞相的御史大夫。御史大夫相当于皇帝的秘书长，所管理的事务也比较宽泛。主要有：（1）为皇帝

---

① 《史记》卷6《秦始皇本纪》。

起草诏、诰、命、令。（2）"受公卿奏事，举劾按章"。① 监察、考课、弹劾百官，承担皇帝交办的一切事宜。（3）"掌图书秘籍"，② 四方文书，熟知法度律令。御史大夫的属官有两丞、侍御史和一批掾吏，御史大夫也开府办事，与丞相府并称二府。

丞相、御史大夫之外，秦朝中央政府还有一重要官员国尉，掌武事。汉朝改称太尉。秦国见于记载的国尉有白起和尉缭。从现有史料看，秦朝建立前后，战事频繁，秦始皇作为全国的最高军事统帅，直接主持军事的谋划、决策和将帅的任命、派遣，国尉的作用并不显著，实则为皇帝的军事顾问。

秦汉时期，习惯上将丞相、御史大夫、国尉（太尉）称为三公。实际上，在秦朝与汉初，这三位官员的地位并不是并列的。其中丞相位尊权重，是国家行政运转的核心。御史大夫虽然也很重要，但无论就权柄还是秩级而论，它都次于丞相。国尉的地位更是等而下之了。这种状况直到汉代后期才发生变化，三公制度才算真正建立起来。

秦朝中央政府以丞相为核心，主持全国政务的运转，御史大夫作为丞相的副贰，起着辅助和一定程度上制衡的作用。在他们之下，设立诸卿分任某一方面的政务，习惯上称其为"九卿"。他们是：掌宗庙礼仪、管理博士官和文化教育事宜的奉常，"掌宫殿门户及主诸郎在殿中侍卫"③ 的郎中令，掌宫门屯卫兵、保卫皇宫的卫尉，掌舆马和全国马政、全权指挥皇帝出行车驾的太仆，掌全国刑狱的廷尉，掌归义蛮夷即全国少数民族首领事务的典客，管理皇室宗族外戚事务的宗正，管理全国财政收入和支出的治粟内史，掌全国山海池泽之税以供皇室开支的少府。实际上，秦朝中央政府还设有不少与"九卿"相近的官员，管理其他事务，如管理归附蛮夷的典属国，管理列侯的主爵中尉，负责太子事务的太子太傅、少傅，管理皇后事务的詹事等。

秦朝以三公和诸卿组成的中央政权机构表明，它已经建立起比较完善的专制主义中央集权的行政体制。这个行政体制的最高首脑是皇帝，他对国家的所有事务都拥有最高和最后的决定权。而整个中央政府都是对他负

---

① 《汉书》卷19《百官公卿表》。
② 同上。
③ 《通典》卷25《职官》。

责和为他服务的。这个中央政府机构尽管已经有了比较严密的组织系统，有了比较明确的分工和一定程度的监督机制，但是，它也明显展示出家、国不分的特点。整个机构都以皇权为中心，因而为皇室服务的机构就多于国家的政务机构。在上面记述的机构中，太常、郎中令、卫尉、太仆、宗正、少府、将作少府、侍中、常侍、给事中、太子少傅、太傅、詹事等，基本上都是为皇帝和他的家族服务的。这说明，专制主义中央集权的行政体制从其在全国确立那天起，就成为皇权的附属物。

秦朝统一全国后，对实行何种地方行政体制，在统治集团内部曾发生过一场激烈的辩论，时间在公元前221年（秦始皇二十六年）。当时丞相王绾等人提议分封皇帝诸子为诸侯王，理由是："诸侯初破，燕、齐、荆地远，不为置王，毋以填之。请立诸子，唯上幸许。""始皇下其议于群臣，群臣皆以为便。"① 可见当时群臣中几乎所有人都认为封王诸子对稳定秦皇朝的统治有利。显然，在他们头脑中，西周分封制的影响还相当强固。只有时任廷尉的李斯站出来，力排众议，主张在地方实行单一的郡县制。

李斯的意见与秦始皇的想法不谋而合。秦始皇表态支持了李斯的意见："天下共苦战斗不休，以有侯王。赖宗庙，天下初定，又复立国，是树兵也，而求其宁息，岂不难哉！廷尉议是。"② 这样，最后由秦始皇裁定，秦朝在地方就建立起较单一的郡县制。

秦朝地方的最高行政机构是郡。郡作为一级地方行政单位出现较早，至少在春秋时期，晋国已开始设郡。尤其是公元前230年至公元前221年，秦国在统一全国的过程中，凡新征服的地区，一律设郡。因此，从一定意义上说，郡县制不过是对已形成的地方行政体制的继承和发展。关于秦朝郡的数量，《汉书·地理志》记载为三十六郡，《晋书·地理志》记载为四十郡。后王国维考定为四十八郡，③ 谭其骧在《秦郡新考》《秦郡界址考》两文中，考定为四十七郡，而将鄣、东阳及庐江三郡存疑。马非百在《秦集史·郡县志》中确定的秦朝之郡是：内史、上郡、北地、陇西、九原、三川、河内、东海、薛郡、南阳、汉中、巴郡、蜀郡、东

---

① 《史记》卷6《秦始皇本纪》。
② 同上。
③ 《观堂集林·秦郡考》。

郡、南郡、长沙、黔中、会稽、九江、衡山、南海、桂林、象郡、闽中、砀郡、颍川、陈郡、邯郸、巨鹿、常山、广阳、上谷、右北平、辽西、渔阳、辽东、雁门、代郡、上党、河东、太原、云中、泗水、济北、齐郡、琅邪，共四十六郡。各郡大小不一，有的属县超过30个，有的仅两三个。

郡设郡守，又名太守，作为一郡的最高行政长官，一郡的政治、经济、风俗、民情皆在其管理范围。由于秦代文献记载凌乱，秦代郡守的具体职责已不清楚。《汉官解诂》记载西汉郡守的职责是："太守专郡，信理庶绩，劝农赈贫，决讼断辟，兴利除害，检举郡奸，举善黜恶，诛讨暴残。"①《后汉书·百官志五》注引胡广之语，对郡守职责讲得更加具体：

> 秋冬岁尽，各计县户口垦田，钱谷出入，盗贼多少，上其集簿。丞尉以下，岁诣郡，课校其功。功多尤为最者，于廷慰劳勉之，以劝其后。负多尤为殿者，于后曹别责，以纠息慢也。诸对辞穷尤困，收主者，掾史关白太守，使取法，丞尉缚责以明下，转相督敕，为民除害也。

《后汉书·百官志五》列举的郡守职责是：治民，进贤劝功，决讼检奸，劝课农桑，振救乏绝，考课上计，选举孝廉等。汉承秦制，以上所记两汉郡守职责当与秦相去不远。总体来看，太守作为一郡的最高级官吏，是联系中央与县一级的枢纽。它上承中央诏令，下督属县贯彻执行，举凡民政、财政、司法、教育、选举以及兵事等，都由其管理执行。

郡的主要佐官有郡尉，掌一郡武事，维持治安，并奉命率兵出境作战。秦统一前，李信率军伐楚，秦军中有七都尉被杀，据《资治通鉴》记载，此七人皆是郡尉。文献中记载的秦朝郡尉有南海尉任嚣、赵佗等。郡的另一重要官员是监御史，由御史府派出并垂直领导，是一郡的最高监察官，对郡守和郡府的其他官员都可行使监察权。同时还有监察外的其他职权，如领兵作战、举荐人才、开凿渠道等。由于监御史不时向朝廷汇报本郡的有关情况，使皇帝和御史大夫对郡守和该郡的运作状况了如指掌，这对加强专制主义中央集权起了重要作用。

郡守的重要佐官还有丞，沿边诸郡，丞称长史，掌兵马。丞以下还有

---

① 《北堂书钞》卷7《设官部》。

数以百计的掾、史、佐吏等，分工处理民政、财政、军事、刑狱、教育、交通、水利、邮驿等事务。由于史料阙如，秦代郡府的机构设置和吏员配备的详情已难稽考。

县是郡以下的一级行政机构，春秋时期不少诸侯国即开始设县。秦孝公曾划全国为 41 县。秦统一全国以后，在全国普遍推行郡县制。县的最高行政长官称令或长，万户以上设县令，万户以下设县长。当时全国县的数量，据马非百考定约有 400 个。西汉县的数目在平帝时为 1589 个，东汉顺帝时为 1181 个。以此推断，秦朝时县的数量不会过千，500 个左右或许接近真实。

县令或县长是一县的主管长官，其职责是全面主持县中各项事务，正如《续汉书·百官志五》所说："（令长）皆掌治其民，显善劝义，禁奸罚恶，理讼平贼，恤民时务，秋冬集课，上计于所属郡国。"因为县府是最重要的基层政权，管理方圆百里以上的土地，万户左右的百姓，举凡民政、财政、刑狱、治安、交通、水利、教育等，无所不统，因而需要一批佐官、佐吏来协助他工作。县令长的佐官主要是县丞和县尉。县丞"秩四百石至二百石，是为长吏"。① 他除了佐令长外，还"兼主刑狱囚徒"，独立地管理仓、狱之事。县尉的设置依县的大小而定，"大县二人，小县一人"，其职掌是"主盗贼，凡有贼法，主名不立，则推索行寻，案察奸宄，以起端绪"。② 因为职务所使，县尉经常在县内巡行，出入交通要道上的亭。除主盗贼之外，凡县内与武事有关的差遣，如更卒番上、役使卒徒等事，县尉一律过问。由于职掌较专，相对于令长有一定的独立性，并有单独的官廨即衙门。县尉也有自己的属吏，主要有尉史、尉从佐等。对下，他直接领导亭的工作。

县令长的佐吏除丞、尉外，还有一大批属吏，即秩百石以下的斗食、佐史之类，称为少吏，这种少吏主要是令史，如夏侯婴曾任沛县令史，陈婴曾任东阳令史。县中的这些令史，分科办事，大体组成与郡府对应的机构。其中主吏（功曹）职总内外，在县属吏中地位最高，职权最大。萧何曾任沛县的主吏，实际上等于协助县令长主持全县的各项政务。

秦时县以下的基层政权组织是乡、亭、里。国家的赋税、徭役、兵役

---

① 《汉书》卷 19《百官公卿表》。
② 《续汉书》卷 118《百官志五》。

以及地方教化、狱讼和治安等事宜，绝大部分是由乡里的官吏直接承办的。我国古代的乡里组织在春秋战国时期已大体形成，五家为伍，伍以上为里，里之上为乡。秦统一全国后，普遍实行以县统乡、以乡统里的地方基层制度。《汉书·百官公卿表》记载："大率十里一亭，亭有长，十亭一乡。"江苏东海县尹湾出土的汉简证明，在秦汉时期，地方基层行政机构由乡里组成，亭是直属于县尉的治安机构。关于乡官的组成情况，秦代没有留下详细的文献资料，西汉的文献大致可以反映秦代的状况。《汉书·百官公卿表》叙述乡官的情况说："乡有三老、有秩、啬夫、游徼。三老掌教化。啬夫职听讼、收赋税。游徼徼循，禁盗贼。"《续汉书·百官志五》对乡官做了更详细的介绍："乡置有秩、三老、游徼。"本注曰：有秩，郡所署，秩百石，掌一乡人。其乡小者，县置啬夫一人。皆主知民善恶，为役先后，知民贫富，为赋多少，平其差品。三老掌教化，凡有孝子顺孙，贞女义妇，让财救患，及学士为民法式者，皆扁表其门，以兴善行。游徼掌徼循，禁司奸盗。又有乡佐，属乡，主民收赋税。在以上乡吏中，三老的起源较早，据《礼记》所载，在周代已经设立。春秋和战国时期，乡里普遍设三老。秦统一以后，亦在全国乡里遍设三老。三老不是行政职务，亦无正常俸禄。但是，由于他们是统治者在地方上树立的道德化身，因而在百姓中有一定的威望，在当时享有较高的社会政治地位，不但可以与县令丞尉分庭抗礼，而且可以直接上书皇帝，提出意见和建议，有些建议且能得到皇帝的采纳。如楚汉战争期间，刘邦为义帝发丧，从政治上孤立和打击项羽的主意，就是三老董公提出来的。乡一级的行政事务，主要由啬夫承担。他一方面要"听讼，收赋税"，另一方面要了解百姓的善恶、服役状况，平定其承担赋税的等差。游徼可能是由县直接派到乡里巡查的吏员，其职责是缉捕盗贼。乡里除三老、啬夫、游徼之外，还有乡佐。从有关记载看，乡佐的职务与啬夫一样，是征收赋税、催办徭役，其他行政、民事、兵事等也一律过问。其地位大体相当于郡、县中的丞，是啬夫的主要助手，乡中的不少实际事务都是由他经办的。

在乡以下还有居民的基层组织。《韩非子·外储说右下》记载秦有"里正与伍老"，1975年湖北云梦出土的秦简中有里（典）和伍（老），也证实了这一点。里、伍的职责是协助乡、亭对居民施行教化和维持社会治安。由于乡里与百姓关系十分密切，所以后世人们往往把家乡称为乡里或故里。政府在里这一居民活动的基层单位中，置有兼有官民二重身份的里吏，即里正，秦时避嬴政名讳，又称里典，为一里之长。里又有父老，是年纪较大而又德高望重者。还有充任杂役的里宰、里门监等。如《史记·陈丞相世家》载，陈平曾任里宰，"里中社，平为宰，分肉食甚均"。《史记·张耳陈余列传》载："张耳陈余乃变姓名俱之陈，为里监门以自食。"另据《史记·郦生陆贾列传》记载，郦食其这位性格独异的纵横先生也曾任里门宰。里以下为伍，是居民的最基层组织，五家为伍，其首领为伍老，职责是教导所辖区以孝悌自厉，同时互相监督，告发奸人。

秦朝对全国百姓的控制是通过严格的户籍制度进行的。中国古代的户籍制度起源很早。周宣王的"料民于太原"，[①] 就是一次明确的户口检查。战国时期的各国都有严格的户籍制度。公元前 374 年（秦献公十一年）"为户籍相伍"，是秦国户籍制度正式建立的标志。秦统一中国后，显然把早已在秦国推行的户籍制度推向全国，因而从县、郡到中央，都有一份本地区乃至全国的户口资料。《史记·萧相国世家》记载，刘邦率军打进咸阳时，萧何独自到丞相、御史府收取律令图书，因而知道全国户口的多少。

秦朝已实行较严格的上计制度。县对郡，郡对中央，每年一次上计，其中的重要内容是人口、垦田、刑狱、赋役的数字，这显然都是来自基层的户口调查。其实，中国的户口调查制度由来已久。《管子·度地篇》记载："令曰：常以秋岁末之时，阅其民，案其家人比地，定什伍口数，别男女大小。其不为用者辄免之，有锢病不可作者疾之，可省作者半事之，并行以定甲士，当被兵之数，上其都。"这大概是战国时期的户口案比情况。根据现有材料推断，秦朝每年至少检查一次户口。户口检查的主要内容是人口（包括每个人的籍贯、姓名、年龄、性别、身高、外貌特征）、土地、各种财产等，因为这些资料决定该户的田租、徭役和人口税。为了加强对基层居民的控制，秦朝完善和发展了战国以来的连坐法，使之互相监督告奸。同伍中一人犯罪，其余各户也被株连治罪。此制度一直延续到近代，成为封建统治者严酷统治百姓的重要手段。秦朝统治者实行严格的户籍制度的目的，是把以农民为主体的广大居民束缚在土地上和以里伍编

[①]《史记》卷 4《周本纪》。

制的社会关系网内,以便为封建国家提供稳定的税源和兵役、徭役服务。这种户籍制度之所以在中国封建社会历两千年之久而不衰,根本原因是封建的自给自足的自然经济。因为在这种社会条件下,"交换是有限的,市场是狭小的,生产方式是稳定的,地方和外界是隔绝的,地方内部是团结的"。① 虽然由于社会的政治动荡和自然灾害等原因不断引发局部的人口流动,但从全局看,"安土重迁"的中国古代农民在"死徙无出乡"观念的支配下,很少流动迁徙,这恰恰为户籍制度的长期稳定创造了条件。

二　西汉的中央集权与郡国并行制

刘邦虽然打着"伐无道,诛暴秦"的旗号最后推翻秦朝,并在颁布"约法三章"的同时宣布了废除秦苛法的命令,但是,当他继秦之后建立起又一个新王朝时,却发现自己必须继承这个被他推翻的王朝的绝大部分制度。原因非常简单,刘邦推翻的仅仅是一个使社会矛盾和阶级矛盾急剧激化的封建统治集团,却无法改变当时封建社会的经济基础和阶级关系,因而在政治、法律等上层建筑领域中也就只能因袭秦朝所建立的制度并使之进一步完善化。"汉承秦制"并不是由某个人的好恶决定的。从根本上说,乃是一种历史的必然趋势。

刘邦建立的汉朝进一步完善秦朝开始在全国实行的专制主义中央集权的行政体制。其基本内容就是"皇帝有至高无上的权力,在各地方分设官职以掌兵、刑、钱、谷等事,并依靠地主、绅士作为全部封建统治的基础"。②

在汉朝,皇帝同样拥有至高无上的权力,并有标志这种权力的一套独一无二的名号。据蔡邕《独断》记载:

> 秦承周末,为汉驱除,自以德兼三皇,功包五帝,故并以为号。汉高祖受命,功德宜之,因而不改也。
>
> 汉天子正号曰皇帝,自称曰朕。臣民称之曰陛下。其言曰制诏,史官记事曰上,车马衣服器械百物曰乘舆。所在曰行在,所居曰禁中,后曰省中。印曰玺。所至曰幸,所进曰御。其命令一曰策书,二

---

① 《马克思恩格斯选集》第3卷,人民出版社1972年版,第313页。
② 《毛泽东选集》(合订本),人民出版社1966年版,第587页。

日制书，三曰诏书，四曰戒书。

与此相适应，汉朝皇帝的亲属也沿用秦朝制定的一套独有的尊号。如皇帝父曰太上皇，母曰皇太后，妻曰皇后，子曰皇太子、皇子，女曰公主，孙曰皇孙，等等。这一套连带的尊号，在刘邦统治时期大体上都确定下来了。

刘邦作为皇帝，总揽了一切行政、立法、司法、财政和军事大权。如果说，在楚汉战争的年代里，他为了战争的需要，曾经给予诸如韩信、萧何以"先斩后奏"等便宜行事的权力；那么，到全国统一以后，这种权力就再也不交给任何人了。所有任免、赏罚和生杀予夺之权都操在皇帝之手。例如韩信之被执与后来被杀于长乐宫钟室，就是刘邦的意旨。而堂堂相国萧何仅仅因为向刘邦请求以上林苑土地周济贫民，就被下狱治罪，封建皇帝的威严、气势和无边的权力在刘邦身上得到了充分的体现。

为了使整个国家机器正常运转，刘邦在进驻汉中之后，就建立了一套简易的管理军事、行政、司法和财政的官僚机构，保证了楚汉战争的胜利。不过在这一时期，由于汉政权的一切活动都是围绕着军事运转，所以存在着机构不健全、官职任免混乱和职责不清等许多问题。例如，在此期间同时有着丞相头衔的就有萧何、韩信、曹参等多人，其实真正履行丞相职责的只有萧何一人。太尉一职也由周勃、卢绾、樊哙等同时担任，御史大夫也是一时二人并任。至于官职名称更是混乱，楚制、秦制杂用，没有统一的制度。显然，这时候某些官职的任命只是刘邦对其臣子功劳的酬赏，而不是让被任命者真正履行该官职所应承担的职责。

楚汉战争结束，西汉王朝正式建立以后，这种非常时期出现的官职不协调的混乱局面也宣告结束。刘邦在萧何等人的赞襄下，损益秦制，建立了一整套从中央到地方的官僚机构。

在中央，建立了以丞相为首的中央政府，其主要官职是：

丞相，其职责是"掌丞天子助理万机"，相当于后世之政府首脑，负责管理封建国家的一切行政军务，地位在百官之上。刘邦初即位时置一丞相，汉十一年（公元前196年）更名相国。

太尉，是皇帝的最高军事顾问。

御史大夫，位上卿，"掌副丞相"及国家的图籍秘书，监察百官。

后人称以上三官为"三公"，其实他们的权力并不是平行的。在汉初，丞相的权力远远超过太尉和御史大夫，实际上是皇帝之下的一元化官僚机构的首领。

在"三公"之下，依照秦制设立了所谓"九卿"和其他各类官员，分别管理封建国家和宫廷事务。这些官员主要是：

奉常（后改为太常），掌宗庙礼仪。

郎中令（后改为光禄勋），掌宫殿掖门户。

卫尉，掌宫门卫屯兵。

太仆，掌皇帝舆马。

廷尉，掌刑狱。

典客（后改为大行令，又更名为大鸿胪），掌外交及国内少数民族事务。

宗正，掌皇帝亲属。

治粟内史（后改为大农令，又更名大司农），掌封建国家财政。

少府，掌皇帝私人财政。

除了以上"九卿"之外，还有掌京师治安的中尉（后改名执金吾），掌宫廷建筑的将作少府（后改名将作大匠），掌皇后、太子家事的詹事，掌少数民族事务的典属国，主管京师行政事务的内史，主管列侯事务的主爵中尉，等等。所有这些官吏都由皇帝任免和调动，概不世袭。并且在这些主管官吏下面还各有一大批属官掾史，协助其管理各项具体事务。

以上这些官职，大都从秦官因袭而来。刘邦死后，西汉的行政机构虽然有着程度不同的变化，但终两汉之世，大体上都是这个基本模式。刘邦时期的汉朝中央官制与秦朝时一样，也体现了专制与集权的特点。其突出表现是没有一个机构可以限制或监督皇帝的权力，恰恰相反，而是有众多的机构专门为皇帝及其家族服务。奉常、郎中令、卫尉、太仆、宗正、少府，这"九卿"中的六卿，在很大程度上都是为皇帝及其家族服务的。其余詹事、将作少府等也大都属于此类官员。所谓"宫中府中，俱为一体"。① 这说明，封建国家与皇帝是密不可分的。

在地方行政体制方面，汉朝也承袭秦制，设立郡县二级管理机构。郡设郡守，为一郡的最高行政长官，有丞为其辅佐，边郡设长史掌兵马。郡还设郡尉，辅佐郡守，掌管一郡的军事。另外，郡守还有一大批属吏各司

---

① 《三国志·蜀书》卷35《诸葛亮传》。

其事。

郡以下设县，其行政长官，万户以上为令，万户以下为长，下设丞、尉等属官协助令长管理全县的行政、司法财政和军事等方面的事务。县以下设乡，乡官有三老、啬夫、游徼等，其中三老掌教化，啬夫管司法、收租税，游徼管治安等事务。乡以下为里，里有里正，里以下就是什伍组织。另外，县以下还有亭一级组织，由县尉领导。亭设亭长，主要职务是负责邮传、维持交通治安，有时也兼管民事。郡县的长吏由皇帝任命和升迁黜陟。他们必须忠实地贯彻执行汉朝中央的政策法令。这样一套从中央到地方的严密行政制度，保证了朝廷对全国各地有效的控制。

西汉在基层实行的什伍组织，实际上是一种人口和财产登记的编户制度。萧何一进入咸阳，什么也不顾，抢先把秦丞相、御史府中的律令、图籍收藏起来。以后咸阳虽遭项羽火劫，但刘邦却能尽知天下户口多少、强弱之处。汉朝的编户制度就是根据秦制而建立起来的。按照规定，一切民户都要进行登记，包括户主的姓名、性别、年龄、家内人口及土地财产，作为征收赋税和征发兵役、徭役的根据。户籍上一般还登记身长、肤色等状貌，作为人口逃亡时缉捕的材料。不在户籍的人叫作"无名数"，丢掉户籍流亡，就成为"流民"。"无名数"和流民在西汉法律上都被认为是犯罪的人。工商业者另立户籍叫作"市籍"。凡是属于"市籍"的人都要受到政治上、经济上的限制和监督。这种编户制度加强了对全国人民的统治。

西汉建立以后，刘邦在实行军队复员的同时，又因袭秦制，建立了一支常备军作为整个封建政权的支柱。汉初的兵役制度为征兵制，规定男子20岁傅籍为"正"（即登记为正丁），从正丁中挑选一部分身强力壮者服兵役，每年八月到郡参加"都试"（即军训），然后服役两年，一岁做卫士，一岁做材官、骑士或楼船士。遇有战事，需随时应征，至56岁免役。汉初的军队分四个兵种，材官是步兵，骑士是骑兵，车士是车兵，楼船士是水兵。大体上三辅和西北边郡地区多骑士，内郡多材官，沿江海地区多楼船士。车士在汉初还存在，以后被逐渐淘汰。汉代军队分中央军与地方军两部分，皆有较为严密的组织。遇有重大军事行动，临时任命将军，组织中央和地方的军队出征。将军以下有部、曲、屯等组织。其编制是将军——（部）校尉、军司马——（曲）军侯——（屯）屯长。郡县兵的组织系统是：郡守、尉——县令（长）——县尉。在边郡地区，组织略有不同，其系统是：郡守、尉——侯官——侯长——燧长。险要之处又设有障、塞，大者曰障，小者曰塞，置有障尉、塞尉。障、塞尉与侯官、侯长系统不同，均直属于守、尉。在军队的部署上，西汉坚持内重外轻的原则，把最精锐的军事力量安放在京师及其周围地区。在汉武帝以前，为了警备首都和保卫皇帝的安全，设置了郎中令、卫尉和中尉三个统兵官。郎中令是皇帝的卫士长，其下有一支由郎官组成的卫队，其实是一支贵族兵，担任宫殿门户及宫殿内的守卫。卫尉统辖的军队叫作南军，担任宫城（指未央宫）城门及宫城内的警卫任务，为皇帝的近卫军。南军士兵来自汉中央的直辖郡县。中尉统辖的军队叫作北军，担任京师的守备任务。北军士兵主要来自京师长安及其周围地区。京师的卫戍部队所以置南北两军而不由一军独自承担，显然有使二军互相牵制的意图。汉朝军事制度的确立和完善，使它经常保持着强大的军事力量，既可镇压农民阶级的反抗，又可抑止地方势力的蠢动，还可以对周边少数民族的侵扰进行有效的防卫。因而，这支军队成为国家安全的重要保证。

西汉建立以后，还进一步制定和完善了法律。刘邦入关灭秦之后，宣布了废秦苛法和"约法三章"，这在当时对于稳定社会秩序，取得关中地区地主阶级和广大劳动人民的拥护都起了较好的作用。但是，随着时间的推移，刘邦及其同僚发现，"约法三章"失之太简，难以完全适应西汉建立以后巩固和加强封建统治的需要。"其后四夷未附，兵革未息，三章之法不足以御奸"，于是刘邦命萧何等"攈摭秦法，取其宜于时者，作律九章"，①制定了最初的《汉律》。不过，这个《汉律》的全部条文，同《秦律》一样，已大部亡佚。大体来说，它废除了《秦律》的某些过于严酷的条款，特别是去除了二世统治时期赵高新增加的苛法，但却保留了《秦律》的大量基本条目。同时，又根据统治的需要，新增加了《兴律》《户律》和《厩律》三章，与原来的六章合在一起，成为《九章律》。后来，叔孙通又作了《傍律》十八篇，作为《九章律》的补充。显然，《汉律》与《秦律》有着一脉相承的关系。所以，鲁迅正确地指出，汉律"还是秦法"，②而陈天华亦指出，秦朝的"诽谤之诛，夷族之法，终汉之

---

① 《汉书》卷23《刑法志》。
② 鲁迅：《而已集·小杂感》，《鲁迅全集》第3卷，人民文学出版社1959年版，第399页。

世未尝去也"。①

与萧何制定《汉律》差不多同时，刘邦还命令韩信等人制定了军法，叔孙通等人制定了各种礼乐制度，张苍等人制定了历法和度、量、衡等各种章程，从而使西汉的各种规章制度初具规模。这些制度的建立和完善，使封建国家走上了正常、稳定的发展轨道，也奠定了此后西汉乃至整个中国封建社会政治制度的基础。

西汉初年的中央与地方行政体制，大体上都是沿袭秦制或稍加变通。这套专制主义中央集权制度的建立和完善，对于巩固和加强汉皇朝的统一，维持和平与安全的社会秩序以及恢复发展生产、繁荣经济都具有积极意义。不过，汉初地方行政体制与秦皇朝也有较大的不同之处，这就是汉初在实行郡县制的同时，还实行了封国制度。如上所述，在楚汉战争中，刘邦为了分化瓦解项羽集团，调动各地实力派共同对项羽作战，陆续分封了八个异姓诸侯王。但刘邦此举显然是权宜之计，所以他在建汉以后的六七年中，通过包括武力在内的各种手段，扫除了除长沙王吴芮之外的其他异姓诸侯王。这对维护统一、加强中央集权是完全必要的。但是，刘邦在消灭异姓诸侯王的过程中，却又陆续分封了九个同姓诸侯王国。刘邦这样做，主观上是接受秦亡的教训，"惩戒亡秦孤立之败"。他认为秦皇朝灭亡的原因是，"窃自号为皇帝，而子弟为匹夫，内亡骨肉本根之辅，外亡尺土藩翼之卫"，②所以决定分封自己的兄弟子侄为诸侯王，使之分布关东地区，据土抚民，以作为汉中央的屏藩，巩固刘氏皇朝的统治。刘邦封同姓王是从公元前200年（汉七年）开始的，起因是前一年的田肯建议。公元前201年十二月，刘邦以"伪游云梦"之计擒韩信后，田肯对刘邦说："陛下得韩信，又治秦中。秦，形胜之国，带河山之险，悬隔千里，持戟百万，秦得百二焉。地势便利，其以下兵于诸侯，譬犹居高屋之上建瓴水也。夫齐，东有琅邪、即墨之饶，南有泰山之固，西有浊河之限，北有勃海之利。地方二千里，持戟百万，悬隔千里之外，齐得十二焉。故此东西秦也。非亲弟子，莫可使王齐矣。"③ 这里田肯讲的虽然只是齐王的人选，但却开启了刘邦大封同姓诸侯王的先河。自此以后，刘邦在消灭异

---

① 陈天华：《陈天华集·中国革命史论》，湖南人民出版社1982年版。
② 《汉书》卷14《诸侯王表》。
③ 《史记》卷8《高祖本纪》。

姓诸侯王的同时，陆续分封了九个同姓诸侯王国。

刘邦时期分封的同姓诸侯王国，共有九个。"自雁门、太原以东至辽阳，为燕、代国；常山以南，太行左转，度河、济、阿、甄以东薄海，为齐、赵国；自陈以西，南至九疑，东带江、淮、谷、泗，薄会稽，为梁、楚、淮南、长沙国；皆外接于胡越。而内地北距山以东尽诸侯地，大者或五六郡，连城数十，置百官宫观，僭于天子。汉独有三河、东郡、颍川、南阳，自江陵以西至蜀，北自云中至陇西，与内史凡十五郡。"① 大体上说，这些诸侯国囊括了今日中国的辽宁、河北、山西北部，山东、江苏、河南东部，安徽、浙江、江西、湖南、湖北东部，即长江、黄河中下游的大部分地区。汉中央直接控制的地区只有关中、巴蜀以及今河南、湖北、山西的一部分。汉初，同姓诸侯王的存在，的确起到了屏藩汉朝中央的作用。正如班固所说："高祖创业，日不暇给，孝惠享国又浅，高后女主摄位，海内晏如，亡狂狡之忧，卒折诸吕之难，成太宗之业者，亦赖之于诸侯也。"② 这是因为，王国初封之时，大部分诸侯王年龄尚小，权柄操在刘邦派出的担任傅相的元勋大臣手里，所以他们与汉朝中央的矛盾尚不十分尖锐。在平定异姓诸侯王、诛除诸吕和对匈奴的斗争中，各诸侯国也都派兵遣将，协助汉中央作战，起了些好的作用。但是，应该看到，刘邦认为秦朝灭亡的原因之一是没有分封子弟为诸侯王的观点并不完全正确，他由此出发而分封同姓诸侯王的措施，其消极作用大于积极作用，因为这种措施本身就造成了分裂割据的因素。后来，随着诸侯王国经济、军事实力的发展，年龄逐渐增大的诸侯王们的野心也急剧膨胀。因而他们的存在也就越来越造成了对西汉中央集权的严重威胁："然诸侯原本以大，末流滥以致溢，小者淫荒越法，大者睽孤横逆。"③ 以致后来在文、景、武三代，汉中央不得不花费很大精力去对付他们，最后甚至不得不诉诸流血的军事行动，才解决了诸侯王国的问题。

西汉建立以后，刘邦除了分封同姓诸侯王之外，还论功行赏，从公元前202年（汉五年）到公元前195年（汉十二年）的七八年间，一共封

---

① 《史记》卷17《汉兴以来诸侯王年表》。
② 《汉书》卷14《诸侯王表》。
③ 同上。

了137个侯。① 由于这时候"大都名城民人散亡，户口可得而数裁十二三"，所以获得侯爵者所得到的封户，大者不过万家，小者五六百户。此外，还给一部分没有侯爵的人以食邑若干户的赏赐。刘邦这样做，主要是为了酬赏那些在战争中立功的文臣武将，同时也是为了满足当时人们的心理和舆论的要求。张良、韩信等人就多次对刘邦说，文臣武将之所以甘愿跟随他南征北战，不避矢石，冒死犯难，其动力就是"日夜望咫尺之地"，而刘邦战胜项羽的重要原因之一也就是他能不吝惜土地，慷慨以赏臣下。刘邦在其封爵之誓中说："使黄河如带，泰山若厉，国以永存，爰其苗裔。"② 即受封者子子孙孙都可永享其封地。对于这种分封的办法，刘邦自己认为是很好的。公元前195年（汉十二年）三月，他在一次诏书中说：

> 吾立为天子，帝有天下，十二年于今矣。与天下之豪士贤大夫共定天下，同安辑之。其有功者上致之王，次为列侯，下乃食邑。而重臣之亲，或为列侯，皆令自置吏，得赋敛，女子公主。为列侯食邑者，皆佩之印，赐大第室。吏二千石，徙之长安，受小第室。入蜀汉定三秦者，皆世世复。吾于天下贤士功臣，可谓亡负矣。③

事实上，与分封同姓诸侯王一样，这种功臣封侯并世袭的制度，也种下了日后分裂割据的因素，它与统一集权的郡县行政体制是很不协调的。因此到西汉文帝以后，尤其是汉武帝时代，对侯国的削除也就成为巩固和加强中央集权的一项重要内容。"故逮文、景四五世间……列侯大者至三四万户，小国自倍，富厚如之。子孙骄逸，忘其先祖之艰难，多陷法禁；殒命亡国；或亡子孙。迄于孝武后元之年，靡有孑遗耗矣。"④

三　外戚擅权与王莽篡政

汉元帝刘奭（公元前48—前33年在位）以后，西汉政权落到王氏外

---

① 加上外戚及王子侯16人，共153人。
② 《汉书》卷16《高惠高后文功臣表》。
③ 《汉书》卷1《高帝纪》。
④ 《汉书》卷16《高惠高后文功臣表》。

戚手里。这是因为，汉元帝的皇后王政君特别富于春秋，历元、成、哀、平四代皇帝而依然贵体康健。元帝去世后，王政君升级为皇太后，她生的儿子刘骜继承皇位，长舅王凤做大司马大将军，领尚书事，太后的同母弟王崇封为安成侯，王凤的庶弟王谭等皆赐爵关内侯，王氏外戚集团由此兴旺发达起来，成为专擅西汉朝政的起点。由于汉成帝好享受，喜女色，既无政治才干，又不愿过问繁杂的行政事务，不仅加速了汉朝腐败的步伐，也使王氏外戚集团的专擅之势得以形成并日益巩固。王凤做大司马大将军，领尚书事，秉汉朝之政11年，其间罢斥丞相王商，将成帝属意的定陶王刘康逐出京师，处死直言敢谏的京兆尹王章，罢免另一个可能对他的权力造成威胁的郡守冯野王，进一步巩固了王氏外戚集团专权的基础。王凤死后，他推荐的叔伯兄弟王音做了大司马车骑将军，领尚书事，他的三兄弟王谭位特进，领城门兵，把持了京师的卫戍治安大权。王音在辅政八年后死去，王政君的另一个兄弟王商任大司马卫将军，领尚书事，继续秉政。四年后，他在升任大司马大将军之后死去，他的另一个兄弟王根被成帝任命为大司马骠骑将军，领尚书事，继续执掌朝廷的权柄。再后，当王根年老致仕时，就与王政君合谋，让他们的侄子王莽继承了大司马大将军的位子。此前，王氏外戚集团中已经有10人封侯，他们是：王政君的父亲阳平侯王禁（王凤后来嗣侯）、安成侯王崇、平阿侯王谭、成都侯王商、红阳侯王立、曲阳侯王根、高平侯王逢时、安阳侯王音、新都侯王莽、王政君的外甥定陵侯淳于长。如此一来，"一门十侯，五大司马"的王氏外戚集团，终于为王莽的篡政奠定了不拔之基。

　　王莽（公元前45—公元23年）38岁的时候，击败了有可能执政的王家外甥淳于长，代其叔父王根秉政，做了大司马大将军，掌握了汉朝的实权。后来，虽然由于哀帝的继位使他在与丁、傅外戚集团的斗争中一度受挫，被迫蛰居六年，但到元寿二年（公元前1年）哀帝死去，他又东山再起，重新当上大司马大将军。接着，他一面立9岁的汉平帝作为傀儡，一面清除政治上的反对派，"附顺者拔擢，忤恨者族灭"，① 大权在握，成了事实上的汉朝皇帝。之后，他利用当时今文经学泛滥形成的对"天命符瑞"的迷信，精心导演了一幕代汉自立的闹剧，由事实上的皇帝变成了真正的皇帝。

---

　　① 《汉书》卷99《王莽传》。

元始元年（公元1年），王莽胁迫元后封自己为太傅、"安汉公"，取得了当年周公在成王初期的权力。第二年，他把自己的女儿安排为汉平帝的皇后，进一步用双重裙带关系巩固了自己的权力和禄位。元始四年（公元4年），他又讽喻元后加封自己为"宰衡，位上公"。接着，再以"加九锡"的封赏使他具有了近于皇帝的威仪。

元始五年（公元5年）十二月，王莽为了扫清他登上真龙宝座的障碍，以进寿酒为名鸩杀了年仅十四岁的汉平帝，选择了两岁的孺子婴为帝位继承人。紧接着，王莽又援引"周公践阼"的古例，挟持元后封他做"摄皇帝"。第二年五月，再晋为"假皇帝"。十一月，他借着梓橦无赖哀章献上的符命，将"孺子加元服，复子明辟"的誓言抛到九霄云外，于公元9年（始建国元年）元旦举行了登基大典，改国号为"新"，完成了代汉的最后一幕。

王莽的代汉之所以顺利地获得成功，最重要的原因是当时刘氏皇朝的腐败无能造成了整个社会对改朝换代的向往。而王莽在执掌汉朝大权后的所作所为，又使他几乎成为社会各阶级所瞩望的代汉人选。

王莽依靠外戚关系，使用各种手段，轻而易举地夺取了政权，兴高采烈地登上了新朝皇帝的宝座。但是，他究竟能将这个皇帝位子占据多久，却不取决于他的手段如何高明，而是决定于他对西汉皇朝长期积累的社会矛盾采取什么样的解决办法。"周公恐惧流言日，王莽谦恭未篡时，向使当初身便死，一生真伪复谁知！"① 诗人的愤怒来源于对王莽背叛"臣子事君以忠"的封建道德信条。其实，王莽篡汉本身并不构成什么罪恶。他的新朝之所以成为一个短命王朝，是因为他制定的一系列解决社会矛盾的方案恰恰对这些矛盾起了火上浇油的作用。

王莽建立新朝以后，立即依照《周礼》设计了一套披着复古外衣的改造蓝图。主要内容有王田奴婢政策、五均六筦之法、币制改革、官制改革和制礼作乐等。但所有这些改革措施最后都没有逃脱失败的结局，王莽新朝的命运就可想而知了。

平心而论，王莽在代汉前办了一些好事，他看到土地兼并的危害，奴婢问题的严重，注重吏治，发展教育，统一度量衡等，都应该得到历史的肯定。但是，由于王莽的政策违背了经济发展的客观规律，不能顺应生产

---

① 白居易：《放言五首》，《全唐诗》卷7。

力发展的要求，有些政策因用人不当而变质，因而先后宣告失败。王田奴婢政策因受到来自各个阶级的反抗早已停止执行，因而土地兼并只能更加剧烈地进行，私奴婢增加之势无法遏止，官奴婢又因苛酷的刑罚而大量增加。五均六筦在富商大贾摇身一变而来的羲和命士等的主持下，变成了对广大劳动人民残酷无情的劫掠，而频繁的货币改革则几乎变成了封建国家对劳动人民和工商业者的明火执仗的抢劫。所有这一切，都从不同方面加速了农民同主要生产资料土地的分离，造成了社会经济生活的极度混乱，使社会生产遭到严重的破坏。这样一来，必然使西汉末年已经十分尖锐的阶级矛盾进一步激化。广大劳动人民除了以武装反抗死里求生外，再也没有别的道路可走了。

第三节　各种政治思潮

一　"以法为教"与"以吏为师"

"孔子西行不到秦"。秦国在统一全国之前，与东方六国，特别是与三晋、齐、楚等国相比，思想文化的发展相对滞后。其一代又一代的当政者，专注的主要方面是以武力开疆拓土。孝公以前，着力向西发展，与戎狄相争并取得一系列的胜利，使秦国在关中地区牢牢地立定了脚跟，建立了日后与东方六国争雄的稳定而繁荣的后方基地。孝公重用商鞅变法后，讲求耕战，着力于富国强兵，对思想文化建设重视不够。在战国时代出现的"百家争鸣"的思潮激扬澎湃的时候，在秦国除了法家、墨家、纵横家以外，几乎看不到其他学派的影响。对统一前的秦国影响最大的思想学术流派是法家。由于秦国靠耕战立国和发展，因而与法家的理论最易投契和发生共鸣。商鞅变法的结果，使秦国的经济和军事实力一跃而雄踞六国之上，法家思想指导秦国政治所取得的立竿见影的效果肯定给秦国君臣留下了难以磨灭的记忆。此后，秦国当政者就以"以法为教""以吏为师"作为治国的指导思想，使秦国沿着富国强兵的路线迅速强大起来，并在对六国的战争中屡获胜利。历史发展到庄襄王和嬴政当政时期，阳翟大贾出身的吕不韦长期据有相位，他企图以《吕氏春秋》一书教导秦王嬴政，影响他偏离法家思想，进而向儒家思想靠拢，同时对诸子百家思想采取兼收并蓄的态度。然而，一方面由于法家思想在秦国的传播广泛而深入，另一方面由于吕不韦在统治集团内部的政争中失败，秦王因人废言，也就不可能抛弃法家思想指导政治的传统。恰在此时，法家集大成者的韩非来到了秦国。这位还未完全脱尽书生气质的法学理论家虽然不久即死于非命，但他综合前期法家，以法、术、势有机结合而成的法制理论却使嬴政找到了梦寐以求的"法宝"，从而进一步强化了秦国的法家思想传统。这一思想倾向从以后秦始皇实行的一系列政治、经济和思想文化政策中得到印证。

墨家思想对秦国的当权者亦有相当影响。据孙诒让研究，墨翟以后，至少有东方田俅子（又名鸠）、谢子等墨者入秦活动。墨家后学唐姑果为秦人，生活于秦惠王时期，他曾竭力阻止秦惠王重用谢子。《吕氏春秋·去私》记述墨家巨子腹䵍在秦国的故事：

> 墨者有巨子腹䵍居秦，其子杀人，秦惠王曰："先生之年长矣，非有它子也。寡人已令吏弗诛矣。先生之以此听寡人也。"腹䵍对曰："墨者之法曰：杀人者死，伤人者刑。此所以禁杀伤人也。夫禁杀伤人者，天下之大义也。王虽为之赐，而令吏弗诛，腹䵍不可不行墨子之法。"不许惠王而遂杀之。

腹䵍是一位墨者巨子，显然与秦惠王有着密切的关系，可能是秦惠王的客卿。在腹䵍周围，一定有一个不下数十人的墨者的队伍。墨家有他们近乎宗教的团体，有严密的组织纪律。他们在秦国的活动肯定得到了当权者的认可。墨家后学在秦国的活动之所以获得统治者的青睐，原因就在于墨家的学说中有些观点如上所引是与法家思想相通的。商鞅与韩非都主张加强君权，热衷建立专制主义中央集权的行政体制："事在四方，要在中央，圣人执要，四方来效。"这与墨家主张的"尚同而下不比""上之所是，下必是之，上之所非，下必非之"的理念极易融通，秦国统一以后，墨学式微，究其原因，固然很多，但其队伍融入秦朝的法吏之中或许是原因之一吧。

纵横家对秦国统治者也产生了一定的影响。在司马谈的《论六家要旨》中，纵横家并未列入其中，因为在他看来此一群体算不上思想流派。班固的《汉书·艺文志》则将纵横家列为十家九流之一。实在说来，司马谈的分类是有见地的。纵横家在当时人数很多，又特别活跃，他们直接服务于军事和政治斗争，在各国间施以纵横捭阖之术，有时甚至起到军事手段达不到的作用。各国的君王们既离不开他们，又害怕他们，在特殊条件下，他们的确能展示"一怒而诸侯惧，安居而天下息"的神奇力量。他们的一切活动都围绕着他们为之服务的君王的利益旋转。他们风尘仆仆奔走于列国君王和权臣之间，以三寸不烂之舌进行游说，言辞虽极富感情与机智，但充满夸饰、虚构、奉迎、假大空，特别善于煽动。纵横家们配合政治斗争，朝秦暮楚，翻云覆雨，唯力是视，唯利是图。秦国的当权者由于目睹纵横家，特别是张仪等人在其战胜六国中的功用，一直对纵横家人物恩宠有加。纵横家的实用主义立场，为达目的不择手段的行事原则，都深深地影响着秦国统治者在统一全国后的思想走向。

在秦朝统一六国的进程中，秦始皇在缴获大量战利品，如珍宝、美女的同时，也不忘收揽东方各国的著名知识分子集中到咸阳的宫廷为自己服务，"悉召文学方士甚众"。① 这些人大概就是多达七十余人的博士和两千余人的博士诸生的由来。这些博士与诸生显然代表了中国当时知识界的精英，其中包括了战国时期参与"百家争鸣"的各学派的一些代表人物。开始，博士与诸生在秦朝受到了相当的礼遇，"始皇置酒咸阳宫，博士七十人前为寿"。② 他们还经常被邀参加军国大事的议决，如议分封、议封禅等，面对空前统一的大帝国和气吞万里的秦始皇，他们竭诚为之服务。每次参与议事，他们都"各以其所学"为据，毫无保留地贡献自己的意见，真正做到知无不言，言无不尽。他们真诚地期望秦朝繁荣昌盛，希望自己的知识有用武之地，自己的人生价值得以实现。

在大一统的环境下，特别是由于秦朝初年对各学派代表人物的吸纳，在秦朝的统治思想中也融入了一些非法家的因素。如阴阳家的阴阳五行学说明显地影响了秦始皇的建国理念，他自认秦朝为"水德"，十月为岁首，色尚黑，他还自觉不自觉地吸纳了儒学中一些对自己有用的东西，如借鉴六国的礼仪制定秦朝的礼制，"至秦有天下，悉内六国礼仪，采择其善"。③ 而那些封禅、立庙等的祭祀礼仪也大都根据儒生的建议完成。特别是，儒家思想中的大一统观念、君臣观念、仁义道德和礼教规范等，都被秦始皇吸收并由李斯写进各地石刻的皇皇文字中。

---

① 《史记》卷6《秦始皇本纪》。
② 同上。
③ 《史记》卷23《礼书》。

不过，秦朝在思想文化政策方面并没有沿着兼综、整合诸子百家的路子走下去，最后导向了"以法为教""以吏为师"的文化专制主义，同时也将自己导向可悲的灭亡之路。

由于法家思想指导下的实践较易收到立竿见影的效果，而秦朝的统一正是法家思想奏出的一曲响彻云霄的凯歌。统一以后的以秦始皇为代表的统治者，更加坚信法家思想的优越性，笃信它是一种万古长青、放之四海皆准的思想，根本意识不到它的弊端，特别是意识不到它与改变了的统一与和平的国内环境越来越严重的不适应性，继续以法家思想指导自己的行政实践。秦始皇至死也没有意识到法家思想存在的问题。本来，吕不韦组织一批宾客撰写《吕氏春秋》，目的是为秦始皇留下一笔思想遗产，希望他在思想上走百家兼综、众流整合的路子，然而，一方面由于秦国的法家思想传统根深蒂固，另一方面由于吕不韦牵涉嫪毐一案引发、激化了他与秦王嬴政的矛盾，秦王政因人废言，对《吕氏春秋》的思想意识不屑一顾。儒学大师荀子是一位百科全书式的思想家，他在战国晚期以儒家思想为主"整百家之不齐"，推出了为统一帝国长治久安谋划的一整套思想理论。他已经看到秦国统一六国的历史前景，也看到"秦之所短"，因而不辞辛劳跑到秦国，真心诚意地向嬴政君臣宣传自己的学说。但言之谆谆，听之藐藐。嬴政君臣先入为主的法家思想对荀子的理论产生了天然的排斥。如此一来，嬴政君臣就与统一帝国相适应的思想失之交臂，从而失去了在新形势下转变政策的良机。

秦始皇统一六国的巨大胜利，毫无疑义进一步增强了他对法家思想的信仰。很难设想一个取得空前成功的帝王会对指导他走向胜利的思想发生怀疑，更难以设想他会在成功后立即抛弃这一思想。从这个意义上讲，秦始皇君臣选择法家思想作为统治思想实在是顺理成章的事情。不过，上面已提及，秦国在统一前对其影响较大的思想还有墨家与纵横家。可是，墨家思想不仅不会缓和法家思想的专制倾向，反而会使之更加强化；纵横家的急功近利更易于同法家思想契合，从而也强化其专制倾向。秦朝统一以后，虽然吸收了可以减缓其专制倾向的儒家思想的某些内容，但是，这些吸收更多地停留在实用的层面，而忽略了儒法的互补功能。秦始皇尽管也收揽了一批儒生进入咸阳的宫廷去做博士和诸生，但目的主要是为了使他们的知识备顾问之用，而不是用他们负载的思想内容。当秦始皇与李斯发现儒生们以其所学议论秦皇朝的大政方针，并以其对于自己学说的执着非议法家的理论之时,就以"焚书坑儒"的办法强制整个社会对法家思想的认同。商鞅"以法为教""以吏为师"的思想最终伴着"焚书"的烟焰和"坑儒"的血腥变成了秦皇朝的文化专制政策。

"以法为教"就是"独尊法术",但秦始皇独尊的法术并不是商鞅讲的"法",而是经过韩非整合过的将"法""术""势"融为一体的"法术"。韩非"法术"思想的核心是由皇帝绝对控制权力,以"督责之术"驾驭群臣,以"法"治理百姓。除皇帝之外的臣民的一切活动都必须由"法"来整齐而划一之,即把臣民的思想和行动统一到法的理念和规范之中。这里,秦始皇与李斯一厢情愿地将臣民的思想与行动统一于法的政策显然是有悖于思想的活动规律的。法律规范人们的活动,它的要求是"一致",这在古今中外概莫能外,因而是合理的。而思想展示的人们的思维活动却是千差万别,强行统一根本无法做到。思维活动只能依思维规律进行,而不能依法统一。正像马克思所评论的,既然自然界的花朵有各种不同的颜色,为什么要求人类最活跃的思想只能是一种颜色呢?"以法为教"的结果只能导向文化专制主义,它窒息的是生气勃勃的思想文化的创造活力。

与"以法为教"相联系的"以吏为师",讲的是法律的传授系统。既然秦朝要"罢黜百家,独尊法术",那么"法"的传授就只能由掌管法的朝廷各级官吏承担。秦朝尽管没有明令废除私学,其博士们也在教授诸生,但是,"以法为教"在事实上大大缩小了教育的内容。地方上执掌法律的小吏们成为百姓的布道者和教师爷,他们的任务是要将百姓训练成只会在法内活动,同时失去思考功能的工具。

"以法为教""以吏为师"作为秦始皇的思想文化政策虽然是他们君臣合乎逻辑的选择,但却是一项极其错误的选择。由于这项选择,最后结束了战国以来"百家争鸣"的思想学术氛围,开启了政治干预思想学术论争的恶劣先例。自此以后,在两千多年的封建社会里,思想学术的发展始终在政治权力的制约下进行,这显然是中国思想学术的不幸与悲哀。由于这项选择,使秦朝失去了对统治思想不断比较选择的机会,也就失去了纠正失误的契机,从而一错到底,直至演变为灭亡的惨剧。由于这项错误的选择,使非法家的众多知识分子噤若寒蝉,三缄其口。秦始皇君臣耳畔只有阿谀献媚之言,再也听不到不同声音,也就使他们失去了对真实政情的感知能力,犹如盲人瞎马,面临万丈深渊而坦然前行。由于这项选择,使不少非法家的知识分子感到进退失据，对秦朝由期望到失望，由怨尤到反抗，秦政权也就失去了知识分子群体的支持。一个政权只靠武力和严刑峻法是不能长久支持的。可悲的是，从秦始皇到秦二世，他们一直到死都没有意识到这是一项导致祖宗基业倾覆的选择。

二 "黄老之治"

刘邦生当战国末年和秦汉之际，他目睹了武力在统一全国和创建一个新皇朝的事业中所起的至关重要的作用。更因为他在秦朝"以法为教""以吏为师"的时代氛围里做过多年亭长，耳濡目染，使他对法家思想笃信不疑。所以在反秦战争、楚汉战争中，他对儒生不屑一顾。他不仅将其骂为"竖儒"，而且弄出"以儒冠为溺器"的恶作剧。当陆贾在其面前谈论《诗》《书》时，他仍然不耐烦地大骂："乃公居马上得之，安事《诗》《书》？"① 后来，尽管陆贾宣扬仁、义和"无为"理论的《新语》让其折服，叔孙通为之制定的朝仪使之体会了"知为皇帝之贵"，② 因而有晚年以太牢之礼曲阜祭孔的盛举，但他并没有从思想的意义上认识儒学的价值。刘邦死后，在战国时期的齐学中具有重要地位的黄老之学走进了汉朝的庙堂，成为惠帝、吕后、文帝、景帝时期近60年间汉朝政治上的指导思想，由此形成了汉初的黄老政治支配政坛的局面。开启此一局面的关键人物并不是一位思想家，而是刘邦那个布衣将相群体中战功卓著的将军，汉朝的第二任丞相曹参。

曹参（？—公元前190年），秦沛县（今属江苏）人，刘邦的同乡好友，参与刘邦领导的丰沛起事反秦后，在反秦战争、楚汉战争中立下赫赫战功。西汉建立后，曹参担任齐王刘肥的相国。他虚心向治黄老之学的胶西盖公请教，"盖公为言治道贵清净而民自定，推此类具言之"，③ 大大发挥了一通我无为而民自化、我好静而民自正的思想，这一点正与曹参的思想相契合。曹参于是待盖公以殊礼，让他做了自己的政治顾问。自此，曹参就采用黄老之术治齐，齐国也就成了他推行黄老政治的最早的实验基地。曹参相齐九年，他精心推行以轻徭、薄赋、节俭、省刑为主要内容的

---

① 《史记》卷97《陆贾列传》。
② 《史记》卷99《叔孙通列传》。
③ 《史记》卷54《曹相国世家》。

各项政治经济政策，与民休息，使百姓有较充分的时间发展生产，安排生活，以恢复遭受战争破坏的社会经济。这种打着"无为"旗号的政策恰恰反映了时代的要求和人民的愿望。"故相齐九年，齐国安集，大称贤相"。① 黄老政治在齐国结出了累累硕果。

汉十二年（公元前195年），刘邦病逝。此前，吕后问他萧何之后汉朝的丞相人选，他明确点出曹参。惠帝二年（公元前193年）七月，汉丞相萧何在病逝前夕，与惠帝达成遴选曹参为继任丞相的共识。曹参继任丞相后，把黄老思想推广为治理全国的原则，"举事所变更，一遵萧何约束"，② 使刘邦、萧何制定和推行的那一套行之有效的与民休息的政策较好地继续下去。曹参的行政原则是以不变更政策求稳定，在稳定中求发展，用发展促稳定。他选用"木拙于文辞"的"忠厚长者"为丞相府吏员，放手让他们依据已有制度和既定政策处理各种事务，他高拱无为，官务清闲，日日以饮酒为乐，以至汉惠帝对他的作为也难以理解。后来，君臣之间有如下一段对话：

> 曹参谢曰："陛下自察圣武孰与高帝？"上曰："朕乃安敢望先帝乎！"参曰："陛下观臣能孰与萧何贤？"上曰："君似不及也。"参曰："陛下之言是也。且高帝与萧何定天下，法令既明，今陛下垂拱，参等守职，遵而勿失，不亦可乎？"上曰："善，君休矣！"③

表面上看，曹参似乎是十分消极地躬践黄老思想倡导的"无为而治"，而这恰恰是对秦朝"有为而治"深刻反思的结果。实际上，曹参的无为也并非无所作为和放弃政府对社会与百姓的管理职能，而是在执行既定政策的前提下，以一定程度的放任主义给百姓创造较为宽松的发展生产、安定生活的环境。这在当时应该就是最高明的治国方略了。曹参任汉丞相只有短短的三年，尽管看起来没有什么显著的建树，但却自觉地确立了黄老思想作为汉帝国政治上的指导原则，也就在事实上为汉朝日后的繁荣创造了条件，其功绩是不可磨灭的。所以当时的民谚这样歌颂他："萧

---

① 《史记》卷54《曹相国世家》。
② 同上。
③ 同上。

何为法，觏若画一，曹参代之，守而勿失，载其清净，民以宁一。"①

西汉初年黄老思想之所以成为统治者的治国方略，当然是由于统治者的自觉选择，这种选择自然也与先后任丞相的曹参、陈平、王陵以及窦太后、文帝、景帝的个人喜好有关，但最主要的还是黄老思想的主要内容适应了当时客观形势的需要。黄老思想是以传说中的黄帝和真实的老子命名的思想体系，是综合战国时的齐国道家学派和楚国老庄道家学派而在秦汉之际形成的新道家学派。其思想集中体现在马王堆帛书《经法》《十大经》《称》《道原》四种佚书以及陆贾《新语》、刘安《淮南子》和司马谈的《论六家要旨》中。黄老思想除坚持先秦道家"道法自然"和"无为而治"的基本理念外，与原始道家已有许多不同，如其强烈的尊君观念就背离了原始道家的无政府主义理念。西汉初年治黄老的黄生与《诗》博士、儒生辕固有一场关于"汤武革命"的辩论，黄生否认"汤放桀，武王伐纣"的正义性，认为那是颠倒君臣关系的"犯上作乱"之举。他振振有词地说：

> "冠虽敝必加于首，履虽新必冠于足。"何者？上下之分也。今桀、纣虽失道，然君上也，汤、武虽圣，臣下也。夫主有失行，臣不正言匡过以尊天子，反因过而诛之，代立南面，非杀何也？②

辕固针对黄生君臣关系绝对固定论的说教，提出有力的反驳："必云是，是高皇帝代秦即天子位，非邪？"显然，黄生君臣不能易位的观点尽管对当今皇帝有利，但却有一个致命的弱点，即将当今皇朝的建立置于一个非法的境地。这时，汉景帝出来打圆场，认为这一问题没有必要辩出是非曲直："食肉毋食马肝，未为不知味也；言学者毋言汤武受命，不为愚。"③ 其实，汉景帝在骨子里是认同黄生观点的，因为君臣不易论意味着汉朝统治的永存。应该说，黄老之学之所以受到汉初统治者的垂青，是因为它适应了汉初国家和百姓在长期战乱后要求社会稳定、与民休息、发展生产、安定民生的愿望，其中包含着对秦朝因"极武"二世而亡的深

---

① 《史记》卷54《曹相国世家》。
② 《汉书》卷88《儒林传》。
③ 同上。

刻反思。陆贾的《新语》对黄老的治国之道概括了三条原则，一是去"极武"而行"仁义"；二是"闭利门""尚德义"；三是"诛佞臣，求圣贤"，即把道家的"无为而治"，儒家的"道德仁义"，法家的"赏善罚恶"等结合起来，其最高理想就是一幅"无为"社会的蓝图：

> 君子之为治也，块然若无事，寂然若无声，官府若无吏，亭落若无民。间里不讼于巷，老幼不愁于庭，近者无所议，远者无所听。邮驿无夜行之吏，乡间无夜名之征。犬不夜吠，鸟不夜鸣。老者息于堂，丁壮者耕耘于田。在朝者忠于君，在家者孝于亲。于是赏善罚恶而润色之，兴辟雍庠序而教诲之，然后贤愚异议，廉鄙异科，长幼异节，上下有差，强弱相扶，小大相怀，尊卑相承，雁行相随，不言而信，不怒而威，岂恃坚甲利兵，深刑刻法，朝夕切切而后行哉？①

这种"无为"的社会理想，正为西汉初年以轻徭、薄赋、节俭、省刑为内容的与民休息政策提供了理论上的指导原则。在黄老思想指导下的黄老政治，对西汉初年社会经济的恢复发展起了积极的作用，铸造了著名的文景盛世。

三 "霸王道杂之"

汉武帝采纳董仲舒的建议，确定了"罢黜百家，独尊儒术"的思想文化政策。他及其后代昭、宣两朝，尽管在舆论的层面高扬儒学的旗帜，但实际的治国理念和方略是内法外儒，这也是董仲舒创立的新儒学，即今文经学治国理政理论的实际指归。用"霸王道杂之"对这种理论进行概括的，是汉宣帝。《汉书·元帝纪》记载：

> 孝元皇帝……八岁，立为太子。壮大，柔仁好儒。见宣帝所用多文法吏，以刑名绳下，大臣杨恽、盖宽饶等坐刺讥辞语为罪而诛，尝侍燕从容言："陛下持刑太深，宜用儒生。"宣帝作色曰："汉家自有制度，本以霸王道杂之，奈何纯任德教，用周政乎！且俗儒不达时宜，好是古非今，使人眩于名实，不知所守，何足委任！"乃叹曰：

---

① 《新语·至德》。

"乱我家者，太子也！"

这里汉宣帝用"霸王道杂之"概括"汉家制度"，道出了自汉武帝至汉宣帝近一百年间占主流地位的政治思潮。这种政治思潮接续了汉初六十多年的黄老政治思潮，是与西汉鼎盛时期的社会现实相适应的。

"霸王道杂之"的"汉家制度"，作为一种政治思潮，既纠正了黄老政治过于放任的偏颇，又矫正了先秦原始儒学过于强调德治的缺陷，更避免了法家政治思想中赤裸裸的利害考量和"以法为教""以吏为师"的非道德倾向，将法家的"霸道"和儒家的"王道"有机地结合在一起，较好地为西汉武、昭、宣三代的政治、经济改革提供了理论和舆论的导向，其进步作用是显而易见的。而这种"霸王道杂之"的治国理政理论，实际上为汉代以后历代封建皇朝所遵循，那些能够将"霸道"和"王道"结合起来，使二者取得平衡的皇朝，大都获得了较好的治绩，创造了"盛世"之局。

四 "改朝换代"

西汉自中期以后，由于以土地和奴婢问题为主要内容的社会危机日趋严重，农民起义接二连三地发生，使统治集团中的不少人也感到汉朝难以照旧统治下去。其中，维护刘氏皇统的一部分思想家和政治家提出了不少改革方案，希望通过调整政策达到缓和矛盾、挽救危机的目的。一部分对刘氏皇朝失去信心的思想家和政治家，则鼓吹通过易姓改制即建立一个新皇朝来摆脱危机。

面对刘氏皇朝的日益昏愦腐朽和劳动人民日益激烈的反抗，一部分儒生出身的地主阶级知识分子认为"汉德已衰""气数已尽"，希望另有"贤德"的人来取代刘氏的帝位，以维护整个地主阶级的统治。就是当权的豪族地主和在经济上有很大势力的富商大贾也对刘氏皇朝失去了信心。他们希望通过一次和平的改朝换代以巩固地主阶级的统治。这样，在汉代中期以后，在朝野一部分人中便产生了"改制"的思潮。这种思潮与战国以来开始流行，中经董仲舒加以系统完善的"天人感应说""五德终始说"和"三统三正说"结合起来，在舆论上产生了越来越大的力量和影响。

还在汉昭帝元凤三年（公元前78年），春秋学家、符节令眭弘就借泰山莱芜山南"大石自立"和昌邑与上林苑"枯柳再生"之事，上书朝廷："先师董仲舒有言，虽有继体守文之君，不害圣人之受命。汉家尧后，有传国之运，汉帝宜谁差天下，求索贤人，禅以帝位，而退自封百里，如殷周二王后，以承顺天命。"①当时秉政的大将军霍光看到这个要昭帝自动下台让位的上书后，立即指使廷尉以"妄说妖言惑众，大逆不道"的罪名将眭弘杀掉。汉宣帝时，儒生出身的司隶校尉盖宽饶以其廉洁的品行和雷厉风行的政风赢得了朝野的赞誉。他见宣帝倚重刑罚，任用宦官，十分不满，上书指责宣帝"方今圣道浸废，儒术不行，以刑余为周召，以法律为诗书"，又征引《韩氏易传》，大胆提出了"让位传贤"的建议："五帝官天下，三王家天下，家以传子，官以传贤，若四时之运，功成者去，不得其人则不居其位。"②当宣帝将其上书交朝中二千石以上官员讨论时，执金吾一口咬定盖宽饶是讽喻宣帝将皇位传给自己，当然是"大逆不道"。尽管有人出来为他说情，但盖宽饶最后还是落了个"引佩刀自刭北阙下"的下场。大概是眭弘和盖宽饶的惨死使后来人接受了教训，他们不再鼓吹"异姓受命"，改而宣传由汉朝皇帝自己来一次"再受命"，"再受命"显然可以使汉朝皇帝易于接受，但其中隐含的"汉朝气数已尽"的观念仍然时刻使他们面临杀头的危险。元帝在位时，以治《齐诗》闻名被征为郎官的儒生翼奉，曾多次为元帝推演灾异。有一次，他委婉地建议元帝用迁都的办法"与天下更始"：

> 今汉取天下，起于丰沛，以兵征伐，德化未洽，后世奢侈，国家之费当数代之用，非直费财，又乃费士。孝武之世，暴骨四夷，不可胜数。有天下虽未久，至于陛下八世九主矣，虽有成王之明，然无周召之佐，今东方连年饥馑，加之以疫疾，百姓菜色，或至相食。地比震动，天气混浊，日光侵夺。繇此言之，执国政者岂可以不怵惕而戒万分之一乎！故臣愿陛下因天变而徙都，所谓与天下更始者也。天道终而复始，穷则反本，故能延长而无穷也。今汉道未终，陛下本而始之，于以永世延祥，不亦优乎！③

---

① 《汉书》卷75《眭弘传》。
② 《汉书》卷77《盖宽饶传》。
③ 《汉书》卷75《翼奉传》。

元帝虽然没有接受他的建议，但因为他处处为汉祚的绵延献计筹策，也就没有责怪于他。汉成帝继位后，齐人甘忠可撰写了《天官历包元太平经》12卷，在其中鼓吹"汉家逢天地之大终，当更受命于天"。① 他招收门徒，传授自己的学说。后来被中垒校尉刘向告了一状，结果以"假鬼神罔上惑众"的罪名下狱致死。但他的弟子夏贺良等人依然私下传授这套理论，哀帝建平二年（公元前5年），经司隶校尉解光、黄门侍郎李寻和甘忠可弟子、时任长安令的郭昌等从中说项，久病乱求医的汉哀帝召见了夏贺良。夏建议他"改元易号"再受命，说："汉历中衰，当更受命。成帝不应天命，故绝嗣。今陛下久疾，变异屡数，天所以谴告人也，宜急改元易号，乃得延年益寿，皇子生，灾异息矣。"② 哀帝决定试一试，于是下了"改元易号"的诏书："惟汉兴至今二百载，历纪开元，皇天降非材之右，汉国再获受命之符，朕之不德，曷敢不通夫受天之元命，必与天下自新。其大赦天下，以建平二年为太初元年，号曰陈圣刘太平皇帝。"③ 过了一个多月，哀帝的宿疾如故，而因为建议被采纳而忘乎所以的夏贺良又提出更换当朝官吏的建议，遭到大部分朝官的激烈反对，哀帝也因其法术不灵而产生怀疑，下诏收回改制的成命，同时将夏贺良一伙交"廷尉杂治"。夏贺良及其党徒皆被冠以"执左道，乱朝政，倾覆国家，诬罔主上"的罪名遭到诛杀。夏贺良与汉哀帝共同导演的这幕"再受命"的闹剧仅仅一个多月就偃旗息鼓了。至此，通过刘氏皇帝自己"再受命"而改变运气，摆脱危机的希望也在不少人心目中破灭了。此后，人们转而把这种希望寄托在"易姓变号"的改朝换代上。恰在此时，在汉代政坛上新崛起的王莽成了众望所归的人物，不久就出现了由他导演的代汉立新的闹剧。

---

① 《汉书》卷75《李寻传》。
② 同上。
③ 同上。

第二章　统治思想与治国理论

第一节　秦始皇的君权至上论

一　君权至上，皇帝独裁

一代雄主秦始皇，姓嬴名政，生于秦昭襄王四十八年（公元前259年），死于秦始皇三十七年（公元前210年）。虽然只活了50岁，却创造了震古烁今的空前伟业：是他"奋六世之余烈，振长策而御宇内"，以十年之功灭亡了韩、赵、魏、燕、楚、齐六国，第一次从真正意义上完成了中国的统一；是他建立了以皇权为中心的专制主义中央集权的行政体制，在全国范围内推行了"使黔首自实田"、统一货币、统一度量衡、统一文字等措施，对此后两千多年中国历史的发展、社会的进步和民族的融合与统一，都产生了积极的作用。这些功业就使他成为一代英主，一个登上时代巅峰的光彩夺目的巨人。然而，他同时又是一个空前的暴君，因为他那些即使看起来是推动历史发展和社会进步的活动，如伐匈奴、筑长城、平百越、凿灵渠、修驰道，也因远远超出百姓的承受能力而成为暴行，更不用说那些建阿房宫、修骊山墓等纯粹为自己生前死后的享受而劳民伤财的残民害物的虐政了，而"焚书坑儒"更以令人发指的残忍铸就了他暴君的形象。一个巍巍如昆仑的空前统一、强大的帝国，只存在了15个年头就被农民起义的洪涛巨浪吞没，秦始皇的暴政显然难辞其咎。

秦始皇并不是传统意义上的思想家，但他的政治思想却展示了丰富的内涵和个性特征。

就世界观而言，秦始皇是一个有神论者。冯友兰认为他笃信法家学说，强调"力"与"威"，批判鬼神迷信。① 证据是秦刻石中的这样一段话："古之五帝三王，知教不同，法度不明，假威鬼神，以欺远方，实不称名，故不久长。"似乎秦始皇已经接近无神论了。实际上，以法家思想指导建国行政的秦始皇却没有继承法家集大成者韩非的无神论自然观，而是一个笃信天神地祇、神仙方术的有神论者。统一全国后，他全盘继承了西周和秦国以及齐国八神等的祭祀，从四个至高无上的白帝、青帝、黄帝、炎帝，到日、月、星、辰、山、川、河流的自然崇拜，再到古圣先贤的名人崇拜，应有尽有，构成了一个多神崇拜的神仙世界。这说明，秦始皇虽然在政治上建立了唯我独尊的皇帝制度，建立和完善了专制主义中央集权的行政体制，但在神的世界，却还没有建立起一个以上帝（天）为最高主宰的等级森严的一元化的秩序，仍停留在多元神崇拜的阶段。

在社会历史观方面，秦始皇相信五德终始说。产生于西周时期的五德终始说将木、火、土、金、水五种元素之间的关系说成比相生、间相胜。这种对这五种元素物理性能表面观察得出的结论，本来就是不科学的。可是，到了战国时期的邹衍那里，他又将这种元素之间的非科学的关系推衍到解释朝代的更替，认为每一个王朝代表一德，如虞舜为土德，夏为木德，殷为金德，周为火德，其更替的顺序是间相胜。显然，以五德之运解释王朝的更替是一种神秘主义的命定论的历史观，但秦始皇对此深信不疑。究其原因，一方面由于五德终始学说早在战国时期就在各国间广泛流行，对思想遗产十分贫乏的秦国不能不产生影响，如《吕氏春秋》中就融入了这种思想；另一方面，秦国在统一六国的过程中，秦军也将各国有名望的知识分子传送到秦国的首都咸阳，这些人就是秦皇朝初期70多个博士的主要来源，其中不乏方士和阴阳家，他们对秦始皇钟情五德终始说起了促进作用。大概秦始皇在统一六国前就思谋自己的王朝所承之运，所以统一之后在确立各种制度时他就选定水德之运。因水的终数为六，他就规定秦朝数以六为纪，以十月为岁首，衣服旄旌节旗尚黑，将黄河改名"德水"。又因为五行的方位水居北，季节对应为冬季，进而与法家的刻薄寡恩联系在一起。秦始皇想必对自己所承之运的选定十分得意，但他忘记了，既然五德之运周而复始的运行是个规律，秦朝的水德之运也是不能长久的，他的一世、二世直到万世的预期也就只能是自欺欺人的梦呓了。

---

① 冯友兰：《中国哲学史新编》第2卷第1章，人民出版社1962年版。

秦始皇的政治思想有两个最重要的支点，一个是君权至上，另一个是皇帝独裁。

在秦始皇看来，天下国家是嬴姓家族的独占品，全国的土地臣民，都属于他家的私产："六合之内，皇帝之土。西涉流沙，南尽北户。东有东海，北过大夏。人迹所至，无不臣者。功盖五帝，泽及牛马。莫不爱德，各安其宇。"所以君位绝对排他，必须世袭，"朕为始皇帝。后世以计数，二世三世至于万世，传之无穷"。① 他建立的皇帝制度和专制主义中央集权的行政体制，同样是为皇室服务并围绕着皇室的利益旋转，如同前面已经指出的，整个中央政府机构的设置，鲜明显示了家、国同构，家、国不分的特点，因为为皇室服务的机构明显多于为国家服务的政务机构。在三公以下的专门机构中，太常、郎中令、卫尉、太仆、宗正、少府、将作少府、侍中、常侍、给事中、太子少傅、太傅、詹事等，基本上都是为皇帝和他的家族服务的。在流传至今的秦刻石文中，最重要的内容就是对秦始皇功业的歌颂。

秦始皇二十八年的泰山刻石文：

> 皇帝临位，作制明法，臣下修饬……治道运行，诸产得宜，皆有法式。大义休明，垂于后世，顺承勿革。皇帝躬圣，既平天下，不懈于治。夙兴夜寐，建设长利，专隆教诲。训经宣达，远近毕理，咸承圣志……施于后嗣，化及无穷……

琅邪刻石文：

> 皇帝作始，端平法度，万物之纪。以明人事，合同父子。圣智仁义，显白道理……皇帝之功，勤劳本事……普天之下，抟心揖志……日月所照，舟舆所载，皆终其命，莫不得意。应时动事，是维皇帝。匡饬异俗，陵水经地。忧恤黔首，朝夕不懈。除疑定法，咸知所辟。方伯分职，诸治经易。举错必当，莫不如画。皇帝之明，临察四方。尊卑贵贱，不逾次行。奸邪不容，皆务贞良。细大尽力，莫敢怠荒。远迩辟隐，专务肃庄。端直敦忠，事业有常。皇帝之德，存定四极。

---

① 《史记》卷6《秦始皇本纪》。

诛乱除害，兴利致福。节事以时，诸产繁殖。黔首安宁，不用兵革。六亲相保，终无盗贼。欢欣奉教，尽知法式。

之罘刻石文：

大圣作治，建定法度，显著纲纪。外教诸侯，光施文惠，明以义理。普施明法，经纬天下，永为仪则。大矣哉！宇县之中，承顺圣意。

圣法初兴，清理疆内，外诛暴强。武威旁畅，振动四极，禽灭六王。阐并天下，灾害绝息，永偃戎兵。皇帝明德，经理宇内，视听不息。作立大义，昭设备器，咸有章旗。职臣遵分，各知所行，事无嫌疑。黔首改化，远迩同度，临古绝尤。常职既定，后嗣循业，长承圣治。

碣石刻石文：

遂兴师旅，诛除无道，为逆灭息。武殄暴逆，文复无罪，庶心咸服。惠论功劳，赏及牛马。恩肥土域。皇帝奋威，德并诸侯，初一泰平。堕坏城廓，决通川防，夷去险阻。地势既定，黎庶无繇，天下咸抚。男乐其畴，女修其业，事各有序。惠被诸产，久并来田，莫不安所。

会稽刻石文：

皇帝休烈，平一宇内，德惠修长……秦圣临国，始定刑名，显陈旧章。初平法式，审别职任，以立恒常。六王专倍……遂起祸殃。义威诛之，殄熄暴悖，乱贼灭亡。盛德广米，六合之中，被泽无疆。皇帝并宇，兼听万事，远近毕清……大治濯俗，天下承风，蒙被修经。皆遵法度，和安敦勉，莫不顺令。黔首休洁，人乐同则，嘉保太平。

后敬奉法，常治无极，舆舟不倾。①

刻石文这些洋洋盈耳的颂歌，将秦皇朝一切空前绝后的伟业全盘推尊为秦始皇的功劳，这反映的恰恰是秦始皇自己君权至上、君权唯一的心声。

与君权至上相联系的是皇帝独裁。秦始皇建立的专制主义中央集权的行政体制，就是一个保证皇帝独裁的制度，这主要表现在以下几个方面。

第一，这个专制主义中央集权的行政体制的主要官员，从中央的三公九卿至地方的郡守、县令等主官，都是由皇帝任命，对皇帝负责。

第二，皇帝是全国武装部队的最高统帅，掌握战、和的大权，他任命高级军官，操控着调动 50 人以上军队的权力。

第三，全国的行政、司法、监察、财政、军事等所有的权力都掌握在皇帝手里，一切重大的决策最后都由他拍板，"天下之事无大小皆决于上"。②

第四，他公布法律，全国臣民必须一体遵守。他通过经常的诏、诰、命、令、制、敕等指导和规范行政与其他各项事务的运行。

秦始皇的独裁突出表现在他可以凭自己的好恶决定一切。你看，他自己决定皇帝的名号，决定秦朝是水德之运，决定地方行政实行郡县制而不延续封子弟为诸侯王的制度，决定为寻找仙人和不死药而派徐福远航海外。浮江至湘山时，因遇大风，他就"使刑徒三千皆伐湘山树，赭其山"。③ 因燕人卢生"奏录图书，曰'亡秦者胡也'。始皇乃使将军蒙恬发兵三十万北击胡"，④ 发动了对匈奴的征伐。而"焚书坑儒"的惨剧更是系于他的一闪念。上面征引的那些刻石文也印证了秦始皇牢固的自觉的皇帝独裁的心态。

二 法制与耕战

在秦始皇的政治思想中，也显示了儒家学说的潜移默化的影响。尽管

---

① 《史记》卷 6《秦始皇本纪》。
② 同上。
③ 同上。
④ 同上。

"孔子西行不到秦"，在整个春秋战国时期除了"援法入儒"的儒学大师荀子到秦国周游了一番外，统一前的秦国几乎看不到儒家学者的身影。然而，由于战国时期的儒家已经成为影响广泛的显学，加之统一后有一批齐鲁儒生进入秦帝国的庙堂，致使秦始皇自觉不自觉地受到了儒家思想的影响。这突出表现在秦刻石文中对儒学理念的宣扬。如其中多次出现"仁""义""圣""德"等字眼，对礼教的宣传更是不遗余力。如《泰山刻石》中有"大义休明，垂于后世"，"贵贱分明，男女礼顺"。《琅邪刻石》中有"以明人事，合同父子。圣智仁义，显白道理"，"尊卑贵贱，不逾次行。奸邪不容。皆务贞良"。这些内容展示的基本上是儒学的观点。其实，刻石文中出现这些儒学政治思想中宣扬仁义教化和贵贱等级的理念，对秦始皇来说并不奇怪。这是因为，战国后期出现的思想领域的综合之势，如《吕氏春秋》之所为，肯定会对秦始皇产生意想不到的影响，更由于，当完成统一、转入和平时期的统治者会发现儒学"严等差，贵秩序"的理论能够起到任何其他学说起不到的维护社会稳定的作用。当然，秦始皇对儒学这种功用的认识还远远不够。不过，处在由战争到和平的角色转换中的帝王，他对儒学中部分有利于其统治的内容加以吸纳则是顺理成章。

当然，对秦始皇政治思想影响最大的是法家思想。在战国时期的所有思想流派中，对秦国影响最大的是法家。自从商鞅携李悝的《法经》入秦协助秦孝公变法以后，秦国君臣上下都认识到法家学说在富国强兵上立竿见影的作用，由此形成了秦国以法家思想指导治国理政的传统。秦始皇登基以后，接连不断、规模越来越大的对六国的战争则进一步强化了这个传统。他从耳濡目染到身体力行，可以说法家思想已经渗透到他的骨髓和血液中。所以他的思想是"刚毅戾深，事皆决于法，刻削毋仁恩和义"。[①]他相信法，迷信法，认识到夺取政权靠武力，维持政权除靠武力外，就是靠法了。在秦刻石文中，他一再强调自己制定各种法规的英明和法制的重要。什么"皇帝临位，作制明法"，"治道运行，诸产得宜，皆有法式"，什么"皇帝作始，端平法度，万物之纪"，"除疑定法，咸知所辟"，什么"大圣作治，建定法度，显著纲纪"，什么"秦圣临国，始定刑名，显陈

---

① 《史记》卷6《秦始皇本纪》。

旧章。初平法式，审别职任，以立恒常"，① 等等，简直就是激情满怀的法制颂歌。秦始皇以法治国理政的思想完全是出于一种自觉意识。由于过于钟情甚至偏爱法制，就使他在很大程度上忽略了道德对于稳定社会秩序、形成良好社会风气的作用。前面提及儒家提倡德治的思想对秦始皇的影响，但这种影响实在太微弱了，几乎可以忽略不计。他压根就不了解，在规范人们的行为，调节人与人的关系上，法制固然重要，但缺了道德伦理，相对和谐的人际关系是建立不起来的。秦始皇君臣在统一全国后着力进行法制建设，建立了以刑法为核心的涉及民法、行政诉讼法等内容的较完整的法制体系，这当然是十分必要的。但是，由于对道德伦理认识的偏颇，忽略了道德建设，致使君臣之间、皇族内部几乎不存在道德亲情的联系，其结果是统治阶级内部层出不穷的恶斗、杀戮戕害了秦帝国的机体，也就大大削弱了秦朝统治集团协和一致对付反叛者的能力。最可悲的是，当秦朝被起义军撕下最后一页日历的时候，经营数以百年计的秦帝国竟找不到一个为之殉节的忠臣义士。

秦始皇一方面认为凭借严刑峻法可以治国安邦，另一方面认为通过强化耕战能够富国强兵。所以，在他的字典中，特别钟情与战争相连的"力"与"威"。在史书保留下来的秦始皇有限的言论中，充满着对"力"与"威"的称颂，洋溢着握有"力"与"威"为所欲为的豪情。其中还蕴含着对统治权合法化的解释。他在命群臣议帝号时，多次讲到对六国"兴兵诛之"，"举兵灭之"，最后洋洋得意地说："寡人以渺渺之身，兴兵诛暴乱，赖宗庙之灵，六王咸伏其辜，天下大定。"② 在秦刻石文中，也不乏这方面的内容："六国回辟，贪戾无厌，虐杀不已。皇帝哀众，遂发讨师，奋扬武德。义诛信行，威燀旁达，莫不宾服。""圣法初兴，清理疆内，外诛暴强。武威旁畅，振动四极，禽灭六王。""遂兴师旅，诛戮无道，为逆灭息。武殄暴逆，文复无罪，庶心咸服。""六王传倍，贪戾憸猛，率众自强。暴虐恣行，负力而骄，数动甲兵。阴通间使，以事合从，行为辟方。内饰诈谋，外来侵边，遂起祸殃。义威诛之，殄熄暴悖，乱贼灭亡。"③ 这些思想显然是法家"武力万能"论的张扬。秦始皇生于

---

① 《史记》卷6《秦始皇本纪》。
② 同上。
③ 同上。

乱世，从其记事之时起就目睹了无数的战争和死亡，更多的是感受到战争的胜利带来的喜悦，尤其是认识到了用战争手段解决矛盾较之其他手段更干脆利落和痛快淋漓。所以，他歌颂"力"与"威"，对统一六国的战争情有独钟。统一之后，他又发动了北伐匈奴和南平百越的战争，深信战争之神会永远给他带来好运。

与"战"相联系，他也十分重视"耕"。他知道农业经济的地位，明白国富兵强主要靠农业经济的发展。而只有国富兵强才能为"战"提供持久而有力的支撑。为此，他宣布"使黔首自实田"，以实现生产者与生产资料的结合；同时实行"上农除末"的政策，调动农民的生产积极性。在刻石文中，他对自己实行的政策也充满自信与豪情："皇帝之功，勤劳本事。上农除末，黔首是富。""节事以时，诸产繁殖。黔首安宁，不用兵革。""男乐其畴，女修其业，事各有序。惠被诸产，久并来田，莫不所安。"① 在当时的历史条件下，"上农除末"的政策对于稳定农民的地位，促进农业生产的发展显然具有积极作用。但是，秦始皇的实际活动却背离了他的初衷，他加给农民的沉重的赋役负担使"上农"成了一句空话，他建立的皇朝最后也被他所"上"的广大农民掀起的狂涛巨浪席卷而去。

第二节　李斯的专制集权论

一　李斯其人其事

李斯（？—前207年），楚国上蔡（今属河南）人，生于战国末期，曾与韩非一起事先秦时期最后一位儒学大师、百科全书式的大思想家荀子。与荀子"援法入儒"不同，他的这两个弟子沿着老师的学术路子急剧前行，彻底摈弃了儒家思想，成为法家阵营的双子星座：韩非是先秦法家学说的集其大成者，而李斯则是实践法家学说的成功的政治家。

战国七雄，对垒互峙，以频繁酷烈的战争和纵横捭阖的外交斗争，将当时的文士和武士召唤到施展自己才能的舞台。在李斯身上，更集中体现着这类士人对权力和富贵的贪得无厌。他在辞别自己的老师只身入秦时讲了这样一段话：

---

① 《史记》卷6《秦始皇本纪》。

> 斯闻得时无怠,今万乘方争时,游者主事。今秦王欲吞天下,称帝而治,此布衣驰骛之时而游说者之秋也。处卑贱之位而计不为者,此禽鹿视肉,人面而能强行者耳。故诟莫大于卑贱,而悲莫甚于贫困。久处卑贱之位,困苦之地,非世而恶利,自托于无为,此非士之情也。故斯将西说秦王矣。①

显然,在李斯眼里,人生最大的荣耀莫过于取得高贵的身份,最大的快乐莫过于荣华富贵,这就是他以一介布衣之士前往谋臣如雨、猛将如云的秦国的最大动力。

李斯来到秦国时,13 岁的嬴政刚刚从他的父亲庄襄王那里继承尊位,朝政大权操纵在丞相吕不韦手中。李斯看准机会,投到吕不韦门下做舍人,不久即被吕推荐为郎官,走进宫廷,获得在秦王面前展示才能的机会。九年后,发生了嬴政清除嫪毐和吕不韦集团的斗争。李斯毫不犹豫地斩断与昔日主人吕不韦的恩义,成功度过此次政争并得以晋升。但随即发生韩国人郑国以修渠疲惫秦国的阴谋败露,秦王怒下逐客令,要求所有非秦国的客卿离开秦国。被逐之列的李斯在束装就道时呈上《谏逐客书》的名文,直言不讳地指出逐客是弱己资敌的蠢行:"今取人则不然。不问可否,不论曲直,非秦者去,为客者逐。然则是所重者在乎色乐珠玉,而所轻者在乎人民也。此非所以跨海内制诸侯之术也。……今乃弃黔首以资敌国,却宾客以业诸侯,使天下之士退而不敢西向,裹足不入秦。……今逐客以资敌国,损民以益仇,内自虚而外树怨于诸侯,求国无危,不可得也。"② 这篇言辞激烈的上书竟使嬴政收回成命,已经踏上归途的李斯又回到秦王身边。但不久,又一桩事件危及李斯的地位:他的同窗韩非来到秦国并得到了秦王的信任。李斯于是与姚贾合谋,假秦王之手将韩非送上不归路。

李斯来秦国的十多年间,凭着自己敏锐的洞察力和心狠手毒的决断,三次顺利度过厄运。这表明,只要能获得权势和富贵,他是从来不顾信义并翻云覆雨的。李斯阴毒卑劣的品格,对权势发疯般地追求,恰恰成为他

---

① 《史记》卷 87《李斯列传》。

② 同上。

不断升迁的秘诀。经过这几次事件之后，李斯已经从秦王那里取得了不容置疑的信任，开始了他事业的黄金时代。

这时，秦国统一六国的大势已经不可逆转。李斯力促秦王抓住机遇，猛力推进统一进程，建议秦王军事与政治外交手段并用，间谍和刺客同行，使秦国以十年之功完成了统一六国的大业，李斯也由长史晋升至廷尉的高官。

秦朝建立后，在国家实行何种行政体制的辩论中，李斯力主郡县制，反对分封诸侯，得到秦始皇的认可，又推动秦始皇实行"焚书坑儒"的思想文化政策，将专制主义中央集权的施政原则推到极致。从公元前221年秦朝统一全国，到公元前210年秦始皇寿终正寝，11年间，李斯追随雄才大略的秦始皇，一方面为巩固国家统一，加强专制主义中央集权立下不朽功勋；另一方面，也促成了秦始皇许多劳民伤财、破坏生产、毁灭文化、残酷压榨剥削劳动人民的举措的出台。如果说，秦始皇是一个"功大过亦大"的杰出封建帝王，那么，李斯也是一个功过不相掩的杰出政治家。如果李斯与秦始皇一同死去，他们的功过就几乎不分轩轾，而是你中有我，我中有你，彼此紧密相连。然而，李斯却比秦始皇多活了两年，这最后的两年，李斯却没有留下半点值得称道的业绩。李斯在他生命的最后两年中，先是在赵高胁迫下参与沙丘政变，将秦始皇儿子中最昏庸的胡亥扶上皇位。继而，向胡亥兜售"督责之术"，变本加厉地推行秦始皇的误国虐民的政策，再后被赵高诬为"谋反"，遭遇灭族的大祸。

作为杰出的新兴地主阶级的政治家，李斯的身上充满复杂的矛盾：既表现了布衣之士不择手段地追求富贵利禄的丑恶嘴脸，又显示了他毫不隐讳自己人生目标的坦诚。由于他看重的是"利害"而不是"道德"，所以卖主求荣、恩将仇报、落井下石、翻云覆雨之类恶行在他身上具有突出表现。列宁曾说过，说恶创造历史比说善创造历史更深刻。在一定条件下，对权势和财富的追求能够成为促进历史发展的杠杆，而在另一种条件下，这种追求又会成为导向死亡的起搏器。这两种作用，恰恰在李斯前后的历史中得到了统一。

二 "焚书坑儒"与"督责之术"

李斯的政治思想，可用皇帝绝对专制独裁集权论概括。

秦始皇在统一六国后建立专制主义中央集权的行政体制，主要推手就是李斯。皇帝制度、中央的三公九卿为标志的丞相制度的建立，他是主要参与者；地方的郡县制度，他是第一个起决定作用的人物。《史记·秦始皇本纪》记载：

> 丞相绾等言："诸侯初破，燕齐、荆地远，不为置王，毋以填之。请立诸子唯上幸许。"始皇下其议于群臣。群臣皆以为便。廷尉李斯议曰："周文武所封子弟同姓甚众，然后属疏远，相攻击如仇雠，诸侯更相诛伐，周天子弗能禁止。今海内赖陛下神灵一统，皆为郡县，诸子功臣以公赋税重赏赐之，甚足易制。天下无异意，则安宁之术也。置诸侯不便。"始皇曰："天下共苦战斗不休，以有侯王。赖宗庙，天下初定，又复立国，是树兵也，而求其宁息，岂不难哉！廷尉议是。"

不管郡县制看起来较分封制有多少优势，促使李斯促成这一制度的是他心中坚定的皇帝专制集权理论。之后，他陪伴秦始皇走遍全国许多重要地方，亲手写下了那些丰赡富丽、对秦始皇极尽歌功颂德之能事的刻石文。这些大文中荡漾的依然是君权至上、天王圣明的颂圣意识。

始皇三十四年（公元前 213 年），李斯建议并推动了"焚书"的举措：

> 始皇置酒咸阳宫，博士七十人前为寿。仆射周青臣进颂曰："他时秦地不过千里，赖陛下神灵明圣，平定海内，放逐蛮夷，日月所照，莫不宾服。以诸侯为郡县，人人自安乐，无战争之患，传之万世。自上古不及陛下威德。"始皇悦。博士齐人淳于越进曰："臣闻殷周之王千余岁，封子弟功臣，自为枝辅。今陛下有海内，而子弟为匹夫，卒有田常、六卿之臣，无辅拂，何以相救哉？事不师古而能长久者，非所闻也。今青臣又面谀以重陛下之过，非忠臣。"始皇下其议。丞相李斯曰："五帝不相复，三代不相袭，各以治，非其相反，时变异也。今陛下创大业，建万世之功，固非愚儒所知。且越言乃三代之事，何足法也？异时诸侯并争，厚招游学。今天下已定，法令出一，百姓当家则力农工，士则学习法令辟禁。今诸生不师今而学古，以非当世，惑乱黔首。丞相臣斯昧死言：古者天下散乱，莫之能一，

> 是以诸侯并作，语皆道古以害今，饰虚言以乱实，人善其所私学，以非上之所建立。今皇帝并有天下，别黑白而定一尊。私学而相与非法教，人闻令下，则各以其学议之，入则心非，出则巷议，夸主以为名，异取以为高，率群下以造谤。如此弗禁，则主势降乎上，党与成乎下，禁之便。臣请史官非秦纪皆烧之，非博士官所职，天下敢有藏《诗》、《书》、百家语者，悉诣守尉杂烧之。有敢偶语《诗》、《书》者弃市，以古非今者族。吏见知不举者与同罪。令下三十日不烧，黥为城旦。所不去者，医药卜筮种树之书。若欲有学法令，以吏为师。"制曰："可。"①

随着秦始皇一声令下，焚书的烈焰在全国各地燃起，许多珍贵的典籍化为灰烬。次年，又发生在咸阳坑杀儒生460多人的事件。史籍虽未明载此事与李斯有什么关系，但依其当时的政治地位和思想倾向看，他成为此一暴行的积极参与者当不会有疑义。这场被称为"焚书坑儒"的中华民族历史上的空前浩劫，李斯罪不可逭。指导李斯如此决策行动的是思想文化上的专制主义，即要求全国臣民必须与秦朝皇帝和政府在思想和言论上保持绝对一致。这里，李斯和秦始皇要求统一思想的初衷虽然是可以理解的，但是，用诛杀知识分子、毁灭历史和文化的血腥的文化专制主义的暴行和愚民政策来达到这一目的，却不能不说是政策上的重大失误。并且，思想本来就是多元的，绝对统一根本不可能。"焚书坑儒"之举，是中国历代统治者"集权力于一人，集思想于一个脑袋"的第一次尝试，从此开了一个恶劣的先例。

李斯参与赵高主导的沙丘政变，将秦始皇最昏庸的儿子扶上皇位，已经是与魔鬼结盟，大错而特错了。胡亥上台后，变本加厉地推行秦始皇祸国殃民的暴虐政策，继续"作阿房之宫，治直道、驰道，赋敛愈重，戍徭无已"②，使本来已经尖锐的阶级矛盾和社会矛盾进一步激化。由此引发了二世元年（公元前209年）七月陈胜、吴广领导的农民大起义。当东方烽烟遍地，秦朝的末日就要来到的时候，胡亥想到的不是如何挽救危机，而是要李斯向他传授"长享天下而无害"的秘诀。这时的李斯，或

---

① 《史记》卷6《秦始皇本纪》。
② 同上。

者冒死犯颜直谏，规劝二世改弦更张；或者昧心地投二世之所好，使二世在残暴肆虐的道路上越走越远。实际上，李斯选择的却是后者。面对胡亥的请益，李斯呈上了他精心炮制的奏书，建议二世全面推行"督责之术"：

夫贤主者，必且能全道而行督责之术者也。督责之，则臣不敢不竭能以徇其主矣。此臣主之分定，上下之义明，则天下贤不肖莫敢不尽力竭任以徇其君矣。是故主独制于天下而无所制也。能穷乐之极矣，贤明之主也，可不察焉！故申子曰"有天下而不恣睢，命之曰以天下为桎梏"者，无他焉，不能督责，而顾以其身劳于天下之民，若尧、禹然，故谓之"桎梏"也。夫不能修申、韩之明术，行督责之道，专以天下自适也，而徒务苦形劳神，以身徇百姓，则是黔首之役，非畜天下者也，何足贵哉！夫以人徇己，则己贵而人贱；以己徇人，则己贱而人贵。故徇人者贱，而人所徇者贵，自古及今，未有不然者也。凡古之所为尊贤者，为其贵也；而所为恶不肖者，为其贱也。而尧、禹以身徇天下者也，因随而尊之，则亦失所为尊贤之心矣，夫可谓大谬矣。谓之为"桎梏"，不亦宜乎？不能督责之过也。故韩子曰"慈母有败子而严家无格虏"者，何也？则能罚之加焉必也。故商君之法，刑弃灰于道者。夫弃灰，薄罪也，而被刑，重罚也。彼唯明主为能深督轻罪。夫罪轻且督深，而况有重罪乎？故民不敢犯也。是故韩子曰"布帛寻常，庸人不释，铄金百镒，盗跖不掇"者，非庸人之心重，寻常之利深，而盗跖之欲浅也；又不以盗跖之行，为轻百镒之重也。掇必随手刑，则盗跖不掇百镒；而罚不必行也，则庸人不释寻常。是故城高五丈，而楼季不轻犯也；泰山之高百仞，而跛牂牧其上。夫楼季也而难五丈之限，岂跛牂也而易百仞之高哉？峭堑之势异也。明主圣王之所以能久处尊位，长执重势，而独擅天下之利者，非有异道也，能独断而审督责，必深罚，故天下不敢犯也。今不务所以不犯，而事慈母之所以败子也，则亦不察于圣人之论矣。夫不能行圣人之术，则舍为天下役何事哉？可不哀邪！且夫俭节仁义之人立于朝，则荒肆之乐辍矣；谏说论理之臣闲于侧，则流漫之志诎矣；烈士死节之行显于世，则淫康之虞废矣。故明主能外此三者，而独操主术以制听从之臣，而修其明法，故身尊而势重也。凡贤主者，必将能拂世磨俗，而废其所恶，立其所欲，故生则有尊重之势，死则有贤明之谥也。是以明君独断，故权不在臣也。然后能灭仁义之途，掩驰说之口，困烈士之行，塞聪揜明，内独视听，故外不可倾以仁义烈士之行，而内不可夺以谏说忿争之辩。故能荦然独行恣雎之心而莫之敢逆。若此然后可谓能明申、韩之术，而修商君之法。法修术明而天下乱者，未之闻也。故曰"王道约而易操"也。唯明主为能行之。若此则谓督责之诚，则臣无邪，臣无邪则天下安，天下安则主严尊，主严尊则督责必，督责必则所求得，所求得则国家富，国家富则君乐丰。故督责之术设，则所欲无不得矣。群臣百姓救过不给，何变之敢图？若此则帝道备，而可谓能明君臣之术矣。虽申、韩复生，不能加也。①

李斯的这份奏书，在一定程度上可以看作他政治思想的宣言书，将皇帝绝对专制独裁集权的理论，浓缩在"督责之术"四字之中。这一理论的基本要点是：一是君主的尊贵表现在他可以为所欲为，而为达到这一点就必须要求全国臣民绝对无条件地围着君主的利益旋转，纵使为君主的享乐而牺牲千百万人的利益也在所不惜，这就叫"以人徇己"；二是为了要全国臣民都为君主的利益乖乖地牺牲一切，必须厉行"督责之术"，使群臣百姓在严苛残酷的刑罚下"救过不给"，终日在惶惶不安、惊恐疑惧中打发日子，自然不敢生出逆反之心，更不会有造反之行，天下自然也就永久平安无事了；三是君主需要的是为所欲为、肆无忌惮和无耻之极的"荒肆之乐""流漫之志""淫康之虞"，因而对于"节俭仁义之人""谏说论理之臣"和"烈士死节之行"一概予以摈斥，他认为最合格的臣民只能是在严刑峻法下战栗不已的百顺百依的奴才。显然，李斯提倡的这套统治理论，是脱掉一切伪装的刑罚暴力万能论，是一种公开以荒淫无耻为无上光荣的享乐论。它将独裁专制、残忍无情、骄横霸道、荒肆淫逸说成是皇帝应该拥有的权力，并对这种拥有进行了最荒谬、最无理、最霸道的论证。对此，王夫之在《读通鉴论·二世》中无限感慨地评论说："苟非二世之愚，即始皇之骄悖，能受此言而不谴乎？斯抑谓天下后世之不以己为戎首无所恤乎？无他，畏死患失

---

① 《史记》卷87《李斯列传》。

之心迫而有所不避耳。"李斯向二世兜售这套政治理论,尽管有"畏死患失之心"驱使,但作为一个笃信法家学说的政治家,这份上书其实更多反映了他真实的理念。李斯宣扬的这套阴森恐怖的暴力统治术还真的博得了胡亥的欢心,他马上将其贯彻到自己的政治实践中去,"于是行督责益严,税民深者为明吏","杀人众者为忠臣",进一步激化了阶级矛盾和统治阶级的内部矛盾。然而,可悲的是,李斯最后恰恰死于他发明的"督责之术",不过,使用此术的不是他自己,而是他教导的胡亥与那个比他对此术的理解和运用更胜一筹的赵高。

这里附带讲一下赵高的政治思想。

赵高的祖先原是战国时期赵国的宗室贵族,不过到他祖父之时,与赵王的血统关系已经相当疏远了,只是"诸赵疏远属"。他们这一枝可能在他祖父一辈流落到了秦国。赵高的父亲因为触犯《秦律》被处以宫刑,留在宫中服役。其母"被刑戮,世世卑贱",在宫中做奴婢,大概与别人"野合"生了他们兄弟,尽管他们都随父姓赵,但血统已经说不清了。按照秦国的法律,赵高兄弟也被处以宫刑,留在宫中做宦官。赵高聪明过人,诡异多才,并且特别善于窥伺别人,尤其是君王的心理活动,投其所好,因而得到了秦始皇父子的赏识和重用。因为秦朝是一个"以法为教""以吏为师"的国度,赵高就特别重视《秦律》的学习和研究,"通于狱法"。因为他在秦始皇身边服务,每天经手大量的文件,所以他既重视文化知识的学习,又刻意练习书法。他写的《爰历篇》和李斯的《仓颉篇》、胡母敬的《博学篇》成为政府规定的学童的识字课本。显然,赵高身上所展现的这两大优势正是吸引秦始皇眼球的所在,再加上赵高工于心计,狡黠奸猾,处处讨得秦始皇的欢心,他就被秦始皇任命为中车府令。这个官职虽然秩级不高,与丞相、御史大夫等"三公"之类高官不可同日而语,但却极其重要,因为他如同皇帝的贴身秘书,并且掌管符玺,因而极易假皇帝之权而行一己之私。不用说赵高在这个职位上周到而恰到好处的服务赢得了秦始皇的绝对信任,而且秦始皇的一举一动也逃不出赵高的眼睛。赵高看到秦始皇特别喜爱小儿子胡亥,经常将他带在身边,就利用职务之便接近胡亥,并应秦始皇之命向胡亥传授法律知识。如此一来,赵高就得到了秦始皇父子两代的信任。正因为如此,所以当赵高犯下死罪并被审判官蒙毅判处死刑之后能获得秦始皇的赦免,并且官复原职。正是因为赵高摸透了秦始皇父子两代的脾性,不断投其所好,使他们将赵高认作忠贞不贰且才能卓越的奴才。赵高以其奸佞之才在秦始皇父子那里不断步步高升，最后登上丞相的宝座，使得他能够在秦始皇死后为所欲为，加速了秦皇朝灭亡的步伐。

赵高不是思想家，而是一个聪明绝顶、狡诈万端的巨奸大憨。他的政治思想突出表现在他诱使胡亥和李斯参与沙丘政变的密谋中。你看他诱使胡亥背叛父亲遗嘱、弑兄杀弟，通过政变手段夺取帝位时说的话：

> 臣闻汤、武杀其主，天下称义焉，不为不忠。卫君杀其父，而卫国载其德，孔子著之，不为不孝。夫大行不小谨，盛德不辞让，乡曲各有宜而百官不同功。故顾小而忘大，后必有害；狐疑犹豫，后必后悔。断而敢行，鬼神避之，后有成功。愿子遂之。①

再看他诱使李斯背叛秦始皇遗嘱参与政变时说的话：

> 盖闻圣人迁徙无常，就变而从时，见末而知本，观指而睹归。物固有之，安得常法哉！方今天下之权命悬于胡亥，高能得志焉。且夫从中制外谓之惑，从下制上谓之贼。故秋霜降者草花落，水摇动者万物作，此必然之效也。君何见之晚？
>
> 上下合同，可以长久；中外若一，事无表里。君听臣计，即长有封侯，世世称孤，必有乔松之寿，孔、墨之智。今释此而不从，祸及子孙，足以为寒心。善者因祸为福，君何处焉？②

这里赵高对胡亥讲的话反映的是他的帝王政治学：为了取得帝王之位，弑君杀父在所不惜，成功就是一切，成功就是"大行"和"盛德"。赵高对李斯讲的话反映的是他的臣子政治学：臣子对君王没有道德责任，只要能保住自己的富贵利禄，什么背主求荣、出卖朋友的伤天害理的事情都可以做。可以看出，在赵高的政治准则中，道德已经被驱除静尽，只剩下了权势和利禄在向人们发出狰狞的狂笑。

---

① 《史记》卷87《李斯列传》。
② 同上。

第三节 "汉承秦制"与高帝、文帝、景帝君臣的政治思想

一 高帝的政治思想

西汉王朝的开国之君高帝刘邦（公元前256—前195年），是一个出身富裕农民家庭的草莽英雄。他以秦朝的一介基层小吏泗水亭长参加反秦的武装起义，到最后登上西汉皇朝开国皇帝的宝座，在激烈的战争中经历了七年的血雨腥风的拼搏。之后，他又做了八个年头的统一国家的皇帝，并在身后留下了一个在中国和世界历史上影响深远的汉朝，因而成为中国历史上屈指可数的几个功业辉煌的帝王。

刘邦是一个杰出的政治家，但他本人并没有通过著述表达系统的政治思想。我们只能从他的政治实践中推绎他的思想。

刘邦的青年时代正值战国末期，其时，尽管思想领域中的百家争鸣还在激烈地进行，但由于法家思想反映了新兴地主阶级建立封建政治经济制度的要求，因而逐渐受到各国统治者的重视。秦朝统一全国后，推行"以法为教"、"以吏为师"的思想文化政策，把凡有志为他服务而博得一官半职的人们都吸引到法家思想的轨道上来。刘邦作为经历战国时代的秦朝基层小吏，一开始就成为秦始皇的热烈崇拜者，"大丈夫当如是也"，法家思想先入为主地成为他头脑的主人显然是不足为怪的。所以，虽然他在起义反秦时高举"伐无道，诛暴秦"的旗帜，但他建立的新皇朝在政治经济制度上却是"汉承秦制"，而在政治思想上的表现则是对暴力万能论的笃信不疑。你看，当陆贾在他面前谈论《诗》、《书》，为儒家思想进行宣传时，他不屑一顾，破口大骂，毫不讳言："乃公居马上而得之，安事《诗》、《书》？"与秦始皇一样，以武力夺取天下也是他对自己统治权合法化的解释。因为先秦法家思想的代表人物大都是在激烈批判儒家学说中发展和完善自己的思想体系的，后来秦始皇更发展到"焚书坑儒"，从政治上对儒生进行迫害和打击。刘邦长期在此氛围中生活，显然深受此风影响。所以他对鼓吹"仁义治国"的儒生和儒家思想有着近乎根深蒂固的偏见。反秦斗争和楚汉战争的岁月，正是需才孔急之时，可是刘邦见到儒生竟把人家的儒冠拿来当溺器，每谈及儒生几乎都大骂一通。郦食其其实是个纵横家，其思想中虽然有点儒家成分，但相当驳杂。他知道刘邦的

脾性，所以拜见刘邦时不敢承认自己是儒生，而说是"高阳酒徒"。但是，由于他对刘邦兜售德、义之类儒家的治国理念，刘邦还人前背后地骂他为"竖儒"。如公元前204年（高祖三年），当郦食其建议刘邦封六国后裔为王的弊端被张良点破之后，刘邦就大骂："竖儒，几败而公事！"① 叔孙通的确是一介儒生，因为他按照习惯着儒服，刘邦就很不高兴，逼得他赶快改穿楚式的短衣，以与刘邦的楚人身份缩短距离，以讨其欢心。在楚汉战争期间，叔孙通对刘邦陪着百倍的小心。一百多跟随他而来因无官位嗷嗷待哺的弟子虽然不时口出怨言，叔孙通也不敢向刘邦推荐他们做官，而所推荐者大多是剽悍勇猛的赳赳武夫。刘邦直到临终前，在沛宫与自己故乡的父老子弟相聚时，还念念不忘"安得猛士兮守四方"，② 想到的仍然是武力的功用。

刘邦继承秦朝的政治经济制度，全面复制秦朝的皇帝制度。在他的心目中，皇位世袭是天经地义，而尧、舜禅让则只能是特例。在《手敕太子》中，他说："尧舜不以天子与子而与他人，此非为不惜天下，但子为不中立耳。人有好牛马尚惜，况天下耶。"③ 在他晚年《与群臣刑白马而盟》的誓约中，更对"刘氏王，功臣侯"作了制度上的规定："非刘氏不得王，非有功不得侯，不如约，天下共击之。"④ 他在中央建立对皇帝负责、为皇帝服务的"三公九卿"制度，在地方建立郡国并行的行政体制，中心目的是维护皇帝专制独裁的中央集权。由于在楚汉战争的岁月里为调动实力派将领的积极性而分封的异性诸侯王与中央集权制度相左，刘邦在建国不久就开始了铲除异性诸侯王的斗争，将昔日功勋卓著的楚王韩信、梁王彭越和淮南王英布送上断头台，逼使燕王卢绾、韩王信走上反叛之路。自己的女婿、鲁元公主的丈夫、赵王张敖虽然忠心耿耿，但也因赵国的部属谋反而被削去王位。这说明在维护皇帝专制和中央集权方面，刘邦与秦始皇是没有区别的。

不过，刘邦毕竟是以秦始皇的对立面出现的，再加上君臣不断总结秦亡的教训，因而他的政治思想与秦始皇相比，又显示出时代所赋予的明显

---

① 《史记》卷55《留侯世家》。
② 《史记》卷8《高祖本纪》。
③ 《两汉全书》第1册，山东大学出版社2009年版，第13页。
④ 《汉书》卷100《张陈王周传》。

差异。这种变异所展示的是他向黄老治国理念的靠拢和对儒家治国理论的逐步容纳。

由于刘邦以反对秦朝的暴政号召民众，进入咸阳后立即宣布废除秦朝的苛法，制定了较为宽厚的统治政策，这就是著名的"杀人者死，伤人及盗抵罪"的"约法三章"，从而在客观上自觉或不自觉地显示了向黄老和儒家治国理论的倾斜。高祖二年（公元前205年）三月，楚汉战争正在激烈进行，刘邦在洛阳听了新城三老董公的建议和说教，其中"顺德者昌，逆德者亡"，"仁不以勇，义不以力"，都是儒家的信条，刘邦还是深表嘉许。同时，为被项羽处死的义帝大张旗鼓地发丧，发出了义正词严的讨伐项羽的檄文。高祖五年（公元前202年），刘邦刚刚登上帝位，就处死了在楚汉战争中对自己高抬贵手的楚将丁公，理由是他背叛自己的君王项羽，犯了为臣不忠的弥天大罪。其实，在秦始皇、李斯和赵高这些笃信法家学说的政治思想中，这种道德信条是无足轻重的。在陆贾反驳他"马上得天下"的武力万能论，提出"逆取顺守"、"文武并用"后，他已经意识到夺取天下与治理天下必须采用不同的方针，因而要求陆贾写一部从理论上总结历史经验和教训的著作，这就是《新语》产生的动因。后来，当陆贾将陆续写出的十二篇《新语》逐次上奏的时候，"高帝未尝不称善，左右呼万岁"。① 显然，晚年的刘邦已经向黄老思想和儒家学说倾斜。他在死前的五个月，即高祖十二年（公元前195年）的十一月，竟以62岁高龄前去孔子的故乡，向这位儒家创始人的灵位献上了太牢的厚礼。刘邦是第一个到孔子灵前朝拜的统一王朝的帝王，这一事实本身就显示一种转折的契机：孔子和儒家学说在封建帝王眼里开始获得肯定和升值，既然汉朝的创业之主可以对孔子投去深情的一瞥，那么，他的后世子孙当然更可以根据需要将孔子推上万世师表的通天教主的尊位。

刘邦的政治思想中明显受儒家思想影响的有两项内容：一是休养生息，减轻税负，接近儒家的仁政理念；二是论功行赏，求贤用才，展现的是儒家的贤人政治理想。

楚汉战争结束的第二年，即高祖五年（公元前202年），刘邦下达了"赦天下"的诏令："兵不得休八年，万民与苦甚，今天下事毕，其赦天下殊死以下。"虽然战争结束，全国进入了和平年代，但战争造成的灾难

---

① 《史记》卷97《郦生陆贾列传》。

却并未消失,"哭泣之声未绝,伤夷者未起"。战争年代的犯法者多数是穷苦无告的百姓,他们正是恢复发展生产最需要的劳动力,除死罪者皆赦免,显然是一件得民心的举措。而更多的举措是轻徭薄赋,为百姓的生产和生活创造良好的环境和条件。为了提高农民的生产积极性,实现生产者与生产资料的结合,刘邦在高祖五年(公元前202年),下令"民以饥饿自卖为人奴婢者,皆免为庶人"。① 这就使秦朝末年和在农民战争以及楚汉战争期间卖身为奴的相当一部分人,恢复了庶人的身份,成为国家的编户齐民。因这个诏书而获得解放的,主要是私人奴婢。这样做,一方面使封建国家得到一大批直接控制的劳动力,从而增加了缴纳租税和服徭役的人数;另一方面也刺激了这批人的生产积极性,从而为农业生产的发展创造了活力。与此相联系,公元前202年,刘邦下达了"故秦苑囿园池,令民得田之"的诏书。② 又于同年下诏"复故爵田宅":"诸侯子在关中者,复之十二岁,其归者半之。民前或相聚保山泽,不书名数,今天下已定,令各归其县,复故爵田宅,吏以文法教训辨告,勿笞辱。……军吏卒会赦,其亡罪而亡爵及不满大夫者,皆赐爵为大夫。故大夫以上赐爵各一级,其七大夫以上,皆令食邑,非七大夫以下,皆复其身及户,勿事。""七大夫,公乘以上,皆高爵也。诸侯子及从军归者,甚多高爵,吾数诏吏先与田宅,及所当求于吏者,亟与。爵或人君,上所尊礼,久立吏前,曾不为决,甚亡谓也。异日秦民爵公大夫以上,令丞与亢礼。今吾于爵非轻也,吏独安取此!且法以有功劳行田宅,今小吏未尝从军者多满,而有功者顾不得,背功立私,守尉长吏教训甚不善。其令诸吏善遇高爵,称吾意。且廉问有不如吾诏者,以重论之。"③ 这个诏书的内容,比较复杂,但主要倾向还是清楚的。一是用复故爵田宅吸引那些聚保山泽的农民回到自己的田园,重新确立对封建国家的隶属关系,增加政府控制的人口。二是以爵七大夫为界,对立有军功的人,进行优待,大力培植军功地主,使他们成为封建国家的阶级基础。所有以上措施,尽管主要是对地主阶级有利,但对贫苦农民也有一定的好处,因为它毕竟为实现生产者与生产资料的结合,创造了有利条件。

---

① 《史记》卷8《高祖本纪》。
② 同上。
③ 《汉书》卷1《高帝纪》。

一方面是劳动人民的极度贫困，使剥削遇到了难以逾越的天然界限，另一方面，为了给这些刚从战争苦难中侥幸活过来的农民以复苏的机会和希望，刘邦当国时期百姓赋税和徭役的负担与秦末相比，实在是减轻了许多。《汉书·食货志》记载：

> 汉兴，接秦之敝，诸侯并起，民失作业而大饥馑。凡米石五千，人相食，死者过半。高祖乃令民得卖子，就食蜀汉。天下既定，民无盖藏，自天子不能具醇驷，而将相或乘牛车。于是约法省禁，轻田租，什五而税一，量吏禄，度官用，以赋于民。而山川园池市肆租税之入，自天子以至封君汤沐邑，皆各为私奉养，不领于天子之经费。漕转关东粟，以给中都官，岁不过数十万石。

《汉书·高帝纪》记载：

> 二年（公元前205年）二月，"蜀汉民给军事劳苦，复勿租税二岁。关中卒从军者，复家一岁。"
>
> 七年（公元前200年），"民产子，复勿事二岁。"
>
> 八年（公元前199年）春三月，"令吏卒从军至平城及守城邑者，皆复终身勿事。"
>
> 十年（公元前197年）二月，"诏曰：'欲省赋甚。今献未有程，吏或多赋以为献，而诸侯王尤多，民疾之。令诸侯王、通侯常以十月朝献，及郡各以其口数率，人岁六十三钱，以给献费。'"
>
> 十一年（公元前196年）六月，"令士卒以入蜀、汉、关中者，皆复终身。"

高祖七年（公元前200年），刘邦还发布了一个《疑狱诏》，要求对在押罪犯的难决者逐级迅速呈报，以便及时结案，维护犯人的权益：

> 狱之疑者，吏或不敢决，有罪者久而不论，无罪者久系不决。自今以来，县道官狱疑者，各谳所属二千石官。二千石官以其罪名当报之，所不能决者，皆移廷尉。廷尉亦当报之，廷尉所不能决，谨具为

奏，傅所当比律令以闻。①

这些资料表明，刘邦是以实际的政策体现他"制民恒产""利民富民"和公正执法的政治理念的。

刘邦论功行赏、求贤用才的行政理念，主要体现在他对获得封爵的侯王的誓约、《布告天下诏》和《求贤令》的发布。高祖六年（公元前201年）十二月，他发布了一个《封爵誓》："使黄河如带，泰山若厉，国以永存，爰及苗裔。"② 高祖十二年（公元前195年）三月，他又发布了一个布告天下的诏书：

> 吾立为天子，帝有天下，十二年于今矣。与天下之豪士贤大夫共定天下，同安辑之。其有功者，上致之王，次为列侯。下乃食邑。而重臣之亲，或为列侯，皆令自置吏，得赋敛，女子公主。为列侯食邑者，皆佩之印，赐大第室。吏二千石，徙之长安，受小第室。入蜀汉定三秦者，皆世世复。吾于天下贤士功臣，可谓亡负矣。③

以上两个文件，表明刘邦意识到，跟随他打天下的功臣宿将以及各级政府的官员是他统治的基础，必须给予他们物质和荣誉的鼓励，使之无负于刘氏皇朝，继续死心塌地地为之服务。同时他更明白，随着国内和平的实现，国家应该吸收大量社会上的"贤士大夫"，即精英阶层到各级政府做官，于是在高祖十一年（公元前196年）二月发布了《求贤诏》：

> 盖闻王者莫高于周文，伯者莫高于齐桓，皆待贤人而成名。今天下贤者智能岂特古人乎？患在人主不交故也，士奚由进！今吾以天之灵、贤士大夫定有天下，以为一家，欲其长久，世世奉宗庙亡绝也。贤人已与我共平之矣，而不与吾共安利之，可乎？贤士大夫有肯从我游者，吾能尊显之。布告天下，使明知朕意。御史大夫昌下相国，相国酂侯下诸侯王，御史中执法下郡守，其有意称明德者，必身劝，为

---

① 《汉书》卷23《刑法志》。
② 《汉书》卷16《高惠高后文功臣表》。
③ 《汉书》卷1《高帝纪》。

之驾,遣诣相国府,署行、义、年。有而弗言,觉,免。①

这个《求贤诏》展示的是刘邦贤人政治的理想。再征诸他对叔孙通定朝仪的欣赏和谆谆告诫太子认真读书的敕书,可以看出,晚年的刘邦已经与法家"以法为教""以吏为师"的思想拉开了距离,与儒家思想日益亲近了。

二 萧何、曹参的政治思想

刘邦在创建西汉王朝的进程中,作为布衣皇帝,率领和锻造了一个布衣将相的群体。他们之中,萧何、曹参、陈平、张良、王陵、周勃、樊哙、灌婴、夏侯婴、叔孙通、郦商、傅宽、靳歙、周继、张苍、周昌、赵尧等都是才具卓越、贡献独特的人物。但就政治思想而言,可圈可点者,也就是萧何、曹参、陈平、张良、叔孙通数人而已。然而,正是他们决定了汉朝初期的政治走向。

萧何(？—前193年),秦泗水郡沛县(今属江苏)人。他虽然没有显赫的家世,但据"贫无行,不得推择为吏"的秦朝选官制度推断,他能够在秦朝被推择为县吏,估计不会是赤贫之辈。他很可能出身中小地主阶层,并且受过一定的教育。萧何以在沛县做文吏开始了自己的政治生涯。后来参与刘邦领导的丰、沛起义,在起义军中总揽后方的行政和后勤事务,为刘邦一军顺利夺取秦都咸阳和最后战胜项羽、建立汉朝立下了不可磨灭的功勋。所以在刘邦对从义诸臣论功行赏时,他被推尊为第一功臣。

萧何具有宰相之才。公元前206年(高祖元年)十月,当进入秦都咸阳的刘邦一军的将士纷纷跑到秦朝的宫室和府库中抢夺金银财宝时,唯独萧何带着手下官吏悄悄进入秦朝的丞相府,将那里保存的法律文书和各种档案材料全部加以清点接收,以后,"汉王所以具知天下阨塞,户口多少,强弱之处,民所疾苦者,以何具得秦图书也"。② 还在楚汉战争激烈进行的时候,萧何就在临时首都栎阳(今陕西富平东南)辅佐太子刘盈,全盘负责后方的事务,制定各种规章制度,建立宗庙、社稷、宫室、县

---

① 《汉书》卷1《高帝纪》。
② 《史记》卷53《萧相国世家》。

邑，稳定了后方的秩序，使社会生产、生活都走上正常轨道。楚汉战争结束后，他协助刘邦，继续为汉皇朝的巩固和发展进行不倦的奋斗。他以著名的《秦律》为蓝本，制定了汉朝的《九章律》和各种规章制度，使行政机制有序运行，各项事业走上稳定发展的道路。

由于萧何没有留下多少展现思想的言论，所以难以归纳出他系统的政治思想，但从他的事功中仍然可以窥见他政治思想的一些内容，其中包括：一是他重视法律和各种规章制度在行政运作中的作用，所以他在战争进行中就注重制度建设，统一全国后更全面领导和主持了《汉律》及各种制度的制定和推行。例如，他对规章制度的建设细致到天子的服饰，在《汉书·魏相丙吉传》中，有他与其他臣子共上的一个关于天子服饰的奏议，突出说明他对规章制度的重视到了何等程度：

> 相国臣何、御史大夫臣昌谨与将军臣陵、太子太傅臣通等议："春夏秋冬天子所服，当法天地之数，中得人和。故自天子王侯有土之君，下及兆民，能法天地，顺四时，以治国家，身亡祸殃，年寿永久，是奉宗庙安天下之大体也。臣请法之。中谒者赵尧举春，李舜举夏，兒汤举秋，贡禹举冬。四人各职一时。"

二是他全面维护皇帝制度和专制主义中央集权的行政体制。对刘邦，从追随他起事反秦那天起，萧何就义无反顾、忠心耿耿，一切言行都围绕着刘邦的胜利和威势旋转。为了刘邦的胜利，他急不可耐地追回不辞而别的韩信，为的是用他的帅才扫灭项羽的楚军。为了刘邦汉朝的安危，他又毫不犹豫地设计擒杀韩信，因为韩信的谋反之举已经严重威胁到汉帝国的存亡。在汉朝刚刚建立，财政困难、百废待兴的时候，他不惜花费巨资修建体量巨大、金碧辉煌的未央宫，目的是显示汉朝的气势和刘邦作为皇帝的威严。他特别谨守臣道，处处时时维护刘邦的威望和权力，不敢有丝毫的僭越。刘邦死后，他又恭谨地为才智平平的刘盈尽臣子之责，因为在他心目中，"皇位世袭，皇权无限"是天经地义的。

萧何之后，汉帝国的第二任丞相是曹参。他是将黄老之治的理念推向全国的代表人物，留下了"萧规曹随"的佳话。

曹参（？—前190年），秦朝沛县丰（今属江苏）人，是刘邦的同乡和少年伙伴，更是相知极深的莫逆之友。他协同刘邦策划丰、沛起义，在三年的反秦战争和四年的楚汉战争中立下不世之功。在刘邦麾下数以十计的创业之臣中，就军功而言，除了韩信、彭越等独当一面的异姓诸侯王外，他的武功就是最大的了。西汉建立以后，他的最大功绩是相齐九年和相惠帝三年，是推行黄老之治的首席政治家。

高祖六年（公元前201年）正月，刘邦在解决了楚王韩信以后，开始分封同姓诸侯王。为了有效地控制齐地，他封其外妇之子，在诸子中年龄最大的刘肥为齐王，同时任命曹参为齐的相国。实际上把治理齐国的重任交给了他。曹参担任齐相国之后，为治理这个地广人众的东方大国而煞费苦心。他上任伊始，就邀请齐国有名望的"长老诸生"来到齐都临淄，就如何治理齐国、"安集百姓"献言献策。但应召前来的百余名儒生"人人言殊"，无法达成共识，使曹参一时也难以定夺。后来，他听说胶西有一位姓盖的老人，史佚其名，众人皆称其为盖公，善治黄老学说，很有名望，就以重金聘他来到临淄。曹参虚心向他请教治齐之策，"盖公为言治道贵清静而民自定，推此类具言之"，① 大大发挥了一通老子"我无为而民自静，我好静而民自正"的思想。这一点正与曹参的想法相契合。他于是让出自己住的正堂供盖公居住，待以殊礼，使这位老人做了自己身边的政治顾问。自此，曹参治理齐国就采用黄老之术，齐国也就成为推行黄老之治的最早的实验基地。

曹参治齐九年，以提倡"无为而治"、带有一定程度放任色彩的黄老之术为指导思想，精心推行以轻徭、薄赋、节俭、省刑为主要内容的各项政治经济政策，与民休息，不过多干预劳动人民的活动，使他们有充分的时间发展生产、安排生活，以恢复遭受战争破坏的社会经济。这种打着"无为"旗号的政策恰恰反映了时代的要求和人民的愿望。因为经过战国时期列国纷争、秦末农民战争和楚汉战争之后，饱受战乱之苦的广大百姓迫切需要一个和平的环境、宽松的政策，使之安居乐业，过上温饱而安定的生活。由于曹参的治齐之策顺应了百姓的愿望，"故相齐九年，齐国安集，大称贤相"。② 齐国走上了稳定发展的道路，黄老之术在实验基地结出了累累硕果。

公元前195年（高祖十二年）刘邦病逝，刘盈继位，宣布废除诸侯

---

① 《史记》卷53《曹相国世家》。

② 同上。

国的相国职务,改为丞相,曹参由是改任齐国丞相。惠帝二年(公元前193年),汉朝丞相萧何病逝。依照刘邦遗嘱和惠帝与萧何达成的共识,曹参顺利地接掌了汉帝国第二任丞相的职务。上任后,他把自己治齐时所遵奉的黄老思想推广为治理全国的指导原则:"举事无所变更,一遵萧何约束。"① 即以不变更政策求稳定,以静制动,在稳定中求发展,用发展进一步促进稳定。他的用人原则是:"择郡国吏木讷于文辞,重厚长者,即召除为丞相史。吏之言文刻深,欲务声名者,辄斥去之。"② 曹参认为,只有选取此类"谨厚木讷"的属吏,才能奉公尽职,保证刘邦、萧何既定政策的连续性执行。如此一来,尽管丞相府换了主人,但看起来一切如往昔,似乎没有发生一点变化。

曹参的儿子曹窋时任中大夫,在惠帝身边服务。惠帝看到曹参任丞相以后不仅没有拿出一点新的法规和办法,而且日夜饮酒,似乎忘记了身上的重担一样,因而怀疑这位元勋大臣看不起自己这位年轻的皇帝。他要求曹窋回家问他父亲"何以忧天下?"结果曹窋被笞二百。后来惠帝与曹参君臣之间有如下一段有意思的对话:

> 参免冠谢曰:"陛下自察圣武孰与高帝?"上曰:"朕乃安敢望先帝乎!"参曰:"陛下观臣能孰与萧何贤?"上曰:"君似不及也。"参曰:"陛下之言是也。且高帝与萧何定天下,法令既明,今陛下垂拱,参等守职,遵而勿失,不亦可乎?"惠帝曰:"善,君休矣!"③

表面上看,曹参似乎在真诚地躬践老子的"无为而治",而这恰恰是对秦朝过分"有为而治"深刻反省的结果。但他的"无为"并非真的无所作为,放弃国家对社会的管理职能,而是在执行既定政策的前提下,以一定程度的放任主义给百姓以发展生产的宽松环境,这在当时应该说是最高明的治国方略了。曹参在丞相任上仅三年就去世了,尽管看起来没有显著建树,但却自觉地确立了黄老思想作为汉帝国政治上的指导原则,也就在事实上为汉皇朝日后的繁荣创造了条件,其功绩是不可磨灭的。

---

① 《史记》卷53《曹相国世家》。
② 同上。
③ 同上。

三 陈平、张良的政治思想

陈平（？—前178年），是汉初布衣将相群中的典型代表人物之一。他历仕三朝，位至丞相，参加了从反秦起义到诛灭诸吕的一系列惊心动魄的军事政治斗争，但自己不仅安然无恙，而且富贵长保，官位无虞。显示出他既善于谋划国家大事，又巧于避祸保身，是一个城府甚深而谋略出众的人物。他是阳武户牖（今山东东明）人，青年时代"好黄帝、老子之术"，后来成为汉初君臣中几个笃信黄老学说、推行黄老政治的著名人物之一。

陈平在秦末农民起义爆发后，即投奔反秦的起义队伍。先跟魏咎，继而转投项羽，楚汉战争开始不久又弃项羽归附刘邦，任护军中尉，行使对汉军将领的监察之权。他为刘邦设计反间计，离间项羽与其头号谋臣范增的关系，使范增离开项羽。又为刘邦设计荥阳突围，使之脱离险境。当韩信要求假齐王的封号时，他与张良建议刘邦满足其要求，使韩信在最后扫灭楚军的战斗中发挥了重要作用。西汉建立后，他追随刘邦，在平定异姓诸侯王和对匈奴的战争中屡出奇谋，帮助刘邦取得胜利和脱出困厄。刘邦去世后，他升任丞相，与诸吕虚与委蛇，取得吕后的信任。吕后死后，他协助周勃诛杀诸吕，恢复了刘氏皇统。文帝即位不久，他即一人独任丞相至寿终正寝。在曹参去世后，他与王陵、张良等一起，在惠帝、吕后和文帝时期，坚持了黄老政治的传统，为汉初社会生产的恢复和发展，社会经济的走向繁荣做出了巨大贡献。

陈平作为一个笃信黄老之术的政治家，他的政治思想除了维护"无为而治"的基本原则，保证轻徭、薄赋、节俭、省刑为主要内容的与民休息政策得以持续推行之外，还表现在以下两个方面。第一，坚持皇位世袭的政治原则，坚决维护刘氏皇统，对企图改变刘氏皇统的诸吕毫不留情地加以诛杀；第二，坚持政府官员分工论，认为各级官府的每个官员必须各司其职，完成自己分内的工作，既不能越位侵权，也不能推诿塞责。他的这个理念，突出表现在他与周勃的左右相对调和后来周勃的自愿罢相事件中。原来，在策划和实施诛杀诸吕的过程中，陈平和周勃同样立下不世之功，所以在文帝即位后，他们双双被任命为丞相，而陈平居右。此时，陈平感到周勃资格比自己老，功劳比自己高，官职反而比自己低，就建议文帝将他与周勃的职务对调。文帝接受他的要求，晋升周勃为右丞相，位居第一。陈平降为左丞相，位居第二。一次，文帝在朝见群臣的时候，连续问周勃"天下一岁决狱几何？""天下一岁钱谷出入几何？"周勃皆瞠目结舌不知所对，以致汗流浃背，羞愧难当。当文帝转而问陈平时，陈平回答"有主者"，并从容解释说："陛下问决狱，责廷尉；问钱谷，责治粟内史。"文帝又追问："苟各有主者，而君所主何事也？"陈平胸有成竹地回答说：

> 主臣！陛下不知其驽下，使待罪宰相。宰相者，上佐天子理阴阳，顺四时，下育万物之宜，外镇抚四夷诸侯，内亲附百姓，使卿大夫各得任其职焉。①

文帝对陈平的回答十分满意。这里展现了陈平的官吏分工思想。他认为丞相作为总理朝政、领导百官的最高行政长官，其任务是协助皇帝掌握国家大政方针的制定和整个国家机器的运转，而不必事事躬亲，更不能对具体部门的工作越俎代庖。下朝以后，有点无地自容的周勃责备陈平说："君独不素教我对！"陈平笑着说："君居其位，不知其任也？且陛下即问长安中盗贼数，君欲强对也？"② 这次朝对，使周勃知道自己处理国家政务的能力远不及陈平，于是自愿呈请罢相，陈平由是独任丞相，在这个位子上潇洒而游刃有余地掌控着汉帝国行政的运转。

张良（？—前189年），字子房，战国末年韩国人，祖上"五世相韩"。韩国灭亡后，他对秦朝产生了不共戴天的仇恨。为了给被灭亡的韩国复仇，他"悉以家财求客刺秦王"。③ 公元前218年（秦始皇二十九年），张良和他招募的大力士在阳武博浪沙（今河南郑州北）以铁锥狙击东巡经过此地的秦始皇，因"误中副车"而功亏一篑。他只得逃到下邳（今江苏邳县南）隐藏起来。公元前209年（秦二世元年），他聚众百人，响应陈胜、吴广起义，投奔刘邦领导的起义军，成为汉军中运筹帷幄、决胜千里的军师。他出奇计，协助刘邦取宛城，夺峣关，逼降秦王子婴，顺利进入咸阳。之后，他劝刘邦离开珍宝如山、美女如云的秦王宫；在鸿门

---

① 《史记》卷56《陈丞相世家》。
② 同上。
③ 《史记》卷55《留侯世家》。

宴上，他又以世罕其匹的智慧使命悬一线的刘邦化险为夷。再后，在楚汉战争中，他追随刘邦左右，策反英布，使项羽腹背受敌；调动韩信、彭越之军，使两支劲旅在关键时刻参加围歼楚军的决战。又阻止刘邦封王六国后裔，组织多路军力投入歼灭楚军的最后战役，终于使汉军取得最后胜利。汉朝建立后，他力促舍洛阳而都长安。在刘邦谋划的废立太子风波中，他以"四皓"出山的妙计，保住了刘盈的太子地位。面对富贵利禄，他低调行事，舍三万户的封赏，就五千户的留侯，不担任重要官职，最后在优游岁月中安然而逝。张良以自己带有神秘色彩的一生树立了封建社会中帝王之师的一种典型，将超人的智慧与参透生死的明哲结合在一起，既能施展才智，建立功业，又能进退自如，防患避祸，因而对后世产生了深远影响。

张良也是笃信黄老之术的政治家，同曹参、陈平等一起同心协力延续了黄老的政治路线政策。他的政治思想集中体现在三个方面。

一是笃信皇位世袭的皇帝制度，认为嫡长子继承君位有利于政权顺利交接和社会稳定，为此，他才应吕后之请，谋划筹策保住刘盈的太子地位。

二是他尽管出身韩国贵族，但反对以分封诸侯王的办法恢复列国割据的局面，维护中央集权的行政体制。这突出表现在他反对封王六国后裔，认为他们面临的时代已经不是汤放桀、武王伐纣的时候了：

> 昔汤武伐桀纣封其后者，度能制其死命也。今陛下能制项籍死命乎？其不可一矣。武王入殷，表商容闾，式箕子门，封比干墓，今陛下能乎？其不可二矣。发钜桥之粟，散鹿台之财，以赐贫穷，今陛下能乎？其不可三矣。殷事以毕，偃革为轩，倒载干戈，示不复用，今陛下能乎？其不可四矣。休马华山之阳，示无所为，今陛下能乎？其不可五矣。息牛桃林之野，天下不复输积，今陛下能乎？其不可六矣。且夫天下游士，离亲戚，弃坟墓，去故旧，从陛下者，但日夜望咫尺之地。今乃立六国后，唯无复立者，游士各复归其主，从亲戚，反故旧，陛下谁与取天下乎？其不可七矣。且楚唯毋强，六国复挠而从之，陛下焉得而臣之？其不可八矣。试用此谋，陛下事去矣。[①]

---

① 《史记》卷55《留侯世家》。

三是他充分认识到国都安放位置对于国家长治久安的意义，所以在娄敬向刘邦提出舍洛阳而都长安的建议后，只有他力排众议，支持娄敬的意见，讲出了一通令人信服的理由：

> 雒阳虽有此固，其中小，不过数百里，田地薄，四面受敌，此非用武之国也。夫关中左殽函，右陇蜀，沃野千里，南有巴蜀之饶，北有胡苑之利，阻三面而守，独以一面东制诸侯，诸侯安定，河、渭漕挽天下，西给京师；诸侯有变，顺流而下，足以委输。此所谓金城千里，天府之国也，娄敬说是也。①

由此可以看出，在刘邦数以十计的臣子中，张良实在是极少数高瞻远瞩而又善于自保的政治家之一。

四 叔孙通的制度秩序思想

叔孙通是秦朝薛县（今山东滕州南）人，生卒年不详。从其受教育程度推断，他起码出身殷实之家。秦朝末年，他以文学征为待诏博士，二世时进为博士。叔孙通既精通儒家经典和古代礼制，又能审时度势，通权达变，没有一般儒生的迂腐之气。秦二世元年（公元前209年），陈胜、吴广起义的消息传到咸阳以后，二世召集博士诸生30多人，征询他们对此事的看法和对策，大多数人都认定"人臣无将，将即反，罪死无赦"，建议朝廷迅速发兵剿灭。大概因为这种说法在二世看来"有乖圣治"，听了很不满意。只有叔孙通揣摩到二世的心思，于是投其所好地趋前回答：

> 诸生言皆非也。夫天下合为一家，毁郡县城，铄其兵，示天下不复用。且明主在其上，法令具于下，使人人奉职，四方辐辏，安敢有反者！此特群盗鼠窃狗盗耳，何足置之齿牙间。郡守尉今捕论，何足忧？②

这番话投合了二世心意，得到帛20匹、衣一袭的奖赏，并由待诏博

---

① 《汉书》卷40《张良传》。
② 《史记》卷99《叔孙通列传》。

士正式升为博士。其他人受到了下狱治罪或免除官职的惩罚。下朝之后，受到惩罚的人们纷纷怒斥叔孙通违心地说假话逢迎二世，叔孙通不无歉意地说："公不知也，我几不脱于虎口！"其实叔孙通这里说的并非全是假话，因为在他看来，一个正常运行的王朝是"明主在其上，法令具于下，使人人奉职，四方辐辏"的政权，哪里还有什么造反的人？叔孙通明白秦朝已经来日无多，就找机会逃出咸阳，投奔了起义军，先追随项羽，继而归附刘邦，忠心耿耿地为之服务。

汉五年（公元前202年），楚汉战争以刘邦的胜利而结束，刘邦成为汉朝的开国君主。由于秦朝的仪法已废，匆忙中制定的汉朝仪法又太简单，特别是由于汉初群臣大多出身卑微，对朝廷的繁文缛节知之甚少，且又都是最早追随刘邦的创业之臣，因而不愿受礼法约束，所以在朝会饮宴时就经常出现"群臣饮酒争功，醉或妄呼，拔剑击柱"的混乱情形。叔孙通看到刘邦对此十分厌恶，就乘机进言说："夫儒者难于进取，可与守成。臣愿征诸鲁生，与臣弟子共起朝仪。"① 之后，叔孙通与弟子和三十多名征来的鲁地儒生共同制定了新的朝仪并加以演练后，于汉七年（公元前200年）元旦实施。这一天，在新落成的长乐宫举行满朝文武大臣朝见皇帝的大典，《史记·叔孙通列传》详细记载了这场典礼的威仪：

> 仪：先平明，谒者治礼，引以次入殿门，廷中陈车骑步卒卫宫，设兵张旗志。传言"趋"。殿下郎中侠陛，陛数百人。功臣列侯诸将军军吏以次陈西方，东乡；文官丞相以下陈东方，西乡。大行设九宾，胪传。于是皇帝辇出房，百官执职，传警，引诸侯王以下至吏六百石以次奉贺。自诸侯王以下莫不振恐肃敬。至礼毕，复置法酒。诸侍坐殿上皆伏抑首，以尊卑次起上寿。觞九行，谒者言"罢酒"。御史执法举不如仪者辄引去。竟朝置酒，无敢欢哗失礼者。于是高帝曰："吾乃今日知为皇帝之贵也。"

这次元旦谒见皇帝的大典显示了制度的威力，也透出了叔孙通对朝仪进而对国家规章制度的重视，他认为一个国家必须得有一整套完备的规章制度，只有如此才能保证国家行政和社会生活有序稳定的运行。之后，以

---

① 《史记》卷99《叔孙通列传》。

萧何为首的一班人制定了汉朝法律，以叔孙通为首的一班人制定了汉朝除法律外的各项规章制度，以韩信为首的一班人制定了汉朝的军法，由此使西汉王朝在比较完备的制度和法规下有序稳定地向前发展。惠帝时，他又担任了太常的官职，主持制定了宗庙礼仪和其他各种仪法。后汉班固曾向朝廷上叔孙通制定的《汉仪》12篇。从许慎撰《五经异义》和郑玄注三《礼》都引证该书的情形看，叔孙通对中国封建社会的礼制建设显然发挥了举足轻重的奠基作用。由他重视礼制建设，可以看出礼制在其政治思想中占有重要分量，说明他已经认识到体现等级的礼制在维护国家和社会正常秩序中的作用。

就是因为制定朝仪的成功，使刘邦认识了制度的可贵，叔孙通也因此获得刘邦的信任，被任命为九卿之一的太常。那批追随他的弟子也因参与制礼有功被任命为郎官。在人们尤其是一班儒生眼里，叔孙通不再是毫无节操的以"面谀"猎取富贵的龌龊之辈，而是一个"知当世之要务"的"圣人"了。汉九年（公元前198年），叔孙通升任太傅，这是一个比九卿更荣耀、更尊贵的职任太子教育的高官。三年后，在刘邦改易太子的风波中，叔孙通的制度意识再一次得到显现。原来刘邦对自己确立的太子刘盈越来越不满意，由对宠妾戚夫人的偏爱进而想让她生的儿子刘如意代刘盈为太子。这一举措在朝臣中引来一片反对之声。其中，叔孙通是最坚决的反对者之一。他直言不讳地劝谏刘邦说：

> 昔者晋献公以骊姬之故废太子，立奚齐，晋国乱者数十年，为天下笑。秦以不早定扶苏，令赵高得以诈立胡亥，自使灭祀，此陛下所亲见。今太子仁孝，天下皆闻之；吕后与陛下攻苦食啖，其可背哉！陛下必欲废嫡而立少，臣愿先伏诛，以颈血污地。①

其实，作为太傅，且与刘盈朝夕相处的叔孙通并非不清楚这位太子缺乏皇帝的气度和才干，他之所以如此坚决地反对刘邦改易太子，是因为刘邦此举违背了嫡长子继承制度。此例一开，后患无穷，必然给国家和社会的稳定带来许多麻烦。叔孙通的坚决态度，与其说是对刘盈难以割舍的情感联系，毋宁说是对于制度的忠诚。所以，当刘邦在群臣的反对声浪中放

---

① 《史记》卷99《叔孙通列传》。

弃改易太子的初衷，解嘲似地对叔孙通说"公罢矣，吾直戏耳"时，叔孙通毫不相让，不假辞色，直斥刘邦说："太子天下本，本一摇天下振动，奈何以天下为戏！"① 制度意识再次跃然纸上。叔孙通的行动凸显了他的政治理念，维护皇帝制度，特别是其中的嫡长子继承制。因为在他看来，这个制度是维持国家和社会稳定的重要一环。

公正地说，在叔孙通身上，表现了与时俱进、通权达变的特点，反映了秦末汉初择木而栖的部分儒家知识分子的风貌。叔孙通不愧为一个通晓儒家经典，明晰历史大势，有本事，善决断，并且能够顺应时代潮流的优秀儒生，也是统一强大的汉朝所需要的人才。他作为汉初儒家学派的最重要的代表人物，凭借超人的智慧和学识获取了高官职位，并且使以刘邦为首的汉朝统治者初步认识了儒学的价值，其功绩是显而易见的。因此，司马迁才赞扬他："希世度务制礼，进退与时变化，卒为汉家儒宗。"② 但是，也应该看到，叔孙通仅仅是在儒学与政治的结合上迈出了有力的一步，而在儒学的基本理论方面却没有什么创新和拓展，特别是未能对传统儒学体系进行适应封建社会需要的全面改造。所以他的主要贡献是"立功"而非"立言"，他还不能使儒学成为统治阶级独尊的指导思想。当然，造成这种情况有着复杂的时代原因，不应该过于苛求叔孙通本人。

五　文帝刘恒"民本"、省刑和用贤、求言的政治思想

文帝刘恒（公元前179—前157年在位）是刘邦的薄姬生的儿子，封为代王。诸吕集团被诛杀后，他被周勃、陈平等一班老臣拥戴为皇帝。在位期间，他继续推行黄老的政治路线，"无为而治"，求稳求安。继续执行从惠帝开始的轻徭、薄赋、节俭、省刑的"与民休息"的政策。前元元年（公元前179年）十二月，他下诏"除收帑诸相坐律令"，废除了自秦朝就实行的苛酷的连坐罪。第二年的十一月，他下令"举贤良方正能直言极谏者，以匡朕之不逮。因各饬其任职，务省徭费以便民"。正月，他亲耕藉田，表示对农业生产的重视。三月，宣布废除诽谤妖言之罪，允许臣民上书。十三年（公元前167年），除秘祝之官，五月，又以缇萦上书为契机，下令废除实行数千年之久的肉刑。接着，又下令"除田之租

---

① 《史记》卷99《叔孙通列传》。
② 同上。

税"。后元六年（公元前158年），发生旱、蝗灾害，他下令免除诸侯贡金，"驰山泽，减诸服御狗马，损郎吏员，发仓庾，以振贫民，民得卖爵"。① 在刘恒在位的23年中，他一直坚持节俭的原则，"宫室苑囿狗马服御无所增益，有不便，辄以利民"。他曾打算建一个露台，召工匠计算成本，需百金。他慨叹说："百金，抵十户中产之家的财产，我居于先帝的宫室，常感羞愧，还做什么台！"他自己穿比较粗糙的衣服，所宠幸的慎夫人穿的衣裙不拖地，他们用的帏帐也不加文绣。目的是为天下做淳朴的榜样。在修建自己的陵墓霸陵的时候，他下令只用瓦器，不用金银铜锡制作饰物，不起高大的坟茔，都是为了节省民力。再有，刘恒为人比较大度，对臣下也比较宽厚，因而君臣关系、统治集团内部矛盾也比较缓和，这显然也促成了社会的稳定。

由于刘恒实行的政策顺应了社会的需要，在一定程度上满足了老百姓发展生产、改善生活的愿望，从而激发了老百姓的生产积极性，使经济发展，社会安定，形成了汉代历史上少有的清明时代。司马迁赞誉说："汉兴，至孝文四十有余载，德至盛也。"② 这是有事实根据的，并不完全是溢美之词。

文帝的政治思想中有几个重要支点。一是民本理念和与之相连的重本抑末意识。他登基伊始，就在元年（公元前179年）三月发布了两个诏书。其一是《振贷诏》：

> 方春和时，草木群生之物皆有以自乐，而吾百姓鳏寡孤独穷困之人或阽于死亡，而莫之省忧。为民父母将何如？其议所以振贷之。③

其二是《养老诏》：

> 老者非帛不煖，非肉不饱。今岁首，不时使人存问长老，又无布帛酒肉之赐，将何以佐天下子孙孝养其亲？今闻吏禀当受鬻者，或以

---

① 《史记》卷10《孝文本纪》。
② 同上。
③ 《汉书》卷4《文帝纪》。

陈粟，岂称养老之意哉！具为令。①

这两个诏书表现了文帝对弱势群体"鳏寡孤独穷困之人"和老者的关怀，他显然认识到，如果这些世上最孤苦无告的群体衣食无忧，整个社会也就安定了。二年（公元前178年）正月，他发布了《开藉田诏》：

夫农，天下之本也，其开藉田，朕亲率耕，以给宗庙粢盛。民谪作县官及贷种食未入、入未备者，皆赦之。

同年九月，他又发布《劝农诏》：

农，天下之本也，民所恃以生也，而民或不务本而事末，故生不遂。朕忧其然，故今兹亲率群臣农以劝之。其赐天下民今年田租之半。

十二年（公元前168年），他再次发布《劝农诏》：

道民之路，在于务本。朕亲率天下农，十年于今，而野不加辟，岁一不登，民有饥色，是从事焉尚寡，而吏未加务也。吾诏书数下，岁劝民种树，而功未兴，是吏奉吾诏不勤，而劝民不明也。且吾农民甚苦，而吏莫之省，将何以劝焉？其赐农民今年租税之半。

下一年的六月，他又一次发布《劝农诏》：

农，天下之本，务莫大焉。今廑身从事，而有租税之赋，是谓本末者无以异也，其于劝农之道未备。其除田之租税。此天下孤寡布帛絮各有数。

这些诏书，有的是赦免轻微犯法和还不起官贷的农民，更多的是强调农本，通过减免田租缓解农民的负担，体现的都是民本和重本的思想。为

---

① 《汉书》卷4《文帝纪》。

了鼓励农民的生产积极性，他还在十二年的三月发布《置三老孝悌力田常员诏》，要求各地按人口多少设置三老孝悌力田，使他们成为农民的表率，并对这些人进行奖励：

> 孝悌，天下之大顺也。力田，为生之本也。三老，众民之师也。廉吏，民之表也。朕甚嘉此二三大夫之行。今万家之县，云无应令，岂实人情？是吏举贤之道未备也。其遣谒者劳赐三老、孝者帛人五匹，悌者、力田二匹，廉吏二百石以上率百石者三匹，及问民所不便安，而以户口率置三老孝悌力田常员，令各率其意以道民焉。

文帝的政治思想的第二个支点是省刑，包括妖言罪、秘祝罪和肉刑等内容，这显然也是从民本出发的改善臣民百姓生存环境和条件的措施。二年（公元前178年）五月，发布了《除诽谤妖言法诏》：

> 古之治天下，朝有进善之旌，诽谤之木，所以通治道而来谏者也。今法有诽谤妖言之罪，是使众臣不敢尽情，而上无由闻过失也。将何以来远方之贤良？其除之。民或祝诅上，以相约而后相谩，吏以为大逆，其有他言，吏又以为诽谤。此细民之愚，无知抵死，朕甚不取。自今以来，有犯此者勿听治。①

这个《除诽谤妖言法诏》，在一定程度上废除了近似今日的所谓"言论罪"，对于广开言路，听取不同意见，自然是有好处的。此诏的颁布，显示了文帝政治上的开明，在当时尤其难能可贵。

十三年（公元前167年）夏，发布了《除秘祝诏》，解除了官员的诽谤罪。紧接着，在五月，又发布了《除肉刑诏》：

> 制诏御史：盖闻有虞氏之时，画衣冠异章服以为僇，而民弗犯，何治之至也！今法有肉刑三，而奸不止，其咎安在？非乃朕德之薄，而教不明与！吾甚自愧。故夫训道不纯而愚民陷焉。《诗》曰："恺弟君子，民之父母。"今人有过，教未施而刑已加焉，或欲改行为

---

① 以上引文皆出自《汉书》卷4《文帝纪》。

善，而道亡繇至，朕甚怜之。夫刑至断支体，刻肌肤，终身不息，何其刑之痛而不德也！岂称为民父母之意哉？其除肉刑，有以易之；及令罪人各以轻重，不亡逃，有年而免。具为令。①

这个废肉刑的诏书，尽管在执行中还要大打折扣，但在中国历史上，却具有里程碑意义，因为这是第一次宣布废除肉刑的诏书，其中充满人道主义的调子。

文帝政治思想的第三个支点是用贤和求言。登上帝位的刘恒意识到，汉朝建立已经20多年，和平年代的政务事多而繁杂，在中央和地方各级岗位上的那些文化素养不高的武力功臣已经很难适应日益复杂的各项事务，所以必须逐步改变官吏队伍的结构，让那些有文化、熟悉法律的文吏充实官吏队伍。所以，他登基的第二年，就征召河南太守吴公任廷尉，吴公又推荐洛阳才子贾谊到朝廷做了太中大夫。后来又有文吏张释之进入刘恒的庙堂，做了廷尉的高官。十五年（公元前165年）九月，他发布了《策贤良文学诏》：

> 惟十有五年九月壬子，皇帝曰：昔者大禹勤求贤士，施及方外，四极之内，舟车所至，人迹所及，靡不闻命，以辅其不逮；近者献其明，远者通厥聪，比善戮力，以翼天子。是以大禹能亡失德，夏以长楙。高皇帝亲除大害，去乱从，并建豪英，以为官师，为谏争，辅天子之阙，而翼戴汉宗也。赖天之灵，宗庙之福，方内以安，泽及四夷。今朕获执天下之正，以承宗庙之祀，朕既不德，又不敏，明弗能烛，而智不能治，此大夫之所著闻也。故诏有司、诸侯王、三公、九卿及主郡吏，各帅其志，以选贤良明于国家之大体，通于人事之终始，及能直言极谏者，各有人数，将以匡朕之不逮。二三大夫之行当此三道，朕甚嘉之，故登大夫于朝，亲谕朕志。大夫其上三道之要，及永惟朕之不德，吏之不平，政之不宣，民之不宁，四者之阙，悉陈其志，毋有所隐。上以荐先帝之宗庙，下以兴愚民之休利，著之于篇，朕亲览焉，观大夫所以佐朕，至与不至。书之，周之密之，重之闭之。兴自朕躬，大夫其正论，毋柱执事。乌乎，戒之！二三大夫其

---

① 《汉书》卷23《刑法志》，又见《史记》卷10《孝文本纪》，文字略异。

帅志毋怠！①

在这份诏书中，他要求自诸侯王至二千石的所有高官，都要向朝廷推荐贤良文学，即知识分子，请他们就"朕之不德，吏之不平，政之不宣，民之不宁"等国家大事，毫无保留地陈述自己的意见，显示了求贤之切和虚心纳谏的态度。后元元年（公元前163年）三月，又发布了《求言诏》：

> 间者数年比不登，又有水旱疾疫之灾，朕甚忧之。愚而不明，未达其咎。意者朕之政有所失而行有过与？乃天道有不顺，地利或不得，人事多失和，鬼神废不享与？何以致此？将百官之奉养或费，无用之事或多与？何其民食之寡乏也！夫度田非益寡，而计民未加益，以口量地，其于古犹有余，而食之甚不足者，其咎安在？无乃百姓之从事于末以害农者蕃，为酒醪以靡谷者多，六畜之食焉者众与？细大之义，吾未能得其中。其与丞相列侯吏二千石博士议之，有可以佐百姓者，率意远思，无有所隐。②

这个《求言诏》是向朝廷内外所有官员发出的征求对当前国家遇到的重要问题意见的文件，既表现了文帝对国家、社会和民生的忧虑，也展现了他虚心听取臣下意见的发自肺腑的真诚。作为"万民之主"和操控国脉民命的皇帝，他能够认真地做到这一步，真不愧"圣明之君"的称号了。

当然，文帝的政治思想中还有坚持皇帝制度的强烈意识，例如，他虽然大张旗鼓地封赏周勃、陈平和其他诛杀诸吕有功的高官和同姓诸侯王，但同时对他们保持高度警惕，悄悄地逐步削减他们的实际权力，并任用和提拔一批亲信到关键的岗位上，以便牢牢控制中央和地方最重要的权力。就在任命宋昌为卫将军、张武为郎中令，掌控了首都的卫戍大权之后的第二年三月，他又封宋昌为壮武侯，将从代国带来的六个亲信安排做了九卿的高官。对同姓诸侯王刻意安抚，尽最大努力缓和统治集团的内部矛盾，

---

① 《汉书》卷49《晁错传》。
② 《汉书》卷4《文帝纪》。

不到万不得已，不采取杀伐的手段解决矛盾，以求得国家大势的稳定。不过，刘恒也并非一味忍让。五年（公元前175年）六月，当济北王刘兴居谋反，发兵欲袭荥阳的时候，他还是坚决令陈武为大将军，统兵10万，迅速镇压了叛乱。与此同时，他也不动声色地采取措施削弱诸侯王的力量。如二年（公元前178年）三月，他下令立朱虚侯刘章为城阳王、东牟侯刘兴居为济北王，看似"推恩"，实际上是在齐国封地又分割出两个诸侯王国，这无形中削弱了原齐国的力量。同年九月，他"初与郡国守相铜虎符、竹使符"，将郡国的调兵权收归中央。十六年（公元前164年），他下令立原淮南王的三个儿子为王，看似大度，结果却是将一个较大的淮南王国分割成三个小的王国，这就大大减少了他们兴风作浪、反抗朝廷的可能。

文帝对少数民族政策和边疆政策也有自己的思考和决断，显示了他在统驭边陲和治理少数民族问题上的思想。他明白，当时汉朝的国力还难以用军事手段征服少数民族和求得边境的安宁，于是继承高帝和吕后时期"和""安"胡越的国策，以和平的策略尽量减少边境的冲突，以便为国家和百姓赢得良好的生存环境。本来在高帝时期，由于陆贾出使南越，促使南越对汉朝称臣归附，使连绵的五岭成为汉朝和南越和平交流的边界。吕后当国时，禁止铁器输入南越，南越王赵佗愤然称帝，举兵北侵，和平的边界又被战火烽烟笼罩。刘恒登基伊始，即改变对南越的政策，"乃为佗亲冢在真定置守邑，岁时奉祀。召其从昆弟尊官，厚赐宠之"，之后派高帝时曾出使南越、与赵佗建立良好私人感情的陆贾二次出使，给赵佗带去动之以情、晓之以理的赐书：

> 皇帝谨问南粤王，甚苦心劳意。朕，高皇帝侧室之子，弃外奉北藩于代，道里辽远，壅蔽朴愚，未尝致书。高皇帝弃群臣，孝惠皇帝即世，高后自临事，不幸有疾，日进不衰，以故悖暴乎治。诸吕为变故乱法，不能独制，乃取它姓子为孝惠皇帝嗣。赖宗庙之灵，功臣之力，诛之已毕。朕以王侯吏不释之故，不得不立，今即位。乃者闻王遗将军隆虑侯书，求亲昆弟，请罢长沙两将军。朕以王书罢将军博阳侯，亲昆弟在真定者，已遣人存问，修治先人冢。前日闻王发兵于边，为寇灾不止。当其时长沙苦之，南郡尤甚，虽王之国，庸独利乎？必多杀士卒，伤良将吏，寡人之妻，孤人之子，独人父母，得一

亡十，朕不忍为也。朕欲定地犬牙相入者，以问吏，吏曰"高皇帝所以介长沙土也"，朕不能擅变焉。吏曰："得王之地不足以为大，得王之财不足以为富，服领以南，王自治之。"虽然，王之号为帝，两帝并立，亡一乘之使以通其道，是争也；争而不让，仁者不为也。愿与王分弃前患，终今以来，通使如故。故使贾驰谕告王朕意，王亦受之，毋为寇灾矣。上褚五十衣，中褚三十衣，下褚二十衣，遗王，愿王听乐娱忧，存问邻国。①

这封赐书，反复强调的是和则两利，战则两伤，要求恢复高帝时期的边界，给南越高度自治地位，通使通商，惠及两地百姓。赐书打动了赵佗，以此为契机，重新恢复了汉朝与南越的友好交流关系。这不仅对汉朝与南越都是有利的，而且加速了汉、越两个民族的经济文化交流和进一步深度的融合。

对汉朝边防最大的威胁来自匈奴。文帝审时度势，执行"和亲"政策，坚持衅不自我开的防御战略，同时不断加强军事力量，随时准备抵抗匈奴的进犯，将边疆地区百姓生命财产的损失减少到最低限度。为此，他采取了一系列相应的措施。三年（公元前177年）五月，匈奴侵入北地郡（今甘肃、宁夏交界处），在黄河以南劫掠。文帝进驻临近北地的甘泉（今属陕西），观察形势和筹划对策。六月，即命"发边吏骑八万五千诣高奴，遣丞相颍阴侯灌婴击匈奴"，将入侵者赶出北地。他接着赶到高奴（今陕西延安）、太原等地，赏赐立功军民，慰问百姓。匈奴见一时对汉朝武力相向讨不到便宜，就希望恢复"和亲"故约，文帝顺势回书，重申故约：

> 皇帝敬问匈奴大单于无恙。使郎中系雩浅遗朕书曰："右贤王不请，听后义卢侯难氏等计，绝二主之约，离兄弟之亲，汉以故不和，邻国不附。今以小吏败约，故罚右贤王使西击月氏，尽定之。愿寝兵休士卒养马，除前事，复故约，以安边民，使少者得成其长，老者安其处，世世平乐。"朕甚嘉之，此古圣主之意也。汉与匈奴约为兄弟，所以遗单于甚厚。倍约离兄弟之亲者，常在匈奴。然右贤王事已

---

① 《汉书》卷95《西南夷两粤朝鲜传》。

在赦前,单于勿深诛。单于若称书意,明告诸吏,使无负约,有信,敬如单于书。使者言单于自将伐国有功,甚苦兵事。服绣袷绮衣、绣袷长襦锦袷袍各一,比余一,黄金饰具带一,黄金胥纰一,绣十匹,锦三十匹,赤绨绿缯各四十匹,使中大夫意、谒者令肩遗单于。①

其实,文帝对单于恢复故约的请求并不十分相信,但还是发出了积极的回应。同时警惕匈奴的出尔反尔。果然,十四年(公元前166年)冬天,匈奴寇边入萧关,杀北地都尉卬。文帝立即命三位将军屯兵陇西(今甘肃临洮)、北地(今甘肃庆阳北)、上郡(今陕西榆林南),并亲往前线劳军。以东阳侯张相如为大将军,指挥发兵反击,将匈奴驱逐出境。后元二年(公元前162年),他发出《与匈奴和亲诏》,向全国臣民解释国家应对匈奴的政策,重申与匈奴"和亲""结兄弟之意,以全天下元元之民"的道理:

> 朕既不明,不能远德,使方外之国或不宁息。夫四荒之外不安其生,封圻之内勤劳不处,二者之咎,皆自于朕之德薄而不能达远也。间者累年,匈奴并暴边境,多杀吏民,边臣兵吏又不能谕其内志,以重吾不德。夫久结难连兵,中外之国将何以自宁?今朕夙兴夜寐,勤劳天下,忧苦万民,为之恻怛不安,未尝一日忘于心,故遣使者冠盖相望,结彻于道,以谕朕志于单于。今单于反古之道,计社稷之安,便万民之利,新与朕俱弃细过,偕之大道,结兄弟之义,以全天下元元之民。和亲以定,始于今年。②

同时送出《遗匈奴和亲书》:

> 皇帝敬问匈奴大单于无恙。使当户且渠雕渠难、郎中韩辽遗朕马二匹,已至,敬受。先帝制,长城以北引弓之国受令单于,长城以内冠带之室朕亦制之,使万民耕织,射猎衣食,父子毋离,臣主相安,俱无暴虐。今闻渫恶民贪降其趋,背义绝约,忘万民之命,离两主之

---

① 《史记》卷110《匈奴列传》。
② 《汉书》卷4《文帝纪》、《史记》卷10《孝文本纪》。

欢,然其事已在前矣。书云"二国已和亲,两主欢说,寝兵休卒养马,世世昌乐,翕然更始",朕甚嘉之。圣者日新,改作更始,使老者得息,幼者得长,各保其首领,而终其天年。朕与单于俱由此道,顺天恤民,世世相传,施之无穷,天下莫不咸嘉。使汉与匈奴邻敌之国,匈奴处北地,寒,杀气早降,故诏吏遗单于秫糵金帛绵絮它物岁有数。今天下大安,万民熙熙,独朕与单于为之父母。朕追念前事,薄物细故,谋臣计失,皆不足以离昆弟之欢。朕闻天不颇覆,地不偏载。朕与单于皆捐细故,俱蹈大道,堕坏前恶,以图长久;使两国之民若一家子。元元万民,下及鱼鳖,上及飞鸟,跂行喙息蠕动之类,莫不就安利,避危殆。故来者不止,天之道也。俱去前事,朕释逃虏民,单于毋言章尼等。朕闻古之帝王,约分明而不食言。单于留志,天下大安,和亲之后,汉过不先。单于其察之。①

与要求南越王去帝号不同,文帝完全将匈奴放在与汉朝对等的地位,只是要求双方以长城为界,互不侵犯,这种带有民族平等的意识不能不说是非常有价值的政治思想遗产。与匈奴实现"和亲"后,文帝又向全国发出了《与匈奴和亲布告天下诏》:

> 匈奴大单于遗朕书,和亲已定,亡人不足以益众广地,匈奴无入塞,汉无出塞,犯令约者杀之,可以久亲,后无咎,俱便。朕已许。其布告天下,使明知之。②

这显然是要求全国臣民一体遵守之意,说明文帝对和约是真诚的,但他也并不认为有了和约就可高枕无忧,而是时刻保持警惕。果然,后元六年(公元前158年),匈奴三万人侵入上郡(今陕西榆林南),三万人侵入云中(今内蒙古呼和浩特西南)。文帝指令以周亚夫为代表的六位将军督军屯驻各战略要地,严阵以待。匈奴见无机可乘,数月后自动退军。总起来看,刘恒对付匈奴的方略是正确的。因为坚持衅不自我开,使匈奴找不到与汉朝开战的借口,虽然不能完全避免匈奴的侵扰,但由于同时采取

---

① 《汉书》卷4《文帝纪》、《史记》卷10《孝文本纪》。
② 《汉书》卷94《匈奴传》、《史记》卷110《匈奴列传》。

积极防御的策略，终文帝之世，匈奴对汉朝并未造成太大的危害。

六 景帝重农、薄赋、省刑和倡廉的政治思想

汉景帝刘启（公元前156—前141年在位），在位的十六个年头，基本是继承了惠帝以来执行的黄老思想指导下的"与民休息"政策，轻徭、薄赋、节俭、省刑，使汉皇朝生产继续发展，经济进一步走向繁荣。

景帝在位期间，政治上发生的最大事件是平定"吴楚七国之乱"。这一事件突出展现了他维护皇帝制度和中央集权的政治意识。当吴楚七国发出叛乱的信号时，景帝还打算以牺牲主张"削藩"的晁错达成妥协，但当这种妥协受挫后，他还是坚定地谋划武力平叛。三年（公元前154年）二月，汉军与叛军接战不到一个月，胜负之局已定。景帝对指挥汉军围剿叛军的各路将军发出一个对反叛诸侯王国君臣声罪致讨和赶尽杀绝的诏书：

> 盖闻为善者天报以福，为非者天报以殃。高皇帝亲垂功德，建立诸侯，幽王、悼惠王绝无后，孝文皇帝哀怜加惠，王幽王子遂、悼惠王子卬等，令奉其先王宗庙，为汉藩国，德配天地，明并日月。而吴王濞背德反义，诱天下亡命罪人，乱天下币，称疾不朝二十余年。有司数请濞罪，孝文皇帝宽之，欲其改行为善。今乃与楚王戊、赵王遂、胶西王卬、济南王辟光、淄川王贤、胶东王雄渠约从谋反，为逆无道，起兵以危宗庙，贼杀大臣及汉使者，迫劫万民，伐杀无罪，烧残民家，掘其丘垄，甚为虐暴。而卬等又重逆无道，烧宗庙，卤御物，朕甚痛之。朕素服避正殿，将军其劝士大夫击反虏。击反虏者，深入多杀为功，斩首捕虏比三百石以上皆杀，无有所置。敢有议诏及不如诏者，皆要斩。①

在景帝看来，只要诸侯王觊觎皇位，就是"为逆无道"、"重逆无道"，就必须赶尽杀绝，绝对不能姑息。而臣子，更是等而下之，只能是皇帝整个棋盘上任意驱使运作的棋子，皇帝对他们具有生杀予夺之权，其生死祸福，完全系于皇帝的一念间。号称"智囊"的晁错，被他当作与

---

① 《汉书》卷35《荆燕吴传》。

吴楚七国妥协的牺牲品平白无辜地送掉了性命。功勋卓著的周亚夫，因为在一些问题上与他意见相左，就被诬以"谋反"的罪名下狱，施以百般侮辱，致使其"不食五日，呕血而死"。①

不过，在景帝的政治思想中，与乃父一样坚持民本的理念，这突出表现在薄赋和省刑等方面。他继位伊始，就下令"除田半租"，使三十税一成为终西汉之世的定制。同时继续执行对匈奴的"和亲"政策，不主动挑起战争，基本上维护了边境地区的和平和安宁。他还多次大赦天下，赏赐民爵，贯彻了"与民休息"的既定国策，使汉帝国保持了向上发展的势头。例如，元年（公元前156年）他下达了《听民徙宽大地诏》：

> 间者岁比不登，民多乏食，夭绝天年，朕甚痛之。郡国或硗陿，无所农桑系畜；或地饶广，荐草莽，水泉利，而不得徙。其议民欲徙宽大地者，听之。②

后元二年（公元前142年）四月，发布了《令二千石修职诏》：

> 雕文刻镂，伤农事者也；锦绣纂组，害女红者也。农事伤则饥之本也，女红害则寒之原也。夫饥寒并至，而能亡为非者寡矣。朕亲耕，后亲桑，以奉宗庙粢盛祭服，为天下先。不受献，减太官，省繇赋，欲天下务农桑，素有畜积，以备灾害。强毋攘弱，众毋暴寡，老者以寿终，幼孤得遂长。今岁或不登，民食颇寡，其咎安在？或诈伪为吏，吏以货赂为市，渔夺百姓，侵牟万民。县丞，长吏也，奸法与盗盗，甚无谓也。其令二千石各脩其职；不事官职耗乱者，丞相以闻，请其罪。布告天下，使明知朕意。③

后元三年（公元前141年）正月，再发布《劝农桑诏》：

---

① 《汉书》卷40《周勃传附周亚夫传》。
② 《汉书》卷5《景帝纪》。
③ 同上。

农，天下之本也。黄金珠玉，饥不可食，寒不可衣，以为币用，不识其终始。间岁或不登，意为末者众，农民寡也。其令郡国务劝农桑，益种树，可得衣食物。吏发民若取庸采黄金珠玉者，坐臧为盗。二千石听者，与同罪。①

这三个诏书，反映了景帝对民本，主要是农本的重视，他特别强调各级官吏必须贯彻重本抑末的政策，将其视为官吏们"修职"的主要内容，同时规定了对违反这一政策官吏的惩罚措施。这一根深蒂固的以农立国、以农固本的意识，几乎是中国封建社会前期所有君王和政治家的共识。

景帝的政治思想中还有明确的省刑意识和公正执法的理念。元年（公元前156年）他发布了《减笞诏》，中元六年（公元前144年）又发布《减笞法诏》。中元五年（公元前145年）下达《谳狱诏》：

法令度量，所以禁暴止邪也。狱，人之大命，死者不可复生。吏或不奉法令，以货赂为市，朋党比周，以苛为察，以刻为明，令亡罪者失职，朕甚怜之。有罪者不伏罪，奸法为暴，甚亡谓也。诸狱疑，若虽文致于法而于人心不厌者，辄谳之。

后元元年（公元前143年）正月，再次发布《谳狱诏》：

狱，重事也。人有智愚，官有上下。狱疑者谳有司。有司所不能决，移廷尉。有令谳而后不当，谳者不为失。欲令治狱者务先宽。②

两次《谳狱诏》的中心意思，一是公正执法，使罚当其罪；二是量刑从宽，杜绝枉法苛酷。与此相联系，景帝的廉政观念也比较突出。后元二年（公元前142年）五月，他发布了《重廉士诏》：

人不患其不知，患其为诈也；不患其不勇，患其为暴也；不患其不富，患其亡厌也。其唯廉士，寡欲易足。今訾算十以上乃得官，廉

---

① 《汉书》卷5《景帝纪》。
② 同上。

士算不必众，有市籍不得官，无訾又不得官，朕甚愍之。訾算四得官，亡令廉士久失之，贪夫长利。①

因为景帝具有重农、薄赋、省刑和倡廉的政治思想并将其基本贯彻到自己的行政实践中去，因而能够与文帝共同创造中国封建社会第一个"盛世"——"文景之治"，从而使自己的名字与一个辉煌的符号连在了一起。

第四节 汉武帝的集权政治思想

一 空前的功业与统治思想的转变

汉武帝刘彻（公元前140—前87年）在位54年，是西汉历史上当国最长的皇帝，也是建立空前辉煌功业，将西汉历史导向顶峰的唯一君王。

汉武帝是因景帝改易太子登上皇位的。作为一个历史的幸运儿，他不仅在皇室的内部斗争中拣到了皇太子的桂冠，而且从祖宗手中接下一个富冠全球的美好江山。在此基础上，他奋三世之余烈，以空前的辉煌功业谱写了汉代历史最光彩夺目的篇章。他大胆改革选官制度，"不拘一格降人才"，将大量具有文化知识的文吏充实到各级官位上，扩大了统治基础；他进一步削弱诸侯王的势力，以严刑峻法镇压不法豪强，建立"中朝"，弱化相权，设立十三部刺史，极大地强化中央集权，把汉朝的封建专制推向极峰；他大刀阔斧地推行盐铁官营、平准均输、统一货币、算缗告缗等经济政策，严厉打击工商奴隶主，大大增加了国家的财政收入；他接受董仲舒的建议，实行"罢黜百家，独尊儒术"的思想文化政策，奠定了此后两千多年中国封建正统思想的基础；他知人善任，不拘一格地简拔将帅，接连不断地对匈奴用兵，获得一系列重大胜利，基本上解除了匈奴对汉帝国北部边疆的威胁，保卫了中原地区先进的经济和文化；他同时对南越、西南夷用兵，扩大了汉帝国的版图，奠定了后来中国疆域的基础，促进了国内各民族的融合；他凿通西域，开辟了通往中亚和欧洲的"丝绸之路"，把大汉帝国的军旗插上了帕米尔高原的雪峰，进一步加强了中外经济文化的交流，使大汉帝国成为无可争议的东亚文明的中心。正是这个汉武帝，背负着祖先的期望，以无与伦比的雄才大略，雄视百代的恢宏气

---

① 《汉书》卷5《景帝纪》。

势，将这个帝国的历史推向一个新的高峰，使中华民族以其高度发展的文化屹立于世界民族之林，造就了一个中华民族扬威世界的空前伟大的时代。

汉武帝是汉代统治思想从黄老之术转向"独尊儒术"的关键人物。

汉武帝尽管在黄老之学大盛的氛围中度过了少年时代，但此时儒道互黜之风却愈演愈烈。特别是原始儒学在广泛吸收其他学派思想因子的基础上，经几代人的努力，即将在董仲舒那里完成推陈出新的改造，因而使武帝在太子时代受到儒学越来越大的影响。他的老师、太子太傅卫绾就是儒生。在卫绾等的教导下，汉武帝接绪乃祖刘邦，向儒学急剧倾斜。公元前140年（建元元年）冬十月，登基伊始的汉武帝即下诏"举贤良文学方正直言极谏之士"，自此时起，在景帝时已任博士的董仲舒三次参加举贤良文学对策，全面阐述了他那一套经过整合的儒学理论，得到武帝的赏识和共鸣。就在这一年，已升任丞相的卫绾上奏"所举贤良，或治申、商、韩非、苏秦、张仪之言，乱国政，皆请罢"，① 得到武帝的首肯，这就是最早"罢黜百家"的动议。不久，董仲舒在对策中再次明确建议："诸不在六艺之科孔子之术者，皆绝其道，勿使并进。"② 被武帝采纳，于是"罢黜百家，独尊儒术"的思想文化政策出台，标志着西汉的统治思想开始了由黄老之学向儒学的转变。由于这一转变得到了田蚡和窦婴等朝廷重臣的支持，一时间，转变的势头较猛。但这种转变遭到具有摄政身份的太皇太后窦氏的抵制。窦太后笃信黄老之学，曾命令对黄老之学持非议之论的《诗》博士辕固与野猪搏斗。建元二年（公元前139年），钟情儒学的御史大夫赵绾和郎中令王臧奏请上书不必奏事窦太后，企图排除窦太后对武帝行政的干预。不料此举引起窦太后的震怒，赵绾与王臧被下狱致死。聪明的汉武帝坚持不与自己的祖母发生正面冲突，而是凭借自己的年龄优势耐心等待时机。公元前136年（建元五年）春，他下诏置《诗》《书》《礼》《易》《春秋》五经博士，将儒学推尊为唯一的官方认可的学说。第二年，窦太后寿终正寝，再也无人能干预武帝的行动。他与卫绾、董仲舒、田蚡、窦婴等合力推行的"罢黜百家，独尊儒术"的统治思想转变最终完成了。这一转变在中国封建社会政治史和思想史上都具有重要意

---

① 《汉书》卷6《武帝纪》。
② 《汉书》卷56《董仲舒传》。

义，它不仅使武帝找到了他实行的一系列加强统一集权的制度和政策的理论支撑，而且还为此后两千多年的中国封建社会找到了较为适宜的官方意识形态。这一意识形态在汉代以后尽管不断有所变异，但其基本思想内涵却一直保持了稳定。

二 加强专制集权的政治措施

汉武帝登基后，即从政治、经济和思想上全面加强中央集权。政治上全面加强中央集权的标志是"中朝"的建立。本来，在秦朝和西汉前期，中央官制是作为政府首脑的丞相全面负责制。丞相"掌丞天子，助理万机"，① 丞相府成为国家政务的运转中枢。国家大政方针的决策权以及全国的行政、司法、财政，甚至军事大权在很大程度上都集中在丞相手上。皇帝的诏书必须由丞相副署后才能发出，所以皇帝的主张如果得不到丞相的同意也往往难以实行。如景帝与窦太后欲立王皇后之兄王信为侯，因丞相周亚夫坚持刘邦所定的"非有功不侯"的原则而作罢。武帝即位之初，丞相田蚡大权独揽，几乎将武帝架空了。雄才大略的汉武帝绝不允许丞相事事掣肘，他决心削弱相权，使丞相和他领导的丞相府失去对于国家大政方针的决策权，变成乖乖听命于自己的等因奉此的执行机构。为此，他必须在丞相府之外建立一个如身使臂的机构。这个机构就是以尚书台为依托逐步建立和完善的"中朝"。武帝通过建立中朝及逐步强化的尚书台机构，将中央政府置于自己的卧榻之侧，从而达到了集权的目的。与此同时，相权却处于步步削弱中。武帝前，西汉丞相权位既重，礼遇亦隆。如特赐萧何"剑履上殿，入朝不趋，奏事不名"。② 丞相晋见皇帝时，"御坐为起，车舆为下"。丞相有疾，皇帝法驾亲至问候，丞相病逝，"车驾往吊，赠棺、敛具、赐钱、葬地。葬日，公卿以下会焉"。③ 中朝建立后，丞相的决策权被夺走，终武帝之世，丞相的地位每况愈下。公孙弘之后，"李蔡、严青翟、赵周、石庆、公孙贺、刘屈氂继踵为丞相。自蔡至庆，丞相府客馆丘虚而已。至贺、屈氂时，坏以为马厩、车库、奴婢室矣。唯

---

① 《汉书》卷19《百官公卿表序》。
② 《史记》卷53《萧相国世家》。
③ 《汉书》卷84《翟方进传》注引《汉旧仪》。

庆悼谨，复终相位，其余尽伏诛云"，① 这时，不仅过去对丞相的礼遇不见了，而且常当面受斥责，动辄治罪，不少丞相在位时被处死，致使很多臣子视任丞相为畏途。

汉武帝政治上加强中央集权的又一重要措施是强化法律和监察。西汉建立后，以《九章律》为代表的汉律基本上继承了秦律繁密苛酷的特点。高帝之后，随着黄老政治的推行，才逐步废去那些特别严酷的条款。如惠帝除挟书律，高后除三族罪和妖言令，文帝除收孥相坐律令和处以族灭之刑的诽谤妖言罪。其后，汉律大体沿着轻刑的方向不断修改，"断狱数百，几至刑措"。② 但到汉武帝时期，出于加强专制统治的需要，使汉朝的法律又转向严密苛酷。《汉书·刑法志》指出：

> 及至孝武即位，外事四夷之功，内盛耳目之好，征发烦数。百姓贫耗，穷民犯法，酷吏击断，奸轨不胜。于是招进张汤、赵禹之属，条定法令，作见知故纵、监临部主之法，缓深故之罪，急纵出之诛。其后奸猾巧法，转相比况，禁罔寝密。律令凡三百五十九章，大辟四百九条，千八百八十二事，死罪决事比万三千四百七十二事，文书盈于几阁，典者不能遍睹。

在强化法律的同时，汉武帝还大力加强监察制度。在秦朝和西汉前期，国家的监察工作是由御史大夫、御史中丞、监（郡或军）御史、督邮、廷掾等机构和官员执行的。丞相、郡守、县令长等中央政府和地方政府的各级主官也负有对下属的监察之责。但随着时间的推移，这个制度出现了许多问题，尤其是监郡御史监察不力，几乎形同虚设。汉武帝于是下令于元封元年（公元前110年）废去监郡御史。为了更好地加强对郡国守相的监察，又于元封五年（公元前106年）下令在全国设置十三部州刺史，即司隶、豫州、冀州、兖州、徐州、青州、扬州、益州、凉州、朔方州、并州、幽州、交州。除在司隶部设司隶校尉外，其余十二部均设秩六百石，位下大夫、"秩卑""任重"的刺史一人，通称十三部刺史。这十三部刺史上受中央的御史大夫、御史中丞统辖，对下分别监察各州所辖

---

① 《汉书》卷58《公孙弘传》。
② 《汉书》卷4《文帝纪》。

的两千石的郡国守相。作为单纯的监察官员，其对郡国的监察一开始就以明确规定的"六条"问事：

> 刺史班宣，周行郡国，省察治状，黜陟能否，断治冤狱，以六条问事，非条所问，则不省。一条，强宗豪右田宅逾制，以强凌弱，以众暴寡。二条，二千石不奉诏遵承典制，倍公向私，旁诏守利，侵渔百姓，聚敛为奸。三条，二千石不恤疑狱，风厉杀人，怒则任刑，喜则淫赏，烦扰苛暴，剥截黎元，为百姓所疾，山裂石崩，祅祥讹言。四条，二千石选署不平，苟阿所爱，蔽贤宠顽。五条，二千石子弟恃怙荣势，请托所监。六条，二千石违公下比，阿附豪强，通行货赂，割损正令也。①

从"六条"规定以及西汉时期刺史活动的史实看，刺史监郡制度的确是秦汉时期封建国家监察制度的重大变革，与原有的御史监郡制度相比，有着显著的不同。首先，刺史是单纯的监察官而非行政长官，它不仅与拥有行政、司法、财政、军事诸权的郡守不同，而且也与拥有兵权、人事权等的监御史不同。它以朝廷颁布的"六条"规定对所部郡国守相进行监察，不准滥用权力。"六条"规定中除第一条是纠察强宗豪右的非法活动外，其余都是针对二千石的郡国守相。凡是严格按"六条"办理，就受到奖赏；反之，如追求"六条"以外的权力，就受到惩罚。前者如朔方刺史翟方进，"居官不烦苛，所察应条辄举，甚有威名，再三奏事，迁为丞相司直"②。后者如豫州刺史鲍宣，"举措烦苛，代二千石署吏听讼，察过诏条"③，结果被丞相司直举劾，受到免职的惩罚。可见刺史的权力是受到严格约束的。其次，刺史秩仅六百石，只相当于低级的县令，其秩级是相当卑微的，但因其隶属于御史中丞，掌握监察大权，可以毫无顾忌地举劾二千石的郡国守相，其权力又是相当重大的，再加上赏赐丰厚，就使大部分刺史忠于职守，戮力为朝廷服务，因而收到很好的效果。

汉武帝政治上加强中央集权的第三个措施是继续削弱诸侯王势力。他

---

① 《汉书》卷19《百官公卿表》注。
② 《汉书》卷84《翟方进传》。
③ 《汉书》卷72《鲍宣传》。

采纳主父偃的建议,将《推恩令》作为朝廷的一项法令在各诸侯王国实施。这项法令实际上是贾谊"众建诸侯而少其力"建议的延伸和法律化。《推恩令》的广泛而规范的实施,使已经变小的诸侯王封国中又划出不少小的侯国,实际上是在推恩的名义下进一步分割其土地和权力。这样,实力弱小的诸侯王再也难以兴风作浪了。与此同时,汉武帝也不放弃对侯国的削弱,他不时借口诸侯国所献的助祭的"酎金"缺斤短两或成色不足而削地夺爵。如元鼎五年(公元前112年)一年之中就有106个列侯因"酎金"之罪,被剥地夺爵。这一数字差不多是当时列侯之半。汉武帝还"作左官之律",① 规定不准任何人私自充当诸侯官吏,以防止诸侯延揽人才,结党营私。又重申并严格执行武帝以前制定的"阿党附益之法",② 从重制裁朝中和王国中与诸侯结党营私的官员,从而将诸侯王置于孤立无援并时刻受到监视的境遇中。由于采取了以上一系列措施,到武帝后期,诸侯王的地位和实力受到了前所未有的削弱。他们之中,大者不过一郡,小者只有数县,且只能衣食租税而不治民,并被置于严格的监视之中,已经既没有力量也没有条件与朝廷分庭抗礼了。武帝之后,终西汉之世,诸侯王国再也没有给朝廷造成大的麻烦,汉兴以来困扰朝廷的诸侯王国的问题总算较好地解决了。

　　汉武帝政治上加强中央集权的第四个措施是重用酷吏,搏击豪强。西汉建立后实行的黄老政治虽然对安定民生、发展生产、繁荣经济起了显著的积极作用,但是,这种"无为""放任"的统治政策也给地方豪强势力的坐大提供了适宜的环境和条件。这些地方豪强在汉代文献中被称为

---

① "附益阿党之法"的具体内容今日也难以考究。《汉书·诸侯王表序》张晏注:"律,郑氏说,封诸侯过限曰附益。或曰阿媚王侯,有重法也。"颜师古注:"附益者,盖取孔子云'求也为之聚敛而附益之'之义也,皆背正法而厚于私家也。"这显然是对诸侯王追求法外的经济利益的限制。至于"阿党",张晏也有解释:"诸侯有罪,傅相不举奏,为阿党。"目的是限制王国官吏与诸侯王互相结党营私谋取政治特权或背叛朝廷。

② "左官"是指在诸侯王那里任职的官。《汉书·诸侯王表序》服虔注:"仕于诸侯为左官,绝不使仕于王侯(当作朝廷)也。"应劭注:"人道尚右,今舍天子而仕诸侯,故谓之左官也。"颜师古注:"左官犹左道也……汉时依上古法,朝廷之列以右为尊,故谓降秩为左迁,仕诸侯为左官也。"由于史料阙失,"左官之律"的具体内容今天已无从考究,但从以上三家注来看,至少有两点是明确的:第一,王国官吏的秩级低于朝廷官员,同时受到歧视。第二,在王国任官者,以后任职朝廷要受到诸多限制。"左官之律"的作用看来主要是限制诸侯王延揽优秀人才,以削弱其政治势力。

"豪门""豪右""豪宗""豪猾""大姓""大家"。他们的主要来源是战国时期东方六国贵族的后裔以及依附于他们的强宗大姓。这些豪强势力在各地横行乡里,兼并土地,包揽词讼,侵吞小民,甚至对抗官府,"武断乡曲",严重妨碍了国家政令的贯彻执行。显然,如果放任他们发展下去,将严重影响国家的统一和稳定。汉武帝在削弱诸侯王的同时,也将打击的矛头指向了豪强。他打击豪强的主要方略是放手任用酷吏,施以酷烈的杀伐手段。西汉一代见于记载的酷吏共18人,其中事迹最详博、典型的有12人,他们都是汉武帝的臣子。所谓"酷吏",就是"以酷烈为声"①的官吏,他们不仅以残酷的手段屠戮百姓,也以同样的手段镇压和打击不法的豪强贵族,即所谓"刻轹宗室,侵辱功臣"。②酷吏们胆大包天,他们敢于蔑视封建法律任意胡为。在行政和治狱过程中,既用合法手段,更用非法手段。如张汤治狱就不是以事实为根据和以法律为准绳,而是一切服从"上意"。

酷吏治狱特别残酷无情,"曾是强国,掊克为雄,报虐以威"。③ 宁成"其治如狼牧羊",在他做关东都尉时,郡国出入关者纷纷相告:"宁见乳虎,不值宁成之怒。"正因为治狱特别残忍,所以严延年号"屠伯",郅都号"苍鹰",王温舒手下的那批属官也被人骂作"虎冠之吏"。汉武帝看中的正是酷吏的这些秉性。所以放手让他们对付豪强。张汤和赵禹应武帝之命定律令时,"务在深文","钼豪强并兼之家,舞文巧诋以辅法"。王温舒做河南太守时,"捕郡中豪猾,相连坐千余家",全部杀掉,"至流血十里"。④ 在酷吏的重击下,再辅以"算缗"、"告缗"的经济措施,豪强们显然受到一次沉重的打击,他们的活动自然有所收敛,这对武帝贯彻其集中统一的政策是有利的。

三 加强中央集权的财政经济措施

在政治上加强中央集权的同时,汉武帝也推行了全面强化中央集权的财政经济措施。

---

① 《史记》卷122《酷吏列传》。
② 《汉书》卷90《酷吏传》。
③ 《汉书》卷100《叙传》。
④ 《汉书》卷90《酷吏传》。

汉武帝即位初，面对的是累百巨万，"累朽而不可校"的京师之钱和多如山积"腐败而不可食"的太仓之粟。他一改文景之时的节俭之风，以好大喜功的大有为政治开始了自己波澜壮阔、雄奇瑰丽的政治生涯，祖宗的积累如流水般花去。其中特别巨大的开支除征伐匈奴、通西南夷的巨额军费和筑城治河的公共工程经费外，再就是以武帝为首的皇室贵族穷奢极欲的大量靡费。这样一来，汉朝的财政在武帝登基不到20年就出现了危机。与此同时，在黄老政治放任政策下"专巨海之富，擅鱼盐之利"的大工商业主们却迅速积累起巨量的财富，"富数千万"，"大者倾郡，中者倾县，下者倾乡里者，不可胜数"，① 但却"不佐国家之急"。为了解决国家的财政危机，汉武帝决定实行由国家控制利源的财经政策，其中重要的一项是使大工商主们吐出他们积聚的财富。

汉武帝采取的第一个措施是统一货币。汉初，货币主要由郡国铸造。也允许私人铸造。吴国是铸币大国，文帝的宠臣邓通是铸币大户，因而一时有"吴、邓之钱遍天下"的说法。多头铸币不仅造成币制的混乱，也造成诸侯王势力的膨胀和富商大贾渔利的良机。为此，武帝登基后即采取了一些措施，但收效甚微。汉武帝于是在元鼎四年（公元前113年）下诏，"废天下诸钱，而专令水衡三官作"。② 即由中央垄断铸币权，而以水衡都尉下属的均输、钟官和辨铜三官为专门的铸币机构，全国各地都需"输其铜入三官"。③ 至此，武帝统一货币的工作最后完成。由于朝廷垄断了货币的铸造，控制了全国最重要的利源，不仅在一定程度上缓解了国家的财政危机，而且有助于稳定社会经济秩序。因为三官铸造的五铢钱"重如其文"，且工艺复杂而规范，伪造既困难，成本也很高，私铸已无利可图。民间私铸被制止，大工商主利用铸钱牟取暴利的途径也阻塞了。更由于五铢钱信用高，得到社会普遍认可，因而广泛流通，对维系社会经济的正常秩序起了重要作用。汉武帝统一货币是中国货币史上最重要的成功范例。由于五铢钱质量稳定，信用卓著，成为中国古代流通时间最长的货币之一，直到魏晋南北朝时期它还在使用。

汉武帝采取的第二个措施是盐铁官营与平准均输。西汉初年，盐铁由

---

① 《史记》卷129《货殖列传》。
② 《盐铁论·错币》。
③ 《史记》卷30《平准书》。

私人经营，国家除收税外不加干涉。在黄老政治的放任政策下，一批经营盐铁的工商主迅速暴富，成为积钱数千金"与王者埒富""拟于人君"的大财东。随着财政危机的加剧，武帝君臣将目光投向了盐铁，决心从工商主手中将这一巨大利源夺回来。汉武帝任用大农丞东郭咸阳和孔仅以及任侍中的桑弘羊悉心谋划，在元狩五年（公元前118年）拟定了一个盐铁官营的计划，通过大司农颜异呈送汉武帝。其要点是：煮盐、冶铁收归政府管理经营，收入"属大农佐赋"；"愿募民自给费，因官器作鬻盐，官与牢盆。浮食奇民欲擅斡山海之货，以致富羡，役利细民。其沮事之议，不可胜听。敢私铸铁器鬻盐者，釱左趾，没入其器物，郡不出铁者，置小铁官，使属在所县"。① 这一计划虽然遭到盐铁商人和部分反对"与民争利"的知识分子的反对，但因关乎国计民生，汉武帝还是在元狩六年（公元前117年）毅然批准了这一计划，令孔仅和东郭咸阳"乘传举行天下盐铁，作官府，除故盐铁家富者为吏"，② 即在全国各地建立盐铁专卖的机构，任用经营盐铁致富的工商主为专任官员，全力经营盐铁业。其后，国家在二十七郡设盐官三十六，在四十郡设铁官四十八，将这一巨大产业纳入国家垄断经营的轨道。

汉武帝在实行盐铁官营的同时，又推行了均输平准政策。元封元年（公元前110年），著名理财专家桑弘羊"为治粟都尉，领大司农"，开始了长达30年之久的执掌汉帝国财经大权的显赫生涯。也就在这一年，他筹划的推行在全国均输平准政策的计划得到了汉武帝的批准。据《汉书·食货志》记载，其内容是：

> 弘羊以诸官各自市相争，物以故腾跃，而天下赋输或不偿僦费，乃请置大农部丞数十人，分部主郡国，各往往置均输盐铁官，令远方各以其物如异时商贾所转（贩）者为赋，而相灌输。置平准于京师，都受天下委输。召工官治车诸器，皆仰给大农。大农诸官尽笼天下之货，贵则卖之，贱则买之。如此，富商大贾无所牟大利，则反本，而万物不得腾跃。故抑天下之物，名曰"平准"。

---

① 《汉书》卷24《食货志》。
② 同上。

对均输与平准的看法，学术界多有歧义，但总体看不失为利国便民的好办法。平准与均输相表里，办法是充分利用均输积聚到京师的大量物资调节市场，其目的一是利用价值法则平抑京师的物价，稳定市民的生活；二是使"富商大贾无所牟大利"，打击其囤积居奇、贱买贵卖扰乱市场的行径。显然，均输与平准都是桑弘羊运用价值法则，以政府调换的手段增加财政收入和稳定经济运行的措施，其主导作用是积极的。

汉武帝采取的第三个措施是算缗告缗。富商大贾和高利贷者利用西汉初年比较宽松的社会环境放手经营，在较短时间内迅速富起来。他们一方面"不佐国家之急"，不愿为武帝开疆拓土的事业做贡献；另一方面又以财力侵吞小民，挟持王侯贵戚，成为危害社会稳定的因素。当汉武帝君臣思谋如何克服财政危机的时候，他们不约而同地将目光投向了富商大贾和高利贷者那鼓鼓的钱袋。于是，在元狩四年（公元前119年）颁布了算缗和告缗令：

> 诸贾人末作贳贷卖买，居邑贮积诸物，及商以取利者，虽无市籍，各以其物自占，率缗钱二千而算一。诸作有租及铸，率缗钱四千算一。非吏比者，三老北边骑士，轺车一算；商贾人轺车二算；船五丈以上一算。匿不自占，占不悉，戍边一岁，没入缗钱。有能告者，以其半畀之。贾人有市籍，及家属，皆无得名田，以便农。敢犯令，没入田货。①

以上算缗告缗令的内容可以归结为：（1）让商人及高利贷者自报财产数额，政府据以收取财产税，每二千收一算（120文）；（2）对手工业者收取营业税，每四千收一算；（3）对非官吏所拥有的车船收资产税；（4）不如实呈报资产数额，一经发现，财产尽皆没收，当事人罚戍边一年，有揭发者，以没收财产的一半作为奖赏；（5）禁止市籍商贾占有土地，犯者没收土地和财产。武帝于元狩六年（公元前117年）任命杨可专门主持此事，目标就是使那些腰缠万贯的富商大贾和高利贷者一夜之间倾家荡产。算缗告缗取得了显著的效果，到元鼎二年（前115年），"杨可告缗遍天下，中产以上大氐皆遇告。杜周治之，狱少反者。乃分遣御史

---

① 《汉书》卷24《食货志》。

廷尉正监分曹往,即治郡国缗钱,得民财物以亿计,奴婢以千万数,田大县数百顷,小县百余顷,宅亦如之。于是商贾中家以上大氐破,民媮甘食好衣,不事畜臧之业,而县官以盐铁缗钱之故,用少饶矣"。① 算缗告缗政策的推行,实际上是财产的一次大转移,由富商大贾和高利贷者手中转移到汉政府的国库里,因为数量特别巨大,对缓解政府的财政危机肯定起了积极作用。

汉武帝时期的财政经济政策还有酒专卖一项,是桑弘羊任大司农时于天汉三年(公元前98年)实行的,当时叫"酒榷"。内容是禁止民间私自酿酒,由官府自行酿造。此后,酒税就成为重要税源之一。

武帝时期实行的统一货币、均输、平准、算缗、告缗以及酒专卖等财政经济政策,其核心是加强财经的中央集权,将主要利源都集中于国库,在不增加直接税的前提下,通过增加间接税提高国家的财政收入,收到了"民不益赋而天下用饶"②的效果,为汉武帝"外事四夷,内兴功作"的功业提供了强有力的财政支持,虽然客观上加重了百姓的负担,但其主导作用还是值得肯定的。

四 大一统的集权政治思想

汉武帝从政治、经济和财政等方面加强中央集权的行动表明,作为一代雄主,他并不满足于"家国同构"条件下皇帝在制度和法律上已经拥有的独尊地位和权力,而是要求在具体的行政实践上,使这种独尊地位和权力得到进一步的巩固和强化。因为在他看来,文景以来的黄老政治使这种权力受到一定程度的削弱,其表现是政治上诸侯王势力的日益坐大和豪强的横行乡里,经济上是许多利源被豪强和富商大贾占夺。他登基以后所采取的一切加强中央集权的政治经济措施,背后的指导思想都是皇权无限。

汉武帝为了给自己在政治经济上强化中央集权的行动寻找一个思想支撑,就毅然抛弃几代祖宗奉行的黄老之术,选择了经过董仲舒改造的新儒学,出台了"罢黜百家,独尊儒术"的思想文化政策。元光年间(公元前134—前129年),举贤良文学对策,董仲舒拔得头筹。汉武帝出题策

---

① 《汉书》卷24《食货志》。

② 同上。

问,就有了君臣之间那篇有名的对话。在这篇对话中,我们可以窥见汉武帝政治思想的重要内容。

> 制曰:朕获承至尊休德,传之亡穷,而施之罔极,任大而守重,是以夙夜不皇康宁,永惟万事之统,犹惧有阙。故广延四方之豪俊,郡国诸侯公选贤良修絜博习之士,欲闻大道之要,至论之极。①

这里汉武帝说得明白,他是"传之亡穷,而施之罔极""惟万事之统"的皇帝,认定皇位世袭、皇权无限乃天经地义,正因为"任大而守重",所以需要"闻大道之要,至论之极"。

> 盖闻五帝三王之道,改制作乐而天下洽和,百王同之。当虞氏之乐莫盛于《韶》,于周莫盛于《勺》。圣王已没,钟鼓管弦之声未衰,而大道微缺,陵夷至乎桀纣之行,王道大坏矣。夫五百年之间,守文之君,当涂之士,欲则先王之法以戴翼其世者甚众,然犹不能反,日以仆灭,至后王而后止,岂其所持操或诖缪而失其统与?固天降命不可复反,必推之于大衰而后息与?乌乎!凡所为屑屑,夙兴夜寐,务法上古者,又将无补与?三代受命,其符安在?灾异之变,何缘而起?性命之情,或夭或寿,或仁或鄙,习闻其号,未烛厥理。伊欲风流而令行,刑轻而奸改,百姓和乐,政事宣昭,何修何饰而膏露降,百谷登,德润四海,泽臻草木,三光全,寒暑平,受天之祐,享鬼神之灵,德泽洋溢,施乎方外,延及群生。②

这里汉武帝列出了他认为需要诠释清楚的"大道之要,至论之极"是:(1)五帝三王都是"改制作乐而天下洽合",看来"改制作乐"是政治运行的一个传统和规律?(2)后来的帝王都愿意"则先王之法",但为什么"日以仆灭"?是自己操作失误,还是天命不可违?(3)既然说三代是受自天命,其符安在?灾异又是怎么来的?性命的夭、寿、仁、鄙为什么那么不同?(4)如何施政才能"受天之祐,享鬼神之灵",出现一个

---

① 《汉书》卷56《董仲舒传》。
② 同上。

太平盛世？

接着，汉武帝再问：虞舜"垂拱无为"，周文王"日昃不暇食"，同样达到理想的治理境界；节俭和铺张同样"颂声兴"；严刑峻法有时治有时乱，德治有时达到"天下不犯，囹圄空虚"，这些互相矛盾的施政理念如何协调？自己"夙寤晨兴"，"力本任贤"，"亲耕藉田以为农先，劝孝弟，崇有德，使者冠盖相望，问勤劳，恤孤独，尽思极神"，为什么没有达到预期的"功烈休德"的效果？

汉武帝这一系列的问题，最后几乎都在董仲舒的对策那里获得比较满意的答案，这就是哲学上的"天人合一"的神学目的论，政治上的专制主义中央集权论和德主刑辅论，经济上的"限民名田"和严禁官民从事二业论，思想文化上的"罢黜百家，独尊儒术"论。这一切，汉武帝在《泰山刻石文》中，还有如下一种概括：

> 事天以礼，立身以义，事父以孝，成民以仁。四海之内，莫不为郡县，四夷八蛮，咸来贡职。与天无极，人民蕃息，天禄永得。①

同时，在汉武帝专制主义中央集权政治思想的大框架中，民本和任贤的理念也比较突出。还在建元元年（公元前140年），他就发出了要求丞相、御史、列侯、中二千石、二千石、诸侯相"举贤良方正直言极谏之士"的诏书。元光元年（公元前134年），又发出了《诏贤良》的诏书，"初令郡国举孝廉各一人"。紧接着，通过举贤良文学对策，网罗知识分子中的优秀人才，董仲舒、公孙弘等人脱颖而出。元光五年（公元前130年），"征吏民有明当时之务习先圣之术者，县次续食，令与计偕"。元朔元年（公元前128年），发出了《议不举孝廉者罪诏》，其中说："夫十室之邑，必有忠信，；三人并行，厥有我师。今或至阖郡而不荐一人，是化不下究，而积行之君子雍于上闻也。二千石官长纪纲人伦，将何以佐朕烛幽隐，劝元元，厉蒸庶，崇乡党之训哉？且进贤受上赏，蔽贤蒙显戮。古之道也。其与中二千石、礼官、博士议不举者罪。"② 元朔三年（公元前126年），封已升为丞相的公孙弘为平津侯，并通过此举宣扬"任贤而序

---

① 《两汉全书》第4册，山东大学出版社2009年版，第2299页。
② 《汉书》卷6《武帝纪》。

位，量能以授官，劳大者其禄厚，德盛者获爵尊"的理念。两年后，又发出《劝学诏》，劝勉知识分子读书崇礼，移风易俗。元封五年（公元前106年），再次发出《求贤诏》：

> 盖有非常之功，必待非常之人，故马或奔踶而致千里，士或有负俗之累而立功名。夫泛驾之马，跅弛之士，亦在御之而已。其令州郡察吏民有茂才异等可为将相及使绝国者。①

由于汉武帝坚持求贤、举贤、任贤的用人理念和政策，在他当国的岁月，就创造了西汉历史上人才最盛的局面。对此，班固由衷地赞扬说：

> 是时，汉兴六十余载，海内艾安，府库充实，而四夷未宾，制度多阙。上方欲用文武，求之如弗及，始以蒲轮迎枚生，见主父而叹息。群士慕向，异人并出。卜式拔于刍牧，弘羊擢于贾竖，卫青奋于奴仆，日䃅出于降虏，斯亦曩时版筑饭牛之朋已。汉之得人，于兹为盛，儒雅则公孙弘、董仲舒、兒宽，笃行则石建、石庆，质直则汲黯、卜式，推贤则韩安国、郑当时，定令则赵禹、张汤，文章则司马迁、相如，滑稽则东方朔、枚皋，应对则严助、朱买臣，历数则唐都、洛下闳，协律则李延年，运筹则桑弘羊，奉使则张骞、苏武，将率则卫青、霍去病，受遗则霍光、金日䃅，其余不可胜纪。是以兴造功业，制度遗文，后世莫及。②

班固的述论，基本上符合历史真相。汉武帝的雄才大略，加上一个无与伦比的人才群体相配合，更由于带有创新色彩的各项政治经济和思想文化政策的顺利实施，就使武帝时代达到西汉历史发展的顶峰。

汉武帝的民本理念表现在他一系列的赦天下、赐民爵、减赋役以及修路治河等公益事业的政策措施中。

建元元年（公元前140年）春二月，他下令"赦天下，赐民爵一级。年八十复二算，九十复甲卒"。四月，下诏家有九十以上老人者，子孙免

---

① 《汉书》卷6《武帝纪》。
② 《汉书》卷58《公孙弘卜式兒宽传》。

赋役在家行孝。五月，"赦吴楚七国帑输在官者"。七月，省卫士一万人，"罢苑马，以赐贫民"。

建元三年（公元前138年）春，"赐徙茂陵者户钱二十万，田二顷"。

元光五年（公元前130年）夏，发卒治巴蜀南夷道和雁门阻险。下一年，又"穿漕渠通渭"。

元朔元年（公元前128年）春三月，赦天下，免景帝三年以前的逋贷和辞讼。

元狩元年（公元前122年）四月，朝廷派出谒者循行天下，"赐县三老、孝者帛，人五匹；乡三老、弟者、力田帛，人三匹；年九十以上及鳏寡孤独帛，人二匹，絮三斤；八十以上米，人三石"。

元狩三年（公元前120年）秋，"遣谒者劝有水灾郡种宿麦。举吏民能假贷贫民者以名闻"。"减陇西、北地、上郡戍卒半"，"发谪吏穿昆明池"。

元鼎二年（公元前115年）九月，下令调巴蜀之粟救济江南灾民。

元封元年（公元前110年）四月，封泰山，免博、奉高、蛇丘、历城、梁父等地未缴之田租和未还之赋贷，"加年七十以上孤寡帛，人二匹。四县无出今年算。赐天下民爵一级，女子百户牛酒"。

元封二年（公元前109年）四月，亲临瓠子，督率筑河堤，"赦所过徒，赐孤独高年米，人四石"。

元封四年（公元前107年）三月，巡视河东及北部边陲，"赦汾阴、夏阳、中都死罪以下，赐三县及杨氏皆无出今年租赋"。

元封五年（公元前106年）冬至四月，巡视江南，至泰山，在明堂受郡国计。"其赦天下。所幸县毋出今年租赋，赐鳏寡孤独帛，贫穷者粟"。

元封六年（公元前105年）三月，"赦汾阴殊死以下，赐天下贫民布帛，人一匹"。

天汉三年（公元前98年）封泰山，巡北地，"赦天下。行所过毋出田租"。

太始三年（公元前94年）巡东海、琅邪等地，"赐行所过户五千钱，赐鳏寡孤独帛人一匹"。①

---

① 《汉书》卷6《武帝纪》。

不过，对汉武帝的民本理念及其与之相关的政策不应估计过高。由于他推行的是高度中央集权下的多欲政治，好大喜功，"内兴功作，外攘夷狄"，再加上他笃信神仙方术，追求无以复加的侈靡生活，加给百姓的必然是过度的压榨和盘剥，到其晚年，就出现"海内虚耗，户口减半"的恶果，接二连三的农民起义向他的统治发起了激烈的抗争。好在他在晚年对自己的作为有所反思。征和四年（前89年）三月，在泰山封禅时，对群臣说："朕即位以来，所为狂悖，使天下悉苦，不可追悔。自今有伤害百姓，糜费天下者，悉罢之。"接着，他听从田千秋的建议，罢斥方士侯神之人，醒悟地说："向时愚惑，为方士所欺。天下岂有仙人，尽妖妄耳！节食服药，差可少病而已。"① 六月，当桑弘羊等建议派兵募民远戍轮台（今新疆轮台东）时，汉武帝否定了他们的意见，下了著名的"轮台诏"，反省自己外事四夷、内兴功业的过错，其中说："当今务在禁苛暴，止擅赋，力本农，修马复令，以补缺，毋乏武备而已。"② 这一反思，成为他晚年转变政策的思想基础。接着，封田千秋为富民侯，又以赵过为搜粟都尉，推广代田法，发展生产，与民休息，为后来的"昭宣中兴"创造了条件。后元二年（公元前87年）二月，71岁高龄的汉武帝病逝于五柞宫。由于武帝晚年宣布改弦更张，恢复文景时期的政策，加上顾命大臣霍光等人选举得人，就使西汉在武帝后又出现了一个较为稳定的发展时期，史称"昭宣中兴"。后来，司马光对汉武帝做了比较中肯的评价：

  孝武穷奢极欲，多刑重敛，内侈宫室，外事四夷，信惑神怪，巡游无度，使百姓疲敝，起为盗贼，其所以异于秦始皇者无几矣。然秦以之亡，汉以之兴者，孝武能遵先王之道，知所统守，受忠直之言，恶人欺蔽，好贤不倦，诛赏严明，晚而改过，顾托得人，此其所以有亡秦之失而免亡秦之祸乎！③

五 治理少数民族的思想

中国自古以来就是一个多民族的国家。汉武帝接手时的大汉王朝，处

---

① 《资治通鉴》卷22《汉纪》一三。
② 同上。
③ 同上。

于所谓"四夷"即少数民族的包围中。北方是控弦三十万骑兵的匈奴，西北是分布天山南北的西域三十六国，东南是占据今之福建的闽越，南方是占据今之两广和越南的南越，西南是占据今之云、贵、川等地族属众多的西南夷。这些少数民族建立的众多政权，绝大多数各自为政，没有臣服汉朝。其中一些少数民族政权，如匈奴等，还不时侵扰边境地区，劫掠人口，抢劫财物，给边疆地区百姓的生命财产造成严重损失。汉武帝对待这些少数民族的政策是，以战促和，以战促臣属，以怀柔"徕远"促进经济文化交流，促进汉民族与少数民族的联系和融合。支持这个政策的理论是"天无二日，国无二主"的汉族中心意识和视夷狄为不义的偏见。如元光二年（公元前133年），他下诏公卿征求对付匈奴的方略，展示的是强烈的武力征服意识：

> 朕饰子女以配单于，金币文绣赂之甚厚，单于待命加嫚，侵盗亡已。边境被害，朕甚闵之。今欲举兵攻之，何如？①

元光六年（公元前129年）的诏书说"夷狄无义，所从来久"。元朔六年（公元前123年）的诏书认可"孔子对定公以徕远"，即孔子答复叶公问政时表述的"悦近徕远"的理想。其中怀柔的意思是明显的。但主要还是以战促和，以战促臣属，《汉书·武帝纪》如下一段记载对这个理念的揭示更是准确无误：

> 元封元年冬十月，诏曰："南越、东瓯咸伏其辜，西蛮北夷颇未辑睦，朕将巡边垂，择兵振旅，躬秉武节，置十二部将军，亲帅师焉。"行自上郡、西河、五原，出长城，北登单于台，至朔方，临北河。勒兵十八万骑，旌旗径千余里，威震匈奴。遣使者告单于曰："南越王头已悬于汉北阙矣。单于能战，天子自将待边；不能，亟来臣服。何但亡匿幕北寒苦之地为！"匈奴詟焉。

正是依据这一理论制定的政策，汉武帝对周边少数民族进行了一系列的战争、政治外交斡旋和经济文化交流，取得了超越前人的辉煌成就。

---

① 《汉书》卷6《武帝纪》。

对对汉朝威胁最大的匈奴人，全力进行军事反击。从元光二年（公元前133年）至元狩四年（公元前119年），15年中，多次交战，其中最大的有三次战役。第一次战役发生在元光六年至元朔二年（公元前129—前127年）。经卫青等将领率领的多路汉军多次英勇鏖战，夺回了匈奴人侵占的河南地，重筑朔方城（今内蒙古乌拉特前旗东南），设立朔方郡和五原郡（今内蒙古包头市西）。修缮秦时的长城及临河诸要塞，又募民十多万于此屯垦，巩固了汉军的这一前沿阵地。河南地在秦代曾由蒙恬率军从匈奴手中夺回，秦末农民战争期间又被匈奴重新占领。此次汉军夺回河南地，巩固地占领河套这一十分富庶的地区，从此解除了匈奴对首都长安的威胁，是对匈奴战争的重大胜利。河南地的夺回，也使汉军获得了出击匈奴的前进基地，掌握了战场上的主动权，改变了汉军的不利态势。第二次战役发生在元狩元年至元狩二年（公元前122—前121年）。先是骠骑将军霍去病率大军自陇西远征。过焉支山深入匈奴千余里，转战至皋兰山（今甘肃临夏南），大破匈奴浑邪王部，俘获其子并缴获休屠王祭天金人。接着，当年夏，汉军分四路进击匈奴。其中霍去病出北地向西北进军，长驱两千余里，过居延海，转战至祁连山，击杀匈奴单桓王和酋涂王及其下属三万余人，逼使匈奴浑邪王杀死休屠王后率众四万余人降汉。武帝把归附的匈奴人分置于陇西、北地、上郡、朔方、云中五郡原塞外和黄河以南之间的地区，"因其故俗为属国"，号五属国，设属国都尉进行管理。这次对匈奴战役的胜利是汉军对匈奴的第二次沉重打击，从匈奴手中夺取了河西走廊并在那里设置了著名的河西四郡武威、张掖、酒泉、敦煌，打通了通往西域的道路，为汉朝开拓和经营西域创造了十分有利的条件。第三次战役发生在元狩三年至元狩四年（公元前120—前119年）。元狩三年秋天，匈奴入侵右北平和定襄（今内蒙古和林格尔北）二郡，杀掠千余人。第二年，汉武帝谋划实施了反击匈奴的最大一次战役，发精骑10万和负从马14万匹，让卫青、霍去病各领其半。另以数十万步兵运转军需物资紧随其后。卫青从定襄出兵，千里奔袭，直至漠北，与匈奴单于统率的主力相遇。经过激烈搏战，汉军大获全胜，匈奴大败不支，单于仅率数百骑突围遁逃。卫青穷追不舍，大军进至寘颜山赵信城。此次战役中，霍去病从代郡、右北平出兵，北进两千余里，与匈奴左贤王接战，使之大败遁走。霍去病督军北上，封狼居胥山，禅姑衍山（均在今蒙古乌兰巴托东），在观赏了瀚海（贝加尔湖）的壮丽波涛后凯旋。在此次战役中，卫青"行捕斩首虏凡九千级",霍去病"得胡首虏凡七万余人",取得了较卫青更加辉煌的战果。第三次战役,汉军对单于和左贤王统率的匈奴精锐施予毁灭性打击,取得了决定性的胜利,自此之后,"匈奴远遁,而幕南无王庭。汉渡河自朔方以西至金居,往往通渠置田官,吏率五六万人,稍蚕食,地接匈奴以北"。① 这样,汉军就在东起云中,西至酒泉、敦煌的数千里国防线上,大体以原长城为依托,筑塞戍守,移民屯垦,建立起比较有效的防御体系。尽管终武帝之世匈奴的侵扰还时有发生,其中还有李广利远征匈奴的失利,但一方面由于匈奴的力量大大削弱,另一方面由于汉军常备不懈,匈奴侵扰所造成的危害程度已经大大降低了。

在汉武帝那可圈可点的巨大功业中,凿通西域,使天山南北广袤的土地归入汉帝国的版图;开辟丝绸之路,建立起第一条中西文化交流的通道,无疑是最具震撼力的篇章。通西域的主角是张骞,他于建元三年(公元前138年)奉汉武帝之命带领一百多人的队伍,踏上了出使西域的艰难而悲壮的旅程。其间虽然被匈奴扣留10年,但他不辱使命,在了解了西域诸国的信息后于元朔三年(公元前126年)逃回长安。元狩四年(公元前119年),张骞以中郎将的职衔率吏士300人和大宗财物第二次出使西域。顺利抵达乌孙后,又遣副使分赴大宛、康居、大月氏、大夏、安息、身毒、于阗、扜弥等国,宣扬了汉朝的强大富庶以及通使友好的愿望,西域诸国与汉帝国开始了正式往来。张骞第二次通西域后,汉武帝一方面不断派使团前往西域诸国,加强彼此的联系,密切关系;另一方面派军征伐那些臣服匈奴、与汉朝为敌的国家楼兰和姑师并取得胜利,扫除了通往西域的障碍。乌孙鉴于汉帝国的强大,为了摆脱匈奴控制,主动请求与汉和亲,于是有江都王刘建之女细君嫁与乌孙王的佳话,之后,汉军发起了对大宛的战争。为了从那里取得汗血马,汉武帝发动了对大宛的战争并取得胜利。此次胜利大大削弱了匈奴在西域的势力,"匈奴失魄,奔走远遁",② 西域不少小国纷纷与汉朝入质通好,汉朝乘机在敦煌以西设置亭障,派兵戍守屯田,同时设置"使者校尉",为通往西域的汉朝使团提供服务,汉与西域的关系进一步密切了。征和四年(公元前89年),汉军又攻破车师,更加巩固了汉朝在西域的地位。

---

① 《汉书》卷94《匈奴传》。
② 《盐铁论·西域》。

汉武帝以武力为后盾，战争和外交手段相结合，经过 50 年的努力，终于使汉朝的势力深入西域，不仅断"匈奴右臂"，使西域诸国摆脱了匈奴的奴役，稳定了汉帝国的西北边陲，而且开辟了一条中西经济文化交流的大道。中国先进的冶铁技术、纺织技术和其他农业生产技术传入西域，促进了西域生产力水平的提高，西域的葡萄、苜蓿、胡桃、石榴、胡萝卜、大蒜、西瓜、芝麻以及汗血马、驴、骆驼等输入中国，大大丰富了中原各族人民的物质生活。中国的丝绸在传入西域后又经中亚传到了欧洲，这条中西交流的通道也就被西方人命名为"丝绸之路"。

汉武帝以后，汉朝继续经营西域。汉宣帝时又多次派兵进击与匈奴结盟的车师并取得胜利。在将匈奴势力逐出西域后，汉朝在西域设立都护府，全面管理西域事务，"镇抚诸国，诛伐怀集"，"汉之号令班西域矣，始自张骞而成于郑吉"，① 至此天山南北的广大西域第一次纳入了中国的版图，大汉帝国的军旗第一次插上了帕米尔的雪峰。

位于今日浙江南部的东瓯，位于今日福建的闽越，位于今日两广和越南北部的南越居住着以越族为主的少数民族。秦朝统一后，即在这些地方设郡县进行治理，秦汉之际，它们乘中原混乱之际又自行独立。汉初，高帝鞭长莫及，就册封其为王，允许它们暂时处于半独立状态。武帝为加强中央集权，将其一一消灭，纳入郡县管理。

汉初，刘邦立无诸为闽越王，领有闽中郡故地，都东冶（今福建福州）。惠帝时立摇为东海王，都东瓯（今浙江温州），故亦称为东瓯王。武帝建元三年（公元前 138 年），闽越围攻东瓯，东瓯求救于汉。武帝命严助发会稽兵渡海救援，未至而闽越退兵。东瓯王请求汉朝廷允许他们举国迁徙内地，经武帝批准，东瓯四万余人北徙江、淮之间，逐渐融合到汉族之中。建元六年（公元前 135 年），闽越发生内乱，余善杀兄闽越王郢后投降朝廷。武帝立无诸孙繇君丑为越繇王，立余善为东越王。元鼎五年（公元前 112 年），南越反叛。东越王余善一面假惺惺要求随楼船将军杨仆击南越，一面暗中与南越勾结。南越平定后，余善竟于元鼎六年（公元前 111 年）公开举起反叛旗帜，进攻白沙（今江西永修东）、武林（今江西余干北）、梅岭（今江西广昌西），杀汉军三校尉，并刻"武帝"玺自立，占有今之福建以及浙江大部和江西一部分。武帝命横海将军韩说、

---

① 《汉书》卷 70《郑吉传》。

楼船将军杨仆和中尉王温舒、越侯等分四路从东西两面发起进攻,于元封元年(公元前110年)冬攻入东越。越繇王居股杀余善归降汉军,东越灭亡。越繇王居股被武帝改封为东成侯,奉原闽越祭祀,其封国亦被取消,闽越、东越之民也被徙至江、淮之间,① 他们逐步融入了汉民族。

武帝建元中,南越的第一代国君赵佗病逝,其孙赵胡继立,派太子婴齐入长安为质,进一步密切了汉越关系。赵胡死,婴齐继位。婴齐死后,太子赵兴继位。元鼎四年(公元前113年),武帝遣使安国少季至南越,"往谕王、王太后以入朝,比内诸侯",即给其与内地诸侯王同等的地位与待遇,这是武帝在解决了内地诸侯王的问题后,乘机削弱南越王割据权力的措施。面对强大的汉朝廷,出身邯郸樛氏女的王太后明白只能妥协,不能对抗,于是劝王及群臣"求内属","即因使者上书,请比内诸侯,三岁一朝,除边关",放弃了部分自主的权力。武帝允准,仍让其保留了多于内地诸侯王的权力:"赐其丞相吕嘉银印,及内史、中尉、太傅印,余得自置。除其故黥劓法,用汉法,比内诸侯。"② 丞相吕嘉认为如此大大削弱了南越的独立性,于是发动叛乱,攻杀南越王赵兴、太后及汉使者,立赵佗之孙术阳侯赵建德为南越王,发兵对抗汉军,将韩千秋率领的2000名汉军消灭。元鼎五年(公元前112年)秋,武帝命卫尉路博德为伏波将军,主爵都尉杨仆为楼船将军,率江淮以南十万楼船之师前往征讨,另从零陵、巴蜀征调几路大军前往配合,分进合击。元鼎六年(公元前111年),杨仆、路博德两军先后赶至番禺,并力攻城,仅经一夜的战斗,城中越人即开城投降,吕嘉同亲信数百人逃往海中,也未逃脱被俘的命运。南越自赵佗自立为王,传五世、四王,延续93年。南越灭亡后,汉朝以其地置九郡,即南海(治番禺,今广州)、郁林(治布山,今广西桂平西)、合浦(治合浦,今广东合浦北)、珠崖(治瞫都,今海南海口南)、儋耳(治儋耳,今海南儋耳西北)、苍梧(治今广西梧州),交趾(治今越南河内)、九真(治今越南清化西北)、日南(治今越南广治西北)。

从汉初至武帝时期,越族在今之两广、福建、浙江等地建立的三个半独立政权南越、闽越、东瓯在武帝元鼎年间一一败亡,使该地区重新纳入

---

① 《史记》卷114《东越列传》。
② 《史记》卷113《南越列传》。

汉朝的郡县体制之内，由此使汉朝的诏令和各项政策得以迅速贯彻，加强了中央集权和国家的统一。同时，更加促进了该地区与中原的经济文化交流，越族的大量内迁和汉族向越族地区的迁徙，既加速了民族融合，更加快了对越族地区的开发，使这些地区的经济和文化逐步与中原地区一体化，扩大了中华主流文化的覆盖范围。

秦汉时期，在今之四川西部、南部和云南、贵州地区，生活着数以十计的少数民族，统称"西南夷"。其中，居于今之贵州的夜郎，居于今之云南的滇，居于今之西川西昌的邛都，居于今之云南西北部的嶲、昆明，居于今之四川西部的徙、笮都、冉駹以及居于今之四川、甘肃交界处的白马等，人数较多，是这些少数民族的代表。秦朝虽在这里设立过一些行政机构，但并没有形成有效的管理。秦时"尝破，略通五尺道，此诸国颇置吏焉"。① 西汉初，因忙于处理诸侯王等内部事务和迫在眉睫的匈奴问题，也由于经济力量与军事力量较弱，无暇顾及西南夷问题，因而放任各族君长自行管理。但民间的商贸往来还是频繁地进行，"巴蜀民或窃出商贾，取其笮马、僰僮、髦牛，以此巴蜀殷富"。②

建元六年（公元前135年），大行王恢奉武帝之命进击东越，取胜后，派番阳令唐蒙出使南越，吃到蜀产的枸酱，才知道有一条自蜀经夜郎，由牂柯江（今贵州北盘江）直至南越番禺的商贸通道。唐蒙上书武帝，建议联络夜郎，以其十余万精兵制约南越。武帝命唐蒙为中郎将，率官兵千人，后勤人员万人从巴笮关（今四川合江）进入夜郎，会见夜郎侯多同，"蒙厚赐，喻以威德，约为置吏，使其子为令。夜郎旁小邑皆贪汉缯帛，以为汉道险，终不能有也，乃且听蒙约"。唐蒙回报，武帝在该地设犍为郡（今四川宜宾），并"发巴蜀卒治道，自僰道指牂柯江"，修筑了自巴蜀至夜郎腹地的道路。又接受蜀人司马相如的建议，任其为中郎将前往西夷邛、笮等族，晓谕汉朝廷意旨，使他们归顺，在那里设一都尉、十余县，由蜀郡管理。后因专力对付匈奴，武帝接受公孙弘等人的意见，"罢西夷，独置南夷夜郎两县一都尉，稍令犍为自葆就"。③

元鼎五年（公元前112年），越南丞相吕嘉反叛，武帝派使者征调犍

---

① 《史记》卷116《西南夷列传》。
② 同上。
③ 同上。

为郡夷兵进击越南,且兰军趁机反叛,杀汉史及犍为太守。第二年,汉军平定南越,又回军平定且兰和南夷,以其地置牂柯郡。夜郎王开始追随南越,后见南越灭亡,赶快入朝表明臣服之意,被武帝封为夜郎王。在诛杀追随南越反叛的且兰、邛君、筰侯后,"冉駹皆震恐,请臣置吏"。① 汉武帝就势在西南夷地区设置郡县,派官直接管理。以邛都为越嶲郡(治今四川西昌)、筰都为沈黎郡(治今四水汉源东北)、冉駹为汶山郡(治今四川茂汶)、白马为武都郡(治今甘肃西和南)。这时,只有滇王不肯臣服。元封二年(公元前109年),武帝发巴蜀兵击灭与滇王沆瀣一气的劳深、靡莫,以大军压境,滇王只得举国降汉。汉以其地置益州郡(治今云南晋宁东),同时赐滇王印(此印已于1958年在晋宁出土),仍令其治民。至此,西南夷的大部分已进入汉朝的郡县体制内,尽管还保留了一些少数民族首领的地位和权力,但汉朝的政令和政策已得到贯彻,这既加速了这些地区经济文化的发展,也加速了这些少数民族融入中华民族大家庭的步伐。

显然,尽管汉武帝的治理少数民族的思想有着不可避免的时代局限,但在这个思想支配下的一系列政策措施其积极作用仍然是主要的。由于这些政策措施的实施,扩大了中国中央政府管辖的疆域,促进了汉民族与各少数民族的经济文化的交流,加速了民族融合的步伐,对中国的历史发展和社会进步起了巨大的推进作用。

第五节 昭帝、宣帝君臣的儒法并用思想

一 昭帝、宣帝的政治思想

武帝之后的昭帝刘弗陵(公元前86—前74年在位)、宣帝刘询(公元前73—公元前49年在位)在位的近40年间,继续汉武帝晚年以"轮台诏"为标志实行的"与民休息"政策,缓和与匈奴等周边少数民族的紧张关系,缓和汉武帝时期一度激化的社会矛盾和阶级矛盾,使汉朝又呈现了社会安定、生产发展和经济繁荣的局面。

昭帝继位时年仅8岁,病逝时不过22岁,基本上没有能力独立行政。汉朝的大权掌握在大将军霍光、车骑将军金日磾、左将军上官桀、御史大

---

① 《史记》卷116《西南夷列传》。

夫桑弘羊手中。其中霍光作为武帝临终托付"行周公之事"的首席顾命大臣，在昭帝时领尚书事，成为中朝的首领，更是权倾朝野，一言九鼎，成为权力中心。霍光忠实执行武帝遗嘱，为"昭宣中兴"做出了杰出贡献。宣帝即位时已经18岁，能够独立掌控朝政。昭、宣二帝，特别是宣帝，其政治思想的主要内容除传统的皇帝专断、总揽大权、臣下分工、各司其职外，最突出的是民本和贤人政治理念。总起来看就是宣帝自己说的"霸王道杂之"。

昭、宣二帝的民本思想主要体现在"与民休息"政策的实施，基本内容是轻徭、薄赋、节俭、省刑和恢复对匈奴等少数民族的和亲等。请看《汉书》昭宣两个帝纪中对此类内容的记载：

始元元年（公元前86年）闰九月，遣故廷尉王平等五人持节行郡国，举贤良，问民所疾苦、冤、失职者。

始元二年（公元前85年）三月，遣使者振贷贫民毋种、食者。秋八月，诏曰："往岁灾害多，今年蚕麦伤，所振贷种、食勿收责，毋令民出今年田租。"

始元四年（公元前83年）三月，诏辞讼在后二年前，皆勿听治。秋七月，诏曰："比岁不登，民匮于食，流庸未尽还，往时令民共出马，其止勿出。诸给中都官者，且减之。"

始元五年（公元前82年），夏，罢天下亭母马及马弩关。

始元六年（公元前81年），秋七月，罢榷酤官，令民得以律占租，卖酒升四钱。

元凤二年（公元前79年）六月，诏曰："朕闵百姓未赡，前年减漕三百万石。颇省乘舆马及苑马，以补边郡三辅传马，其令郡国毋敛今年马口钱，三辅、太常郡以叔粟当赋。"

元凤三年（公元前78年）春正月，罢中牟苑赋贫民，诏曰："乃者民被水灾，颇匮于食，朕虚仓廪，使使者振困乏。其止四年毋漕。三年以前所振贷，非丞相御史所请，边郡受牛者勿收责。"

元凤四年（公元前77年），毋收四年、五年口赋。三年以前逋更赋未入者，皆勿收。

元凤六年（公元前75年）夏，诏曰："天下以农桑为本。日者省用，罢不急官，减外徭，耕桑者益众，而百姓未能家给，朕甚愍焉。其减口赋钱。""桑者益众，而百姓未能家给，朕甚愍焉。其减口赋钱。"有司奏请减什三，上许之。

宣帝本始元年（公元前73年）五月，租税勿收。

本始三年（公元前71年）五月，大旱，郡国伤旱甚者，民毋出租赋。三辅民就贱者，且勿收事，尽四年。

本始四年（公元前70年）春正月，诏曰："盖闻农者兴德之本也，今岁不登，已遣使者振贷困乏。其令太官损膳省宰，乐府减乐人，使归就农业。丞相以下至都官令丞上书入谷，输长安仓，助贷贫民。民以车船载谷入关者，得毋用传。"

本始四年（公元前70年）夏四月壬寅，郡国四十九地震，或山崩水出。诏曰："……律令有可蠲除百姓，条奏。被地震坏败甚者，勿收租赋。"

地节三年（公元前67年）冬十月，诏曰："……朕既不德，不能附远，是以边境屯戍未息。今复饬兵重屯，久劳百姓，非所以绥天下。其罢车骑将军、右将军屯兵。"又诏："池篽未御幸者，假与贫民。郡国宫馆，勿复修治。流民还归者，假公田，贷种、食，且勿算事。"

地节四年（公元前66年）二月，诏曰："……今百姓或遭衰绖凶灾，而吏徭事，使不得葬，伤孝子之心，朕甚怜之。自今诸有大父母、父母丧者勿徭事，使得收敛送终，尽其子道。"

五月，诏曰："父子之亲，夫妇之道，天性也。……自今子首匿父母，妻匿夫，孙匿大父母，皆勿坐。其父母匿子，夫匿妻，大父母匿孙，罪殊死，皆上请廷尉以闻。"

九月，诏曰："朕惟百姓失职不赡，遣使者循行郡国问民所疾苦。吏或营私烦扰，不顾厥咎，朕甚闵之。今年郡国颇被水灾，已振贷。盐，民之食，而贾咸贵，众庶重困。其减天下盐贾。"又曰："令甲，死者不可生，刑者不可息。此先帝之所重，而吏未称。今系者或以掠辜若饥寒瘐死狱中，何用心逆人道也！朕甚痛之。其令郡国岁上系囚以掠笞若瘐死者所坐名、县、爵、里，丞相、御史课殿最以闻。"

元康元年（公元前65年）三月，诏曰："……加赐鳏、寡、孤、独、三老、孝弟力田帛。所振贷勿收。"

元康二年（公元前64年）五月下诏禁用"用法或持巧心，析律贰端，深浅不平，增辞饰非，以成其罪"的官吏。"其令郡国被灾甚者，毋出今年租赋。"

神爵元年（公元前 61 年）三月，行幸河东，诏曰："……所振贷物勿收。行所过勿收田租。"

五凤三年（公元前 55 年）三月，行幸河东，诏曰："……减天下户口钱。赦殊死以下。"

五凤四年（公元前 54 年）正月，以边塞无寇，减戍卒什二。大司农中丞耿寿昌奏设常平仓，以给北边，省转漕。

四月，诏曰："……以前使使者问民所疾苦，复遣丞相、御史掾二十四人循行天下，举冤狱，察擅为苛禁深刻不改者。"

甘露二年（公元前 52 年）正月，诏曰："……其赦天下，减民算三十。"

十二月，匈奴呼韩邪单于款五原塞。汉匈间实现和平。

甘露三年（公元前 51 年）二月，诏"新蔡毋出今年租"。

以上文献证明，昭宣两朝基本上回归了文、景时期的政策。由于轻徭、薄赋、节俭、省刑等措施的不断推行，再补以假民公田、赈贷、奖孝悌力田、特赦罪囚、抚恤鳏寡孤独等举措，尤其是不断缓和与匈奴等周边少数民族的关系，为国家提供了一个和平和安定的社会环境，百姓们的生产和生活条件较之武帝时期有了明显的改善。

昭、宣二帝，尤其是宣帝的贤人政治理念，主要体现在不断地诏举孝廉和贤良文学以及不断地推尊循吏。

昭帝始元五年（公元前 82 年），诏曰："朕以眇身获保宗庙，战战栗栗，夙兴夜寐，脩古帝王之事，通保傅，传《孝经》、《论语》、《尚书》，未云有明。其令三辅、太常举贤良各二人，郡国文学高第各一人。"①

宣帝本始元年（公元前 73 年）四月，"诏内郡国举文学高第各一人"。

本始四年（公元前 70 年）四月，"令三辅、太常内郡国举贤良方正各一人"。

地节三年（公元前 67 年）十一月，"其令郡国举孝弟有行义闻于乡里者各一人"。

元康元年（公元前 65 年）八月，"其博具吏民，厥身修正，通文学，明于先王之术，宣究其意者，各二人，中二千石各一人"。

---

① 《汉书》卷 7《昭帝纪》。

神爵四年（公元前58年）四月，"令郡国举贤良可亲民者各一人"。①

西汉一朝，真正有意识地培育、重用和表彰循吏的首推汉宣帝。《汉书·循吏传》记载，由于汉宣帝自幼生长于民间，由卑微而登至尊，知道百姓的疾苦。亲政后"厉精为治"，五天听一次百官奏事，自丞相以下都"奉职而进"。凡任命刺史守相等地方高官，一定亲自谈话，观察他们的言行，听取他们治政理民的设想，进而考察他们的行政实践，有言行不一者必须说明原因。他常说："庶民所以安其田里而亡叹息愁恨之心者，政平讼理也。与我共此者，其唯良二千石乎！"② 他认为郡国守相是治理好吏民的核心人物，经常更换则使百姓无所适从，所以一般情况下不轻易调换他们。百姓知道他们长久任职，不可欺罔，就容易服从他们的教化。二千石政绩卓著，就以玺书勉励，增加他们的俸禄和赏金，甚至给他们关内侯的封爵，待公卿缺位时，再选拔他们中的优秀代表升任。由于宣帝采取这些措施，他当国的年代是汉代产生循吏最多的时期。这些"所居民富，所去见思，生有荣号，死见奉祀"的循吏，支撑起一个被历史学家称颂为"昭宣中兴"的时代。

政声卓著的胶东相王成，受到宣帝的大力表彰。地节三年（公元前67年）的诏书说："盖闻有功不赏，有罪不诛，虽唐虞不能以化天下。今胶东相成，劳来不怠，流民自占八万余口，治有异等之效。其赐成爵关内侯，秩中二千石。"黄霸的升迁更显示了宣帝对循吏的重用和奖励。黄霸是一个由百石卒史一步步晋升至丞相的循吏。武帝时任河南太守丞，"温良有让"，持法平正，深受"吏民爱敬"。宣帝时升任廷尉正、丞相长史。不久因牵入夏侯胜案入狱被判死刑，在狱三载，从夏侯胜学习《尚书》不辍。后被赦出狱，先任谏议大夫，不久升任扬州刺史，三年，因治绩优异，宣帝下诏晋升他为颍川太守，秩比二千石，同时特批准他享有一般太守没有的荣誉："居官赐车盖，特高一丈，别驾主簿车，缇油屏泥于轼前，以章有德。"黄霸在颍川太守任上，及时宣布皇帝的恩泽诏书，令邮亭乡官养鸡、养猪，为鳏寡贫穷百姓改善生活。设置父老师帅伍长，让他们在民间劝善防奸，"及务农桑，节用殖财，种树畜养，去食谷马"，关乎百姓生活的小事，他也处处关心，尽力做好。鳏寡贫穷百姓的丧事，他

---

① 《汉书》卷8《宣帝纪》。
② 《汉书》卷89《循吏传》。

每每指示乡部小吏妥善办理。由于黄霸"外宽内明得吏民心,户口岁增,治为天下第一",被"征守京兆尹,秩二千石"。但不久又因治驰道和征马匹供军用出现问题,被降职为颍川太守,秩仅八百石。不过他既不怨天也不尤人,而是兢兢业业,如此前在颍川太守任上之所为,前后八年,将颍川治理得政通人和,成为全国最安定繁荣的地区。宣帝于是下诏称扬说:

> 颍川太守霸,宣布诏令,百姓乡化,孝子弟弟贞妇顺孙日以众多,田者让畔,道不拾遗,养视鳏寡,赡助贫穷,狱或八年亡重罪囚,吏民乡于教化,兴于行谊,可谓贤人君子矣。《书》不云乎?"股肱良哉!"其赐爵关内侯,黄金百斤,秩中二千石。①

同时受到"赐爵及帛"的还有颍川的"孝弟有行义民、三老、力田"。后数月,即晋升黄霸为太子太傅,再升御史大夫,五凤三年(公元前55年)代丙吉做了丞相,封建成侯,食邑六百户。

朱邑以乡啬夫进入仕途,"廉平不苛,以爱利为行,未尝笞辱人,存问耆老孤寡,遇之有恩,所部吏民爱敬焉"。累迁太守卒史、大农丞、大司农。"为人淳厚,笃于故旧,然性公正,不可交以私。天子器之,朝廷敬焉"。神爵元年(公元前61年)朱邑病逝,宣帝十分痛惜,下诏表彰说:"大司农邑,廉洁守节,退食自公,亡强外之交,束脩之馈,可谓淑人君子。遭离凶灾,朕甚闵之。其赐邑子黄金百斤,以奉其祭祀。"

另一循吏龚遂,以明经为官,先任昌邑王刘贺的郎中令,因王淫乱,被牵连"髡为城旦"。宣帝即位后,渤海郡一带因饥荒引发农民起义,地方官束手无策,经丞相推荐,宣帝任命龚遂为渤海太守。这时龚遂已经70多岁,他从宣帝那里讨得便宜行事的权力,单车进入渤海郡后,立即发布文书,宣布凡持农具者皆为良民,官兵不得拿问;凡持兵器者为盗贼,官兵即行缉拿讯问。结果渤海郡一带的农民起义很快消解。他接着开仓济民,选用良吏,劝课农桑,发展生产,使"郡中皆有畜积,吏民皆富实。狱讼止息"。龚遂的作为得到宣帝的赏识,几年后,念他年老,特调他至朝廷担任工作比较轻松的水衡都尉,一直到死都受

---

① 《汉书》卷89《循吏传》。

到皇帝的敬重。

还有一个循吏召信臣,九江寿春人,以郎官起家,任上蔡长时,"其治视民如子",后任零陵太守、南阳太守。在南阳,他"躬劝耕农,出入阡陌,止舍离乡亭,稀有安居时"。又兴修水利,以广灌溉,提倡移风易俗,禁止婚丧嫁娶铺张浪费,约束郡县官吏子弟不得游手好闲。结果是"其化大行,郡中莫不耕稼力田,百姓归之,户口增倍,盗贼狱讼衰止",深得百姓爱戴,被称为"召父"。经过荆州刺史奏报,宣帝赐他黄金40斤,升河南太守,"治行常为第一",多次"增秩赐金"。元帝时,召信臣升任少府,在任期间,提出了不少朝廷节省开支、取消浪费的建议,每年为国家节约经费数千万。元始四年(公元4年),平帝下诏推选汉兴以来"有益于民"的好官,最后入选的是蜀郡的文翁和九江的召信臣,享受官方立祠祭祀。①

班固对宣帝当国时期的政况国势倍加赞扬:

> 孝宣之治,信赏必罚,综核名实,政事文学法理之士咸精其能,至于技巧工匠器械,自元、成间鲜能及之,亦足以知吏称其职,民安其业也。遭值匈奴乖乱,推亡固存,信威北夷,单于慕义,稽首称藩。功光祖宗,业垂后嗣,可谓中兴,侔德殷宗、周宣矣。②

如此颂扬虽不无溢美之处,但总体上还不失为中肯的评价。

二 霍光的政治思想

霍光字子孟,是著名骠骑将军霍去病的同父异母弟。因为这层关系,霍光10多岁的时候即被霍去病带至首都长安,先做郎官,后升至诸曹侍中,成为武帝后汉朝的决策机构中朝的官员。霍去病死后,他升任奉车都尉、光禄大夫,"出则奉车,入侍左右,成人禁闼二十余年,小心谨慎,未尝有过,甚见亲信"③。武帝死时,霍光被任命为大司马大将军,是与车骑将军金日䃅、左将军上官桀、御史大夫桑弘羊同受遗命托孤的顾命大

---

① 《汉书》卷89《循吏传》。
② 《汉书》卷8《宣帝纪》赞。
③ 《汉书》卷68《霍光传》。

臣。新即位的昭帝刘弗陵"年八岁，政事壹决于光"。

霍光没有留下任何著作，《汉书》记载的言论也很少，但因为他是昭、宣两朝的实际当国者，虑事周密，极善决断，对转变武帝的多欲政治，回归文、景时代"与民休息"的政策起了决定作用，我们应该通过他的行政措施窥视他的政治思想。

霍光认为皇位世袭、皇权无限是天经地义，他尽自己最大努力贯彻和维护这个基本理念，维护汉朝的长治久安。他虽然权倾朝野，但认定自己执行的权力只是皇权的自然延伸。为了维护和巩固皇权，他毅然诛除以燕王刘旦、盖长公主、上官桀、上官安和桑弘羊为首的阴谋集团，粉碎了他们的篡政阴谋。昭帝英年早逝后，他先是决策迎昌邑王刘贺即天子位，及发现这位新天子"行淫乱"时，又立即与给事中田延年、车骑将军张安世谋划，挟持群臣，共同上奏太后，废掉刘贺，另立戾太子的孙子刘询继承皇位，维护了刘氏皇统的连续性。

霍光秉政不久，即支持来自民间的贤良文学与桑弘羊就国家行政的基本方针进行了一场大辩论。因为辩论的内容主要围绕盐铁政策进行，所以史称这场辩论为"盐铁论"。尽管霍光没有出场，但他倾向于贤良文学的观点，要求放松国家对经济过于严厉的统制政策，给民间工商业的发展一定程度的自由。这实际上是在为调整国家和百姓的利益寻找一个新的平衡点。这场辩论为霍光恢复文、景时期轻徭、薄赋、节俭、省刑的"与民休息"政策起了舆论导向的作用。而恰恰是这个政策的恢复使西汉朝在武帝时期形成的紧张形势逐步缓和下来，为"昭宣中兴"局面的出现创造了条件。显然，"昭宣中兴"，霍光的功劳是第一位的。所以，班固给予他极高的赞誉：

> 霍光以结发内侍，起于阶闼之间，确然秉志，谊形于主。受襁褓之托，任汉室之寄，当庙堂，拥幼君，摧燕王，仆上官，因权制敌，以成其忠。处废置之际，临大节而不可夺，遂匡国家，安社稷，拥昭立宣，光为师保，虽周公、阿衡，何以加此！①

霍光的功绩尽管彪炳一时，但由于"不学无术"，没有严格约束自己

---

① 《汉书》卷68《霍光传》。

的夫人和子孙，他们最后犯下欺君弑后的大罪。在霍光死后不久，霍氏一门还是遭了族灭的大祸。

第六节　元帝、成帝、哀帝时期统治思想的转向

一　"独尊儒术"政治思想的确立

黄龙元年（公元前49年），宣帝死去，他的儿子刘奭即帝位，他就是汉元帝。他的登基，标志着汉朝统治思想开始转向。据《汉书·元帝纪》记载，刘奭2岁时，长于民间的刘询即位做皇帝，刘奭8岁时被立为太子。长大后，他柔仁好儒，"见宣帝所用多文法吏，以刑名绳下"，著名儒生、大臣杨恽和盖宽饶皆因"刺讥辞语"获罪被诛杀，就对宣帝的行政理念提出疑义，委婉地劝阻父亲不要用刑太过，应该多用儒生治理国家。不料他的一席话招致宣帝一通劈头盖脸的痛骂，斥责他的行政理念背离了"霸王道杂之"的"汉家自有制度"，还预言刘奭是乱汉家制度的"不肖子孙"。

看来"知子莫如父"。宣帝将高、惠、文、景、武、昭、宣等一百多年的"汉家制度"概括为"霸王道杂之"，无非是说其统治思想是法、儒、道等各家思想的混合物，汉武帝虽然宣布了"罢黜百家，独尊儒术"的思想文化政策，但仅仅是披上了儒家的外衣，骨子里仍然是法、儒、道等各家思想的混合，或者说是儒表法里的治国理论。看到太子向儒家思想的倾斜，他于是发出了"乱我家者，太子也"的浩叹。

应该说，西汉皇朝至元帝起，发展到一个历史的拐点，即由武帝的"极盛而衰"经短暂的"昭宣中兴"而开始了"每况愈下"的行程。这一下滑趋势的出现是由历史发展的各种因素导致的，责任显然不能完全由元帝承担。但是，作为一个具有制定政策权力的帝王，他应该承担的责任是第一位的。元帝的行政理念明显地向儒学倾斜，初元元年（公元前48年）四月，他发了这样一个诏书：

> 朕承先帝之圣绪，获奉宗庙，战战兢兢。间者地数动而未静，惧于天地之戒，不知所繇。方田作时，朕忧蒸庶之失业，临遣光禄大夫褒等十二人循行天下，存问耆老鳏寡孤独困乏失职之民，延登贤俊，

招显侧陋,因览风俗之化。相守二千石诚能正躬劳力,宣明教化,以亲万姓,则六合之内和亲,庶几乎无忧矣……布告天下,使明知朕意。

关东今年谷不登,民多困乏。其令郡国被灾害甚者毋出租赋。江海陂湖园池属少府者以假贫民,勿租赋。赐……三老、孝者帛五匹,弟者、力田三匹,鳏寡孤独二匹,吏民五十户牛酒。①

这里,儒家的民本思想、仁政理念、招贤纳士之策都展现出来了。以后,此类诏书连篇累牍地出笼,《汉书·元帝纪》有着比较详细的记载。

初元元年(公元前48年)六月和九月,两次下诏"损膳,减乐府员,省苑马",宫馆不缮修,"太仆减谷食马,水衡省肉食兽"。

初元二年(公元前47年)三月,下诏将一些皇家园林"假与贫民",地震灾区减免租税,同时要求丞相至二千石的高官"举茂材异等直言极谏之士"。六月,关东发生大饥荒,"齐地人相食"。七月,发出诏书,要求官吏"虚仓廪,开府库振救,赐寒者衣",同时要求公卿指出自己的过失。

初元三年(公元前46年)春,接受贾捐之的建议,罢珠厓郡,"救民饥馑"。六月,下诏宣布"罢甘泉、建章宫卫,令就农",还要求群公"敢言朕之过",令"丞相御史举天下明阴阳灾异者各三人"。

初元五年(公元前44年)四月,下诏减省自己的日常费用,"罢角抵、上林宫馆希御幸者、齐三服官、北假田官、盐铁官、常平仓"。

永光元年(公元前43年)三月,下诏说:"五帝三王任贤使能,以登至平,而今不治者,岂斯民异载?咎在朕之不明,亡以知贤也。是故壬人在位,而吉士雍蔽,重以周秦之敝,民渐薄俗,去礼义,触刑法,岂不哀哉!繇此观之,元元何辜?其赦天下,令厉精自新,各务农亩。无田者皆假之,贷种、食如贫民。"

永光二年(公元前42年)二、三、六月,连发三个诏书,内容主要是自责、施惠于民、大赦天下:

盖闻唐虞象刑而民不犯,殷周法行而奸轨服。今朕获承高祖之洪

---

① 《汉书》卷9《元帝纪》。

业，讬位公侯之上，夙夜战栗，永惟百姓之急，未尝有忘焉。然而阴阳未调，三光晻昧，元元大困，流散道路，盗贼并兴。有司又长残贼，失牧民之术。是皆朕之不明，政有所亏。咎至于此，朕甚自耻。为民父母，若是之薄，谓百姓何！其大赦天下，赐民爵一级，女子百户牛酒，鳏寡孤独高年、三老、孝弟力田帛。

朕战战栗栗，夙夜思过失，不敢荒宁。惟阴阳不调，未烛其咎。屡敕公卿，日望有效。至今有司执政，未得其中，施与禁切，未合民心。暴猛之俗弥长，和睦之道日衰，百姓愁苦，靡所错躬。是以氛邪岁增，侵犯太阳，正气湛掩，日久夺光。乃壬戌，日有蚀之，天见大异，以戒朕躬，朕甚悼焉。其令内郡国举茂材异等贤良直言之士各一人。

间者连年不收，四方咸困。元元之民，劳于耕耘，又亡成功，困于饥馑，亡以相救。朕为民父母，德不能覆，而有其刑，甚自伤焉，其赦天下。①

永光四年（公元前 40 年）二月，下诏检讨"上失其道而绳下以深刑"，宣布赦天下，"所贷贫民勿收责"。六月，再下诏，自责"朕晻于王道，夙夜忧劳，不通其理，靡瞻不眩，靡听不惑，是以政令多还，民心未得，邪说空进，事亡成功"。同时谴责"公卿大夫好恶不同，或缘奸作邪，侵削细民"，要求"自今以来，公卿大夫其勉思天戒，慎身修永，以辅朕之不逮，直言尽意，无有所讳"。九月，宣布罢卫思后园、戾园和郡国的祖宗庙，以节省财政开支。

永光五年（公元前 39 年），下令毁太上皇、惠帝寝庙园。

建昭元年（公元前 38 年），罢文帝太后、昭帝太后寝园。

建昭四年（公元前 35 年）四月，忧虑百姓饥馑，烝庶失业，特遣谏大夫博士 21 人"循行天下，存问耆老鳏寡孤独乏困失职之人，举茂材特立之士"。

建昭五年（公元前 34 年）三月下诏，奖励三老、孝弟力田，禁止官吏农忙时扰民。

竟宁元年（公元前 33 年），接受匈奴呼韩邪单于请求，恢复汉匈

---

① 《汉书》卷 9《元帝纪》。

"和亲",王昭君出嫁,汉匈接壤的北部边疆地区实现和平与安宁。

显然,以上这些政策的实施,体现了儒家以德治国理政的观念。在用人方面,强调举贤用贤,尤其钟情于儒生出身的官吏,如他登基伊始,就重用名儒硕彦太傅萧望之和少傅周堪。虽然后来他因听信宦官弘恭和石显的谗言使萧望之等人遭受迫害,但他任用的丞相等高官,如贡禹、薛广德、韦贤、匡衡等,基本上都有儒生出身的背景。不过,由于元帝终其一生未能摆脱石显等佞臣的影响,再加上懒散而贪图享受,他不可能挽救汉朝下滑的颓势。尽管他有时清醒地看到自己面临的严峻形势,特别是官吏的腐败和百姓的困境,也做了一些轻徭薄赋、假田赈灾、恢复汉匈"和亲"关系之类的好事,然而,更多的时候,他是在半醉半醒中享受他的糊涂福。如此一来,他也就只能作为西汉王朝走向衰败的标准性人物留在史册上了。班固对他的评价还是比较中肯的:

> 元帝多材艺,善史书,鼓琴瑟,吹洞箫,自度曲,被歌声,分刌节度,穷极幼眇。少而好儒,及即位,征用儒生,委之以政,贡、薛、韦、匡迭为宰相。而上牵制文义,优游不断,孝宣之业衰焉。然宽弘尽下,出于恭俭,号令温雅,有古之风烈。①

二 成帝、哀帝的政治思想

《汉书·成帝纪》对汉成帝刘骜的出场是这样介绍的:

> 孝成皇帝,元帝太子也。母曰王皇后,元帝在太子宫生甲观画堂,为世嫡皇孙。宣帝爱之,字曰太孙,常置左右。年三岁而宣帝崩,元帝即位,帝为太子。壮好经书,宽博谨慎。
>
> 初居桂宫,上尝急召,太子出龙楼门,不敢绝驰道,西至直城门得绝乃度,还入作室门。上迟之,问其故,以状对。上大说,乃著令,令太子得绝驰道云。

这里记述的成帝刘骜是一个从小恪守礼法的君子形象。他继位时年仅20岁,即位后,即沿着乃父的路子治国理政,主观上希望贯彻儒家的仁

---

① 《汉书》卷9《元帝纪》赞。

政理想，但由于一直受制于王氏外戚集团，所以他在位的 26 个年头，大部分时间是作为傀儡存在的。尽管如此，他当国时期发布的那些诏书，还是透出了他的部分行政观念。

建始元年（公元前 32 年）二月，他登基伊始，在下令赏赐的人群中，也包括"三老孝弟力田、鳏寡孤独钱帛，各有差，吏民五十户牛酒"。诏书中说："群公孜孜，帅先百寮，辅朕不逮，崇宽大，长和睦，凡事恕已，毋行苛刻，其大赦天下，使得自新。"十二月，下令"郡国被灾什四以上，毋收田租"。

建始二年（公元前 31 年）正月，举行郊祀礼时，下诏"三辅长无共张繇役之劳，赦奉郊县长安长陵及中都官耐罪徒。减天下赋钱，算四十"。"诏三辅内郡举贤良方正各一人"。秋天，下令"减乘舆厩马"。

建始三年（公元前 30 年）三月，"赦天下徒。赐孝弟力田爵二级。诸逋租赋所振贷勿收"。七月，关内大水。九月，在诏书中承认"殆苛暴深刻之吏未息，元元冤失职者众"。十二月，日食、地震同一天发生，成帝于是发出了一个诏书：

> 盖闻天生众民，不能相治，为之立君以统理之。君道得，则草木昆虫咸得其所；人君不德，谪见天地，灾异屡发，以告不治。朕涉道日寡，举错不中，乃戊申日蚀地震，朕甚惧焉。公卿其各思朕过失，明白陈之……丞相、御史与将军、列侯、中二千石及内郡国举贤良方正能直言极谏之士，诣公车，朕将览焉。

河平元年（公元前 28 年）四月的一天发生日蚀，他又发了一个与上述内容相近的诏书并宣布大赦天下：

> 朕获保宗庙，战战栗栗，未能奉称。传曰："男教不修，阳事不得，则日为之蚀。"天著厥异，辜在朕躬。公卿大夫其勉悉心，以辅不逮。百寮各修其职，惇任仁人，退远残贼，陈朕过失，无有所讳。

这里将"君德"如何与灾异联系在一起，透出的是对董仲舒"天人感应"论的笃信以及"尽人力以应天命"的虔诚。

河平四年（公元前 25 年）正月，"赦天下徒，赐孝弟力田爵二级，诸逋租赋所振贷勿收"。三月,遣光禄大夫、博士巡行滨河受水灾之郡,一方面救济灾民,另一方面"举惇厚有行能直言之士"。

阳朔二年(公元前23年)九月,因为奉使的博士们不称职,成帝下诏在民间遴选道德学问皆优秀的博士:

> 古之立太学,将以传先王之业,流化于天下也。儒林之官,四海渊原,宜皆明于古今,温故知新,通达国体,故谓之博士。否则学者无述焉,为下所轻,非所以尊道德也。"工欲善其事,必先利其器。"丞相、御史其与中二千石、二千石杂举可充博士位者,使卓然可观。

成帝对于博士官的重视,显示儒学在国家教育中的主体地位。

阳朔四年(公元前21年)正月,成帝在诏书中重申"《洪范》八政,以食为首",要求矫正百姓中"乡本者少,趋末者众"的偏颇。

鸿嘉元年(公元前20年)二月、二年三月、四年正月,发了三个内容相近的诏书:

> 朕承天地,获保宗庙,明有所蔽,德不能绥,刑罚不中,众冤失职,趋阙告诉者不绝。是以阴阳错谬,寒暑失序,日月不光,百姓蒙辜,朕甚闵焉。……方春生长时,临遣谏大夫理等举三辅、三河、弘农冤狱。公卿大夫、部刺史明申敕守相,称朕意焉。其赐天下民爵一级,女子百户牛酒,加赐鳏寡孤独高年帛。逋贷未入者勿收。

> 古之选贤,傅纳以言,明试以功,故官无废事,下无逸民,教化流行,风雨和时,百谷用成,众庶乐业,咸以康宁。朕承鸿业十有余年,数遭水旱疾疫之灾,黎民屡困于饥寒,而望礼义之兴,岂不难哉!朕既无以率道,帝王之道日以陵夷,意乃招贤选士之路郁滞而不通与?将举者未得其人也?其举敦厚有行义能直言者,冀闻切言嘉谋,匡朕之不逮。

> 数敕有司,务行宽,大而禁苛暴,讫今不改。一人有辜,举宗拘系,农民失业,怨恨者众,伤害和气,水旱为灾,关东流冗者众,青、幽、冀部尤剧,朕甚痛焉。未闻在位有恻然者,孰当助朕忧之!

已遣使者循行郡国。被灾害什四以上,民赀不满三万,勿出租赋。逋贷未入,皆勿收。流民欲入关,辄籍内。所之郡国,谨遇以理,务有以全活之。思称朕意。

这三个诏书显示,成帝对自己治下的天下之危殆局势越来越感到忧心,期望以平反冤狱、救济灾民、招揽贤才、虚心纳谏的措施加以改变。永始四年(公元前13年)六月,京师发生地震,成帝下诏说:

圣王明礼制以序尊卑,异车服以章有德,虽有其财而无其尊,不得逾制。故民兴行,上义而下利。方今世俗奢僭罔极,靡有厌足。公卿列侯,亲属近臣,四方所则,未闻修身遵礼,同心忧国者也。或乃奢侈逸豫,务广第宅,治园池,多畜奴婢,被服绮縠,设钟鼓,备女乐,车服嫁娶葬埋过制,吏民慕效,浸以成俗,而欲望百姓俭节,家给人足,岂不难哉!其申敕有司,以渐禁之。青绿民所常服,且勿止。列侯近臣,各自省改。司隶校尉察不变者。①

成帝在这里提出维护尊卑贵贱的等级制度,严禁僭越,要求各级官吏的衣、食、住、行都回归制度的规定,为百姓做表率,以改变"奢侈逸豫"的社会风气。

元延元年(公元前12年)七月,星象异常,成帝于是下诏,要求公卿、博士、议郎等人对国事提出大胆的"无有所讳"的建议,同时,"与内郡国举方正能直言极谏者各一人,北边二十二郡举勇猛知兵法者各一人"。

通过对成帝所发诏书的检视,可以看出,他在被王氏外戚集团架空的情况下,利用皇帝尊位应有的权力,力图贯彻儒家的政治理想,在维护尊卑贵贱的等级制度的前提下,要求君臣各安本分,为民表率,尊贤用贤,勤政爱民,轻徭薄赋,节俭省刑。这自然具有一定的积极意义。然而,成帝本身却不是一个英断果决的明君,而是一个"湛于酒色"的无赖儿郎。他不惜大权旁落,将军国大政一股脑儿拱手让给王氏外戚集团,自己则在声色犬马中优游岁月。他先是宠幸许后和班婕妤,使之贵幸"倾动前朝,

---

① 《汉书》卷10《成帝纪》。

熏灼四方，赏赐无量，空虚内藏"。① 继而迷上赵飞燕姐妹，为之重修昭阳宫，穷极富丽。他还热衷冶游，屡屡出宫寻欢作乐。对自己的寿陵，两次选址，来回折腾，徒然浪费了大量人力物力。他的当国，不仅没有阻止汉朝政况国势下滑的颓势，反而使这种颓势加快步伐，并由此使他成为历史上昏妄之君的代表之一。

绥和二年（公元前7年）汉成帝去世，哀帝刘欣继位。刘欣不是成帝的亲儿子，而是成帝兄弟定陶共王的儿子。上台伊始，刘欣似乎有所振作，一方面发布大赦天下、赐民爵和赐三老、孝弟力田、鳏寡孤独帛的诏书；另一方面宣布"罢乐府"，显示"与民更始"的新气象。接着，在当年的六月，发布了著名的"限田限奴"的诏书：

"制节谨度以防奢淫，为政所先，百王不易之道也。诸侯王、列侯、公主、吏二千石及豪富民多畜奴婢，田宅亡限，与民争利，百姓失职，重困不足。其议限列。"有司条奏："诸王、列侯得名田国中，列侯在长安及公王名田县道，关内侯、吏民名田，皆无得过三十顷。诸侯王奴婢二百人，列侯、公主百人，关内侯、吏民三十人。年六十以上，十岁以下，不在数中。贾人皆不得名田、为吏，犯者以律论。诸名田畜奴婢过品，皆没入县官。齐三服官、诸官织绮绣，难成，害女红之物，皆止，无作输。除任子令及诽谤诋欺法。掖庭官人年三十以下，出嫁之。官奴婢五十以上，免为庶人。禁郡国无得献名兽。益吏三百石以下奉。察吏残贼酷虐者，以时退。有司无得举赦前往事。前博士弟子父母死，予宁三年。"②

这个诏书，蕴含着丰富的信息，显示了哀帝和他那个执政群体的政治思想。第一，他们看到西汉末年对政治和社会稳定影响最大的根本问题是土地高度集中和贵族、官僚与富豪之家的无餍足的蓄奴，所谓"多畜奴婢，田宅亡限，与民争利，百姓失职，重困不足"。所以出台"限田限奴"的政策，并对各类人占有的土地和奴婢数量作了具体规定。第二，重申贾人不得拥有土地、不得做官的既有政策。第三，废除齐三服官。第

---

① 《汉书》卷85《谷永传》。
② 《汉书》卷11《哀帝纪》。

四,除去任子令和诽谤诋欺法,即不再照顾贵族官僚子弟承袭官位的特权,放宽言论自由度。第五,适当照顾掖庭宫人和官奴婢的利益。第六,禁止郡国献朝廷名兽等礼物。第七,适当提高基层小吏的俸禄。第八,清除酷吏。这些政策措施贯穿着儒家要求君王和官吏严格自律为民表率、重本抑末、让利于民等仁政的理念。如果这些政策措施能够得到贯彻执行,对缓和已经紧张的阶级矛盾和社会矛盾显然是有利的。然而,由于这些政策措施触动了特权阶级的既得利益,他们自然拼命阻挠,哀帝只能向他们妥协,这个诏书所宣布的改革方案也就只能胎死腹中了。

哀帝希图改革政治的大动作没有成功,他就不断地出台一些小的措施。

建平元年(公元前6年)二月,他下诏举贤:"盖闻圣王之治,以得贤为首。其与大司马、列侯、将军、中二千石、州牧、守相举孝弟惇厚能直言通政事,延于侧陋可亲民者各一人。"

建平二年(公元前5年)四月,他下诏,以"汉家制度,推亲亲以显尊尊"为由,改自己祖母的尊号为帝太太后,母亲为帝太后,目的是提升自己庶出的祖母和母亲的地位。这年六月,哀帝因急于使自己的行政显出成绩,就接受待诏夏贺良的建议,下诏宣布"改元易号",自称"陈圣刘太平皇帝"。然而,不到两月,又下诏说自己的行动是"违经背古,不合时宜",还将夏贺良等人以"反道惑众"的罪名处以死刑。这表明,哀帝极不成熟,视政治为儿戏,病急乱投医。

元寿元年(公元前2年)正月,他发布诏书说:

> 朕获保宗庙,不明不敏,宿夜忧劳,未皇宁息。惟阴阳不调,元元不赡,未睹厥咎。屡敕公卿,庶几有望。至今有司执法,未得其中,或上暴虐,假势获名,温良宽柔,陷于亡灭。是故残贼弥长,和睦日衰,百姓愁怨,靡所错躬。乃正月朔,日有蚀之,厥咎不远,在余一人。公卿大夫其各悉心勉帅百寮,敦任仁人,黜远残贼,期于安民。陈朕之过失,无有所讳。其与将军、列侯、中二千石举贤良方正能直言者各一人。大赦天下。①

---

① 《汉书》卷11《哀帝纪》。

这个诏书表明，哀帝认识到自己面临的严峻形势，但他的拯救之方，也仅限于廉价的自责、要求百僚自律和举荐贤良方正而已。

哀帝与成帝即位时均为 20 岁，可哀帝是一个短命的帝王，仅在位 6 个年头，25 岁即去世。特别是，他以外藩继大统，在朝野都缺乏根基。尽管他意识到王氏外戚集团构成的威胁并将他们的势力驱出庙堂，然而，由于新上台的丁、傅外戚和围绕着他们的一批新贵都没有治国理政的才能，而哀帝的昏庸荒唐又比成帝有过之而无不及，居然将执政的权柄交给一个 22 岁的同性恋对象董贤，让他担任了位高权重的大司马一职。如此一来，国家政治的混乱和荒唐就可想而知。所以，哀帝与他的前任成帝一样，不仅没有挽回西汉王朝一路下滑的颓势，而且更使这种颓势如脱缰之马加快了步伐。如此一来，病入膏肓的汉朝再也没有起死回生的希望了。

成帝与哀帝，都不是什么像样的政治家，也没有成体系的政治思想，从他们有限的诏书和行政措施中，窥见的不过是一些诸如仁政、民本、用贤、节俭之类的儒家政治观念的表述而已。

第七节　复古外衣下的王莽政治思想

一　王莽的改制

王莽是汉元帝皇后王政君的亲侄子。王氏外戚之家凭借王政君历元、成、哀、平四世的有利条件，"一门十侯，五大司马"，牢牢掌控了朝廷的军政大权。① 哀帝死后的平帝时期（公元 1—5 年），王莽最大限度地扩展了自己的势力，于公元 9 年篡汉自立，建立新朝（公元 9—23 年）。

王莽建立新朝以后，立即依照《周礼》设计了一套披着复古外衣的"改制"蓝图，主要内容有王田奴婢政策、五均六筦之法、币制改革、官制改革和制礼作乐等。

王莽以"王田奴婢"为代表的土地政策，以"五均六筦"为代表的工商政策，在前面的章节已经论及。除此之外，在王莽众多的经济改革措施中，最混乱、最荒唐的还有货币改革。从居摄二年（公元 7 年）他宣布进行第一次货币改革起，到地皇四年（公元 23 年）新朝灭亡，十多年间，王莽 4 次下诏改革币制，5 次下诏重申币制改革的命令，而每次改革

---

① 《汉书》卷 11《哀帝纪》。

差不多都是以小易大、以轻易重，运用政治权力加重对人民的剥削。

第一，王莽的币制改革是以劫掠为手段，以聚敛财富为目的。他宣布将黄金、白银收归国有，不予兑换，是一种公开的强盗行径，一种明火执仗的抢劫。例如，在第一次币制改革时，用新铸的重12铢的大泉兑换50枚重五铢的钱，就是相差20多倍的不等值兑换。以后的每次改革中，各种类型货币的比值都十分不合理。第三次改革中发行的货泉，重一铢的小泉值一，重12铢的大泉就定值50，比值相差4倍多。其布货中重15铢的小布值100，重23铢的次布则值900，比值相差7倍多。类似例子不胜枚举。金属货币作为一般等价物之所以起价值尺度的作用，是由它本身含的金属量决定的。同一种币材的货币，不管其种类有多少，每一种的金属含量与其价值量的比必须是相等的。币值大于金属量就等于货币贬值。王莽用任意规定币值的办法造成货币贬值，并用这种办法对工商业者和劳动人民进行劫掠。这就使货币失去价值尺度的作用。因此，尽管王莽运用严刑峻法强制推行新币，依然遭到劳动人民强烈的反抗，私铸货币的事情层出不穷，难以禁绝。

第二，币材太滥，品类太杂，徒然制造了不少矛盾和混乱。在通常情况下，流通中存在两种不同币材的货币已与货币作为价值尺度的职能相矛盾，而王莽一次竟用五种不同的币材、六种不同的货币和28个品类同时投入流通，把早已被历史淘汰的龟、贝、羊皮等重新拿来使用，而各类货币之间的比价又无合理规定，也难以得出合理比价。这种币制改革给社会经济生活只能带来灾难性的后果。

第三，改革频繁，手续烦琐。社会经济生活要求一个长期使用的稳定货币，经常改革货币是币制政策的大忌。可是王莽在6年之中就进行了四次改革币制，其变动之速在中国封建社会的历史上创造了空前绝后的纪录。第4次币制改革以后，王莽为了防止废币和私钱的流通，还规定了非常烦琐的检查制度。官吏和百姓由一地到另一地，要检查布钱和符传（官府颁发的证明文件），否则，旅店不准住宿，关隘予以扣留。甚至政府官员出入宫门，也要检查验符。这样繁苛的禁令，必然给社会经济的正常运行，尤其是流通带来很大困难，给百姓正常的生活带来很多麻烦。

总之，王莽的币制改革完全凭自己的意志、愿望和行政命令办事，全然不顾货币运动的客观规律。在多次碰壁后，他却一次又一次地求助于苛法酷刑。第二次币制改革后紧接着颁布了流放法。第四次币制改革后又接着颁布了连坐法："一家铸钱，五家坐之，没入为奴婢"。① 虽然如此，工商业者和一般劳动人民对王莽的币制改革仍然进行着毫不妥协的反抗，盗铸和其他触犯禁令者比比皆是。结果是"民犯盗铸，伍人相坐，没入为官奴婢。其男子槛车，儿女子步，以铁锁琅当其颈，传诣钟官，以十万数。到者易其夫妇，愁苦死者十六七"。"每易一钱，民用破业"。② 由于私铸钱犯罪者太多，于是出现了"徒隶殷积，数十万人，工匠饥死，长安皆臭"的惨状。③

由于王莽的币制改革从根本上违背了货币运动的客观规律，因而它失败的命运是不可挽回的。正如彭信威在《中国货币史》所言："中国历代币制的失败，多有别的原因，而不是制度本身的缺点。只有王莽的宝货制的失败，完全是制度的失败。"王莽的币制改革，不仅给当时的人民带来极大的损害，也是使其统治陷于崩溃的重要原因。可以这样说，王莽通过币制改革进行劫掠的目的基本达到了，直到临死前府库里还存着60万斤黄金。但另一个意想不到的结果也随之而来，这就是人民的起义与王莽的灭亡。

除了经济领域的改革之外，王莽在政治方面也进行了一系列的所谓改革，始建国四年（公元12年）、天凤四年（公元17年），王莽两次裂地分封、授民授茅土，用理想化的周代分封制欺骗他的臣僚。自秦朝建立专制主义中央集权的行政体制以后，郡县制就是比较适合政情的地方行政体制。王莽异想天开地想在中央集权制度已经确立两百多年以后，全面恢复西周的分封制，一下子在全国建立2000多个大小不等的封邑，实在是历史的大倒退。实际上王莽也并不想把土地和人民真正授予他的爪牙。授封仪式举行后，他以"图簿未定"为理由，不让他们得到封地。这样一来，就使那些获得爵位而无实职的新贵们陷入窘境，生活无着，苦不堪言，从而对王莽产生了巨大的离心倾向，促成了统治集团的分裂。

天凤元年（公元14年），王莽仿照《周官·王制》数次下令更改中央和地方官制，如在中央建立了四辅、三公、四将、九卿、六监。四辅是

---

① 《汉书》卷99《王莽传》。

② 同上。

③ 《后汉书》卷13《隗嚣传》。

太师、太傅、国师、国将，虽位冠百官，但无治事之权，是安置德高望重的老臣们的虚衔。三公是大司马、大司徒和大司空，虽承自汉制，但权力已大为削弱。四将是卫将军、前将军、更始将军和立国将军，皆为掌兵之官，其中更始将军最重要，多次衔王莽之命指挥重大的军事行动。九卿是丞相司直、大司马司允、大司空司若（以上称三孤），更名汉代的大司农为羲和，再更为纳言；大理为佐士；太常为秩宗；大鸿胪为典客；少府为共工；水衡都尉为予虞，以上为六卿，与三孤合称九卿。每一卿下置大夫三人，一大夫置元士三人，凡二十七大夫，八十一元士。九卿在三公领导下负责中央各部门的具体政务。另外，王莽又将汉代太仆更名为太御，卫尉为太卫，执金吾为奋武，中尉为军正，光禄勋为司中，又新置大赘官，"主乘舆服御物"，以上为六监，亦称六司，专为宫廷皇帝服务。地方行政方面，在全国设9州，125郡，2203县，州牧成为一州的最高民政和军事长官，权力较汉代大大加强。郡的长官依据地理位置和重要程度称卒正、连率、大尹，后又加号将军，县令、长称县宰。他又数次下令重划行政区，增加官吏员额，实行官吏职务世袭和俸禄随地方税收浮动的制度。这一方面是稽古以示新，另一方面是为满足臣僚们的贪欲和权势欲。王莽满以为，如此一来，其爪牙们必将人人心满意足，从而死心塌地为他效忠了。其实，王莽恰恰弄巧成拙：它既加重了对劳动人民的剥削，又加剧了王莽统治集团的矛盾，而官职和爵位的世袭更加速了王莽集团的腐败。尽管王莽的新朝改变的仅仅是汉朝的形式而没有改变豪族地主统治的本质，但贵族和官僚却凭空增加了许多。汉朝旧贵族依然如故，王莽朝的新贵族却陡然增加了一大批：从哀章之类的无赖到王盛之类的卖饼儿，转瞬之间，都蟒袍玉带地跻身于王莽的新贵之列了。这些饿狼似的统治者，每人都想谋个理想的位子肆意盘剥以满足私欲。王莽增加官位并实行世袭自然投其所好，但却给劳动人民带来更多的灾难。本来一县有一位县宰，现在一县分为六县，凭空又添上五位劫掠者，一国三公，十羊九牧，劳动人民的痛苦就可想而知了。加之王莽又时常更换官员，每一位新官到任后的第一件要事就是搜刮，而且恨不得洗劫一空。待到新的调令来到时，他们已是腰缠万贯，趾高气扬地准备到新地方重操屠刀了。但是，王莽的爪牙们却每每因地盘大小不一，地方贫富不等一面归怨王莽，一面进行数不清的明争暗斗，造成吏治败坏，贪赃枉法成风，犹如催化剂一样地加速了农民起义的爆发。

王莽上台以后，一直醉心于制礼作乐。从天凤二年（公元 15 年）起，王莽纠合了一批公卿大夫、文人学士，从早到晚，坐而论道，力图根据《周礼》损益出一套新朝的礼乐制度。结果是议来议去，连年不决。由于王莽只着眼于这类装潢门面的繁文缛礼，致使中央和地方一般行政狱讼都无人管理。有的县，县官数年空缺，由郡守兼理。各级地方官吏贪残害民之事层出不穷。王莽为了监视郡县官吏而派到各地去的中郎将、绣衣执法，更是利用权势安插私人，与郡县守令互相勾结，横行无忌。而派往各州郡"劝农桑，班时令，案诸章"的十一公士，实际上以钦差大臣自居，颐指气使，收受贿赂，冤杀无辜。以上这些官吏，你来我往，竞相盘剥，搅得各地鸡犬不宁，怨声载道。

新朝建立后五六年间，一直没有制定官吏的俸禄制度，这样，一切贪污窃盗都在事实上取得了合法地位。直到天凤三年（公元 16 年），王莽才公布了一个极其烦琐的俸禄制度。规定从四辅公卿大夫到一般臣僚，共分 10 个等级，俸禄最低者一岁 66 斛，以上依此递增，到四辅岁入万斛。同时又规定，郡县守令等地方官的俸禄以该地方税收的多少为差。王莽以为只有如此，才能使群僚们人人忠于职守，兢兢业业，励精图治。殊不知，这实际上等于给了各级官吏以利用职权，敲诈勒索的特权。实行这种俸禄制度，不仅王莽国库里的钱粮布帛越积越多，而且官吏的口袋里也越装越满，但遭殃的却是劳动人民。俸禄制度所展示的王莽新朝，犹如一面大吸血网。王莽是一个高高在上的大饕餮者，他手下的官僚是大小不等的中小型饕餮者，群起劫掠，锱铢必尽，他们加给劳动人民的，只能是日甚一日的苦难。

公正地说，王莽在代汉前办了一些好事，他看到土地兼并的危害，奴婢问题的严重，注重吏治，发展教育，统一度量衡等，都应该得到历史的肯定。但是，由于王莽的政策违背了经济发展的客观规律，不能顺应生产力发展的要求；有些政策因用人不当而变质，因而先后宣告失败。王田奴婢政策因受到来自各个阶级的反抗早已停止执行，因而土地兼并只能更加剧烈地进行，私奴婢增加之势无法遏止，官奴婢又因苛酷的刑罚而大量增加。五均六筦在富商大贾摇身一变而来的羲和命士等的主持下，变成了对广大劳动人民残酷无情的劫掠，而频繁的货币改革则几乎变成了封建国家对劳动人民和工商业者的明火执仗的抢劫。所有这一切，都从不同方面加速了农民同主要生产资料土地的分离，造成了社会经济生活的极度混乱，使社会生产遭到严重的破坏。这样一来,必然使西汉末年已经十分尖锐的阶级矛盾进一步激化。广大劳动人民除了以武装反抗死里求生外,再也没有别的道路可走了。

二 儒表法里的极权政治理念

王莽的时代,儒学已经居于主流意识形态的地位。王莽自小受到较系统的儒学教育,青年时期,即以儒家君子的形象出现在世人面前,《汉书·王莽传》记载:

> 王莽字巨君,孝元皇后之弟子也,元后父及兄弟皆以元、成世封侯,居位辅政,家凡九侯、五大司马,……莽群兄弟皆将军五侯子,乘时侈靡,以舆马声色佚游相高,莽独孤贫,因折节为恭俭。受《礼经》,师事沛郡陈参,勤身博学,被服如儒生。事母及寡嫂,养孤兄子,行甚敕备。又外交英俊,内事诸父,曲有礼意。

因为王莽的思想与儒学有着密切的关系,所以有必要对西汉儒学的发展和王莽对儒学的依违作一简要的叙述。

如前所述,刘邦在反秦起义的年代,是带着满脑子法家思想驰骋疆场的。他做皇帝后,虽然在陆贾和叔孙通的启诱下认识到儒学的实际功用,甚至临终前还到孔子灵前献上太牢的大礼,但终其一生,也没有意识到儒学的深刻的思想意义。刘邦的后继者高、惠、文、景钟情黄老思想,直到汉武帝和董仲舒双双走上时代的舞台,出台"罢黜百家,独尊儒术"的思想文化政策,儒学才被正式推尊为主流意识形态,孔子及其门徒整理解释过的《尚书》《诗经》《春秋》《易》《礼》五经的传授才成为官学。西汉朝廷陆续在太学设立五经十四博士,从事教学和对先秦儒家典籍的整理和诠释,由此形成所谓经学。经学在发展过程中,分化为今文经学和古文经学。其中,用秦朝统一后的文字写成的经书,称今文经。用秦朝统一前的六国文字写成的经书,称古文经。今、古文经除文字上的差别外,更主要的是在解经上所表现出来的不同思想倾向与学风的差异。

以董仲舒为代表的今文经学,进一步把古老的"天人感应"的灾异说理论化和系统化,并从中导出"君权神授"理论。又以"道之大原出于天，天不变道亦不变"论证封建制度的永恒性。同时以"《春秋》大一统者，天地之常经，古今之通义"作为专制主义中央集权的理论基础。董仲舒还根据"阳尊阴卑"的理论，建立起三纲五常的封建道德观，论证了封建等级制度的合理性。他第一次对封建的政权、神权、族权、夫权的合理性、永恒性作了理论上的论证。到西汉后期，"天人感应"的神学目的论与日益泛滥的谶纬迷信相结合，使今文经学进一步地宗教化和神学化。

正当今文经学在西汉后期达到鼎盛局面的时候，新崛起的古文经学对它的地位提出了挑战。古文经典主要有《古文尚书》《逸礼》《周官》《毛诗》和《春秋左氏传》等。古文经开始在民间流传，因为偏重于史实的考辨和诠释，不像今文经那么迷信和荒诞，所以得到一批有学问的知识分子的垂青，在思想和学术上形成很大的势力。

在王莽秉政前，古文经尽管在朝野有了相当的势力，但却一直处于受压的地位，只能在民间传授。平帝登基，王莽擅权后，古文经被立为学官，取得了在太学传授的资格，声势大振。王莽之所以将古文经立为官学，目的主要是让它为自己的篡政服务，同时也作为笼络那些治古文经学的知识分子的手段。作为一个儒生出身的权臣，王莽比任何人都明白经学在思想和学术上的重要意义。因此，王莽在篡政过程中和其后统治新朝的日子里，将今文经学与古文经学兼收并包，同时利用，对治今文经与古文经的知识分子也是一视同仁的。王莽对古文经的《周礼》特别重视，其新政的不少措施都是从《周礼》中寻找历史根据。对古文经的其他典籍《古文尚书》《逸礼》和《春秋左氏传》等也比较重视，如他引证《古文尚书》的《嘉禾篇》记载的"周公居摄"，作为自己"居摄践祚"称"摄皇帝"的依据。引证《春秋左氏传》的"刘氏为尧后"，论证他这个"虞帝之苗裔"有代汉立新的历史根据和充分权力。但是，王莽并不排斥今文经学，他不仅没有取消今文经学的官学地位，让太学中治今文经学的博士官们继续收徒讲学，而且大力利用今文经学中一切对他有用的东西为自己服务。例如，王莽对谶纬迷信、祥瑞灾异的利用就比当时的任何的今文经学家有过之而无不及，而对认为与他有利的今文经典更是随时拉来为我所用。他为了得到"宰衡"的印章引了《春秋谷梁传》的"天子之宰，通于四海"。翟义起兵时，他"放《大诰》作策，遣谏大夫桓谭等班于天下，谕以摄位当反政孺子之意"，以欺骗全国百姓。居摄三年（公元8

年）冬天，他又引《康诰》的"王若曰孟侯，朕其弟小子封"，作为自己朝见元后与平帝后称"假皇帝"的依据。《春秋谷梁传》《大诰》《康诰》都属于今文经学。在王莽的改制内容中，其制定的公、侯、伯、子、男五等爵位制和封地四等制，基本上是根据《王制》损益而来，而《王制》也是公认的今文经典。在用人方面，治今文经与古文经的知识分子同样得到重用，同样飞黄腾达进入三公行列。所有这些事实无可辩驳地证明，王莽对今、古文经是不分轩轾、一视同仁的。他的着眼点是是否能为我所用，对二者在学术上的分歧并不怎么关注。

在大致厘清了王莽与今、古文经学的关系以后，就可以进入对他的政治思想的评析了。总体上可以这样说，在西汉末年谶纬迷信弥漫、今文经学日趋宗教化、神学化的氛围中成长起来的王莽，他继承和播扬的恰恰是西汉正统思想中最迷信、最粗鄙、最少理性、最荒诞不经的糟粕。

在王莽眼里，"天"无疑是至高无上的人格神的上帝，它君临天下，明察秋毫，赏善罚恶，是自然界和人类社会的最高主宰。帝王都是由上天选定，让其代表自己进行在人间的统治。封建皇朝的更迭也是上天的安排，显示的是"天命攸归"的神力。而上天与人间的联系则是通过符瑞和灾异进行的。贯穿其中的是"天人感应"。在王莽的政治生涯中，他连续不断地利用符瑞和灾异附会政治，千方百计、挖空心思地将其引导到为自己服务的轨道上来。

为了保证篡汉的成功并给这一统治权的转移一个合法性的说辞，王莽就以"天命"置换"忠君"。王莽要实现代汉立新，虽然从实力讲并不困难，因为他实际上已经以大司马大将军的官位掌控了汉朝的全部权力，没有人能够阻止他宣布改易皇统。但是，迈出这一步，他必须越过一道道德的门槛：对背叛"臣事君以忠"的信条做出解释。王莽无论如何也不愿意背上"乱臣贼子"的恶名。为此，他只能求助于"天命"，反正老祖宗有现成的"奉天承运"的理论可以拿来使用，有"天人感应"魔杖下的"符命"可供任意附会，有一群攀龙附凤的无耻臣子可以任意驱使。于是，王莽一面挥舞"天命"的旗子不断加速篡政的步伐，一面千方百计将自己打扮成汉室的大忠臣。元始元年（公元1年）正月，他讽喻益州少数民族首领献白雉、黑雉，并以此为由头从元后那里讨得"安汉公"的封爵。以元后名义颁发的册封诏书，就将王莽赞誉为汉室的"忠臣"和救星了："汉危无嗣，而公定之；四辅之职，三公之任，而公干之；群僚众位，而公宰之；功德茂著，宗庙以安，盖白雉之瑞，周成象焉。"① 不仅如此，对于当时社会上人们称颂的一切美好道德，他都千方百计让其在自己身上体现出来，将自己打扮成一位道德标兵。王莽自结发入世以来，二十多年的岁月，由于独特的历史机遇，更由于他运用层出不穷的"激发之行"，从而在朝野获得了"倾其诸父"的声望和权力。他日夜孜孜，励精图治，建策"安汉"，辅佐九岁的刘衍做皇帝，延续大汉王朝的香火，这是他的"忠"；侍疾母则，用药先尝，筵席之上，数次离开，为母服药，周旋伯父王凤、叔父王根病榻之旁，蓬头垢面，衣不解带月余，这是他的"孝"；对兄之子百般爱护，视同己出，择名儒为师，施以严格教育，与己子同日娶妇，不分轩轾，这是他的"慈"；大义灭亲，切责杀奴的儿子，严令其自杀偿命，这是他的"义"；拜名儒陈参为师，"被服如儒生"，刻苦攻读，亲至侄儿的先生家，恭奉羊酒，惠及同窗学子，这是他的"尊师重道"；数辞封爵，几让户邑，散财赈宾客，下惠至鳏寡，这是他的"谦让""清廉"和"关心民瘼"。二十多年中，王莽不断地猎取美名，目的是在朝野形成"当今治国平天下舍我其谁"的局面。接着，王莽又策划从元后那里获取当年成王对周公的封赏，求得"宰衡"的印章，并加了"九锡"。元始五年（公元5年）五月，为王莽举行了加九锡的大典，封赏的策文将王莽吹到了九天之上：

> 辅朕五年，人伦之本正，天地之位定。钦承神祇，经纬四时，复千载之废，矫百世之失，天下和会，大众方辑。《诗》之《灵台》，《书》之《作雒》，镐京之制，商邑之度，于今复兴。昭彰先帝之元功，明著祖宗之令德，推显严父配天之义，修立郊禘宗祀之礼，以光大孝。是以四海雍雍，万国慕义，蛮夷殊俗，不召自至，渐化端冕，奉珍助祭。寻旧本道，遵术重古，动而有成，事得其中。至德要道，通于神明，祖考嘉享。光耀显章，天符仍臻，元气大同。麟凤龟龙，众祥之瑞，七百有余。遂制礼作乐，有绥靖宗庙之大勋。普天之下，惟公是赖，官在宰衡，位在上公。②

---

① 《汉书》卷99《王莽传》。
② 同上。

策文虽然没有多少新内容，但其中的"普天之下，惟公是赖"八个字却透出了王莽的心声，不啻可以看作王莽准备代汉自立的信号。不久，他就不顾作为平帝皇后的女儿的幸福，为了扫除自己跃上龙座的障碍，残酷地鸩杀了年仅14岁的汉平帝，立了只有两岁的广戚侯孺子婴作为傀儡。接着，他引经据典，要求元后以周公辅佐成王时曾"居摄""践天子位""服天子之冕，南面而朝群臣，发号施令，常称王命"为根据，居然改元践祚而"摄皇帝""假皇帝"地干起来，同时将象征汉朝的孺子婴贬为自己的"太子"。即便到了这个份儿上，他还是以汉室的忠臣自居，而将所有这些篡弑的举动都说成是为了汉室的安危。正如张竦为刘嘉起草的一篇无耻地为王莽歌功颂德的奏文所写：

> 建平、元寿之间，大统几绝，宗室几弃。赖蒙陛下圣德，扶服赈救，遮扦匡卫，国命复延，宗室明目。临朝统政，发号施令，动以宗室为始，登用九族为先。并录支亲，建立王侯，南面之孤，计以千百数。收复绝属，存亡继废，得比肩首，复为人者，嫔然成行，所以藩汉国，辅汉宗也。建辟雍，立明堂，班天法，流圣化，朝群后，昭文德，宗室诸侯，咸益土地。天下喁喁，引领而叹，颂声洋洋，满耳而入。国家所以服此美，膺此名，飨此福，受此荣者，岂非太皇太后日昃之思，陛下夕惕之念哉！何谓？乱则统其理，危则致其安，祸则引其福，绝则继其统，幼则代其任，晨夜屑屑，寒暑勤勤，无时休息，孜孜不已者，凡以为天下，厚刘氏也。臣无愚智，民无男女，皆谕至意。①

正在王莽准备再进一步跨向龙座的时候，发生了翟义在东郡的起兵。王莽在讨伐翟义的诏书中，还继续将自己打扮成汉室的大忠臣，信誓旦旦地重申"还政孺子"的诚意。然而，在讨伐翟义取得胜利不久，王莽就借临淄新井、巴郡石牛和扶风的刻石向太后要求，此后在朝见太后时不再称"摄皇帝"，而是直称皇帝。已经到了这步田地，他还不愿丢掉汉室忠臣的美誉，仍然表示将来一定"复子明辟"。可是，言犹在耳，口血未干，蜀郡梓潼的无赖哀章献上了昭示天意，要求王莽立刻即真做皇帝的两

---

① 《汉书》卷99《王莽传》。

检铜匮。王莽于是一不做二不休，立刻下达了即真做皇帝、改易皇统的诏书，将刘氏皇统改易成了王氏的新皇统：

> 予以不德，托于皇祖考黄帝之后，皇始祖考虞帝之苗裔，而太皇太后之末属。皇天上帝隆显大佑，成命统序，符契图文，金匮策书，神明诏告，属予以天下兆民。赤帝汉氏高皇帝之灵，承天命，传国金策之书，予甚祗畏，敢不钦受！以戊辰真定，御王冠，即真天子位，定有天下之号曰新。①

至此，"臣事君以忠"的天字第一号的道德信条终于被"天命"置换。始建国元年（公元9年）元旦，王莽举行了隆重的登基大典。下令废去孺子婴的太子之位，将其封为只有五县封地的"定安公"。《汉书·王莽传》记载："读策毕，莽亲执孺子手，流涕歔欷，曰：昔周公摄位，终得复子明辟，今予独迫皇天威命，不得如意！哀叹良久。中傅将孺子下殿，北面称臣。百僚陪位，莫不感动。"当时年仅5岁的孺子婴，当然还无法理解这个戏剧性的场面。而直到此时，王莽还挤出几滴鳄鱼的眼泪，对孺子婴，实际上是对群僚，尤其是对那些没有参与王莽篡汉策划的刘汉的公孙王子，表明自己代汉立新做皇帝完全不是一己的私愿，而是迫于天命的不得已之举。这样，王莽就算自欺欺人地摆脱了"乱臣贼子"的拖累，以一个"天命攸归"的真龙天子的形象出现在世人的面前。不管别人怎么看怎么说，经过如此这般的一番运作，至少在王莽及其党徒看来，王莽的篡弑行为也就轻而易举地通过了"臣事君以忠"的道德门槛而无愧于心了。

王莽以"天命"文饰篡弑，轻轻地将自己亵渎"臣事君以忠"的巨奸大憝的嘴脸涂上一层保护色。王莽及其党徒的这一套作为，尽管冠冕堂皇，似乎天衣无缝，但他自己及其周围的策划者们却心明如镜，明白这不过是骗人的把戏。不过，王莽的以"天命"代"忠君"的置换术尽管拙劣，但却被后来中国历史上的一切篡弑者奉为圭臬，从而在"天命"的幌子下演出了一幕又一幕的悲喜剧。曹丕导演的取代汉献帝的"禅让"戏，南朝宋、齐、梁、陈四代皇朝花样翻新的更替方式，隋文帝从外孙头

---

① 《汉书》卷99《王莽传》。

上摘取皇冠的手段，以及赵匡胤的"黄袍加身"剧目，都离不开这个张本。这个屡试不爽的"天命"与"忠君"的博弈，实际上背后是不同权势集团利益的博弈，胜利者每每以"天意所钟"自诩，实际上不过是强势集团对弱势集团博弈的胜利。由于中国古代的历史是以皇朝不断更替的形式前进的，不管这种更替通过何种手段进行，新建皇朝的胜利者们必须对自己的成功在理论上做出说明，给臣民们一个交代。于是就有了"天命"和"五德终始"之类的说辞。

显然，王莽的政治思想，更多地继承了董仲舒的君权神授说和三统、三正以及五德终始的历史循环论。在整个篡汉的过程中，他把自己每个经过精心策划的活动都说成是上天的有意安排。从宰衡、安汉公到摄皇帝，再到假皇帝，似乎每一步都是上天的安排，而最后废掉孺子婴的皇位继承权、改由自己做皇帝，也完全是"迫于天命"的不得已之举。他精心杜撰王氏家族的世系，把自己考定为虞舜的后裔，以便把代尧的后裔刘氏做皇帝说成是合乎规律的一次循环。

在政治体制的改革上，王莽打出了复西周之古的旗号，不停地"制礼作乐"。他多次更改官吏名称，不厌其烦地变更行政区划，力图制造出浓浓的古代盛世再现的氛围。一方面，他虔诚地制定出五等爵位制和四等封地制，煞有介事地宣布恢复周代曾实行的分封制度，还演出什么"授茅土"的闹剧。但实际上，终王莽之世，他又使分封停留在纸面上，舍不得给他的官吏一寸之土、一介之民。另一方面，他骨子里始终坚持绝对的皇帝专制，千方百计将一切权力集中在自己手上。还在他假借元后将自己册封为安汉公的时候，这种集权力于一人的欲望就跃然纸上："汉危无嗣，而公定之；四辅之职，三公之任，而公干之；群僚众位，而公宰之。"① 紧接着，他又胁迫元后下了一个将一切权力归于自己的诏书，《汉书·王莽传》这样记载：

> 皇帝幼年，朕且统政，比加元服。今众事烦碎，朕春秋高，精气不堪，殆非所以安躬体而育养皇帝者也。故选忠贤，立四辅，群下劝职，永以康宁。孔子曰："巍巍乎，舜禹之有天下而不与焉！"自今以来，惟封爵乃以闻，他事，安汉公、四辅平决。州牧、二千石及茂

---

① 《汉书》卷99《王莽传》。

材吏初除奏事者，辄引入至近署对安汉公，考故官，问新职，以知其称否。于是莽人人延问，致密恩意，厚加赠送，其不合指显奏免之，权与人主侔矣。

这就把本来属于皇帝的权力全盘收在自己手上。到正式做皇帝以后，他除了自己掌控全部政治权力外，进一步追求和巩固自己作为皇帝的独尊地位，于是下令对刘氏诸侯王和少数民族首领称王者一律贬号为公、侯：

> 天无二日，土无二王，百王不易之道也。汉氏诸侯或称王，至于四夷亦如之，违于古典，缪于一统。其定诸侯王之号皆为公，及四夷僭号称王者皆更为侯。①

王莽不仅要求自己享有垄断一切权力的独尊地位，更要求这种权力地位亿万斯年地延续下去，于是让太史推演出三万六千岁的历法，六年一改元，公布天下。正因为王莽视皇帝的权力地位为自己的命根子，所以，除了自己，他不相信任何人；除了自己作为专制皇帝的利益，他不考虑任何别人的利益。不管任何人，只要妨碍了他的专制独裁，重则死灭，轻则遭贬。亲族之中，儿子、孙子、叔父、兄弟，一一被他送上断头台，最后连一个皇位继承人都留不住。臣子之中，更是有数以百计的人因被怀疑反叛倒在血泊中。例如，四辅之一的太傅平晏，就因为入宫时多带了一个随从，就遭围府搜查。四辅之一的哀章不被信任后，身边就多了一个叫和叔的官吏，那是王莽派来监视他一行一动的特务。

王莽的专制还体现在对社会经济的垄断。他将天下田宣布为"王田"，不准买卖，实际上是宣布土地国有，背后隐藏的是把土地变成他一家一姓私产的良苦用心。他的五均六管政策，其细密周到简直可以同桑弘羊谋划的汉武帝的工商政策相媲美，其目的就是把全国工商业的利润据为己有。而频繁的货币改革，贯穿其中的是以小易大、以轻易重，更是明火执仗地抢劫百姓的财物了。

显然，王莽的政治思想集中体现了他作为帝王对政治和经济的"家国同构"的绝对垄断。非唯如此，他还有超越前代帝王的思想垄断的强

---

① 《汉书》卷99《王莽传》。

烈欲望。王莽的儿子王宇夫妇因为讽喻他善待孺子婴的母家，被他"大义灭亲"处死，他为此还"愤发作书八篇，以戒子孙"。善于溜须拍马的甄邯等人于是要求元后下诏书，将这八篇戒子书"班郡国，令学官以教授"："事下群公，请令天下吏能诵公戒者，以著官簿，比《孝经》。"①这样，王莽的著作就获得了与儒家经典同等的地位。更可笑的是，当起义军打进关中，王莽的新朝已经岌岌可危时，他还演了一出"哭天"的闹剧。他写的《告天策》也成了经典，规定参加"哭天"闹剧的诸生"甚悲哀及能诵策文者除以为郎，至五千人"。这不就是将自己的思想作为统一全国臣民的主流意识么！

尽管王莽的政治思想披着复古的外衣，充满空想的谬见，但贯穿其中的核心观念还是非常清楚的，这就是作为帝王的他必须垄断政治，垄断经济，垄断思想，以达到"集权力于一人，集思想于一个脑袋"的终极目标。然而，由于王莽的一切政策措施都是逆时代潮流而动，到头来，不仅他的三垄断变成"一枕黄粱"，而且他自己最后得到的也是死无葬身之地的下场。可以说，在中国历史上，对权力的垄断无一人超过王莽；下场的悲惨，也无一人超过王莽。

三 大汉族主义治理少数民族的思想

中国自古以来就是一个多民族的国家，以经济、文化为纽带结合在一起的中华民族有着巨大的向心力和凝聚力。尽管在秦和西汉前期，虎踞中原的中央政权与周边少数民族，尤其是匈奴发生过相当激烈的战争，但是，由于各族劳动人民之间有着和平交往的美好愿望，而经济、文化的强大纽带还是使各民族走到和平相处、互通有无、共同发展的道路上来。汉昭帝恢复"和亲"政策后，汉匈之间就出现了"城关不闭、牛马蔽野、边境晏然"的局面。张骞奉汉武帝之命凿通西域以后，加强了汉与西域各少数民族的友好往来，著名的丝绸之路成为欧亚之间各国人民传播文化和友谊的国际通道。汉与东北、西南诸少数民族也都建立了和平友好的交往。这种民族关系，对于促进各民族经济文化的发展和边疆地区的开发，对于促进中华民族的巩固、扩大和发展都是有好处的。可是，王莽上台伊始，就继承历史上"内诸夏而外夷狄"的大汉族主义思想和政策，强调

---

① 《汉书》卷99《王莽传》。

"天无二日，土无二王"，诬蔑少数民族首领称王是"违于古典，谬于一统"。其实，中国周边各少数民族首领的称谓是从历史上延续而来的。他们无论称什么，都不否认汉朝皇帝是他们的共主。出于专制主义和民族自大狂的需要，王莽下令改变他们的称谓，并不惜诉诸武力把污辱和征伐加在周边少数民族头上。始建国元年（公元9年），王莽派出12个五威将，分别到匈奴、西域和其他周边少数民族，对其首领更换名称、印绶。如把西南的句町王以及西域30多个国家的国王一律降为侯。他们到匈奴单于庭，授单于新的印信，把"玺"改成"章"。单于看了很不满意，执意索回旧的印玺。五威将陈饶当场把旧玺椎碎。单于大怒，出兵进犯边境，从此开启了王莽朝廷与匈奴持续多年的战争。而由王被贬为侯的西南、西域等诸国的首领，都先后宣布脱离新朝，并乘机骚扰边境。从此，新朝与周边民族就处于战争之中。可是，当那位在匈奴制造事端的陈饶回到长安以后，却得到了王莽加封的"威德子"的褒奖。王莽对周边民族轻开边衅，实在是没事找事，使自己吞下了一枚致命的苦果：长年的边陲战争严重削弱了王莽的力量，加剧了国内的阶级矛盾，是其走向灭亡的重要原因。正如王夫之所言："莽之召乱，自伐匈奴始，欺天罔人，而疲敝中国，祸必于此而发。"①

始建国二年（公元10年）冬，王莽更匈奴单于名为"降奴服于"，极尽污蔑之能事。同时在东西绵延三千多里的边境上分6路出兵，对匈奴进行全面的讨伐战争。为了进行这场战争，王莽共募天下的囚徒、丁男、甲卒30万人。从全国各地征调军需供应，自江淮一直到北部边防前线，道路之上，监督行军和运饷的使者、出征的士卒、运送军需物资的役夫，络绎不绝。这一不义战争，给全国人民带来空前的浩劫。30万大军屯驻边境，勒索钱粮，抢劫财物，搅得那里鸡犬不宁，而王莽派到边郡监军的中郎将、绣衣执法等人，又与带兵将领互相勾结，索取贿赂，劫掠百姓，大肆敲剥，更使那里雪上加霜。内地各郡县则催征军需，锱铢必尽，不少农民和手工业者被逼得家破人亡，纷纷投入流民队伍，酝酿着反对王莽的起义。天凤六年（公元19年），已经进行了10年的对匈奴战争消耗了大量的民脂民膏，而为了继续这场不义战争，王莽再次下令在全国大征兵，大募天下丁男及死罪囚、吏民奴，起名"猪突豨勇"，作为前锋遣送边

---

① 王夫之：《读通鉴论》卷5《王莽》，中华书局1975年版，第139页。

境。同时下诏征收天下吏民财产的三十分之一作为军赋，勒令公卿至郡县官吏都按俸禄分别保养军马。这样，王莽就借战争之机对全国人民进行了一场空前的大劫掠。与对匈奴进行战争的同时，王莽又挑起了与东北、西域和西南的少数民族的战争。在东北，他指使严尤诱杀了高句骊侯骓，更其国名为下句骊，又破坏了与夫余、秽貊的友好关系。在西域，由于王莽政策的错误，再加上匈奴的威胁利诱，绝大部分国家都与新朝反目，转而投靠了匈奴。西汉中后期一百多年中经过艰苦努力建立起来的中原与西域的友好关系，至此被彻底破坏。从此以后，直至东汉前期60年间，内地通向西域的道路绝而不通。昔日繁盛的丝绸之路，再也看不见汉族庞大的商队，没有了叮咚作响的驼铃声。王莽对东北、西域和西南诸少数民族的战争，同样给各族人民带来难以想象的灾难。终年征发，民不堪命，青壮年战死在前线，老弱妇幼辗转沟壑。以对益州句町用兵为例，开始，"出入三年，疾疫死者什七，巴蜀骚动"。① 由于没有取得王莽预期的胜利，他接着又调动20万人进行更大规模的战争，"士卒饥疫，三岁余死者数万"。② 财物的征敛和损失更是惊人，"赋民财什取五，益州虚耗而不克"。③ 后来再进一步"调发诸郡兵谷，复訾民取十四，空破梁州，功终不遂"。④ 王莽对匈奴、东北、西域和西南诸少数民族的战争一直持续了十多年，基本上与新朝政权相始终。与王莽的愿望相反，这些祸国殃民，破坏民族友好关系的战争，不仅未能给他带来财富、威势和光荣，恰恰相反，它促使民族矛盾和阶级矛盾进一步激化，为大规模农民战争的爆发创造了条件，成为王莽政权灭亡的重要原因，在中国国内民族关系的历史上，王莽的新朝留下的无疑是最黑暗的一页。而他治理少数民族的思想，也无疑是最落后、最乏积极意义的思想。

---

① 《汉书》卷95《西南夷两粤朝鲜传》。
② 同上。
③ 《汉书》卷99中《王莽传》。
④ 同上。

第三章 思想家的政治思想

第一节 陆贾、贾谊、韩婴、贾山与晁错

一 打着黄老印记的陆贾思想

陆贾（？—前170年），战国末年生在楚国，青少年时期生活在秦朝。秦末，他以客卿的身份追随刘邦参加了反秦战争和楚汉战争。由于他学富五车，满腹经纶，且又能言善辩，所以常常被刘邦派去完成各种复杂而艰巨的任务。如在进军咸阳途中，他奉刘邦之命收买守卫峣关的秦将，使之丧失警惕，为起义军攻取这个关隘创造了有利条件。在楚汉战争中，又是他作为汉军的使者前往楚营，说服项羽释放了被掠为人质的刘邦的老父和妻子。西汉王朝建立后，他在高帝和文帝时两度担任太中大夫，两次出使南越，劝说南越王赵佗归附汉朝，对于缓和汉越关系和维护汉朝南方边境的安宁起了积极的促进作用。

刘邦死后，吕后当国。陆贾看出吕氏集团势力日益膨胀，明白刘、吕两个集团必有一场血雨腥风的斗争。为了明哲保身，他主动辞职，举家迁往好畤（今陕西乾县），一方面息影林泉，优游岁月；另一方面冷眼静观时政的变化。惠帝刘盈死后，诸吕专权的局面形成。他主动造访丞相陈平，为之献上"将相和调"之计，并充当陈平和周勃之间的联络人，为后来诛杀诸吕运筹帷幄，发挥了重要作用。

陆贾读过许多先秦典籍，对儒家经典《诗》《书》尤其有精深的研究，在与刘邦交谈时经常引述和宣扬。一次他在刘邦面前津津乐道地称引《诗》《书》，刘邦很不耐烦地说："乃公居马上而得之，安事《诗》《书》？"陆贾针锋相对地回敬说：

居马上得之，宁可以马上治之乎？且汤武逆取而以顺守之，文武并用，长久之术也。昔者吴王夫差、智伯极武而亡；秦任刑法不变，卒灭赵氏。向使秦已并天下，行仁义，法先王，陛下安得而有之？①

这一段尖锐而语重心长的话深深打动了刘邦，一扫此前居高临下的傲然之气，"高帝不怿而有惭色"。的确，战争结束以后，如何逆取顺守，文武并用，即如何实现从战争时期的政策到和平时期的政策转变，达到长治久安的目的，正是作为开国皇帝的刘邦日夜思考的问题。于是刘邦诚恳地对陆贾说："试为我著秦所以失天下，吾所以得之者何，及古今成败之国。"② 即要求陆贾为他总结历史与现实斗争的成功经验与失败教训，以便作为自己与臣僚们治国安邦的参考。正是在这一背景下，产生了陆贾精心创作的《新语》一书。该书共12篇，陆贾每写好一篇，即呈送刘邦。刘邦马上要他在群臣面前宣读。每一篇不仅得到刘邦的高度赞扬，而且群臣听了，也都情不自禁地高呼万岁。刘邦亲自给这部书起了一个名字，号曰《新语》。顾名思义，就是它说出了从未听过的新鲜话语。显然，《新语》一书解决了汉初统治集团上上下下都普遍关心的问题，成为刘邦君臣的政治教科书。在此前后，陆贾还写了一部历史书《楚汉春秋》，记述了楚、汉战争时期和西汉初年的历史，其中的许多资料后来被司马迁的《史记》一书采用。此书在南宋时亡佚，今《两汉全书》有辑本。

陆贾一介书生，生当战乱年代，开始在刘邦麾下服务，无斩将刈旗之功，两次为官，都不过千石，且为官时间不长，一生的绝大部分时间是做客卿或赋闲家居，最后得以寿终。他显然是一个参透生死、乐天知命、对功名利禄不十分看重的人。在西汉初年的政治舞台上，他的声名谈不上显赫，但是，在西汉思想文化史上，他却是一个举足轻重的人物。因为他是西汉统治理论自觉的创造者之一，是当时统治集团中对历史和现实了解最清澈、眼光最远大、思想最敏锐的人物之一。一部《新语》奠定了他在西汉政治思想史上承前启后的地位。

《新语》一书，是在中国政治思想史上第一次把儒、法、道糅合在一起而提出比较完备的政治理论的著作。该书以"道"作为宇宙万理的总

---

① 《史记》卷97《陆贾列传》。

② 同上。

汇，以"无为"为最高政治理想，以仁义、礼法、任贤为基本内容，极力为当时国家社会的长治久安创建一个思想理论基础。《汉书·艺文志》将《新语》列为儒家，其实，陆贾的思想与以孔子、孟子、荀子等为代表的原始儒学已经有了相当的距离。《新语》中除了儒家思想的基本理念外，还包含黄老和法家思想的许多内容，即使放在汉初黄老一派中，似乎也无不可。

《新语》的第一篇是《道基》，陆贾通过此篇阐述自己的哲学思想，重点是阐发"道"的理论：

> 传曰："天生万物，以地养之，圣人成之，功德参合，而道术生焉。"故曰张日月，列星辰，序四时，调阴阳，布气治性，次置五行。春生夏长，秋收冬藏，阳生雷电，阴成雪霜，养育群生，一茂一亡。润之以风雨，曝之以日光，温之以节气，降之以殒霜，位之以众星，制之以斗衡，苞之以六合，罗之以纪纲，改之以灾变，告之以祯祥，动之以生杀。悟之以文章。故在天者可见，在地者可量，在物者可纪，在人者可相。

这里的"道"显然是陆贾从老、庄、《吕氏春秋》等著作中融会贯通过来，作为自然界和人类社会赖以存在的始基，即宇宙万理的总汇。自然万象，人生百态，都蕴含在这个虽有点神秘但却随时可以感触的"道"中。接下来，陆贾讲他心目中的人类创世说：

> 先圣乃仰观天文，俯察地理，图画乾坤，以定人道，民始开悟，知有父子之亲、君臣之义、夫妇之道、长幼之序。于是百官立，王道乃生。民人食肉饮血，衣皮毛，至于神农，以为行虫走兽难以养民，乃求可食之物，尝百草之实，察酸苦之味，教民食五谷。天下人民野居穴处，未有室屋，则与禽兽同域，于是黄帝乃伐木构材，筑作宫室，上栋下宇，以避风雨。民知室居食谷而未知功力，于是后稷乃列封疆，画畔界，以分土地之所宜；辟土殖谷以用养民；种桑麻，致丝枲，以敝形体。

其后讲大禹治水，奚仲造车船器械，皋陶立刑罚监狱，中圣设"辟雍庠序之教，以正上下之仪，明父子之礼，君臣之义，使强不凌弱，众不暴寡，弃贪鄙之心，兴清洁之行"。后圣定五经，明六艺，绪人伦，完善人类一系列的文明规则。这一人类创世说在先秦诸子如《韩非子》等著作中已有描述。其中除了将人类文明的进步归于圣人的功劳外，其内容基本符合社会历史发展的进程。

最后，陆贾对道、德、仁、义等儒家的基本观念在治世中的作用做了带有夸张性的肯定与歌颂："君子握道而治，据德而行，席仁而坐，杖义而强，虚无寂寞，通动无量。""德布则功兴，百姓以德附，骨肉以仁亲，夫妇以义合，朋友以义信，君臣以义序，百官以义承。""守国者以仁坚固，佐君者以义不倾。君以仁治，臣以义平。""仁者道之纪，义者圣之学。……德仁为固，仗义而强。……君子以义相褒，小人以力相欺，愚者以力相乱，贤者以义相治。"在陆贾看来，治国理政的道理并不复杂，只要君臣依据道、德、仁、义的基本原则行事，一切都迎刃而解。在《术事》篇中，他进一步强调："立世者不离道德，调弦者不失宫商，天道调四时，人道治五常。……故圣贤与道合，愚者与祸同，怀德者应以福，挟恶者报以凶，德薄者位危，去道者身亡，万世不易法，古今同纪纲。"所以他笃信《谷梁传》的话"仁者以治亲，义者以利尊。万世不乱，仁义之所治也"。在这些论述中，可以看出陆贾的儒家思想的倾向是十分明显的。

如果说《道基》《术事》等篇是陆贾哲学思想的集中表述，那么，《辅政》《无为》《至德》等篇就是他政治思想的充分展现。在《辅政》中，他继续阐发圣人治世"以仁义为巢"，"以圣贤为杖"，这里涉及他极其重视的"圣人为君""任人唯贤"原则。他以尧和秦始皇作为对立的两极，力证"杖圣者帝，杖贤者王，杖仁者霸，杖义者强，杖谗者灭，杖贼者亡"是颠扑不变的真理。在《无为》中，他则集中阐发"无为而治"的政治理想：

> 夫道莫大于无为，行莫大于谨敬。何以言之？昔虞舜治天下，弹五弦之琴，歌《南风》之诗，寂若无治国之意，漠若无忧民之心，然天下治。周公制作礼乐，郊天地，望山川，师旅不设，刑格法悬，而四海之内奉供来臻，越裳之君重译来朝。故无为也乃有为者也。秦始皇帝设为车裂之诛，以敛奸邪，筑长城于戎境以备胡越；征大吞小，

威有震天下，将帅横行，以服外国；蒙恬讨乱于外，李斯治法于内；事逾烦，天下逾乱，法逾滋而奸逾炽，兵马益设而敌人逾多。秦非不欲为治，然失之者，乃举措暴众而用刑太极故也。是以君子尚宽舒以苞身，行中和以统远，民畏其威而从其化，怀其德而归其境，美其治而不敢违其政。民不罚而畏罪，不赏而欢悦，渐渍于道德，被服于中和之所致也。

在《至德》篇中，陆贾进一步阐发"无为而治"的内涵：

> 天地之性，万物之类，懹道者众归之，恃刑者民畏之，归之则附其侧，畏之则去其域。故设刑者不厌轻，为德者不厌重，行罚者不患薄，布赏者不患厚，所以亲近而致疏远也。夫形重者则身劳，事众者则心烦；心烦者则刑罚纵横而无所立，身劳者则百端迴邪而无所就。是以君子之为治也，块然若无事，寂然若无声；官府若无吏，亭落若无民；间里不讼于巷，老幼不愁于庭；近者无所议，远者无所听；邮驿无夜行之吏，乡间无夜名之征；犬不夜吠，鸡不夜鸣；老者息于堂，丁壮者耕耘于田；在朝者忠于君，在家者孝于亲。于是赏善罚恶而润色之，兴辟雍庠序而教诲之，然后贤愚异议，廉鄙异科，长幼异节，上下有差，强弱相扶，小大相怀，尊卑相承，雁行相随，不言而信，不怒而威，岂恃坚甲利兵深刑刻法朝夕切切而后行哉？

陆贾这里讲的"无为而治"，并非要求治国理民的统治者绝对的放任，而是像虞舜和周公那样"尚宽舒"，"行中和"，做到刑轻、德厚、罚薄、赏厚，以礼乐德化导民向善，使治人者与被治者都在一种宽松和谐的状态下，在看似无为的境域中，各按自己的本分行施权利和承担义务，安排自己的行政、生产和生活。陆贾所倾情的这种"无为而有为"的治国之术，展示的显然更多的是黄老道家的基本理念。在当时的历史条件下，陆贾的这套"无为而治"的理论，对西汉初年的当国者选择黄老思想作为治国理政的基本原则起了理论导向的作用，其积极意义应该充分肯定。

在陆贾的政治思想中，特别推崇识贤和用贤，认为那是理想政治的重要表征。而忠贤之士如果弃之不用，必然是佞臣之辈大行其道。如此一来，朝廷也就只能走向倾覆一途：

> 人君莫不知求贤以自助，近贤以自辅，然贤圣或隐于田里而不预国家之事者，乃观听之臣不明于下，则闭塞之讥归于君；闭塞之讥归于君，则忠贤之士弃于野；忠贤之士弃于野，则佞臣之党存于朝；佞臣之党存于朝，则下不忠于君；下不忠于君，则上不明于下；上不明于下，是故天下所以倾覆也。①

使陆贾感到纠结的是，处于穷乡僻壤的圣贤智能之士，很难进入观听之臣的法眼，因为他们所处的地方太不利于被发现了。相反，公卿贵胄子弟，即使德才平平，也很容易飞黄腾达，因为他们处于近水楼台的"尊重之位"：

> 夫穷泽之民，据犁接耜之士，或怀不羁之才，身有尧、舜、皋陶之美，纲纪存乎身，万世之术藏于心，然身不用于世者，无绍介通之者也。夫公卿之子弟，贵戚之党友，虽无过人之才，然在尊重之位者，辅助者强，饰之者巧，靡不达也。②

对于这种"世胄居高位，英俊沉下僚。地势使之然，由来非一朝"的千年不公现象，陆贾显然是痛心疾首，但他将形成这种局面的原因归结为"利口之臣害之"，恐怕还是一种简单化的说辞。

最后，作为一个生于乱世、心怀家国之忧的知识分子，陆贾的人生态度是积极向上、渴望入世成就一番功业的。然而，他也知道，一个人能否实现这样的人生理想，并不完全取决于自己的努力，所以正确的态度是修己待时。如果遇到汤、武那样不世出的明君和伊尹、吕尚那样的贤臣，那就戮力追随他们，成为一个成就功业的"得道者"。即使身居乱世，也不做绝对隐居的"道隐"之徒，而是"优游待时"，期待冲天一飞：

> 夫播布革，乱毛发，登高山，食木实，视之无优游之容，听之无仁义之辞，忽忽若狂痴，推之不往，引之不来，当世不蒙其功，后代

---

① 《新语·资质》。
② 同上。

不见其才，君倾而不扶，国危而不持，寂寞而无邻，寥廓而独寐，可谓避世，非谓怀道者也。故杀身以避难则非计也，怀道而避世则非忠也。是以君子居乱世则合道德，采微善，绝纤恶，修父子之礼以及君臣之序，乃天地之通道，圣人之所不失也。故隐之则为道，布之则为文。……俯仰进退，与道为俱，藏之于身，优游待时。故道无废而不兴，器无毁而不治。孔子曰："有至德要道以顺天下。"言德行而天下顺之矣。①

应该说，正是这样的人生态度，使陆贾积极投入秦末汉初的军事政治斗争，既以一个智谋超群的政治家、外交家、谋略家成就了不可替代的功业，又以一个高瞻远瞩、思虑深邃的思想家留下了不朽的思想文化遗产。

二 儒法互补的贾谊思想

贾谊（公元前200—前168年），西汉洛阳人。少年成名，18岁时就以能诵读诗书、善写文章得到时人的赞誉。廷尉吴公将他推荐给汉文帝，被任为博士，不久迁太中大夫。贾谊聪明绝世、才华横溢，识见超群。在西汉面临的社会矛盾和阶级矛盾还不太尖锐的文帝时代，他已经看出这些矛盾必将激化的端倪，大声疾呼高层统治者未雨绸缪。政治上，他力主削弱诸侯王，加强中央集权；经济上，他建议"重本抑末"，"驱民归农"；对周边少数民族尤其是匈奴，他主张以武力回击其侵扰，保卫汉政权与百姓的安全。文帝虽然欣赏感佩他的才华，但由于周勃等老臣的从中作梗，他难以得到朝廷的重用，"可怜夜半虚前席，不问苍生问鬼神"。在他短暂的一生中，始终未能获得掌控实权的官位，只在两个诸侯王那里做了几年太傅，年纪轻轻即在精神抑郁中死去。

贾谊的著作，在《汉书·艺文志》中著录有《诸子略·儒家类》的《贾谊》58篇，即今名为《新书》的著作。另在《阴阳家类》中录有《五曹官制》5篇（班固可能对贾谊的著作权不敢绝对肯定，所以自注"似贾谊所条"），后亡佚。《诗赋略》中录有《贾谊赋》7篇。贾谊的文、赋在明朝张溥的《汉魏六朝百三名家集》和清朝严可均的《全汉文》中

---

① 《新语·慎微》。

有辑本。

贾谊尽管英年早逝,但在西汉初年的思想家中,他的政治思想却是体大思精、全面深邃,因而具有独占鳌头之势。

贾谊在《汉书·艺文志》中被列在儒家之林,其实他的思想中除了占主流地位的儒家意念外,也明显吸纳了道家和法家的不少内容。请看他的《鵩鸟赋》:

> 万物变化兮,固无休息。斡流而迁兮,或推而还。形气转续兮,变化而嬗。沕穆无穷兮,胡可胜言。祸兮福所倚,福兮祸所伏。忧喜聚门兮,吉凶同域。彼吴疆大兮,夫差以败。越栖会稽兮,句践霸世。斯游遂成兮,卒被五刑。傅说胥靡兮,乃相武丁。夫祸之与福兮,何异纠缪。命不可说兮,孰知其极。水激则旱兮,矢激则远。万物回薄兮,振荡相转。云蒸雨降兮,纠错相纷。大钧播物兮,坱圠无垠。天不可预虑兮,道不可预谋。迟速有命兮,焉识其时。且夫天地为炉兮,造化为工。阴阳为炭兮,万物为铜。合散消息兮,安有常则。千变万化兮,未始有极。忽然为人兮,何足控抟。化为异物兮,又何足患。小知自私兮,贱彼贵我。达人大观兮,物无不可。贪夫徇财兮,烈士徇名。夸者死权兮,品庶每生。怵迫之徒兮,或趋西东。大人不曲兮,意变齐同。愚士系俗兮,窘如囚拘。至人遗物兮,独与道俱。众人惑惑兮,好恶积亿。真人恬漠兮,独与道息。释智遗形兮,超然自丧。寥廓忽荒兮,与道翱翔。乘流则逝兮,得坻则止。纵躯委命兮,不私与己。其生若浮兮,其死若休。澹乎若深渊之静兮,泛乎若不系之舟。不以生故自宝兮,养空而游。德人累兮,知命不忧。细故蒂芥兮,何足以疑。①

如果贾谊仅仅留下这篇文章,班固和后世的研究者会毫无悬念地将其归于道家之列。因为不仅《鵩鸟赋》的不少文句抄自《道德经》,而且其整个思想倾向也脱化于老庄的基本理念。其中自然界和人类社会永远变动不拘的"变"的意识、事物无不以自己的对立面为根据而存在的矛盾观

---

① 《史记》卷84《屈原贾生列传》、《汉书》卷48《贾谊传》,《两汉全书》第1册,第365页。

念、任何事物都在向自己的对立面转化的思想等,都清晰地展现出来。而"天地为炉兮,造化为工。阴阳为炭兮,万物为铜。合散消息兮,安有常则。千变万化兮,未始有极"这样精彩的话语,简直就是当时朴素唯物论的经典表述了。从一定意义上说,《鹏鸟赋》可视为贾谊世界观的集中展示。

尽管贾谊的世界观更多显示了道家思想的影响,然而,他的政治思想却主要受制于儒家思想的主导,具体内容就是民本、中央集权、皇帝表率和举贤用贤。

民本思想自周公提出,经孔子、孟子、荀子等儒学大师的丰富和发展,已经形成了较完备的理论体系。贾谊的贡献在于他进一步深化了对民本的认识:

> 闻之于政也,民无不为本也。国以为本,君以为本,吏以为本。故国以民为安危,君以民为威侮,吏以民为贵贱,此之谓民无不为本也。闻之于政也,民无不为命也。国以为命,君以为命,吏以为命。故国以民为存亡,君以民为盲明,吏以民为贤不肖,此之谓民无不为命也。闻之于政也,民无不为功也,故国以为功,君以为功,吏以为功。国以民为兴怀,君以民为弱强,吏以民为能不能,此之谓民无不为功也。闻之于政也,民无不为力也,故国以为力,君以为力,吏以为力,故夫战之胜也,民欲胜也。攻之得也,民欲得也。守之存也,民欲存也。故吏率民而守,而民不欲存,则莫能以存矣。故率民而攻,民不欲得,则莫能以得矣。故率民而战,民不欲胜,则莫能以胜矣。……知善而弗行,谓之不明。知恶而弗改,必受天殃。天有常福,必与有德。天有常菑,必与夺民时,故夫民者,至贱而不可简也,至愚而不可欺也。故自古至于今,与民为仇者,有迟有速,而民必胜之。①

在这里,贾谊全面论述了"民无不为本"的道理:国家的安危、君主的威侮、官吏的贵贱,取决于民本;国命、君命、吏命,取决于民命;国功、君功、吏功,取决于民功;国力、君力、吏力,取决于民力;战、

---

① 《新书·大政上》,《两汉全书》第 1 册,第 318—319 页。

守、攻、取，取决于民欲。所以，国家的安危存亡，君主的生死荣辱，官吏的贵贱贤不肖，一切皆取决于民心的向背。因此，他得出结论："夫民者，万世之本也，不可欺。凡居于上位者，简士苦民者是谓愚，敬士安民者是谓智。"①

在贾谊看来，既然国、君、吏都必须以民为本，那么，君主的行政理民就应该从爱民出发，以道治民，"爱而使之附"，重德化而轻刑罚，"欲以刑罚慈民，辟其犹以鞭狎狗也，虽久弗亲矣"，"故治国家者，行道之谓，国家必宁"。② 以道治民，就要像黄帝那样，"职道义，经天地，纪人伦，序万物，以信与仁为天下先"。像颛顼所说的，"功莫美于去恶而为善，罪莫大于去善而为恶"。像帝喾所执着的"政莫大于信，治莫大于仁"。③ 还应该像周文王时的粥子所言，对民如阳光，初则"旭旭然如日之始出"，继而则"曀曀然如日之正中"。更应该如成王时粥子所言，"政曰：兴国之道，君思善则行之，君闻善则行之，君知善则行之。位敬而常之，行信而长之，则兴国之道也"。④ 至于以道治民的具体措施，则大体约制在轻徭、薄赋、节俭、省刑以及赈济鳏寡孤独等穷苦无告之民等诸多方面。贾谊在《过秦论》中，借指斥二世胡亥的失误，阐明了这方面的内容：

> 今秦二世立，天下莫不引领而观其政。夫寒者利裋褐，而饥者甘糟糠。天下之嗷嗷，新主之资也。此言劳民之易为仁也。乡使二世有庸主之行而任忠贤，臣主一心而忧海内之患，缟素而正先帝之过；裂地分民以封功臣之后，建国立君以礼天下，虚囹圄而免刑戮，除去收帑污秽之罪，使各反其乡里；发仓廪，散财币，以振孤独穷困之士；轻赋少事，以佐百姓之急；约法省刑，以持其后，使天下之人皆得自新，更节修行，各慎其身；塞万民之望，而以威德与天下天下集矣。即四海之内，皆欢然各自安乐其处，唯恐有变。虽有狡猾之民，无离上之心，则不轨之臣无以饰其智，而暴乱之奸止矣。二世不行此术，

---

① 《新书·大政上》，《两汉全书》第1册，第320页。
② 同上书，第321—322页。
③ 《新书·修政语上》，《两汉全书》第1册，第325页。
④ 同上书，第328—329页。

而重之以无道,坏宗庙与民更始作阿房宫,繁刑严诛,吏治刻深,赏罚不当,赋敛无度,天下多事,吏弗能纪,百姓困穷而主弗收恤,然后奸伪并起而上下相遁,蒙罪者众,刑戮相望于道,而天下苦之。自君卿以下至于众庶,人怀自危之心,亲处穷苦之实,咸不安其位,故易动也。是以陈涉不用汤武之贤,不藉公侯之尊,奋臂于大泽而天下响应者,其民危也。故先王见始终之变,知存亡之机,是以牧民之道,务在安之而已。

贾谊这里对二世一系列行政措施的激烈批判,无非是说,以道治民的具体措施不过是反二世之道而行之罢了。

君主的以道治民,以爱附民,行仁义信善于民,其前提是君明吏贤,"君明而吏贤,吏贤而民治矣。故苟上好之,其下必化之,此道之政也"。如何选取贤吏呢?贾谊提出了"察吏于民"的方针:

夫民者,贤不肖之杖也,贤不肖皆具焉。故贤人得焉,不肖者休焉。……故夫民者虽愚也,明上选吏焉,必使民与焉。故士民誉之,则明上察之,见归而举之;故士民苦之,明上察之,见非而去之。故王者取吏不妄,必使民唱,然后和之。故夫民者,吏之程也。察吏于民,然后随之。夫民至卑也,使之取吏焉,必取其爱焉。故十人爱之有归,则十人之吏也。百人爱之有归,则百人之吏也。千人爱之有归,则千人之吏也。万人爱之有归,则万人之吏也。故万人之吏也,选卿相焉。夫民者,诸侯之本也;教者,政之本也;道者,教之本也。有道然后教也,有教然后政治也,政治然后民劝之,民劝之然后国富也。①

贾谊的"察吏于民",当然不是后世官吏民选的制度,但他认识到国君选取官吏应该体察民意,并且以民意为依归,则具有重要的进步意义。至于贤明官吏的标准,不外乎遵循儒家提倡的道德信条,是父慈、子孝、兄友、弟恭、友友、家和,"夫道者行之于父则行之于君矣,行之于兄则行之于长矣,行之于弟则行之于下矣,行之于身则行之于友

---

① 《新书·大政下》,《两汉全书》第1册,第322—323页。

矣，行之于子则行之于民矣，行之于家则行之于官矣。故士则未仕而能以试矣。圣王选举也，以为表也。问之然后知其言，谋焉然后知其极，任之以事然后知其信"。① 要求所有官吏都是儒学所推尊的道德楷模自然是太高了，但这种理想主义目标的设定，恰恰反映了贾谊对官吏素质的超高诉求。

贾谊虽然对秦朝的制度和政策失误进行了当时最具理论色彩的深入分析，但却对秦朝高度的专制主义中央集权投去赞赏的目光。由于发生了淮南王反叛和吴王因其太子在长安死于非命而藐视皇帝的事件，贾谊已经看出诸侯王日益坐大形成的对汉皇朝中央的威胁，他忧心如焚，大声疾呼皇帝未雨绸缪，及早加强汉朝中央的权力和削弱诸侯王的力量，以改变诸侯王尾大不掉的政治格局。他首先指出诸侯王坐大的危机：

> 天下之势，方病大瘇。一胫之大几如要，一指之大几如股。臣闻"尾大不掉，末大必折"，恶病也。平居不可屈信，一二指搐，身固无聊也。失今弗治，必为锢疾，后虽有扁鹊，弗能为已。悲夫！枝拱苟大，弛必至心，此所以窃为陛下患也。病非徒瘇也，又苦蹠盭。元王之子，帝之从弟也。今之王者，从弟之子也。惠王，亲兄之子也。今之王者，兄子之子也。亲者或无分地以安天下，疏者或专大权以偪天子，臣故曰"非徒病瘇也，又苦蹠盭"也。②

在指出诸侯王占地广阔、实力几侔中央的同时，进而指出他们在官吏设置、宫室建制、礼仪乘舆、衣服号令等诸多方面已经与天子"等齐"，这与主尊臣卑的等级制度是完全背离的。诸侯王具有如此多的特权和优势，就很难阻止他们在时机有利时走向反叛之路。为了防患于未然，必须将他们的势力削弱到中央可控的程度，即改变他们"权重"的局面："诸侯势足以专制，力足以行逆，虽令冠处女，勿谓无敢；势不足以专制，力不足以行逆，虽生夏育，有仇雠之怨，犹之无伤也。"③ 在分析了高帝刘邦对付诸侯王的策略后，贾谊提出了"重建诸侯而少其力"的方针：

---

① 《新书·大政下》，《两汉全书》第1册，第323页。
② 《新书·大都》，《两汉全书》第1册，第228—229页。
③ 《新书·权重》，《两汉全书》第1册，第234页。

> 切迹前事,大抵强者先反。……然则天下大计可知已。欲诸王皆忠附,则莫若令如长沙。欲臣子勿菹醢,则莫若令如樊、郦、绛、灌。欲天下之治安,天子之无忧,莫如众建诸侯而少其力。力少则易使以义,国小则无邪心。若与臣下相残,与骨肉相饮茹,天下虽危,无伤也。①

贾谊认为,只要推行这个方针,将当时的各诸侯国析而解之,就会收到"海内之势,如身之使臂,臂之使指,莫不从制","社稷长安,宗庙久尊,传之后世,不知其所穷"的效果。② 贾谊的建议尽管带有一定的理想化的成分,然而基本上切中时弊,切实可行。这个方针,文帝时期虽然没有全面贯彻执行,但在景帝尤其是武帝时期得到较全面的贯彻执行,从而解决了长期困扰汉皇朝中央的诸侯王问题。贾谊对诸侯王问题的观察,不仅眼光锐敏,具有前瞻性,而且提出了具有可操作性的政策措施,对汉皇朝政治进程的优化发展做出了不可磨灭的贡献。

在贾谊加强中央集权的措施中,最重要的除削弱诸侯王势力外,还有严等差,突出皇帝的独尊之势。他说:

> 人主之尊,辟无异堂。阶陛九级者,堂高大几六尺矣。若堂无陛级者,堂高殆不过尺矣。天子如堂,群臣如陛,众庶如地,此其辟也。故陛九级上、廉远地则堂高,陛亡级,廉近地则堂卑。高者难攀,卑者易陵,理势然也。故古者圣王制为列等,内有公卿大夫士,外有公侯伯子男,然后有官师小吏,施及庶人,等级分明,而天子加焉,故其尊不可及也。③

为了维系皇帝的独尊,既要实行严格的等级制度,又要使礼义廉耻的道德信条融化在臣民的血液中。因为在贾谊看来,由于受秦朝贬抑道德的影响,汉初社会也是世风日下:"今俗侈靡,以出相骄,出伦逾等,以富过其事相竞。今世贵空爵而贱良,俗靡而尊奸,富民不为奸而贫为里骂,

---

① 《新书·藩强》,《两汉全书》第1册,第226—227页。
② 《新书·五美》,《两汉全书》第1册,第234—235页。
③ 《新书·阶级》,《两汉全书》第1册,第238页。

廉吏释官而归为邑笑，居官敢行奸而富为贤吏，家处者犯法为利为材士。故兄劝其弟，父劝其子，则俗之邪至于此矣"。① 所以必须大力进行道德建设，扭转不良世风，让礼义廉耻"化成俗定"，"令主主臣臣，上下有差，父子六亲，各得其宜，奸人无所冀幸，群众信上而不疑惑"，②"则为人臣者，主丑亡身，国丑亡家，公丑亡私。利不苟就，害不苟去，唯义所在，主上之化也。故父兄之臣诚死宗庙，法度之臣诚死社稷，辅翼之臣诚死君上，守卫捍敌之臣诚死城郭封境"。③ 贾谊这里特别提倡加强等级制度和强化道德教化，固然有汉初等级不严、主尊之势不彰的背景，但更是他根深蒂固的封建等级观念使然。

贾谊认为由于当时世风日下，造成"君臣相冒，上下无别，天下困贫，奸诈盗贼并起，罪人蓄积无已"这样扭曲的情势，其中的重要原因是"俗尚侈靡"，致使人们"背本趋末"。所以应该恢复"重本抑末"的传统，"今殴民而归之农，皆著于本，则天下各食于力。末技游食之民转而缘南亩，则民安性劝业而无悬愆之心，无苟得之志，行恭俭蓄积而人乐其所矣"。④ 在自然经济条件下，农业是国民经济的主要部门，是国家最重要的税源。贾谊强调重农，要求抑制奢侈品的生产和消费，当然具有积极意义。不过，他不了解，随着社会的发展和经济的繁荣，不仅达官贵人奢侈成风，一般百姓也有逐步提升生活水准的欲望，对于较高档次消费品的需求也会逐步增加。而消费需求的逐步提高恰恰能够促进生产的发展。所以对于社会消费不能一味施压，而应该正确引导。对于这个消费促进生产的道理，贾谊似乎还难以理解。与倡导"重本抑末"相联系，贾谊指出允许民间铸钱产生的乱象和三个祸端，力主将铸币权收归国家，因为这样会带来"七福"：

> 上收铜勿令布下，则民不铸钱，黥罪不积，一、铜不布下，则伪钱不繁，民不相疑，二、铜不布下，不得采铜，不得铸钱，则民反耕田矣，三、铜不布下，毕归于上，上挟铜积，以御轻重，钱轻则以术

---

① 《新书·时变》，《两汉全书》第 1 册，第 244 页。
② 《新书·俗激》，《两汉全书》第 1 册，第 243 页。
③ 《新书·阶级》，《两汉全书》第 1 册，第 240 页。
④ 《新书·瑰玮》，《两汉全书》第 1 册，第 245 页。

敛之，钱重则以术散之，则钱必治矣，四、挟铜之积，以铸兵器，以假贵臣，小大多少，各有制度，以别贵贱，以差上下，则等级明矣，五、挟铜之积，以临万货，以调盈虚，以收畸羡，则官必富而末民困矣，六、挟铜之积，制吾弃财，以与匈奴逐争其民，则敌必坏矣，此谓之七福。①

显然，贾谊的上述观点是正确的。因为铸币是重要的利源，是国家财政的重要支柱，所以铸币权必须由国家掌控。贾谊的货币理论具有前瞻性，被后来的汉武帝接受并实行了，成为他在经济上加强中央集权的重要措施并收到了明显效果。

贾谊在文帝时期生产发展、经济繁荣的一片升平的景象中，锐敏地看到了潜伏的社会危机，其中重要的是农民的悲惨处境："汉之为汉几四十岁矣，公私之积犹可哀痛也。故失时不雨，民且狼顾矣；岁恶不入，请卖爵鬻子。"② 所以他要求在发展生产的同时，国家和百姓都需要适当积蓄，尤其是国家应该有"九年之蓄"，只有如此，在遭遇水旱和社会动乱、外敌入侵时，国家才能够从容应对。

贾谊从儒家的"其身正，不令而行；身不正，虽令不行"出发，要求帝王加强自身的道德修养，成为全国臣民的楷模。在他心目中，明君的形象应该是这样的：

> 明君在位可畏，施舍可爱，进退可度，周旋可则，容貌可观，作事可法，德行可象，声气可乐，动作有文，言语有章，以承其上，以接其等，以临其下，以畜其民。故为之上者敬而信之，等者亲而重之，下者畏而爱之，民者肃而乐之，是以上下和协，而士民顺一。③

在《新书·道术》篇中，他又对明君提出这样的要求：

---

① 《新书·铜布》，《两汉全书》第1册，第247页。
② 《新书·无蓄》，《两汉全书》第1册，第263页。
③ 《新书·兵车之容》，《两汉全书》第1册，第285页。

人主仁而境内和矣，故其士民莫弗亲也。人主义而境内理矣，故其士民莫弗顺也。人主有礼而境内肃矣，故其士民莫弗敬也。人主有信而境内贞矣，故其士民莫弗信也。人主公而境内服矣，故其士民莫弗戴也。人主法而境内轨矣，故其士民莫弗辅也。举贤则民化善，使能则官职治，英俊在位则主尊，羽翼胜任则民显。操德而固则威立，教顺而必则令行，周听则不蔽，稽验则不惶，明好恶则民心化，密事端则人主神。①

这样的明君，自己践行作为君的一切道德，是仁、义、礼、信、公、法的化身。他处高位而忧民之所忧，乐民之所乐，关心民瘼，疏解民困，以德化教民，以礼义抚民，使民富裕安乐。他为民选择贤才为官，表彰廉吏，严惩贪官，虚心纳谏，自奉简约。这样的君主在现实中并不存在，贾谊塑造的这种君主的形象，只能是一种理想化的诉求。

贾谊特别要求明君在"官人"时"举贤使能"，做到使"英俊在位"。他将君主治下的官员按品格和智慧的高下分为六等：

王者官人有六等：一曰师，二曰友，三曰大臣，四曰左右，五曰侍御，六曰厮役。知足以为源泉，行足以为表仪；问焉则应，求焉则得；入人之家，足以重人之家；入人之国，足以重人之国者，谓之师。知足以为砥砺，行足以为辅助，仁足以访议；明于进贤，敢于退不肖；内相匡正，外相扬美，谓之友。知足以谋国事，行足以为民率，仁足以合上下之欢；国有法则退而守之，君有难则进而死之；职之所守，君不得以阿私托者，大臣也。脩身正行不悠于乡曲，道语谈说不悠于朝廷，知能不困于事业，服一介之使，能合两君之欢；执戟居前，能举君之失过，不难以死持之者，左右也。不贪于财，不淫于色，事君不敢有二心，居君旁不敢泄君之谋，君有失过，虽不能正谏，以其死持之，憔悴有忧色，不劝听从者，侍御也。柔色伛偻，唯谀之行，唯言之听，以睚眦之间事君者，厮役也。故与师为国者帝，与友为国者王，与大臣为国者伯，与左右为国者强，与侍御为国者若

---

① 《新书·道术》，《两汉全书》第1册，第307页。

存若亡，与厮役为国者亡，可立待也。①

十分明显，贾谊是希望国君"举贤使能"的人物中更多的是师、友和大臣之类的干才，并且使之有尊严地得到举荐和重用，只有这类人才成为国君最重要的辅佐，国家政治才能沿着他心目中理想的轨道运行，即他所谓的"帝王之业可得而行也"。

因为太子是未来的皇帝，所以贾谊在对君王"严要求"的同时，也特别重视对太子的教育。在《新书·傅职》中，他要求太子认真学习儒家经典的《礼》《乐》《诗》《春秋》，使之"明圣人之德"：

> 明惠施以道之忠，明长复以道之信，明度量以道之义，明等级以道之礼，明恭俭以道之孝，明敬戒以道之事，明慈爱以道之仁，明倜雅以道之文，明除害以道之武，明精直以道之罚，明正德以道之赏，明齐肃以道之教，此所谓教太子也。②

为此，应该为太子设置保傅，即三太（太保、太傅、太师）、三少（少保、少傅、少师），这些人都是"天下之端士、孝弟博闻有道术者"，他们紧紧围绕在太子身边，对其施以精心的教育，使之"谕于先圣之德"，"知君国蓄民之道"，"见礼义之正"，"察应事之理"，"博古之典传"，"娴于威仪之数"，明白惠庶民，礼大臣，经百官，掌戎事，理刑狱等的道理和操作方法，熟悉"登降揖让""视瞻俯仰"的各种礼仪，即具备做皇帝的道德修养、知识储备和各种技能，以便顺利接班，成为明君。应该说，贾谊对太子教育的设计是相当周全的，对汉代的太子教育产生了积极影响。文帝以后的太子教育，基本上遵循了他拟定的方针。

另外，贾谊还对匈奴及边境少数民族、礼仪道德建设等关系国家社会长治久安的大问题提出了不少有价值的建议。

总之，在西汉初年，当经过诸吕之乱，实现国家和社会的基本稳定之后，贾谊最先锐敏地发现汉朝潜在的矛盾，提出具有前瞻性的消弭祸患于萌芽状态的建议，精心筹划长治久安的大政方针，在政治思想领域贡献了

---

① 《新书·傅职》，《两汉全书》第1册，第304—305页。
② 同上书，第270页。

具有纲领性的理论和策略,引领着汉初君臣认真思考国家和社会的未来,是政治思想领域最前沿的人物之一。毛泽东充分肯定贾谊的才华,痛惜其不被重用和英年早逝的人生际遇,以《贾谊》和《咏贾谊》两诗抒发了自己三叹而有余哀的感慨:

贾生才调世无伦,哭泣情怀吊屈文。梁王堕马寻常事,何用哀伤付一生。(《贾谊》)

少年倜傥廊庙才,壮志未酬事可哀。胸罗文章兵百万,胆照华国树千台。雄英无计倾庄主,高节终竟受疑猜。千古同情长沙傅,空白汨罗步尘埃。(《咏贾谊》)

三 浸透着儒家传统观念的韩婴和贾山的思想

韩婴,燕人,生卒年不详。文帝时为博士,是汉初学识渊博的儒家代表人物之一。景帝时任常山王刘舜的太傅。武帝时,曾与董仲舒辩论于帝前,"其人精悍,处事分明,仲舒不能难也"。[①] 他对《易》和《诗》都有精深研究,是韩《诗》学的创始人,著有《周易韩氏传》2篇、《韩诗故》36卷,《韩诗内传》4卷、《韩诗说》41卷,这些著作后来皆亡佚,从清朝人辑本还可略窥一二。韩婴流传至今的著作是《韩诗外传》10卷,虽然已非其旧,但却是研究他思想的主要根据。

韩婴与对当时国家和社会一系列问题都有系统论述的思想家贾谊不同,他的政治思想散见于他论《易》、论《诗》的著作中,显得凌乱而不系统。但从总体上看,则体现了传统儒家的政治理念。如在《周易韩氏传》中,他写道:"五帝官天下,三王家天下。家以传子,官以传贤。若四时之运,功成者去。不得其人则不居其位。"[②] 这一方面显示出他对以传贤为特征的"五帝官天下"的肯定,但也反映出他对由"官天下"向"家天下"转化的必然性的认可。在《韩诗内传》中,他写道:"事臣者帝,交友爱臣者王,臣臣者霸,鲁臣者亡。"[③] 这显示了他对君王"任贤

[①] 《汉书》卷88《儒林传》。
[②] 《汉书》卷77《盖宽饶传》。
[③] 《韩诗外传》卷1,《两汉全书》第2册,第665页。

使能"的钟情。

韩婴的政治思想中,"以礼治国"是其核心内容,可引用他对"礼治"的几段论述:

> 传曰:在天者莫明乎日月,在地者莫明于水火,在人者莫明乎礼义。故日月不高,则所照不远;水火不积,则光炎不博;礼义不加乎国家,则功名不白。故人之命在天,国之命在礼。君人者降礼尊贤而王,重法爱民而霸,好利多诈而危,权谋倾覆而亡。
>
> 君子有辩善之度,以治气养性,则身后彭祖;修身自,则名配尧、禹。宜于时则达,厄于穷则处,信礼者也。凡用心之书,由礼则礼达,不由礼则悖乱。饮食衣服,动静居处,由礼则知节,不由礼则垫陷生疾。容貌态度,进退移步,由礼则夷。国政无礼则不行,王事无礼则不成,国无礼则不宁,王无礼则死亡无日矣。①
>
> 礼者治辩之极也,强国之本也,威行之道也,功名之统也……君人者以礼分施,均遍而不偏,臣以礼事君,忠顺而不解;父宽惠而有礼,子敬爱而致恭;兄慈爱而见友,弟敬诎而不竭;夫照临而有别,妻柔顺而听从,若夫行之而不中道即恐惧而自竦,此妇道也。偏立则乱,具立则治。②

在韩婴看来,礼是国之"命",所以,国必须以礼而立,依礼运行,离开礼这个国家的生命线,国家就一天也难以存活。而韩婴的礼,就内容而言是国家存在的理论基础,就形式而言则是国家运行的一切规范和制度。不过,也可能是受汉初黄老思想的影响,韩婴又将"礼治"与"无为"联系起来,反对"令苛"和"峻法":

> 传曰:水浊则鱼喁,令苛则民乱。城峭则崩,岸峭则陂。故吴起峭刑而车裂,商鞅峻法而支解。治国者譬若乎张琴然,大弦急则小弦绝矣。故急辔御者,非千里之御也。有声之声,不过百里;无声之声,延及四海。故禄过其功者削,名过其实者损。情行合名,祸福不

---

① 《韩诗外传》卷1,《两汉全书》第2册,第670—671页。
② 《韩诗外传》卷4,《两汉全书》第2册,第713页。

虚至矣。……故惟其无为，能长生久视而无累于物矣。①

而所谓"无为"，对国君来说，就是让各级官吏各司其职，而国君"有道以御之"，切不可越俎代庖：

> 夫霜雪雨露，杀生万物者也，天无事焉，犹之贵天也。执法厌文治官治民者，有司也，君无事焉，犹之尊君也。夫辟土殖谷者，后稷也；决江疏河者，禹也；听狱执中者，皋陶也；然而圣后者，尧也。故有道以御之，身虽无能也，必使能者为己用也。无道以御之，彼虽多能，犹将无益于存亡矣。②

这里韩婴没有说"有道以御之"的"道"究竟是什么，但后来紧接着的一段话似乎回答了这个问题：

> 原天命，治心术，理好恶，适情性，而治道毕矣。原天命则不惑祸福，不惑祸福则动静循理。治心术则不妄喜怒，不妄喜怒则赏罚不阿。理好恶则不贪无用，不贪无用则不害物性。适情性则不过欲，不过欲则养性知足。四者不求于外，不假于人，反诸己而存矣。夫人者说人者也，形而为仁义，动而为法则。③

国君"无为"而要求臣下"有为"，但"无为"却不是放任臣下任意胡为，而是"有道以御之"，这其中重要的是掌握任用赏罚大权，"不尊无功，不官无德，不诛无罪。朝无幸位，民无幸生"。④

韩婴知道，国君治理国家，其实最主要的是治吏和治民。而在这两方面，最容易出现的问题却有十二个之多。如果将其视为"痼疾"的话，则必须有"贤医"治之，否则，就"国非其国"了：

---

① 《韩诗外传》卷1，《两汉全书》第2册，第675页。
② 《韩诗外传》卷2，《两汉全书》第2册，第682页。
③ 同上书，第691页。
④ 《韩诗外传》卷3，《两汉全书》第2册，第694页。

> 人主之疾，十有二发，非有贤医，莫能治也。何谓十二发？痿、蹶、逆、胀、满、支、膈、盲、烦、喘、痹、风，此之曰十二发。贤医治之何？曰：省事轻刑，则痿不作；无使小民饥寒，则蹶不作；无令财货上流，则逆不作；无令仓廪积腐，则胀不作；无使府库充实，则满不作；无使群臣纵恣，则支不作；无使下情不上通，则膈不作。上材恤下，则盲不作；法令奉行，则烦不作；无使下怨，则喘不作；无使贤伏匿，则痹不作；无使百姓歌吟诽谤，则风不作。夫重臣群下者，人主之心腹支体也。心腹支体无疾，则人主无疾矣。故非有贤医，莫能治也。人皆有此十二疾而不用贤医，则国非其国矣。①

这里韩婴列举的国君容易犯下的12个"痼疾"，可以归结为不用贤吏和虐待百姓两个方面，二者又紧密联系在一起。不用贤吏必然重用贪残之吏，而贪残之吏必然虐待百姓，致使其"歌吟诽谤"。他特别强调任贤："昔者禹以夏王，桀以夏亡；汤以殷王，纣以殷亡。故无常安之国，宜治之民，得贤则昌，不肖则亡，自古及今未有不然也。"② 这里展示的仍然是儒家传统的任贤和德治的理念。韩婴认为，只要这12个"痼疾"得到"贤医"治疗，贤才被重用，德治的理念被贯彻，百姓的处境就会安然顺畅，他理想中的"太平盛世"也就会降临人间：

> 太平之时，民行役者不逾时。男女不失时以偶，孝子不失时以养。外无旷夫，内无怨女。上无不慈之父，下无不孝之子。父子相成，夫妇相保。天下和平，国家安宁。人事备乎下，天道应乎上。故天不变经，地不易形。日月昭明，列宿有常。天施地化，阴阳和合。动以雷电，润以风雨，节以山川，均以寒暑。万民育生，各得其所，而制国用。故国有所安，地有所主。圣人刳木为舟，剡木为楫，以通四方之物，使泽人足乎木，山人足乎鱼，余衍之财有所流，故丰膏不独乐，硗确不独苦，虽遭凶年饥岁，禹、汤之水旱，而民无冻饿之色。故生不乏用，死不转尸，夫是之为乐。③

---

① 《韩诗外传》卷3，《两汉全书》第2册，第696—697页。
② 《韩诗外传》卷5，《两汉全书》第2册，第729页。
③ 《韩诗外传》卷3，《两汉全书》第2册，第699—700页。

> 夫贤君之治也，温良而和，宽容而爱，刑清而省，喜赏而恶罚。移风崇教，生而不杀，布惠施恩，仁不偏与。不夺民力，役不逾时，百姓得耕，家有收聚，民无冻馁，食无腐败。工不造无用，雕文不粥于肆。斧斤以时入山林。国无佚士，皆用于世。黎庶欢乐衍盈，方外远人归义，重译执贽，故得风雨不烈。①

韩婴构想的这个人间"为乐"之世，尽管不乏理想性的成分，但基本上是农业社会政治清明、风调雨顺时期的写照。韩婴还明白，他心目中的"为乐"之世能不能真正实现，其中最重要的条件有两个：一是国家能不能使百姓稳定地占有一定的生产资料；二是国家能不能减轻百姓的税负。如果百姓不能占有一定的生产资料，如果税负超过百姓的承受能力，其他条件再好百姓也乐不起来。因此，为了达到"养其民"的目标，他特别强调实行"井田"制和"等赋正事"：

> 古者八家而井田，方里为一井。广三百步长三百步为一里，其田九百亩。广一步长百步为一亩，广百步长百步为百亩。八家为邻，家得百亩。余夫各得二十五亩。家为公田十亩，余二十亩共为庐舍，各得二亩半。八家相保，出入更守，疾病相忧，患难相救，有无相贷，饮食相召，嫁娶相谋，渔猎分得。仁恩施行，是以其民和亲而相好。②

> 王者之等赋正事，田野什一，关市讥而不征，山林泽梁以时入而不禁。相地而衰正，理道而致贡，万物群来，无有流滞，以相遗移。近者不隐其能，远者不疾其劳，无幽闲僻陋之国，莫不趋使而安乐之，夫是之谓王者之等赋正事。③

"井田"的记载最早见于《孟子》一书，对其有无和具体结构等问题至今聚讼纷纭，但后世儒家不时将其作为解决土地问题的灵丹妙药，实际上是不切实际的幻想。韩婴在这里对"井田"制下百姓美妙生活的描绘，

---

① 《韩诗外传》卷8，《两汉全书》第2册，第768页。
② 《韩诗外传》卷4，《两汉全书》第2册，第714—715页。
③ 《韩诗外传》卷3，《两汉全书》第2册，第706—707页。

显示的恰恰是儒生"迂远而阔于事情"的一面。"田野什一"的税负也屡见之于先秦的典籍，孟子甚至认为这种税率是最恰当适中的，超过或不及都影响百姓的安定和国家行政的正常运行。韩婴的"等赋"思想基本上继承了儒家尤其是孟子的税收理论，即税负要兼顾国家和百姓的利益，不收商品流通税，允许百姓按时到山林湖沼进行采集，鼓励民间自由交易，做到人无闲者，货畅其流。这些构想尽管了无新意，但却是维系国家、社会正常运行和百姓正常生活的基本条件。

韩婴作为儒家思想的继承者和阐释者，同样笃信"民本"理念。"井田"和税负的论述显示了他对百姓生活状况的关注，而这个关注背后的就是"民本"意识。韩婴借助齐桓公和管仲的对话表述自己的"民本"理念：

> 齐桓公问于管仲曰："王者何贵？"曰："贵天。"桓公仰而视天，管仲曰："所谓天，非苍莽之天也。王者以百姓为天，百姓与之则安，辅之则强，非之则危，倍之则亡。诗曰：'民之无良，相怨一方。'民皆居一方而怨其上，不亡者未之有也。"[1]

在韩婴看来，民是国君之天，民心的向背决定了国家的安、强、危、亡，所以国君必须真心爱护百姓，关心他们的冷暖饥寒，解除他们的切肤之痛："处饥渴，苦血气，困寒暑。动肌肤，此四者，民之大害也。害不除，不可教御也。"[2] 只有这样，才能使之心甘情愿地以真情回报国君，乐为之用，甚至乐为之死：

> 君者，民之源也。源清则流清，源浊则流浊。故有社稷者不能爱其民，而求民亲己爱己，不可得也。民不亲不爱，而求为己用，为己死，不可得也。民弗为用，弗为死，而求兵之劲，城之固，不可得也。兵不劲，城不固，而欲不危削灭亡，不可得也。夫危削灭亡之情皆积于此，而求安乐是闻，不亦难乎？[3]

---

[1] 《韩诗外传》卷4，《两汉全书》第2册，第716页。
[2] 《韩诗外传》卷3，《两汉全书》第2册，第708页。
[3] 《韩诗外传》卷5，《两汉全书》第2册，第723—724页。

因为君是"民之源",所以其表率作用就具有关键意义,由此也就导出了韩婴对于国君个人修养及其作为道德楷模问题的论述。他认为,国君首先要设身处地地感知百姓的要求,而这并不需要亲身下到百姓中间去体验,只需"推己及人"就可以了:

> 昔者不出户而知天下,不窥牖而见天道,非目能视乎千里之前,非耳能闻乎千里之外,以己之情量之也。己恶饥寒焉,则知天下之欲衣食也。己恶劳苦焉,则知天下之欲安佚也。己恶衰乏焉,则知天下之欲富足也。知此三者,圣王之所以不降席而匡天下。①

了解民情,关心民瘼,主动解除百姓的痛苦,这自然非常重要。但更重要的是以自己的道德人格引领百姓汲汲向善,形成良好的社会风尚:

> 上不知顺孝则民不知反本,君不知敬长则民不知贵亲。禘祭不敬,山川失时,则民无畏矣。不教而诛,则民不识劝也。故君子修身及孝则民不倍矣,敬孝达乎下则民知慈爱矣,好恶喻乎百姓则下应其上如影响矣。是则兼制天下,定海内,臣万姓之要法也,明王圣主之所不能须臾而舍也。②

不仅如此,作为国君,还必须有"谦德":

> 天道亏盈而益谦,地道变盈而流谦,鬼神害盈而福谦,人道恶盈而好谦。谦者,抑事而损者也。持盈之道,抑而损之,此谦德之于行也,顺之者吉,逆之者凶。……故德行宽容而守之以恭者荣,土地广大而守之以俭者安位,位尊禄重而守之以卑者贵,人众兵强而守之以畏者胜,聪明睿智而守之以愚者哲,博闻强记而守之以浅者不溢。此六者,皆谦德也。③

---

① 《韩诗外传》卷3,《两汉全书》第2册,第708页。
② 《韩诗外传》卷5,《两汉全书》第2册,第726页。
③ 《韩诗外传》卷8,《两汉全书》第2册,第771—772页。

这种所谓"谦德"带有浓重的黄老色彩，说明在汉初黄老政治的氛围中，韩婴的思想也明显受其影响。韩婴还告诫国君，虽然任贤用贤是良好政治的重要条件，但最可恃的还是自己，因此国君应该把握住自己，"从身始"，以自己足可为天下楷模的道德形象、超强智慧和卓越的行政能力，开创和维系一个清明繁荣的盛世：

> 魏文侯问狐卷子曰："父贤足恃乎？"对曰："不足。""子贤足恃乎？"对曰："不足。""兄贤足恃乎？"对曰："不足。""弟贤足恃乎？"对曰："不足。""臣贤足恃乎？"对曰："不足。"文侯勃然作色而怒曰："寡人问此五者于子，一一以为不足者，何也？"对曰："父贤不过尧，而丹朱放；子贤不过舜，而瞽瞍顽；兄贤不过舜，而象傲；弟贤不过周公，而管叔诛；臣贤不过汤、武，而桀、纣伐。望人者不至，恃人者不久。君欲治，从身始，人何可恃乎？"①

总起来看，韩婴的政治思想很少创新之处，基本上是复述或阐释先秦儒家的理论，但在汉初黄老思想弥漫朝堂的政治氛围中，他坚持儒家思想并极力加以宣传，对于在一定程度上制衡黄老的偏颇，扩大儒家思想的影响，都起了积极作用，为儒家思想的后来居上，作了有力的铺垫。

贾山，生卒年不详，颍川（今属河南）人，少年时从祖父袪学习，"所言涉猎书记，不能为醇儒。尝给事颍阴侯为骑"。他在官场虽然没有混出什么名堂，但《汉书》还是为他立传，原因就在于他屡屡上书文帝，"其言多激切，善指事意"。他最著名的上书是《至言》，从中可以看出他的政治思想倾向。

贾山的思想是通过猛烈批判秦政之失而展现的。在汉初反思秦朝"二世而亡"的思潮中，贾山对秦政的批判具有一定的代表性：

> 至秦则不然。贵为天子，富有天下，赋敛重数，百姓任罢，赭衣半道，群盗满山，使天下之人戴目而视，侧耳而听。……秦非徒如此也，起咸阳而西至雍，离宫三百，钟鼓帷帐，不移而具。又为阿房之殿，殿高数十仞，东西五里，南北千步，从车罗骑，四马骛驰，旌旗

---

① 《韩诗外传》卷8，《两汉全书》第2册，第771页。

不桡。为宫室之丽至于此，使其后世曾不得聚庐而讬处焉。为驰道于天下，东穷燕齐，南极吴楚，江湖之上，濒海之观毕至。道广五十步，三文而树，厚筑其外，隐以金椎，树以青松。为驰道之丽至于此，使其后世曾不得邪径而讬足焉。死葬乎骊山，吏徒数十万人，旷日十年。下彻三泉合采金石，冶铜锢其内，桼涂其外，被以珠玉，饰以翡翠，中成观游上成山林。为葬薶之侈至于此，使其后世曾不得蓬颗蔽冢而讬葬焉。秦以熊罴之力，虎狼之心，蚕食诸侯，并吞海内，而不笃礼义，故天殃已加矣。……

昔者，秦政力并万国，富有天下，破六国以为郡县，筑长城以为关塞。……秦王贪狼暴虐，残贼天下，穷困万民以适其欲也。……秦皇帝以千八百国之民自养，力罢不能胜其役，财尽不能胜其求，一君之身耳，所以自养者驰骋弋猎之娱，天下弗能供也。劳罢者不得休息，饥寒者不得衣食，亡罪而死刑者无所告诉，人与之为怨，家与之为仇，故天下坏也。秦皇帝身在之时，天下已坏矣，而弗自知也。①

贾山这里对秦朝暴政的批判，显示了他对良好政治的理解，其核心是民本。因此，他要求国君必须爱民，轻徭薄赋，缓用民力；必须自我约束，节减省刑，目的是给百姓创造一个良好的生产条件和生存环境。不可一世的秦王朝之所以在秦始皇死后数月即陷入百姓造反的火海，不数年"宗庙灭绝"，就是因为它"贪狼暴虐，残贼天下，穷困万民"，致使百姓"人与之为怨，家与之为仇"，灭亡的命运已经无法挽回了。

贾山在强调民本的同时，还强调国君必须尊贤用贤和虚心纳谏。他说，国君持雷霆万钧之威，使具有"尧舜之智"和"孟贲之勇"的臣子也不敢进谏，这就使国君一直蒙在鼓里，无法了解真相，根本不知道社稷之危，只能在"自我感觉良好"的状态中走向灭亡，秦始皇就是如此：

秦皇帝居灭绝之中而不自知者何也？天下莫敢告也。其所以莫敢告者何也？亡养老之义，亡辅弼之臣，亡进谏之士，纵恣行诛，退诽谤之人，杀直谏之士，是以道谀媮合苟容，比其德则贤于尧舜，课其功则贤于汤武，天下已溃而莫之告也。

---

① 《汉书》卷51《贾山传》。

在贾山看来，国君要想时时知道事实真相，发现自己的过失而及时改正，就必须实行"古者圣王之制"：

> 古者圣王之制，史在前书过失，工诵箴谏，瞽诵诗谏，公卿比谏，士传言谏，庶人谤于道。商旅议于市，然后君得闻其过失也，闻其过失而改之，见义而从之，所以永有天下也。①

这里的关键是尊贤和用贤，即"尊养三老"，"立辅弼之臣"，"置直谏之士"，"学问至于刍荛"。

这里贾山所关注的还是儒家传统的帝王品格修养和他们应该具备的执政能力。这些看似简单实际很难具有的品格和能力，往往只存在于儒家的期望之中，而儒家学者们却一再不厌其烦地向他们的君王兜售。

四 尚法重耕战的晁错思想

晁错（？—前154年），颍川（今河南禹县）人，曾跟张恢先学习申商刑名之学，是西汉前期法家的著名代表人物。文帝时，他以文学任秩仅百石的太常掌故。其时朝中无人治《尚书》，只听说做过秦博士的济南人伏生治《尚书》，但已经年过九十，不能征召到朝廷，文帝于是下令太常派人到伏生家里学习《尚书》，晁错受太常之命到伏生家学习《尚书》，记录了28篇，这就是后世流传的今文《尚书》。晁错回到京师，直接向文帝回报，被任命为太子舍人、门大夫、家令，得以在太子刘启身边服务。此后，晁错就以自己的"峭直刻深"和滔滔辩才赢得了太子的赏识和信任，被誉为"智囊"。晁错于是数十次上书文帝，就匈奴、削藩和更定法律等问题提出自己的建议，被提拔为中大夫。刘启继位后，晁错得受重用，被任为内史，成为管理首都行政事务的最高长官。"错常数请间言事，辄听，宠幸倾九卿，法令多所更定"，② 成为权倾朝野的人物。不久，又晋升为御史大夫，成为朝廷官员中最具实权的三公之一。公元前154年，吴、楚七国之乱爆发，晁错力主武力平叛。但由于袁盎进谗言，晁错

---

① 《汉书》卷51《贾山传》。
② 《汉书》卷49《晁错传》。

被景帝作为与七国妥协的筹码惨遭冤杀。然而，晁错的鲜血不仅没有浇灭诸侯王反叛的烈焰，反而引来他们的窃笑和忠贞臣子的悲情，因为在刘启即位初期的汉朝臣子中，洞明世事，韬略过人者，无一人能超过晁错；不顾个人身家性命，一心为朝廷的长治久安身心谋划者，也无一人能出晁错之右。可是，就是这样一个对朝廷忠贞不贰的臣子，却因袁盎的逸言和皇帝的一念之差命丧黄泉。这种忠而遭诛的悲剧，在朝臣中引起深深的悲恸和强烈的震撼，自然也使刘启陷于"盛德有亏"的难堪境地。晁错留下的著作，《汉书·艺文志·诸子略》著录《晁错》31篇。《隋书·经籍志》记载梁时有《晁氏新书》3卷，但亡佚。后清朝马国翰和严可均有辑本。

晁错没有成系统的政治思想，只是在削藩、重农、耕战和移民实边等几个问题上显示了他带有明显法家色彩的治国行政理念。

西汉高帝在诛除异姓诸侯王以后，鉴于秦朝不封王子弟致使皇帝面对反叛浪潮孤立无援的教训，大封同姓诸侯王，结果造成诸侯王国的坐大，逐渐威胁到朝廷中央的集权。文帝时贾谊已经看到问题的严重性，提出"削藩""众建诸侯而少其力"的建议。景帝时，晁错接续贾谊的思想，从加强中央集权的目标出发，鼓动景帝削减了楚、赵、胶西等封国的领地。不久，又提出武力削藩的主张，将目标对准诸侯王中实力最大且反形已具的吴国，建议景帝主动出击，先发制人：

> 昔高帝初定天下，昆弟少，诸子弱，大封同姓，故孽子悼惠王王齐七十二城，庶弟元王王楚四十城，兄子王吴五十余城。封三庶孽，分天下半。今吴王前有太子之隙，诈称病不朝，于古法当诛。文帝不忍，因赐几杖，德至厚也。不改过自新，乃益骄恣，公即山铸钱，煮海为盐，诱天下亡人谋作乱逆。今削之亦反，不削亦反。削之，其反亟，祸小；不削之，其反迟，祸大。①

晁错的建议客观上加速了吴、楚七国之乱的爆发，他也在这次复杂的统治阶级的内斗中做了牺牲品：被景帝作为与吴、楚七国妥协的筹码送上断头台。应该说，晁错的主张显示了他的远见卓识，最后景帝还是使用武

---

① 《汉书》卷49《晁错传》。

力平定了吴、楚七国之乱，并按照晁错设计的方案逐步解决了诸侯王割据的问题。

还在晁错任太子家令时，他就上书文帝，提出"令民入粟受爵"的主张。支持这个主张的是他的重农的理论。他认为农业是国民经济的主要部门，农民是这个部门的主要生产者，只有农民"归农"，农业才能发展，国家才能稳定，社会才能安宁："贫生于不足，不足生于不农，不农则不地著，不地著则离乡轻家，民如鸟兽，虽有高城深池，严法重刑，犹不能禁也。……明主知其然也，故务民于农桑，薄赋敛，广畜积，以实仓廪，备水旱，故民可得而有也。"① 然而，当时农民的处境实在不妙：

> 今农夫五口之家，其服役者不下二人，其能耕者不过百亩，百亩之收不过百石。春耕夏耘，秋获冬藏，伐薪樵，治官府，给繇役。春不得避风尘，夏不得避暑热，秋不得避阴雨，冬不得避寒冻，四时之间亡日休息。又私自送往迎来，吊死问疾，养孤长幼在其中。勤苦如此，尚复被水旱之灾，急政暴虐，赋敛不时，朝令而暮改。当具有者半贾而卖，亡者取倍称之息，于是有卖田宅鬻子孙以偿责者矣。

如何解决这个问题呢？办法就是"令民入粟受爵"：

> 方今之务，莫若使民务农而已矣。欲民务农，在于贵粟；贵粟之道，在于使民以粟为赏罚。今募天下入粟县官，得以拜爵，得以除罪。如此，富人有爵，农民有钱，粟有所渫。夫能入粟以受爵，皆有余者也，取于有余以供上用，则贫民之赋可损，所谓损有余补不足，令出而民利者也。②

接着，他还提出"使天下人入粟于边，以受爵免罪"的建议。晁错的建议反映了他的"农本"理念和对百姓疾苦的同情，如果真正变成政策推行，也许能解决一些燃眉之急。但应该看到，他的建议显然把富人和贫民置于不平等的地位，因为富人能够通过入粟获得爵位，得到特权，实

---

① 《汉书》卷24《食货志》。

② 同上。

际上会进一步加剧贫富悬殊，减轻贫民负担的初衷就会变成泡影。

晁错一直关注汉匈关系。由于自高帝亲临指挥的平城白登之役失败后，汉朝就对匈奴实行颇具屈辱色彩的"和亲"政策，但匈奴对边地的侵扰却没有停止，"汉兴以来，胡虏数入边地，小入则小利，大入则大利"，所以晁错力主以牙还牙，以武力反击匈奴的侵扰。他分析汉匈在军事上各自的优长与不足，建议武装降汉的义渠蛮夷守险阻，以汉军的轻车材官守"平地通道"，互为掎角，"相为表里"，取得对匈奴作战的战术优势。最重要的是"募民徙塞下"，"守边备塞，劝农立本"，为之"营邑立城，制里割宅，通田作之道，正阡陌之界……筑室家……置器物焉。民至有所居，作有所用，此民所以轻去故乡而劝之新邑也。为置医巫，以救疾病，以脩祭祀，男女有昏，生死相恤，坟墓相从，种树畜长，室屋完安，此所以使民乐其处而有长居之心也"。然后，再按军事编制将他们严密组织起来，加以严格的训练和严厉的督责：

使五家为伍，伍有长；十长一里，里有假士；四里一连，连有假五百；十连一邑，邑有假候。皆择其邑之贤材有护、习地形知民心者，居则习民于射法，出则教民于应敌。故卒伍成于内，则军正定于外。服习以成，勿令迁徙，幼则同游，长则共事。夜战声相知，则足以相救；昼战目相见，则足以相识；欢爱之心，足以相死。如此而劝以厚赏，威以刑罚，则前死不还踵矣。①

如此，就能一劳永逸地解决边塞的防卫。晁错建议的移民屯垦的防卫匈奴之策，是当时诸多政策选择中最切合实际的选项。虽然文帝没有实行，但到武帝时就作为重要的国策推行到北部边防前线和西域部分地区，收到良好的效果。

第二节 公孙弘和主父偃

一 唯皇帝马首是瞻的公孙弘

公孙弘（公元前200—前121年），淄川薛邑（今山东青州北）人。

---

① 《汉书》卷49《晁错传》。

他先为县乡小吏，40岁以后才开始精心研读《春秋》，60岁、66岁两次参加举贤良文学对策，得到武帝的赏识。最后荣登相位，封平津侯，位极人臣。不过，公孙弘在儒学的理论创新方面鲜有贡献。《汉书·艺文志》记有《公孙弘》18篇，已佚。《汉书》本传所载的那些对策、上书之类，所展示的思想也只是先秦儒学基本观点的复述。尽管如此，在中国儒学史，特别是两汉经学史上，公孙弘仍然占有特殊的地位。首先，公孙弘因治《春秋》，得以举贤良文学起家，在耄耋之年一路升迁，由博士而左内史，而御史大夫，而丞相封侯，因此，他的"成功"就成为朝廷向全国儒生发出的强有力的信息：读经是入仕的门径，晋升的阶梯。这个榜样的力量使"天下之学士靡然乡风矣"。① 入仕后的公孙弘也的确时刻关注着儒生的利益，在升任丞相的元朔五年（公元前124年），即向汉武帝提出了为太学博士置弟子、复其身和以学业状况任官的一整套建议：

> 闻三代之道，乡里有教，夏曰校，殷曰序，周曰庠。其劝善也，显之朝廷；其惩恶也，加之刑罚。故教化之行也，建首善自京师始，由内及外。今陛下昭至德，开大明，配天地，本人伦，劝学修礼，崇化厉贤，以风四方，太平之原也。古者政教未洽，不备其礼，请因旧官而兴焉。为博士官置弟子五十人，复其身。太常择民年十八以上，仪状端正者，补博士弟子。郡国县道邑有好文学，敬长上，肃政教，顺乡里，出入不悖所闻者，令相长丞上属所二千石，二千石谨察可者，当与计偕，诣太常，得受业如弟子。一岁皆辄试，能通一艺以上，补文学掌故缺；其高第可以为郎中者，太常籍奏。即有秀才异等，辄以名闻。其不事学若下材及不能通一艺，辄罢之，而请诸不称者罚。臣谨案诏书律令下者，明天人分际，通古今之义，文章尔雅，训释深厚，恩施甚美。小吏浅闻，不能究宣，无以明布谕下。治礼次治掌故，以文学礼义为官，迁留滞。请选择其秩比二百石以上，及吏百石通一艺以上，补左右内史、大行卒史；比百石以下，补郡太守卒史；皆各二人，边郡一人。先用诵多者，若不足，乃择掌故补中二千石属，文学掌故补郡属，备员。请著功令。佗如律令。②

---

① 《史记》卷121《儒林列传》。
② 同上。

这些建议得到了武帝的首肯。这样，儒生入仕就有了比较规范化的途径。随着同刘邦一起创业的武力功臣从政坛上消失，汉初的布衣将相之局成为历史陈迹。一批又一批的儒生跻身朝廷高位，由此使西汉官吏的成分"彬彬皆文学之士"，文化素质大大提高。这对承担越来越繁重的政务，提高行政效率是有积极意义的。其次，经过卫绾、公孙弘、董仲舒等人的努力，使西汉的统治思想基本上完成了由黄老之学到儒学的转变，实现了儒学与政治的结合。此一转变，对此后两千多年中国封建社会的历史产生了极其深远的影响。如果说，在孔子、孟子和荀子生活的春秋战国时代，儒学与政治的结合还仅仅是大师们可望而不可即的理想，那么，到西汉建国伊始，儒学与政治的结合就逐步迈出了实质性的步伐。叔孙通制朝仪，张苍定章程，使刘邦从实用的层面上认识了儒学的价值，因而才出现刘邦以太牢之礼曲阜朝圣的场面。但此后高后、文、景时期由于黄老之学的兴盛，导致了儒学与政治结合的暂时中断。不过，由于汉初一批儒学大师的努力，更由于变化了的形势的需要，使儒学的勃兴成为不可阻挡之势。而由董仲舒之手推出的新儒学进一步使汉武帝认识到它巨大的思想价值，由此，导致了一个"罢黜百家，独尊儒术"的思想文化政策的出台。在推动这一政策出台和此后实现儒学与政治结合的过程中，公孙弘以丞相之尊发挥了别人不可替代的作用，比如，前面提到的元朔五年的上书，他的作用就是举足轻重的。再如，他"习文法吏事，缘饰以儒术"，推动了儒学与刑法的结合。此后在两汉司法实践中盛行的"《春秋》决狱"，他应该是重要的启诱和推动者之一。汉武帝时期执掌司法大权的张汤就以公孙弘为老师，时时请教之。尽管公孙弘有以上贡献，但是，由于他在理论上缺乏创造，出道时又已是垂垂老者，因而在儒学思想史上的地位不仅难以同董仲舒相比肩，就是与在他前后活跃于思想界的陆贾、贾谊、兒宽、京房、刘向、刘歆等相比，也逊色多了。

公孙弘在政治思想上虽然没有多少创新，但作为儒家思想的代表人物，他在汉代比较早地向武帝重申儒家的政治理论，对于当时的政治实践逐步向儒家思想的倾斜起了促进作用，这一功劳还是应该肯定的。元光五年（公元前130年），公孙弘在举贤良对策中，将儒家政治理论和盘推出：

> 臣闻上古尧舜之时，不贵爵赏而民劝善，不重刑罚而民不犯，躬率以正而遇民信也；末世贵爵厚赏而民不劝，深刑重罚而奸不止，其上不正，遇民不信也。夫厚赏重刑未足以劝善而禁非，必信而已矣。是故因能任官，则分职治；去无用之言，则事情得；不作无用之器，则赋敛省；不夺民时，不妨民力，则百姓富；有德者进，无德者退，则朝廷尊；有功者上，无功者下，则群臣逡；罚当罪，则奸邪止；赏当贤，则臣下劝：凡此八者，治民之本也。故民者，业之即不争，理得则不怨，有礼则不暴，爱之则亲上，此有天下之急者也。故法不远义，则民服而不离；和不远礼，则民亲而不暴。故法之所罚，义之所去也；和之所赏，礼之所取也。礼义者，民之所服也，而赏罚顺之，则民不犯禁矣。……
>
> 臣闻之，仁者爱也，义者宜也，礼者所履也，智者术之原也。致利除害，兼爱无私，谓之仁；明是非，立可否，谓之义；进退有度，尊卑有分，谓之礼；擅杀生之柄，通壅塞之途，权轻重之数，论得失之道，使远近情伪必见于上，谓之术：凡此四者，治之本，道之用也，皆当设施，不可废也。得其要，则天下安乐，法设而不用；不得其术，则主蔽于上，官乱于下。此事之情，属统垂业之本也。①

公孙弘在这里列举了八项"治民之本"，四项"治之本，道之用"，基本上将儒家政治思想的仁、义、礼、智（术）、信、德治、任贤、赏罚、薄赋、爱民等信条都包括进去。而他对"术"的重视，实际上已经糅进了法家和道家"术"的因子。这说明，他并不是完全照搬先秦儒家的理论，而是在将儒学的基本理论融会贯通的前提下，对汉初流行的黄老之学悄悄加以吸纳作为补充。

公孙弘因举贤良对策而被任为博士并"待诏金马门"后，就迫不及待地上书武帝，对其治国行政，尤其是治事之吏进行大胆指责：

> 陛下有先圣之位而无先圣之民，有先圣之民而无先圣之吏，是以势同而治异。先世之吏正，故其民笃；今世之吏邪，故其民薄。政弊而不行，令倦而不听。夫使邪吏行弊政，用倦令治薄民，民不可得而

---

① 《汉书》卷58《公孙弘传》。

化，此治之所以异也。①

如此大胆地指责一个年少气盛、志气昂扬的皇帝，老迈之年的公孙弘的锐气令人叹服。不过，他的政治思想总体上看比较保守。这表现在，（1）反对汉武帝的武力拓边政策。元光五年（公元前130年），朝廷实施打通西南夷的计划，武帝命他前往视察，他"还奏事，盛毁西南夷无所用"。元朔元年（公元前128年），武帝接受东夷秽君南闾的归诚，在今日朝鲜半岛中部设苍海郡。第二年，卫青等在对匈奴的战争中收复河南地，置朔方、五原郡。公孙弘对武帝向周边少数民族用兵不以为然，"以为罢弊中国以奉无用之地"，② 要求朝廷停止开边拓土的一切活动。他的建议都被汉武帝拒绝。这里，公孙弘的确看到了武帝拓边政策的负面影响，即给国家财政带来的危机和给黎民百姓带来的灾难。但他却忽略了这个政策总体上的积极意义：解除了匈奴等少数民族对汉帝国边疆地区的袭扰，加速了民族融合的步伐，促进了中外经济文化交流。（2）反对民间私藏武器。元朔五年（公元前124年），他提出了一项禁民挟弓弩的建议："民不得挟弓弩。十贼彉弩，百吏不敢前，盗贼不辄伏辜，免脱者众，害寡而利多，此盗贼所以蕃也。禁民不得挟弓弩，则盗贼执短兵，短兵接则众者胜。以众吏捕寡贼，其势必得。盗贼有害无利，则莫犯法，刑错之道也。臣愚以为禁民毋得挟弓弩便。"③ 但是，武帝不仅没有接受他的建议，而且使出吾丘寿王对他进行了全面反驳。其实，公孙弘的此项建议真是为了汉帝国的长治久安，目的是防范百姓反叛朝廷，反映了他的治民原则。后来的历代皇朝大都执行了这一禁令。

二 坚持极权政治意识的主父偃

主父偃（？—前127年）是公孙弘的同乡。他先学"长短纵横术，晚年乃学《易》《春秋》、百家之言"，思想和学术都比较驳杂。他曾长期周旋于各诸侯王国，但久久不得重用。直到在长安投大将军卫青之门，通过上书得到武帝的赏识，他才找到进身之阶，一岁四迁，由郎中、谒者、

---

① 《汉书》卷58《公孙弘传》。
② 同上。
③ 《汉书》卷64《吾丘寿王传》。

中郎到中大夫，成为武帝身边的重要谋臣。主父偃竭诚为武帝服务，提出了两项具有重大意义的建议。一项是诸侯推恩分封弟子：

> 古者诸侯地不过百里，强弱之势易制。今诸侯或连城数十，地方千里，缓则骄奢易为乱，急则阻其强合从以逆京师。今以法割削，则逆节萌起，前日晁错是也。今诸侯子弟或十数，而嫡嗣代立，余虽骨肉，无尺地之封，则仁孝之道不宣。愿陛下令诸侯得推恩分子弟，以地侯之，彼人人喜得所愿，上以德施，实分其国，必稍自销弱矣。①

主父偃的建议被武帝采纳，自此长期困扰汉朝中央的诸侯王问题基本得到解决。汉朝中央与诸侯王国的矛盾关系到皇室贵族财产和权力的再分配问题，诸侯王都是皇帝的至亲骨肉，应该使他们得到相应的财产、权力，但又不使其构成对皇朝中央的威胁，这就需要符合实际的制度和政策。经过景帝平定吴、楚七国之乱以后，诸侯王国的力量已经大大削弱了，主父偃的建议得到实施以后，已经变小的诸侯王国中又凭空划出不少小的侯国，表面上是皇帝的"推恩"，实际上是进一步分割其土地和权力。至此，诸侯王国再也无力向汉朝中央叫板，皇帝与诸侯王国之间建立起了彼此利益各得其所的关系。

主父偃提出的第二项建议，是徙豪民于京师附近的武帝的寿陵茂陵周围居住："茂陵初立，天下豪强兼并之家，乱众民，皆可徙茂陵，内实京师，外销奸猾，此所谓不诛而害除。"② 他的这个建议谈不上创新，因为秦朝和西汉高帝、景帝时期都有迁豪徙民之举，在此之前，武帝也曾迁豪民于茂陵。主父偃无非是强调了此项政策的重要性罢了。不过，他的建议正值地方豪强兼并之家势力蒸蒸日上之时，武帝采纳他的建议，使此一政策进一步强化，增强了打击豪强兼并之家的力度。主父偃的这两项建议，反映的是他的极权政治思想，即国家的行政必须一切围绕着加强皇权为中心的专制主义中央集权服务。诸侯王国的存在，豪强势力的膨胀，在他看来都有碍中央集权的加强，所以必欲除之、削之、弱之而后快。

由于主父偃的建议与武帝的意愿相契合，加上他在揭露、审理藩王谋

---

① 《汉书》卷64《主父偃传》。

② 同上。

逆事件中发挥了重要作用，因而得到武帝的特别信任，使其在朝中的地位迅速攀升。"大臣皆畏其口，赂遗累千金"，他也得意忘形，行事更无所顾忌。接着，他惩办齐王，逼使其自杀身亡。此事被赵王告发，引起汉武帝的震怒，致使主父偃惨遭族诛。主父偃揭露齐王的丑行本来没有错，其目的也是为了加强中央集权。他的失策在于，他忘记了汉武帝惩罚诸侯王问题上的底线：凡非大逆之罪，削弱而不消灭，因为他们毕竟是由血缘纽带同皇帝连在一起的宗亲。主父偃对诸侯王赶尽杀绝的酷烈手段显然超越了汉武帝的底线，这是汉武帝不能容忍的。主父偃的悲剧也就不可避免了。

在两汉时期的齐鲁思想家中，主父偃是一个"另类"。他出道晚，升迁快，一时宠贵，锋芒毕露，令群僚侧目。他一朝权在手，即肆无忌惮，收取贿赂，惩办诸侯，做事不顾后果。一旦犯案，落井下石者多，施予援手者少，最后落得十分悲惨的下场。他缺乏的是儒家提倡的品格修养，为官后的所作所为带有浓重的暴发户暴戾恣睢的特点。其悲惨的下场尽管有政敌排陷的因素，但在很大程度上还是咎由自取。

第三节 "罢黜百家，独尊儒术"旗号下的董仲舒

一 汉代新儒学的创始人

孔子在春秋末年创立的儒家学说，经过思孟学派和荀子学派的发展改造，到战国晚期已经形成庞大而深邃的体系，并且在政治上也转到了为新兴地主阶级服务的轨道。但是，通过激烈的战争手段夺取政权的秦朝统治集团却认识不到儒学的价值。他们先是以儒学"迂远而阔于事情"对其表示冷漠，继之又通过"焚书坑儒"对其施予重大打击。西汉建立初期，尽管由于叔孙通的制礼仪，陆贾的说《诗》《书》，消除了刘邦对儒学的反感，并影响他在晚年亲自跑到孔子灵前献上太牢的厚礼，然而，刘邦此举毕竟含有"英雄欺人"的意思，而其子孙惠、文、景几代又都崇尚黄老思想，儒家学派虽然没有像秦朝时期遭到残酷镇压，但被冷落的局面仍然没有改变。在此期间，儒家学派一方面在统治者面前竭力为自己争取较高的地位，如辕固敢于在笃信黄老思想的窦太后面前诽谤道家著作为"家人言"，以致被罚与野猪搏斗也在所不惜，表现了顽强的斗争精神；

另一方面则加速自我改造以适应当权者的需要。到汉武帝时期，空前强大的国力使雄才伟略的汉武帝需要一种新的统治思想来代替黄老"无为而治"这一不合时宜的理念。恰在此时，原始儒学在董仲舒手里完成了它的改造过程，迎合了汉武帝的需要。汉武帝与董仲舒君臣之间通过一次举贤良文学对策，完成了中国思想文化史上影响深远的历史转折。董仲舒提出的"罢黜百家，独尊儒术"的政策被武帝批准，从此，儒家思想作为齐鲁思想文化的核心由地域文化上升为主流文化，它作为统治思想在中国封建社会的历史上持续了两千年之久。

董仲舒（约公元前179—前104年），广川（今河北景县）人。他从少年时代起即博览先秦诸子著作，对《公羊春秋》和阴阳五行学说的研读特别专心致志，曾"三年不窥园"，①"乘马不觉牝牡"，②达到如醉如痴的程度。因而很快名声大振，下帷讲学，吸引了众多弟子。不久被景帝征召至长安，任命为博士。汉武帝继位后，下诏"举贤良文学之士"，他三次参加对策，详细阐述了天人感应、君权神授、大一统等理论，并提出了"罢黜百家，独尊儒术"的建议，得到武帝的赏识，被派到江都王刘非那里当了六年王国相。公元前135年，他借高陵长园失火和辽东高庙失火推演灾异，忤逆汉武帝，下狱当死，后赦免罢官家居，教了10年的《公羊春秋》。公元前125年，经公孙弘推荐出任胶西王刘瑞的国相。由于同国王关系不睦，四年后以老病为由辞职回家，从此结束了仕禄生活，"以修学著书为事"。此后，他仍然受到汉武帝的特别尊崇，"朝廷如有大议，使使者及廷尉张汤就其家而问之"。③后来张汤把询问他的部分材料整理为《春秋决狱》一书。据《汉书·董仲舒传》记载，他的著作共有123篇，但最后留传下来的只有《春秋繁露》一书。

董仲舒是汉代新儒学的创始人。他创立的新儒学由天人感应的神学目的论、君权神授说和专制主义大一统的政治论以及性三品说和三纲五常的道德观所组成。他把墨家的天鬼观念和思孟学派的天人合一观念，用邹衍的阴阳五行学说加以改造，进一步神化天人关系，创立了一套较完整的天人感应的神学目的论，由此把被荀子以唯物论打破的天的偶像重新恢复起

---

① 《新论·本造》。
② 《太平御览》卷840。
③ 《汉书》卷56《董仲舒传》。

来。他认为天是"万物之祖",① "百神之大君",② 是明察秋毫、赏善罚恶的自然界和人类社会的最高主宰。自然界的四时运行、风晴阴雨,人类社会的治乱安危、尊卑贵贱,都是天神"阳贵而阴贱"的意志的体现。他又用五行相胜附会君臣父子之道,神化封建制度。他进而认为,天既安排地上的正常秩序,同时又监督这一秩序的运行。如果君王治理有方,国泰民安,天就出示祥瑞(凤凰、麒麟等)表示赞赏。如果君王有了过失,天便降下灾异(各种自然灾害)加以谴告;如还不醒悟,天就变易君主,另择贤能。这就是天人感应。这一理论不能说完全没有限制君王活动的意图,但其主要用意则是对劳动人民进行欺骗,使他们老老实实接受地上君王的统治。为了论证封建制度的永恒性,他又鼓吹"道之大原出于天,天不变,道亦不变"③ 的形而上学思想。这里的"道"实际上指的是全部封建的社会制度和伦理观念,而这些东西却是"万世无弊"的。既然如此,改朝换代又怎样解释呢?董仲舒于是提出了"三统""三正"的理论。认为每一个王朝代表一统,共有黑、白、赤三统,夏朝为黑统,商朝为白统,周朝为赤统。与之相适应,每个王朝应有不同的岁首,夏朝以阴历正月为岁首,殷朝以十二月为岁首,周朝以十一月为岁首。这就是"三正"。"三统""三正"周而复始,王朝的更替也就只是表现为"改正朔,易服色",而"道"却是永世不变的。这种循环命定论的历史观所论证的恰恰是封建制度的永恒论。

董仲舒的认识论是典型的唯心论的先验论。他认为人类认识的目的就是"发天意",其途径有两条。因为自然界和人类社会的变化都是由天主宰,所以仔细观察自然界与人类社会的运行即可体察天意。又因为"人副天数",宇宙的真理也就蕴含在自己身上。通过内心反省,也可以体会到天意,这就是"道莫明省身之天"。④ 这两种途径结合起来,就是"内动于心志,外见于事情,修身审己,明善心以反其道也"。⑤

董仲舒提出了性三品说。他认为少数圣人从上天那里承受了"圣人之性",是理所当然的性善者。广大劳动者生来就自私自利,本性恶,是

---

① 《春秋繁露·顺命》。
② 《春秋繁露·郊语》。
③ 《春秋繁露·为人者天》。
④ 《春秋繁露·二端》。
⑤ 《春秋繁露·深察名号》。

天生的卑贱者。一般人具有可善可恶的"中民之性",通过圣人的教化可以去恶从善。在董仲舒看来,所谓善就是符合三纲五常的道德标准,"循三纲五纪,通八端之理,忠信而博爱,敦厚而好礼,乃可谓善"。① 反之,反抗封建制度,破坏封建礼教,违背封建道德,就是十恶不赦的了。显然,这种人性论为封建的等级制度提供了理论根据。

二 "君权神授"

董仲舒的政治思想由"君权神授"、中央集权、"德主刑辅""限田限奴"等主要内容组成。

"君权神授"是董仲舒政治思想的重要内容,其理论指向是君主统治权的合法性。

尽管历史上夏、商、周三代政权的更替都是通过血腥的战争手段完成的,尽管秦朝的统一、汉朝的代秦而起也都是经过战场的拼搏实现的,他们的合法性是浴血的枪刀剑戟赢得的,然而,思想家们在为这些王朝的存在寻找合法性时却几乎都转向了"君权神授"和"五德终始"之类的历史命定论和历史循环论。董仲舒虽不是"君权神授"论的首创者,但他却是这一理论最完备、最有深度的论证者,是这一理论的集其大成者。这一理论的第一个层次是认定"天地是万物之本",人是天创造的:

> 天者,万物之祖,万物非天不生。②
>
> 天地者,万物之本,先祖之所出也。广大无极,其德昭明,历年众多,永永无疆。天出至明,众之类也,其伏无不炤也,地出至晦,星日为明,不敢暗。君臣、父子、夫妇之道取之此。③
>
> 为生不能为人,为人者天也。人之人本于天,天亦人之曾祖父也。此人之所以乃上类天也。人之形体,化天数而成;人之血气,化天志而仁;人之德行,化天理而义;人之好恶,化天之暖清;人之喜怒,化天之寒暑;人之受命,化天之四时。人生有喜怒哀乐之答,春

---

① 《春秋繁露·制度》。
② 《春秋繁露·顺命》。
③ 《春秋繁露·观德》。

秋冬夏之类也。①

这一理论的第二个层次是认定"天子受命于天""王者配天":"惟天子受命于天,天下受命于天子,一国则受命于君。君命顺则民有顺命,君命逆则民有逆命":②

> 天不言,使人发其意;弗为,使人行其中。名则圣人所发天意,不可不深观也。受命之君,天意之所予也。故号为天子者,宜视天如父,事天以孝道也。③
> 圣人副天之所行以为政,故以庆副煖而当春,以赏副暑而当夏,以罚副凉而当秋,以刑副寒而当冬。庆赏罚刑,异事而同功,皆王者之所以成德也。庆赏罚刑与春夏秋冬,以类相应也如合符。故曰王者配天,谓其道。天有四时,王有四政,四政若四时,通累也,天人所同有也。④

这一理论的第三个层次是认定"君为民心""民为君体":

> 天生之,地载之,圣人教之。君者,民之心也;民者,君之体也。心之所好,体必安之;君之所好,民必从之。故君民者,贵孝弟而好礼义,重仁廉而轻财利,躬亲职此于上,而万民听生善于下矣。⑤
> 古之造文者,三画而连其中谓之王。三画者,天地与人也。而连其中者,通其道也。取天地与人之中以为贯而参通之,非王者孰能当是?
> 人主立于生杀之位,与天共持变化之势。⑥

---

① 《春秋繁露·为人者天》。
② 同上。
③ 《春秋繁露·制度》。
④ 《春秋繁露·四时之副》。
⑤ 《春秋繁露·为人者天》。
⑥ 《春秋繁露·王道三通》。

如此一来，董仲舒就把国君变成天意所钟、为天所立，并且能够贯通天、地、人的地上的最高统治者，其合法性是不容置疑的。既然君权是神授的，那么，对这个君权进行监护和转移的也就只有天了。因此，天意所钟的君王只能按照天的意志即道所体现的真理行政，就是改朝换代的新君王也不能改变依道行政的本质。所以，即使新王以不同于前代的正朔、服色展示新朝的新面貌，也是"有改制之名，无易道之实"：

> 今所谓新王必改制者，非改其道，非变其理，受命于天，易姓更王，非继前王而王也。若一因前制，修故业，而无有所改，是与继前王而王者无以别。受命之君，天之所大显也。事父者承意，事君者仪，志事天亦然。今天大显已物，袭所代而率与同，则不显不明，非天志。故必徙居处，更称号，改正朔，易服色者，无他焉，不敢不顺天志而明自显也。若其大纲，人伦道理，政治教化，习俗文义尽如故，亦何改哉？故王者有改制之名，无易道之实。①

既然地上的君王一切都按上天的意志行事，他就必须能够与天顺利地互通信息，时时交流，于是，董仲舒创造的"天人感应"就派上了用场。董仲舒一方面感到专制主义中央集权需要在政治上和思想上树立君主的绝对权威，因而给他安上天这样强大的守护神；另一方面也隐隐觉察到不受限制的君主权力一旦为所欲为，也会给国家和社会带来意想不到的灾难。于是又让这个守护神时刻监督君王的行政，希望利用他公正无私、明察秋毫的眼睛来对君主的活动加以监督和约束，从而使君王的行政按照天意即道运行。否则，天就会来一次改朝换代，形式是"以有道伐无道"：

> 天人相与之际，甚可畏也。国家将有失道之败，而天乃先出灾害以谴告之。不知自省，又出怪异以警惧之，尚不知变，而伤败乃至。以此见天心之仁爱人君而欲止其乱也。②

> 且天之生民，非为王也，而天立王以为民也。故其德足以安乐民者，天予之；其恶足以贼害民者，天夺之……言天之无常予无常夺

---

① 《春秋繁露·楚庄王》。
② 《汉书》卷56《董仲舒传》。

也。……王者，天之所予也，其所伐皆天之所夺也。……故夏无道而殷伐之，殷无道而周伐之，周无道而秦伐之，秦无道而汉伐之。有道伐无道，此天理也，所从来久矣。①

董仲舒的愿望可能有其真诚的一面，不过，必须指出，他天真地借助天神的威力限制君主滥用权力的希冀，只不过是一厢情愿而已。事实是，不仅汉代，就是以后中国历史上数以百计的君王，有哪一个时刻怀着对天谴的敬畏之心？又有哪一个因天谴而改弦更张与民更始呢？当然，指出董仲舒良好愿望的虚幻并不是要谴责他，因为他的时代还不具备产生权力制衡思想的条件。

三　皇帝专制与中央集权

董仲舒既然以"君权神授"论证了国君地位的合法性，那么，接下来他要论证的就是皇帝专制和中央集权的合理性了。

在董仲舒看来，国君"居至德之位"，自然就应该"操杀生之势"，而他所有的这些权力又都是天之所配，犹如四时、五行、阴阳、寒暑与天之匹配一样。因此，百姓就必须服从国君，犹如草本随四时的变化而生长收藏一样：

> 君人者，国之元。发言动作，万物之枢机。枢机之发，荣辱之端也。②
>
> 圣人……为人主者，居至德之位，操杀生之势，以变化民。民之从主也，如草木之应四时也。③
>
> 为人主者，予夺生杀各当其义若四时，列官置吏必以其能若五行，好仁恶戾任德远刑若阴阳，此之谓能配天。天者其道长万物，而王者长人。人主之大，天地之参也间。好恶之分，阴阳之理也；喜怒之发，寒暑之比也；官职之事，五行之义也。以此长天地之间。④

---

① 《春秋繁露·尧舜不擅移汤武不专杀》。
② 《春秋繁露·立元神》。
③ 《春秋繁露·威德所生》。
④ 《春秋繁露·知天之为》。

国君有了这种"独尊"之位,他就应该建立尊卑贵贱、强干弱枝的等级制度,以保证国家和社会的有序运行:

> 圣人之治国也,因天地之性情,孔窍之所利,以立尊卑之制,以等贵贱之差。① 立义以明尊卑之分,强干弱枝以明大小之职,别嫌疑之行以明正世之义,采撅托意以矫失礼。②

与尊卑贵贱的等级制度相联系,董仲舒认为各等级的权利和义务都应有严格的划分,天子、诸侯、大夫都有相应的一套礼乐制度,绝对不能紊乱和猎等。而所有这一切又都体现天子的"独尊":

> 春秋立义:天子祭天地,诸侯祭社稷,诸山川不在封内不祭,有天子在,诸侯不得专地,不得专封,不得专执。天子之大夫不得舞天子之乐,不得致天子之赋,不得适天子之贵。君亲无将,将而诛。大夫不得世,大夫不得废置君命。立嫡以长不以贤,立子以贵不以长。立夫人以嫡不以妾,天子不臣母后之党。亲迎以来远,故未有不先近而致远者也。故内其国而外诸夏,内诸夏而外夷狄。③

与天子"独尊"相联系的是董仲舒极力主张的行政体制上的中央集权。到董仲舒进入庙堂的汉武帝时期,西汉王朝已经建立近百年,汉初的黄老政治虽然在恢复发展生产方面起了比较积极的作用,但此时其弊端也比较充分地显露出来,这就是诸侯王的坐大和地方豪强势力的膨胀。这种情况已经威胁到天子的独尊和朝廷中央政令的顺利贯彻。而消除这些弊端,只有强化皇权和中央集权才能解决。为此,董仲舒在"举贤良文学对策"中提出了他那个著名的建议:

> 《春秋》大一统者,天地之常经,古今之通谊也。今师异道,人异论,百家殊方,指意不同,是以上亡以持一统,法制数变,下不知

---

① 《春秋繁露·保位权》。
② 《春秋繁露·盟会》。
③ 《春秋繁露·王道》。

所守。臣愚以为诸不在六艺之科孔子之术者，皆绝其道，勿使并进。邪辟之说灭息，然后统纪可一而法度可明，民知所从矣。①

董仲舒这个建议，一是肯定"大一统"，即政治和思想的统一，认为这是孔子编订的《春秋》一书所认可和褒扬的，这就为皇帝专制下的中央集权找到了历史的和理论的根据。二是认为汉初到汉武帝时期思想学术界继承了战国时代"百家争鸣"的传统，派系林立，各说各话，争论不休，朝廷也犹豫不定，"不知所守"。这显然对政治思想上加强中央集权不利。三是建议"罢黜百家，独尊儒术"，以朝廷的命令确定国家和社会的指导思想，即主流意识形态和核心价值观念，以思想的统一促进政治的统一，又以政治的统一保证思想的统一。对于董仲舒从政治上和思想上加强中央集权的理论，一段时期以来相当多的学者持否定态度，有的甚至认为其消极作用不亚于"焚书坑儒"。其实这种认识大有商榷的余地。处于自然经济条件下的幅员辽阔的中国，没有一个强有力的实行中央集权的中央政府，很难实现对国家和社会的有效管理，更难以举全国之力进行事关全局的公共工程如长城、运河之类的建设和抵抗外敌入侵。所以，董仲舒加强中央集权的思想主导面是积极的。他的这一思想被汉武帝以后中国历代王朝的统治者所接受。而后，统一的中国，中央集权的中国之所以历经两千多年的创造经济、文化数度辉煌的悠长岁月，与他的思想影响是分不开的。"罢黜百家，独尊儒术"的思想文化政策似乎也不能一概否定。任何一个国家都有自己认同和弘扬的主流意识形态和核心价值观念，非如此不能凝聚全民共识、统一全国思想，非如此不能维持正常的社会秩序，保障国家和社会的有序运行。当然，过度强调思想统一，甚至对游离于主流意识形态之外的思想进行打击和压制，会产生窒息思想文化创造的副作用，不利于社会的发展和思想文化的创新。不过，即使以强大的政治力量强制推行主流意识形态和核心价值观念，也不能完全窒息非主流思想的产生和发展。所以，尽管自汉武帝以后的中国历代王朝几乎都以强大的政治力量强制推行主流意识形态和核心价值观念，但非主流的思想却一再产生出来，原因就在于，有形的政治权力可以而且能够关进笼子里，思想却永远不能关进笼子里。这就是为什么在中国秦汉以来两千多年的历史上，在

---

① 《汉书》卷56《董仲舒传》。

强大的主流意识形态之旁,非主流的思想仍然不时绽放灿烂的花朵。

四 "德主刑辅"的治国理念

董仲舒在强调皇帝专制和中央集权的同时,对儒家传统的"德主刑辅"的治国理念进行了系统全面的阐述和发挥。

阴阳这一对概念在董仲舒那里被广泛应用。他先将其用于自然界,给阴阳罩上一层神秘的纱幕:

> 天地之气,合而为一,分为阴阳,判为四时,列为五行。①
> 天道之常,一阴一阳。阳者天之德也,阴者天之刑也。②

接着将其比附于人类社会的各种事物,最后引申至阳德阴刑、阳尊阴卑,进而用阴阳规范君臣、父子、夫妇等各种人伦关系:

> 天之大数,……贵阳而贱阴也。故四时之比,父子之道也;天地之志,君臣之义也;阴阳之理,圣人之法也。阴,刑气也;阳,德气也。阴始于秋,阳始于春。……是故先爱而后严,乐生而哀终,天之当也。而人资诸天,大德而小刑也。是故人主近天之所近,远天之所远,大天之所大,小天之所小。是故天数右阳而不右阴,务德而不务刑。刑之不可任以成世也,犹阴不可任以成岁也。为政而任刑,谓之逆天,非王道也。……恶之属尽为阴,善之属尽为阳。阳为德,阴为刑。……是故天以阴为权,以阳为经。③
>
> 凡物必有合。合,必有上,必有下,必有左,必有右,必有前,必有后,必有表,必有里。有美必有恶,有顺必有逆,有喜必有怒,有寒必有暑,有昼必有夜,此皆其合也。阴者阳之合,夫者妻之合,子者父之合,臣者君之合。物莫无合,而合各有阴阳。阳兼于阴,阴兼于阳,夫兼于妻,妻兼于夫,父兼于子,子兼于父,君兼于臣,臣兼于君。君臣、父子、夫妇之义,皆取诸阴阳之道。君为阳,臣为

---

① 《春秋繁露·五行相生》。
② 《春秋繁露·阴阳义》。
③ 《春秋繁露·阳尊阴卑》。

阴；父为阳，子为阴；夫为阳，妻为阴。阴道无所独行，其始也不得专起，其终也不得分功，有所兼之义。是故臣兼功于君，子兼功于父，妻兼功于夫，阴兼功于阳，地兼功于天。①

王者欲有所为，宜求其端于天，天道之大者在阴阳。阳为德，阴为刑；刑主杀而德主生……天之任德不任刑……此天意也。王者承天意以从事，故任德教而不任刑。②

董仲舒从"天道右阳不右阴"的认识出发，全面阐发"德主刑辅"的治国理念。要求对百姓的治理以教化为主，以刑罚为辅，实施"教本狱末"的政策："教，政之本也；狱，政之末也。其事异域，其用一也。不可不以相顺，故君子重之也。"③董仲舒在其《春秋繁露》和举贤良文学对策中，一再强调教化的作用：

南面而治天下，莫不以教化为大务。立太学以教于国，设庠序以化于邑，渐民以仁，摩民以谊，节民以礼，故其刑罚甚轻而禁不犯者，教化行而习俗美也。

古者修教训之官，务以德善化民……天令之谓命，命非圣人不行；质朴之谓性，性非教化不成；人欲之谓情，情非度制不节。是故王者上谨于承天意，以顺命也；下务明教化民，以成性也；正法度之宜，别上下之序，以防欲也。修此三者，而大本举矣。④

将教化即引导百姓向善作为为政的主导方向，而将惩治犯罪放在次要位置，这种治国理念也可以称之为"王道"政治，它要求为政者真诚地"爱民"，"教以爱，使以忠"，使之自觉"修德"，耻于犯法，特别要最大限度地减轻对百姓的索取，给他们创造一个"家给人足"的生产、生活条件，使之感受"王道"之下的幸福与满足。他将"五帝三王之治天下"描绘成"王道"政治的样板：

---

① 《春秋繁露·基义》。
② 《汉书》卷56《董仲舒传》。
③ 《春秋繁露·精华》。
④ 《汉书》卷56《董仲舒传》。

> 道，王道也。王者，人之始也。王正则元气和顺，风雨时，景星见，黄龙下。王不正则上变天，贼气并见。五帝三王之治天下，不敢有君民之心，什一而税，教以爱，使以忠，敬长老，亲亲而尊尊，不夺民时，使民不过岁三日。民家给人足，无怨望忿怒之患，强弱之难，无逸贼妒疾之人。民修德而美好，被发衔哺而游，不慕富贵，耻恶不犯，父不哭子，兄不哭弟，毒虫不螫，猛兽不搏，抵虫不触。故天为之下甘露，朱草生，醴泉出，风雨时，嘉禾兴，凤凰麒麟游于郊，囹圄空虚，画衣裳而民不犯，四夷传译而朝，民情至朴而不文，郊天祀地，秩山川以时至。①

董仲舒的描绘显然是儒家传统的理想化政治的希冀和诉求，与实际的"五帝三王之治"根本不是一回事。在理想化"五帝三王之治"的同时，他也为之树立起"恶政"的对立面，这就是桀纣。在儒家的政治学中，桀纣同样是被经典化了的"恶政"样板：

> 桀纣皆圣王之后，骄溢妄行，侈宫室，广苑囿，穷五采之变，极饰材之工，困野兽之足，竭山泽之利，食类恶之兽，夺民财食，高雕文刻镂之观，尽金玉骨象之工，盛羽族之饰，穷白黑之变，深刑妄杀以凌下，听郑卫之音，充倾宫之志，灵虎兕文采之兽，以希见之意，赏佞赐谗，以糟为邱，以酒为池，孤贫不养，杀圣贤而剖其心，生燔人闻其臭，剔妇孕见其化，斮朝涉之足察其拇，杀梅伯以为醢，刑鬼侯之女取其环，诛求无已，天下空虚。群臣畏恐，莫敢尽忠，纣愈自贤。②

在这个"恶政"样板中，董仲舒反对的是国君的骄奢淫逸和与之相联系的对百姓的肆意盘剥和榨取。在"德主刑辅"的治国理念中，还有两项重要内容，一是帝王个人修养，他继承孔子"身正，不令而行"的思想，强调帝王必须"正心"，使自己成为百官和万民的道德表率：

---

① 《春秋繁露·王道》。
② 同上。

故为人君者，正心以正朝廷，正朝廷以正百官，正百官以正万民，正万民以正四方。四方正，远近莫敢不壹于正，而亡有邪气奸其间者。是以阴阳调而风雨时，群生和而万民殖，五谷熟而草木茂，天地之间被润泽而大丰美，四海之内闻盛德而皆徕臣，诸福之物，可致之祥，莫不毕至，而王道终矣。①

二是举贤用贤。董仲舒深知贤才对国家兴亡有着至关重要的作用，"任非其人，而国家不倾者，自古及今，未尝闻也……任贤臣者，国家之兴也"。②于是更多地把注意力集中在"贤才"的选取、培植和任用上。他提出了举贤用贤的具体措施，一是兴太学，二是要郡国岁举贤良：

养士之大者，莫大虖太学；太学者，贤士之所关也，教化之本原也。……臣愿陛下兴太学，置明师，以养天下之士，数考问以尽其材，则英俊宜可得矣。……夫长吏多出于郎中、中郎，吏二千石子弟选郎吏，又以富訾，未必贤也。且古所谓功者，以任官称职为差，非所谓积日累久也。故小材虽累日，不离于小官，贤材虽未久，不害为辅佐。是以有司竭力尽知，务治其业而以赴功。今则不然。累日以取贵，积久以致官，是以廉耻贸乱，贤不肖浑淆，未得其真。臣愚以为使诸列侯、郡守、二千石各择其吏民之贤者，岁贡各二人以给宿卫，且以观大臣之能；所贡贤者有赏，所贡不肖者有罚。夫如是，诸侯吏二千石皆尽心于求贤，天下之士可得而官使也。遍得天下之贤人，则三王之盛易为，而尧舜之名可及也。毋以日月为功，实试贤能为上，量材而授官，录德而定位，则廉耻殊路，贤不肖异处矣。③

董仲舒举贤的建议都被武帝接受并付诸实行。此后，由郡国举贤良文学（后来又加上举孝廉等名目）和从太学生中选取官吏的制度成为两汉最重要的选官制度，改变了汉初武力功臣把持官位的局面，大大提高了官吏的文化素质，对后世的选官制度产生了深远的影响。

---

① 《汉书》卷56《董仲舒传》。
② 《春秋繁露·精华》。
③ 《汉书》卷56《董仲舒传》。

显然，在董仲舒"德主刑辅"的治国理念中，传统儒家思想占据了主导地位。不过，可能是由于汉初黄老思想的影响，他也吸收了老子的君人南面之术，强调"以无为为道"，并将其推尊为"法天之行"：

> 天高其位而下其施，藏其形而见其光。高其位，所以为尊也。下其施，所以为仁也。藏其形，所以为神。见其光，所以为明。故位尊而施仁，藏神而见光者，天之行也。故为人主者，法天之行。是故内深藏，所以为神，外博观，所以为明也。任群贤，所以为受成。乃不自劳于事，所以为尊也。汎爱群生，不以喜怒赏罚，所以为仁也。故为人主者，以无为为道，以不私为宝，立无为之位而乘备具之官，足不自动而相者导进，口不自言而摈者赞辞，心不自虑而群臣效当，故莫见其为之而功成矣，此人主所以法天之行也。①

要求君王居位藏形，神秘莫测，高拱无为，"不自劳于事"，"足不自动"，"口不自言"，任由"群贤"们按照君王制定的大政方针去操持从中央到地方的繁杂的政务，自己则作为一个最高的监督者和评判者不动声色地推进政务的有序运行。君王的这种驾驭群臣的为政之术，达到出神入化的程度，就是"居无为之位，行不言之教，寂而无声，静而无形，执一无端"，仿佛什么事情也不做，但所有的功劳又都归于自己：

> 天积众精以自刚，圣人积众贤以自强……为人君者，其要贵神。神者，不可得而视也，不可得而听也。是故视而不见其形，听而不闻其声。声之不闻，故莫得其响。不见其形，故莫得其影。莫得其影，则无以曲直也。莫得其响，则无以清浊也。无以曲直则其功不可得而败，无以清浊则其名不可得而度也。所谓不见其形者，非不见其进止之形也，言其所以进止不可得而见也。所谓不闻其声者，非不闻其号令之声也，言其所以号令不可得而闻也。不见不闻是谓冥昏。能冥则明，能昏则彰。能冥能昏，是谓神人。
>
> 为人君者，居无为之位，行不言之教，寂而无声，静而无形，执一无端，为国源泉。因国以为身，因臣以为心。以臣言为声，以臣事

---

① 《春秋繁露·离合根》。

为形。有声必有响，有形必有影。声出于内，响报于外。形立于上，影应于下……是以群臣分职而治，各敬而事。争进其功，显广其名，而人君得载其中，此自然致力之术也。圣人由之，故功出于臣，名归于君也。①

董仲舒这里展示的为政之术，主要内容并不是来自儒家，其中既有黄老的成分，也有法家"术"的因子，并且还蕴含着一些正确领导艺术的合理内核。因为君王作为最高决策者，其主要任务是建立制度，制定政策，选拔和使用人才，监督和考核各级官吏的官德、才能与政绩，而不是事必躬亲，亲力亲为。君王无为而群臣有为，也体现了合理的分工论。他的无为并不是无所作为，而是抓大放小，统筹全局，同时支持群臣按分工权限做好自己分内的工作，不要无端干预臣下的工作。

董仲舒论述的"德主刑辅"的观念，从总体上并没有超出孔子、孟子、荀子等先秦儒家创始人的"王道""仁政"理论，他的贡献在于重提并系统化了这一理论，而在汉武帝要求改变"黄老政治"的关键时刻，及时为之做了理论的铺垫。

五　"禁民二业"——社会财富分配论

董仲舒认为，要建设一个安定和谐的社会，必须使社会的所有成员都有适合自己的谋生手段。他理想的社会财富分配原则，是既要有一定的贫富差距，但又不能使这种差距太大，尤其不能使财富集中于少数富人之手而导致大量贫穷之人难以生存。为此，他提出"禁民二业"的社会财富分配论：

> 孔子曰："不患贫而患不均。"故有所积重，则有所空虚矣。大富则骄，大贫则忧。忧则为盗，骄则为暴，此众人之情也。圣者则于众人之情，见乱之所从生。故其制人道而差上下也，使富者足以示贵而不至于骄，贫者足以养生而不至于忧。以此为度而调均之，是以财不匮而上下相安，故易治也。今世弃其度制而各从其欲，欲无所穷而俗得自恣，其势无极。大人病不足于上而小

---

① 《春秋繁露·立元神》。

民嬴瘠于下，则富者愈贪利而不肯为义，贫者日犯禁而不可得止，是世之所以难治也。①

董仲舒认识到，一个时期的社会财富总量是一定的，有大富必有大贫，贫富差距过大是"乱之所从生"的根本原因。为了防止生乱而造成社会秩序的失控，就要求国家和政府制定制度与政策调节贫富，使二者虽有差距但不致生乱，这里掌握的"度"就是"使富者足以示贵而不至于骄，贫者足以养生而不至于忧"。办法是"禁民二业"："故君子仕则不稼，田则不渔，食时不力珍，大夫不坐羊，士不坐犬。"同时建立"度制"，使"贵贱有等，衣服有别，朝廷有位，乡党有序，则民有所让而民不敢争"。② 在举贤良文学对策中，董仲舒进一步搬出"天意"论证"禁民二业"的合理性，同时对达官富豪肆无忌惮地聚敛财富、与民争利的贪婪行径进行毫不留情的鞭挞：

夫天亦有所分予，予之齿者去其角，傅其翼者两其足，是所受大者，不得取小也。古之所予禄者，不食于力，不动于末，是亦受大者不得取小，与天同意者也。夫已受大，又取小，天不能足，而况人乎！此民之所以嚣嚣苦不足也。身宠而载高位，家温而食厚禄，因乘富贵之资力，以与民争利于下，民安能如之哉！是故众其奴婢，多其牛羊，广其田宅，博其产业，畜其积委，务此而亡已，以迫蹙民。民日削月朘，寖以大穷。富者奢侈羡溢，贫者穷急愁苦，穷急愁苦而上不救则民不乐生；民不乐生，尚不避死，安能避罪！此刑罚之所以蕃而奸邪不可胜者也。故受禄之家，食禄而已，不与民争业，然后利可均布，而民可家足。此上天之理，而亦太古之道，天子之所宜法以为制，大夫之所当循以为行也。③

董仲舒清醒地意识到，"富者奢侈羡溢，贫者穷急愁苦"造成的"民不乐生"是社会矛盾和阶级矛盾激化的根本原因，所以提出自己理性化

---

① 《春秋繁露·度制》。

② 同上。

③ 《汉书》卷56《董仲舒传》。

的社会财富的分配方案。这是一个既维持地主阶级对农民的剥削压迫,而又对这种剥削压迫加以限制,既使农民接受剥削而又使他们维持最低生活水准而不犯上作乱的调和矛盾的社会改良方案,实际上是为封建统治设计的长治久安之术。然而,这只是他自己的一厢情愿。因为只要没有办法限制达官富豪无止境的贪欲,就无法阻止劳动者相对贫困化和绝对贫困化,当然也就没有办法消解社会矛盾和阶级矛盾的尖锐化。

汉武帝当国时期达到了西汉历史的顶峰,疆域空前扩大,国力空前强大,社会空前繁荣,但这一切都是建立在劳动人民巨大牺牲的基础之上。到武帝后期,"海内虚耗,户口减半"的预象已经显现出来,社会矛盾和阶级矛盾的激化导致的农民起义的星星之火也不时在各地闪现。董仲舒锐敏地看到土地兼并和奴婢急增引起的社会危机,又提出限田和限奴的建议:

> 古者税民不过什一,其求易共;使民不过三日,其力易足。民财内足以养老尽孝,外足以事上共税,下足以畜妻子极爱,故民说从上。至秦则不然。用商鞅之法,改帝王之制,除井田,民得买卖,富者田连仟伯,贫者亡立锥之地。又颛川泽之利,管山林之饶,荒淫越制,逾侈以相高。邑有人君之尊,里有公侯之富。小民安得不困?又加月为更卒,已复为正,一岁屯戍,一岁力役,三十倍于古。田租口赋盐铁之利,二十倍于古。或耕豪民之田,见税什五,故贫民常衣牛马之衣而食犬彘之食。重以贪暴之吏,刑戮妄加,民愁亡聊。亡逃山林,转为盗贼。赭衣半道,断狱岁以千万数。汉兴,循而未改。古井田法虽难卒行,宜少近古,限民名田,以澹不足,塞并兼之路,盐铁皆归于民,去奴婢,除专杀之威。薄赋敛,省繇役,以宽民力,然后可善治也。①

董仲舒这个限田和限奴、盐铁归民、薄赋省役的建议,在武帝晚年部分得到推行,在一定程度上缓和了当时已经趋向尖锐的社会矛盾和阶级矛盾,并成为转向"昭宣中兴"的先导。

---

① 《汉书》卷 24 上《食货志上》。

六 影响深远的贡献

董仲舒创立的新儒学在许多方面继承了先秦原始儒学的基本思想、范畴、概念，如孔子、孟子关于天命的理论和仁爱、仁政、德教、任贤、仁、义、礼、智、信等内容，以及缓和社会矛盾、适度减轻剥削的"民本"思想，等等，大大强化了儒家思想的外观。同时，也大量吸收、融合了先秦诸子中其他学派的一些内容。如吸收了邹衍的阴阳五行学说，作为他构筑天人感应的神学目的论和循环历史观的重要思想资料；吸收了法家的法制主义理论，作为构筑他阳爱阴刑思想的重要资料；吸收了墨家关于"尚同而下不比"的理论，作为他构筑专制主义中央集权的思想资料，等等。他特别根据汉皇朝专制主义中央集权的需要，对原始儒学做了很多修正。例如，孔子虽然讲"天命"，但却怀疑甚至否定鬼神的存在，"子不语怪、力、乱、神"，①"敬鬼神而远之"，②"未知生，焉知死？""未能事人，焉能事鬼？"③董仲舒却大肆宣传阴阳灾异迷信，并将其作为构筑天人感应体系的主要内容。孔子主张恢复周礼："周兼于二代，郁郁乎文哉，吾从周。"④孟子主张实行井田制，制民恒产。董仲舒却强调"更化"，主张限田限奴，基本上脱掉了复古的外衣，而把注意力集中到对现行政策的调整。

孔、孟等先秦儒家都主张"贤人"政治，"仲弓为季氏宰，问政，子曰：'先有司，赦小过，举贤才。'"⑤又讴歌禅让制，认为尧、舜、禹之间的更替就是禅让制的典型体现。在君民关系上，主张"民为贵，社稷次之，君为轻"。⑥在君臣关系上，讲究对等原则："君之视臣如手足，则臣视君如腹心；君之视臣如犬马，则臣视君如国人；君之视臣如土芥，则臣视君如寇仇。"⑦董仲舒则维护并神化绝对君权，以"三纲五常"的道德信条作为君臣、君民和其他人伦关系的准则，使君臣、君民和其他人伦

---

① 《论语·述而》。
② 《论语·雍也》。
③ 《论语·先进》。
④ 《论语·八佾》。
⑤ 《论语·子路》。
⑥ 《孟子·尽心下》。
⑦ 《孟子·离娄下》。

关系更适应趋于凝固化的封建等级制度。虽然经过董仲舒刻意制作的孔子形象较前更加崇高伟大、光彩夺目，但也离开了历史的真实，变成了涂满油彩的偶像，人性少而神性多了。后来再经谶纬神学的不断改铸，孔子就变成了浑身绽放灵光的通天教主了。

  董仲舒改造了传统儒学，将其发展到一个新阶段。他创立了今文经学，开启了儒学神学化，儒家宗教化，孔子教主化的进程，为封建统治找到了较为理想的意识形态。他的学说为稳定和巩固大一统的专制主义中央集权的统治起了重要作用，对于形成以汉族为主体的中华民族的心理特征产生了不可估量的积极影响。他与汉武帝一起作为西汉鼎盛时代的代表是当之无愧的。

  发端、繁荣于齐鲁的儒学，经过历代儒学大师的努力，特别是经过董仲舒的精心改造以后，一跃而成为封建社会的统治思想并且独占鳌头达两千年之久，原因何在？简而言之，是因为儒学既获得统治者的青睐，又得到被统治者的认可，是中国宗法农业社会最适宜的意识形态。

  因为它倡导大一统，鼓吹"夷夏之防"，反映了以汉族为主体的中华各族人民对祖国的认同，蕴含着深厚的爱国主义，形成了强大的民族凝聚力。此一凝聚力与时间的积累成正比，历时愈久，力量愈强。

  因为它倡导尊君爱民，鼓吹等级秩序，君民皆易于接受。正如梁启超在《论中国学术思想变迁之大势》一文中所分析，儒学"严等差，贵秩序，而措而施之者，归结于君权"，"于帝王驭民，最为适合"。它"说忠孝，道中庸，与民言服从，与君言仁政，其道可久，其法易行"。[①]

  因为它倡导三纲五常的伦理学说，给封建社会的人际关系罩上一层温情脉脉的纱幕，反映了中国宗法农业社会中君主、臣僚和百姓对道德伦理的认同。

  因为它有着强烈的民本主义的政治文化意识。儒学虽然反对"犯上作乱"，但它重视百姓的利益，关心百姓的冷暖，强调"民为邦本，本固邦宁"，"民贵君轻"，"得乎丘民为天子"，而且承认百姓有权诛杀夏桀、商纣之类的"独夫民贼"。要求对百姓行"仁政"，施"德治"，从皇帝到百官都要加强自身的修养，以身作则，率己正人。这种"好皇帝"和廉政意识，长期得到百姓的拥护。

[①] 梁启超：《饮冰室合集·文集之七》，《饮冰室合集》第 1 册，中华书局 1989 年版。

因为它具有博大深广的人道主义精神。儒学提倡"仁爱""立人""达人""推己及人",反对损人利己,以邻为壑;要求每个人都设身处地地为别人着想,自己活,也让别人活;自己活得好,也希望并帮助别人活得好,以爱心和亲情建立友爱和谐的人际关系。这种思想在封建社会里虽然不无理想化的成分,实行起来也非常困难,但这种美好的理想对大多数人还是有吸引力的。

因为它提倡积极进取的人生态度,鼓吹独立不移的大丈夫精神。儒学一贯关心国家和民族的命运,以"修身、齐家、治国、平天下"为己任,在任何艰难困苦和挫折面前不悲观,不气馁,认定目标,勇往直前。为了真理和正义,"知其不可而为之","杀身成仁,舍生取义",以头颅和热血去捍卫自己的理想。这种积极进取的人生态度具有永恒的价值。同时,儒学还一贯提倡"富贵不能淫,贫贱不能移,威武不能屈""三军可夺帅,匹夫不可夺志"的大丈夫精神,呼唤崇高的人格和良知,自尊自信,自立自强,以"达则兼济天下,穷则独善其身"的人生信条策励自己,苦筋骨,劳心志,"慎独"自励,无怨无悔,承天下大任,"养浩然之气",在任何时候都保持自己高洁的品性,绝不向恶势力投降,更不与之同流合污。这种人生态度和精神品质,对中华民族的精英,特别是广大知识分子具有永恒的吸引力。

因为它一贯重视教育。孔子、孟子、荀子、董仲舒以及其他数以千百计的儒家学者,几乎无一例外地以教师为职业,把"得天下英才而教育之"作为人生最大的乐事。儒学重视教育,全身心地投入教育,使我国文化、教育和学术事业得以延续和发展,其功至伟,不可磨灭。

因为它具有开放性的学术品格。儒学从其诞生那天起就不断地从历史文献,从现实社会,从所有有知识的人那里吸纳知识,丰富和发展自己。它不是一个自满自足、故步自封、自我封闭的僵化的体系,而是以开放的心态,海纳百川的博大胸怀,"苟日新,又日新,日日新"的积极进取意识,不断地、广泛地吸收其他学派的思想、观念,根据社会的需要,改造自己的学说。孔子的儒学一变而为思孟与荀学,又一变而为董学,在这一过程中,先秦诸子百家中的墨、名、法、道、阴阳等学派的许多思想观念,都被悄悄地吸纳,从而使儒学越来越博大精深,不断增强了它对社会和人生需求的适应能力。

反观先秦以来的其他学派,虽然各有其特定内涵,各有其优长之处，各有其存在价值，各有其对中国传统思想文化的独特贡献，然而，除了法家思想在秦朝取得了公认的主导地位，以黄老名世的新道家在西汉初年有着近 60 年作为统治思想的辉煌外，其余各家思想，在两千多年的封建社会中，或者销声匿迹，或者作为主流思想的补充而存在，谁也未能像儒学那样，以统治思想长期左右封建政治的运行。其原因在于，与儒学相比，它们本身所固有的缺失无法适应不断变化的社会对主流思想文化的诉求。

墨家曾是战国前期与儒家相抗衡的影响巨大的学派。然而，在秦朝以后，它却销声匿迹，在汉初一度活跃的诸子余绪中也找不到它的身影。原因在于：（1）它的某些思想观念，如"尚同"之类，已被新儒学吸纳；（2）它提倡的"兼相爱，交相利""爱无等差"等学说，纯粹是不切实际的幻想，不可能被社会普遍认同；（3）其"节用""节葬""非乐"等思想，尽管反映了当时的个体生产者对社会贫富不均的不满情绪和提高生活水平的愿望，但又有着这种小生产者的明显局限。它认为人们的衣食住行的各种消费应以满足基本的生理需要为前提，超过这个界限，就是奢侈淫僻，所以，美好的饮食、华美的房舍、美丽的衣服、动听的音乐，一概是不必要的。它把人们的消费水平固定为一个最低标准的模式，并要求社会上所有的阶级和阶层共有这个模式。这种平均主义的保守的消费观念不利于生产的发展和人民生活水平的提高，是一种一厢情愿的空想。司马迁批评它"简而难尊"，"其事不可遍循"，① 是很有道理的。墨家思想最后从社会上消失，是因为剥削者和被剥削者都认为它难以遵行。

名家在战国时期曾名噪一时，但因其学说着重于形式逻辑，缺乏完整的政治、社会、经济和伦理思想，就是形式逻辑的一些论题也陷于诡辩，所以司马迁批评它"苛察缴绕，使人不得反其意，专决于名而失人情"，"使人俭而失真"。② 它只是一种思维的工具，当然没有资格成为统治思想。

法家有一套完整的由法、术、势组成的专制主义中央集权的政治理论和以耕战为手段，以"富国强兵"为目的的经济理论，易于操作，立竿见影，因而受到列国统治者的青睐。秦始皇以此理论为指导，不仅完成了

---

① 《史记》卷 130《太史公自序》。

② 同上。

中国的统一，而且建立起强大的中央集权的国家，充分显示了法家理论的效用。然而，法家理论也有它致命的弱点。第一，它迷信武力和刑政，将其视为唯一的夺权和治国的手段。第二，它把人与人之间的关系看成纯粹的利害关系。君臣、父子、兄弟、夫妻、朋友、买者和卖者、地主与农民，无一不是利害关系。人与人之间不存在丝毫的道义和亲情，一切都是互相争夺、互相利用、互相坑害。对于统治者来说，法家理论有成功之道却乏长治久安之术。秦朝二世而亡的教训引起汉初君臣的深刻反思，他们明白，法家理论只能作为统治思想的一个组成部分加以应用，却千万不能将其作为旗帜树立起来。所以，在秦朝以后中国两千年的封建社会里，法家思想的命运是被统治者明骂而暗用。

以老子、杨朱、庄周等为代表的道家思想虽然清醒地看到了人类文明的发展带来的社会矛盾、贫富分化、压迫剥削等不公平现象，鼓吹自由自在、保身全性的生活，具有一定的积极意义。但是，道家思想的局限也十分突出鲜明。第一，他们对人类社会的发展持悲观态度，认为人类最美好的时代是文明出现前的史前时期，主张社会倒退到"小国寡民"甚至"同与禽兽居，族与万物并"的时代。第二，他们追求绝对的精神自由，反对一切制度和礼法，倡导"无为而治"，实际上要把社会推向无政府状态。第三，他们强调"任自然""保身全性""拔一毛利天下而不为"，放弃对国家、社会和民族的责任。以黄老名世的新道家尽管与原始道家已有很大的不同，但其"无为而治"的放任理论不利于国家实施干预政策，因而只能在汉初的特殊历史条件下成为主流思想辉煌一时。在中国封建社会的历史上，道家思想虽然没有像墨家那样消亡，但它只能作为儒家的同盟军，作为主导思想的补充而存在。

发端于齐国的阴阳家偏重于哲学思想，其政治、经济和伦理方面的内容甚少或根本没有涉及，因而不具备成为统治思想的条件。况且，由于它成为董仲舒构筑新儒学的重要资料，实际上已经融入新儒学之中，阴阳家自己也就失去争当统治思想的愿望了。

其他学派，如农家的小农的平均主义空想，根本不具备实践的品格。纵横家只看重纵横捭阖的政治外交斗争策略，理论上十分贫乏。兵家虽有丰富的战略战术思想，但政治、经济、社会、伦理思想相对薄弱，它们也没有条件单独争夺统治思想的宝座。只有经过董仲舒改造过的儒学，既保留了原始儒学那博大精深的内涵，又有选择地吸收了其他学派的理论和方法，并且基本上消除了原始儒学"博而寡要，劳而少功""迂远而阔于事情"等弊端，成为内容最丰富，涉及政治、经济、思想、伦理、文化教育等社会生活的方方面面，最贴近百姓生活，最易为百姓所了解，又较易操作的学说。尤其重要的是，它适应中国宗法农业封建社会的特点，尽量照顾到社会上各个阶级和阶层的利益，找到了剥削者与被剥削者、统治者与被统治者利益的结合点，成为他们双方都乐于接受的理论和学说。一句话，经过改造的儒学，最适应社会的需要，最具备实践的品格，最善于顺世变异，因而能够拔出同列，登上统治思想的宝座，成为中国封建社会主流文化的核心和主要组成部分。尽管两千多年间，世事不断变迁，思想文化波澜起伏，外来文化强烈冲击，儒学的统治地位却一直稳如泰山，没有丝毫的动摇。

第四节　播扬新道学的《淮南子》

一　刘安与《淮南子》

刘安（公元前179—前122年），① 西汉开国皇帝刘邦的孙子，其父刘长的生母是赵王张敖的美人。据《史记》《汉书》记载，高帝八年（公元前199年），刘邦自东垣过赵都邯郸（今属河北），赵王张敖献美人给刘邦，得幸有身孕。后因赵王臣子贯高等谋反事发，赵王君臣都被拘至河内（今河南武陟南），刘长母亦在其中。其母生刘长后自杀身亡，刘长由吕后养大，高帝十一年（公元前196年），被封为淮南王。据王云度考证，刘长是在其母得幸刘邦14个月之后出生的，所以他的生父不可能是刘邦，最大的可能是张敖，他是被刘邦糊里糊涂认作儿子的。② 文帝六年（公元前174年），刘长因谋反被夺爵发配蜀郡严道邛邮（今四川荥县西），于赴迁地途中自杀，此时刘安仅6岁。

刘安为刘长长子，文帝八年（公元前172年），他同三个兄弟一同被封为侯。十二年（公元前168年），文帝恢复刘长的诸侯王地位，追谥为"淮南厉王"。十六年（公元前164年），文帝将原淮南王封地一分为三，封刘安等原淮南王的三个儿子为诸侯王，刘安得承父爵为淮南王。刘安对

---

① 此据王云度《刘安评传》考定。
② 王云度：《刘安评传》，南京大学出版社1997年版，第62—64页。

自己父亲死于非命一直耿耿于怀,景帝三年(公元前 154 年)吴楚七国叛乱时,他就准备响应,但被其王国相阻止。七国叛乱失败后,他侥幸没有受到惩罚,但不思悔改,仍时刻伺机谋反。武帝建元二年(公元前 139 年),刘安进京朝见即位不久的武帝,献上新编的《内篇》(即后人定名的《淮南子》)一书。刘安此行目的是观察朝廷动向,其间同太尉田蚡相遇,田蚡恭维他将来能继承皇位,他即与之勾结,加紧了谋反活动。不久,发生了闽越攻击南越的军事行动,武帝借机出兵讨伐闽越。刘安上书劝阻,其中说:

> 臣闻天子之兵有征而无战,言莫敢校也。如使越人蒙死徼幸以逆执事之颜行,厮舆之卒有一不备而归者,虽得越王之首,臣犹窃为大汉羞之。陛下以四海为境,九州为家,八薮为囿,江汉为池,生民之属皆为臣妾。人徒之众足以奉千官之共,租税之收足以给乘舆之御。玩心神明,秉执圣道,负黼依,冯玉几,南面而听断,号令天下,四海之内莫不响应。陛下垂德惠以覆露之,使元元之民安生乐业,则泽被万世,传之子孙,施之无穷。天下之安犹泰山而四维之也,夷狄之地何足以为一日之间,而烦汗马之劳乎!①

此时的武帝正在锐意开拓疆域的劲头上,刘安的上书一方面夸大进军闽越的难度,另一方面隐隐斥责武帝是穷兵黩武,这自然使武帝对他产生不佳的印象。刘安意识不到他与武帝之间产生的裂痕,继续进行谋反的准备。元朔五年(公元前 124 年),淮南王国的郎中雷被不甘忍受刘安父子的迫害而逃至长安,上书告发了刘安的谋反阴谋。刘安见密谋败露,准备起兵反叛。因武帝宣布赦免其罪,暂时隐忍未发。元狩元年(公元前 122 年),刘安庶长子刘不害之子刘建上书告发刘安与王太子刘迁谋反,武帝命令彻查,刘迁与刘安双双自杀。案件牵连刘安的弟弟衡山王刘赐,也一同被彻查,两个诸侯王国被废止。至今学术界对刘安是否犯有叛乱罪有不同观点,但有一点可以肯定,不管他是否犯有叛乱罪,在汉武帝打击和削弱诸侯王的既定政策下,他及其封国的死灭都具有必然性。

在西汉数以十计的诸侯王中,刘安是最钟情学问也是最有学问的一个

---

① 《汉书》卷 64 上《严助传》。

人。他"为人好读书","招致宾客方术之士数千人",[1] 一起切磋学问,从事著述。其中有号曰"八公"的高才苏非、李尚、左吴、陈由、伍被、毛周、雷被、晋昌。据《汉书》本传、《汉书·艺文志》等记载,他的著作达数十种,但流传至今的只有完整的《淮南子》和《周易淮南九师道训》《庄子要略》《庄子后解》《蚕经》《淮南枕中记》《淮南万毕术》等残篇的辑本。

《淮南子》又名《淮南鸿烈》,全书21卷,是刘安及其宾客集体创作的一部书。在介绍全书各篇主要内容的《要略》中,自诩该书的目标是:"夫作为书论者,所以纪纲道德,经纬人事,上考之天,下揆之地,中通诸理。"又说:

> 凡属书者,所以窥道开塞,庶后世使知举错取舍之宜适,外与物接而不眩,内有以处神养气宴炀至和,而已自乐,所受乎天地者也。故言道而不明终始,则不知所仿依;言终始而不明天地四时,则不知所避讳;言天地四时而不引譬援类,则不识精微;言至精而不原人之神气,则不知养生之机;原人情而不言大圣之德,则不知五行之差;言帝道而不言君事,则不知小大之衰;言君事而不为称喻,则不知动静之宜;言称喻而不言俗变,则不知合同大指;已言俗变而不言往事,则不知道德之应;知道德而不知世曲,则无以耦万方;知氾论而不知诠言,则无以从容;通书文而不知兵指,则无以应卒;已知大略而不知譬论,则无以推明事;知公道而不知人间,则无以应祸福;知人间而不知修务,则无以使学者劝力;欲强省其辞,览总其要,弗曲行区入,则不足以穷道德之意。故著书二十篇,则天地之理究矣,人间之事接矣,帝王之道备矣。

显然,刘安对《淮南子》这部书的自我期许是很高的,他要把这部书写成囊括"天地之理""人间之事""帝王之道"的百科全书,应该说,他的期许在一定程度上是达到了。正像有的学者所推崇的,这部巨著有点像战国末年的《吕氏春秋》,它一方面集先秦思想之大成;另一方面开汉代甚至以后整个中国学术的先声,在思想和学术上承前启后的地位和

---

[1] 《汉书》卷44《淮南衡山济北王传》。

作用，是其他著作难以比肩的。作为汉初黄老思想的理论渊薮，在哲学上，它继承先秦道家学说，建立了以"道"为本体的唯物主义理论体系，发展了辩证法的理论思维：

> 夫道者，覆天载地，廓四方，柝八极，高不可际，深不可测，包裹天地，禀授无形。源流泉浡，冲而徐盈，混混汩汩，浊而徐清。故植之而塞于天地，横之而弥于四海，施之无穷而无所朝夕。舒之幎于六合，卷之不盈于一握。约而能张，幽而能明，弱而能强，柔而能刚。横四维而含阴阳，纮宇宙而章三光。甚淖而滒，甚纤而微。山以之高，渊以之深，兽以之走，鸟以之飞，日月以之明，星历以之行，麟以之游，凤以之翔。
>
> 夫太上之道，生万物而不有，成化像而弗宰。跂行喙息，蠉飞蠕动，待而后生，莫之知德，待而后死，莫不之能怨。得以利者不能誉，用而败者不能非。收聚畜积而不加富，布施禀授而不益贫。旋县而不可究，纤微而不可勤。累之而不高，堕之而不下，益之而不众，损之而不寡，斫之而不薄，杀之而不残，凿之而不深，填之而不浅。忽兮怳兮，不可为象兮；怳兮忽兮，用不屈兮；幽兮冥兮，应无形兮；遂兮洞兮，不虚动兮；与刚柔卷舒兮，与阴阳俛仰兮。①

这里论述的是"道"的自然本体，它"覆天载地，……高不可际，深不可测"，尽管自然界的万物都是它生成的，然而它又是"忽兮怳兮""幽兮冥兮"的看不见，摸不着，却又无处不在的一个物质实体。这样，《淮南子》就把自己的宇宙观建立在物质的始基之上，进而它认为人是自然界的一部分：

> 古未有天地之时，惟像无形，窈窈冥冥，芒芠漠闵，澒濛鸿洞，莫知其门。有二神混生，经天营地，孔乎莫知其所终极，滔乎莫知其所止息。于是乃别为阴阳，离为八极，刚柔相成，万物乃形，烦气为虫，精气为人。是故精神，天之有也；而骨骸者，地之有也。精神入其门，而骨骸反其根，我尚何存？是故圣人法天顺情，不拘于俗，不

---

① 《淮南子·原道训》。

诱于人，以天为父，以地为母，阴阳为纲，四时为纪。①

所以人的一切活动也必须顺应自然："人生而静，天之性也；感而后动，性之害也。物至而神应，知之动也。知与物接，而好憎生焉。好憎成形，而知诱于外，不能反已，而天理灭矣。故达于道者，不以人易天，外与物化，而内不失其情。"② 自然界和人类社会的运动是一种自动而非他动，因而也必须顺应自然：

> 夫萍树根于水，木树根于土，鸟排虚而飞，兽跖实而走，蛟龙水居，虎豹山处，天地之性也。两木相摩而然，金火相守而流，员者常转，窾者主浮，自然之势也。是故春风至则甘雨降，生育万物，羽者姁伏，毛者孕育，草木荣华，鸟兽卵胎，莫见其为者，而功既成矣。③

同时，自然界和人类社会的运动又是不断通过向自己的对立面转化完成的：

> 是故欲刚者必以柔守之，欲强者必以弱保之。积于柔则刚，积于弱则强，观其所积，以知祸福之乡。强胜不若己者，至于若己者而同；柔胜出己者，其力不可量。故兵强则灭，木强则折，革固则裂，齿坚于舌而先之敝。是故柔弱者，生之干也；而坚强者，死之徒。先唱者穷之路也，后动者达之原也。④

由此导出了它的守柔弱而事无为的人生之路。

在政治思想上，《淮南子》一面继承儒家的民本思想，强调利民、安民的治国理念，一面发展道家"无为"理论的积极内涵，完善了"君道无为"的学说；又在天文学、地理学、文学、史学，甚至养生学等方面，

---

① 《淮南子·精神训》。
② 《淮南子·原道训》。
③ 同上。
④ 同上。

也都在前人的基础上有所创造，有所前进，从而奠定了《淮南子》在中国思想学术史上具有里程碑意义的崇高地位。魏晋之际的高诱在为该书作注时写的序言中曾对该书作了如下概括："其旨近《老子》，淡泊无为，蹈虚守静，出入经道。言其大也，则焘天载地；说其细也，则沦于无垠，及古今治乱存亡祸福，世间诡异瑰奇之事。其义也著，其文也富，物事其类，无所不载。然其大较归之于道，号曰《鸿烈》。"这一论断应该说是切中肯綮的。

二 "至德之世"的理想

"至德之世"曾是庄子创造的一个人类社会的理想国。在这个理想国中，"不尚贤，不使能，上如标枝，民如野鹿。端正而不知以为义，相爱而不知以为仁，实而不知以为忠，当而不知以为信，蠢动而相使，不以为赐"。① 在这个理想国中，"同与禽兽居，族与万物并"②"卧则居居，起则于于……耕而食织而衣，无有相害之心"③。显然，庄子的这个"至德之世"不过是他对人与动植物不分、人与大自然和谐相处的人类史前社会的理想化加工，只是一种头脑中幻化的浪漫曲，没有任何实践价值。《淮南子》从庄子那里借来"至德之世"的理念，用以描绘刘安心目中的理想社会的蓝图。在《淮南子》构筑的理想国中，有一个与天地同体的"大丈夫"：

> 是故大丈夫恬然无思，澹然无虑，以天为盖，以地为舆，四时为马，阴阳为御，乘云陵霄，与造化者俱。纵志舒节，以驰大区，可以步而步，可以骤而骤。令雨师洒道，使风伯扫尘，电以为鞭策，雷以为车轮。上游于霄霓之野，下出于无垠之门。刘览偏照，复守以全。经营四隅，还反于枢。故以天为盖，则无不覆也；以地为舆，则无不载也；四时为马，则无不使也；阴阳为御，则无不备也。是故疾而不摇，远而不劳，四支不动，聪明不损，而知八纮九野之形埒者何也？

---

① 《庄子·天地》。
② 同上。
③ 《庄子·盗跖》。

执道要之柄而游于无穷之地。①

这个"大丈夫",与其说是一个真实的人,毋宁说是一个与天地同体的神。《淮南子》幻化此一神人,无非是说其理想国的运行是大自然的自动运行,是驱动天地、四时、阴阳、云雨、雷电、雨师、风伯的和谐互动。接着,它推出一个无为而无不为的"圣人"作为"至德之世"的理想君主:

> 是故圣人内修其本而不外饰其末,保其精神,偃其才智,故漠然无为而无不为也,澹然无治而无不治也。所谓无为者,不先物为也;所谓为不为者,因物之所为。所谓无治者,不易自然也;所谓无不治者,因物之相然也。万物有所生而独知守其根,百事有所出而独知守其门。故穷无穷,极无极,照物而不眩,响应而不乏,此之谓天解。②

然而,这个"圣人"依然是顺应自然的无为者,于是它再推出一个"至人":

> 是故至人之治也,掩其聪明,灭其文章,依道废智,与民同于公。去其诱慕,除其嗜欲,损其思虑,约其所守则察,寡其所求则得。夫任耳目以听视者,劳形而不明;以知虑为治者,苦心而无功。是故圣人一度循轨,不变其宜,不易其常,放准循绳,曲因其当。③

看得出,这个"至人"较"圣人"进一步的地方是将人世的聪明、智慧、嗜欲、思虑等一律排除,"循轨""准绳",依自然之律而行动。于是,在这个"至德之世"里,所有人都泯灭了差别,回到原始的平等状态,所有人都各安其业,自然界也是风调雨顺,《河图》《洛书》之类吉兆祥瑞频频出现。而最关键的是"世之主有欲利天下之心":

---

① 《淮南子·原道训》。
② 同上。
③ 同上。

> 是故与至人居，使家忘贫，使王公简其富贵而乐卑贱，勇者衰其气，贪者消其欲。坐而不教，立而不议，虚而往者实而归，故不言而能饮人以和。是故至道无为。一龙一蛇，盈缩卷舒，与时变化，外从其风，内守其性，耳目不燿，思虑不营，其所居神者，臺简以游太清，引楯万物，群美萌生。是故事其神者神去之，休其神者神居之。
>
> 古者至德之世，贾便其肆农乐其业，大夫安其职，而处士修其道。当此之时，风雨不毁折，草木不夭，九鼎重味，珠玉润泽，洛出丹书，河出绿图，故许由、方回、善卷、披衣得达其道，何则？世之主有欲利天下之心，是以人得自乐其间。①
>
> 古之人，同气于天地，与一世而优游。当此之时，无庆贺之利，刑罚之威，礼义廉耻不设，毁誉仁鄙不立，而万民莫相侵欺暴虐，犹在于混冥之中。②

说来说去，这个"至德之世"还是庄子描绘的那个"同与禽兽居，族与万物并"的"混冥"之世。而这个"混冥"之世，最后是我与道的统一：

> 故天下神器，不可为也，为者败之，执者失之。夫许由小天下而不以己易尧者，志遗于天下也。所以然者何也？因天下而为天下也。天下之要，不在于彼而在于我，不在于人而在于我身，身得则万物备矣。彻于心术之论，则嗜欲好憎外矣。是故无所喜而无所怒，无所乐而无所苦，万物玄同也，无非无是，化育玄燿，生而如死。夫天下者，亦吾有也，吾亦天下之有也，天下之与我，岂有间哉！夫有天下者，岂必摄权持势，操杀生之柄而以行其号令邪？吾所谓有天下者，非谓此也，自得而已。自得则天下亦得我矣。吾与天下相得，则常相有已，又焉有不得容其间者乎？所谓自得者，全其身者也。全其身，则与道为一矣。③

---

① 《淮南子·俶真训》。
② 《淮南子·本经训》。
③ 《淮南子·原道训》。

然而，由于社会毕竟已经进入文明之域，业已形成并被世人认可的制度、法纪和道德原则不仅强固存在，而且发挥着维系社会秩序的作用，回到原始社会"混冥"的理想国是绝对不可能的。所以，《淮南子》描绘的美好社会有时又是一个制度、法纪和道德都得到真正贯彻的时代：

> 古者圣王在上，政教平，仁爱洽，上下同心，君臣辑睦，衣食有余，家给人足，父慈、子孝、兄良、弟顺，生者不怨，死者不恨，天下和洽，人得其愿。夫人相乐，无所发贶，故圣人为之作乐以和节之。①

《淮南子》"至德之世"的理想，最后归结为"无为"的圣主治下的一个君民、上下、内外都和谐相处的社会：

> 圣主在上位，廓然无形，寂然无声，官府若无事，朝廷若无人，无隐人士，无轶民，无劳役，无冤刑。四海之内，莫不仰上之德，象主之指；夷狄之国，重译而至。非户辨而家说之也，推其诚心，施之天下而已矣。②

刘安是一个据有一片不小的土地，抚有不少臣民，既有学问又不乏野心的诸侯王，当他沉醉于自己的最高理想时，那个消解一切矛盾、泯灭一切差别的无何有之乡就在他头脑中幻化出一幅神异的图画，使他沉醉其中不能自拔；当他回到现实中来，他又不得不正视文明无可阻挡的前进步伐，不得不承认一切制度、法纪和道德原则在维系社会秩序中的作用。这就使他一直处于一种矛盾惶遽状态，在半是迷醉，半是清醒，半是浪漫，半是理性中构筑自己的思想体系。"至德之世"理想中的矛盾和抵牾，正是从这里可以得到解释。

三 驳杂拼凑的政治思想

《淮南子》的政治思想是相当驳杂的，不过其主导倾向是以道家为主

---

① 《淮南子·本经训》。
② 《淮南子·泰族训》。

轴，补以儒家和法家的基本理念，从总体上看，是与汉初实行的黄老政治在理论上相匹配的。

首先，《淮南子》特别推崇道家的"无为而治"。在《淮南子·主术训》中，大讲人主的"无为之术"：

> 人主之术，处无为之事，而行不言之教，清静而不动，一度而不摇，因循而任下，责成而不劳。是故心知规而师傅谕导，口能言而行人称辞，足能行而相者先导，耳能听而执正进谏。是故虑无失策，谋无过事，言为文章，行为仪表于天下，进退应时，动静循理，不为丑美好憎，不为赏罚喜怒，名各自名，类各自类，事犹自然，莫出于己。故古之王者，冕而前旒，所以蔽明也；黈纩塞耳，所以掩聪也；天子外，所以自障。故所理者远，则所在者迩，所治者大，则所守者少。夫目妄视则淫，耳妄听则惑，口妄言则乱。夫三关者，不可不慎守也。若欲规之，乃是离之；若欲饰之，乃是贼之。

它以神农之世作为"无为而治"的典型，认为那时"神不驰于胸中，智不出于四域，怀其仁诚之心……其民朴重端悫，不忿争而财足，不劳形而功成，因天地之资，而与之和同。是故威厉而不杀，刑错而不用，法省而不烦，故其化如神。……当此之时，法宽刑缓，囹圄空虚，而天下一俗，莫怀奸心"。与之相反，多欲的有为政治必然带来欺诈、烦扰、交争，使社会不得安宁：

> 末世之政则不然。上好取而无量，下贪狠而无让，民贫苦而忿争，事力劳而无功，智诈萌兴，盗贼滋彰，上下相怨，号令不行。
> 是以上多故则下多诈，上多事则下多能，上烦扰则下不定，上多求则下交争。不直之于本，而事之于末，譬犹扬堁而弭尘，抱薪以救火也。故圣人事省而易治，求寡而易赡，不施而仁，不言而信，不求而得，不为而成，块然保真，抱德推诚，天下从之，如响之应声，景之像形，其所修者本也。刑罚不足以移风，杀戮不足以禁奸，唯神化为贵，至精为神。

蘧伯玉为相，子贡往观之，曰："何以治国？"曰："以弗治治之。"①

这里讲的人主的"无为而治"，主要是要求国君不要多欲、多故、多事、多求，更不要以刑罚和杀戮作为移风与禁奸的唯一手段，而应该坚持和相信"清静无为则天与之时，廉俭守节则地生之财，处愚称德则圣人为之谋"的理念。其实，《淮南子》一再阐发的"无为而治"涵盖的是三层意思：一是鉴于汉初经济残破、民生凋敝的政况国势，国君应该节欲，抑制自己，也包括整个统治阶级的享受欲望，以减轻百姓的负担；二是国君要保持自己高拱无为的形象，在基本政策已经确定的前提下，不要再频频出新招，以保证政策的稳定性和连续性，使官民都知道自己在可以预期的将来应该做什么和怎样做；三是国君平时应该思考国家的大政方针，不要干预政府各级官吏在自己权限范围内的自主行政，让他们充分发挥自己的聪明才智。

《淮南子》还将"无为而治"与无所作为做了严格的区分：无为不是无所作为，而是一切作为都顺应事物的发展规律，"循理而举事"，促进事物更快更健康的发展：

> 吾所谓无为者，私志不得入公道，嗜欲不得枉正术，循理而举事，因资而立，权自然之势，而曲故不得容者。事成而身弗伐，功立而名弗有，非谓其感而不应，攻而不动者。若夫以火熯井，以淮灌山，此用已而背自然，故谓之有为。若夫水之用舟，沙之用鸠，泥之用輴，山之用蔂，夏渎而冬陂，因高为田，因下为池，此非吾所谓为之。
>
> 或曰："无为者，寂然无声，漠然不动，引之不来，推之不往。如此者乃得道之像。"吾以为不然，尝试问之矣：若夫神农、尧、舜、禹、汤，可谓圣人乎？有论者必不能废。以五圣观之，则莫得无为明矣。（述五圣为民事迹）……圣人忧民，如此其明也，而称以无为，岂不悖哉！②

---

① 《淮南子·主术训》。
② 《淮南子·修务训》。

以上两段话，表明《淮南子》与以老庄为代表的原始道家拉开了距离：它已经在很大程度上舍弃了，或者说克服了老庄"无为而治"的消极因素，而将积极有为注入了"无为而治"的机体，使之在汉初焕发出强劲的活力，从而使黄老政治在中国历史上展示了它特殊的优势，写下了最辉煌的篇章。

其次，《淮南子》在强调国君无为的同时，十分注重臣下的有为，这其中就蕴含着道家和法家的驭人之术和法治观念：

> 主道员者，运转而无端，化育如神，虚无因循，常后而不先也。臣道方者，论事而处当，为事先倡，守职分明，以立成功也。是故君臣异道则治，同道则乱。各得其宜，处其当，则上下有以相使也。夫人主之听治也，虚心而弱志，清明而不暗，是故群臣辐湊并进，无愚智贤不肖莫不尽其能者，则君得所以制臣，臣得所以事君，治国之道明矣。①

这里的"君臣异道"，表明君、臣各自的职责不同，而国君的驭臣，就是使"无愚智贤不肖莫不尽其能"。为达此目的，它要求国君具有"淡薄""宁静""宽大""慈厚""平正"以及"贵正而尚忠"的品格和操守，同时还必须"所任得人"，充分发挥天下所有人的聪明才智：

> 人主之居也，如日月之明也，天下之所同侧目而视，侧耳而听，延颈举踵而望也。是故非澹薄无以明德，非宁静无以致远，非宽大无以兼覆，非慈厚无以怀众，非平正无以制断。
>
> 人主贵正而尚忠，忠正在上位，执正营事，则谗佞奸邪无由进矣……是故人主之一举，也不可不慎也。所任者得其人，则国家治，上下和，群臣亲，百姓附。所任非其人，则国家危，上下乖，群臣怨，百姓乱。故一举而不当，终身伤。得失之道，权要在主。是故绳正于上，木直于下，非有事焉，所缘以修者然也。故人主诚正，则直士任事而奸人伏匿矣。人主不正，则邪人得志，忠者隐蔽矣。

---

① 《淮南子·主术训》。

> 人主者以天下之目视，以天下之耳听，以天下之智虑，以天下之力争，是故号令能下究而臣情得上闻。百官修同，群臣辐凑，喜不以赏赐，怒不以罪诛，是故威立而不废，聪明先而不弊，法令察而不苛，耳目达而不暗，善否之情，日陈于前而无所逆，是故贤者尽其智，而不肖者竭其力，德泽兼覆而不偏，群臣劝务而不怠，近者安其性，远者怀其德。所以然者何也？得用人之道而不任已之才者也。①

不仅如此，国君之驭群臣，还应该时刻行使监察赏罚之权，一方面以法治吏，循名责实；另一方面紧握权势，赏以爵禄，使臣子"莫敢为邪""竭力殊死，不辞其躯"：

> 治国则不然。言事者必究于法，而为行者必治于官。上操其名，以责其实；臣守其业，以效其功。言不得过其实，行不得逾其法，群臣辐凑，莫敢专君。事不在法律中，而可以便国佐治，必参五行之，阴考以观其归，并用周听以察其化，不偏一曲，不党一事，是以中立而遍运照海内，群臣公正，莫敢为邪，百官述职，务致其公迹也。主精明于上，官劝力于下，奸邪灭迹，庶功日进，是以勇者尽于军。②
> 权势者，人主之车舆；爵禄者，人臣之辔衔也。是故人主处权势之要，而持爵禄之柄，审缓急之度，而适取予之节，是以天下尽力而不倦。夫臣主之相与也，非有父子之厚、骨肉之亲也，而竭力殊死，不辞其躯者，何也？使有使之然也。③

这里展示的已经是法家"术"和"势"的理论。与之相联系，《淮南子》也没有忘记"法"。因为在它看来，法是人主规制天下的准绳，是将天下臣民尤其是平民百姓纳入秩序中活动的最重要的工具：

> 法者，天下之度量而人主之准绳也。县法者，法不法也；设赏者，赏当赏也。法定之后，中程者赏，缺绳者诛；尊贵者不轻其罚，

---

① 《淮南子·主术训》。
② 同上。
③ 同上。

而卑贱者不重其刑；犯法者虽贤必诛，中度者虽不肖必无罪。是故公道通而私道塞矣。

故法律度量者，人主之所以执下。释之而不用，是犹无辔衔而驰也，群臣百姓反弄其上。是故有术则制人，无术则制于人。

夫民之好善乐正，不待禁诛而自中法度者，万无一也。下必行之令，从之者利，逆之者凶，日阴未移而海内莫不被绳矣。①

这些话，如果说出自商鞅、韩非、申不害、慎到之口，也没有人提出疑义。因为在韩非那里，法家已经与道家结下了不解之缘：韩非正是通过《解老》《喻老》等篇为自己的法的理论找到了哲学的基础。

《淮南子》还从法家那里吸取了"物极必反""世异事变"的进化观念，认为制度、法纪、礼乐等都随着社会的变化而兴废，"变古易常"是为了"救败扶衰"，所以"法古"和"循旧"并不是人类社会必然遵循的规律：

天地之道，极则反，盈则损。五色虽朗，有时而渝；茂木丰草，有时而落；物有隆杀，不得自若。故圣人事穷而更为，法弊而改制，非乐变古易常也，将以救败扶衰，黜淫济非，以调天地之气，顺万物之宜也。圣人天覆地载，日月照，阴阳调，四时化，万物不同，无故无新，无疏无亲，故能法天。②

先王之制，不宜则废之；末世之事，善则著之。是故礼乐未始有常也。故圣人制礼乐而不制于礼乐。治国有常，而利民为本；政教有经，而令行为上。苟利于民，不必法古；苟周于事，不必循旧。夫夏商之衰也，不变法而亡；三代之起也，不相袭而王。故圣人法与时变，礼与俗化。衣服、器械各便其用，法度制令各因其宜，故变古未可非，而循俗未足多也。③

再次，《淮南子》也吸取了儒家的许多政治观念，如虚心纳谏

---

① 《淮南子·主术训》。
② 《淮南子·泰族训》。
③ 《淮南子·氾论训》。

的思想：

> 古者天子听朝，公卿正谏，博士诵诗，瞽箴师诵，庶人传语，史书其过，宰彻其膳。犹以为未足也，故尧置敢谏之鼓，舜立诽谤之木，汤有司直之人，武王立戒慎之鞀，过若毫厘而既已备之也。夫圣人之于善也，无小而不举；其于过也，无蒙而不改。尧、舜、禹、汤、文、武皆坦然天下而南面焉。①

又如"民本"思想，它一方面要求国君为百姓创造一个良好的生产、生活条件，"安民""足用""勿夺时"，使之"生无乏用，死无转尸"，过上安乐的生活；另一方面要求国君"省事""节欲""反性""去载"，从而做到"取民有度"，使之不会因为过度榨取而生"饥寒之患"：

> 食者，民之本也。民者，国之本也。国者，君之本也。是故人君者，上因天时，下尽地财，中用人力。是以群生遂长，五谷蕃植。教民养育六畜，以时种树，务修田畴，滋植桑麻，肥墝高下，各因其宜。②

> 为治之本，务在于安民；安民之本，在于足用；足用之本，在于勿夺时；勿夺时之本，在于省事；省事之本，在于节欲；节欲之本，在于反性；反性之本，在于去载。去载则虚，虚则平。平者，道之素也；虚者，道之舍也。能有天下者，必不失其国；能有其国者，必不丧其家；能治其家者，必不遗其身；能修其身者，必不忘其心；能原其心者，必不亏其性；能全其性者，必不惑于道。③

> 人主租敛于民也，必先计岁而收，量民积聚，知饶馑有余不足之数，然后取车舆衣食供养其欲。

> 故有仁君明王，其取下有节，自养有度，则得承受于天地，而不离饥寒之患矣。④

---

① 《淮南子·主术训》。
② 《淮南子·诠言训》。
③ 《淮南子·主术训》。
④ 同上。

再如顺民之性制定礼乐制度进行教化的思想：

> 圣人之治天下，非易民性也。拊循其所有而涤荡之，故因则大，化则细矣……民有好色之性，故有大婚之礼，有饮食之性，故有大飨之谊；有喜乐之性，故有钟鼓筦弦之音；有悲哀之性，故有衰绖哭踊之节。故先王之制法也，因民之所好而为之节文者也。因其好色而制婚姻之礼，故男女有别；因其喜音而正雅、颂之声，故风俗不流；因其宁家室、乐妻子，教之以顺，故父子有亲；因其喜朋友而教之以悌，故长幼有序。然后修朝聘以明贵贱，飨饮习射以明长幼，时搜振旅以习用兵也，入学庠序以修人伦。此皆人之所有于性，而圣人之所匠成也。故无其性，不可教训；有其性，无其养，不能遵道。①

《淮南子》尽管大讲"民本""足用"和顺民之性制定礼乐制度进行教化等儒家的政治思想，但最后还是落实到它特别钟情的黄老政治的理念上，期望出现一个"上无苛令，官无烦治，士无伪行"的政风、士风、民风都淳朴无华的理想社会：

> 治国之道，上无苛令，官无烦治，士无伪行，工无淫巧，其事经而不扰，其器完而不饰。②

这种美好的社会理想，只能是一种善良的愿望，因为时时处于矛盾纠结发展中的社会，丑恶的事物总是与美好的事物相伴而行，彼此以对方的存在为前提。渴望消解矛盾，社会本身也就不存在了。

《淮南子》中还有一篇《兵略训》，阐述刘安关于军事的观点。尽管较之《六韬》《孙子》《司马法》《吴子》《尉缭子》《孙膑兵法》等先秦兵学的经典之作，它没有多少创新之处，但在总结前贤著作的基础上，还是突出了对中国古代兵学中最优秀遗产的弘扬，如对战争目的正义性的强调：

---

① 《淮南子·泰族训》。
② 《淮南子·齐俗训》。

> 古之用兵者，非利土壤之广而贪金玉之略，将以存亡继绝，平天下之乱，而除万民之害也。
>
> 兵者，所以禁暴讨乱也。炎帝为火灾，故黄帝擒之。共工为水害，故颛顼诛之。教之以道，导之以德而不听，则临之以威武，临之威武而不从，则制之以兵革。故圣人之用兵也，若栉发耨苗，所去者少，而所利者多。杀罪之民而养无义之君，害莫大焉。殚天下之财而赡一人之欲，祸莫深焉……举事以为人者，众助之；举事以自为者，众去之。众之所助，虽弱必强；众之所去，虽大必亡。

它将战争的正义性定为"除万民之害""禁暴讨乱"和"举事以为人"，进而又将这种正义性提升为"道"：

> 兵失道而弱，得道而强；将失道而拙，得道而工；国得道而存，失道而亡。所谓道者，体圆而法方，背阴而抱阳，左柔而右刚，履幽而戴明，变化无常，得一之原，以应无方，是谓神明……古得道者，静而法天地，动而顺日月，喜怒而合四时……万物百族，由本至末，莫不有序。

这里的"道"既是自然规律的体现，也是社会正义的体现。而只要合乎"道"，就能"因民之欲，乘民之力"，就会无往而不胜：

> 故得道之兵，车不发轫，骑不被鞍，鼓不振尘，旗不解卷，甲不离矢，刃不尝血，朝不易位，贾不去肆，农不离野，招义而责之，大国必朝，小城必下，因民之欲，乘民之力，而为之去残除贼也，故同利相死，同情相成，同欲相助。顺道而动，天下为响；因民而虑，天下为斗。……故明王之用兵也，为天下除害，而与万民共享其利，民之为用，犹子之为父，弟之为兄，威之所加，若崩山决塘，敌孰敢当？故善用兵者，用其自为用也；不能用兵者，用其为己用也。用其自为用，则天下莫不可用也；用其为己用，所得者鲜矣。

《淮南子》认为，同是用兵取胜，但有不同的三个层次：一是政治胜敌，"不战而屈人之兵"；二是以压倒优势的兵力逼使敌人不战而逃；三是以血战拼搏，以敌我双方的巨大牺牲而取胜。最理想的胜敌方式是不战而胜，而达到这一步的最根本的条件是"政胜其民"，即政治得到广大百姓的拥护：

> 兵之胜败，本在于政，政胜其民，下附其上，则兵强矣。民胜其政，下畔其上，则兵弱矣。故德义足以怀天下之民，事业足以当天下之急，选举足以得贤士之心，谋虑足以知强弱之势，此必胜之本也。地广人众，不足以为强；坚甲利兵，不足以为胜；高城深池，不足以为固；严令繁刑，不足以为威。为存政者，虽小必存；为亡政者，虽大必亡。

另外，《淮南子》还系统、综合地论述了一系列战略战术原则，成为汉代最系统和最完整的兵学著作之一。

第五节 司马相如与东方朔

一 司马相如的政治理想

司马相如（公元前179？—前118年），初名犬子，字长卿，蜀郡成都（今属四川）人。景帝时曾任武骑常侍，因病免。后来至梁国，为梁孝王门客，与枚乘、邹阳、严忌等著名文人相友善，以写赋驰名朝野。在邛都闲居时，他因献赋获得汉武帝召见，被任为郎官。不久以朝廷使者身份出使邛、筰有功，被任命为孝文园令。司马相如是西汉时期最著名的大文学家之一，由于他风流倜傥，放荡不羁，性格外向，才华横溢又善于表露，更加上他适逢汉朝最繁荣昌盛的时代，碰上宏图远略、好大喜功、识才爱才又善于用才的汉武帝，就使他大展文才，潇洒一世，极尽风光。他年轻时虽然"家贫无以自业"，"往舍都亭"，有点潦倒，但不久即时来运转，在富豪卓王孙的家宴上，他以一阕《凤求凰》的琴曲，赢得卓家女儿、才情俱佳的卓文君的芳心，引出了私奔的风流韵事。他不仅得到了如花似玉的夫人，而且获得了不菲的家资，跻身富豪之列。不久，又因《子虚》《上林》《大人》《美人》《长门》诸赋绘形绘色地描绘了大汉帝国强盛时期的万千气象和显赫声威，博得武帝的欢心。一时宠贵莫比，身价倍增，"千金难买相如赋"。从而使他如鱼得水般地周旋于皇帝嫔妃、达官贵人、名媛淑女之间,享尽荣华富贵和声色犬马之乐。他还以中郎将的高官持节通西南夷,衣锦还乡,"至蜀,太守以下郊迎,县令负弩矢先驱,蜀人以为宠",① 致使他的功名心和荣誉感得到了极大满足。司马相如临终时,汉武帝还命使者速去他家取视遗书,希望看到他对国事的最后意见。由此可见他在皇帝心目中具有举足轻重的位置。综观司马相如一生,可谓生荣死哀,一个知识分子在当时梦寐以求的东西,他几乎都得到了。作为同类同辈中的佼佼者,他受到命运之神的最大眷顾。

司马相如算不上思想家,但在他的文章中仍然能够透出某些政治理念。例如,在《上林》赋中,可以窥见他对君王恤民救贫的肯定和对奢侈劳民的谴责:

> 地可垦辟,悉为农郊,以赡氓隶,隤墙填堑,使山泽之民得至焉。实陂池而勿禁,虚宫馆而勿仞,发仓廪以救贫民,补不足,恤鳏寡,存孤独,出德号,省刑罚,改制度,易服色,革正朔,与天下为始。
>
> 若夫终日驰骋,劳神苦形,罢车马之用,抏士卒之精,费府库之财,而无德厚之恩,务在独乐,不顾众庶,忘国家之政,贪雉兔之获,则仁者不繇也。②

在《哀秦二世赋》中,通过对二世"持身不谨"和"信谗不寤"而"亡国失势""宗庙灭绝"的前车之鉴的揭示,寄托着他对帝王以修身求治国的强烈希冀。在《难蜀父老》一文中,他通过与蜀父老的辩驳,对武帝武力拓边和治理少数民族政策进行了有力的辩护:

> 耆老大夫搢绅先生之徒二十有七人,俨然造焉。辞毕,进曰:"盖闻天子之于夷狄也,其义羁縻勿绝而已。今罢三郡之士,通夜郎之途,三年于兹,而功不竟,士卒劳倦,万民不赡;今又接之以西夷,百姓力屈,恐不能卒业,此亦使者之累也,窃为左右患之。且夫邛、筰、西僰之与中国并也,历年兹多,不可记已。仁者不以德来,

---

① 《汉书》卷57《司马相如传》。
② 同上。

强者不以力并,意者殆不可乎!今割齐民以附夷狄,弊所恃以事无用,鄙人固陋,不识所谓。"……

"……'普天之下,莫非王土;率土之滨,莫非王臣。'是以六合之内,八方之外,浸淫衍溢,怀生之物有不浸润于泽者,贤君耻之。今封疆之内,冠带之伦,咸获嘉祉,靡有阙遗矣。而夷狄殊俗之国,辽绝异党之域,舟车不通,人迹罕至,政教未加,流风犹微,内之则犯义侵礼于边境,外之则邪行横作,放杀其上,君臣易位,尊卑失序,父兄不辜,幼孤为奴虏,系絫号泣。内详而怨,曰:'盖闻中国有至仁焉,德洋恩普,物靡不得其所,今独曷为遗己!'举踵思慕,若枯旱之望雨,戾夫为之垂涕,况乎上圣,又乌能已?故北出师以讨强胡,南驰使以诮劲越,四面风德,二方之君鳞集仰流,愿得受号者以亿计。故乃关沫、若,徼牂柯,镂灵山,梁孙原,创道德之途,垂仁义之统,将博恩广施,远抚长驾,使疏逖不闭,曶爽暗昧得耀乎光明,以偃甲兵于此,而息讨伐于彼。遐迩一体,中外禔福,不亦康乎?夫拯民于沈溺,奉至尊之休德,反衰世之陵夷,继周氏之绝业,天子之急务也。百姓虽劳,又恶可以已哉?"①

应该肯定,尽管这个辩护词充溢着大汉族主义的气息,但却将中国与四夷一体的思想发挥得淋漓尽致。他认为百姓为武帝拓边抚四夷付出的巨大生命财产的牺牲是值得的。这种思想是与武帝天下一家的宏阔的民族意识相通的。

二 东方朔的政治思想

东方朔(公元前145—前93年),字曼倩,西汉平原厌次(今山东德州市陵城区)人。少年时代读书用功,博览群书,特别好古传书,爱经术,读了不少外家语,形成博杂的知识系统。汉武帝即位后,通过举贤良文学对策,招揽天下贤能才力之士,东方朔上书自荐,将自己吹成古之所无、今之仅有的人才,得以待诏金马门,后任常侍郎,转升太中大夫。由于他博学多识,滑稽诙谐,善解人意,能化疑难,成为武帝的开心果。他在武帝身边服务,时时察言观色,切言直谏,一些建议得到武帝的采纳。

---

① 《汉书》卷57《司马相如传》。

东方朔自视甚高,一直期望获得高官,冀以建立丰功伟业。但汉武帝却一贯将他视为俳优,用于解颐,压根就没有把他放在担当重任的重臣之列。所以,东方朔一生就在自己和皇帝构筑的错位的悲剧中度过。心比天高,位卑言轻;豪情满怀,倍受冷落。

东方朔流传后世的著作虽多,但大多为托名之作。除了《汉书》本传记载的谏书和赋、文基本可以确定为其著作外,其他如《灵棋经》《占讫送神词》《神异经》《十洲记》等也大都被学者判为伪托之作。东方朔也算不上思想家,但在其谏书和赋、文也可以看出他的某些政治观点。例如,在仿屈原《离骚》而作的《怨世》中,他就抨击了"贤士穷"而"谗谀进"的人妖颠倒的黑暗官场:

> 贤士穷而隐处兮,廉发正而不容。子胥谏而靡躯兮,比干忠而剖心。子推自割而饲君兮,德日进而怨深。行明白而日黑兮,荆棘聚而成林。茳蓠弃于穷巷兮,蒺藜蔓乎东厢。贤者蔽而不见兮,谗谀进而相朋。枭鸮并进而俱鸣兮,凤凰飞而高翔。愿壹往而径逝兮,道壅绝而不通。①

在《谏除上林苑》中,东方朔对武帝欲将上林苑扩大至整个南山、不惜与民争地的举措极力谏诤:

> 夫南山,天下之阻也。南有江淮,北有河渭。其地从汧陇以东,商雒以西,厥壤肥饶。汉兴,去三河之地,止霸产以西,都泾渭之南,此所谓天下陆海之地,秦之所以虏西戎兼山东者也。其山出玉、石、金、银、铜、铁、豫章、檀、柘,异类之物,不可胜原,此百工所取给,万民所卬足也。又有秔、稻、梨、栗、桑、麻、竹箭之饶,土宜姜芋,水多蛙鱼,贫者得以人给家足,无饥寒之忧。故丰镐之间,号为土膏,其贾亩一金。今规以为苑,绝陂池水泽之利,而取民膏腴之地;上乏国家之用,下夺农桑之业;弃成功,就败事,损耗五谷,是其不可一也。且盛荆棘之林,而长养麋鹿,广狐兔之苑,大虎狼之虚;又坏人冢墓,发人室庐,令幼弱怀土而思,耆老泣涕而

---

① 《两汉全书》第4册,第2249页。

悲,是其不可二也。斥而营之,垣而围之;骑驰东西,车鹜南北;又有深沟大渠。夫一日之乐,不足以危无隄之舆,是其不可三也。故务苑囿之大,不恤农时,非所以强国富人也。夫殷作九市之宫而诸侯畔,灵王起章华之台而楚民散,秦兴阿房之殿而天下乱。粪土愚臣,忘生触死,逆圣意,犯隆指,罪当万死,不胜大愿,愿陈泰阶六符,以观天变,不可不省。①

这里,东方朔不计利害、力排众议,不顾官微言轻,勇敢地站出来向汉武帝进谏,详细地阐述了不应该扩大上林苑的三点理由,显示的是他为国、为民、为君的一片忠心。特别是他重点指明扩建上林苑给该地百姓带来的危害,集中表现了他对民生疾苦的关注和同情。在当时多数朝臣都顺从汉武帝意旨,甚至变本加厉阿谀逢迎的情况下,他的行动更显得难能可贵。其中透出的是他的民本意识。

东方朔坚定地认为,国家的法纪必须不折不扣地维护,任何人都不应该享有法外的权力。这表现在他对两件事的态度。一是对汉武帝外甥昭平君的处理。汉武帝的妹妹隆虑公主有个儿子名叫昭平君,他又娶了汉武帝的女儿夷安公主为妻。这是一次姑表联姻。不久,隆虑公主得了不治之症,她为自己那个骄奢不法、好惹是生非的儿子的命运担忧,就拿出金千斤、钱千万为儿子预赎死罪。这本来就是不合法度的,但汉武帝碍于兄妹情谊,也就答应了。公主死后,昭平君这位驸马爷依然不知收敛,继续横行无忌,一天喝醉了酒,竟然将公主的主官傅姆杀死。他被收入廷尉监狱,依法判为死刑。这时许多人都为之说情,汉武帝完全可以赦免他。但汉武帝经过认真考虑后,还是依法批准了对昭平君处以死刑。此时的武帝因亲情和法纪的纠结而懊恼,群臣也不知如何安慰他。这时唯有东方朔站出来,手持酒杯,为汉武帝祝福:

臣闻圣王为政,赏不避仇雠,不择骨肉。《书》曰:"不偏不党,王道荡荡。"此二者五帝所重,三王所难也。陛下行之,是以四海之内,元元之民各得其所,天下幸甚。臣朔奉觞昧死再拜,上万

---

① 《汉书》卷65《东方朔传》。

岁寿。①

二是东方朔对武帝姑母馆陶公主面首董偃的刁难，直斥他的行为不合法度，拒绝他参加武帝在宣室举行的宴会：

> 偃以人臣私侍公主，其罪一也。败男女之化而乱婚姻之礼，伤王制，其罪二也。陛下富于春秋，方积思于六经，留神于王事，驰骛于唐虞，折节于三代，偃不遵经劝学，反以靡丽为右，奢侈为务，尽狗马之乐，极耳目之欲，行邪枉之道，径淫辟之路，是乃国家之大贼人，主之大蜮也。偃为淫首，其罪三也。②

这里东方朔对公主私事的干预似乎有点小题大做，但他维护法纪的精神是值得肯定的。

在《化民有道对》中，东方朔以对比的手法，揭露汉武帝的奢侈，要求汉武帝改弦更张，引领社会风气的转化：

> 尧、舜、禹、汤、文、武、成、康，上古之事，经历数千载，尚难言也，臣不敢陈。愿近述孝文皇帝之时，当世耆老皆闻见之。贵为天子，富有四海，身衣弋绨，足履革舄，以韦带剑，莞蒲为席，兵木无刃，衣缊亡文，集上书囊以为殿帷，以道德为丽，以仁义为准，于是天下望风成俗，昭然化之。今陛下以城中为小，图起建章，左凤阙，右神明，号称千门万户。木土衣绮绣，狗马被缋罽，宫人簪瑇瑁，垂珠玑；设戏车，教驰逐，饰文采，丛珍怪；撞万石之钟，击雷霆之鼓，作俳优，舞郑女。上为淫侈如此，而欲使民独不奢侈失农，事之难者也。陛下诚能用臣朔之计，推甲乙之帐，燔之于四通之衢，却走马，示不复用，则尧、舜之隆宜可与比治矣。《易》曰：正其本，万事理；失之毫厘，差以千里。愿陛下留意察之。③

---

① 《汉书》卷65《东方朔传》。
② 同上。
③ 同上。

接着，东方朔又借非有先生与吴王的对话，列举历史上圣君贤才德能互补、相得益彰的故事，劝诫最高统治者重用贤才，励精图治，重现盛世之局：

> 于是正明堂之朝，齐君臣之位，举贤材，布德惠，施仁义，赏有功；躬亲节俭，减宫宫之费，损车马之用；放郑声，远佞人，省庖厨，去侈靡；卑宫馆，坏苑囿，填池堑，以予贫民无产业者；开内臧，振贫穷，存耆老，恤孤独；薄赋敛，省刑辟。行此三年，海内晏然，天下大洽，阴阳和调，万物咸得其宜；国无灾害之变，民无饥寒之色，家给人足，畜积有余，囹圄空虚；凤凰来集，麒麟在郊，甘露既降，朱草萌牙；远方异俗之人，乡风慕义，各奉其职而来朝贺。故治乱之道，存亡之端，若此易见，而君人者莫肯为也，臣愚窃以为过，故《诗》云："王国克生，惟周之桢，济济多士，文王以宁。"此之谓也。①

东方朔对自己政治理想的表述，总带着极其浓烈的浪漫气息。他把治理国家看得太容易，认为只要君王按他说的办，国家和社会就会立竿见影地显出成效，他描绘的唐尧虞舜盛世立马就会降临人间。这显然是一种非常幼稚的遐想。其实，他所阐述的政治思想，基本上都是儒家传统理念的复述，很少有创新之点。由于他基本上不具备治世之臣的才干，所以汉武帝对他的唠叨总是姑妄听之。即使看上去很激烈的言论，也不与计较，因为在汉武帝看来，他的所有言论，不过是俳优的插科打诨而已。

第六节 《史记》展示的政治思想

一 "中国史学之父"

西汉时期，产生了我国古代历史上最伟大的史学巨著《史记》，它的作者就是被誉为"中国历史学之父"的司马迁。司马迁，字子长，西汉左冯翊夏阳（今陕西韩城）人。生卒年史传无明确记载，据王国维考证，其生年当在汉景帝中元五年（公元前145年），卒年大约与汉武帝相同，

---

① 《汉书》卷65《东方朔传》。

活了60岁左右。他的父亲司马谈为西汉太史令,是一位在自然科学、哲学、史学等领域都有相当造诣的学者,著有《论六家要旨》一文,分析战国诸子各家的长短得失,对道家特别推崇,这对司马迁产生了很大影响。司马迁少年时即随父到长安。他10岁诵古文,博览群书。25岁开始游历,足迹至江淮、齐、鲁等地。后任郎中,以职务之便,到过西南的巴、蜀、昆明,西方的空峒(今甘肃东南),北方的涿鹿和九原(今河北北部和内蒙古南部),东临大海的胶东、琅邪、扬州、会稽等郡。广泛的读书和游历,使他获得大量文献资料和生动丰富的感性知识,加深了对政治、经济、军事、文化以及诸多社会问题的认识,为写《史记》准备了条件。元封元年(公元前110年),司马迁36岁时其父病逝,临终留下遗嘱要求他撰写一部通史。元封三年(公元前108年),司马迁继任太史令,开始了《史记》的写作。天汉三年(公元前98年),因他为兵败降匈奴的李陵讲了几句公道话,触怒了汉武帝,被下狱处以腐刑。面对这一奇耻大辱,司马迁隐忍苟活,把全部精力用于著书。太始四年(公元前93年),基本上完成了这部"究天人之际,通古今之变,成一家之言"①的历史巨著。

《史记》最早称《太史公书》,直到魏晋时期才以《史记》名书。《史记》记事上起传说中的黄帝,下迄西汉武帝,约三千余年的历史。全书分12本纪、10表、8书、30世家、70列传,共130篇,是我国第一部纪传体的通史。其中"本纪"是帝王的传记,它以事系年,成为全国性的编年大事记,全书的总纲。"世家"是王侯封国、开国功臣和有特殊影响人物的传记。"传"是将相功臣、社会各阶层代表人物的传记。"世家""列传"都是以事系人。"表"是以表格的形式谱列年爵、事件及人物,用以标明各主要历史事件的时间位置,以展示治乱兴亡的概略。"书"记载典章、制度、经济、天文、地理和艺术等内容,如《礼书》述礼仪,《乐书》论音乐,《律书》谈音律,《历书》记历法,《天官书》汇集古代天文知识,《封禅书》记录历代帝王对各种鬼神的祭祀,《河渠书》记载主要水利工程,《平准书》记述汉代社会经济状况,特别是汉朝经济政策的演变。

《史记》内容宏富,体大思精,不仅记述了帝王将相的活动,也写了

---

① 《史记》卷130《太史公自序》。

各阶层代表人物的行状；不仅关注政治军事，也关注经济文化。班固称颂该书"涉猎广博，贯穿经传，驰骋古今上下数千年间"。刘知几也赞誉该书"语其通博，真作者之涵海也"。司马迁为撰写该书，不仅广泛搜集现存文献，还亲自到各地做实际调查。例如他为了写《五帝本纪》去会稽"探禹穴"，为了写《孔子世家》曾经适鲁，观仲尼庙堂，为了写《淮阴侯列传》曾到韩信的故乡，访问淮阴父老。《史记》还是一部优美的文学作品，叙述复杂的史实，有条有理，描写人物，栩栩如生。刘向说："迁有良史之才，善序事理。"郑樵也说："百代而下，史官不能易其位，学者不能舍其书。"鲁迅更称赞它为"无韵之离骚，史家之绝唱"。① 《史记》表现了司马迁进步的史学思想和政治观点。他推崇发展进化，重视经济生活在历史发展中的作用，同情下层人民，承认他们的历史地位，造反的陈涉被列入"世家"，游侠、医生、日者（占卜之人）也被立传介绍和歌颂。他还专门为农、工、商、虞四者立《货殖列传》，称颂他们从事的活动是"民所衣食之原"。同时，他敢于大胆揭露封建专制制度的罪恶，如秦始皇、汉武帝等封建帝王诛杀功臣、穷奢极欲、迷信鬼神和穷兵黩武的罪行，都受到淋漓尽致的揭露与抨击。其他如酷吏的凶横贪残，奸臣的狡诈虚伪，佞臣的溜须拍马，都在司马迁笔下受到揶揄和鞭挞。班固所指责的《史记》的缺陷——"其是非颇谬于圣人，论大道则先黄老而后六经，序游侠则退处士而进奸雄，述货殖则崇势利而羞贫贱"② ——正是司马迁高明的地方。当然，司马迁也有他的历史的和阶级的局限性，例如他说秦始皇统一是"天所助焉"，刘邦的成功是"受命而帝"，他还认为"三王之道若循环，周而复始"等，这些都是历史唯心论和英雄史观的显现。

司马迁死后，其书并未公开流行。直至汉宣帝时，他的外孙杨恽才将其公之于世。但其时抄本甚少，流传不广，且散失了《孝武本纪》全篇。元帝、成帝间，博士褚少孙对《史记》加以补缺和续撰，使汉代的更多史料得以附载流传。《史记》是中国古代史籍的典范，它的出现标志着我国古代史学已走向成熟，是我国学术界划时代的大事，它不仅对中国史学的发展产生了巨大而深远的影响，而且超越国界，翻译成许多国家的文字

---

① 鲁迅：《汉文学史纲要》，《鲁迅全集》第 8 卷，人民文学出版社 1959 年版，第 308 页。
② 《汉书》卷 62《司马迁传》。

在世界上流传，为我们的民族赢得了荣誉。

二 儒道互补的政治思想

司马迁尽管难以摆脱时代的局限，但他作为那个时代最伟大的历史学家，其对政治、经济、思想文化等诸多社会历史问题所投去的深邃目光和深入思考，都远远超过了同时代人的水平。

司马迁时代的思潮，是儒、道互黜又互相吸收。一方面是黄老思想借助黄老政治暂领时代风骚，另一方面是儒学在经历自我改造后呈后来居上之势。这种格局也给司马迁的思想打上鲜明的印记。他钟情于道家的基本思想，同时又推崇儒家的不少理念，从而将儒道和谐地结合在一起，塑造了自己思想的个性特征。

司马迁的父亲司马谈笃信黄老思想，他的《论六家要旨》是中国思想史上的一篇名文，在这篇文章中，他对儒、墨、名、法、阴阳五家都是既有肯定也有否定，唯独对道家送上了近乎完美无瑕的赞美词：

> 道家使人精神专一，动合无形，赡足万物。其为术也，因阴阳之大顺，采儒墨之善，撮名法之要，与时迁移，应物变化，立俗施事，无所不宜，指约而易操，事少而功多……道家无为，又曰无不为，其实易行，其辞难知。其术以虚无为本，以因循为用。无成势，无常形，故能究万物之情。不为物先，不为物后，故能为万物主。有法无法，因时为业；有度无度，因物与合。故曰"圣人不朽，时变是守。虚者道之常也，因者君之纲"也。群臣并至，使各自明也。其实中其声者谓之端，实不中其声者谓之窾。窾言不听，奸乃不生，贤不肖自分，白黑乃形。在所欲用耳，何事不成。乃合大道，混混冥冥。光耀天下，复反无名。凡人所生者神也，所托者形也。神大用则竭，形大劳则敝，形神离则死。死者不可复生，离者不可复反，故圣人重之。由是观之，神者生之本也，形者生之具也。不先定其神形，而曰"我有以治天下"，何由哉？①

司马谈认为道家综合了各学派的优点，"采儒墨之善，撮名法之要，

---

① 《史记》卷130《太史公自序》。

与时迁移，应物变化，立俗施事，无所不宜"，国君无为而无不为，臣子各司其职，君臣互补，各得其所，是最"合大道"的政治哲学。不过，司马谈的学派立场与战国各思想学术流派相比，已经显得更加理性和公允，这表现在他对其他学派的切中肯綮的肯定上。他肯定阴阳家的"序四时之大顺"，肯定儒家的"序君臣父子之礼，列夫妇长幼之别"，肯定墨家的"强本节用"，肯定法家的"正君臣上下之分"，肯定名家的"正名实"等，显示了他对各家兼收并蓄、择善而取的正确态度。司马迁继承了父亲的这一思想，在主要赞同道家思想的前提下，有选择地吸纳了其他学派中他认为正确的观点和理念。首先，他认为追求美好的生活是所有人的自然本性，国君和政府应该承认这种要求的合理性，加以利导和教诲，既不要强行规范他们的活动，更不能与之争利：

> 太史公曰：夫神农以前，吾不知已。至若《诗》《书》所述虞夏以来，耳目欲极声色之好，口欲穷刍豢之味，身安逸乐，而心夸矜势能之荣。使俗之渐民久矣，虽户说以眇论，终不能化。故善者因之，其次利道之，其次教诲之，其次整齐之，最下者与之争……故曰："仓廪实而知礼节，衣食足而知荣辱。"礼生于有而废于无。故君子富，好行其德；小人富，以适其力。渊深而鱼生之，山深而兽往之，人富而仁义附焉。富者得势益彰，失势则客无所之，以而不乐。夷狄益甚。谚曰："千金之子，不死于市。"此非空言也。故曰："天下熙熙，皆为利来，天下攘攘，皆为利往。"夫千乘之王，万家之侯，百室之君，尚犹患贫，而况匹夫编户之民乎！①

在司马迁看来，求利不仅是人的本性，而且富裕的程度与道德水准的高下成正比，所以，政治的功能就是承认人们的求利并使这种求利的活动在正常秩序的范围内进行。正是从这一认识出发，他对吕后掌权、曹参任相国时期的西汉政治持肯定态度，因为当时指导政治运行的是黄老思想：

> 太史公曰：孝惠皇帝、高后之时，黎民得离战国之苦，君臣俱欲休息乎无为，故惠帝垂拱，高后女主称制，政不出房户，天下晏然。

---

① 《史记》卷129《货殖列传》。

刑罚罕用,罪人是希,民务稼穑,衣食滋殖。①

太史公曰:曹相国参攻城野战之功所以能多若此者,以与淮阴侯俱。及信已灭,而列侯成功,唯独参擅其名。参为汉相国,清静极言合道。然百姓离秦之酷后,参与休息无为,故天下俱称其美矣。②

其次,司马迁大量吸收了儒家的尊君、礼贤、民本、仁政、礼义廉耻、贵贱尊卑以及法家的以法治民防奸等理论,目的是期望国家和社会在和谐有序的状态下运行。出于尊君和加强中央集权的理念,他对刘邦剪灭异姓诸侯王的举措基本上持肯定态度,赞扬文、景、武数代君王削弱同姓诸侯王的政策是"强本干,弱枝叶"所必须,同时对一些诸侯王的死灭表示了批判的态度:

汉定百年之间,亲属益疏,诸侯或骄奢,忕邪臣计谋为淫乱,大者叛逆,小者不轨于法,以危其命,殒身亡国。天子观于上古,然后加惠,使诸侯得推恩分子弟国邑,故齐分为七,赵分为六,梁分为五,淮南分三,及天子支庶子为王,王子支庶为侯,百有余焉。吴、楚时前后诸侯或以适削地,是以燕、代无北边郡,吴、淮南、长沙无南边郡,齐、赵、梁、楚支郡名山陂海咸纳于汉。诸侯稍微,大国不过十余城,小侯不过数十里,上足以奉贡职,下足以供养祭祀,以蕃辅京师。而汉郡八九十,形错诸侯间,犬牙相临,秉其阸塞地利,强本干,弱枝叶之势也,尊卑明而万事各得其所矣。③

太史公曰:假令韩信道学谦让,不伐己功,不矜其能,则庶几哉,于汉家勋可比周、召、太公之徒,后世血食矣。不务出此,而天下已集,乃谋畔逆,夷灭宗族,不亦宜乎!④

太史公曰:《诗》之所谓"戎狄是膺,荆舒是惩",信哉是言也。淮南、衡山亲为骨肉,疆土千里,列为诸侯,不务遵蕃臣职以承辅天子,而专挟邪僻之计,谋为畔逆,仍父子再亡国各不终其身,为天

---

① 《史记》卷9《吕太后本纪》。
② 《史记》卷54《曹相国世家》。
③ 《史记》卷17《汉兴以来诸侯年表》。
④ 《史记》卷92《淮阴侯列传》。

下笑。①

司马迁虽然极力维护皇帝的独尊和中央集权,但是要求皇帝和各级官府时刻将民本、仁政作为最核心的执政理念。他笃信孔子"导之以政,齐之以刑,民免而无耻。导之以德,齐之以礼,有耻且格"的名言,笃信老子"上德不德,是以有德;下德不失德,是以无德。法令滋章,盗贼多有"的教诲,猛烈谴责夏桀、商纣等独夫民贼的虐民害物的暴政,借贾谊的《过秦论》,对秦始皇、秦二世残民以逞的酷烈政治进行无情的鞭挞。对迷信长生之术、屡屡被骗、劳民伤财而迟迟不醒悟的汉武帝施予辛辣的讽刺。在《史记·项羽本纪》中,他既充分肯定项羽世罕其匹的军事才干和推翻秦朝的历史功绩,又毫不客气地指出其失败的根本原因是"欲以力征经营天下",没有在政治上回应百姓的迫切要求:

> 夫秦失其政,陈涉首难,豪杰蜂起,相与并争,不可胜数。然羽非有尺寸,乘势起陇亩之中,三年,遂将五诸侯灭秦,分裂天下,而封王侯,政由羽出,号为霸王,位虽不终,近古以来未尝有也。及羽背关怀楚,放逐义帝而自立,怨王侯叛己,难矣。自矜功伐,奋其私智而不师古,谓霸王之业,欲以力征经营天下,五年卒亡其国,身死东城,尚不觉寤而不自责,过矣矣。乃引"天亡我,非用兵之罪也",岂不谬哉!

他专设《酷吏传》,一方面记载并批判酷吏草菅人命、对百姓肆意杀罚、滥施刑威的酷烈之行;另一方面也赞扬他们中的部分人"据法守正"的"伉直"品格:

> 太史公曰:自郅都、杜周十人者,此皆以酷烈为声。然郅都伉直,引是非,争天下大礼。张汤以知阴阳,人主与俱上下,时数辩当否,国家赖其便。赵禹时据法守正。杜周从谀,以少言为重。自张汤死后,网密,多诋严,官事浸以耗废。九卿碌碌奉其官,救过不赡,何暇论绳墨之外乎!然此十人中,其廉者足以为仪表,其污者足以为

---

① 《史记》卷118《淮南衡山列传》。

戒,方略教导,禁奸止邪,一切亦皆彬彬质有其文武焉。虽惨酷,斯称其位矣。至若蜀守冯当暴挫,广汉李贞擅磔人,东郡弥仆锯项,天水骆璧推减,河东褚广妄杀,京兆无忌、冯翊殷周蝮鸷,水衡阎奉扑击卖请,何足数哉!何足数哉!①

他专设《佞幸传》,记载并批判那些对国君溜须拍马、引导其骄奢淫逸的奸佞小人。专设《循吏传》,对那些"奉职循理","所居民富,所去见思,生有荣号,死见奉祀"的循吏,记载其事迹并加以衷心的颂扬。他感慨万端地说:"法令所以导民也,刑罚所以禁奸也。文武不备,良民惧然身修者,官未曾乱也。奉职循理,亦可以为治,何必威严哉?"② 他为敢于顶住文帝压力、仅处罚犯跸惊皇帝车骑的人以金钱的廷尉张释之立传,称赞他"守法不阿意"的刚直之风。

司马迁钟情贤人理政,他说:"国之将兴,必有祯祥,君子用而小人退。国之将亡,贤人隐,乱臣贵。"③ 他极力赞扬子产、子贱、西门豹等作为贤人为官的政绩,说:"传曰:'子产治郑民不能欺;子贱治单父,民不忍欺;西门豹治邺,民不敢欺。'三子之才能谁最贤哉?治者当能别之。"④ 而对李斯、蒙恬不顾百姓死活,助秦始皇为虐,则持鲜明的批判态度:

> 李斯以闾阎历诸侯,入事秦,因以瑕衅,以辅始皇,卒成帝业,斯为三公,可谓尊矣。斯知六艺之归,不务明政以补主上之缺,持爵禄重,阿顺苟合,严威酷刑,听高邪说,废嫡立庶。诸侯已畔,斯乃欲谏争,不亦末乎!人皆以斯极忠而被五刑死,察其本,乃与俗议之异。不然,斯之功且与周、邵列矣。⑤

> 我适北边,自直道归,行观蒙恬所为秦筑长城亭障,堑山堙谷,通直道,固轻百姓力矣。夫秦之初灭诸侯,天下之心未定,痍伤者未瘳,而恬为名将,不以此时强谏,振百姓之急,养老存孤,务修众庶

---

① 《史记》卷122《酷吏列传》。
② 《史记》卷119《循吏列传》。
③ 《史记》卷50《楚元王世家》。
④ 《史记》卷126《滑稽列传》。
⑤ 《史记》卷87《李斯列传》。

之和，而阿意兴功，此其兄弟遇诛，不亦宜乎？何乃罪地脉哉？①

司马迁十分推崇礼在维系等级秩序中的作用。他解释礼的起源说："礼由人起。人生有欲，欲而不得，则不能无忿，忿而无度，则争，争则乱。先王恶其乱，故制礼义以养人之欲，给人之求，使欲不穷于物，物不屈于欲，二者相待而长，是礼之所起也。"肯定礼的作用是"贵贱有等，长少有差，贫富轻重皆有称"。既满足人们的各种需求，又使这种满足符合"尊卑贵贱之序"：

> 天尊地卑，君臣定矣。高卑已陈，贵贱位矣。②
> 人道经纬万端，规矩无所不贯，诱进以仁义，束缚以刑罚，故德厚者位尊，禄重者宠荣，所以总一海内而整齐万民也。人体安驾乘，为之金舆错衡以繁其饰；目好五色，为之黼黻文章以表其能；耳乐钟磬，为之调谐八音以荡其心；口甘五味，为之庶羞酸醎以致其美；情好珍善，为之琢磨圭璧以通其意。故大路越席，皮弁布裳，朱弦洞越，大羹元酒，所以防其淫侈，救其彫敝。是以君臣朝廷尊卑贵贱之序，下及黎庶车舆衣服宫室饮食嫁娶丧祭之分，事有宜适，物有节文。③

司马迁由礼推至各种制度，认定制度的健全和有序运行是维持国家和社会正常秩序的必要条件，但是，所有的制度和人们的行为，只有体现了"道"的原则才能收到预期的效果，这个"道"体现为自然界和人类社会的总规律：

> 治辨之极也，强固之本也，威行之道也，功名之总也，王公由之，所以一天下，臣诸侯也；弗由之，所以捐社稷也。故坚革利兵不足以为胜，高城深池不足以为固，严令繁刑不足以为威。由其道则行，不由其道则废。楚人鲛革犀兕，所以为甲，坚如金石；宛之钜铁

---

① 《史记》卷88《蒙恬列传》。
② 《史记》卷23《礼书》。
③ 同上。

施,错如蜂虿,轻利剽遫,卒如熛风。然而兵殆于垂涉,唐昧死焉。庄蹻起,楚分而为四参。是岂无坚革利兵哉?其所以统之者非其道故也。汝颍以为险,江汉以为池,阻之以邓林,缘之以方城,然而秦师至鄢郢,举若振槁。是岂无固塞险阻哉?其所以统之者非其道故也。纣剖比干,囚箕子,为炮烙,刑杀无辜,时臣下懔然,莫必其命。然而周师至,而令不行乎下,不能用其民。是岂令不严,刑不峻哉?其所以统之者非其道故也。古者之兵,戈矛弓矢而已,然而敌国不待试而诎,城郭不集,沟池不掘,固塞不树,机变不张,然而国晏然不畏外而固者,无他故焉,明道而均分之,时使而诚爱之,则下应之如景响。有不由命者,然后俟之以刑,则民知罪矣。故刑一人而天下服。罪人不尤其上,知罪之在己也。是故刑罚省而威行如流,无他故焉,由其道故也。故由其道则行,不由其道则废。①

司马迁这里所讲的"道",所表述的政治思想,其核心实际上仍然是儒家德治的理念。

第七节 《盐铁论》展现的不同政治理念

一 桑弘羊其人及其法家的政治观念

汉昭帝始元六年(公元前81年),朝廷召开了著名的"盐铁会议",召集在野的知识分子的代表贤良文学,就国家的大政方针,尤其是经济政策,如盐铁官营问题,征求意见。会上发生了激烈的辩论。代表政府出场、捍卫盐铁官营政策的是时任御史大夫的桑弘羊。

桑弘羊(公元前152—前80年),洛阳(今河南洛阳东)人,商贾之子。13岁进入汉宫廷做郎官,在武帝身边服务。元封元年(公元前110年)任治粟都尉,领大司农,从此执掌汉朝财政经济大权达30多年之久,他也成为当时为数不多的大富豪。在与贤良文学辩论时,他不无得意地炫耀自己发财致富的经历:

大夫曰:"余结发束脩,年十三幸得宿卫,给事辇毂之下,以至

---

① 《史记》卷23《礼书》。

卿大夫之位，获禄受赐，六十有余年矣。车马衣服之用，妻子仆养之费，量入为出，俭节以居之。奉禄赏赐，一二筹策之，积浸以致富成业。故分土若一，贤者能守之。分财若一，知者能筹之。夫白圭之废著，子贡之三至千金，岂必赖之民哉？运之方寸，转之息耗，取之贵贱之间耳。"①

在桑弘羊执掌汉朝财政经济大权30多年的岁月里，正是汉武帝实施他"内兴功作，外攘夷狄"的大有为政治的时期。这一时期，所有汉武帝出台的加强专制主义中央集权的政策措施，尤其是经济方面的统一货币、盐铁官营、酒专卖、平准均输、算缗告缗等，有的是桑弘羊提出并主持实施，有的是他参与其中积极推动进行。这些政策措施最大限度地以利税的形式将国民财富集中到政府手中，收到了"民不益赋而天下用饶"②的效果，支持了汉武帝一系列加强中央集权措施的实施以及北伐匈奴、南平闽越、凿通西域、收服西南夷等军事外交行动的成功。

由于桑弘羊对汉武帝矢志忠贞并特别善于领会他的意图且政绩卓著，因而得到了汉武帝的绝对信任，所以到汉武帝病逝前，他已经升至御史大夫的高官。汉武帝病逝后，他又与霍光、上官桀、金日䃅作为顾命大臣辅佐年轻的汉昭帝执掌国柄。然而，因为桑弘羊与时任大司马大将军的霍光矛盾日益尖锐，所以他就卷入了燕王刘旦和盖长公主（皆为武帝子女）、左将军上官桀、车骑将军上官安等的夺取皇位的政变阴谋，企图以刘旦代替昭帝并诛灭首席顾命大臣霍光一族。元凤元年（公元前80年）九月，这一阴谋败露，昭帝下诏将上官桀、上官安父子、桑弘羊和盖长公主的面首丁外人等下狱诛杀，刘旦自缢身死。在经济财政上以精于计算出名的桑弘羊，在这场统治集团内部的政治斗争中却严重失算，最后被老谋深算的霍光送上了断头台。

桑弘羊尽管生活在汉武帝实行"罢黜百家，独尊儒术"的思想文化政策的岁月里，但作为一个具有商人家庭背景、精明而又务实的经济财政专家，他在政治思想上却旗帜鲜明地表述了法家的立场和理念。在两汉时期，他是最后一个具有如此鲜明法家特色的人物。桑弘羊虽然在西汉历史

---

① 《盐铁论·贫富》。
② 《汉书》卷24《食货志》。

上是一个不可或缺的重要人物,然而,煌煌 80 余万字的《汉书》却没有为他立传。他的主要思想资料集中在桓宽编辑的《盐铁论》一书中。

桑弘羊政治思想最突出的特色就是钟情法家的基本理念,认为要想治理好国家,做到国泰民安,首要条件是必须有雄厚的经济基础,有充裕的财税收入作支撑。所以,凡是能够增加财政收入的社会事业都应该受到重视,得到发展。农业固然重要,但能提供巨大利税的工商业同样重要:

> 大夫曰:"古之立国家者,开本末之途,通有无之用,市朝以一其求,致士民,聚万货。农商工师,各得所欲,交易而退。《易》曰:'通其变,使民不倦。'故工不出,则农用乏;商不出则宝货绝。农不出,则谷不殖;宝货绝则用匮。故盐、铁、均输,则所以通委财而调缓急。"①

> 大夫曰:"自京师东西南北,历山川,经郡国,诸殷富大都,无非街衢五通,商贾之所臻,万物之所殖者。故圣人因天时,知者因地财,上士取诸人,中士劳其形。长沮、桀溺无百金之积,跖、蹻之徒无狞顿之富。宛、周、齐、鲁,商遍天下,故乃贾之富或累万金,追利乘羡之所致也。富国何必用本农,足民何必井田也。"②

> 大夫曰:"贤圣治家非一室,富国非一道。昔管仲以权谲霸,伯而范氏以强大亡。使治家养生必于农,则舜不甄陶而伊尹不为庖。故善为国者,天下之下,我高;天下之轻,我重。以末易其本,以虚荡其实。今山泽之财,均输之藏,所以御轻重而役诸侯也。汝汉之金,纤微之贡,所以诱外国而钓羌胡之宝也。夫中国一端之缦,得匈奴累金之物,而损敌国之用,是以赢驴驮驼衔尾入塞,驒騠騵马尽为我畜。鼲貂狐貉采旃文罽充于内府,而璧玉珊瑚瑠璃咸为国之宝。是则外国之物内流而利不外泄也,异物内流则国用饶,利不外泄则民用给矣。"③

> 大夫曰:"道悬于天,物布于地,知者以衍,愚者以困。子贡以著积显于诸侯,陶朱公以货殖尊于当世。富者交焉,贫者赡焉。故上

---

① 《盐铁论·本议》。
② 《盐铁论·力耕》。
③ 同上。

自人君，下及布衣之士，莫不戴其德，称其仁。原宪、孔伋，当世被饥寒之患，颜回屡空于穷巷，当此之时，迫于窟穴，拘于蕴袍，虽欲假财信奸佞，亦不能也。"①

桑弘羊一反传统的"重本抑末"的理论，推出工商同样创造财富的理念，这种思想不仅是正确的，而且是超前的。与西欧封建社会庄园经济条件下工商业很不发达的状况相比，中国封建社会从开始起就有比较发达的工商业相伴，而工商业税收也成为国家财政的重要来源。如春秋战国时代的齐国之所以一直是比较强大富裕的诸侯国，其以渔盐之利为代表的工商业相对发达是重要原因。在桑弘羊看来，国富重于民富，所以国家不仅需要重视工商业，而且还应该控制最重要的利源。因此统一货币、盐铁官营、酒专卖、平准均输、算缗告缗等政策必须坚持。其中统一货币对于禁奸伪、树立货币在百姓中的信用和保证经济的有序运行都具有不容置疑的积极意义：

> 夏后以玄贝，周人以紫石，后世或金钱刀布。物极而衰，终始之云也。故山泽无征，则君臣同利，刀币无，则奸贞并行。夫臣富相侈，下专利则相倾也。
>
> 大夫曰："文帝之时，纵民得铸钱、冶铁、煮盐。吴王擅鄣海泽，邓通专西山。山东奸猾咸聚吴国，秦、雍、汉、蜀因邓氏。吴邓钱布天下，故有铸钱之禁。禁御之法立而奸伪息，奸伪息则民不期于妄得，而各务其职。不反本何为？故统一，则民不二也；币由上，则下不疑也。"②

桑弘羊进而阐发盐、铁官营，"山海之利"的积极意义，认为这些措施不仅能够增加国家的财政收入，而且有助于"建本抑末"，削弱地方豪强势力，"离朋党"，抑兼并，更好地维护国家和社会秩序的稳定：

> 今意总一盐、铁，非独为利入也，将以建本抑末，离朋党，禁淫

---

① 《盐铁论·贫富》。
② 《盐铁论·错币》。

侈,绝并兼之路也。古者名山大泽不以封,为下之专利也。山海之利,广泽之畜,天下之藏也,皆宜属少府。陛下不私,以属大司农,以佐助百姓。浮食豪民,好欲擅山海之货,以致富业,役利细民,故沮事议者众。铁器兵刃,天下之大用也,非众庶所宜事也。往者豪强大家,得管山海之利,采铁石鼓铸,煮盐。一家聚众,或至千余人,大抵尽收放流人民也。远去乡里,弃坟墓,依倚大家,聚深山穷泽之中,成奸伪之业,遂朋党之权,其轻为非亦大矣。①

桑弘羊同样为"均输""平准"辩护,认为这些政策起到了"平万物而便百姓"的作用:

大夫曰:"往者,郡国诸侯各以其物贡输,往来烦杂,物多苦恶,或不偿其费。故郡置输官以相给运,而便远方之贡,故曰均输。开委府于京,以笼货,贱即买,贵即卖。是以县官不失实,商贾无所牟利,故曰平准。平准则民不失职,均输则民齐劳逸。故平准、均输,所以平万物而便百姓,非开利孔为民罪梯者也。"②

再进一步,桑弘羊就借商鞅以严刑峻法在秦国行政的成功,阐明在政治经济上实行专制主义的必要性:

大夫曰:"昔商君相秦也,内立法度,严刑罚,饬政教,奸伪无所容。外设百倍之利,收山泽之税,国富民强,器械完饰,蓄积有余。是以征敌伐国,攘地斥境,不赋百姓而师以赡。故用不竭而民不知,地尽西河而民不苦。盐、铁之利,所以佐百姓之急,足军旅之费,务蓄积以备乏绝,所给甚众,有益于国,无害于人。"③

他以春秋战国之际的齐国姜氏权移田氏作为反面例证,说明纵使有丰盛的自然资源,如果不由国家控制而任权势之家操控,最后必然走向衰落

---

① 《盐铁论·复古》。
② 《盐铁论·本议》。
③ 《盐铁论·非鞅》。

和灭亡，由此证明"人主统而一之则强，不禁则亡"的道理：

> 齐以其肠胃予人，家强而不制，枝大而折干，以专巨海之富而擅鱼盐之利也。势足以使众，恩足以恤下，是以齐国内倍而外附。权移于臣，政坠于家，公室卑而田宗强，转毂游海者盖三千乘，失之于本而末不可救。①

对于汉武帝以来强化法律、推行盐、铁官营政策的积极作用，桑弘羊给予充分的肯定，认为它不仅打击了富商大贾，而且丰裕了国家财政，收到了"兵革东西征伐，赋敛不增而用足"的效果：

> 御史曰："水有猵獭而池鱼劳，国有强御而齐民消。故茂林之下无丰草，大块之间无美苗。夫理国之道，除秽锄豪，然后百姓均平，各安其宇。张廷尉论定律令，明法以绳天下，诛奸猾，绝并兼之徒，而强不凌弱，众不暴寡。大夫各筹策，建国用，笼天下盐、铁诸利，以排富商大贾。买官赎罪，损有余，补不足，以齐黎民。是以兵革东西征伐，赋敛不增而用足。"②

最后，桑弘羊将其政治思想归结为彻底的法治主义，将治国完全落实到法、令之上，认为"执法者国之辔衔，刑罚者国之维楫"，认定只有实行严刑峻法才能使"民不逾矩"，只有轻罪重罚才能使百姓惮于犯法：

> 大夫曰："令者所以教民也，法者所以督奸也。令严而民慎，法设而奸禁。网疏则兽失，法疏则罪漏。罪漏则民放佚而轻犯禁。故禁下必，法夫徵倖，诛诚，跖、蹻不犯。是以古者作五刑，刻肌肤而民不逾矩。"
>
> 今驰道不小也，而民公犯之，以其罚罪之轻也。千仞之高，人不轻凌，千钧之重，人不轻举。商君刑弃灰于道，而秦民治。故盗马者死，盗牛者加，所以重本而绝轻疾之资也。武兵名食，所以佐边而重

---

① 《盐铁论·刺权》。
② 《盐铁论·轻重》。

武备也。盗伤与杀同罪，所以累其心而责其意也。……故轻之为重，浅之为深，有缘而然。

御史大夫曰："执法者国之辔衔，刑罚者国之维楫也。故辔衔不饬，虽王良不能以致远。维楫不设，虽良工不能以绝水。韩子曰：疾有国者不能明其法势，御其臣下，富国强兵，以制敌御难，惑于愚儒之文词，以疑贤士之谋，举浮淫之蠹，加之功实之上，而欲国之治，犹释阶而欲登高，无衔橛而御捍马也。今刑法设备，而民犹犯之，况无法乎？其乱必也。"①

御史曰："夫负千钧之重，以登无极之高，垂峻崖之峭谷，下临不测之渊，虽有庆忌之健，贲育之勇，莫不震慑悚慄者，知坠则身首肝脑涂山石也。故未尝灼而不敢握火者，见其有灼也。未尝上而不敢握刃者，见其有伤也。彼以知为非，罪之必加，而戮及父兄，必惧而为善。故立法制辟，若临百仞之壑，握火陷刃，则民畏忌，而无敢犯禁矣。慈母有败子，小不忍也。严家无悍虏，笃责急也。今不立严家之所以制下，而修慈母之所以败子，则惑矣。"②

桑弘羊更进一步论证"礼让不足禁邪，而刑法可以止暴"、治民必须"绳之以法，断之以刑"的道理：

御史曰："犀铫利钼，五谷之利而间草之害也。明理正法，奸邪之所恶而良民之福也。故曲木恶直绳，奸邪恶正法。是以圣人审于是非，察于治乱，故设明法，陈严刑，防非矫邪，若檃栝辅檠之正弧剌也。故水者火之备，法者止奸之禁也。无法势，虽贤人不能以为治。无甲兵，虽孙、吴不能以制敌。"③

御史曰："严墙三仞，楼季难之。山高干云，牧竖登之。故峻则季难三仞，陵夷则牧竖易山巅。夫铄金在炉，庄蹻不顾。钱刀在路，匹妇掇之。非匹妇贪而庄蹻廉也，轻重之制异，而利害之分明也。故法令可仰而不可逾，可临而不可入。《诗》云：'不敢暴虎，不敢冯

---

① 《盐铁论·刑德》。
② 《盐铁论·周秦》。
③ 《盐铁论·申韩》。

河.'为其无益也。鲁好礼而有季、孟之难,燕哙好让而有子之之乱。礼让不足禁邪,而刑法可以止暴。明君据法,故能长制群下,而久守其国也。"

大夫曰:"……夫治民者,若大匠之斫,斧斤而行之,中绳则止。杜大夫、王中尉之等,绳之以法,断之以刑,然后寇止奸禁。故射者因势,治者因法。虞、夏以质,殷、周以文,异时各有所施。今欲以敦朴之时,治抏弊之民,是犹迂延而拯溺,揖让而救火也。"①

桑弘羊强调法令制度的作用显然是正确的,但是,他一方面对法令的作用做了绝对化的肯定,另一方面又对礼乐教化即德治做了绝对化的否定,这就走向了极端。而秦朝政治的弊端恰恰表现在绝对化的"以法为教,以吏为师"和摈弃道德教化,以致当秦朝灭亡的时候,竟找不到一个为之殉国的忠臣义士。

桑弘羊在治理边疆少数民族政策上也与贤良文学有着根本性的分歧。他认为"讨暴卫弱,定倾扶危"是古代中原王朝的既定国策。只有以坚甲利兵驱胡越,建立强大的边防,国家才能安定宴然,黎民才能安居乐业:

大夫曰:"古者,明王讨暴卫弱,定倾扶危。卫弱扶危,则小国之君说,讨暴定倾,则无罪之人附。今不征伐,则暴害不息。不备,则是以黎民委敌也。《春秋》贬诸侯之后,刺不卒戍。行役戍备,自古有之,非独今也。"②

大夫曰:"……缘边之民,处寒苦之地,距强胡之难,烽燧一动,有没身之累。故边民百战而中国恬卧者,以边郡为蔽扞也……是以圣王怀四方独苦,兴师推却胡越,远寇安灾,散中国肥饶之余,以调边境。边境强,则中国安。中国安则晏然无事,何求而不得也?"③

大夫曰:"汤武之伐,非好用兵也。周宣王辟国千里,非贪侵也。所以除寇贼而安百姓也。故无功之师,君子不行;无用之地,圣

---

① 《盐铁论·诏圣》。
② 《盐铁论·备胡》。
③ 《盐铁论·地广》。

王不贪。先帝举汤、武之师，定三垂之难，一面而制敌，匈奴遁逃，因河、山以为防，故去沙石咸卤不食之地，故割什辟之县，弃造阳之地以与胡，省曲塞，据河险，守要害，以宽繇役，保士民。由此观之，圣主用心，非务广地以老众而已矣。"①

在桑弘羊看来，匈奴是中国最大的边患。尽管汉兴以来，与之"修好和亲"，奉送大量财物，但它依然不停地"寇暴于边鄙"，屡屡给边疆地区百姓造成生命和财产的重大损失，所以必须坚持以武力讨伐的方针。而汉武帝讨伐匈奴的结果，不仅安定了北部边防，使长城以南的滨塞之郡"马牛放纵，蓄积布野"，而且使广大西域内属，使丝绸之路响起清脆的驼铃声：

> 大夫曰："汉兴以来，修好结和亲，所聘遗单于者甚厚。然不纪重质厚赂之故改节，而害滋甚。先帝睹其可以武折，而不可以德怀，故广将帅，招奋击，以诛厥罪。功勋粲然，著于海内，藏于记府，何命'亡十获一'乎？夫偷安者后危，虑近者忧迩。贤者离俗，知士权行，君子所虑，众庶疑焉。故民可以观成，不可以图始。此有司独见，而文学所不睹。"②
>
> 大夫曰："……匈奴数和亲而常先犯约，贪侵盗驱，长诈谋之国也。反复无信，百约百叛，若朱、象之不移，商均之不化。而欲信其用兵之备，亲之以德，亦难矣。"③
>
> 大夫曰："匈奴背叛不臣，数为寇暴于边鄙，备之则劳中国之士，不备则侵盗不止。先帝哀边人之久患，苦为所系获也，故修障塞，饬烽燧屯戍以备之。"
>
> 大夫曰："匈奴桀黠，擅恣入塞，犯厉中国，杀伐郡县、朔方都尉，甚悖不轨，宜诛讨之日久矣。"④
>
> 大夫曰："往者匈奴据河、山之险，擅田牧之利，民富兵强，行

---

① 《盐铁论·本议》。
② 《盐铁论·结和》。
③ 《盐铁论·和亲》。
④ 《盐铁论·本议》。

入为寇，在则句注之内惊动，而上郡以南咸城。文帝时虏入萧关，烽火通甘泉，群臣惧不知所出，乃请屯京师以备胡。胡西役大宛、康居之属，南与群羌通。先帝推让斥夺广饶之地，建张掖以西，隔绝羌、胡，瓜分其援。是以西域之国，皆内拒匈奴，断其右臂，曳剑而走，故募人田畜以广用，长城以南，滨塞之郡，马牛放纵，蓄积布野，未视其计之所过也。"①

桑弘羊极力颂扬汉武帝武力拓边取得的成就，誉其为"匡难辟害"的"汤、武之举，蚩尤之兵"："今四夷内侵，不攘，万世必有此长患。先帝兴义兵以诛暴强，东灭朝鲜，西定冉駹，南擒百越，北挫强胡，追匈奴以广北州，汤、武之举，蚩尤之兵也。"② 桑弘羊严厉驳斥贤良文学以仁义礼让招徕胡越的迂腐谬见，为汉武帝的武力拓边政策辩护，维护了汉武帝的功业。尽管其思想中不乏大汉族主义的偏见，但其基本指向还是正确的。

桑弘羊在不遗余力地褒扬法治主义的同时，对当时已经"定于一尊"的儒学及其"圣人"偶像进行毫不留情的抨击，对大言炎炎而无实际行政本领的贤良文学则加以轻蔑的讽刺，显示了极其鲜明的学派立场：

> 御史曰："文学祖述仲尼，称诵其德，以为自古及今，未之有也。然孔子修道齐、鲁之间，教化洙、泗之上，弟子不为变，世不为治，鲁国之削滋甚。齐宣王褒儒尊学，孟轲、淳于髡之徒，受上大夫之禄，不任职而论国事，盖齐稷下先生千有余人。当此之时，非一公孙弘也。弱燕攻齐，长驱至临淄，湣王遁逃，死于莒而不能救；王建禽于秦，与之俱虏而不能存。若此，儒者之安国尊君，未始有效也。"
>
> 御史曰："故马效千里，不必胡、代；士贵成功，不必文辞。孟轲守旧术，不知世务，故困于梁、宋。孔子能方不能圆，故饥于黎丘。"③

---

① 《盐铁论·西域》。
② 《盐铁论·结和》。
③ 《盐铁论·论儒》。

> 大夫曰："所谓文学高第者,智略能明先王之术,而资质足以履行其道。故居则为人师,用则为世法。今文学言治则称尧、舜,道行则称孔、墨,授之政则不达,怀古道而不能行,言直而行之枉,道是而情非,衣冠有以殊于乡曲,而实无以异于凡人。诸生所谓中直者,遭时蒙幸,备数适然耳。殆非明举所谓,固未可与论治也。"①

如此鲜明地站在法家立场上表达对儒家创始人孔子和儒学大师孟子的不屑一顾,如此对罩着儒学光环的贤良文学恶语相向,在秦朝以后,桑弘羊是空前绝后的唯一一人。他锋芒毕露的个性似乎也预示了他不得善终的结局。

二 贤良文学的儒家政治意识

在汉昭帝始元六年(公元前81年)朝廷召开的著名"盐铁会议"上,从民间请来的60多位贤良文学齐集首都长安,与以桑弘羊为代表的政府官员就国家一系列的大政方针,尤其是经济政策进行辩论。会议的主持人是丞相田千秋。由于他知道贤良文学的后台是最具权势的大司马大将军霍光,而这场辩论的背后,隐藏着霍光与桑弘羊的极其尖锐的矛盾。所以他从头至尾,对所辩议题不置一词,简直是静如处子,"当轴处中,括囊不言,容身而去"。② 参与这次会议的贤良文学的姓名大部分失计,仅在《盐铁论·杂论》中出现了"贤良茂陵唐生、文学鲁万生之伦"这样两个代表人物。作为在野的有名望的知识分子,这些贤良文学的政治思想反映的与其说是普通百姓的利益,毋宁说是在当时乡村社会中掌握了话语权的豪族地主和富商大贾的愿望。因为这些人中的大部分显然有着豪族地主和富商大贾的出身背景,而在"罢黜百家,独尊儒术"的思想文化政策形成的时代氛围里,他们的意见包裹着儒家的装束出场就是顺理成章的了。

在这场具有重大思想史意义的辩论中,贤良文学处处与桑弘羊对着干。他们祭起的法宝,一是仁义礼乐,二是重本抑末。他们一出场,就高高举起了这两面旗帜,攻击政府实行的盐铁官营、酒专卖以及均输等经济

---

① 《盐铁论·相刺》。
② 《盐铁论·杂论》。

政策是"示民以利",违背了"导民以德"和"以礼义防民欲"的儒家信条:

> 文学曰:"礼义者,国之基也。而权利者,政之残也。孔子曰:'能以礼让为国乎?何有。'伊尹、太公以百里兴其君,管仲专于桓公,以千乘之齐,而不能至于王,其所务非也。故功名隳坏而道不济。当此之时,诸侯莫能以德而争于公私,故以权相倾。今天下合为一家,利末恶欲行?淫巧恶欲施?大夫君以心计册国用,构诸侯,参以酒榷,咸阳、孔仅增以盐、铁,江充、杨可之等,各以锋锐,言利末之事析秋毫,可谓无间矣。非特管仲设九府,徼山海也。然而国家衰耗,城郭空。故非崇仁义无以化民,非力本农无以富邦也。"①
>
> 文学对曰:"窃闻治人之道,防淫佚之原,广道德之端,抑末利而开仁义,毋示以利,然后教化可兴,而风俗可移也。今郡国有盐、铁、酒榷、均输,与民争利。散敦厚之朴,成贪鄙之化,是以百姓就本者寡,趋末者众。夫文繁则质衰,末盛则本亏。末修则民淫,本修则民悫。民悫则财用足,民侈则饥寒生。愿罢盐、铁、酒榷、均输,所以进本退末,广利农业,便也。"
>
> 文学曰:"夫道民以德,则民归厚;示民以利,则民俗薄。俗薄则背义而趋利,趋利则百姓交于道而接于市。老子曰:'贫国若有余。'非多财也,嗜欲众而民躁也。是以王者崇本退末,以礼义防民欲,实菽粟货财。市商不通无用之物,工不作无用之器。故商所以通郁滞,工所以备器械,非治国之本务也。"②
>
> 贤良曰:"三代之盛无乱萌,教也。夏、商之季世无顺民,俗也。是以王者设庠序,明教化,以防道其民,及政教之洽,性仁而喻善。故礼义立,则耕者让于野,礼义坏,则君子争于朝。人争则乱,乱则天下不均,故或贫或富。富则仁生,澹则民争止。"
>
> 贤良曰:"……教之以德,齐之以礼,则民从义而从善,莫不入孝出悌,夫何奢侈暴慢之有?"③

---

① 《盐铁论·轻重》。
② 《盐铁论·本议》。
③ 《盐铁论·授时》。

当桑弘羊提出由于对匈奴的战争需要这些经济政策支持时，贤良文学们又搬出"仁政，无敌于天下"的说辞应对，大谈以仁义和德行使"近者亲附"和"远者说服"的迂阔之论，高唱"善克者不战，善战者不师"的高调，同时在对待周边少数民族关系上坚持保守主义，反对用兵：

> 文学曰："孔子曰：'有国有家者，不患寡而患不均，不患贫而患不安。'故天子不言多少，诸侯不言利害，大夫不言得丧，畜仁义以风之，广德行以怀之，是以近者亲附而远者说服。故善克者不战，善战者不师，善师者不陈。修之于庙堂，而折冲还师。王者行仁政，无敌于天下，恶用费哉？"①

> 文学曰："古者天子之立于天下之中，县内方不过千里，诸侯列国，不及不食之地。《禹贡》至于五千里，民各供其君，诸侯各保其国。是以百姓均调而繇役不劳也。今推胡、越数千里，道路廻（避），远士卒劳罢。故边民有刎颈之祸，而中国有死亡之患。此百姓所以嚣嚣而不默也。夫治国之道，由中及外，自近者始。近者亲附，然后来还。百姓内足，然后恤外……今中国弊落不忧，务在边境。意者地广而不耕，多种而不耨，费力而无功。"②

这些迂腐的书生之论显示了站着说话不腰疼的旁观者的立场。他们将"仁者无敌"的古训变成脱离了物质条件的符咒，正说明他们根本不了解实际行政的甘苦，不了解匈奴的实际情况，对边境地区汉匈对峙的形势更是一无所知，完全是想当然地侈谈儒家的那些与实际难以契合的信条，自然是南辕北辙了。当桑弘羊以"均有无而通万物"为他所重视的工商政策辩护时，贤良文学就将古代百姓最简陋刻苦的生活理想化，认为茅屋、布褐、土硎之外的生活设施都"无益于用"，都是一种"溢利"行为，统统都应该去掉。这其中自然不乏反对奢侈淫靡的成分，但总体倾向是反对经济的发展和追求提升生活质量的愿望。通篇充塞的是乐于清贫、甘于简陋的安于现状的不求进步的小农意识：

---

① 《盐铁论·本议》。
② 《盐铁论·地广》。

文学曰:"古者采椽不斫,茅屋不翦,衣布褐,饭土硎,铸金为锄,埏埴为器,工不造奇巧,世不宝不可衣食之物,各安其居,乐其俗,甘其食,便其器。是以远方之物不交,而昆山之玉不至。今世俗坏而竞于淫靡,女极纤微,工极技巧,雕素朴而尚珍怪,钻山石而求金银,没深渊求珠玑,设机陷求犀象,张网罗求翡翠,求蛮貊之物以䔄中国,徙卭筰之货致之东海,交万里之财,旷日费功,无益于用。是以褐夫匹妇,劳罢力屈,而衣食不足也。故王者禁溢利,节漏费。溢利禁则反本,漏费节则民用给。是以生无乏资,死无转尸也。"①

不过,由于贤良文学来自民间,对桑弘羊主持实施的这些经济政策的弊端还是有着较深切的了解,对这些政策对百姓造成的危害也有较深入的认知,因此他们的揭示也给历史留下真切的记录:

文学曰:"盖文帝之时,无盐、铁之利而民富。今有之而百姓困乏,未见利之所利也,而见其害也。"②

文学曰:"古者之赋税于民也,因其所工,不求所拙。农人纳其获,女工效其力。今释其所有,责其所无。百姓贱卖货物,以便上求。间者,郡国或令民作布絮,吏留难,与之为市。吏之所入,非独齐、陶之缣,蜀汉之布也,亦民间之所为耳。而行奸卖平,农民重苦,女工再税,未见输之均也。县官猥发,阖门擅市,则万物并收。万物并收,则物腾跃。腾跃,则商贾侔利。自市,则吏容奸。豪而富商积货储物以待其急,轻贾奸吏收贱以取贵,未见准之平也。盖古之均输,所以齐劳逸而便贡输,非以为利而贾万物也。"③

不仅如此,贤良文学还对当时的贫富悬殊和社会不公以及上层达官显贵无以复加的奢靡之风有着比较贴近现实的认识,并通过一连串的对比发出强烈的谴责,表达了他们义愤填膺的愤激之情:

---

① 《盐铁论·通有》。
② 《盐铁论·非鞅》。
③ 《盐铁论·本议》。

贤良曰:"……古者,夫妇之好,一男一女,而成家室之道。及后,士一妾,大夫二,诸侯有姪娣九女而已。今诸侯百数,卿大夫十数,中者侍御,富者盈室。是以女或旷怨失时,男或放死无匹。古者,凶年不备,丰年补败,仍旧贯而不改作。今工异变而吏殊心,怀败成功,以匿厥意。意极乎功业,务存乎面目。积功以市誉,不恤民之急。田野不辟,而饰亭落,邑居丘墟,而高其郭。古者,不以人力徇于禽兽,不夺民财以养狗马。是以财衍而力有余。今猛兽奇虫,不可以耕耘,而令当耕耘者养食之。百姓或短褐不完,而犬马衣文绣,黎民或糠糟不接,而禽兽食肉。古者,人君敬事爱下,使民以时,天子以天下为家,臣妾各以其时共公职,古今之通义也。今县官多畜奴婢,坐禀衣食,私作产业,为奸利,力作不尽,县官失实。百姓或无斗筲之储,官奴累百金。黎民昏晨不释事,奴婢垂拱遨游也。古者,亲近而疏远,贵所同而贱非类,不赏无功,不养无用。今蛮、貊无功,县官居肆,广屋大第,坐禀衣食。百姓或旦暮不澹,蛮夷或厌酒肉。黎民泮汗力作,令蛮夷交颈肆踞……"①

进而,贤良文学对于武帝后期穷兵黩武加重百姓赋税徭役负担的举措同样加以愤怒的揭露和谴责:

今中国为一统,而方内不安,徭役远而外内烦也。古者无过年之繇,无逾时之役,今近者数千里,远者过万里,历二期。长子不还,父母愁忧,妻子咏叹,愤懑之恨发动于心,慕思之积痛于骨髓。②

同时对桑弘羊竭力颂扬的通过筑长城、拒敌万里之外的"险固"观大张挞伐,极力鼓吹所谓"在德不在固"的"险固"观;彻底否定桑弘羊坚持的坚甲利兵说,将"道德为城""仁义为郭"的儒家信条推向极致,再一次展示了儒家知识分子对于"险固"的理想化但却完全脱离实际的偏颇:

---

① 《盐铁论·散不足》。
② 《盐铁论·徭役》。

"诚以行义为阻,道德为塞,贤贤人为兵,圣人为守,则莫能入。如此则中国无狗吠之警,而边境无鹿骇狼顾之忧矣,夫何妄行之有乎?"①

文学曰:"……所谓金城者,非谓筑壤而高土,凿地而深池也。所谓利兵者,非谓吴越之铤、干将之剑也。言以道德为城,以仁义为郭,莫之敢攻,莫之敢入。文王是也。以道德为**轴**,以仁义为剑,莫之敢当,莫之敢御。汤、武是也。今不建不可攻之城,不可当之兵,而欲任匹夫之役,而行三尺之刃,亦细矣。"②

最后,贤良文学尖锐批判桑弘羊极力颂扬和坚持的"法势""甲兵"治国理民论,认为"法能刑人而不能使人廉,能杀人而不能使人仁"。③尽管刑罚具有"禁强暴"的功能,但只能是等而下之的德治教化的补充手段,只能为辅而不能为主。如果反其道而行之,收到的只能是国破家亡的结果:

文学曰:"古者明其仁义之誓,使民不逾。不教而杀,是以虐也。与其刑不可逾,不若义之不可逾也。闻礼义行而刑罚中,未闻刑罚行而孝悌兴也。"

文学曰:"春夏生长,圣人象而为令。秋冬杀藏,圣人则而为法。故令者教也,所以导民人;法者刑罚也,所以禁强暴也。二者治乱之具,存亡之效也。在上所任,汤、武经礼义,明好恶,以导其民,刑罪未有所加,而民自行义,殷、周所以治也。上无德教,下无法则,任刑必诛,劓鼻盈蔂,断足盈车,举河以西不足以受天下之徒,终而以亡者,秦王也。非二尺四寸之律异,所行反古而悖民心也。"④

与桑弘羊鲜明的法家立场不同,贤良文学处处坚持儒家的鲜明立场。

---

① 《盐铁论·险固》。
② 《盐铁论·论勇》。
③ 《盐铁论·申韩》。
④ 《盐铁论·绍圣》。

所以他们一方面对桑弘羊赞扬的商鞅、吴起等法家代表人物嗤之以鼻，攻击不遗余力；另一方面盛赞生于乱世的孔子，认为他"思尧、舜之道，东西南北，灼头濡足，庶几世主之悟"① 的"知其不可而为之"的救世精神永远值得珍视和弘扬，同时对儒家心目中的圣贤尧、伊尹、管仲等人送上深情的颂歌：

> 文学曰："商鞅峭法长利，秦人不聊生，相与哭孝公。吴起长兵攻取，楚人骚动，相与泣悼王。其后楚日以危，秦日以弱。故利蓄而怨积，地广而祸构，在利用不竭而民不知，地尽西河而人不苦也。今商鞅之册任于内，吴起之兵用于外，行者勤于路，居者匮于室，老母号泣，怨女叹息。"②

> 文学曰："天下不平，庶国不宁，明王之忧也。上无天子，下无方伯，天下烦乱，圣贤之忧也。是以尧忧洪水，伊尹忧民，管仲束缚，孔子周流，忧百姓之祸而欲安其危也。是以负鼎俎、囚拘、匍匐以救之。故追亡者趋，拯溺者濡。今民陷沟壑，虽欲无濡，岂得已哉？"③

总起来看，贤良文学虽然在政治思想上坚持了儒家的基本理念，对于汉武帝时期加强专制主义中央集权的政治、经济政策弊端的揭示也颇具真知灼见，但由于他们固守原始儒学的信条而缺乏创新，因而很难突破董仲舒政治思想所达到的水平。并且，更因为他们几乎在所有问题上都否定桑弘羊的观点，致使他们将儒家的一些本来正确的思想观念也强调过头了，显示了儒家知识分子"迂阔而远于事情"的尚空谈而不谙实际的缺陷。

桓宽在记载整理了桑弘羊与贤良文学的辩论资料后，最后对参与这场辩论的人物及其观点进行了评述：

> 始汝南朱子伯为予言，当此之时，豪俊并进，四方辐辏。贤良茂陵唐生，文学鲁万生之伦，六十余人，咸聚阙庭，舒六艺之讽，论太

---

① 《盐铁论·大论》。
② 《盐铁论·非鞅》。
③ 《盐铁论·论儒》。

平之原。知者赞其虑，仁者明其施，勇者见其断，辩者陈其词。闾闾焉，侃侃焉，虽未能详备，斯可略观矣。然蔽于云雾，终废而不行，悲夫！公卿知任武可以辟地，而不知德广可以附远；知权利可以广用，而不知稼穑可以富国也。近者亲附，远者说德，则何为而不成，何求而不得？不出于斯路，而务畜利长威，岂不谬哉！中山刘子雍，言王道，矫当世，复诸正，务在乎反本。直而不徼，切而不（燦），斌斌然斯可谓弘博君子矣。九江祝生奋由路之意，推史鱼之节，发愤懑，刺讥公卿，介然直而不挠，可谓不畏强御矣。桑大夫据当世，合时变，推道术，尚权利，辟略小辩，虽非正法，然巨儒宿学恶然大能自解，可谓博物通士矣。然摄卿相之位，不引准绳，以道化下，放于利末？不师始古，《易》曰："焚如弃如。"处非其位，行非其道，果陨其姓，以及厥宗。车丞相即周、召之列，当轴处中，括囊不言，容身而去，彼哉！彼哉！若夫群丞相、御史，不能正议以辅宰相，成同类，长同行，阿意苟合，以说其上。斗筲之人，道谀之徒，何足算哉？①

显而易见，桓宽虽然也肯定桑弘羊为"据当世，合时变，推道术，尚权利"的"博物通士"，但却认定他的理论"非正法"，在基本观点上还是认同贤良文学"舒六艺之讽，论太平之原"的那些意见，并且认为这些意见的"蔽于云雾，终废而不行"是西汉历史的悲剧，显示了作者强烈的儒家学派的立场。不过，桓宽毕竟是值得感念的一个人物，因为正是由于他的努力，才使这场著名的"盐铁会议"的资料得以较完整的保存下来，为后人认识和研究那个时代提供了最重要的文献。

第八节　贡禹、匡衡、鲍宣与谷永

一　贡禹的"重本抑末""节俭省刑"思想

贡禹（公元前124—前44年），字少翁，琅邪（今山东诸城）人。宣帝时，"以明经絜行著闻，征文博士"，任凉州（今甘肃大部、宁夏部分）刺史，不久因病去官。之后，"复举贤良为河南令。岁余，以职事为府官

---

① 《盐铁论·杂论》。

所责,免冠谢"。贡禹对此惩罚很不以为然,愤激而言:"冠壹免,安复可冠也!"自动去职。元帝即位,征拜谏大夫,"数虚己问以政事",他于是上书,提出皇室和政府节俭行政办事的建议,被部分采纳,"天子纳善其忠,乃下诏令太仆减食谷马,水衡减食肉兽,省宜春下苑以与贫民,又罢角抵诸戏及齐三服官",① 升其为光禄大夫。年八十一时上书"乞骸骨",求归故里。元帝不允,下诏赞誉他是"有伯夷之廉,史鱼之直,守经据古,不阿当世,孳孳于民,俗之所寡"② 的人物,要求他继续为国家尽力。月余,转任长信少府。不久御史大夫陈万年卒,贡禹升任该职,成为三公之一,但数月后即病逝。在此前后,贡禹多次上书,对国家的大政方针提出许多改进建议,其中部分建议被采纳。他是对西汉中期政治社会问题具有清醒认识的政治家之一。

贡禹的政治思想基本囿于传统儒家的君明臣贤、重本抑末、轻徭薄赋、节俭省刑等理念,贯穿其中的核心意识是"民本"思想。

他首先要求皇帝行仁义,正己选贤,诛除奸佞,驱天下之民归农,并以节俭化天下:

> 况乎以汉地之广,陛下之德。处南面之尊,秉万乘之权,因天地之助,其于变世易俗,调和阴阳,陶冶万物,化正天下,易于决流抑队。自成康以来,几且千岁,欲为治者甚众,然而太平不复兴者,何也?以其舍法度而任私意,奢侈行而仁义废也。陛下诚深念高祖之苦,醇法太宗之治,正己以先下,选贤以自辅,开进忠正,致诛奸臣,远放谄佞,放出园陵之女,罢倡乐,绝郑声,去甲乙之帐,退伪薄之物,修节俭之化,驱天下之民皆归于农,如此不解,则三王可侔,五帝可及。唯陛下留意省察,天下幸甚。③

其次,他要求国家推行严格的"重本抑末"政策,甚至倡导废除货币,恢复物物交易,同时要求严禁各级官吏从事与民争利的商贸活动:

---

① 《汉书》卷72《贡禹传》。
② 同上。
③ 同上。

古者不以金钱为币，专意于农，故一夫不耕，必有受其饥者。今汉家铸钱，及诸铁官皆置吏卒，徒攻山取铜铁，一岁功十万人已上，中农食七人，是七十万人常受其饥也。凿地数百丈，销阴气之精，地臧空虚，不能含气出云，斩伐林木亡有时禁，水旱之灾未必不繇此也。自五铢钱起已来七十余年，民坐盗铸钱被刑者众，富人积钱满室，犹亡厌足。民心动摇，商贾求利，东西南北各用智巧，好衣美食，岁有十二之利。而不出租税。农夫父子，暴露中野，不避寒暑，捽草杷土，手足胼胝，已奉谷租，又出稾税，乡部私求，不可胜供。故民弃本逐末，耕者不能半。贫民虽赐之田，犹贱卖以贾，穷则起为盗贼。何者？末利深而惑于钱也，是以奸邪不可禁，其原皆起于钱也。疾其末者绝其本，宜罢采珠玉金银铸钱之官，亡复以为币，市井勿得贩卖，除其租铢之律，租税禄赐皆以布帛及谷。使百姓壹归于农，复古道便。

令近臣自诸曹侍中以上，家亡得私贩卖，与民争利，犯者辄免官削爵，不得仕宦。①

贡禹将农民的痛苦、贫富差距的扩大，统统归罪于铸钱，显然是一种偏见，也反映了他在经济学上的短视和无知。不过，他对农民极其艰难的生存状况的描绘则反映了西汉中期社会现实的真实状况。

再次，贡禹要求严格法度，减轻刑罚，特别是废除赎罪之法和卖官鬻爵的措施，给百姓一个严格公正的司法环境，严格选官制度，净化选官环境：

孝文皇帝时，贵廉洁，贱贪污，贾人赘壻及吏坐臧者皆禁锢不得为吏，赏善罚恶，不阿亲戚，罪白者伏其诛，疑者以与民，亡赎罪之法，故令行禁止，海内大化，天下断狱四百，与刑错亡异。武帝始临天下，尊贤用士，辟地广境数千里，自见功大威行，遂从耆欲，用度不足，乃行壹切之变，使犯法者赎罪，入谷者补吏，是以天下奢侈，官乱民贫，盗贼并起，亡命者众。郡国恐伏其诛，则择便巧史书习于计簿能欺上府者，以为右职；奸轨不胜，则取勇猛能操切百姓者，以

---

① 《汉书》卷72《贡禹传》。

苛暴威服下者，使居大位。故亡义而有财者显于世，欺谩而善书者尊于朝，悖逆而勇猛者贵于官。故俗皆曰："何以孝弟为，财多而光荣。何以礼义为，史书而仕宦。何以谨慎为，勇猛而临官。"故黥劓而髡钳者犹复攘臂政于世，行虽犬彘，家富势足，目指气使，是为贤耳。故谓居官而置富者为雄杰，处奸而得利者为壮士，兄劝其弟，父勉其子，俗之坏败，乃至于是！察其所以然者，皆以犯法得赎罪，求士不得真贤，相守崇财利，诛不行之所致也。今欲兴至治，致太平，宜除赎罪之法。相守选举不以实，及有臧者，辄行其诛，亡但免官，则争尽力为善，贵孝弟，贱贾人，进真贤，举实廉，而天下治矣。①

最后，贡禹屡述皇室和达官贵人之家惊人的奢侈浪费行为，大声疾呼，要求皇帝带头，从皇室做起，大量减少宫女、奴婢、宫卫、厩马、三服官、蜀汉金银器、乘舆服御器物，形成全民的节俭之风，进而恢复文景时代的轻徭薄赋政策，减轻百姓的负担，以挽救当时的社会危机：

> 古者宫室有制，宫女不过九人，秣马不过八匹；墙涂而不琱，木摩而不刻，车舆器物皆不文画，苑囿不过数十里，与民共之；任贤使能，什一而税，亡它赋敛繇戍之役，使民岁不过三日，千里之内自给，千里之外各置贡职而已。故天下家给人足，颂声并作。至高祖、孝文、孝景皇帝，循古节俭，宫女不过十余，厩马百余匹。孝文皇帝衣绨履革，器亡琱文金银之饰。后世争为奢侈，转转益甚，臣下亦相放效，衣服履绔刀剑乱于主上，主上时临朝入庙，众人不能别异，甚非其宜。然非自知奢僭也……今大夫僭诸侯，诸侯僭天子，天子过天道，其日久矣。承衰救乱，矫复古化，在于陛下。臣愚以为尽如太古难，宜少放古以自节焉。……方今宫室已定，亡可奈何矣，其余尽可减损。故时齐三服官输物不过十笥，方今齐三服官作工各数千人，一岁费数钜万。蜀广汉主金银器，岁各用五百万。三工官官费五千万，东西织室亦然。厩马食粟将万匹。臣禹尝从之东宫，见赐杯案，尽文画金银饰，非当所以赐食臣下也。东宫之费亦不可胜计。天下之民所为大饥饿死者，是也。今民大饥而死，死又不葬，为犬猪所食。人至

---

① 《汉书》卷72《贡禹传》。

相食，而厩马食粟，苦其大肥，气盛怒至，乃日步作之。王者受命于天，为民父母，固当若此乎！天不见邪？武帝时，又多取好女至数千人，以填后宫。及弃天下，昭帝幼弱，霍光专事，不知礼正，妄多臧金钱财物，鸟兽鱼鳖牛马虎豹生禽，凡百九十物，尽瘗臧之，又皆以后宫女置于园陵，大失礼，逆天心，又未必称武帝意也。昭帝晏驾，光复行之。至孝宣皇帝时，陛下恶有所言，群臣亦随故事，甚可痛也！故使天下承化，取女皆大过度，诸侯妻妾或至数百人。豪富吏民，畜歌者至数十人，是以内多怨女，外多旷夫。及众庶葬埋，皆虚地上以实地下。其过自上生，皆在大臣循故事之罪也。唯陛下深察古道，从其俭者，大减损乘舆服御器物，三分去二。子产多少有命，审察后宫，择其贤者留二十人，余悉归之，及诸陵园女亡子者，宜悉遣。独杜陵宫人数百，诚可哀怜也。厩马可亡过数十匹。独舍长安城南苑地以为田猎之囿，自城西南至山西至鄠皆复其田，以与贫民。方今天下饥馑，可亡大自损减以救之，称天意乎？天生圣人，盖为万民，非独使自娱乐而已也。

古民亡赋算口钱，起武帝征伐四夷，重赋于民，民产子三岁则出口钱，故民重困，至于生子辄杀，甚可悲痛。宜令儿七岁去齿乃出口钱，年二十乃算。

诸离宫及长乐宫卫可减其太半，以宽繇役。又诸官奴婢十万余人戏游亡事，税良民以给之岁费五六钜万，宜免为庶人。廪食。①

这些建议展现的是贡禹忠君爱民的拳拳之心。他的建议尽管没有全部被采纳，但部分被采纳和付诸实践，也在一定程度上纾解了民困，减轻了百姓负担，使"昭宣中兴"的势头得以在元帝时有所延续。贡禹的政治思想从理论上看没有多少创新之处，其可贵的地方在于他从民本理念出发提出的许多具体建议，都比较贴近现实，具有很强的实践性和可操作性，因而影响了政府的决策，产生了良好的效果。

二 匡衡的政府"节俭"观念

匡衡，字稚圭，东海承县（今山东兰陵）人，生卒年不详。少年时

---

① 《汉书》卷72《贡禹传》。

家贫，在为人佣作时，仍读书不倦，善说《诗》。"尤精力过绝人，诸儒为之语曰：'无说诗，匡鼎来，匡语诗，解人颐。'"宣帝时"射策甲科"，任太常掌故，后转任平原文学。元帝时因史高推荐，历官郎中、博士、给事中、光禄大夫、太子少傅、光禄勋、御史大夫。建昭三年（公元前36年）升任丞相，封乐安侯。匡衡虽然出身儒生，上疏言政治得失也颇具真知灼见，但私心太重，做人行政皆有非议之处。如当时宦官中书令石显专权，他"畏显不敢失其意"，① 趋炎附势。晚年又"专地盗土"400余顷，被司隶校尉王骏等人告发，被免为庶人，终老于家。

匡衡的政治思想集中展现在他一篇言政治得失的上书中，主要内容是天子率人正己，树立道德楷模的形象，任贤使能，重用忠正之吏，广开言路，节俭省刑，轻徭薄赋；"公卿大夫相与循礼恭让"，以仁义与宽柔和惠的政风影响百姓，从而达到上下相应、内外协和的美好境界：

> 臣闻五帝不同礼，三王各异教，民俗殊务，所遇之时异也。陛下躬圣德，开太平之路，闵愚吏民触法抵禁，比年大赦，使百姓得改行自新，天下幸甚。臣窃见大赦之后，奸邪不为衰止，今日大赦，明日犯法，相随入狱，此殆导之未得其务也。盖保民者，陈之以德义，示之以好恶，观其失而制其宜，故动之而和，绥之而安。今天下俗贪财贱义，好声色，上侈靡，廉耻之节薄，淫辟之意纵，纲纪失序，疏者逾内，亲戚之恩薄，婚姻之党隆，苟合徼幸，以身设利。不改其原，虽岁赦之，刑犹难使错而不用也。臣愚以为宜壹旷然大变其俗。孔子曰："能以礼让为国乎，何有？"朝廷者，天下之桢干也。公卿大夫相与循礼恭让，则民不争；好仁乐施，则下不暴；上义高节，则民兴行；宽柔和惠，则众相爱。四者，明王之所以不严而成化也。何者？朝有变色之言，则下有争斗之患；上有自专之士，则下有不让之人；上有克胜之佐，则下有伤害之心；上有好利之臣，则下有盗窃之民；此其本也。今俗吏之治，皆不本礼让，而上克暴，或忮害好陷人于罪，贪财而慕势，故犯法者众，奸邪不止，虽严刑峻法，犹不为变。此非其天性，有由然也。臣窃考《国风》之诗，《周南》《召南》被贤圣之化深，故笃于行而廉于色。郑伯好勇，而国人暴虎；秦穆贵

---

① 《汉书》卷81《匡衡传》。

信，而士多从死；陈夫人好巫，而民淫祀；晋侯好俭，而民畜聚；太王躬仁，邠国贵恕。由此观之，治天下者审所上而已。今之伪薄忮害，不让极矣。臣闻教化之流，非家至而人说之也，贤者在位，能者在职，朝廷崇礼，百僚敬让。道德之行，由内及外，自近者始，然后民知所法，迁善日进而不自知。是以百姓安，阴阳和，神灵应，而嘉祥见。……今长安，天子之都，亲承圣化，然其习俗无以异于远方，郡国来者无所法则，或见侈靡而放效之。此教化之原本，风俗之枢机，宜先正者也。……今关东连年饥馑，百姓乏困，或至相食，此皆生于赋敛多，民所共者大，而吏安集之不称之效也。陛下祇畏天戒，哀闵元元，大自减损，省甘泉、建章宫卫，罢珠崖，偃武行文，将欲度唐虞之隆，绝殷周之衰也。诸见罢珠崖诏书者，莫不欣欣，人自以将见太平也。宜遂减宫室之度，省靡丽之饰，考制度，修外内，近忠正，远巧佞，放郑卫，近《雅》《颂》，举异材，开直言，任温良之人，退刻薄之吏，显洁白之士，昭无欲之路，览六艺之意，察上世之务，明自然之道，博和睦之化，以崇至仁，匡失俗，易民视，令海内昭然咸见本朝之所贵，道德弘于京师，淑问扬乎疆外，然后大化可成，礼让可兴也。①

昭、宣以后，由于从皇室至达官富豪之家上行下效，竞相奢靡，一方面造成社会财富的巨大浪费，另一方面加重了对劳动人民的赋役盘剥，所以匡衡任官期间的许多上书，内容多涉及朝廷节俭问题，如建议将南北郊祭地点移至长安附近、罢郊坛伪饰、罢雍鄜密上下祠、罢"不应礼"的群祠475所、罢五世亲尽的帝、后庙的祭祀，等等。这些建议大部分得到采纳，为国家节省了不少开支，相应地减轻了百姓的负担，对缓解当时的社会矛盾和阶级矛盾起了一定的作用。

三　鲍宣的"民本"意识

鲍宣（？—公元3年），字子都，渤海高城（今河北盐山）人。"好学明经"，先任县乡啬夫、束州（今河北任丘东）丞，后为都尉太守功曹，举孝廉为郎，历官议郎、谏大夫、豫州牧，因丞相司直郭钦奏他

---

① 《汉书》卷81《匡衡传》。

"举错烦苛,代二千石署吏、听讼,所察过诏条",被免官。不久,再任谏大夫,"宣每居位,常上书谏争,其言少文多实",对成、哀时期的行政弊端进行深入的揭露与抨击,并提出中肯的改进意见。哀帝嘉其忠心,任命他为监察京师百官的司隶校尉。因监察丞相孔光属吏违礼,被斥责"亡人臣礼,大不敬不道,下廷尉狱",虽经博士弟子济南王咸等集上千诸生"守阙上书"相救,仅得免死罪,而被罚以流放上党长子(今属山西)。平帝即位后,王莽专权,篡汉阴谋日渐暴露,对不附己者残酷杀罚。鲍宣也因此被捕入狱,愤而自杀。鲍宣是西汉末年少有的清醒而耿直的官吏,在浓烈的"民本"意识支配下,他上书朝廷,一方面对"七亡""七死"笼罩下百姓的悲惨境遇进行大胆的揭露,另一方面对哀帝"私养外亲与幸臣董贤,多赏赐以大万数"的腐败行径进行毫不留情的抨击,提出"官爵非陛下之官爵,乃天下之官爵"观点:

> 窃见孝成皇帝时,外亲持权,人人牵引所私以充塞朝廷,妨贤人路,浊乱天下,奢泰亡度,穷困百姓,是以日蚀且十,彗星四起。危亡之征,陛下所亲见也。今奈何反覆剧于前乎!朝臣亡有大儒骨鲠,白首耆艾,魁垒之士;议论通古今,喟然动众心,忧国如饥渴者,臣未见也。敦外亲小童及幸臣董贤等在公门省户下,陛下欲与此共承天地,安海内,甚难。今世俗谓不智者为能,谓智者为不能。昔尧放四罪而天下服,今除一吏而众皆惑;古刑人尚服,今赏人反惑。请寄为奸,群小日进。国家空虚,用度不足。民流亡,去城郭,盗贼并起,吏为残贼,岁增于前。①
>
> 凡民有七亡:阴阳不和,水旱为灾,一亡也;县官重责更赋租税,二亡也;贪吏并公,受取不已,三亡也;豪强大姓蚕食亡厌,四亡也;苛吏繇役,失农桑时,五亡也;部落鼓鸣,男女遮迣,六亡也;盗贼劫略,取民财物,七亡也。七亡尚可,又有七死:酷吏殴杀,一死也;治狱深刻,二死也;冤陷亡辜,三死也;盗贼横发,四死也;怨仇相残,五死也;岁恶饥饿,六死也;时气疾疫,七死也。民有七亡而无一得,欲望国安,诚难;民有七死而无一生,欲望刑措,诚难。此非公卿守相贪残成化之所致邪?群臣幸得居尊官,食重

---

① 《汉书》卷81《鲍宣传》。

禄，岂有肯加恻隐于细民，助陛下流教化者邪？志但在营私家，称宾客，为奸利而已。以苟容曲从为贤，以拱默尸禄为智，谓如臣宣等为愚。陛下擢臣岩穴，诚冀有益豪毛，岂徒欲使臣美食大官，重高门之地哉！

　　天下乃皇天之天下也，陛下上为皇天子，下为黎庶父母，为天牧养元元，视之当如一，……今贫民菜食不厌，衣又穿空，父子夫妇不能相保，诚可为酸鼻。陛下不救，将安所归命乎？奈何独私养外亲与幸臣董贤，多赏赐以大万数，使奴从宾客浆酒霍肉，苍头庐儿皆用致富！非天意也。及汝昌侯傅商亡功而封。夫官爵非陛下之官爵，乃天下之官爵也。陛下取非其官，官非其人，而望天朔民服，岂不难哉！①

　　在奏章中，鲍宣还建议任命一批忠君爱民、才能卓越的臣僚，如傅喜、何武、师丹、孔光、彭宣、龚胜等掌控关键岗位，使天下之治得以顺天心、合民意。不久，他再次上书，对朝廷的用人政策提出建议，特别是对佞臣董贤父子的骤贵暴富进行激烈的批评，要求将其"免遣就国"，同时罢免其他佞臣的职务，征用贤臣干才，"旷然使民易视，以应天心，建立大政，以兴太平之端"。②

　　与匡衡一样，鲍宣的政治思想也没有创新之处，回荡在他胸中的，不过是儒家传统的"民本""用贤""排佞"而已。但在哀帝当国"亲佞""拒贤"的恶浊氛围中，鲍宣的上书还是展现了他犀利的眼光和将个人利益置之度外的谋国之忠。

四　谷永的"惠民"思想

　　谷永（？—前8年），字子云，长安（今陕西西安）人。他的父亲谷吉以卫司马使送郅支单于侍子回匈奴时，被郅支单于杀害。谷永"少为长安小史，后博学经书"，精于天官《京氏易》。元帝建昭年间，经御史大夫繁延寿举荐，任太常丞，数上书言朝廷得失。成帝时升任光禄大夫，后历任安定太守、凉州刺史、北地刺史、大司农等官。他为官恪尽职守，

---

① 《汉书》卷81《鲍宣传》。
② 同上。

认真负责，取得良好政绩。但因依附于外戚王氏，成帝对他不太信任。他善言灾异，勤于上书，前后40余事，从中可以窥见他的政治思想。

谷永的上书涉及的内容比较广泛。他笃信董仲舒的"天人感应论"，不少上书都是打着灾异示警的旗号，指责成帝"背可惧之大异，问不急之常论，废承天之至言，角无用之虚文"，以致"皇天勃然发怒，甲己之间暴风三溱，拔树折木，此天至明不可欺之效也"。他以灾异附会人事，几乎将所有政治社会问题都与灾异联系在一起。谷永的上书涉及的内容虽然比较广泛，但更多集中于皇帝的正身之行、后宫的尊法守礼以及从"民本"出发的选官惠民政策等方面。他的民本意识是十分明确的：

> 天生蒸民，不能相治，为立王者以统理之，方制海内非为天子，列土封疆非为诸侯，皆以为民也。垂三统，列三正，去无道，开有德，不私一姓，明天下乃天下之天下，非一人之天下也。①

皇帝"躬行道德，承顺天地，博爱仁恕，恩及行苇"，所以对其应该有"正身"的要求：

> 陛下践至尊之祚为天下主，奉帝王之职以统群生，方内之治乱，在陛下所执。诚留意于正身，勉强于力行，损燕私之间以劳天下，放去淫溺之乐，罢归倡优之关，绝却不享之义，慎节游田之虞，起居有常，循礼而动，躬亲政事，致行无倦，安服若性。②

对皇帝偏离"正身"胡作乱行进行毫不留情的揭露：

> 王者必先自绝，然后天绝之。陛下弃万乘之至贵，乐家人之贱事，厌高美之尊号，好匹夫之卑字，崇聚僄轻无义小人以为私客，数离深宫之固，挺身晨夜，与群小相随，乌集杂会，饮醉吏民之家，乱服共坐，流湎媟嫚，溷殽无别，闵免遁乐，昼夜在路。典门户奉宿卫

---

① 《汉书》卷85《谷永传》。
② 同上。

之臣执干戈而守空宫，公卿百僚不知陛下所在，积数年矣。①

谷永要求建立"尊卑之序"以规范后宫嫔妃的言行，坚决杜绝后宫及其亲属干预朝政："后宫亲属，饶之以财，勿与政事，以远皇父之类，损妻党之权。"在用人政策上严格履行"尊贤考功"的原则：

> 治天下者尊贤考功则治，简贤违功则乱。诚审思治人之术，欢乐得贤之福，论材选士，必试于职，明度量以程能，考功实以定德，无用比周之虚誉，毋听寖润之谮愬，则抱功修职之吏无蔽伤之忧，比周邪伪之徒不得即工，小人日销，俊艾日隆……未有功赏得于前众贤布于官而不治者也。②

同时广开言路，采纳四方"直言"：

> 陛下诚垂宽明之听，无忌讳之诛，使刍荛之臣得尽所闻于前，不惧于后患，直言之路开，则四方众贤不远千里，辐凑陈忠，群臣之上愿，社稷之长福也。③

进而要求在去贪残、选良吏的基础上实行轻徭、薄赋、节俭、省刑的惠民政策：

> 夫违天害德，为上取怨于下，莫甚乎残贼之吏。诚放退残贼酷暴之吏锢废勿用，益选温良上德之士以亲万姓，平刑释冤以理民命，务省繇役，毋夺民时，薄收赋税，毋殚民财，使天下黎元咸安家乐业，不苦逾时之役，不患苛暴之政，不疾酷烈之吏，虽有唐尧之大灾，民无离上之心。……未有德厚吏良而民畔者也。④

---

① 《汉书》卷85《谷永传》。
② 同上。
③ 同上。
④ 同上。

然而，在谷永看来，成帝当时实行的却是完全与之相反的政策，"轻夺民财，不爱民力"，致使"上下俱匮，无以相救"：

> 王者以民为基，民以财为本，财竭则下畔，下畔则上亡。是以明王爱养基本，不敢穷极，使民如承大祭。今陛下轻夺民财，不爱民力，听邪臣之计，去高敝初陵，捐十年功绪，改作昌陵，反天地之性，因下为高，积土为山，发徒起邑，并治宫馆，大兴繇役，重增赋敛，征发如雨，役百乾溪，费疑骊山，靡敝天下，五年不成而后反故。又广吁营表，发人冢墓，断截骸骨，暴扬尸柩。百姓财竭力尽，愁恨感天，灾异屡降，饥馑仍臻。流散冗食，馁死于道，以百万数。公家无一年之畜，百姓无旬日之储，上下俱匮，无以相救。①

面对此情此景，谷永锐敏地看出百姓不堪压榨盘剥之苦、铤而走险举兵反抗的形势，要求成帝轻徭薄赋、节俭恤贫：

> 诸夏举兵，萌在民饥馑而吏不恤，兴于百姓困而赋敛重，发于下怨离而上不知。……臣元年陛下勿许加赋之奏，益减大官、导官、中御府、均官、掌畜。廪牺用度，止尚方、织室、京师郡国工服官发输造作，以助大司农。流恩广施，振赡困乏，开关梁，内流民，恣所欲之，以救其急。立春，遣使者循行风，俗宣布圣德，存恤孤寡，问民所苦，劳二千石，敕劝耕桑，毋夺农时，以慰绥元元之心，防塞大奸之隙。诸夏之乱，庶几可息。②

谷永是西汉后期对当时危殆的政治社会形势认识最清醒的思想家之一，他要求成帝从正身起，为臣民表率，任贤使能，虚心纳谏，贯彻轻徭、薄赋、节俭、省刑的惠民政策，使朝政回归正道，挽救世道人心，从而消除西汉王朝面临的危机。他之依附王氏外戚集团，是因为看到这个集团具有左右朝政的权势，只有依靠他们才能有所作为，自己的谏议也才有付诸实践的机会。但他一生忠于汉室，并不倾向改易皇统。虽然对王氏权

---

① 《汉书》卷85《谷永传》。
② 同上。

臣有些肉麻的颂赞之词，似仍在可谅解之列吧。

第九节　刘向、刘歆父子的政治思想

一　刘向的"圣君""贤臣"思想

刘向（公元前79—前8年），字子政，本名更生，沛（今江苏丰县）人，汉高祖刘邦同父少弟楚元王刘交的玄孙。宣帝时以任宗正的父亲刘德之荫仕为辇郎，进入朝廷服务，累迁谏大夫、郎中、给事黄门、散骑谏大夫给事中。他治《春秋谷梁传》，曾讲论五经于石渠阁，以学问享誉朝野。元帝时得太傅萧望之、少傅周堪赏识，出任宗正，进入九卿之列。不久因上书弹劾外戚许、史两家骄纵不法和中书宦官弘恭、石显专权自恣，被下狱治罪。之后免为庶人十多年。成帝时再度起用，任为郎中，先领护三辅都水，转升光禄大夫，最后官至中垒校尉。此时的汉朝已经是江河日下。不仅元、成等皇帝在品格和才能上乃祖相比大大退化，而且操持政柄的外戚和宦官更是在腐败的路上竞奔。刘向对此，看在眼里，急在心头，于是利用自己在经史等学问方面的优势，以阴阳灾异推论时政得失，屡屡上书言事，猛烈抨击外戚专权，又通过大量著述论述治道人心，期望挽救西汉皇朝的颓势。河平三年（公元前26年），刘向受诏领校中秘藏书，组织指导一批专业人员对汉室所藏典籍进行全面整理、编次和校订，撰《别录》一书，成为中国古典文献学的奠基人。

刘向是西汉思想文化史上最博学的大学者，在经学、史学、文学、文献学等领域以及天文历法等自然科学方面均取得卓越成就，留下一大批著作。据《汉书·艺文志》记载，他的著作，在《六艺略·书类》录有《五行传记》11卷；在《诸子略·儒家类》录有《新序》《说苑》《世说》《列女传颂图》共67卷；在《诸子略·道家类》录有《说老子》4篇；在《诗赋略》录有赋33篇。另外，在《隋书·经籍志》还录有《刘向谶》1卷、《列士传》2卷、《列仙传》2卷、《世本》2卷、《七略别录》20卷、《刘向集》6卷。此外，题名刘向者还有《五经杂义》《五经通义》《五经要义》《老子传》等。后人还辑录其散篇成《周易刘氏义》《春秋谷梁传说》等。不过，刘向的著作大部分散佚，今存者主要是《新序》《说苑》《列女传》及其他著作的辑本。这是研究他政治思想的主要依据。

刘向的思想，以儒家为主干，补以道、法，显得有点驳杂。在世界观上，他一方面服膺董仲舒的"天人感应论"，对于历史上和现实中的灾异——附会人事进行评说，承认有一个时刻对人世加以监察的神的世界。你看他对封禅泰山的解释："易姓而王，致太平，必封泰山、禅梁父，何？天命以王，使理群生，告太平于王，报群神之功。""泰山者，五岳之长，群神之主，告太平于天，报群神之功也。"① 就是明白无误的昭告。另一方面，涉及具体人事，他又透出清醒的无神论倾向。这突出表现在《谏营昌陵疏》一文中。刘向在分析了厚葬之弊与薄葬之利后，语重心长地说：

> 是故德弥厚者葬弥薄，知愈深者葬愈微。无德寡知，其葬愈厚。丘垄弥高，宫庙甚丽，发掘必速。由是观之，明暗之效，葬之吉凶，昭然可见矣……以死者为有知，发人之墓，其害多矣；若其无知，又安用大？谋之贤知则不说，以示众庶则苦之。若苟以说愚夫淫侈之人，又何为哉②

在《说苑》卷二十《反质》文中，刘向更明确地说：

> 信鬼神者失谋，信日者失时。何以知其然？夫贤圣周知，能不时日而事利。敬法令、贵功劳，不卜筮而身吉；谨仁义，顺道理，不祷祠而福。故卜数择日，洁斋戒，肥牺牲，饰珪璧，精祠祀，而终不能除悖逆之祸。以神明有知而事之，乃欲背道妄行，而以祠祀求福，神明必违之矣。天子祭天地、五岳、四渎，诸侯祭社稷，大夫祭五祀，士祭门户，庶人祭其先祖。圣王承天心制礼分也。凡古之卜日者，将以辅道稽疑，示有所先而不敢专自也，非欲以颠倒之恶而幸安之全。

这里明显看出孔子"不语怪、力、乱、神"的影响，显示了极其鲜明的人文主义和现实主义倾向。

具体到刘向的政治思想，似可以用"圣君""贤臣"概括，而"圣

---

① 《两汉全书》第9册，山东大学出版社2009年版，第5030页。
② 《汉书》卷36《刘向传》。

君""贤臣"的标准则是儒家的德治主义,请看他写的《战国策书录》对先秦至秦朝历史的述论:

> 周室自文、武始兴,崇道德,隆礼义,设辟雍泮宫庠序之教,陈礼乐弦歌移风之化。叙人伦,正夫妇,天下莫不晓然。论孝悌之义,惇笃之行,故仁义之道满乎天下,卒致之刑措四十余年。远方慕义,莫不宾服,《雅》《颂》歌咏,以思其德。下及康、昭之后,虽有衰德,其纲纪尚明。及春秋时,已四五百载矣,然其余业遗烈,流而未灭。五霸之起,尊事周室。五霸之后,时君虽无德,人臣辅其君者,若郑之子产,晋之叔向,齐之晏婴,挟君辅政,以并立于中国,犹以义相支持,歌咏以相感,聘觐以相交,期会以相一,盟誓以相救。天子之命,犹有所行;会享之国,犹有所耻。小国得有所依,百姓得有所息……周之流化,岂不大哉!及春秋之后,众贤辅国者既没,而礼义衰矣。孔子虽论《诗》《书》,定《礼》《乐》,王道灿然分明,以匹夫无势,化之者七十二人而已,皆天下之俊也,时君莫尚之,是以王道遂用不兴。故曰:"非威不立,非势不行。"仲尼既没之后,田氏取齐,六卿分晋,道德大废,上下失序。至秦孝公,捐礼让而贵战争,弃仁义而用诈谲,苟以取强而已矣。夫篡盗之人,列为侯王;诈谲之国,兴立为强。是以转相放效,后嗣师之,遂相吞灭,并大兼小,暴师经岁,流血满野。父子不相亲,兄弟不相安,夫妇离散,莫保其命,湣然道德绝矣。晚世益甚,万乘之国七,千乘之国五,敌侔争权,盖为战国。贪饕无耻,竞进无厌;国异政教,各自制断;上无天子,下无方伯;力攻争强,胜者为右;兵革不休,诈伪并起。当此之时,虽有道德,不得施谋。有设之强,负阻而恃固;连与交质,重日结誓,以守其国。故孟子、荀卿儒术之士,弃捐于世,而游说权谋之徒,见贵于俗。是以苏秦、张仪、公孙衍、陈轸、代、厉之属,生从横短长之说,左右倾侧。苏秦为从,张仪为横;横则秦帝,从则楚王;所在国重,所去国轻。然当此之时,秦国最雄,诸侯方弱,苏秦结之,合六国为一,以傧背秦。秦人恐惧,不敢窥兵于关中天下不交兵者,二十有九年。然秦国势便形利,权谋之士,咸先驰之。苏秦初欲横,秦弗用,故东合从。及苏秦死后,张仪连横,诸侯听之,西向事秦。是故始皇因四塞之固,据崤、函之阻,跨陇蜀之饶,听众人之

策，乘六世之烈，以蚕食六国，兼诸侯，并有天下。仗于诈谋之弊，终信笃之诚，无道德之教，仁义之化，以缀天下之心。任刑罚以为治，信小术以为道，遂燔烧《诗》《书》，坑杀儒士，上小尧、舜，下邈三王。二世愈甚，惠不下施，情不上达；君臣相疑，骨肉相疏；化道浅薄，纲纪坏败；民不见义，而悬于不宁。抚天下十四岁，天下大溃，诈伪之弊也。其比王德，岂不远哉！孔子曰："道之以政，齐之以刑，民免而无耻。道之以德，齐之以礼，有耻且格。"夫使天下有所耻，故化可致也。苟以诈伪偷活取容，自上为之，何以率下？秦之败也，不亦宜乎！

显然，在刘向看来，自西周至秦统一，中国出现的是伦理道德的逆向运动。越往后来，君德越浅薄，越是"无道德之教，仁义之化"，越是"化道浅薄，纲纪坏败"，而只能"任刑罚以为治，信小术以为道"，所以才会在不断的道德滑坡中出现秦始皇和秦二世这样的"恶魔"，酿成秦始皇"焚书坑儒"的惨剧。这样的认识自然是一种偏见，但却是汉以后不少思想家的共识，因为他们往往将中国历史上道德的黄金时代推向三皇五帝和夏、商、周三代，从而树立起黄帝、尧、舜、禹、汤、文、武、周公、孔子的圣人谱系。

刘向理想的政治，首先是有一位占据道德制高点的"圣君"，一位"无为""博爱""任贤""容众""寡为"、广开言路、虚心纳谏、博采众长、"踔然独立"、允文允武、敬下亲民的明君：

> 晋平公问于师旷曰："人君之道，如何？"对曰："人君之道，清净无为，务在博爱，趋在任贤；广开耳目，以察万方；不固溺于流俗，不拘系于左右；廓然远见，踔然独立；屡省考绩，以临臣下。此人君之操也。"平公曰："善。"
>
> 齐宣王谓尹文曰："人君之事，何如？"尹文对曰："人君之事，无为而能容下。夫事寡易从，法省易因，故民不以政获罪也。"大道容众，大德容下，圣人寡为而天下理矣……宣王曰："善。"
>
> 成王封伯禽为鲁公，召而告之曰："尔知为人上之道乎？凡处尊位者，必以敬下，顺德规谏，必开不讳之门，撙节安静以藉之。谏者勿振以威，毋格其言，博采其辞，乃择可观。夫有文无武，无以威

下；有武无文，民畏不亲。文武俱行，威德乃成；既成威德，民亲以服。清白上通，巧佞下塞，谏者得进，忠信乃畜。"伯禽再拜受命而辞。①

这个"圣君"、明君，必须以"民本"作为自己治国理政的出发点和落脚点，"以百姓为天"，对他们"富之""教之"，进而使百姓对自己的君王"与之""辅之"，而不是"非之""背之"：

> 齐桓公问管仲曰："王者何贵？"曰："贵天。"桓公仰而视天。管仲曰："所谓天者，非谓苍苍莽莽之天也。君人者，以百姓为天。百姓与之则安，辅之则强，非之则危，背之则亡。《诗》云：'人之无良，相怨一方。'民怨其上，不遂亡者，未之有也。"
>
> 河间献王曰："管子称：'仓廪实，知礼节；衣食足，知荣辱。'夫谷者，国家所以昌炽，士女所以姣好，礼义所以行，而人心所以安也。《尚书》五福以富为始。子贡问为政，孔子曰：'富之。'既富，乃教之也。此治国之本也。"②

刘向甚至认为，得不到百姓拥护，"纵淫"而"弃天地之性"的无良君王，被百姓驱逐也是罪有应得。那个卫献公之被逐，就是"百姓绝望"的结果：

> 卫国逐献公，晋悼公谓师旷曰："卫人出其君，不亦甚乎？"对曰："或者其君实甚也。夫天生民而立之君，使司牧之，无使失性。良君将赏善而除民患，爱民如子，盖之如天，容之若地。民奉其君，爱之如父母，仰之如日月，敬之如神明，畏之若雷霆。夫君，神之主也，而民之望也。天之爱民甚矣，岂使一人肆于民上，以纵其淫，而弃天地之性乎？必不然矣。若困民之性，乏神之祀，百姓绝望，社稷无主，将焉用之？不去何为？"公曰："善。"③

---

① 《说苑》卷1《君道》。
② 《说苑》卷3《建本》。
③ 《新序》卷1。

因为民是国本,所以必须设身处地为民着想,关心他们的饥寒、狱讼以及才尽其用等切身利益。这方面最具代表性的人物是尧和周公:

> 河间献王曰:"尧存心于天下,加志于穷民,痛万姓之罹罪,忧众生之不遂也。有一民饥,则曰:'此我饥之也。'有一人寒,则曰:'此我寒之也。'一民有罪,则曰:'此我陷之也。'仁昭而义立,德博而化广,故不赏而民劝,不罚而民治。先恕而后教,是尧道也。"
> 周公践天子之位,布德施惠,远而逾明。十二牧,方三人,出举远方之民,有饥寒而不得衣食者,有狱讼而失职者,有贤才而不举者,以入告乎天子。天子于其君之朝也,揖而进之曰:"意,朕之政教有不得者与?何其所临之民有饥寒不得衣食者,有狱讼而失职者,有贤才而不举者也?"①
> 圣人之于天下百姓也,其犹赤子乎!饥者则食之,寒者则衣之,将之养之,育之长之,唯恐其不至于大也。②

这个"圣君"、明君,必须"得贤材以自辅,然后治"。刘向引伊尹对商汤说的一段话,说明"慎于择士,务于求贤"的重要性:

> 王者得贤材以自辅,然后治也。虽有尧、舜之明而股肱不备,则主恩不流,化泽不行。故明君在上,慎于择士,务于求贤。设四佐以自辅,有英俊以治官。尊其爵,重其禄,贤者进以显荣,罢者退而劳力。是以主无遗忧,下无邪慝;百官能治,臣下乐职;恩流群生,润泽草木。昔者虞舜左禹右皋陶,不下堂而天下治,此使能之效也。③

接着,他引晏婴的一段话,将不用贤提升至"三不祥"的高度:"国有三不祥,……夫有贤而不知,一不祥;知而不用,二不祥;用而不任,三不祥也。"不宁唯此。君王还必须举真贤,用真贤,不用"小善",正确对待毁誉。他引姜尚对武王说的一段话,说明君王如何处理"诽誉":

---

① 《说苑》卷1《君道》。
② 《说苑》卷5《贵德》。
③ 《说苑》卷1《君道》。

君好听誉而不恶谗也,以非贤为贤,以非善为善,以非忠为忠,以非信为信。其君以誉为功,以毁为罪。有功者不赏,有罪者不罚;多党者进,少党者退。是以群臣比周而蔽贤,百吏群党而多奸;忠臣以诽死于无罪,邪臣以誉赏于无功。其国见于危亡。①

再进一步,刘向认为作为拥有最高权力的君王,还必须具有清醒准确的"独断"能力,正确地决定去、取、为、罚、赏,而不能以别人之言决定去、取、为、罚、赏:"不能定所去,以人言去;不能定所取,以人言取;不能定所为,以人言为;不能定所罚,以人言罚;不能定所赏,以人言赏。贤者不必用,不肖者不必退,而士不必敬。"同时,君王还必须具有精准的判断能力,在事关国家大政方针、民生疾苦、臣下贪廉、法纪严弛等重要问题上,必须态度鲜明,不能"墨墨"装糊涂:

晋平公闲居,师旷侍坐平。平公曰:"子生无目眹,甚矣子之墨墨也!"师旷对曰:"天下有五墨墨,而臣不得与一焉。"平公曰:"何谓也?"师旷曰:"群臣行赂,以采名誉,百姓侵冤,无所告诉,而君不悟,此一墨墨也。忠臣不用,用臣不忠,下才处高,不肖临贤,而君不悟此,二墨墨也。奸臣欺诈,空虚府库,以其少才,覆塞其恶,贤人逐,奸邪贵,而君不悟此,三墨墨也。国贫民罢,上下不和,而好财用兵,嗜欲无厌,谄谀之人,容容在旁,而君不寤,此四墨墨也。至道不明,法令不行,吏民不正,百姓不安,而君不悟,此五墨墨也。国有五墨墨而不危者,未之有也。臣之墨墨,小墨墨耳,何害乎国家哉?"②

而且,刘向认为君王还应该坚持"尊君卑臣"的原则,牢记"势失则权倾"的古训,牢牢把握住权势,并正确地行使赏、罚的权柄,这里透出的已经是与儒家思想相悖的浓郁的法家气息了:

国家之危定,百姓之治乱,在君行之赏罚也。赏当则贤人劝,罚

---

① 《说苑》卷1《君道》。
② 《新序》卷1。

得则奸人止。赏罚不当则贤人不劝，奸人不止。奸邪比周，欺上蔽主，以争爵禄，不可不慎也。①

最后，刘向强调君王必须一生保持谦虚的心态，养成好学的习惯，不倦地向贤圣之人学习，使自己能够"达天性""全天之所生而勿败"：

> 吕子曰："神农学悉老，黄帝学大真，颛顼学伯夷父，帝喾学伯招，帝尧州文父，帝舜学许由，禹学大成执，汤学小臣，文王、武王学太公望，周公旦、齐桓公学管夷吾、隰朋，晋文公学咎犯、隋会，秦穆公学百里奚、公孙支，楚庄王学孙叔敖、沈尹竺，吴王阖闾学伍子胥、文之仪，越王勾践学范蠡、大夫种，此皆圣王之所学也。且夫天生人而使其耳可以闻，不学，其闻则不若聋；使其目可以见，不学，其见则不若盲；使其口可以言，不学，其言则不若喑；使其心可以智，不学，其智则不若狂。故凡学非能益之也，达天性也，能全天之所生而勿败之，可谓善学者矣。"②

刘向还认为人臣是执行君王之命、具体执掌国家行政运转的关键一环，其品格和能力的好坏将深刻影响国家政治的清明和昏愦，所以对人臣的活动必须加以规范。他特别提出"六正"作为人臣行事的准则：

> 人臣之术，顺从而复命，无所敢专，义不苟合，位不苟尊，必有益于国，必有辅于君，故其身尊而子孙保之。故人臣之行有六正、六邪，行六正则荣，犯六邪则辱。夫荣辱者，祸福之门也。何谓六正、六邪？六正者：一曰，萌牙未动，形兆未见，昭然独见存亡之几，得失之要，预禁乎不然之前，使主超然立乎显荣之处，天下称孝焉，如此者，圣臣也。二曰，虚心白意，进善通道，勉主以礼义，谕主以长策，将顺其美，匡救其恶，功成事立，归善于君，不敢独伐其劳，如此者，良臣也。三曰，卑身贱体，夙兴夜寐，进贤不解，数称于往古之德行事，以厉主意，庶几有益，以安国家社稷宗庙，如此者，忠臣

---

① 《说苑》卷1《君道》。
② 《新序》卷5。

也。四曰，明察幽，见成败，早防而救之，引而复之，塞其间，绝其源，转祸以为福，使君终以无忧，如此者，智臣也。五曰，守文奉法，任官职事，辞禄让赐，不受赠遗，衣服端齐，饮食节俭，如此者，贞臣也。六曰，国家昏乱，所为不道，然而敢犯主之颜，面言主之过失，不辞其诛，身死国安，不悔所行，如此者，直臣也。是为六正也。①

刘向这里提出的"圣臣""良臣""忠臣""智臣""贞臣""直臣"，尽管划分了臣子在品格和智慧上的不同层次，但达到其中的每一个层次都不容易。这个"六正"体现的是刘向对臣子的高标准、严要求，贯穿其中的是对君王的绝对忠贞以及才智上的超常与卓越。如果说"六正"是对臣子的正面要求，那么，"六邪"则是对人臣恶行的必然规避：

六邪者：一曰，安官贪禄，营于私家，不务公事，怀其智，藏其能，主饥于论，渴于策，犹不肯尽节，容容乎与世沉浮，上下左右观望，如此者，具臣也。二曰，主所言皆曰善，主所为皆曰可，隐而求主之所好即进之，以快主耳目，偷合苟容，与主为乐，不顾其后害，如此者，谀臣也。三曰，中实颇险，外容貌小谨，巧言令色，又心嫉贤，所欲进则明其美而隐其恶，所欲退则明其过而匿其美，使主妄行过任，赏罚不当，号令不行，如此者，奸臣也。四曰，智足以饰非，辩足以行说，反言易辞而成文章，内离骨肉之亲，外妒乱朝廷，如此者，谗臣也。五曰，专权擅势，持招国事，以为轻重，于私门成党，以富其家，又复增加威势，擅矫主命，以自贵显，如此者，贼臣也。六曰，谄言以邪，坠主不义，朋党比周，以蔽主明，入则辩言好辞，出则更复异其言语，使白黑无别，是非无间，伺候可推，而因附然，使主恶布于境内，闻于四邻，如此者，亡国之臣也。是谓六邪。贤臣处六正之道，不行六邪之术，故上安而下治，生则见乐，死则见思，此人臣之术也。②

---

① 《说苑》卷2《臣术》。
② 同上。

这里展示的"具臣""谀臣""奸臣""谗臣""贼臣""亡国之臣",都是属于刘向认定的"佞臣"之列。他们的共同特点是结党营私,以权谋私,如果任其据位秉权,必然引导君王昏愦妄行、骄奢淫逸,自己则从中上下其手,捞取富贵利禄,使腐败之风吹遍朝野,最后将君王引向亡国之路。

刘向进而对三公、九卿、大夫、列士等不同级别官员的职责,借伊尹之口作了较详细的说明:

> 三公者,知通于大道,应变而不穷,辩于万物之情,通于天道者也。其言足以调阴阳,正四时,节风雨,如是者,举以为三公。故三公之事,常在于道也。九卿者,不失四时,通于沟渠,修堤防,树五谷,通于地理者也。能通不能通,能利不能利。如是者,举以为九卿。故九卿之事,常在于德也。大夫者,出入与民同众,取去与民同利,通于人事,行犹举绳,不伤于言,言之于世,不害于身,通于关梁,实于府库,如是者,举以为大夫。故大夫之事,常在于仁也。列士者,知义而不失其心,事功而不独专其赏,忠政强谏而无有奸诈,去私立公而言有法度,如是者,举以为列士。故列士之事,常在于义也。故道德仁义定而天下正。①

这里显示的是刘向关于政府官员的分工论。在他看来,三公是皇帝之下掌控国家政务运行的最高官员,所以他们的职责是对国家政务的宏观把握。因此他们必须明于天人之道,"调阴阳,正四时,节风雨",保证国家这只庞大的航船沿着正确的航向前进。九卿是在三公之下具体操持政务运行的高级官员,他们必须通晓国家的地理民情,治理山川河流,使农业获得丰收,做到"能通不能通,能利不能利",保证国家的各项大政方针得以顺利推行。大夫是接近百姓的基层官员,所以他们"出入与民同众,取去与民同利",作为百姓的表率,领导百姓"通于关梁,实于府库",保证国家的各项方针政策在基层得到贯彻执行。列士类似于监察官员,他们的任务是"忠正强谏""去私立公",保证国家的大政方针从皇帝到基层都能不走样地得以贯彻执行。刘向还将这四个职务依次与道、德、仁、

---

① 《说苑》卷2《臣术》。

义联系在一起，从而使官员的职务充分地道德化了。

刘向再进一步，要求所有官员都必须发挥自己的主观能动性，从国家和君王的长远利益出发去处理与君王的关系，而不能被动地执行君王的一切诏、诰、命、令：

> 从命利君谓之顺，从命病君谓之谀；逆命利君谓之忠，逆命病君谓之乱。君有过不谏诤，将危国殒社稷也。有能尽言于君，用则留之，不用则去之，谓之谏。用则可生，不用则死，谓之诤。有能比和同力，率群下相与强矫君，君虽不安，不能不听，遂解国之大患，除国之大害，成于尊君安国，谓之辅。有能亢君之命，反君之事，窃君之重以安国之危，除主之辱，攻伐足以成国之大利，谓之弼。故谏、诤、辅、弼之人，社稷之臣也。①

刘向认为施政方式有三种：化之、威之、胁之。他从儒家的传统理念出发，认定"化之为贵"：

> 政有三品：王者之政化之，霸者之政威之，强者之政胁之。夫此三者，各有所施，而化之为贵矣。夫化之不变而后威之，威之不变而后胁之，胁之不变而后刑之。夫至于刑者，则非王者之所贵也。是以圣王先德教而后刑罚，立荣耻而明防禁，崇礼义之节以示之，贱货利之弊以变之。修道理内，政概机之礼，壹妃匹之际，则莫不慕义礼之荣，而恶贪乱之耻，其所由致之者，化使然也。②

不过，刘向也不是绝对排斥"刑"，而是肯定刑、诛对惩恶的必要性，他只是将治国的重点落实到德化上：

> 治国有二机，刑德是也。王者尚其德而希其刑，霸者刑德并凑，强国先其刑而后德。夫刑德者，化之所由兴也。德者，养善而进阙者也；刑者，惩恶而禁后者也。故德化之崇者至于赏，刑罚之甚者至于

---

① 《说苑》卷2《臣术》。
② 《说苑》卷7《政理》。

诛。夫诛赏者，所以别贤不肖而列有功与无功也。故诛赏不可以缪，诛赏缪则善恶乱矣。夫有功而不赏则善不劝，有过而不诛则恶不惧。善不劝恶不惧而能以行化乎天下者，未尝闻也。①

德化的治国原则归结到最后一点，就是爱民，给百姓看得见的实实在在的利益，这就必须实行轻徭、薄赋、节俭、省刑、赏罚公平、进贤去不肖等一系列惠民政策：

> 武王问太公曰："治国之道若何？"太公对曰："治国之道，爱民而已。"曰："爱民若何？"曰："利之而勿害，成之勿败，生之勿杀，与之勿夺，乐之勿苦，喜之勿怒，此治国之道，使民之义也，爱之而已矣。民失其所务，则害之也；农失其时，则败之也；有罪者重其罚，则杀之也；重赋敛者，则夺之也；多徭役以罢民力，则苦之也；劳而扰之，则怒之也。故善为国者遇民如父母之爱子，兄之爱弟，闻其饥寒为之哀，见其劳苦为之悲。"
>
> 武王问于太公曰："贤君治国何如？"对曰："贤君之治国，其政平，其吏不苛，其赋敛节，其自奉薄。不以私善害公法，赏赐不加于无功，刑罚不施于无罪；不因喜以赏，不因怒以诛。害民者有罪，进贤举过者有赏。后宫不荒，女谒不听，上无淫慝，下不阴害。不幸宫室以费财，不多观游台池以罢民，不雕文刻镂以逞耳目。官无腐蠹之藏，国无流饿之民。此贤君之治国也。"②

刘向特别谈到尊贤、用贤、重贤在治国理政中的重要性："谗邪进则众贤退，群枉盛则正士消。"③ 他的《新序》《说苑》几乎录入了五帝、夏、商、周三代至春秋战国两千多年来君王们尊贤、用贤、重贤的所有故事。其中尤其对黄帝、尧、舜、禹、汤、文、武、周公、孔子等礼贤的事迹和箴言，更是不厌其烦地赞扬和渲染。他大谈尊贤、用贤、重贤的重要意义：

---

① 《说苑》卷7《政理》。
② 同上。
③ 《两汉全书》第9册，山东大学出版社2009年版，第4895页。

夫明王之施德而下下也，将怀远而致近也。夫朝无贤人，犹鸿鹄之无羽翼也，虽有千里之望，犹不能致其意之所欲至矣。是故游江海者托于船，致远道者托于乘，欲霸王者托于贤。伊尹、吕尚、管夷吾、百里奚，此霸王之船、乘也。释父兄与子孙，非疏之也；任庖人、钓屠与仇雠、仆虏，非阿之也；持社稷、立功名之道，不得不然也。犹大匠之为宫室也，量小大而知材木矣，比功校而知人数矣。是故吕尚聘而天下知商将亡，而周之王也；管夷吾、百里奚任，而天下知齐、秦之必霸也，岂特船、乘哉！夫成王霸固有人，亡国破家亦固有人。桀用有辛，纣用恶来，宋用唐鞅，齐用苏秦，秦用赵高，而天下知其亡也。非其人而欲有功，譬其若夏至之日而欲夜之长也，射鱼指天而欲发之当也，虽舜、禹犹亦困，而又况乎俗主哉！①

刘向列举大量史实，证明尊贤而国兴、用佞而国亡的道理。再进一步，他要求君王在尊贤的前提下，不拘一格地招揽贤能之士，"周公旦白屋之士所下者七十人，而天下之士皆至；晏子所与同衣食者百人，而天下之士亦至；仲尼脩道行，理文章，而天下之士亦至矣"。尤其重要的是，能够慧眼识人，将那些处于卑贱地位的贤能之士简拔出来，安排到适宜发挥他们才干的岗位上，使他们发挥榜样的力量，吸引更多的贤才：

周威公问于宁子曰："取士有道乎？"对曰："有。穷者达之，亡者存之，废者起之，四方之士则四面而至矣。穷者不达，亡者不存，废者不起，四方之士则四面而畔矣。夫城固不能自守，兵利不能自保，得士而失之，必有其间。夫士存则君尊，士亡则君卑。"②

最后，刘向认为，君王要想吸引更多的贤才，最重要的是自己必须是个明君，在贤才面前放低身段，自谦自让，"满而不溢"："高上尊贤，无以骄人；聪明圣智，无以穷人；资给疾速，无以先人；刚毅勇猛，无以胜人。不知则问，不能则学。虽智必质，然后辩之；虽能必让，然后为之。故士虽聪明圣智，自守以愚；功被天下，自守以让；勇力距世，自守以

---

① 《说苑》卷8《尊贤》。
② 同上。

怯；富有天下，自守以廉。此所谓高而不危，满而不溢者也。"① 他以周公为例，说明自谦自让、"满而不溢"的重要性：

> 周公摄天子位七年，布衣之士执贽所师见者十二人，穷巷白屋所先见者四十九人，时进善者百人，教士者千人，官朝者万人，当此之时，诚使周公骄而且吝，则天下贤士至者寡矣。苟有至，则必贪而尸禄者也。尸禄之臣，不能存君矣。②

总起来看，与董仲舒比，刘向在政治思想上虽然没有多少创见，但他作为当时学识最渊博的学者，留下了堪比司马迁之外的汉代任何学者的众多著作。如《列女传》收录了从远古至西汉时期各种作为榜样的妇女的典型事例。《新序》和《说苑》网罗了几乎有史以来所有的历史人物和重要历史事件。既精心梳理了正、反两方面的政治经验，又集中阐发了以儒家学说为主，综合道、法学说的圣君贤臣理论，使中国传统思想中的民本观念、德化意识和德、刑互补理论更加系统与凸显，这些珍贵的资料对后世中国各王朝的政治思想建设产生了巨大而深远的影响。

二 刘歆古文经学的政治情结

刘歆（？—公元23年），字子骏，后改名秀，字颖叔。沛县（今江苏丰县）人，是刘向三个儿子中最小的一个。他少小聪明，读书用功，对学问有一种超常的感悟能力，再加上家学渊源，少年时即以学问闻名京师。成帝时，任黄门郎，开始在宫廷服务。河平中（公元前28—前25年）受诏协助其父领校秘书，对六艺传记，"诸子、数术、方技、无所不究"。刘向死后，他承袭父亲的职务，做了中垒校尉。哀帝即位后，经时任大司马大将军的王莽推荐，任侍中大夫，不久转任骑都尉、奉车光禄大夫，挤进了高级官吏的圈子。他在哀帝时期的主要工作是整理国家藏书，完成了其父开其端的中国第一部目录学的著作《七略》。此书后虽亡佚，但因《汉书·艺文志》即在其基础上损益而成，他们父子的首创之功不可没。除此之外，刘歆还挑起了经学上的今古文之争，从而打破了今文经

---

① 《说苑》卷10《敬慎》。
② 《说苑》卷8《尊贤》。

学独霸思想学术阵地的局面。刘歆借助校书中秘的机会，上书哀帝，极力主张把古文经典的《春秋左氏传》《毛诗》《逸礼》《古文尚书》等列于学官。他致书太常博士，一方面大讲古文经的价值，另一方面猛烈攻击今文经"专己守残，党同门，妒真道，违明诏，失圣意"，①引来今文经学者的"怨恨"和反噬，被逼出京师，辗转外任河内、五原、涿郡等地的太守和安定属国都尉。不久哀帝去世，他的昔日好友王莽重新秉政，刘歆于是又受到重视，步步高升，由右曹太中大夫、中垒校尉、羲和、京兆尹，封为红休侯。平帝在位期间（公元1—5年），他借助王莽的权势，使自己钟情的古文经立于学官。同时受命治明堂、辟雍，考订律历，著《三统历谱》，典儒林史卜之官，成为思想学术界的领袖。然而，当刘歆将自己的功名利禄完全与王莽联系在一起之后，他也只能不由自主地追随王莽篡政的步伐前行。最后，由于他对王莽改易皇统持消极态度并参与了大司马董忠等劫持王莽的密谋，在这个密谋败露后选择自杀，为自己的一生画上了悲戚的句号。

刘歆的主要著作流传至今的有《钟律书》《春秋左氏传章句》《西京杂记》《三统历》和数篇赋作。与其父不同，他没有系统的关于政治思想的论述，我们只能从其部分著作中分析其政治思想的基本倾向。

作为当时学识最渊博的学者之一，刘歆与其父一样，一方面用董仲舒的"天人感应"论推演灾异，在自然观上展示唯心论和有神论；另一方面在人事社会领域超越神学目的论，展示鲜明的人文主义倾向。例如，他在"列人事而因以天时"的《三统历》中，就有三统、四时、阴阳、五行等的比附：

> 太极运三辰五星于上，而元气转三统五行于下。其于人，皇极统三德五事。故三辰之合于三统也，日合于天统，月合于地统，斗合于人统。五星之合于五行，水合于辰星，火合于荧惑，金合于太白，木合于岁星，土合于填星。三辰五星而相经纬也。天以一生水，地以二生火，天以三生木，地以四生金，天以五生土。五胜相乘，以生小周，以乘《乾》《坤》之策，而成大周。阴阳比类，交错相成，故九

---

① 《汉书》卷36《刘歆传》。

六之变登降于六体。①

这里，科学和迷信，精明和昏妄，交融混迹于一炉。不过，在涉及政治演变、王朝更替的历史时，刘歆就完全从人事方面加以论析。例如，在《新序论》中，他通过对商鞅的褒贬显示了自己儒法互补的政治理念：

> 秦孝公保崤函之固，以广雍州之地，东并河西，北收上郡，国富兵强，长雄诸侯，四方来贺，为战国霸君，秦遂以强，六世而并诸侯亦皆商君之谋也。夫商君极身无二虑，尽公不顾私，使民内急耕织之业以富国，外重战伐之赏以劝戎士，法令必行，内不阿贵宠，外不偏疏远，是以令行而禁止，法出而奸息。故虽《书》云"无偏无党"，《诗》云"周道如砥，其直如矢"，《司马法》之励戎士，周后稷之劝农业，无以易此。此所以并诸侯也……今卫鞅内刻刀锯之刑，外深斧钺之诛，步过六尺者有罚，弃灰于道者被刑，一日临渭而论囚七百余人，渭水尽赤，号哭之声动天地，蓄怨积仇比于丘山，所逃莫之隐，所归莫之容，身死车裂，灭族无姓，其去霸王之佐亦远矣。然惠王杀之亦非也，可辅而用也。使卫鞅施宽平之法，加之以恩，申之以信，庶几霸者之佐哉！②

刘歆对汉代几乎人人唾骂的商鞅并不是一概否定，而是采取了一分为二的理性评判。赞扬他的耕战法制政策的理论和实践，批判其忽视德治教化的作用以及对百姓缺乏宽、平、恩、信的极权主义的一面。再从其对汉武帝功业的肯定，更能显示出刘歆对儒法互补政治实践的情有独钟：

> 孝武皇帝愍中国罢劳无安宁之时，乃遣大将军、骠骑、伏波、楼船之属，南灭百粤，起七郡；北攘匈奴，降昆邪十万之众，置五属国，起朔方，以夺其肥饶之地；东伐朝鲜，起玄菟、乐浪，以断匈奴之左臂；西伐大宛，并三十六国，结乌孙，起敦煌、酒泉、张掖，以鬲婼羌，裂匈奴之右臂。单于孤特，远遁于幕北。四垂无事，斥地远

---

① 《汉书》卷 21《律历志上》。
② 《两汉全书》第 10 册，山东大学出版社 2009 年版，第 6044—6045 页。

境，起十余郡。功业既定，乃封丞相为富民侯，以大安天下，富实百姓，其规抚可见。又招集天下贤俊，与协心同谋，兴制度，改正朔，易服色，立天地之祠，建封禅，殊官号，存周后，定诸侯之制，永无逆争之心，至今累世赖之。单于守藩，百蛮服从，万世之基也，中兴之功未有高焉者也。①

刘歆赞颂武帝拓边和一系列从政治、经济、思想文化上加强中央集权的措施，实际上认同了汉武帝大一统的集权政治思想。生活于西汉晚期的刘歆向往汉武帝的功业，认同他的政治思想，是对当时政治腐败、皇帝权力弱化、外戚擅权自恣、边防形势恶化的忧心和反思。然而，刘歆对此局面却无能为力。他不仅无法改变这种局面，而且只能被擅权的外戚王氏引至助纣为虐、以篡汉而改易祖宗皇统的尴尬境地。当他为改变这种境遇而不惜最后一搏时，等待他的却是死亡的悲剧。

第十节 扬雄与严遵

一 扬雄的悲剧人生

扬雄（公元前53—公元18年），字子云，蜀郡成都（今四川郫县）人。《汉书》本传概括其性格、嗜好以及做人为学的态度说：

> 雄少而好学，不为章句，训诂通而已，博览无所不见。为人简易佚荡，口吃不能剧谈，默而好深湛之思，清静亡为，少耆欲，不汲汲于富贵，不戚戚于贫贱，不修廉隅以徼名当世。家产不过十金，乏无儋石之储，晏如也。自有大度，非圣哲之书不好也；非其意，虽富贵不事也。顾尝好辞赋。

扬雄极其仰慕其乡贤司马相如因作赋而获得汉武帝青睐从而平步青云的人生际遇，青年时代的他也以模仿司马相如之赋开始了自己的文学生涯。在故乡获得一些名声后，即于不惑之年到京师长安寻求发展。先任大司马车骑将军王音的门下吏，继而在汉成帝宫中做郎官。此后，他充分发

---

① 《汉书》卷73《韦贤传》附《韦玄成传》。

挥自己的专长，一年中，连上《甘泉赋》《河东赋》《羽猎赋》《长杨赋》四篇皇皇大文，对成帝和大汉帝国的山川河流送上真诚而热烈的赞颂。然而，他才华灼灼的文章并没有引起皇帝和达官显贵的重视，依然让他混在众多年轻郎官的队伍里执戟以卫宫门。扬雄可能有点失落。不过，实事求是地说，扬雄的书呆子气质，他之不善任事、拙于周旋应对的品性，实在也不堪当国之大任。使其处于无足轻重的位子上潜心学问，对他来说应该是最适宜的安排。扬雄很快也就处之泰然了。成帝之后，哀帝当国，傅、丁外戚和董贤用事，政治更加昏乱不堪。扬雄安于清贫，独守孤灯写他的《太玄经》，有人嘲讽他"以玄尚白"，意思是学问不能带来富贵利禄。他以《解嘲》为题，谈古论今，认为人才的被发现和重用与时代条件关系密切，正确指出春秋战国的竞争局面为人才的脱颖而出创造了条件，当时"士无常君，国亡定臣，得士者富，失士者贫，矫翼厉翮，恣意所存，故士或自盛以橐，或凿坏以遁。是故驺衍以颉亢而取世资，孟轲虽连蹇犹为万乘师"。① 只有世事混乱，争战频繁，才能使真正的人才展示智谋、勇毅和果敢。而承平之日平庸之辈就会身居高位坐享其成："故当其有事也，非萧、曹、子房、平、勃、樊、霍则不能安；当其亡事也，章句之徒相与坐而守之，亦亡所患。故世乱，则圣哲驰骛而不足；世治，则庸夫高枕而有余。"② 他尖锐地指出，汉朝经过二百多年的承平岁月，已经是庸才充斥，贤能之士沉下僚的局面了。在这种情况下，扬雄给自己的定位就是"玄默守道"，心平如水地做自己的学问。从扬雄的这篇文章可以看出，在他身上交织着儒家用世展才和道家"玄默自守"的矛盾。他眼看汉朝在日甚一日的危机中走向它喜剧般的终结，自己既无力也不屑为挽救这个王朝而轻掷性命，更不愿在改朝换代的事变中用投机取巧的手段捞取富贵利禄。他只想苟全性命于乱世，在对学问的追求中实现自己生命的价值。出于此，扬雄尽管与王莽、刘歆、董贤分别在成、哀两朝并为郎官，但却从来未想通过攀附他们改变自己的命运。成帝末年，王莽已是大司马大将军，扬雄却依然做他的郎官；哀帝时，董贤已经火箭般地升为大司马大将军，扬雄仍然做他的郎官；平帝时，王莽复任大司马大将军，权倾朝野，扬雄还是淡淡然地做他的郎官。到王莽代汉前夕，扬雄已经是年逾花

---

① 《汉书》卷87《扬雄传下》。
② 同上。

甲的老人，还是雷打不动地定在郎官的位子上。与他同朝为郎官的大都是20岁上下的年轻人，白发苍颜的扬雄夹在他们中间，真像一个不和谐的音符，他却能安之若素。王莽篡汉立新之后，可能出于恻隐之心吧，于是将扬雄的官职"以耆老久次转为大夫"。在王莽朝的官制中，大夫是九卿的属官，秩级最多千石。显然，此次升迁并没有给他清苦的生活带来多少转机。

扬雄既然在仕途上无所作为，就只能在学问上刻意追求。他"好古而乐道，其意欲求文章成名于后世"。因而刻苦读书，勤奋写作，一生留下了不少著述和文章。他仿《易》而作《太玄》，仿《论语》而作《法言》，仿《仓颉》而作《训纂》，仿《虞箴》而作《州箴》，仿《离骚》而作《反离骚》，仿司马相如之赋而作《羽猎赋》《甘泉赋》《河东赋》《长杨赋》四赋。正因为他"用心于内，不求于外"，更因为他官位卑微，所以"时人皆忽（曶）之"，好像此人根本就不存在。只有刘歆、范逡、桓谭几个有学问的人还能了解他的价值，间或投去同情的一瞥。

尽管扬雄一贯"恬于势利""玄默自守"，与世无争地做他的学问，然而，统治集团内部惨烈血腥的斗争还是波及他。始建国二年（公元10年）十二月，甄丰父子与刘歆之子刘棻的谋反案发生。王莽在将甄丰、甄寻和刘歆等置于死地以后，下令穷追党羽，"辞所连及，便收不请"。因为扬雄曾教刘棻作奇字，就这点关系使他成为被追索的目标。案发时，扬雄正在天禄阁内校书，当狱吏前来收捕他时，他一时惊得目瞪口呆，他担心自己受辱的命运，决心以死抗争，毅然从阁上跳下，几乎摔死。王莽知悉此事后，知道扬雄之类的书呆子不会参与谋叛活动，下令免于追究。有惊有险且伤情的一幕终于过去了。京师的文人圈子想起扬雄在《解嘲》中的文字："爰清爰重，游神之廷；惟寂惟寞，守德之宅。"就反其意而用之，调侃道："惟寂寞，自投阁；爰清静，作符命。"① 不久，扬雄因病免官，后来又再度出任大夫。由于官小秩低，自己又爱喝点酒，所以家境清贫，很少有人拜访，几至门可罗雀。间或有人仰慕他的学识，载酒肴踵其门求教，还能为这位迟暮书生带来一点热闹与欢乐。达官贵人中，只有壮年时同在成帝朝为郎官的刘歆偶尔造访。面对在寂寞中仍然沉潜地孜孜以求地构筑《太玄》这一宇宙模式的学者，刘歆意味深长

---

① 《汉书》卷87《扬雄传下》。

地劝诫说："空自苦！今学者有禄利，然尚不能明《易》，又如《玄》何？吾恐后人用覆酱瓿也。"① 对于这位朋友的忠告，扬雄"笑而不应"。"话不投机半句多"，大概扬雄认为这位昔日的友人今日已是贵为国师公的显官，在他眼里已经入"不可与言者"之列了。天凤五年（公元18年），扬雄平静地死去，终年71岁。他的弟子侯芭为之治丧、起坟，将这位一生寂寞的学者送入了永恒的寂寞之乡。或许应了扬雄的"默默者存"，"炎炎者灭，隆隆者绝"的箴言吧，他自己在寂寞中自然地寿终正寝，而两位曾经同朝为郎官的炎炎者和隆隆者，贵为新朝四辅之一的刘歆于地皇四年（公元23年）七月因参与诛杀王莽的政变事泄而死于非命，贵为新朝皇帝的王莽则于当年十月三日在长安未央宫的渐台上被起义军将士碎尸万段。

二 《法言》的理性政治思维

扬雄留下的著作较多，最具代表性的是语言学著作《方言》——中国第一部系统的方言的奠基性著作，仿《周易》的哲学著作《太玄》——构筑了他心目中的宇宙模式，仿《论语》的政治社会学著作《法言》——阐发了他的政治社会思想和人生理念。此外还有一些《箴》、赋、文等。

扬雄在《太玄》中构筑的宇宙模式尽管带有浓烈的神秘主义倾向，但其对事物发展变化的论述却含有明显的辩证法因素：

> 夫道有因有循，有革有化。因而循之，与道神之；革而化之，与时宜之。故因而能革，天道乃得；革而能因，天道乃驯。夫物不因不生，不革不成。故知因而不知革，物失其则；知革而不知因，物失其均。革之匪时，物失其基；因之匪理，物丧其纪。因革乎因革，国家之矩范也。②

这段话表明，扬雄已经认识到事物的变化主要有两种形式，一是量变的"因""循"；二是质变的"革""化"。两种形式交互为用，构成了事

---

① 《汉书》卷87《扬雄传下》。
② 《太玄经》卷7《太玄莹》。

物发展变化的链条和规律。同时，他又继承了孔子不语怪、力、乱、神的人文主义传统，虽然没有正面否定鬼神的存在，但却否定其对人事的干预能力："神怪茫茫，若存若亡，圣人曼云。"① 进而又将天的功用定位于"无为"：

> 或问"天"。曰："吾于天与？见无为之为矣！"或问："雕刻众形者匪天与？"曰："以其不雕刻也。如物刻而雕之，焉得力而给诸？"②

他还将人性定位为"善恶混"："人之性也善恶混。修其善则为善人，修其恶则为恶人。"③ 扬雄正是用这观点观察社会、历史和人生，认为人类政治军事活动的胜、败、成、毁与天意无关，而是人类自己的行为造成的，这里显示的是比较清醒的理性思维：

> 或问："楚败垓下，方死，曰：'天也。'谅乎？"曰："汉屈群策，群策屈群力。楚憝群策，而自屈其力。屈人者克，自屈者负，天曷故焉？"④

扬雄在这里批驳了项羽将自己失败归结于天意而拒绝反思自身原因的说辞，同时认定汉胜的原因是发挥了众力众智，而楚败的原因恰恰是杜绝了众力众智的发挥，这应该说是具有相当见地的认识。

扬雄对纲纪在治国中的作用看得很重：

> 或问："人君不可不学法令。"曰："君子为国，张其纲纪，议其教化。导之以仁，则下不相贼；苍之以廉，则下不相盗；临之以正，则下不相诈；修之以礼义，则下多德让。此君子所学也。如有犯法，则司狱在。"或苦乱。曰："纲纪。"曰："恶在于纲纪？"曰："大作

---

① 《法言》卷10《重黎》。
② 《法言》卷3《修身》。
③ 《法言》卷4《问道》。
④ 《法言》卷10《重黎》。

纲，小作纪。如纲不纲，纪不纪，虽有罗网，恶得一目而正诸？"①

这种思想近似于法家的理念。他同时认识到，纲纪在执行过程中必须把握好"度"，赏当其功，罚当其罪，过与不及都不能取得预期的成效：

> 甄陶天下者，其在和乎？刚则甈，柔则坏。龙之潜亢，不获其中矣。是以过中则惕，不及中则跃，其近于中乎！圣人之道，譬犹日之中矣。不及则未，过则昃。什一，天下之正也。多则桀，寡则貉。井田之井，田也；肉刑之刑，刑也。田也者，与众田之；刑也者，与众弃之。法无限，则庶人田侯田，处侯宅，食侯食，服侯服，人亦多不足矣。为国不迪其法，而望其效，譬如算乎？②

不过，扬雄的政治思想总体倾向于儒家学说，而对于法家学说，总体上持排拒态度，斥责"申、韩之术，不仁之至"，③ 因而笃信仁、义、礼、智、信等儒家的基本理念：

> 或问"仁、义、礼、智、信"之用。曰："仁，宅也。义，路也。礼，服也，智，烛也。信，符也。处宅，由路，正服，明烛，执符，君子不动，动斯得矣。"④

所以，扬雄的政治思想还是落实到儒家的"民本"，要求发展生产，关心百姓疾苦，使社会上的各类人群都得到妥善安排，生、老、病、死都得到妥善照顾。而所有这一切的民生安排，都是在"贵贱有等"的大前提下进行，"同贫富，等贵贱"的意识在他那里是压根不存在的：

> 或问："何以治国？"曰："立政。"曰："何以立政？"曰："政之本，身也。身立则政立矣。"或问："为政有几？"曰："思敬。"或

---

① 《法言》卷9《先知》。
② 同上。
③ 《法言》卷4《问道》。
④ 《法言》卷3《修身》。

问"思敩"。曰:"昔在周公,征于东方,四国是王;召伯述职,蔽芾甘棠,其思矣夫!齐桓欲径陈,陈不果内,执辕涛涂,其敩矣夫!於戏!从政者审其思敩而已矣。"或问"何思何敩?"曰:"老人老,孤人孤,病者养,死者葬,男子亩,妇人桑之谓思。若污人老,屈人孤,病者独,死者逋,田亩荒,杼轴空之谓敩。"①

或问:"人有齐死生,同贫富,等贵贱,何如?"曰:"作此者其有惧乎?信死生齐,贫富同,贵贱等,则吾以圣人为嚣嚣。"②

西汉自元帝恢复对匈奴的"和亲"政策,以王昭君嫁呼韩邪单于以后,汉匈关系进入和平相处、经济文化交流密切的时期。延至成帝、哀帝当国时,"和亲"政策仍在继续。建平四年(公元前3年),单于上书朝廷,要求第二年前来朝拜皇帝。公卿们在拒、纳问题上争论激烈,致使哀帝也难以决断。扬雄上书哀帝,要求坚持"和亲"政策,接受单于来朝。他在上书中回顾了汉匈关系的历史,认为"和亲"政策换来的边境安宁和两大族群的和平弥足珍贵,千万不要因拒纳使汉匈关系生变,所以应该照以前的惯例接受单于来朝:

> 今单于归义,怀款诚之心,欲离其庭,陈见于前,此乃上世之遗策,神灵之所想望,国家虽费,不得已者也。奈何距以来厌之辞,疏以无日之期,消往昔之恩,开将来之隙!夫款而隙之,使有恨心,负前言,缘往辞,归怨于汉,因以自绝,终无北面之心,威之不可,谕之不能,焉得不为大忧乎!夫明者视于无形,聪者听于无声,诚先于未然,即蒙恬、樊哙不复施,棘门、细柳不复备,马邑之策安所设,卫霍之功何得用,五将之威安所震?不然,一有隙之后,虽智者劳心于内,辩者毂击于外,犹不若未然之时也。且往者图西域,制车师,置城郭都护三十六国,费岁以大万计者,岂为康居、乌孙能逾白龙堆而寇西边哉?乃以制匈奴也。夫百年劳之,一日失之,费十而爱一,臣窃为国不安也。唯陛下少留意于未乱未战,以遏边萌之祸。③

---

① 《法言》卷9《先知》。
② 《法言》卷12《君子》。
③ 《汉书》卷94《匈奴传》。

由于扬雄上书中阐发的理由充分而恳切，使哀帝批准单于来朝的请求，延续了元帝以来朝廷实行的对匈奴政策，维系了汉匈关系的和平、友好的经济文化交流。这种局面直到王莽篡汉立新的始建国元年（公元9年）因其实施改少数民族首领王的称谓为侯而发生变化，汉匈关系重新回到兵戎相见的岁月，给汉匈两个民族造成财产和生命的巨大损失。反观扬雄的观点，不能不佩服他的高瞻远瞩。

三 严遵《道德指归论》展示的道家政治理想

严遵，西汉末年蜀郡成都（今属四川）人。原姓庄，名遵，字君平。班固写《汉书》时，因避汉明帝刘庄讳，更其姓为严。他是一位对道家学说深有研究的平民学者，一生靠卖卜为生，但一直聚徒讲学。据《汉书·王贡两龚鲍传》记载，他每日在成都市上卖卜，一天仅阅数人，收卜资百钱够吃饭用即闭门收摊，为学生讲述《老子》。后"依老子、庄周之旨，著书十余万言"，留下《老子注》二卷（已佚），《道德指归论》十三卷（残缺），文一篇。流传至今的《道德指归论》七卷和《老子指归佚文》是今天研究严遵思想的主要资料。《道德指归论》七卷，由说目、上德不德篇、得一篇、上士闻道篇、道生一篇、至柔篇、名身孰亲篇、大成若缺篇、天下有道篇、不出户篇、为学日益篇、圣人无常心篇、出生入死篇、道生篇、天下有始篇、行于大道篇、善建篇、含德之厚篇、知者不言篇、以正治国篇、方而不割篇、治大国篇、大国篇、万物之奥篇、为无为篇、其安易持篇、善为道者篇、江海篇、天下谓我篇、用兵篇、言甚易知篇、知不知篇、民不畏威篇、勇敢篇、民不畏死篇、人之饥篇、生也柔弱篇、天之道篇、柔弱于水篇、小国寡民篇、信言不美篇等41篇组成，对《道德经》进行了全面系统的解说和阐发。《老子指归佚文》存有道可道篇、天下皆知篇、不尚贤篇、道冲篇、天地不仁篇、谷神不死篇、天长地久篇、上善若水篇、持而盈之篇、载营魄抱篇、三十辐篇、五色篇、宠辱若惊篇、视之不见篇、古之善为士篇、致虚极篇、太上篇、绝学篇、曲则全篇、希言自然篇、企者不立篇、有物混成篇、重为轻根篇、知其雄篇、取天下篇、佳兵篇、知人智篇、执大象篇、将欲歙篇等29篇，可看作是《道德指归论》的姊妹篇，是对该书的补充。

严遵尽管是一位平民思想家，但在西汉历史上，他堪称造诣最高的研究和阐发老子、庄子思想的学者。严遵热衷研究和阐发老子、庄子思想，大概与他自己笃信老庄思想有密切的关系。他认定道是天地之始、万物之母：

> 天地所由，物类所以，道为之元，德位之始，神明为宗，太和为祖。道有深蒙，德有厚薄，神有清浊，和有高下。清者为天，浊者为地，阳者为男，阴者为女。人物禀假，受有多少，性有精粗，命有长短，情有美恶，意有大小。或为小人。或为君子，变化分离，剖判为数等。①

因为《道德经》讲"道生一，一生二，二生三，三生万物"，《道德指归论》（以下简称《指归》）就对"一"加以尽情地阐发：

> 一者，道之子，神明之母，太和之宗，天地之祖。于神为无，于道为有，于神为大，于道为小。故其为物也，虚而实，无而有，圆而不规，方而不矩，绳绳忽忽，无端无绪，不浮不沈，不行不止，为于不为，施于不与，合囊变化，负包分理。无无之无，始始之始，无内无外，混混沌沌，芒芒汎汎，可左可右。虚无为常，清静为主，通达万天，流行亿野。万物以然，无有形兆，窅然独存，玄妙独处，周密无间，平易不改，混冥皓天，无所不有。陶冶神明，不与之同，造化天地，不与之处。禀而不损，收而不聚，不曲不直，不先不后，高大无极，深蒙不测。上下不可隐议，旁流不可揆度。潢尔舒与，皓然焊生。焊生而不与之变化，变化而不与之俱生。不生也而物自生，不为也而物自成。天地之外，毫厘之内，禀气不同，殊形异类，皆得一之一以生，尽得一之化以成。故一者万物之所导而变化之至要也，万方之准绳而百变之权量也。一，其名也；德，其号也；无有，其舍也；无为，其事也；形，其度也；反，其大数也；和，其归也；弱，其用也。故能知一，千变不穷，万轮不失；不能知一，时凶时吉，持国者亡，守身者没。是故，昔之得一者：天之性得一之清，而天之所为非清也。无心无意，无为无事，以顺其性；玄玄默默，无容无式以保其

---

① 《道德指归论》卷之一《上德不德篇》。

命。是以阴阳自起，变化自正。①

老子在《道德经》中没有对"一"做过多的阐发，而严遵则将"一"认定为"道之子"，将其作为道与万物之间的必然环节和联系桥梁，大大拓展了它的神力，从而将其作为道的外化，在很大程度上赋予它造物主的形象。再后，《指归》沿着"一生二，二生三，三生万物"的程序，描绘了整个宇宙万物的生成：

> 三以无，故能生万物。清浊以分，高卑以陈，阴阳始别，和气流行，三光运，群类生。有形窗可因循者，有声色可见闻者，谓之万物。万物之生也，皆元于虚，始于无，背阴向阳，归柔去刚，清静不动，心意不作而形容修广，性命通达者，以含和柔弱而道无形也。是故，虚无无形，蒙寡柔弱者，天地之所由兴，而万物之所因生也，众人之所恶而侯王之所自名也，万物之原泉，成功之本根也。②

《指归》同时也进一步阐发了《道德经》的辩证意识，承认所有事物都时刻处在不断的发展变化中，承认它们无不以对立面的存在为自己存在的前提，论证了事物向对立面转化的必然性：

> 无以有亡，有以无形。难以易显，易以难彰。寸以尺短，尺以寸长。山以谷摧，谷以山倾。音以声别，声以音停。先以后见，后以先明。故无无则无以见有，无有则无以知无；无难无以知易，无易无以知难；无长无以知短，无短无以知长；无山无以知谷，无谷无以知山；无音无以知声，无声无以知音；无先无以后，无后无以知先。凡此数者，天地之验，自然之符，陈列暴慢，然否相随，终始反覆，不可别离，神明不能遁，阴阳不能违。③

> 道德所经，神明所纪，天地所化，阴阳所理，实者反虚，明者反

---

① 《道德指归论》卷之一《得一篇》。
② 《道德指归论》卷之二《道生一篇》。
③ 《老子指归遗文·天下皆知篇》，《两汉全书》第 11 册，山东大学出版社 2009 年版，第 6246 页。

晦，盛者反衰，张者反弛，有者反亡，生者反死，此物之性而自然之理也。①

有了不断变化的宇宙万物，有了人类社会，就有了社会政治的运作。在严遵看来，组成国家政治最主要的两极是君和民："人之生，悬命于君；君之立，悬命于民。君得道也则万民昌，君失道也则万民丧。万民昌则宗庙显，万民丧则宗庙倾。故君者民之源也，民者君之根也。根伤则华实不生，源衰则流沫不盈。上下相保，故能长久。"② 他已经认识到君和民是不可分割的共同体，谁也离不了谁，二者实际上是生死与共、荣辱与共的关系。然而，君与民同时又是治与被治的对立的两极。那么，究竟什么是君王最理想的治民方略呢？《指归》认为，无论是治身、治家，还是治国、治天下，都必须遵循"无为"的原则，这也是最好的原则。而与之对立的"有为"的原则，则是最坏的原则，这个原则就是法家和儒家确立和歌颂的那些信条：

> 尊天敬地，不敢忘先，修身正法，去己任人，审实定名，顺物和神，参伍左右，前后相连，随时循理，曲因其当，万物并作，归之自然，此治国之无为也。冠无有，被无形，抱空虚，履太清，载道德，浮神明，秉太和，驱天地，驰阴阳，骋五行，从群物，涉玄冥，游乎无功，归乎无名，此治天下之无为也……
> 富国兼壤，轻战乐兵，底威起节，名显势隆，刑严罚峻，峭直刻深，法察网周，惨毒少恩，诸侯畏忌，常为俊雄，公强求伯，伯强求王，此治国之有为也。祖孝悌，宗仁义，修礼节，饰名教，修治色味，以顺民心，钟鼓琴瑟，以和民志，主言臣听，主动臣随，表功厉行，开以恩厚，号令声华，使民亲附，诸事任已，百方仰朝，此治天下之有为也。③

显然，《指归》所认定的治国治天下的"无为"原则，就是顺应自

---

① 《老子指归遗文·将欲歙篇》，《两汉全书》第11册，第6246页。
② 《道德指归论》卷之二《天下有道篇》。
③ 《道德指归论》卷之三《出生入死篇》。

然，摈弃一切人为的法则，"万物并作，归之自然"，"游乎无功，归乎无名"。而治国治天下的"有为"原则，就是制定法规，强制推行，提倡孝悌仁义，砥砺礼义名节，以求得自己向往的名和利。《指归》进而认为，君王只要按照"无为"的原则治理百姓，一个万民"自化""自富""自正""自朴"的美好社会就会降临人间：

> 是故人主诚为无为之为，则天下之心皆无所之，被道含德，无思无求，无令无法，万民自化；人主诚能事无事之，则天下无效无象，无知无识，不赏不与，万民自富；人主诚能安无静之静，乐无清之清，则天下不学不问，无闻无见，无刑无罚，万民自正；人主诚能欲不欲之欲，则天下心虚志平，大身细物，动而反正，静而归足，不拘不制，万民自朴。故人主之政，不孝不仁，不施不予，闵闵缦缦，万民恩挽，墨墨倦倦，好恶不别，是非不分，故得所欲，性命以全。①

《指归》展示的"无为"的政治理想，反映了严遵对自然生命的尊重和对人类和谐社会的向往，但是，他对法规和道德的摈弃却是违反社会发展进步的空想和狂想，贯穿其中的是明显的反智主义。因为人类社会的有序运行必须有与之相适应的法规和道德作保证，而法规和道德的出现和日益细密规范，恰恰是文明社会的表征。同老子和庄子一样，严遵看到了社会的文明进步所产生的种种弊端，但他不知道，消除这些弊端不是通过回到文明以前的状态，而是依靠文明更大的进步。然而，《指归》顺着"无为"的政治理想前进，就不能不将反智主义变成愚民政策，将"小国寡民"视为最美好的社会理想：

> 是以昔之帝王，经道德，纪神明，总清浊，领太和者，非以生知起事，开世导俗，务以明民也，将以涂民耳目，塞民之心，使民不得知，归之自然也。是以立民于昭昭而身处乎混冥，教以不知，导以无形，孝悌不显，仁义不彰，君王无荣，知者无名。无教之教，洽流四海；无为之为，通达八方。动与天地同节，静与道德同容。万物并

---

① 《道德指归论》卷之四《以正治国篇》。

兴，各知其所；名实俱起，各知其当。和气流通，宇宙童蒙，无知无欲，无事无功，心如木土，志如死灰，不睹同异，不见吉凶，故民易治而世可平也。是故，安者民之所利也，生者民之所归也，民之所以离安去生而难治者，以其知也。民知则欲生，欲生则事始，事始则功名作，功名作则忿争起，忿争起，则大奸生，大奸生则难治矣。故以知为国，则天下智巧诈伪滋生，奇物并起，嗜欲无穷，奢淫不止，邪枉纤纤，豪特争起，溪谷异名，大祸兴矣。臣惑其主，子乱其父，以白为黑，以亡为有，名变实异，劫杀生矣。恍恍不可安，易易不可全，卷甲轻举，海内相攻，死者无数，血流成川，悲痛怨恨，气感皇天，星辰离散，日月不光，阴阳失序，万物尽伤，山枯谷竭，赤地数千，天下穷困，至于食人，非天之辜，上好智能而教万民也。废弃智巧，玄德淳朴；独知独虑，不见所欲；因民之心，塞民耳目；不食五味，不服五色；主如天地，民如草木；岩居穴处，安乐山谷；饮水食草，不求五谷；知母识父，不亲宗族，沌沌倥倥，不晓东西；男女不相好，父子不相恋；不贱木石，不贵金玉；丛生杂处，天下一心；八极共旨，九州同风；蠹虫不作，毒兽不生；神龙与人处，麟凤游于庭；翔风嗿嗿，醴泉涓涓，甘露漠漠，朱草荣荣，嘉禾丰茂，万物长生。非天之福，主知不知，而名无名也。是以睹知识愚，与道同符；知愚知智，与道同旨。政教由之，或病或利，明于病利，太平自至；明于利病，万物自正。是故，愚智之识，无所不免，清天宁地，为类阴福，众庶莫见，故曰玄德。玄德深矣，不可量测；远矣，不可穷极；与物反矣，莫有能克。玄德之论，罔荡轶遁，恍惚无形，反物之务，和道德，导神明，含万国，总无方。六合之外，毫厘之内，靡不被德蒙仁，以存性命，命终天年，保自然哉。①

小国之君，地狭民少……然则伐之不足以为暴，德之年足以为多，故小国者危亡之枢而安宁之机也。是以圣人之治小国也，转祸为福，因危为宁……当此之时，无钟鼓而万物足，百姓和洽，臣主得安，安土乐生，故死于岩穴，迁徙去乡，利虽百倍，不离其国，家有舟舆，无所运乘，户有甲兵，无所施力。何则？将相明知，人君有道，民务耕织，多积为好，鄙朴在上，柔弱为右，贵忠敬信，下力贱

---

① 《道德指归论》卷之五《善为道者篇》。

巧，法明俗定，上下相保，未令而民从，不战而敌恐，求利者不议难胜，趋名者不图无罪，块然独安，百姓不扰，损知弃为，复归太古，结绳而识期，素情而语事，约物修文，亡言寡志，皆合自然，各得其所，蔬食藜羹，无味为甘，布衣鹿裘，无文为好，危狭险阻，慓慓为宁，寒罄僻迥，厉以为厚，安乐谣俗，便习水土，道隆德盛，和睦鳏寡，接地邻境，各自保守，精神不耗，魂魄不毁，性命全完，意欲穷尽，鸡狗之音相闻，民人薪莱登山相视，涧溪共浴，相去甚近，君臣不相结，男女不相聚，自生至老，非传主命，莫有来往。①

涂民耳目，饰民神明，绝民之欲，以益民性；灭民之乐，以延民命；损民服色，使民无争；塞民心意，使得安宁。②

严遵的确看到了文明进步带来的"智巧诈伪滋生"的弊端，所以，在他笔下，智慧变成了罪恶，而"废弃智巧"的愚民政策则被变成维系天下和谐太平的万应灵药。最后，他反对尚贤和爵禄，将小国寡民导向无政府主义："世不尚贤则民不趋，不趋则不争，不争则不为乱。世不贵货则民不欲，不欲则不求，不求则不为盗。世绝三五则民无喜，无喜则无乐，无乐则不淫乱……无爵禄以劝之，而孝慈自起；无刑罚以禁之，而奸邪自止。"③但这种"无欲""无求""不趋""不争""无喜""无乐"的人生状态只能存在于幻想中，不要说在人类社会，就是在动物界也是不存在的。所以，严遵知道，在他理想的政治范式下，完全无政府还是不行的。而一个国家政务的运转，主要是君王的指令通过臣下的具体操作进行，所以处理好君臣关系是行政正常有序运转的必要条件。而在他看来，君臣关系的基本原则就是君无为而臣有为：

治之于国，则主明臣忠，朝不壅贤，士不妒功，邪不蔽正，逸不害公，和睦顺从，上下无怨，百官乐职，万事自然；远人怀慕，天下同风；国富民实，不伐而强；宗庙尊显，社稷永宁，阴阳永合，祸乱不生；万物丰熟，境内大宁；邻家讬命，后世蕃昌；道德有余，与天

---

① 《道德指归论》卷之七《小国寡民篇》。
② 《道德指归论》卷之一《上士闻道篇》。
③ 《老子指归遗文·不尚贤篇》，《两汉全书》第 11 册，第 6247—6248 页。

为常。治之于天下，则主阴臣阳，主静臣动，主圆臣方，主因臣唱，主默臣言。①

是以明王圣主，正身以及天，谋臣以及民；法出于臣，秉之在君；令出于君，饰之在臣；臣之所名，君之所覆，臣之所事，君之所谋也。臣名不正，自丧大命。故君道在阴，臣道在阳；君主专制，臣主定名；君臣隔塞，万物自明。故人君有分，群臣有职，审分明职，不可相代，各守其圆，大道乃得，万事自明，寂然无事，无所不克。臣行君道则灭其身，君行臣事则伤其国。②

然而，这里阐述的已经是黄老之学所鼓吹的"君人南面之术"：君主专制，总揽全局，定谋出令，驾驭群臣；臣子听命，承旨担责，亲力亲为，行政临民。这就将老子的"道"和法家的"术"有机结合在一起了。

严遵尽管是西汉末年造诣最高的道家学者，他的《道德指归论》《老子指归》等也达到了那个时代道家著作的最高水平，然而，由于汉武帝"罢黜百家，独尊儒术"的思想文化政策已经实施多年，绝大部分知识分子都被引导到与儒学紧密联系在一起的利禄之路，道学鼓吹的那一套"无为""无欲"的远离富贵利禄的说教没有多少吸引力，再加上严遵的布衣身份，局促成都一隅，人微言轻，所以在当时很难产生较大影响，更不可能改变当时思想学术领域的主导倾向。

第十一节　《孝经》的政治思想

一　《孝经》的成书和影响

《孝经》在宋代列入十三经，成为中国古代传统文化最重要的元典之一，孔安国曾述论其来历说：

夫子敷先王之教于鲁之洙泗，门徒三千，而达者七十有二也。贯首弟子颜回、闵子骞、冉伯牛、仲弓，性也至孝之自然，皆不待谕而

---

① 《道德指归论》卷之二《善建篇》。
② 《道德指归论》卷之六《民不畏死篇》。

痞者也。其余则俳俳愤愤，若存若亡。唯曾参躬行匹夫之孝，而未达天子诸侯以下扬名显亲之事，因侍坐而咨问焉，故夫子告其谊。于是曾子喟然知孝之为大也，遂集而录之，名曰《孝经》，与五经并行于世。①

这就是说，《孝经》如同《论语》一样，是弟子所记录的孔子的言论，这个记录者就是以孝行闻名于世的曾参。同是孔安国记载，这部《孝经》毁于秦始皇的"焚书坑儒"，"绝而不传"。西汉武帝建元初年，河间献王刘德献《孝经》18篇，得以在朝野流传。后鲁恭王坏孔子宅，于壁中石函得古文《孝经》22篇，亦在坊间流传。中经魏晋南北朝，古文《孝经》因不被重视而渐出学林，以致亡佚。唐以后，朝野流传的就只有今文的《孝经》18篇了。至两宋，二程和朱熹对《孝经》的成书提出质疑，否定其与孔子和曾参的关系。平心而论，二程和朱熹对《孝经》的质疑不是没有道理，一个简单的事实是，如果《孝经》是曾参记载孔子的言论，何以所有先秦的著作都没有提及？而其出现并被重视恰恰是在西汉时期？最合理的解释应该是，这是秦汉间儒者依据孔子和曾参关于孝的言论编纂的一部书，为了增加其神圣性将之附会到孔子和曾参身上。后世除了二程和朱熹，之所以很少有学者对其提出质疑，原因在于其对孝的论述基本符合孔子和曾参的思想倾向。因此，不少学者将该书放在西汉论列，如冯友兰的《中国哲学史新编》等就是如此处理。这里我们亦将其作为西汉前期的著作加以论述。

《孝经》一书虽仅1861字，但从其出现以后就受到最高统治者的青睐。西汉自文帝始即置《孝经》博士，昭帝诏令举贤良文学治《孝经》，宣帝立其为小学课本，平帝公车征召治《孝经》者至京师。而从惠帝起，汉代皇帝谥号前皆加孝字。东汉光武帝下令宫廷卫士学习《孝经》，明帝要求期门羽林介胄之士学习《孝经》。西晋开创皇太子讲《孝经》的礼仪活动，东晋元帝作《孝经传》，几代皇帝亲讲《孝经》。南朝皇帝亦亲讲《孝经》，梁武帝亲撰《孝经义疏》，陈朝几代皇帝亲自主持太子讲《孝经》。北魏孝文帝命人将《孝经》译成本民族语言以教国人，后几代皇帝亲讲《孝经》。唐代对《孝经》的重视更上一层楼，高宗诏令以《孝经》

---

① 孔安国：《〈孝经〉序》。

和《道德经》为上经，玄宗二度亲注《孝经》，并以八分书写《孝经》，刻石立于太学。宋、辽、金、元、明、清对《孝经》的重视更进一步。宋真宗诏令邢昺撰《孝经义疏》，高宗御书《孝经》赐辛臣，颁于天下州学，刻石立于州衙。元世祖令国子学读书先读《孝经》，元武宗令翻译《孝经》为蒙古文，通令全国学习和践行。明太祖强调《孝经》是治天下之大经大法。清顺治帝亲注《孝经》，康熙帝令刻"满汉合璧"的《孝经》，咸丰帝令科举考试加试《孝经》。这一切说明，《孝经》在统治者那里的价值是历久不衰，与时间的前进成正比的。

这是为什么？原因其实很简单，就是因为在中国传统的道德信条中，忠是孝的扩大和升华，移孝作忠，求忠臣于孝子之门是社会的共识。

二 "移孝作忠"的政治思想

《孝经》可视为中国古代伦理学的元典之一，但其中蕴含的政治思想也不容忽视。

首先，因为孝是"德之本"，由它通摄和生发出其他一切伦理道德，只要具备了孝的品质，无论是"事亲""事君"，还是"立身"，都会永远立于不败之地：

> 子曰："夫孝，德之本也，教之所由生也……身体发肤，受之父母，不敢毁伤，孝之始也。立身行道，扬名于后世，以显父母，孝之终也。夫孝，始于事亲，中于事君，终于立身。"①

而孝这个"德之本"还是"天之经""地之义""民之行"。对天子、诸侯、大夫、士和庶人，都不可须臾离。由孝出发而治民，就能够收到"不素而成""不严而治"的效果：

> 子曰："夫孝，天之经也，地之义也，民之行也。天地之经，而民是则之，则天之明，因地之利，以顺天下。是以其教不肃而成，其政不严而治。先王见教之可以化民也，是故先之以博爱，而民莫遗其亲，陈之以德义，而民兴行，先之以敬让，而民不争，导之以礼乐，

---

① 《孝经》开宗明义章第十六。

而民和睦，示之以好恶，而民知禁。"①

子曰："教民亲爱，莫善于孝。教民礼顺，莫善于悌。移风易俗，莫善于乐。安上治民，莫善于礼。"②

其次，《孝经》将孝作为天子应该具备的最重要的品格："爱亲者，不敢恶于人；敬亲者，不敢慢于人。爱敬尽于事亲，而德教加于百姓，刑于四海，盖天子之孝也。"③ 天子只要具备了这一品格，就必定是"天明""地察""神明彰"，必定是"通于神明，光于四海，无所不通"：

子曰："昔者明王，事父孝，故事天明。事母孝，故事地察。长幼顺，故上下治。天地明察，神明彰矣。故虽天子，必有尊也。言有父也，必有先也，言有兄也。宗庙致敬，不忘亲也。修身慎行，恐辱先也。宗庙致敬，鬼神著矣。孝悌之至，通于神明，光于四海，无所不通。"④

再次，"移孝作忠"，君子必定是忠臣。而这个忠臣又必定是争臣、争友和争子，他们会纠正君王和父辈的偏颇，使其失误不会造成大的危害：

子曰："君子之事亲孝，故忠可移于君。事兄悌，故顺可移于长。居家理，故治可移于官。是以行成于内，而名立于后世矣。"⑤
曾子曰："若夫慈爱、恭敬、安亲、扬名，则闻命矣。敢问子从父之令，可谓孝乎？"子曰："是何言与？是何言与！昔者天子有争臣七人，虽无道，不失其天下；诸侯有争臣五人，虽无道，不失其国；大夫有争臣三人，虽无道，不失其家；士有争友。则身不离于令名；父有争子，则身不陷于不义。故当不义，则子不可以不争于父，

---

① 《孝经》三才章第七。
② 《孝经》广要道章第十二。
③ 《孝经》天子章第二。
④ 《孝经》感应章第十六。
⑤ 《孝经》广扬名章第十二。

臣不可以不争于君，故当不义，则争之，从父之令，又焉得为孝乎！"①

显然，由于中国古代社会是一个以伦理为本位的社会，又因为这个社会始终被宗法血缘纽带所缠绕，所以本来作为家庭伦理的孝观念就具有了国家和社会伦理的意义，由它生发而扩展到政治思想也就顺理成章了。《孝经》之所以为历代统治阶级所重视和不断张扬，就是因为他们意识到，在以伦理为本位的社会中，家庭的和睦与和谐，直接影响到社会的安定和谐，而由孝子组成的臣子群体必然会"移孝作忠"，忠贞不愈地为朝廷服务，这对稳定统治秩序利莫大焉。

---

① 《孝经》谏诤章第十五。

第 二 编

东汉时期的政治思想

第四章 社会变迁与政治思潮

第一节 社会经济变迁

一 "假民公田"与"度田"

公元23年（王莽地皇四年·更始元年），王莽建立的新朝被起义军推翻。公元25年（建武元年）刘秀在高邑（今河北柏乡县境）登基称帝，建立东汉。东汉建立之后，在刘秀及其子孙实行的经济政策中，与土地联系紧密的一是"假民公田"，二是"度田"。

因土地兼并而导致的土地集中是西汉末期阶级矛盾尖锐化的根本原因之一。王莽企图通过复古的"王田"政策加以解决，结果被碰得头破血流。农民战争之后，无地少地的农民虽然通过种种途径得到了部分土地，但仍有部分农民没有土地或很少有土地。如何使生产者与生产资料相结合是安定社会秩序的根本因素，也是东汉统治者需要解决的重大问题。可惜此一问题刘秀没有来得及解决就死去了。他的子孙以"假民公田"或"赋民公田"的办法使问题得到了部分解决。如汉明帝在永平九年（公元66年）四月下诏，令"郡国以公田赐贫人各有差"。永平十三年（公元70年），著名水利专家王景主持修好了汴渠的千里大堤后，明帝又下诏，"滨渠下田，赋与贫人。无令豪右，得固其利"。① 汉章帝踵其后，于建初元年（公元76年）七月下令将上林苑的田地"赋予贫人"。元和元年（公元84年）二月，再次下诏曰：

> 令郡国募人无田欲徙它界就肥饶者，恣听之。到在所，赐给公

---

① 《后汉书》卷2《明帝纪》。

田，为雇耕佣，赁种饷，贳与田器，勿收租五岁，除算三年。其后欲还本乡者，勿禁。①

元和三年（公元 86 年）二月，章帝在出巡途中，又诏令常山、魏郡、清河、巨鹿、平原、东平诸郡国，要求将各辖区的未垦辟的肥田"悉以赋贫民，给与粮种，务尽地力，勿令游手"。②汉和帝时也曾五次下达"假民公田"或"赋民公田"的诏令。刘秀的后继者，主要是明、章二帝，通过以上措施使部分无地少地的农民得到了一些土地，实现了劳动者与生产资料的结合，缓解了土地占有不均的矛盾，从而使西汉中期以来严重的流民问题得到了暂时解决。

东汉皇朝建立以后，尽管战乱远未敉平，在十多年的岁月中，刘秀是在军书旁午中度过的。但是，他针对当时的现实，分别轻重缓急，陆续推行了一系列政治、经济和社会政策，总的目标是"解王莽之繁密，还汉世之轻法"，绝大部分取得了成功。这既是他最后战胜所有割据势力、取得统一大业成功的重要原因，更是他恢复秩序，安定民生，促进生产发展与经济繁荣的重要条件。然而，这其中，却有一项对东汉说来至关重要的政策失败了，这就是"度田"。在两汉之际长达 20 多年的战乱中，人口死亡、流亡的情况比较严重，土地占有关系也发生了较大的变化，特别在战争激烈进行的地区更是如此。东汉建立之初，有一部分在战乱中获得土地的农民，为了逃避和减轻赋役负担，不愿如实地向官府呈报自家的土地与户口。有很多豪族地主为了逃避赋役负担，更不愿如实地呈报自己拥有的土地和庇荫的人口。"是时，天下垦田多以不实，又户口年纪互有增减"。③这样一来，就使东汉政府直接控制的土地和人口远远低于实有的数字，这当然也就使朝廷的赋税收入和徭役征发受到很大影响。为了增加国家控制的土地和人口，增加国家的赋税收入和服役人口，刘秀在建武十五年（公元 39 年）发布了以清丈土地和核实户口为内容的"度田"令："诏下州郡检覈垦田顷亩及户口年纪，又考实二千石长吏阿枉不平者。"④

---

① 《后汉书》卷 3《章帝纪》。
② 同上。
③ 《后汉书》卷 22《朱景王杜马刘傅坚马列传·刘隆》。
④ 《后汉书》卷 1《光武帝纪》。

这项法令既损害了部分农民的利益，引起他们的不满和反抗；又损害了隐瞒大量土地和人口的豪族地主的利益，也引起了他们的不满与反抗。官与"民"的矛盾骤然激化了，负责实施此项政策的中央主管官员和地方郡县长吏，立即被卷入到矛盾的旋涡中去。

东汉政权的阶级基础是豪族地主阶级，它的各级官吏基本上都是通过"任子""征辟""察举"等途径从这个阶级中选拔出来的。这些官吏当然不愿意损害自己的阶级利益，因而"度田"一开始实施便弊窦丛生了。首先遇到的棘手问题是在河南和南阳地区无法认真推行这个政策。河南地处洛阳周围，布满了朝廷当政大臣的田庄。南阳是刘秀的故乡，在朝中举足轻重的南阳集团中的达官贵人、刘秀的亲族姻戚的田庄在这里更是星罗棋布。这里的地方官，谁也不敢对他们的土地、户口进行认真查核。不久，这里的问题就暴露了。当时，各郡都派遣官吏入京奏事。刘秀见陈留的一个小吏在奏牍上写着"颍川、弘农可问，河南、南阳不可问"一行字，不明其意，就追问此牍从哪里来，是什么意思，这个小吏不敢说实话，就撒谎说是在洛阳的长寿街上拾来的。刘秀见问不出所以然，十分震怒。这时，他的儿子，12岁的刘庄正在帷幄后面，听到父亲与奏事吏的对话，于是插话说："吏受郡敕，当欲以垦田相方耳。"刘秀见儿子答话，就问他："既如此，何故言河南、南阳不可问？"刘庄从容回答说："河南帝城，多近臣，南阳帝乡，多近亲，田宅逾制，不可为准。"① 刘秀立即命虎贲将对陈留吏严加审讯，其实情果如刘庄所言。其他地方在实施"度田"政策的过程中出现的问题并不比河南、南阳少。不少刺史、郡守、县令等地方官员，也与各地的豪强地主相勾结，上下其手，营私舞弊。一方面，大量隐瞒豪族地主的土地和人口；另一方面，又使用移花接木的办法，把豪族地主的赋役负担转嫁到一般农民头上，不仅清丈农民们的每一块小得可怜的土地，而且连住宅和村落都丈量在内。这自然引起广大农民的不满与反抗。《后汉书·光武帝纪》注引《东观记》载："刺史太守多为诈巧，不务实核，苟以度田为名，聚人田中，并度庐屋里落，聚人遮道啼呼。"《后汉书·刘隆传》亦记载："刺史太守多不平均，或优饶豪右，侵刻羸弱，百姓嗟怨，遮道号呼。"刘秀了解实情后，下令严惩有关主事和舞弊的官员。第一个受到惩罚的是大司徒欧阳歙。他是欧阳生的

---

① 《后汉书》卷22《朱景王杜马刘傅坚马列传·刘隆》。

八世孙,世代传习伏生的《尚书》,为当时儒宗,历任河南尹、扬州牧、汝南太守,"推用贤俊,政称异迹"。建武十五年(公元39年)正月晋升大司徒,六月,实施度田令,十一月即以赃罪下狱处死。从现有史料看,此案扑朔迷离。欧阳歙下狱之时,"诸生守阙为歙求哀者千余人,至有自髡剔者"。① 17岁的平原礼震自动系狱,上书求为欧阳歙代死。其上书中称颂他"学为儒宗,八世博士",并说处死他会"上令陛下获杀贤之讥,下使学者丧师资之益"。② 但这些努力未能挽救欧阳歙的生命。他死后,他的掾史、著名儒生陈元上书为之辩冤。刘秀似乎也有点后悔,"乃赐棺木,赠印绶,赙缣三千匹"。但为了推行"度田",刘秀也顾不得许多了。第二年九月,河南尹张伋以及其他问题严重的10余个郡守被下狱处死,其余牵连在内,遭下狱或免官者不下数百人。在惩办有关官员的同时,刘秀又一次重申"度田"的诏令。但是,刘秀低估了豪族地主反抗的力量,也低估了农民阶级保护自己利益的意志。就在处死张伋等人不久,不少地方爆发了豪族地主以及农民的武装反抗:"郡国大姓及兵长、群盗处处并起,攻劫所在,杀害长吏。郡县追讨,到则解散,去复屯结。青、徐、幽、冀尤甚。"③ 面对东方燃起的反抗烈火,尤其是豪族地主的异动,刘秀再也不敢坚持推行"度田"的政策了。因为当时全国刚刚实现统一,百废待兴,维持国家的和平和社会的安定是压倒一切的任务。为了稳定新皇朝的社会秩序这个大局,刘秀只得对豪族地主采取妥协让步的政策。在此前提下,刘秀采用镇压与怀柔相结合的两手政策,将各地的武装反抗平定下去了:

> 冬十月,遣使者下郡国,听群盗自相纠擿,五人共斩一人者,除其罪。吏虽逗留回避故纵者,皆勿问,听从禽讨为效。其牧守令长坐界内盗贼而不收捕者,又以畏懦捐城委守者,皆不以为负,但取获贼多少为殿最,惟蔽匿者乃罪之。于是更相追捕,贼并解散。徙其魁帅于它郡,赋田受禀,使安生业。④

---

① 《后汉书》卷79《儒林列传·欧阳歙》。
② 同上。
③ 《后汉书》卷1《光武帝纪》。
④ 同上。

总起来看，东汉初年的政策有其宽大的一面，亦有其狡诈残酷的一面。原因就在于和刘秀对立的不仅有一般的农民，还有豪族地主。结果是，刘秀放弃了"度田"，豪族地主也放弃了对朝廷的武装反抗。从此以后，东汉朝廷完全成了豪族地主利益的忠实代表。后来，刘秀在总结自己的统治经验的时候，曾说："吾理天下，亦欲以柔道行之。"① 这句话的内涵比较丰富，其中显然应该包括对豪族地主采取的妥协、让步、姑息的政策。

刘秀"度田"半途而废的原因比较复杂。这其中，除了受制于求稳、求安的基本国策之外，也有对战后获得一小块土地的农民妥协的成分，但主要是对豪族地主妥协的结果，标志着豪族地主的胜利。与西汉初期当权的刘邦集团中人绝大部分出身社会下层不同，以刘秀为首的东汉创业集团中人大都出身豪族地主，他们维护这个集团的利益在很大程度上是出于阶级的意志。因此，从东汉建立起，豪族地主就在政治和经济上占了举足轻重的地位，并且获得了很快的发展。这样一来，东汉的阶级矛盾从一开始就不像西汉那么缓和，因而生产力的发展不如西汉迅速，经济没有达到西汉那样繁荣的程度，也没有达到西汉立国的规模，终东汉之世，既没有出现"文景之治"那样的盛世，更没有产生出如汉武帝那样雄才大略和气度恢宏的皇帝。在经历了光武帝后期和明、章两朝40年左右的短暂繁荣之后，从和帝开始即步入了它的衰败期，外戚、宦官交替擅权，政权的腐败日甚一日，农民起义的星星之火开始在辽阔的中国大地上不时地闪现了。

二 豪族田庄经济的发展

东汉建立以后，一方面，在农民战争造成的既定环境的制约下，加上刘秀的一系列政策措施的效应，为小农经济的发展创造了比较有利的条件，因而社会生产的发展呈上升之势；另一方面，东汉也为豪族地主经济的发展提供了更多的有利条件，因而使大地主田庄经济的发展比西汉时期更加迅速。这互相矛盾的两种倾向日益剧烈的冲突，成为当时社会矛盾的重要内容之一，并引发和制约着其他一系列的矛盾。汉章帝以后，东汉的社会矛盾和阶级矛盾沿着逐步激化的方向发展。土地的兼并与集中，地主

---

① 《后汉书》卷1《光武帝纪》。

官僚的横暴与贪婪，封建官府的残暴与腐朽，广大劳动人民的贫困与死亡，以及民族关系的紧张与武装冲突的连绵不断，把东汉拖入长期的动荡和不安之中。显然，刘秀从求稳求安出发停止"度田"，只能取得短暂的成效，他留给子孙的却是长期的震荡和不安。

东汉与西汉，同处于中国封建社会的初级阶段，地主与农民的阶级对立和阶级斗争，制约和左右着其他各种矛盾和斗争，社会的阶级结构大体上是相似的。但是，由于时代的变迁和政治的、经济的乃至思想文化的各种因素的变异，东汉与西汉的阶级关系、阶级结构也发生了一些明显的变化。无论是统治阶级的地主还是被统治阶级的农民，经过数十代的更新以及在更新过程中的崛起、破产、没落、重整以后，其成分都发生了一些变化。例如，西汉初年，地主阶级的当权集团主要由军功地主所组成，而东汉初年的当权集团却主要由豪族地主集团组成，因为在刘秀创业集团中立下战功的那些人绝大部分出身豪族地主。豪族地主自封建社会诞生以来就存在了，他们或来自春秋战国失势王族的后裔，或来自经营工商业发家致富而又投资土地的富豪，或来自丧失官位的权势之家等，在西汉中期以前，他们属于富而不贵者之列。西汉中期以后，随着军功地主集团的没落，布衣将相之局也告结束。新的选官制度使出身豪族地主的青年知识分子逐渐成为官僚队伍的主体。官僚、地主、大工商业者三位一体，构成了西汉中期以后势力强大的豪族地主集团，更由于他们大部分出身经学世家，有条件长期参与政治，因而成为地主阶级中比较稳定的当权集团。东汉建立以后，这个集团借助自己在政治上的优势有着更迅速的发展，从而使地主阶级的构成较前期发生了较明显的变化。

"度田"失败以后，刘秀和以后的东汉朝廷再也没有采取有力而行之有效的抑兼并措施，由此，土地兼并迅速发展，豪族地主占有的土地数量不断增加。贵族、外戚、官僚、地主，通过霸占、侵吞、强买等各种手段，一面兼并农民的土地，一面也互相兼并。前面提到的河南、南阳刘秀"近臣"和"近亲""田宅逾制"的情况，就是比较典型的事例。刘秀一朝，共有同姓诸侯王、侯者58人，异姓侯者174人，他们从封建国家得到封赏的土地就是一个很大的数目。这些人对拥有封赏的土地犹嫌不足，还不时将兼并的触角伸向四面八方，通过各种途径扩大自己的私田。外戚樊宏是一个比较典型的豪族地主，未贵之前已经先富起来，"开广田土三百余顷"，"富拟封君"。外甥刘秀做皇帝以后，他获得侯爵，富贵无比。

外戚阴识之家，西汉宣帝时已经"暴至巨富，田有七百余顷，舆马仆隶，比于邦君"。① 东汉建立后，他家出了一位皇后，自然是贵而更富了。外戚马援，以亡命北地放牧起家，"有牛马羊数千头，谷数万斛"。跟定刘秀后，求得在上林苑屯田的特权，其致富的速度更是今非昔比。他的儿子马廖、马防兄弟，更加贵宠莫比，"奴婢各千人以上，资产巨亿，皆买京师膏腴美田，又大起第观，连阁临道，弥亘街路，多聚声乐，曲度比诸郊庙。宾客奔凑，四方毕至。京兆杜笃之徒数百人，常为食客，居门下，刺史、守、令多出其家"。② 其他官僚地主对土地同样是孜孜以求。如大司马吴汉的妻子就是一例："汉尝出征，妻子在后买田业。汉还，让之曰：'军师在外，吏士不足，何多买田宅乎！'遂尽以分与昆弟外家。"③ 一些文人学士，舞文弄墨，四处钻营，一旦做官，也是忙于兼并田宅。对此，著名的思想家王充以辛辣的笔触描述道：

> 文吏幼则笔墨，手习而行，无篇章之诵，不闻仁义之语。长大成吏，舞文巧法，徇私为己，勉赴权利。考事则受贿，临民则采渔，处右则弄权，幸上则卖将；一旦在位，鲜冠利剑，一岁典职，田宅并兼。④

富商大贾则利用其财力，以放高利贷的手段兼并土地。与刘秀同时代的桓谭记其目睹的情况说：

> 今富商大贾，多放钱货，中家子弟，为之保役，趋走与臣仆等勤，收税与封君比入，是以众人慕效，不耕而食，至乃多通侈靡，以淫耳目。⑤

占有大片土地的贵族、官僚、地主、富商组成了东汉地主阶级的上层集团豪族地主，他们大都以田庄的形式对所占有的土地进行经营。与西汉

---

① 《后汉书》卷32《樊宏阴识列传》。
② 《后汉书》卷24《马援列传》。
③ 《后汉书》卷18《吴盖陈臧列传·吴汉》。
④ 《论衡·程才篇》。
⑤ 《后汉书》卷28《桓谭冯衍列传》。

前中期相比，东汉田庄在土地的经营形式上有着许多新的特点。如果说，田庄的经营方式在西汉后期已经出现，那么，在刘秀统治的东汉初期它就进入了长足发展阶段，而自东汉后期至魏晋南北朝，就达到了它发展的典型形态阶段。

　　汉桓帝时期，著名政论家崔寔写了《四民月令》，对东汉田庄的情况作了比较真实的记载：田庄是一个集生产、生活、教化于一体的自给自足的社会实体，它一般拥有大片的土地，有一个被高大的围墙和防御设施环绕的庄园。在广阔的田野上种植着小麦、大麦、粟、黍、粳稻、大豆、小豆等粮食作物，以及胡麻、蓝等经济作物。这里的园圃中种植着瓜、韭、瓠、葱、蒜、姜、芋等蔬菜，还种植术、艾、乌头、冬葵、葶苈等药用植物；并采集各种动植物药材，配制成各种药品。这里的渠边、路旁、山坡以及其他非耕土地上，还种植着各种松、柏、桐、漆、梓、榆、柳、桑、竹以及杏、桃、枣等果树。田庄上养着马、牛等耕畜以及猪、羊、鸡、鸭等家畜家禽，还种植着苜蓿等饲料作物。田庄上有各式各样的手工业作坊，自己养蚕、缫丝、制絮、织布、染色，制作衣服、鞋子，制造农具、兵器以及各种油、酱、酒、醋、饴糖等食物。除田庄内部的居民进行交换外，田庄主还派人员外出经营商业，同时购置供自己享用的各种器物珍玩。由于田庄从事多种经营，各类生产生活资料大部分可以自给，与外部的交换很少，因而形成一个比较封闭的社会实体。田庄上的生产者绝大部分是具有不同依附性身份的宗族、宾客、徒附、奴婢，其中宗族人数最多，他们与田庄主同宗，是从事农业生产的主要力量。由于田庄主利用血缘宗亲关系作为统治的手段，因而田庄之上笼罩着一层温情脉脉的纱幕。田庄主经常施展一些小恩小惠的手段，进行一些社会互助和赈济贫弱之类的活动，使田庄上的劳动者大都不脱离生产，能维持最低生活，因而阶级矛盾比较缓和。又因为田庄主一般都有较高的文化素养，比较善于经营，并且有一定程度的计划性，所以田庄的生产能够较好地进行。特别是在动乱的年代，地主的田庄一般能够维持正常的生产。所以，田庄的存在对促进生产的发展是有利的。同时，封建国家对一般自耕农征发的税负和徭役往往超过田庄主对其依附农民的剥削率，使他们时刻受到破产的威胁，田庄也就成为破产农民的逋逃薮之一，其劳动者中的徒附、奴婢等大都由这种破产的农民转化而来。田庄还有着自己的武装力量——部曲，足以自卫。正因为如此，田庄的存在和发展对于封建国家来说就成为一种分裂的因素，对于农民起义来说又成为一种抑制的因素。

到东汉中期以后，田庄经济加快了膨胀的速度，一些田庄主的享乐和威势令人侧目，这就使当时的政治家和思想家经常对它进行了义正词严的谴责：

> 豪人之室，连栋数百，膏田满野，奴婢千群，徒附万计。船车贾贩，周于四方；废居积贮，满于都城。琦赂宝货，巨室不能容；马牛羊系，山谷不能受。妖童美妾，填乎绮室；倡讴妓乐，列乎深堂。宾客待见而不敢去，车骑交错而不敢进。三牲之肉，臭而不可食；清醇之酎，败而不可饮。睥盼则人从其目之所视，喜怒则人随其心之所虑。此皆公侯之广乐，君长之厚实也。①

田庄之上尽管笼罩着温情脉脉的纱幕，正常年景下生产者的生活也能够勉强维持，但是，田庄上的贫富分野、阶级对立还是十分鲜明的。崔寔曾以对比的手法，深刻地描绘了一边是荒淫无耻、暴戾凶残，一边是终日劳苦、饥死相随的阶级对立的情景：

> 上家累巨亿之资，户地侔封君之土，行苞苴以乱执政，养剑客以威黔首，专杀不辜，号无市死之子。生死之奉，多拟人主。故下户踦足区，无所跱足，乃父子低首，奴事富人，躬帅妻孥，为之服役。故富者席余而日织，贫者蹑短而岁踧；历代为虏，犹不赡于衣食。生有终生之勤，死有暴骨之忧。岁小不登，流离沟壑，嫁妻卖子。其所以伤心腐藏，失生人之乐者，盖不可胜陈。②

东汉初期，田庄经济的发展还处在这种经济形式的初级阶段：在其内部，田庄主与依附农民的矛盾发展得还不够充分，田庄内部的阶级斗争也还不够激烈。但是，如果将视野扩大到全国范围，就可以看到，豪族地主势力的膨胀以及与之相连的田庄经济的发展，恰恰成为东汉一朝各种阶级矛盾和社会矛盾激化的重要原因。一方面，田庄经济的发展与豪族地主土

---

① 《后汉书》卷28《桓谭冯衍列传》。
② 崔寔：《政论》，《全后汉文》卷46。

地兼并的剧烈相一致，土地兼并造成了自耕农的破产以及他们向田庄依附农民的转化，由此激化了地主与农民的矛盾；另一方面，自耕农的破产、流亡和向依附农民的转化，又减少了封建国家直接控制的土地和人口，这势必影响到封建国家的赋税收入和徭役征发。为了保证财政收入，封建官府与豪族地主又一起向自耕农民转嫁赋税和徭役。如此一来，必然日甚一日地更加重了还未破产的自耕农的负担，从而使封建国家与广大农民的矛盾一天比一天激化。与此同时，也势必加剧封建国家与豪族地主之间的矛盾。东汉王朝就在这一对矛盾左右下艰难前进，而最后，也是由于这一对矛盾的进一步激化而导致灭亡。

第二节　政治结构变动

一　"退功臣，进文吏"

刘秀从公元22年参加反莽起事，公元25年在河北高邑登基称帝，到公元36年（建武十二年）消灭割据蜀地的公孙述，统一全国，前后15年左右，他是靠血与火的激烈征战创立帝业的。在此过程中，他仰仗的是一大批足智多谋、骁勇善战、忠心如铁、不怕牺牲的文武臣僚，特别是那些将军们。刘秀对他们充分信任，赋予大权，放手使用，仅赐予他们的将军名号，据粗略统计，就不下几十个，如建威大将军、建义大将军、强弩大将军、虎牙大将军、征南大将军、西州大将军、横野大将军、振威将军、强弩将军、征虏将军、诛虏将军、捕虏将军、骁骑将军、讨虏将军、破虏将军、辅威将军、刺奸将军、武威将军、游击将军、平狄将军、孟津将军、都护将军、中坚将军、扬化将军、伏波将军、扬武将军、汉忠将军、偏将军等。① 从登基到全国统一，刘秀陆续封了100多个侯，对立下不等功勋的各类臣僚给予大小不同的封赏。刘邦建立西汉后毅然杀死对项羽不忠但对自己刀下留情的丁公，以示惩戒。刘秀却封刺杀彭宠的家奴为"不义侯"，以表示不忘任何人的功劳。对于一些在战争中牺牲或病卒的将领，他更是厚加恩赏，或亲临葬仪，或给予褒谥，或抚恤家属，使之备极荣哀。如建武十一年（公元35年），来歙在征蜀之战中被刺客暗杀，刘秀闻讯后哀伤流涕，一面命太中大夫赠来歙中郎将、征羌侯印绶，谥曰

---

① 《东汉会要》卷19。

节侯；一面派谒者护持丧事。当其灵枢运抵洛阳时，刘秀"缟素临吊送葬"。不仅命其子嗣爵，还封其弟为宜西侯。后来又让自己的孙女、明帝的女儿武安公主嫁给了来歙的孙子来棱。另一著名将领岑彭在征蜀中被刺杀后，刘秀遂即将邛谷王任贵所献的财物珍宝全部转赠给岑彭的妻子。建武九年（公元33年），征虏将军祭遵病逝于征讨隗嚣的前线。由于他一贯廉约小心，克己奉公，平日所得赏赐尽都分与士卒，死时家无余财，因而刘秀对他葬仪的安排特别隆重。祭遵灵枢送至河南县（今洛阳附近）时，刘秀令百官迎接，他自己则"车驾素服临之，望哭哀恸。还幸城门，过其车骑，涕泣不能已。丧礼成，复亲祠以太牢，如宣帝临霍光故事。诏大长秋、谒者、河南尹护丧事，大司农给费"。① 博士范升见刘秀如此悼念祭遵，于是上书，既表彰祭遵的品行功劳，又颂扬刘秀的仁恩厚德，要求制定褒显功臣的规章制度：

> 礼，生有爵，死有谥，爵以殊尊卑，谥以明善恶。臣愚以为宜因遵薨，论叙众功，详案《谥法》，以礼成之。显章国家笃古之制，为后嗣法。②

范升的奏章迎合了刘秀的心理，刘秀于是将其公布于诸公卿。祭遵临葬前夕，刘秀又一次前去吊唁，赠予将军、侯的印绶以及朱轮容车，同时令校尉率骑士400人，全副武装，以兵车军阵为之送葬，谥曰成侯。葬毕，刘秀亲至其墓前凭吊，并"存见夫人室家"。以后朝会时，刘秀还多次对着臣子们叹息说："安得忧国奉公之臣如祭征虏者乎！"③ 刘秀在功臣面前，一般不摆皇帝的臭架子，有时还开个玩笑，其乐融融，显示了君臣之间亲密无间的关系。对功臣们小小不言的过失，也多加原谅，不予惩治。远方贡献的珍异之物，往往先送功臣列侯，自己很少留下享用。

刘秀虽然对功臣十分优宠，但在战争结束，全国统一，朝廷的主要任务转到安定民生、发展经济的轨道以后，在对待功臣问题上，他却与乃祖

---

① 《后汉书》卷20《铫期王霸祭遵列传》。
② 同上。
③ 同上。

刘邦采取了决然不同的政策。刘邦重用功臣，任以要职，直至文、景时期，仍是"公卿皆武力功臣"。刘秀根据功臣的不同情况，采取了区别对待的政策。第一，根据国家政务的需要，留下少数几个最受信任、能力卓越且又德高望重的臣子在身边，与自己一起谋议国家大事。他们是李通、邓禹和贾复。这三个人的共同特点是与刘秀的关系特别亲密，但律己甚严，功高不震主，又淡泊权势，不贪恋官位。邓禹与赤眉军作战失利后，自动辞去大司徒职务。全国统一以后，又罢去右将军之职，仅"以特进奉朝请"，此后再不担任任何实质性的官职："禹内文明，笃行淳备，事母至孝。天下既定，常欲远名势。有子十三人，各使守一艺。修整闺门，教养子孙，皆可以为后世法。资用国邑，不修产利。帝益重之。"① 李通是刘秀妹妹宁平公主的丈夫，因而"特见亲重"。刘秀做皇帝后，先任卫尉，"建武二年，封固始侯，拜大司农。帝每征讨四方，常令通居守京师，镇抚百姓，修宫室，起学官"。后转任前将军。"时天下略定，通思欲避荣宠，以病上书乞身"。结果是非但未能卸去前将军之职，反而升为大司空。然而李通"性谦恭，常欲避权势"，"自为宰相，谢病不视事，连年乞骸骨"②。两年后，刘秀终于允准他辞去大司空之职，"以特进奉朝请"。贾复是一员屡建战功的骁将，曾任执金吾、左将军。建武十三年（公元37年）封为胶东侯以后，"复知帝欲偃干戈，修文德，不欲功臣拥众京师，乃与高密侯邓禹并剽甲兵，敦儒学。帝深然之，遂罢左右将军。复以列侯就第，加位特进"。③ 正因为这三个人竭力避开权势，刘秀对他们特别放心，也就留在身边做了"治而议"的高级参谋。"是时列侯惟高密（邓禹）、固始（李通）、胶东（贾复）三侯与公卿参议国家大事，恩遇甚厚"。④ 第二，对需要重兵镇守的边防重镇或战略要地，仍然以久经考验的武力功臣前去驻守。如令王常率兵屯固安，防御投靠匈奴的卢芳。以邓晨为汝南太守，巩固洛阳的东南屏障。以臧宫为广汉太守，安定新抚的蜀地的秩序。以李忠为丹阳、豫章太守，全力经营长江中下游地区。以景丹为弘农太守，守卫首都的西部门户。以王梁为河南尹，负责首都外围

---

① 《后汉书》卷20《铫期王霸祭遵列传》。
② 《后汉书》卷16《邓寇列传》。
③ 《后汉书》卷17《冯岑贾列传》。
④ 同上。

的卫戍。以王霸任上谷太守20多年，守卫东北边防。以杜茂为大将军，率重兵屯晋阳、广武一带，防备匈奴的南侵，等等。这些握有重兵的功臣宿将镇守边防或战略要地，既发挥了他们的特长，又使他们不能干预中央的重大决策和正常吏治。第三，对绝大多数功臣不"任以吏职"，而是让他们以"列侯奉朝请"，优游岁月，以终其天年："以天下既定，思念欲完功臣爵土，不令吏职为过，故皆以列侯就第也。"① 云台28将中的多数人都归入这个行列。这样做，一方面避免了功臣因不胜吏职而遭惩罚和因惩罚功臣而给刘秀带来的尴尬；另一方面又防止了因功臣任吏职而堵塞进贤之路，为大批文化素养较高的儒生进入官场创造了条件。应该承认，刘秀此举是非常高明的。它使大部分参与创业的功臣享尽荣华富贵而终其天年，从而避免了西汉初年出现的大杀功臣，"狡兔死而走狗烹"的悲剧。同时，它又使东汉建立之初就拥有一支文化素养较高的官吏队伍，对于提高行政效率显然是有好处的。这正是范晔所赞扬的"高秩厚礼，允答元功，峻文深宪，责成吏职"。②

刘秀在建武元年（公元25年）登基做皇帝后，当务之急需要解决的重大问题有三个：一是继续进行军事行动，削平遍及全国各地的割据者，完成统一大业。此事主要由刘秀的那些将军们完成。二是在已经占领的地区恢复秩序，使行政体制正常运转。这就需要一大批官吏。鉴于王莽篡政的教训，刘秀不愿让外戚盘踞要津；忌于功臣执政易于形成尾大不掉之势，他又不愿多用元勋宿将。因此，他就把目光转向朝野的大批知识分子，于是广招"天下俊贤"。首先，他在建武五年（公元29年）下令恢复太学，招收天下青年知识分子到首都读书，为各级官吏准备一个源源不断的后备队伍。其次，刘秀宣布恢复并完善西汉已经实行的察举制度。建武六年（公元30年）十月，他下诏"敕公卿举贤良、方正各一人"。第二年四月，他又下诏，令"公、卿、司隶、州牧举贤良、方正各一人，遣诣公车，朕将览试焉"。③ 由此，每年一次的选举就成为定制。孝廉与茂才在西汉时已经成为选举中的重要科目。孝廉由郡太守察举，汉武帝时已定为岁举。所举荐人员现职官吏较少，基本上是城乡中较有名望的知识

---

① 《后汉书》卷17《冯岑贾列传》注引《东观记》。
② 《后汉书》卷22《朱景王杜马刘傅坚马列传·马武》。
③ 《后汉书》卷1《光武帝纪》。

分子。茂才本名秀才，东汉为避刘秀讳改为茂才。茂才由丞相、御史、列侯中二千石及刺史察举，所举者大部分是现职官吏。不过，自汉武帝时起终西汉一代，茂才一直属于特举，还未形成严格的制度。刘秀将茂才定为岁举，一年由州进行一次。这样，郡举的孝廉和州举的茂才就成为西汉各级官吏的重要来源。虽然后来流弊甚多，但还是选拔了一大批文化素质较高，熟悉政务，"晓习故事"的官员。三是随时征召在社会上有声望的退职官吏，特别是那些不仕王莽，保持节操的特立独行之士和学识著于乡里的儒生。正如《后汉书·儒林传》所说：

> 昔王莽、更始之际，天下散乱，礼乐分崩，典文残落。及光武中兴，爱好经术，未及下车，而先访儒雅，采求阙文，补缀漏逸。先是四方学士多怀协图书，遁逃林藏。自是莫不抱负坟策，云会京师，范升、陈元、郑兴、杜林、卫宏、刘昆、桓荣之徒，继踵而集。

正因为采取了以上政策措施，就使一大批文吏相继进入了东汉中央机构和各级地方政府，成为行政官吏的主要成分。这些人无显赫的功勋，通过各种渠道得到梦寐以求的官位，势必抱着感恩戴德的心情兢兢业业地为东汉皇朝服务，他们的忠贞是无可怀疑的。这些人绝大部分有较高的文化素养，有不少人有着基层小吏的实践锻炼，对政务比较熟悉，能够较好地履行自己的职责，有助于全国各级行政系统正常有序地运转。正因为这些人没有显赫的功勋，与刘秀也缺乏战争年代生死与共的感情联系，因而，一旦他们贪残渎职，违法乱纪，刘秀就可以毫不犹豫地将其绳之以法。这对于严肃政纪、澄清吏治的好处是不言而喻的。

二　外戚、宦官交替擅权

东汉光武、明帝、章帝三个皇帝当政的60多年间，是这个皇朝最兴旺发达的时期。尤其是明帝、章帝在位的永平、建初时期，创造了几乎堪与西汉"文景之治"相媲美的"盛世"。不过，东汉的"盛世"无论就时间、规模、气势，还是就水准、成就、影响而言，都较西汉略逊一筹。和帝时期（公元89—104年在位），这个皇朝开始走下坡路，安帝（公元107—125年在位）继位后更是滑入了衰颓的快车道。中经顺帝、冲帝、质帝、桓帝、灵帝，最后在献帝时期形成军阀混战割据局面到三国鼎立的嬗变。公元220年，曹丕以一出"禅让"的闹剧实现了以魏代汉，刘氏皇统也就在这一年画上了句号。

和帝以后的东汉政治最显著的特点是外戚和宦官的交替擅权。

元兴元年（公元105年），27岁的和帝病逝，26岁的太后邓绥立幼子刘隆即帝位，是为殇帝，其时他生下仅百余日。邓太后临朝，任命其兄邓骘为车骑将军，议同三司（即没有三公的官位而拥有三公的权力和待遇），"议同三司始自骘也"。① 其他兄弟邓悝为虎贲中郎将，邓弘、邓阊为侍中。邓氏外戚控制了朝政。刘隆即位不到一年即病逝，邓后又立章帝之孙、刘庆之子刘祜为帝，是为安帝。安帝继位时年仅13岁，朝政自然掌握在邓太后及邓氏外戚手中。邓太后出身名门，为东汉开国元勋、太傅邓禹的孙女，知书达礼，工于心计。在其临朝期间（公元105—121年）尚能抑制邓氏外戚，笼络士人，关心民瘼，倡导节俭，政治上不太荒唐，因而保持了全国的稳定局面。但是，邓氏外戚的独擅朝政既加剧了与其他勋戚的矛盾，也加剧了与形同傀儡的安帝的矛盾。邓太后为了巩固权位，往往倚任"家卧之内"的宦官，如蔡伦就成为她信任的重要人物。安帝年少时，尚能安于傀儡地位，随着年龄的增长，他必然要求从邓氏外戚手里夺回那本属于自己的权力。由于当时他深居宫中，可以依靠的力量首先是宦官。安帝于是与宦官江京、李闰以及乳母王圣等秘密筹划，伺机诛除邓氏外戚集团。永宁二年（公元121年）邓太后一死，安帝在宦官的参与下，立即下令将邓骘免官、抄产，将邓氏为官封侯者一律免为庶人。宦官江京、李闰等因功封侯，晋升中常侍，进入朝廷的最高权力圈。他们与安帝外戚勾结，把持朝廷，为非作歹，加速了东汉政治腐败的步伐。

安帝诛除邓氏外戚后，皇后阎氏外戚乘势入主中枢。他的兄弟阎显、阎景、阎耀、阎晏"并为卿校，典禁兵"，② 连他们未成年的儿子也"并为黄门郎"。阎皇后依靠其兄弟子侄，勾结帝舅大将军耿宝，以及宦官和乳母王圣之女伯荣等，弄权营私，贪贿枉法，使东汉朝廷陷入乌烟瘴气之中。

延光四年（公元125年）安帝在外出巡幸途中，突然死于叶县（今

---

① 《后汉书》卷16《邓寇列传·邓骘》。
② 《后汉书》卷10《皇后纪》。

属河南)。阎后乘此时机,与其兄车骑将军阎显密谋,立章帝孙济北惠王之子北乡侯刘懿(一名犊)为帝,同时捏造罪名,将妨碍她专权的大将军耿宝贬为则亭侯,逼其自杀,将宦官、中长侍樊丰、虎贲中郎将谢恽、侍中周广等下狱致死,将大将军长史谢宓、黄门侍郎樊严处以髡钳之刑,又将在安帝时红极一时的王圣母女流放雁门。这样,就使在安帝时与阎氏享分权力的宦官、内侍集团的主要成员被消灭净尽,东汉朝廷的权力完全落入阎氏外戚集团的掌控中:阎太后临朝,车骑将军阎显辅政,阎景为卫尉,阎耀为城门校尉,阎晏为执金吾,一时间"兄弟权要,威福自由",① 东汉朝廷又形成阎氏外戚擅权的局面。然而,这一局面很快消失。因为在这一局面形成的同时,以孙程为首的宦官正在策划一起诛除阎氏外戚集团的政变阴谋。

原来,被阎皇后立为皇帝的北乡侯刘懿一直处于病中,眼看不久于人世。阎显等遂与亲信宦官江京等密谋从济北、河间二王之子中选取皇位继承人。而此时,被阎后废为济阴王的原安帝太子刘保成为孙程等拥立的对象。孙程是安帝时的中黄门,他见少帝刘懿病笃,即与济阴王谒者长兴渠、宦官中黄门王康、太官丞王国等谋划扶刘保为帝。延光四年(公元125年)十月二十七日少帝病死,十一月二日孙程即与王康等18人盟誓。四日夜,孙程等持兵发动政变,先将党与阎氏外戚的宦官江京等斩首,接着胁迫另一权宦共立刘保为皇帝,他就是顺帝。之后,又将卫尉阎景、车骑将军阎显等阎氏外戚一网打尽。政变成功后,顺帝封孙程、王康、王国等19人为侯,拜孙程为骑都尉,不少宦官窃居要津,朝政由外戚转入宦官手中。宦官出身卑微,一旦权在手,便将贪贿的触角伸向四面八方,恨不能一夜暴富,贪赃枉法较外戚有过之而无不及。孙程死时,请求传封爵于其弟,顺帝不仅批准,还封其养子为侯。此后,宦官养子袭爵成为定制。宦官如此专擅朝政和索取富贵利禄,只能进一步加深东汉政治的腐败与黑暗。

顺帝以宦官发动的政变上台,自然对他们充满感激与信任,但是,宦官的专擅却引起官僚和士人的不满与抵制。因为在他们看来,"刑余之人"的宦官只配做宫中的奴才为皇帝从事洒扫庭除的服务,现在竟高居官僚士人头上颐指气使,发号施令,实在是"有亏圣政"了。左雄、李

---

① 《后汉书》卷10《皇后纪》。

固等官僚士人代表上书要求"罢退宦官，去其权重"，① 以儒学名士、清流官僚代替他们秉政。然而，官僚士人的力量不足以与宦官抗衡，他们只能借助外戚的力量抑制宦官势力的膨胀。而顺帝继位后恰恰为梁氏外戚进入庙堂创造了条件。永康三年（公元128年），即顺帝继位第三年，梁商之女梁妠与其姑姑一起入宫，成为年仅13岁的顺帝的贵人。本来就是贵族之家的梁氏由此更加富贵起来。梁商很快由执金吾而大将军，他联合官僚士人和部分依附的宦官，不断削弱宦官的权柄。永和四年（公元139年）又一举粉碎了宦官中常侍张逵等的废立阴谋，进一步巩固了自己的权力。梁商死后，其子梁冀由河南尹升任大将军，另一儿子梁不疑继任河南尹，由此进入了梁氏专擅朝政的时期。

建康元年（公元144年），33岁的顺帝病死。梁妠无子，立虞贵人所生年仅2岁的刘炳为帝，梁妠以太后临朝，大将军梁冀、太尉李固、太傅赵峻参录尚书事，处理政务。刘炳即位不到一年即死去，梁太后与梁冀又策立8岁的刘缵继位，他就是质帝。此时的梁冀专横自恣，连年少的质帝也看不下去。本初元年（公元146年）闰六月的一天，质帝目送梁冀走下朝堂的背影，说了一句"真是跋扈将军"，即被梁冀遣人毒死。质帝死后，太尉李固等大臣主张立"年长有德"的清河王刘蒜为帝，梁冀则力主立准备与其妹结姻的蠡吾侯刘志继帝位，双方展开激烈斗争。梁冀于是挟持梁太后策免太尉李固，以对其俯首帖耳的司徒胡广继任太尉，共同将刘志推上帝位。他就是桓帝。建和元年（公元147年）七月，桓帝益封梁冀13000户，弟梁不疑、梁蒙，子梁胤皆封侯，八月，又立梁冀之女为皇后。至此，梁冀完全控制了东汉的朝政，外戚的专擅也达到了巅峰。

梁冀拥立成功后，即挟持桓帝对反对派大施报复。他首先逼迫可能对其构成威胁的清河王刘蒜自杀，接着又捏造罪名，将清流派官僚的领袖李固、杜乔以及李固的两个儿子下狱处死。和平元年（公元150年）二月梁太后病逝后，梁冀更是大权独揽。不仅封户增至三万，而且为其妻争得了襄城君的封号和大长次主的待遇，岁入达5000万。面对梁冀不可一世的气势，桓帝只得尽量满足他的欲求。元嘉元年（公元151年），赐梁冀"入朝不趋，剑履上殿，谒赞不名"，准其"每朝会，与三公绝席，十日

---

① 《后汉书》卷63《李杜列传·李固》。

一人，平尚书事"。① 梁冀的势力遍布朝内外，连皇帝的一举一动也在他的监视之下。由于所有官员的升陟黜迁全在其掌控之中，百官只能唯其马首是瞻，奉命唯谨，予取予求。朝廷和地方官员稍有得罪，即遭诛杀。如宛（今河南南阳）令吴树、辽东太守侯孟、郎中袁著等，或因不顺从其旨意，或因拜官未登门致谢，或因上书揭露其丑行，尽皆被送入死亡之域，无一幸免。与擅权相联系的是敛财和腐化，梁冀、孙寿夫妇及其兄弟子侄，在这方面创造了东汉历史上空前的纪录。

梁氏外戚专擅东汉朝政 20 余年，建立起东汉历史上最大的外戚权势集团。他们一家先后有 7 人封侯，3 人为皇后，6 人为贵人，2 人为大将军，封夫人、女食邑者 7 人，尚公主者 3 人，任卿、将、尹、校者 57 人，梁氏宗族简直是无人无官，无人无爵。梁冀的儿子梁胤"面目丑陋，不胜冠带，道路见者，莫不嗤笑"，② 简直像个丑八怪。可是年仅 16 岁就当上了河南尹。梁氏一家"穷极满盛，威行内外，百僚侧目，莫敢违命，天子恭己而不得有所亲豫"。③ 显然，刘氏皇朝已经变成梁家天下了。

物极必反。桓帝虽为梁冀所立，但他却压根不愿在梁冀的淫威下过傀儡皇帝的日子，时刻伺机诛除梁氏一家。和平元年（公元 150 年）梁太后死去。延熹二年（公元 159 年）桓帝的梁皇后亦死去。就在这一年，桓帝与 5 个任中常侍的宦官唐衡、单超、具瑗、左悺、徐璜啮臂出血盟誓，共诛梁氏。八月丁丑，具瑗突然率禁军千余人包围梁冀府第，收其大将军印绶。梁冀自知末日来临，夫妻双双自杀。梁、孙两家宗族无论少长皆弃市，与之有牵连的公卿列校、刺史二千石数十人被处死。故吏宾客数百多人被免官，"朝廷为空"。消息传出后，"官府市里鼎沸，数日乃定，百姓莫不称庆"。没收梁氏家财，数额达 30 万万，"以充王府，用减天下租税之半。散其苑囿，以业穷民"。④

梁冀集团的诛除尽管给百姓带来了一线希望，然而，他们很快就发现，东汉的政治状况非但没有好转，反而陷入了更浓重的黑暗。因为代替梁氏外戚擅权的是更恶劣腐败的宦官集团。因诛除梁氏有功，唐衡、单

---

① 《后汉书》卷 34《梁统列传》。
② 同上。
③ 同上。
④ 同上。

超、具瑗、左悺、徐璜5人同日封侯，世谓之"五侯"，掌握了朝廷的大权。他们的同伙小黄门刘普、赵忠等8人也封侯，进入权力决策圈，"自是权归宦官，朝廷日乱矣"。① 这群宦官中，单超权位最高，被任为车骑将军，位三公。"五侯"中的其他4人也是专权自恣，凶恶贪残，被百姓骂为"左回天（指左悺有回天之力）、具独坐（谓具瑗骄贵莫比）、徐卧虎（言徐璜凶似卧虎）、唐两堕（说唐衡随心所欲）"。这些人的贪婪残暴远远超过外戚集团："皆竞起第宅，楼观壮丽，穷极伎巧。金银罽眊，施于犬马。多取官人美女为姬妾，皆珍饰华侈，拟则宫人。其仆从皆乘牛车而从列骑。又养其疏属，或令嗣异姓，或买苍头为子，并以传国袭封。兄弟姻戚皆宰州临郡，辜较百姓，与盗贼无异。"②

永康元年（公元167年）十二月，桓帝以36岁之年而死。因其无子，窦太后与其父城门校尉窦武拥立刘苌之子、12岁的刘宏继帝位，是为灵帝。朝政由此落入窦氏外戚手中。窦武任大将军，士人陈蕃任太傅，共主朝政。窦武、陈蕃等联合官僚士人中的耿直派官吏，密谋诛除宦官中常侍曹节、王甫等人，因计事不密，被宦官侦知。建宁元年（公元168年）八月，曹节等宦官挟持灵帝，劫持窦太后，率禁军捕杀窦武等。窦武与其侄窦绍指挥北军五校士与之对战，兵败自杀。陈蕃率官署诸生80余人持刀突入承明门，与宦官指挥的禁军搏战，也兵败被杀。东汉朝廷又被以曹节、王甫为首的宦官集团控制，灵帝成为他们手中的傀儡。王甫、曹节死后，宦官横行的局面并未改变，张让、赵忠等12个宦官又被封侯，他们"父兄子弟步列州郡，所在贪残，为人蠹害"。③ 灵帝作为宦官手中的玩偶，不以为耻，还公然宣称："张常侍（张让）是我公，赵常侍（赵忠）是我母。"④ 中平五年（公元188年），灵帝成立了京师近卫部队西园八校尉，这支部队的指挥官却是灵帝任命的上军校尉蹇硕，此人也是宦官。桓帝、灵帝时期，虽然宦官的势力日益膨胀，熏焰张天，但官僚士人同他们的斗争一刻也没有停止。中平六年（公元189年），灵帝病逝，何太后临朝，其子刘辩（少帝）即帝位，其兄何进任大将军录尚书事。何

---

① 《后汉书》卷78《宦者列传》。
② 同上。
③ 同上。
④ 同上。

进联合八校尉的副统领中军校尉袁绍等，对恶贯满盈的宦官进行了一次突袭诛杀。2000多个宦官死于袁绍的枪刀之下，甚至有些无须的男人也被误杀了。作为当时恶势力代表的宦官尽管被清除了，但腐败的东汉政权并没有因此振作起来。随着朝廷中央权力的不断弱化和州牧郡守势力的坐大，这个王朝已陷入军阀混战的四分五裂的割据状态，末日已近在咫尺，再没有什么力量可以使之起死回生了。

三　政治加速腐败

政治腐败，是中国专制主义中央集权封建官僚政治的顽疾。经过农民战争的洗礼或者遇到"圣明天子"的惩治，其腐败的程度可以有所减轻。但是，由于它是根源于封建制度的弊病，也就只能与封建社会相始终。尽管有一些头脑清醒的皇帝和政治家，看到这个问题的严重性，并做出种种努力，试图加以矫正，却不会收到显著而持久的效果。东汉后期政治的腐败，不仅表现在外戚专政和宦官擅权，而且也表现在整个官僚集团的贪赃枉法、凶横残暴、草菅人命、互相推诿、互相欺骗、弄虚作假、选举不实、赏罚不明、阳奉阴违、形式主义、好大喜功，等等。左雄曾对东汉政治的腐败状况做过如下入木三分的描述：

> 汉初至今（顺帝时），三百余载，俗侵敝，巧伪滋萌，下饰其诈，上肆其残。典城百里，转动无常，各怀一切，莫虑长久。谓杀害不辜为威风，聚敛整辨为贤能，以理己安民为劣弱，以奉法循理为不化。髡钳之戮，生于睚眦，复尸之祸，成于喜怒。视民如寇仇，税之如豺虎。监司项背相望，与同疾疢，见非不举，闻恶不察，观政于亭传，责成于期月，言善不称德，论功不据实，虚诞者获誉，拘检者离毁。或因罪而引高，或色斯以求名。州宰不覆，竞共辟召，踊跃升腾，超等逾匹。或考奏捕案，而止不受罪，会赦行贿，复见洗涤。朱紫同色，清浊不分。故使奸猾枉滥，轻忽去就，拜除如流，缺动百数。乡官部吏，职斯禄薄、车马衣服，一出于民，廉者取足，贪者充家。特选横调，纷纷不绝，送迎烦费，损政伤民。和气未洽，灾不消，咎皆在此。①

---

① 《后汉书》卷61《左周黄列传·左雄》。

殇帝延平元年（公元 106 年）七月，不少郡国遭受水灾，庄稼歉收。但有些地方官为了获得"丰穰虚饰之誉"，就隐瞒灾情，多报垦田和户口，使百姓深受其害。顺帝时，各州郡令谪罪百姓输钱赎罪，将收入全部贪污中饱。灵帝时太中大夫盖升因有恩于皇帝，为南阳太守时恃势聚敛，不几年就积财数亿。益州（今四川）西部是出产金银货宝的地方，凡是到那里做过官的人都腰缠万贯，富历十世而不衰。桓帝的时候，河南李盛为巴郡太守，贪赃枉法，随意加重赋税，那里的老百姓编了这样的民谣讽刺他："狗吠何喧喧，有吏来在门，披衣出门应，府记欲得钱。语穷乞请期，吏怒反见尤。旋步顾家中，家中无可为。思往从邻贷，邻人已言匮。钱钱何难得，令我独憔悴。"① 官吏上下竞相贪残盘剥，给广大劳动人民的生产和生活带来极大的危害。所以太学生刘陶在上桓帝书中十分沉痛地说："今牧守长吏，上下交竞；封豕长蛇，蚕食天下；货殖者为穷冤之魂，贫馁者作饥寒之鬼；高门获东观之辜，丰室罹妖叛之罪，死者悲于窀穸，生者戚于朝野。"② 这些话并非危言耸听之词，而是当时情况的真实写照。

东汉选官，基本上沿袭西汉的征辟、察举制。由于选官的权力掌握在州郡官吏和地方豪强地主之手，因而营私舞弊、任人唯亲的请托之风越来越严重。尤其自顺帝以后，出现了"选代交互，令长月易，迎新送旧，劳扰无已，或官寺空旷，无人案事，每选部剧，乃至逃亡"③ 的情况。顺带时，河南尹田歆是一个"循吏"。有一年，按规定河南地区须向朝廷推荐六名孝廉，田歆却收到了五个贵戚推荐其宗族亲戚的信函。他对外甥王谌叹息说："我只有推荐一名孝廉的权力了，希望你给我物色一个真正的人才报效国家。"这个故事足以说明当时的选官制度是何等糟糕了。到了光和元年（公元 178 年），汉灵帝公开在西邸卖官。甚至一些功臣名士，要想得到升迁，也必须先输货财。如冀州名士崔烈的司徒官，就是花了 500 万钱买到手的。其他如太尉段颎、太尉樊陵、司徒张温，虽然都是当时有名的文臣武将，他们的官位也是花了上千万的钱买来的。在这种制度

---

① 《华阳国志·巴志》。
② 《后汉书》卷 57《杜栾刘李刘谢列传·刘陶》。
③ 《后汉书》卷 61《左周黄列传·左雄》。

和风气之下选来的官吏,其品格、德行和才干当然就可想而知了。所以当时的民谣这样讽刺这种制度下选出的官吏:"举秀才,不知书,察孝廉,父别居,寒素清白浊如泥,高第良将怯如鸡。"① 东汉末年著名文人赵壹,面对卖官鬻爵成风,有钱居高位、贤能沉下僚的形势,用如下的诗篇表达了自己的愤怒而又无可奈何的心情:

> 河清不可俟,人命不可延。顺风激靡草,富贵者称贤。文籍虽满腹,不如一囊钱。伊优百堂上,抗脏倚门边。
> 势家多所宜,咳唾自成珠。被褐怀金玉,兰蕙化为刍。贤者虽独悟,所困在群愚。且各守尔分,勿复空驰驱。哀哉复哀哉,此是命矣夫。②

在这种制度和社会风气下选拔出来的官吏,终日想到的是如何钻营升官,怎样聚敛发财,对正常的起码的职责,也不能履行,地方上的吏治只能陷于混乱或瘫痪:"刺史守相,率多怠慢,违背法律,废忽诏令,专情务利,不恤公事。细民怨结,无所控告,下土边远,能诣阙者,万无数人,其得省治,不能百一。"③ 吏治败坏的结果,必然进一步激化阶级矛盾,成为农民起义的直接导火线:"迨及乱君之为政也,户口漏于国版,夫家脱于联伍,避役者有之,弃捐者有之,浮食者有之。于是奸心竞生,伪端并作矣!小则盗贼,大则攻劫,严刑峻法,不能救也。"④

四 朝廷中央权力弱化、州牧郡守坐大与武装割据集团的形成

在中国历史上,从秦朝开始建立的专制主义中央集权的行政体制,在一般情况下,都能保证有一个强大的中央政府,依靠强有力的行政、财政和军事力量维持对全国的统治。不过,一旦皇朝中央的财政状况发生危机,无法保有一支强大的军事力量,其对地方行政的控制能力就必然弱化。在这种情况下,地方势力就可能迅速坐大,历史就会出现或长或短的

---

① 《抱朴子·审举篇》。
② 《后汉书》卷80《文苑列传·赵壹》。
③ 王符:《潜夫论·三式》。
④ 徐干:《中论》卷下。

分裂割据局面。

东汉自和帝以后，朝廷中央的权力即呈现逐步弱化之势。导致这一局面形成的原因，首先是统治集团的内部斗争销蚀了自身的力量。外戚与宦官交替擅权及其相互间的血腥斗争，尤其是清流派官僚集团和知识界精英反对外戚宦官集团的斗争引发的"党锢之祸"，使统治集团中的健康力量遭到沉重打击。当权的颟顸无能的外戚和野蛮无耻的宦竖宵小之徒，必然导致中央行政权力的胡作非为，也势必遇到来自多方面的阻碍，从而不可避免地导致中央行政权力的低能力和低效率。其次是统治集团的腐败激化的阶级矛盾和民族矛盾所引发的起义和反抗造成军费开支大增，从而加重了政府的财政危机。从安帝永初二年（公元108年），至灵帝中平元年（公元184年）黄巾起义爆发，76年间，历史上留下记载的农民起义不下数十次。为了镇压这些农民起义，东汉政府付出了巨大的财政支出。这期间，羌人等少数民族的起义更使东汉政府伤透了脑筋，遭遇了空前的财政危机。安帝永初元年（公元107年），爆发了羌人第一次大起义，历时11年方被镇压下去。为了进行对羌战争，"征伐不绝，水潦不休，地力不复"，"重之以大军，疲之以远戍，农功消于转运，资财竭于征发。田畴不得垦辟，禾稼不得收入"。① "边民死者不可胜数，并、凉二州遂至虚耗"②。消耗军费240亿，等于东汉政府4年的全部财政收入。顺帝永和四年（公元139年）又爆发了历时7年的第二次羌人大起义，花去政府军费80多亿。桓帝延熹二年（公元159年）至灵帝建宁二年（公元169年）爆发了羌人的第三次大起义。这次起义尽管被残酷镇压下去，但东汉政府付出的人力、财力和物力的巨大消耗超过了前两次对羌战争。陈龟在一次上书中对征羌战争做了沉痛的描述："战夫身膏沙漠，居人首系马鞍。或举国掩户，尽种灰灭。孤儿寡母，号哭空城。野无青草，室无悬磬。虽含生气，实同枯朽。往岁并州水雨，灾螟互生，稼穑荒耗，租更空阙。老年虑不终年，少壮惧于困厄。"③ 与羌人起事相呼应，居住在今之湖南地区的南蛮，居住在今之湖北、四川地区的板楯蛮，终东汉之世也没有停止对东汉皇朝的反叛。为了镇压这些少数民族的起义，东汉政府同样

---

① 《后汉书》卷87《西羌传》。
② 《后汉书》卷51《李陈庞陈桥列传·庞参》。
③ 《后汉书》卷51《李陈庞陈桥列传·陈龟》。

需要付出巨大的开支。加上皇室、贵族、官僚集团日益增长的享受欲望，使国库开支愈来愈巨大浩繁。到东汉末年，中央政府的财政已到了捉襟见肘的地步。即使千方百计增加苛捐杂税，甚至卖官鬻爵，也不能改变中央财政日益吃紧的状况。一个财政入不敷出的政府必然是一个软弱的政府。当这个政府经过黄巾起义的巨大冲击后，就再也无力对地方行政实施有效控制了。

一方面是东汉皇朝中央的军力、财力不断弱化；另一方面是国内不断爆发的农民起义和边疆地区的少数民族起义使东汉政府焦头烂额，穷于应付。面对这种政况国势，东汉朝廷只得赋予地方上的州牧郡守越来越多的权力。由此，就使州牧郡守借机扩大权力，增强军力，扩充地盘，形成一个个的武装割据集团。

西汉武帝时设十三部刺史，作为监察官对全国的郡国主官分部行监察之责。从西汉至东汉前期，这种刺史监郡制度对澄清吏治、保证国家政令、军令迅速有效地贯彻执行起了良好的作用。然而，随着世事的变化，刺史逐渐被赋予"六条问事"以外的许多权力。东汉顺帝时，刺史的监察权由郡国守相扩大到州内所有朝廷命官，同时又获得选举与劾奏权，进而对地方行政事务进行干预。灵帝时期，交阯屯兵反叛，形势危急，东汉政府任命贾琮为交阯刺史，全权处理该州事务。贾琮到任后，"即移书告示，各使安其资业"，① 同时采取一系列措施，从选任官吏到减免赋税，招抚流亡，包揽了地方的几乎一切行政事务，并涉足军事。东汉后期，刺史被广泛赋予统兵的权力。如元初六年（公元119年），永昌、益州、蜀郡等地的夷人反叛，与越巂夷一起攻城略地，最后由益州刺史张乔率兵讨平。② 桓帝建和二年（公元148年），白马羌反叛，进攻广汉属国，也由益州刺史率兵讨平。③ 日积月累，刺史手中掌握的权力越来越多，它也由设置之时单纯的监察官员发展为总揽一方军政财文大权的一级行政长官了。灵帝中平五年（公元188年），东汉朝廷根据久已变化的实际情况，接受太常刘焉的建议，干脆改刺史为州牧，一批位尊秩高的朝廷重臣出任州牧，从内容到形式完成了刺史一职由监察官到行政长官的转化：

---

① 《后汉书》卷31《郭杜孔张廉王苏羊贾陆列传·贾琮》。
② 《后汉书》卷5《安帝纪》。
③ 《后汉书》卷7《桓帝纪》。

灵帝政化衰缺，四方兵寇。焉以为刺史威轻，既不能禁，且用非其人，辄增暴乱，乃建议改置牧伯，镇安方夏，请重臣以居其任。焉阴求交阯以避时难，议未即行，会益州刺史郤俭在政烦扰，谣言远闻，而并州刺史张懿、凉州刺史耿鄙并为寇贼所害，故焉议得用。出焉为监军使者领益州牧，太仆黄琬为豫州牧，宗正刘虞为幽州牧，皆以本秩居职。州任之重，自此而始。①

此后，尽管刺史、州牧的名称还在混用，但其秩级已经由六百石提升到两千石，权力也凌驾于郡国首相之上，成为名副其实的封疆大吏了。东汉后期，随着朝廷对地方的控制力日益弱化，而一天天强大的州牧则因利乘便地把它们管辖的地区变成父子相袭的独立王国。特别是黄巾起义以后的形势，使州牧拼命扩大自己手中的武力和地盘，互相攻讦，攻城略地，成为割据一方的诸侯，进而觊觎朝廷中央的权力，向皇位投去贪婪的目光，东汉王朝也就名存实亡了："焉牧益土，造帝服于岷峨；袁绍取冀，下制书于燕朔；刘表荆南，郊天祀地；魏祖居兖，遂构皇业；汉之殄灭，祸源乎此。"②

与此同时，本来就握有一方军政大权的郡国首相也乘机扩大权力，扩张地盘。如公孙度是辽东太守，他乘中原爆发农民起义，朝廷鞭长莫及之机，招兵买马，扩大地盘，自称辽东侯、平州牧，擅自委派辽中、辽西太守和营州刺史，成为割据东北一隅的土皇帝。前中山相张纯和前太山太守张举，也乘机与北方的乌桓势力相勾结，公然以推翻东汉朝廷相号召，在幽燕地区建立独立王国。这些州牧郡守之所以成为割据一方的军阀集团，除了东汉朝廷中央权力弱化难以对他们构成有效的控制外，还有豪强地主势力的急剧膨胀为他们提供了社会的和经济的基础。东汉王朝本来就是在豪强地主支持下建立起来的，建立后的东汉王朝又为他们势力的进一步发展提供了强有力的保护。如此一来，豪族地主势力就获得了更加迅速发展的契机，不仅广占田园，役使大量依附人口，经营农林牧手工业和商业，成为富甲一方的大豪强，而且拥有私人武装部曲为之效命。在东汉末年农民起义此起彼伏的情况下，豪强地主更是拼命扩大部曲，建立坞堡，形成

---

① 《后汉书》卷75《刘焉袁术吕布列传》。
② 《续汉书志》卷118《百官五》。

一支又一支的地主武装。这些武装力量往往成为从州牧郡守发展起来的大大小小的军阀军队的重要组成部分。如曹操的武装力量中就汇集了豪族地主代表人物荀彧、高柔、田畴、李典、董和、常林、王修、任峻、许褚等统领的私人武装，刘备的武装力量中也不乏糜竺之类豪族地主的部曲，而孙权在江东立定脚跟也是靠了鲁肃、甘宁等豪族地主武装的鼎力支持。

中平六年（公元189年），汉灵帝病逝。何太后与其兄大将军何进立刘辩继帝位，是为少帝。何进与袁绍密谋杀宦官，并召地方军队进京协助。在此事变中，尽管何进先遭宦官杀害，但西园八校尉之一的袁绍和虎贲中郎将袁术率兵将2000多个宦官全部杀死，从而结束了东汉中期以后外戚与宦官交替擅权的历史。然而，东汉皇朝衰颓的局面并未因此出现转机，由董卓专权引发的军阀混战很快将它推到落幕的届临。

董卓（？—公元192年），字仲颖，陇西临洮（今甘肃岷县）人。因从张奂征讨少数民族有功，累迁郎中、广武令、蜀郡北部都尉、西域戊己校尉、并州牧、河东太守。中平元年（公元184年），参加镇压黄巾起义，后参加讨伐边章、韩遂，任中郎将，封邰乡侯。中平六年（公元189年），何进、袁绍因谋划诛杀宦官而召地方军队入京相助。董卓借机率并州兵赶赴洛阳，在北芒山遇到逃出京师的少帝刘辩一行。他挟持少帝回到洛阳，收编何进之弟何苗统领的部队，又收买丁原部将吕布，在其将丁原杀死后并吞其部属，由此掌握了一支较大的军事力量，控制了洛阳的局面。之后，他废少帝刘辩为弘农王，立王贵人所生的陈留王刘协为皇帝，是为汉献帝。董卓自任太尉，不久又改任相国，"入朝不趋，剑履上殿"，① 成为专断朝政的权臣。董卓的军队多是从胡、羌等少数民族和胡化的汉人中招募，以战争为业，军纪败坏，烧杀抢劫，奸淫妇女，无所不为。一次董卓派兵至阳城（今南登封），恰逢当地居民春季祭祀社神。董卓的部队竟突然包围祭社的百姓，杀死全部男子，悬首车辕，劫掠妇女财物，"歌呼而还"，对外谎称击贼获胜。董卓一旦大权在握，即对朝臣大施淫威，顺着昌，逆者亡，动辄处死，使"群僚内外莫能自固"。② 由此激起广大百姓和内外臣僚的愤怒与反抗。

初平元年（公元190年）正月，以袁绍为首的山东州牧郡守共同起

---

① 《后汉书》卷72《董卓列传》。

② 同上。

兵讨伐董卓，兵锋直指洛阳，董卓决意迁都关中以避其锋。在杀死阻谏的朝臣任琼、周珌，罢免太尉黄琬、司徒杨彪、司空荀爽之后，于二月强迫汉献帝君臣迁都长安。为了打消西迁之人回返的念头，董卓下令全部焚毁了洛阳的宫室、宗庙、府库和民居，将一座千年古城化作一片废墟，"二百里内无复孑遗"。① 他甚至连死人也不放过，命吕布督兵发掘全部皇陵和公卿以下官员冢墓，搜寻殉葬的金银珠宝。百万洛阳官民在军队的驱赶下行进在迁往长安的滚滚黄尘路上，"步骑驱蹙，更相蹈藉，饥饿寇掠，积尸盈路"。② 百余年未闻战火的中原百姓遭遇的是一场空前的浩劫。山东征讨董卓的诸侯联军虽然声势浩大，但"军合力不齐，踌躇而雁行"，③ 曹操、袁绍、孙坚、王匡等州牧郡守很快被董卓各个击破，只能退而以求自保。董卓稳定了在关中的统治以后，派重兵屯守潼关周围州县要隘，自任太师，以兄弟子侄任将军校尉，执掌兵权机要，"于是宗族内外，并居列位，其子孙虽髫龀男皆封侯，女为邑君"，④ 实际上将刘氏皇朝变成了董家天下。董卓自知专权暴虐不得人心，于是在长安城东的郿城建立起了城墙高厚与长安城墙一样的坞堡，其中储存的粮食可够30年食用。董卓满以为，有如此坚固的坞堡，就可以万无一失了："事成，雄踞天下；不成，守此足以毕老。"⑤ 然而，董卓低估了朝廷内外反对他的力量。关东讨伐他的诸侯联军尽管被阻于潼关一线，但声势未减，而朝廷内部反对他的臣僚们则不断策划诛杀他的秘密行动。初平二年（公元191年），发生了越骑校尉伍孚刺杀董卓未果而本人被杀死的事件。第二年四月，司徒王允利用董卓与吕布的矛盾，精心策划了诛杀董卓的行动，最后终于使董卓被杀于他赴朝会的殿门前。由于董卓人心丧尽，他的死自然变成了百姓的盛大节日。长安欢庆的人群"填满街肆"，"士卒皆呼万岁，百姓歌舞于道"。董卓宗族藏身的郿坞随之被皇甫嵩攻下，男女老幼全都成了刀下鬼，从中搜出"金二三万斤，银八九万斤，锦绮缯縠纨素奇玩，积如丘山"。⑥ 董卓那肥胖如猪的尸体也被焚烧成灰，消失得无影无踪。

---

① 《后汉书》卷72《董卓列传》。
② 同上。
③ 同上。
④ 同上。
⑤ 同上。
⑥ 同上。

王允等以计诛杀董卓后，由于没有安抚好董卓的部属，致使他们联兵攻陷长安。初平三年（公元192年），他们的首领李傕、郭汜杀死王允，将汉献帝控制在自己手中。董卓旧部本来就是一批亡命之徒组成的雇佣军，军纪败坏，进入长安后，更是肆无忌惮地奸淫劫掠，致使城中粮价腾跃，"人相食啖，白骨委积，臭秽满路"，① 百姓再次遭遇劫难，惨不忍睹。

兴平元年（公元194年），凉州军阀韩遂、马腾率部入长安，接受汉献帝授予的将军职务。不久，因权力得不到满足，与李傕、郭汜部兵戎相见。长安城中，一时刀光剑影，血肉纷轮。韩遂、马腾兵败后退回凉州。李傕、郭汜两部为争夺对汉献帝和朝廷的控制权再起刀兵，双方"相攻连月，死者以万数"，② 长安百姓再次遭受浩劫。后由屯兵弘农（今河南灵宝北）的镇东将军张济调解，双方言和，并允许汉献帝离开长安，东归洛阳。在保护汉献帝的途中，骠骑将军张济、车骑将军郭汜、后将军杨定、兴义将军杨奉、安集将军董承与屯兵曹阳（今河南灵宝北）的李傕之间再次在华阴（今属陕西）一带混战，造成朝廷"百官士卒死者不可胜数，皆弃妇女辎重，御物符册典籍，略无所遗"。③ 汉献帝在杨奉和河内太守张扬等的保护下，经过艰难的跋涉，经安邑（今山西夏县西北），于建安元年（公元196年）七月抵达洛阳。此时的洛阳，屡经兵火，已是一片废墟，宫室尽毁，汉献帝只得在故中常侍赵忠旧宅暂住，百官只能"披荆棘，依墙壁间。州郡各拥强兵，委输不至，群僚饥乏，尚书郎以下自出采稆，或饥死墙壁间，或为士兵所杀"，④ 境况十分悲惨。就是在这种情况下，主政拥兵的大臣和将军们依然钩心斗角，互争雄长。为了使汉献帝有一个安静的立足之地，主政的董承就暗召已在中原具有相当实力的兖州牧曹操前来洛阳护驾。此时的曹操认识到汉献帝虽然无权无勇，但仍然是可以利用的"奇货"，抓到手上，就能"挟天子以令诸侯"，为征讨其他军阀找到一个冠冕堂皇的借口，于是欣然率兵前往。鉴于洛阳残破，一时难以恢复重建，且周围又有关西各路军阀的威胁，安全亦难以保证，

---

① 《后汉书》卷72《董卓列传》。
② 同上。
③ 同上。
④ 同上。

就将汉献帝迁到他新开辟的许县（今河南许昌）。至此，曹操在众多军阀中拔出同列，不断创造气象万千的新局面。

董卓死后，其部属分化的数路军阀在关中混战的同时，关东军阀的混战也如火如荼地进行着。本来，在董卓擅立汉献帝并将其挟持迁都长安的时候，逃出京师的西园八校尉之一的袁绍就于初平元年（公元190年）在渤海（他当时的职务是董卓任命的渤海太守）举起了讨伐董卓的旗帜。由于他出身"四世三公"的名门望族，更由于董卓的专权和暴虐引来四面八方的愤怒，关东起兵讨伐董卓的地方实力派大都归附到袁绍的旗帜下。其中有，与袁绍同驻河内（今河南武陟）的河内太守王匡、驻邺城（今河北临漳）的冀州牧韩馥、驻颍川（今河南禹县）的豫州刺史孔伷、驻鲁阳（今河南鲁山）的后将军袁术、驻酸枣（今河南延津）的兖州刺史刘岱和陈留太守张邈、广陵太守张起、东郡太守桥瑁、山阳太守袁遗、济北相鲍信、前骁骑校尉曹操以及长沙太守孙坚等。这些地方实力派拥有关东的广土众民，又手握讨伐奸佞董卓的正义旗帜，对董卓而言显然具有民心和士气的优势。然而，由于这些出身世家大族的州牧郡守都不擅长战阵，且大都思谋拥兵自重，保存实力，谁也不愿拼死力与董卓对战。所以，除了曹操和孙坚曾督兵与董卓之军进行了几次小规模的战斗外，其余数支军队基本上作壁上观，眼睁睁地看着董卓的军队安然退至关中。这样，以袁绍为盟主的关东州牧郡守讨伐董卓的军事行动就成为一场雷声大、雨点小的虚张声势的闹剧。而在董卓退守关中后，关东讨伐董卓的联盟立即破裂，彼此间开始了攻城略地的斗争。先是兖州刺史刘岱攻杀东郡太守桥瑁。接着，渤海太守袁绍与幽州的公孙瓒合谋，以武力逼使韩馥将冀州牧让与袁绍。再后，公孙瓒又与袁绍反目，双方在冀州打了近两年的拉锯战，致使该地"粮食并尽，士卒疲困，互掠百姓，野无青草"。① 直至初平四年（公元193年）春天，双方才在朝廷所派使者的劝说下，罢兵言和。

公孙瓒是幽州牧刘虞的部下，他手下实力的增长引起刘虞的疑忌，公孙瓒也不服刘虞调遣，二人互相戒备，双方最后终于兵戎相见。初平四年（公元193年）冬，刘虞组织10万大军进攻公孙瓒的驻地蓟县（今北京市），结果全军溃败，公孙瓒轻而易举地占据了整个幽州。公孙瓒据有幽

---

① 《后汉书》卷73《刘虞公孙瓒陶谦列传》。

州后，野心膨胀，意欲为帝，遂即在易京大兴土木，建筑宫室营垒。这时，刘虞的旧部联合袁绍共同对付公孙瓒，双方展开激烈搏战，互有胜负。建安三年（公元198年），袁绍亲率大军包围易京，以计诱使公孙瓒出战，使之兵败自杀。袁绍占领幽州，控制了冀、幽、青、并四州，一时间成为关东实力最强大的割据军阀。

在袁绍与公孙瓒鏖战幽州之时，中原地区的其他军阀也在酣战中。先是占据南阳的袁术在刘表、曹操的夹攻下向东南退却，旋即以武力夺取九江郡，自称扬州刺史，重新割据一方。紧接着，曹操、刘备、袁术、吕布等又为争夺徐州进行斗争。最后是袁术病死，曹操利用刘备擒杀吕布，占据徐州。至此，曹操已经控制了兖、豫、徐、扬四州大部分地区，成为仅次于袁绍的最大实力派。这样，曹操与袁绍这两大军事集团为争夺关东统治权的斗争就必然提上了历史的日程。

第三节　各种政治思潮

一　白虎观会议与"以经治国"局面的形成

自董仲舒以后，今文经学就沿着经学神学化的路子发展，到两汉之际，随着社会危机的日趋严重和政治斗争的尖锐激烈，统治阶级越来越崇尚谶纬迷信，今文经学也愈来愈神学化和谶纬化。

"谶"是一种"诡为隐语，预决吉凶"①的粗俗卑陋的迷信，假托神学的预言为现实政治斗争服务。秦始皇时期的方士卢生曾传播过"亡秦者胡也"的谶语，成为秦朝大修长城的诱因。西汉末年，王莽篡汉立新的时候，也曾命令其党徒制造过大量的符命图谶。刘秀起兵加入反对王莽的队伍以后，更利用所谓《河图》《赤伏符》的谶语"刘秀发兵捕不道，四夷云集龙斗野，四七之际火为主"，②作为他受天命做皇帝的根据。他做皇帝以后，立即"宣布图谶于天下"。在统治阶级的提倡优容下，东汉社会弥漫着一片恶浊迷信的气氛。"纬"是"经之支流，衍及旁义"，③是儒生用阴阳灾异、神道迷信来解释、演绎和附会儒家经典的著作，同样

---

① 《四库全书总目提要》卷6《易纬下》。
② 《后汉书》卷1《光武帝纪》。
③ 《四库全书总目提要》卷6《易纬下》。

是一种粗俗卑陋的宗教神学。纬书大都与经书相对应,差不多都有一个怪诞神秘的名字,如易纬有《乾凿度》《乾坤凿度》《稽览图》,书纬有《考灵曜》《刑德放》等,还有的附会《河图》《洛书》,如《稽曜锡》《灵准听》等。因为纬书更容易随心所欲地制造为统治阶级服务的东西,增添荒诞不经的内容,所以特别得到统治者的青睐,一些儒生也就趋之若鹜,一时间,谶纬之学的地位反而超过了经学。

纬书中的大部分内容是神化儒学经典与圣帝名王的宗教迷信和神灵故事,如《尚书纬》中的《璇玑钤》解释《尚书》二字说:"尚者上也,书者如也。上天垂文象,布节度,书也如天行也。"把《尚书》说成代天立言的永恒真理。《春秋纬·演孔图》则把孔子描绘成长十尺、大九围、首类尼山、衔上帝之命为汉朝立法的神人。如此粗卑荒唐的迷信表明了今文经学的末路。不过纬书中还包括一些典章制度、历史地理、天文历数以及哲学意义的理论,如《易纬》中的象数之学,既有宇宙起源的理论,也有以数字构筑的自然界与人类社会模式,即对宇宙和人类社会的探索。虽然其中充满神秘主义色彩,但与神道迷信还不是一回事。它与古希腊的毕达格拉斯学派有不少相似的地方,反映着"科学思维的萌芽同宗教、神话之类的幻想的一种联系"。①

尽管有扬雄、桓谭等正直清醒的思想家站出来向谶纬迷信宣战,但却无法阻止其蔓延和发展,除了复杂的社会原因外,官方的全力支持是重要原因。两汉统治者为了使经学神学化和一统化,多次组织经师讨论经义异同,并亲自出席作出裁决。汉宣帝在甘露三年(公元前51年)"诏诸儒讲《五经》同异,太子太傅萧望之等平奏其议,上亲称制临决",② 史称石渠阁(未央宫北藏秘书之处)奏议,该书已散佚。这表明汉政权力图使经学法典化。东汉光武帝于中元元年(公元56年)宣布图谶于天下,进一步把经义庸俗化和谶纬化。建初四年(公元79年),汉章帝在白虎观召集儒生"正经义","讲论五经异同",最后由他裁定,成为钦定经义。事后由班固加以整理,称《白虎通德论》,简称《白虎通义》或《白虎通》。该书继承董仲舒神学目的论的世界观,以谶解释经典,使之具备国家法典的地位,标志了今文经学神学化的完成。《白虎通》从董仲舒

---

① 列宁:《哲学笔记》,人民出版社1956年版,第253页。
② 《汉书》卷8《宣帝纪》。

《春秋繁露》所表述的基本观点出发，又吸收《易纬·乾凿度》的主要理论，构筑了一个"太初"——"太始"——"太素"——"三光"（日月星）——五行（金、木、水、火、土）的宇宙生成模式，认为整个世界都是从"太初"以前的虚无中产生出来的，它的创造者就是宇宙万物的最高主宰——天。因为地上的君主是受天命统治四方，所以人民必须老老实实地接受其统治，"受命之君，天之所兴，四方莫敢违"。① 天的意志又通过"灾异"和"符瑞"不断地表现出来，君主从中加以体察，随时调整自己的统治政策。由于封建君主的一切统治人民的措施、手段都是秉承天意，因而也都具有神圣的不可侵犯性："圣人治天下，必有刑罚何？所以佐德助治，顺天之度也。故悬爵赏者，亦有所助也。设刑罚者，明有所法也。科条三千者，应天、地、人情也。"② 《白虎通》进而认为，"天神"通过五行和阴阳来支配自然界和人类社会的运行，又以阴阳和五行附会人事，目的是证明封建统治的一切既是合理的也是永恒的。例如，它以五行的"天地之性"为根据，主张臣子在父命与君命发生冲突时，要放弃父命而从君命："不以父命废王命，何者？金不畏土，而畏火。"③ 要"父为子隐，子为父隐"，"父为子隐何法？法木之藏火也。……子为父隐何法？法水逃金也"。④ 《白虎通》继承董仲舒"天不变道亦不变"的形而上学理论，竭力论证封建制度的永恒性，"黄帝始制法度，得道之中，万世不易"，⑤ "黄帝始作度制，得其中和，万世长存"。⑥ 《白虎通》进一步发展和神化了董仲舒的三纲五常学说："三纲者，何也？谓君臣、父子、夫妇也。故《含文嘉》曰：'君为臣纲，父为子纲，夫为妻纲。'"⑦ 三纲之中，特别强调"君为臣纲"，认为后二纲必须从属于它。由此出发，它极力鼓"忠"的教育，把忠君说成最高的美德，"人道主忠，人以忠道教人，忠之至也"，"三教所以先忠何？行之本也"。⑧ 它倡导臣子绝

---

① 《白虎通·瑞赞》。
② 《白虎通·五刑》。
③ 《白虎通·五行》。
④ 同上。
⑤ 《白虎通·谥》。
⑥ 《白虎通·号》。
⑦ 《白虎通·三纲六纪》。
⑧ 《白虎通·三教》。

对忠于君主,为之"守节死义","进思进忠",有了功劳归君主,出现过错自己承担,还要为之"掩恶扬美",帮助君主欺骗人民。"父为子纲"实际上是利用族权维护封建政权:"父子者,何谓也?父者,矩也,以法度教子也;子者,孳孳无已也。"① 而子之事父推广开来,也就形成全社会的臣之事君:"夫臣之事君,犹子之事父,欲全臣子思,一统尊君。"②至于"夫为妻纲",则要求妇女像臣子侍候君主、儿子孝敬父亲一样地去侍候丈夫,并且一生都要从属于丈夫,做丈夫的奴隶:"未嫁从父,既嫁从夫,夫死从子。"在大肆宣扬"三纲"的同时,《白虎通》还对董仲舒编造的五常——仁、义、礼、智、信加以神化和进一步发展,杜撰出所谓六纪——诸父、兄弟、族人、诸舅、师长、朋友,要求人们按照封建制度与道德的需要协调人与人之间的关系。《白虎通》第一次系统完整地对中国封建社会束缚人民的四大绳索——政权、神权、族权、夫权一一进行了理论的论证,对维护宗法封建统治起了重要的作用。

自汉武帝接受董仲舒的建议,实行"罢黜百家,独尊儒术"的思想文化政策以来,儒家思想就成为封建社会的指导思想,儒学的特殊形式——经学成为官方学术,经学在国家的政治和社会生活中发挥着越来越重要的作用,形成经学治国的独特时期。所谓"以《禹贡》治河,以《洪范》察变,以《春秋》决狱,以三百篇(《诗》)谏书",③ 就是经术治国的写照。经术治国自汉武帝发其端,昭、宣时期进一步发展,元、成至东汉前中期达到极盛时期。刘秀建立东汉以后,所实行的许多政治、经济和文化教育政策,大都以儒学的理论作为根据。例如,刘秀登基伊始,迫切需要恢复各种礼乐制度,对礼乐制度素有研究的张纯特别受到倚重,"纯仕朝历世,明习故事。建武初,旧章多阙,每有疑义,辄以访纯,自郊庙婚冠丧纪礼仪,多所正定。帝甚重之,以纯兼虎贲中郎将,数被引见,一日或至数四"。④ 建武二十六年(公元50年),刘秀下诏给张纯说:"禘、祫之祭,不行已久矣。'三年不为礼,礼必坏;三年不乐,乐必崩。'宜据经典,详为其制。"⑤ 张纯依据《礼》"三年一祫,五年一禘"

---

① 《白虎通·三纲六纪》。
② 《白虎通·爵》。
③ 皮锡瑞:《经学历史》,中华书局1959年版。
④ 《后汉书》卷35《张曹郑列传·张纯》。
⑤ 同上。

的规定，为刘秀制定了禘、祫之礼。与此同时，刘秀为了以轻刑代替王莽时期的严刑峻法，也引证经书为根据。如建武二年（公元26年）三月下诏让朝中官员议决减省刑法时，引证的就是孔子的话："刑罚不中，则民无所措手足。"建武六年（公元30年）十月，在下诏公卿举贤良方正，要求"有司修职，务遵法度"时，引用的是《诗·小雅·十月之交》的"日月告凶，不用其行"。① 其时，梁统曾经建议用重刑，刘秀没有同意。以后明、章二帝也仍然沿着轻刑的路子走下去。在用人原则、政策、选举方式上，更是根据经学提出了一套完整的理论与方法。无论察举、征辟，还是考试，其对象大都是通经之士，选取的标准则是"孝悌廉公之行"。刘秀在经济上也继续执行西汉以来的"重本抑末"政策，其主要理论根据是《尚书·洪范》的"古者急耕稼之业"。当时的著名思想家桓谭就说："夫理国之道，举本业而抑末利，是以先帝禁民二业，锢商贾不得宦为吏，此所以抑并兼长廉耻也。"② 经学治国在文化教育上的表现最为充分。一方面，"独尊儒术"是汉武帝以后的文化和教育政策，经学既是统治思想，也是衡量知识分子的唯一标准。刘秀不仅自己在太学受《尚书》，做皇帝后还聘桓荣等名儒教太子读经书。另一方面，学校教育的主要内容也是经学。建武五年（公元29年）恢复的太学，陆续恢复的地方各级官学，还有遍布城乡的各类私学，所传授的都是经学。特别是由于刘秀继承西汉以来的传统，把通经与仕进结合起来，在"退功臣"的同时引进了大批通经的"文吏"。这些文吏，少部分是提拔的现职低级官吏，大部分来自官立与私立学校的学生。按照规定，不仅太学的博士弟子通一艺即可以做官，州郡官学的学生成绩优异者亦可补吏。如任延任武威太守时，"造立校官，自掾史子孙，皆令诣学受业，复其徭役。章句既通，悉显拔荣进之"。③ 在私学受业的大量青年儒生，可以通过明经一科入仕。

在富贵利禄的导向下，绝大部分青年儒生都将读经作为进身之阶。刘秀在位时期以及其后的东汉前中期，经学的发展达到辉煌的顶峰，其原因即在于此。正如皮锡瑞在《经学历史》中所说："在上者欲持一术以耸动天下，未有不导以利禄而翕然从之者。"由于刘秀大力提倡和实施经学治

---

① 《后汉书》卷1《光武帝纪》。
② 《后汉书》卷28《桓谭冯衍列传》。
③ 《后汉书》卷76《循吏列传·任延》。

国，自东汉开国时起，经学的影响渗透到社会生活的各个方面。从衣、食、住、行，到婚丧、祭祀等社会风俗的方方面面，包括各种复杂的人际关系，无不打上经学的印记。在当时农业宗法社会的条件下，经学作为一种上层建筑，既适应了这个社会的需要，又促进了这个社会的稳定与发展，从总体上看，其积极作用还是主要的。

二　"清议"与"党锢之祸"

东汉王朝自和帝以后就陷入外戚与宦官交替擅权的恶性循环中，皇帝个个昏聩无能，政治腐败日甚一日。这不仅加剧了统治集团与广大百姓的矛盾，也激化了统治集团的内部矛盾。一部分耿直的官僚与士人、太学生相结合，作为政治上的反对派，要求刷新政治，厉行改革，缓和与百姓的矛盾。他们的斗争矛头，直指擅权的外戚和宦官，对外戚尤其是对宦官的贪残横暴、腐败无能进行毫不留情的揭露和猛烈的抨击，最后酿成了一幕悲情壮烈的"党锢之祸"。

还在和帝时期，外戚窦宪的专权就引起了官僚士人的不满。司徒袁安、司空任隗等上书直斥窦宪"劳师远征""缴功万里"的劳民伤财之举。此后，又有杜根、周章、杨震、李固等同外戚宦官进行大义凛然的斗争。安帝时，朝廷派往州郡的"徇行风俗"的八位特使之一的张纲发出了"豺狼当路，安问狐狸"的呼叫，指责梁氏外戚是"天威所不赦，大辟所宜加"的祸国殃民的巨奸大憝。① 桓帝、灵帝之世，宦官把持朝政，狐群狗党布满朝堂，严重阻碍了士人儒生的晋升之路，"桓灵之世，柄去帝室，政在奸臣，网漏防溃，风颓教沮。抑清德而扬滔媚，退履道而进多财。力竞成俗，苟得无耻。或输自售之宝，要人之书；或父兄显贵，望门而辟命"。② 这种状况，自然引发了清流派官僚、在野士大夫、太学生与郡国生徒的不满与反抗。"逮桓灵之间，主荒政缪，国命委于阉寺，士子羞与为伍，故匹夫抗愤，处士横议，遂乃激扬名声，互相题拂，品覈公卿，裁量执政，婞直之风，于斯行矣"。③ 清流派官僚、士大夫和太学生揭露抨击外戚宦官的主要基地是太学，主要手段则是"清议"。太学是当

---

① 《后汉书》卷56《张王种陈列传·张纲》。
② 《后汉书》卷67《党锢列传》。
③ 同上。

时中国最优秀儒生的荟萃之地,桓帝时已达三万人。他们集合在一起,议论政治优缺、品评朝政得失、臧否朝野人物,形成强大的舆论,称为"清议"。这种"清议"往往以极其精练概括、形象生动的文字,表达对政治问题、朝野人品的评价。如河南尹李膺,字元礼,他"养太学游士,交结诸郡生徒,更相驰驱,共为部党",① 是士林领袖。太尉陈蕃,字仲举,尚书王畅,字叔茂,皆为刚正不阿、清名廉洁的好官,在百姓中有较高的声誉。太学生就以下字句品评表彰他们:"天下楷模李元礼,不畏强御陈仲举,天下俊秀王叔茂。"② 又如甘陵周福,字仲进,因为在桓帝即帝位前曾做过他的老师,即位后即擢其为尚书。而同郡的房桓,字伯武,素有威名,因品格和能力优异官至河南尹,二人形成鲜明对比。于是二人成为品评的对象:"天下规矩房伯武,因师获印周仲进。"③ 此类品评形成乡谚风谣,四处流传,对权宦们的声誉形成很大影响。外戚宦官中不少人劣迹斑斑,特别害怕对己不利的谣谚制造和传播,因之对清流派官僚和太学生恨之入骨,伺机加以迫害打击。

　　清流派官僚和太学生不仅以清议抨击外戚和宦官,而且他们一旦掌握一定的权力,即毫不留情地惩处犯法违制的外戚宦官。永兴元年(公元153年),朱穆任冀州刺史,毅然惩处违法越制葬父的宦官赵忠,"发墓剖棺,陈尸出之,而收其家属",④ 这一正义之举赢得士林百姓的广泛赞誉,桓帝却在宦官的挟持下,将朱穆撤职。面对此一昏聩的惩罚,太学生愤然而起,在其领袖人物刘陶的率领下集合数千人到皇宫门前请愿。他们在上书中痛陈宦官"父兄子弟布在州郡,竞为虎狼,噬食小人"的罪行以及"窃持国柄,手握王爵,口含天宪"的嚣张气焰。⑤ 面对数千太学生深得人心的请愿活动和义正词严的上书,桓帝只得赦免朱穆,太学生的斗争取得了胜利。延熹五年(公元162年),平羌有功的皇甫规征拜议郎,本当封侯,但因拒绝中常侍左悺、徐璜的索贿被诬陷入狱。太学生张凤等联合士大夫三百余人至皇宫门前请愿,迫使桓帝将其赦免归家,太学生的斗争再次取得胜利。

---

① 《后汉书》卷67《党锢列传》。
② 同上。
③ 同上。
④ 《后汉书》卷43《朱乐何列传·朱穆》。
⑤ 同上。

与太学生以"清议"抨击外戚宦官相表里,一些清流派的官吏也利用手中权力多次惩办外戚宦官及其爪牙。如杜密为北海相时,"其宦官子弟为令长有奸恶者,辄捕案之"。① 刘祐任扬州刺史时,举奏梁冀从弟梁旻犯罪,使其伏法。任河东太守时,对县中宦官子弟"黜其权强,平理冤结"。蔡衍为冀州刺史时,不仅拒绝宦官中常侍具瑗的请托,而且将另一宦官中常侍曹腾之弟曹鼎治赃罪。李膺、陈蕃更是清流官吏的领袖,他们对宦官的斗争特别坚决果断。李膺任司隶校尉时,处死权倾一时的宦官张让之弟、野王令张朔,大大挫损了宦官的气焰,"自此诸黄门常侍皆鞠躬屏气,休沐不敢复出宫省"。② 陈蕃任乐安太守时,拒绝梁冀请托,笞杀其使者。任大鸿胪时,为救被诬陷的李云不惜丢官。他还多次上书揭露宦官的罪恶,为被迫害的耿直官吏鸣不平。由于以李膺、陈蕃为代表的清流派官吏和士大夫、太学生同声相应,同气相求,在反对宦官的统一目标下互相支援,连成一气,在桓帝延熹年间形成了松散的"党人"集团。他们一面大造反对宦官的舆论,一面在权力所及的范围对宦官大加惩罚。宦官当然不会坐以待毙,他们利用手中的权柄,挟持皇帝,随时准备进行反噬,双方斗争进入到白热化阶段。

延熹五年(公元162年),太尉杨秉与司空周景联合上书,要求从各级官位驱除声名狼藉的宦官爪牙,得到桓帝的批准后,50多名宦官党羽从州牧郡守的位子上被赶下台。延熹八年(公元165年),杨秉又参奏宦官侯览之弟、益州刺史侯参"暴虐一州"、贪赃枉法的罪行,使之畏罪自杀。他又参奏与侯参案有牵连的宦官侯览和具瑗,使一人免官,一人削国。但宦官们对官僚们实施了加倍的报复,太原太守刘瓆、南阳太守成瑨被"弃市",山阳太守翟超、东海相黄浮"并坐髡钳,输作左校"。③ 由于宦官们处于"手握王爵,口含天宪"的有利地位,反对派的处境自然是十分险恶的。

延熹九年(公元166年),第一次"党锢之祸"发生。河内人张成是宦官的党徒。他"善说风角,推占当赦",④ 故意唆使其子杀人。河南尹

---

① 《后汉书》卷67《党锢列传》。
② 同上。
③ 《后汉书》卷66《陈王列传·陈蕃》。
④ 《后汉书》卷67《党锢列传》。

李膺将其逮捕不久，果然遇赦。李膺却不顾赦令，毅然将其处死。宦官借机指使张成弟子牢修上书，控告李膺等"共为部党，诽讪朝廷，疑乱风俗"，①挟持桓帝下诏大规模逮捕党人。李膺、杜密、陈翔、陈寔、范滂等两百多人被捕入狱。不少党人面对牢狱和死亡，表现了视死如归、大义凛然的不屈意志和抗争精神。度辽将军皇甫规以自己未列入党人名单为耻，自请入狱，陈寔也自往请囚。范滂入狱后"争受楚毒"，面对死亡，仍慷慨陈词，丝毫不为所屈。《后汉书·党锢列传》记述其狱中受审情形：

> 王甫诘曰："君为人臣，不惟忠国，而共造部党，自相褒举，评论朝廷，虚构无端，诸所谋结，并欲何为？皆以情对，不得隐饰。"滂对曰："臣闻仲尼之言：'见善如不及，见恶如探汤。'欲使善善同其清、恶恶同其污，谓王政之所愿闻，不悟更以为党。"甫曰："卿更相拔举，迭为唇齿，有不合者，见则排斥，其意如何？"滂乃慷慨仰天曰："古之循善，自求多福；今之循善，身陷大戮。身死之日，愿埋滂于首阳山侧，上不负皇天，下不愧夷、齐。"

这是何等的壮怀激烈！由于外戚、城门校尉窦武和尚书霍谞等上书为党人辩冤，加上李膺的供词牵连某些宦官，使他们有所顾忌，只得请求赦免党人。第二年即永康元年（公元167年），桓帝下诏赦免党人，200余人解放归田里，但将其名书于三府，禁锢终身，永远不得入仕为官。

第一次"党锢之祸"虽以宦官的胜利而告终，但党人作为正义的化身却获得广泛的社会同情，名声如日中天。当范滂获释离开京师南归时，汝南、南阳的士大夫有数千辆车相迎，其盛况犹如迎接一位凯旋的英雄。"海内希风之流"更是"共相标榜"，有名的"党人"都被冠以美名排定了座次。如誉为"一世之所宗"的"三君"是窦武、刘淑、陈蕃；誉为"人之英"的"八俊"是李膺、荀翌、杜密、王畅、刘祐、魏朗、赵典、朱寓；誉为"以德行引人"的"八顾"是郭泰、宗慈、巴肃、夏馥、范滂、尹勋、蔡衍、羊陟；誉为"导人追宗"的"八及"是张俭、岑晊、刘表、陈翔、孔昱、苑康、檀敷、翟超；誉为"以财救人"的"八厨"

---

① 《后汉书》卷67《党锢列传》。

是杜尚、张邈、王孝、刘儒、胡母班、秦周、蕃嚮、王章。永康元年（公元167年）十二月，桓帝死去，灵帝继位。外戚窦武以大将军辅政，他起用名列"党人"的陈蕃为太傅，又将"党人"李膺、杜密、尹勋、刘瑜等引入朝堂为官，对宦官展示咄咄逼人之势。宦官自然不甘坐等惩罚，于是以中常侍曹节、王甫为首，勾结灵帝乳母赵娆，献媚太后，将其掌控，伺机反扑。建宁元年（公元168年），窦武两次将诛杀侯览、曹节、王甫等宦官的谋划上奏窦太后，预定等她批准后实行。但是，因为此时太后对宦官的甜言蜜语和殷勤服务比较满意，因而对窦武的谋划心存疑惑，迟迟不予批准。不料九月，宦官已知悉这一密谋，于是先发制人，挟持灵帝发诏捕杀窦武、陈蕃等人，经过一场血战，窦武、陈蕃兵败被杀。宦官借机大捕党人。建宁二年（公元169年）十月，侯览指使人诬告张俭谋反，曹节上奏拘捕所有牵连其中的党人。李膺、杜密、虞放、朱寓、荀翌、翟起、刘儒、范滂等一百多人被诬杀，妻子徙边。其他受牵连被处死、流放、禁锢者多达六七百人。这就是第二次"党锢之祸"。熹平元年（公元172年），窦太后死去，宦官借口有人在朱雀门书写反对他们的文字，再次大捕党人。凡与宦官有隙的士人、太学生尽被拘捕，数目多达千人。熹平五年（公元176年），因永昌太守曹鸾上书为"党人"辩冤触犯宦官忌讳，宦官又一次对"党人"大施淫威，不仅曹鸾死于非命，而且连"党人"的门生、故吏、父子兄弟"爰及五属"也尽遭"免官禁锢"。

两次"党锢之祸"尽管反映的是统治集团的内部矛盾，但是，清流派的官僚、士大夫和太学生毕竟代表了统治集团的健康力量，他们的被摧残殆尽，导致了宦官专擅朝政的最黑暗时代的到来。至此，东汉朝廷依靠自身力量摆脱困境的希望销蚀净尽，除了灭亡，它不会再有其他命运了。

三 社会批判思潮的勃兴与"清议"向"清谈"的转化

东汉王朝自和帝时开始走下坡路，一方面，外戚宦官交相擅权，朝政日非，统治集团内部矛盾重重，终于酿成桓灵时期的"党锢之祸"；另一方面，豪族地主的势力恶性膨胀，土地兼并日益激烈，加快了自耕农破产的速度，阶级矛盾和各种社会矛盾迅速激化。正如范晔所说："君道秕僻，朝纲日陵，国隙屡启，自中智以下，靡不审其崩离。""在朝者以正义婴戮，谢事者以党锢致灾。"在这种情况下，以一批头脑清醒的耿直派官僚为核心，以太学生群体为依托的知识分子阶层，对东汉的黑暗政治发动了猛烈的批判。崔寔、王符、仲长统等就是这一批判思潮中的代表人物。

东汉末年，由于外戚和宦官交互擅权专政，比较牢固地控制了中央大权，阻碍了官僚集团及其后备军太学生们的晋升之路，于是这些人便联合起来，利用舆论的力量，掀起了颇具声色的"清议"，对宦官和外戚，尤其是宦官的黑暗统治进行了猛烈的攻击。他们以简短的风谣、题目和长篇大论的疏章为武器，在统治阶级的圈子内，不断制造出反宦官的舆论。风谣最初是经师和生徒们标榜个人学术独特成就与风格的韵语，如"五经纵横周宣光"，①"五经无双许叔重"② 等，后来逐渐发展，内容越来越丰富。官僚和太学生们在与外戚宦官的斗争中进而赋予它以政治斗争的性能，用以褒奖同类或贬斥奸邪。如顺帝末年，外戚梁冀擅废立，诛李固、杜乔，而封胡广、赵戒等人，京都童谣曰："直如弦，死道边，曲如钩，反封侯"。③ 梁冀被诛后，宦官左悺、具瑗、徐璜、唐衡专权横暴，天下为之语曰："左回天，具独生，徐卧虎，唐两堕。"④ 这些风谣冠以"时人之论""时人之语""时人之称"广泛流传，在政治斗争中发挥着很大的作用。与风谣一起流行的还有"题目"，其最初形式，与称号有密切联系，如荀淑称"神君"，邴原称"云中白鹤"，杨伯起称"关西孔子"，戴子高称"关中大豪"之类，都是一种直指。后来，逐渐发生变化，"从直指变为譬况、从具体的说明变为抽象的象征"。⑤ 如"世目李元礼谡谡如劲松下风"，⑥"庾子嵩目和峤，森森如千丈松，虽磊砢有节目，施之大厦，有栋梁之用"。⑦ 乔玄对曹操说："君实是乱世之英雄，治世之奸贼。"⑧ 如此等等。它实际上也与风谣一样，是当时官僚和太学生们互相标榜的一种武器，最后变成"一种地望和名望的标志"。⑨ 不过这种标榜已逐渐与事实相去甚远，有不少甚至完全相反。正如刘劭在其《人物论》

---

① 《后汉书》卷61《左周黄列传·周举》。
② 《后汉书》卷79《儒林列传·许慎》。
③ 《后汉书》卷34《梁统列传》。
④ 《后汉书》卷78《宦者列传·单超》。
⑤ 侯外庐：《中国思想通史》第2卷，人民出版社1957年版，第373页。
⑥ 《世说新语·赏誉》第八。
⑦ 同上。
⑧ 《世说新语·识鉴》第七。
⑨ 侯外庐：《中国思想通史》第2卷，第381页。

中所尖锐指出的,"鼚马弄稍,一夫之勇者,谓之上将之元。合离道德,偶俗而言者,谓之英才硕儒",而"凤兴夜寐,退食自公,忧劳损益,毕身为政者,谓之小器俗吏"。事实与概念如此颠倒,也正是"道微俗弊"的反映。

不过,如果说清议中浮在表面、流传较广的是风谣和题目的话,那么,具有实质性内容的还是政论,它集中在当时的奏疏与笺记之中。当时参与论战的双方,都以纲常名教和神学迷信为护身符,然后向敌对的一方激烈攻击。辩论集中于宦官干政、经济破产、农民暴动和对羌战争几个方面。

由于宦官擅权严重阻碍了官僚的晋升和太学生们入仕的道路,他们对宦官干政所造成的黑暗政治施予无情的攻击。这些慷慨激烈的言辞背后显然隐含着官僚豪族集团的私利,但在他们的言论中,也勾画出宦官权倾朝野的嚣张气焰和对国服民命的危害,"官位错乱,小人日进,财货公行,政治日消"。①"群小竞选,秉国之位,鹰扬天下,乌钞求饱,吞肌及骨,并噬无厌"。② 给后世留下一批珍贵的认识当时社会状况的资料。

由于东汉王朝对农民的超经济剥削日甚一日,豪族地主对依附农民的鲸吞肆无忌惮,整个统治阶级的聚敛财富和奢靡享受的欲望有增无减,一方面农民大量破产流亡,社会秩序动荡不安;另一方面,封建政府国库空虚,财政困难,官兵离散之心日增,正如侍御史朱穆在其对梁冀的上疏中所指出的:

> 今宦官俱用,水蠹为害,而京师之费,十倍于前。河内一郡,尝调缣素绮縠,才八万余匹,今乃十五万匹,官无见钱,皆出于民。民多流亡,皆虚张户口。户口既少,而无赀者多,当复割剥,公赋重敛。二千石长吏,遇民如虏,或卖用田宅,或绝命捶楚。大小无聊,朝不保暮……近永和之末,人有离心,兴徒发使,不复应命,怀粮廪兵,云尚向谁。③

---

① 《后汉纪》卷21。
② 《后汉书》卷57《杜栾刘李刘谢列传·刘陶》。
③ 《后汉纪》卷20。

针对这种情况，他提出的解决办法是"易二千石长吏非其人者"。陈蕃也指出当时的情况："比年收敛，十伤五六，万人饥寒，不聊生活。而采女数千，食肉衣绮，脂油粉黛，不可资计。"① 面对经济破产、财政困难的严峻形势，有人提出改铸大钱的主张，企图从通货入手，找到一个解决危机的捷径。刘陶则提出了截然相反的意见，指出"当今之忧，不在于货，在乎民饥"，"食者，乃有国之所宝，生民之至贵也"。而东汉所面临的危机主要是乏食产。"窃见比年以来，良苗尽于蝗螟之口，杼轴空于公私之求，所急朝夕之餐，所患靡盐之事，岂谓盐货之厚薄，铢两之轻重哉？就使当今沙砾化为南金，瓦石变为和玉，使百姓渴无所饮，饥无所食。虽皇羲之纯德，唐虞之文明，犹不能以保萧墙之内也。盖民可百年无货，不可一朝有饥，故食为至急也。"而"欲民殷财阜"就要"使男不逋田，女不下机"，"要在止役禁夺，则百姓不劳而足"。② 这种要求轻徭薄赋，保证农民生产时间的主张，尽管没有超出先前儒家要求缓和矛盾的传统思想，但毕竟是有进步意义的。

东汉末年，农民起义接二连三地在各地爆发，最后酿成了促使东汉王朝走向覆灭的黄巾大起义，对于农民因遭受惨重剥削压迫铤而走险给封建统治带来的冲击，东汉的官僚和太学生有着比较清醒的认识，并由此促使他们对君民关系进行认真的思索。名将皇甫规已认识到，"夫君者舟也，民者水也，群臣者乘舟者也"。国君对人民好，就会福寿平安，否则就会"沦波涛"，被人民推翻。对于这种君民关系，刘陶讲得更清楚，他说："帝非民不立，民非帝不宁……帝之与民，犹首之于足，相须而行，混同一体，自然之势也。"③ 由此出发，他们对阶级矛盾所引起的农民暴动的原因也能进行较为实事求是的客观考察。而在如何消弭暴动的问题上，他们中的绝大部分主张以"抚"为主，即多用软的怀柔的手段。零陵、桂阳蛮族起义后，陈蕃上疏，提出"更遣贤奉公之吏以爱惠之心"前去安抚。著名政论家左雄则指出，"柔远能迩，莫大宁民，宁民之务，莫重用贤"，办法是"长吏理绩有显效者，可就增秩，勿使移徙，非父母丧，不得去官。其不从王制，锢之终身，虽赦令不在齿列。必竟修善政，亲抚百

---

① 《后汉书》卷66《陈王列传·陈蕃》。
② 《后汉书》卷57《杜栾刘李刘谢列传·刘陶》。
③ 《后汉纪》卷21。

姓，率土之民，各宁其所"。① 尽管与坚决镇压派比较起来，他们之间的区别主要是策略性的，但是，这种缓和社会矛盾的理论毕竟是维持封建统治的重要条件，客观上对劳动人民也是有好处的。

东汉中期以后一直困扰封建统治者的羌人"叛乱"，实际上是带有国内民族斗争性质的牧民起义。宦官一派主张剿灭，官僚一派主张"恩抚"，两派在此问题上展开了极其激烈的论争。依附于党人的著名将军张奂，是恩抚派的著名代表。永寿元年（155年）他任安定属国都尉时，不仅协助先零羌击败了南匈奴的侵扰，而且退还其酋长献来的金、马，以诚相待，使边境一度安定下来。党于阉寺的段颎则主张坚决镇压，彻底殄灭，而其所据理论，依然还是传统的"非我族类，其心必异"的大汉族主义。另一著名将军皇甫规也主张恩抚，他揭露段颎之流的讨羌将军无事生非，凶狠残暴："微胜则虚张首级，军败则隐匿不言，军士劳怨，因于猾吏，进不得快战以徼功，退不得温饱以全命，饿死沟渠，暴骨中原。徒见王师之出，不闻振旅之声。酋豪泣血，惊惧生变，是以安不能久，败则经年。"② 可是，由于宦官当权，对羌战争还是连年进行下去。不仅给汉羌人民的生命财产造成难以估量的损失，而且加剧了东汉政府每况愈下的财政困难。永和六年（公元141年），征西将军马贤在对羌战争中惨败，羌人攻烧陇西，关中惊恐不安。皇甫规再次上疏，指出讨羌战争带来的弊害："悬师之费，且百亿计，出于平人，回入奸利。故江湖之人，群为盗贼，青徐荒饥，襁负流散。"而解决此问题的根本办法还是变剿为抚，"力求猛敌，不如清平；勤求孙吴，未若奉法。"③ 其他官僚如李固等人，对于周边少数民族的谋叛也不主张发兵征讨，要求选取"勇略仁惠"之人为刺史太守，"勿与争锋，以恩信招来，赦杀伤之罪，以息发军"。④

在清议集中的四个问题上，宦官集团与官僚集团都进行了针锋相对的辩论。虽然他们之间的矛盾是统治阶级的内部矛盾，目标也都是维护封建统治，在堂皇的言辞背后隐藏着各自的私利。但总起来看，官僚集团，尤其是其中的耿直派官吏，眼光比宦官们要锐敏，视野比他们要广阔，对许

---

① 《后汉纪》卷18。
② 《后汉书》卷65《皇甫张段列传·皇甫规》。
③ 同上。
④ 《后汉纪》卷18。

多问题的看法比他们要深刻和正确得多。

东汉末年统治阶级的内部斗争终于酿成了党锢之祸。宦官"挟天子以令诸侯",一方面对官僚派及其知识分子进行血腥镇压,另一方面设鸿都门学和提拔定陵孝子对太学生进行分化。官僚及其知识分子的一部分开始向当权者靠拢,被禁锢的"清议"随之向"清谈"转化,从是非臧否到"发言玄远,口不臧否人物",① 从空洞无物的纲常名教到纲常名教的否定而"叛散五经,灭弃《风雅》",② 以致圣人孔子与老庄"将无同",流为纯粹的概念游戏。这种转变在许多人身上体现出来。如周魭"少尚玄虚,常隐处窜身,慕老聃清静"。③ 向栩"少为书生,性卓诡不伦,恒读老子,状如学道,又似狂生"。④ 这类人物,生当乱世,面对东汉王朝江河日下的形势无可奈何,却又不愿与宦竖们同流合污,只能采取隐居不仕的办法以求免祸。郭泰作为当时的清流领袖,名士谈宗,有着很高的声名。但当宋仲劝他入仕时,他坚决不干,因为他对时局已经洞悉无余,"天之所废,不可支也",与其冒险入仕,不如隐居免祸,"未若岩岫颐神,娱心彭老,优哉游哉,聊以卒岁"。⑤ 他消极的人生态度,已接近魏晋玄学家,而其学术思想,也是儒道兼宗,开了魏晋玄学的先河。从周魭、向栩尤其是郭泰身上,透出了清议向清谈、经学向玄学转化的信息。

---

① 《晋书》卷49《阮籍传》。
② 《后汉书》卷49《王充王符仲长统列传》。
③ 《后汉书》卷61《左周黄列传·周魭》。
④ 《后汉书》卷81《独行列传·向栩》。
⑤ 《抱朴子·正郭篇》。

第五章　统治思想与治国理念

第一节　光武帝的所谓"以柔道治天下"

一　加强中央集权　完善各种制度

（一）恢复封国爵邑　约束外戚勋贵

西汉皇朝建立以后，刘邦君臣"惩亡秦孤立之弊"，总结秦朝灭亡的教训，在地方行政体制上实行郡国并行制。尽管景帝时发生的吴楚七国之乱暴露了宗室封王制度的弊端，但是，终西汉之世，宗室封王、疏属封侯、功臣封侯的制度却一直延续下来。之所以如此，就是因为这一制度能较好地满足宗室贵族和功臣宿将们对权力和财产再分配的要求，同时，如果措置适当，对拱卫中央集权也能起到有益的作用。刘秀建立东汉王朝后，打出的是"复西京旧制"的旗号，其中的一项内容即恢复封国爵邑制度。他下诏封赏的第一个诸侯王是做过更始皇帝的刘玄。建武元年（公元25年）九月，当赤眉军进入长安，刘玄失魂落魄地逃到高陵的消息传到刘秀的驻地河阳（今河南孟县西）的时候，刘秀立即发布了一个诏令："更始破败，弃城逃走，妻子裸袒，流冗道路。朕甚愍之。今封更始为淮阳王。吏人敢有贼害者，罪同大逆。"[①] 其实，刘秀对刘玄这位同宗兄弟并没有多少好感，相反的还有着铭记不忘的仇隙。刘玄不仅杀掉了刘秀的兄长刘縯，而且还与刘秀兵戎相见。那么，刘秀又为什么将第一个王的封号送给刘玄呢？因为此时的刘玄已经失势并且危在旦夕，已经失去了与刘秀争夺天下的力量与能力，对他的封赏没有实质意义，倒是可以显示刘秀的以德报怨和宽宏大度。特别是更始政权在东方还有不少残余势

---

① 《后汉书》卷1《光武帝纪》。

力,刘秀此一举措能够赢得他们的好感,以便他们顺利归附刘秀,以减少统一道路上的阻力。实际上,刘玄不久即被赤眉军处死,所以这一封赏也就仅仅停留于一纸诏书了。后来,"淮阳王更始"被司马光用来作为公元 23 年至 24 年两年编年史的年号,这是刘秀无法想到的。建武二年(公元 26 年)正月初一,大司马吴汉率九将军进击檀乡起义军于邺东,大获全胜。七天以后,刘秀大封功臣,数十个将军皆得到列侯的赏爵,最大的封邑达四县,同时下诏说:

> 人情得足,苦于放纵,快须臾之欲,忘慎罚之义。惟诸将业远功大,诚欲传于无穷,宜如临深渊,如履薄冰,战战栗栗,日慎一日。其显效未酬,名籍未立者,大鸿胪趣上,朕将差而录之。①

看得出来,刘秀之所以在战争还在激烈进行且胜利前景还不明朗的时候如此大度地封赏他的文臣武将,目的就是让他们死心塌地为东汉皇朝服务。此后,刘秀对宗室贵族和功臣宿将们不断封王封侯。其中,刘氏宗室贵族因血缘的亲疏、功劳的大小得到不同等级的封爵;文臣武将,或因谋略,或因战功,获得大小不等的食邑;而一些归服的地方实力派、古圣先贤的后裔、敌对阵营叛降的文武之士,也都得到了相应的封赏。例如,割据渔阳的彭宠被他的苍头子密设计谋害,当这位苍头带着彭宠与其妻子的头颅投奔刘秀时,他得到的是"不义侯"的封号。还是在建武二年四月,刘秀下诏封叔父刘良为广阳王,封刘縯的儿子刘章为太原王、刘兴为鲁王,封春陵侯的嫡子刘祉为城阳王。五月,又封原更始所封元氏王刘歙为泗水王,故真定王刘杨的儿子刘得为真定王,原周王室的后裔姬常为周承休公。六月,再封宗室刘终为淄川王。十二月,刘秀下了一道诏书,对被王莽所废的所有宗室列侯恢复爵位:"惟宗室列侯为王莽所废,先灵无所依归,朕甚愍之。其并复故国。若侯身已殁,属所上其子孙见名尚书,封拜。"②刘秀封赏宗室贵族的举措同样显示了他的高明。刘良是刘秀的叔父,虽然当年曾反对他们兄弟起兵,后来又跟随刘玄去了长安;但是,刘玄失败后,他立即转归刘秀,况且对刘秀兄弟有养育之恩。封他

---

① 《后汉书》卷1《光武帝纪》。
② 同上。

为王，对于在臣民中树立刘秀敬老孝亲的形象显然是十分重要的。至于封刘缤的两个儿子为王，更是表现了刘秀不忘手足之情。封其他宗室为王，特别是恢复被王莽废掉的宗室封侯者的爵位，一下子拉近了刘秀与刘氏宗室贵族的距离。要知道这些人有10余万人，分布于全国各地，在当地百姓中有着或大或小的影响。刘秀的封赏使他们归心于东汉朝廷，由此影响一大批百姓向东汉政权靠拢，对刘秀取得统一战争的胜利显然起了促进作用。建武十二年（公元36年），吴汉等统率的汉军平定巴蜀，全国又归于统一，刘秀认为用封爵激励文武臣僚为自己拼命的时代已经结束了。

由于和平时代的到来，这些获得封爵的宗室王侯和功臣宿将们开始追求声色犬马奢侈享乐的生活，因此必须抑制他们的权力，对他们进行规范化的管理。建武十三年（公元37年）二月，刘秀下诏，以"袭爵为王，不应经义"为理由，将四个封王的宗室贵族降为侯爵，即将长沙王刘兴降为临湘侯，真定王刘得降为真定侯，河间王刘邵降为乐成侯，中山王刘茂降为单父侯。这几个人当时虽然因各种各样的原因被封为王，但由于他们与刘秀的血缘关系已经相当疏远，刘秀认为没有必要再保留他们的王爵。至此，宗室及王莽时代绝国而封侯者已达137人。接着，刘秀又决定在皇帝之下不再设王的封号，下诏降赵王刘良为赵公，太原王刘章为齐公，鲁王刘兴为鲁公。由于在此以前泗水王刘敏、淄川王刘终、城阳王刘祉已经死去，所以决定把西汉时设立的九个诸侯王国取消，将其辖区并入邻近的郡治。其中广平国并入巨鹿，真定国并入常山，河间国并入信都，城阳国并入琅邪，泗水国并入广陵，淄川国并入高密，胶东国并入北海，六安国并入庐江，广阳国并入上谷。至此，东汉皇帝以下，连一个诸侯王也没有了。四月，大司马吴汉自蜀地凯旋，刘秀举行盛大宴会为将士庆功，庆祝全国统一。同时"班劳策勋"，为功臣们"增邑更封"。到这时已有365人获得爵邑，其中有外戚恩泽侯45人。刘秀削去诸侯王的王爵，封功臣为列侯，既使宗室贵族中无法形成与朝廷对抗的力量，也对立下功勋的文武臣僚予以应得的奖赏，使之进一步增强对汉中央的向心力，这对巩固和加强中央集权是有明显好处的。不过，刘秀和他的亲信臣子们也发现，随着刘秀诸皇子日渐长大，如何使他们在权力和财产再分配中各得其所又能保持父子兄弟之间的协和关系，已经提上了议事的日程。吴汉自蜀返京以后，就上书请求封皇子，刘秀不同意。吴汉连续几次上书后，刘秀乃于建武十五年（公元 39 年）下诏要群臣议决一个方案。这年三月，大司空窦融、固始侯李通、胶东侯贾复、高密侯邓禹等人将他们研究的意见上奏：

> 古者封建诸侯，以藩屏京师。周封八百，同姓诸姬并为建国，夹辅王室，尊事天子，享国永长，为后世法……今皇子赖天，能胜衣趋拜，陛下恭谦克让，抑而未议，群臣百姓，莫不失望。宜因盛夏吉时，定号位，以广藩辅，明亲亲，尊宗庙，重社稷，应古合旧，厌塞众心。①

刘秀同意封拜诸皇子的奏议，于当年四月下诏封刘辅为右翊公，刘英为楚公，刘阳为东海公，刘康为济南公，刘苍为东平公，刘延为淮阳公，刘荆为山阳公，刘衡为临淮公，刘焉为左翊公，刘京为琅邪公。刘秀虽然废除了王一级的爵位，但此处的公仍相当于王。后来，到建武十七年（公元 41 年）十月，刘秀又下令恢复王爵，凡称公者又一律改称王了。

据宋代熊方所著的《补后汉书年表》统计，刘秀一朝共封同姓王侯 28 人，异姓侯者 107 人，加上承袭祖、父爵位者，共 174 人。由于刘秀是创业帝王，因而受封的王侯在东汉各皇帝中数量最多。但是，光武一朝的诸侯王国并没有形成如同西汉前期那样与汉中央对抗的割据势力，基本上没有造成对中央集权的威胁，东汉朝廷与诸侯王们大体上维持了一种相安无事的局面。之所以出现这种局面，首先，是由于刘秀分封的诸侯王大都占地很小，一般不过一小郡，所能动员使用的人力、物力都很少，他们的力量，与当年刘邦分封的连城七十的齐国、连城五十的吴国等相比，实在不可同日而语。其次，这些封国大都集中于今日之河北、河南、山东、安徽一带，既处于首都洛阳的严密监控之下，又穿插于朝廷直辖的郡县之间，处于各地地方官的监视之下，使他们很难连成一气反叛朝廷。最后，就是刘秀对受封王侯实行了严格的管理限制措施。建武二十四年（公元 48 年）七月，刘秀"诏有司申明旧制阿附蕃王法"，② 依法对诸侯王进行管理。这里刘秀所申明的旧法，就是汉武帝在同诸侯王斗争时制定的

---

① 《后汉书》卷 1《光武帝纪》。
② 同上。

"左官之律"和"附益阿党之法"。

正是由于刘秀从分封诸侯王之始就注意限制他们的权力，加之以"左官之律"和"附益阿党之法"严加管理，特别是因为东汉朝廷掌握着专制主义的中央权力和强大的军事力量，刘秀本人又有着创业帝王的崇高威望，所以诸侯王们大都老老实实地奉公守法，行使法定的权力，享受法定的待遇，不敢胡作非为。如刘良虽然是刘秀的叔父，先封广阳王，后徙为赵王，再后降为公。这位老人，一点不敢显露对刘秀的不满，小心翼翼地执臣子之礼，"频岁来朝"。刘秀的族兄刘祉被更始帝封为定陶王，赤眉军入长安后，他立即"间行亡奔洛阳"，是宗室贵族中第一个投奔刘秀的人，被封为城阳王，受到宠幸。他同样奉命唯谨。建武十一年（公元35年），刘祉生病后，即"上城阳王玺绶，愿以列侯奉先人祭祀"，① 死后葬在洛阳，其子也降为侯爵。刘秀的族父刘敏被封为泗水王，其子刘终封为淄川王，父子俩同样是诚惶诚恐安分守己，并在建武十年（公元34年）先后死去，其子孙也被降为侯爵。比较而言，刘秀对兄长刘𬘡的两个儿子刘章和刘兴是另眼看待的。刘秀不仅分别封其为太原王和鲁王，而且还任命他们做地方官，以锻炼他们的能力和才干。二人都做过郡守，颇有政声，但他们无一人敢越权自恣。后来刘兴徙为北海王，明帝继位后，对这位兄长更加敬重，"每有异政，辄乘驿问焉"。刘兴死后，继承王位的儿子刘睦依然效法老子的榜样，办事谨慎小心，唯恐行为不慎招徕祸殃。本来，刘睦才华横溢，颇有名士气质，未继王位前也是率性而行，广结天下文人学士，"睦少好学，博通书传，光武爱之，数被延纳。显宗之在东宫，尤见幸待，入侍讽诵，出则执辔。中兴初，禁网尚阔，而睦性谦恭好士，千里交结，自名儒宿德，莫不造门，由是声价益广"。但是，继王位后，他就像变了一个人似的。史书上说：

> 永平中，法宪颇峻，睦乃谢绝宾客，放心音乐。然性好读书，常为爱玩。岁终，遣中大夫奉璧朝贺，召而谓之曰："朝廷设问寡人，大夫将何辞以对？"使者曰："大王忠孝慈仁，敬贤乐士。臣虽蝼蚁，敢不以实？"睦曰："吁，子危我哉！此乃孤幼时进趣之行也。大夫其对以孤袭爵以来，志意衰惰，声色是娱，犬马是好。"使者受命而

---

① 《后汉书》卷1《光武帝纪》。

行。其能屈伸若此。①

在东汉初年的特定政治环境里，刘睦的表现是比较典型的，他代表的却是大多数诸侯王的心态。他们终日战战兢兢，不求有功，但求无过，只希望朝廷把自己看成胸无大志的浪荡公子，能保一生平安也就行了。他们的这种表现，正是刘秀对待诸侯王的政策造成的。分封诸侯王，赏赐他们封国爵邑，这在当时是朝廷上下、臣民百姓都认可的一种财产与权力再分配的制度。这种制度本身就存在中央与地方对抗的弊端，与加强专制主义中央集权的要求是矛盾的。但是，当时谁也没有提出废除这一制度的动议。因此，皇帝及其臣子们只能在承认这一制度的前提下，最大限度地抑制其消极作用。刘秀对诸侯王严格的制度化管理，一方面压抑了他们的创造活力，另一方面也使他们的活动无法构成对中央集权的威胁，从总体上看对东汉初期的社会稳定是有利的。

中国历代封建王朝都有一个由皇帝的母族、妻族以及公主的夫家组成的外戚集团。这个集团中人，凭借与皇帝的裙带关系，通过皇帝的封赏，迅速成为富贵一时的暴发户。他们利用权势横行不法，贪污受贿，成为当时社会上重要的腐败源之一。在皇帝周围，除外戚之外，还有由高官显宦组成的勋贵集团，这些人及其子弟宗族亦往往凭其权势攫取法外特权，成为另一个腐败之源。历史上一切明智的皇帝都明白，为了抑制腐败之风的蔓延，维持社会的安定，获得百姓的拥护，必须对外戚勋贵及其家族的活动加以严格约束。

刘秀对外戚是信任和重用的，东汉政权建立初期，他封赏的外戚恩泽侯就多达45人。如舅父樊氏一家5人封侯，妻子阴氏一家4人封侯。外戚中有些人被委任为侍中、卫尉，参与机密，"委以禁兵"。帝婿梁松任虎贲中郎将，刘秀对其"宠幸无比"，临死前，还要他"受遗诏辅政"。②但是，作为中兴之主的刘秀在如何对待外戚问题上毕竟是清醒的，对他们的信任和重用是有原则的。刘秀在位期间，外戚的官位被严格限制在九卿以下，"后族阴、郭之家，不过九卿。亲属荣位不能及许、史、王氏之半

---

① 《后汉书》卷1《光武帝纪》。
② 《后汉书》卷34《梁统列传·梁松》。

耳"①。同时，对犯法的外戚及其宾客一般不曲予回护，并支持主管官员对其绳之以法。如董宣任洛阳令时，湖阳公主苍头白日杀人，藏匿公主府中，官吏无法将其逮捕归案。董宣趁这个苍头为公主驾车外出之际，"于夏门亭候之，乃驻车叩马，以刀画地，大言数主之失，叱奴下车，因格杀之"②。湖阳公主恼羞成怒，立即跑到刘秀那里告状，刘秀派人召来董宣，"欲箠杀之"。《后汉书·董宣传》以十分传神的笔触记叙了刘秀、董宣和湖阳公主三个人的一番对话，使后世读者如见其人，如闻其声：

宣叩头曰："愿乞一言而死。"帝曰："欲何言？"宣曰："陛下圣德中兴，而纵奴杀良人，将何以理天下乎？臣不须箠，请得自杀。"即以头击楹，流血被面。帝令小黄门持之，使宣叩头谢公主，宣不从，强使顿之，宣两手据地，终不肯俯。主曰："文叔为白衣时，藏亡匿死，吏不敢至门。今为天子，威不能行一令乎？"帝笑曰："天子不与白衣同。"因敕强项令出。赐钱三十万，宣悉以班诸吏。由是搏击豪强，莫不震栗，京师号为"卧虎"。歌之曰："枹鼓不鸣董少平。"

这里，刘秀认识到"天子不与白衣同"，说明他意识到作为总揽全局的皇帝必须公正执法，对外戚勋贵的偏私必然导致民心离散的后果。他对董宣的褒奖等于向外戚勋贵们示意，任何人违背汉家法度都将受到惩罚。当时还有一个广汉太守蔡茂，也是一位颇有政绩的官吏，"时阴氏宾客在郡界多犯吏禁，茂辄纠案，无所回避"③。刘秀对董宣的处置使蔡茂似乎摸到了刘秀的脉搏，他不失时机地上书刘秀，提出了"欲令朝廷禁制贵戚"的建议：

臣闻兴化致教，必由进善；康国宁人，莫大理恶。陛下圣德系兴，再隆大命，即位以来，四海晏然。诚宜夙兴夜寐，虽休勿休。然顷者贵戚椒房之家，数因恩势，干犯吏禁，杀人不死，伤人不论。臣

---

① 《后汉书》卷2《明帝纪》注引《东观记》。
② 《后汉书》卷77《酷吏列传·董宣》。
③ 《后汉书》卷26《伏侯宋秦冯赵牟伟列传·蔡茂》。

恐绳墨弃而不用，斧斤废而不举。近湖阳公主奴杀人西市，而与主人共舆，出入宫省，逋罪积日，冤魂不报。洛阳令董宣，直道不顾，干主讨奸。陛下不先澄审，召欲加箠。当宣受怒之初，京师侧耳；及其蒙宥，天下拭目。今者，外戚骄逸，宾客放滥，宜敕有司案理奸罪，使执平之吏永申其用，以厌远近不缉之情。①

刘秀认为蔡茂的建议很有道理，遂即予以采纳。以后，尽管外戚勋贵作奸犯科之事仍时有发生，但刘秀从不姑息纵容，一般都能支持地方官依法严惩。建武二十四年（公元48年），又一董宣式的人物虞延当上了洛阳令。首都是达官贵人麇集的地方，他们横行不法的事自然层出不穷。外戚阴氏有一宾客马成，"常为奸盗"，被虞延收审。阴氏屡屡致书虞延，为马成求情。虞延不仅不为所动，而且每获一书，即对马成加箠二百。阴皇后之弟阴就十分生气，认为虞延不识抬举，遂向刘秀告状，"潜延多所冤枉"。刘秀为察看实情，"临御道之馆，亲录囚徒"。虞延出迎，向刘秀报告人犯案情，并向人犯宣布：凡案情可从轻发落者居东，从重发落者居西。马成立即趋向东列，虞延上前抓住他，怒斥曰："尔人之巨蠹，久依城社，不畏熏烧。今考实未竟，宜当尽法！"马成大呼冤枉，执戟的郎吏以戟刺虞延，喝令他放开马成。刘秀明白虞延是秉公执法，对马成说："汝犯王法，身自取之！"支持虞延对他的惩办。数天后，马成依法伏诛。刘秀此举产生了良好的效果，"于是外戚敛手，莫敢犯法"。② 比较而言，刘秀一朝的外戚大都能约束自己的亲属和宾客，行动还算谨慎，违法乱纪之事相对于东汉后期少得多。例如，郭后的兄弟郭况封阳安侯，任大鸿胪。"帝数幸其第，会公卿诸侯亲家饮宴，赏赐金钱缣帛，丰盛莫比，京师号况家为金穴"。③ 或许是由于郭后被废为中山太后的原因，这位国舅爷尽管受到宠幸，但行动小心，并未有违法乱纪之事发生。刘秀外戚中最显赫的两家是樊氏与阴氏。这两家除阴氏宾客马成一案外，其他宗族宾客大都在严格约束下循规蹈矩地生活，没有做出太多犯法之事。樊宏是刘秀的舅舅，在故乡湖阳（今河南新野东）有相当的影响。刘秀称帝，"拜光

---

① 《后汉书》卷26《伏侯宋秦冯赵牟伟列传·蔡茂》。
② 《后汉书》卷33《朱冯虞郑周列传·虞延》。
③ 《后汉书》卷10《皇后纪》。

禄大夫，位特进，次三公"，封长罗侯，后又转封寿张侯，受到很高的礼遇。但樊宏"谦柔畏慎，不求苟进"，不敢仗势胡作非为。他还时常告诫儿子说："富贵盈溢，未有能终者。吾非不喜荣势也，天道恶满而好谦，前世贵戚皆明诫也。保身全己，岂不乐哉！"他是一个似乎参透了富贵盈虚的人物，在权势荣华面前一直保持着清醒的头脑；在刘秀面前，恭谨地尽臣子之礼；在群臣面前，不显示丝毫的特殊性和优越感。每当朝会，"辄迎期先到，俯伏待事，时至乃起"。"所上便宜及言得失，辄手自书写，毁削草本。公朝访逮，不敢众对"。正是由于樊宏自己处处小心，事事留意，以身作则，因而"宗族染其化，未尝犯法"。樊宏的作为赢得了刘秀的敬重。樊宏病重时，刘秀亲自登门探视，并在其家留宿。当刘秀问他还有什么要求时，他诚恳地说："无功享食大国，诚恐子孙不能保全厚恩，令臣魂神惭赴黄泉，愿还寿张，食小乡亭。"① 樊宏这段话为自己画上了一个圆满的句号。正因为他一生谦恭谨慎，才能做到生荣死哀，成为严格自我约束、长保富贵的典型。刘秀废郭后为中山太后之后，立阴丽华为皇后，其外家阴氏自然尊贵莫比了。不过，阴丽华的兄弟们一般都还能自我约束，成为与樊宏相伯仲的典型。阴识是阴皇后同父异母的兄长，建武元年（公元25年）被任为骑都尉，封阴乡侯，随刘秀征伐。第二年，"以征伐军功增封"，这在别人是求之不得的事，阴识却叩头婉言谢绝，理由是"天下初定，将帅有功者众，臣托属掖廷，仍加爵邑，不可以示天下"。② 刘秀十分欣赏他的谦逊风格，任命他为关都尉，委以镇守函谷关的重任。建武十五年（公元39年），改封原鹿侯。刘庄立为太子后，刘秀又升任阴识为执金吾，同时负辅导太子之责。对这位国舅爷，刘秀的信任超出一般，"帝每巡郡国，识常留镇守京师，委以禁兵"。尽管如此荣宠，但阴识仍然恪守臣规，"入虽极言正议，及与宾客语，未尝及国事"。正因为如此，阴识得到刘秀的特别敬重，"常指识以敕戒贵戚，激励左右焉"。③ 阴识的弟弟阴兴，是阴皇后的同母兄弟，建武二年（公元26年）任黄门侍郎，守期门仆射，跟随刘秀南征北战，无微不至地照料刘秀的行军作战，特别是饮食起居。"兴每从出入，常操持小盖，障翳风

---

① 《后汉书》卷32《樊宏阴识列传》。
② 同上。
③ 同上。

雨，躬履涂泥，率先期门。光武所幸之处，辄先入清宫，甚见亲信"。他"虽好施接宾，然门无侠客"。他虽重朋友之情，但举荐人才讲究原则。同郡的张宗、上谷的鲜于裒与他的私人感情都不好，可是，阴兴了解他们的才干对国家有用，还是毫无保留地推荐他们，使之各得其职。张汜、杜禽是和他感情融洽的好朋友，但"华而少实"，不堪大用。他只是在钱财上接济二人，却始终不推荐他们做官，"是以世称其忠平"。他个人生活节俭，不事奢华，"第宅苟完，裁蔽风雨"。建武九年（公元33年），升任侍中，赐爵关内侯。不久，刘秀召见阴兴，欲实封他为列侯，将印绶摆到他面前，却被婉言谢绝了，理由是"臣未有先登陷阵之功，而一家数人并蒙爵土，令天下觖望，诚为盈溢。臣蒙陛下、贵人恩泽至厚，富贵已极，不可复加，至诚不愿"。刘秀见阴兴的态度十分真诚，也就没有坚持封赏。事后，阴兴的姐姐阴丽华问他为什么坚辞到手的富贵，他说："贵人不读书记邪？'亢龙有悔'，夫外戚家若不知谦退，嫁女欲配侯王，取妇眄睐公主，愚心实不安也。富贵有极，人当知足，夸奢益为观听所讥。"①阴丽华被其弟的这段极富哲理的话深深感动，以后，不仅自己"深自降挹"，在后宫谦恭礼让，而且也不再为自己的宗亲谋取高官厚禄。建武十九年（公元43年），阴兴升任卫尉，负责皇宫的守卫，并辅导皇太子。第二年夏天，刘秀因患风眩病，怕不久于人世，即命阴兴领侍中，受顾命之托。不久，刘秀康复，召见阴兴，打算以他代吴汉为大司马。面对三公的高位，阴兴"叩头流涕"，坚决辞谢，说："臣不敢惜身，诚亏损圣德，不可苟冒。"②刘秀见阴兴的辞让发自至诚，也就没有再勉强他。实在说来，阴兴当时无论就资历、威望、战功和能力，都不足以当大司马的重任，他的辞让避开了"任人唯亲"之嫌，应该说是明智之举。

刘秀在位的30多年中，由于他接受外戚王莽篡政的教训，有意识地抑制外戚势力的膨胀；也由于樊、阴等外戚之家接受历史上外戚贪权暴富、极奢而亡的教训，也有意识地谦让自抑；再加上东汉初年的社会环境，政风比较清廉，民风比较淳朴，因而整个外戚勋贵集团的腐败之风处于被抑制的状态。这反过来又有助于维持一个较好的政风与民风，对生产的发展、社会的安定都是有利的。

---

① 《后汉书》卷32《樊宏阴识列传·阴兴》。
② 同上。

（二）中央和地方行政体制的恢复与变革

秦朝统一全国以后，在中央实行丞相制，地方实行郡县制。西汉前期，中央仍实行丞相制，地方则改为郡国并行制。汉武帝在政治上加强专制主义中央集权，设立中朝，丞相的权力被大大削弱，原来意义上的丞相制度已不复存在。成帝时正式设置三公官，即丞相、大司马、大司空。哀帝元寿二年（公元前1年）改丞相为大司徒。刘秀在高邑登基后，于建武元年七月陆续任命邓禹为大司徒，王梁为大司空，吴汉为大司马，算是复西京之旧。由于处于创业的战争年代，刘秀任命最多的是各种名目的大将军和将军，实际上有点像刘秀总揽全局的战时内阁。建武二十七年（公元51年）五月，刘秀下诏更改三公的名称："昔契作司徒，禹作司空，皆无'大'名，其令二府去'大'。"① 又改司马为太尉，这样，三公就成了司徒、司空和太尉了。自从武帝设立中朝后，丞相的权力已被大大削弱。成帝正式设立三公官，被削弱的丞相权力又一分为三。刘秀继续强化中朝的权力，三公（领尚书事的太尉除外）就变成等因奉此的执行官员，在封建国家的重大决策中越来越变得无足轻重了。有一个数字比较能说明问题，在刘秀一朝，担任大司徒和司徒的官员共10人，他们是邓禹、伏湛、侯霸、韩歆、欧阳歙、戴涉、蔡茂、玉（音肃）况、冯勤、李䜣；担任司空的共9人，他们是王梁、宋弘、李通、马成、窦融、朱浮、杜林、张纯、冯鲂；担任大司马和太尉的共3人，他们是吴汉、刘隆、赵熹，合计22人。他们之中，列名云台28将的仅4人，只占七分之一；列名32功臣者只7人，占不到四分之一。而作为国家行政运转总枢纽的司徒，10人之中仅1人为云台28将中的成员。这已足以说明他们在刘秀心目中的地位了。

东汉的中央政府，从组织形式上看还是由三公九卿组成，但职掌较西汉时已经发生了较大的变化。由于太尉多领中朝事务，其权力远远超过司徒，关于其职掌，《后汉书·百官志》本注曰："掌四方兵事功课，岁尽即奏其殿最而行赏罚。凡郊祀之事掌亚献；大丧则告谥南郊。凡国有大造大疑，则与司徒、司空通而论之。国有过事，则与二公通谏争之。"太尉的属员有长史1人，掾吏属24人，令史及御属23人。太尉府办事机构分工细密，犹如一个中央政府。"西曹主府史署用。东曹主二千石长吏迁除

---

① 《后汉书》卷1《光武帝纪》。

及军吏。户曹主民户、祠祀、农桑。奏曹主奏议事。辞曹主辞讼事。法曹主邮驿科程事。尉曹主卒徒转运事。贼曹主盗贼事。决曹主罪法事。兵曹主兵事。金曹主货币、盐、铁事。仓曹主仓谷事，黄阁主簿录省众事"。① 实际上，在西汉时这些政务本来是丞相府管辖的。

与太尉的位尊权重相反，东汉时由丞相转化来的司徒所主管的事务不仅少得多，而且多数属礼仪性的。《后汉书·百官志》本注曰："掌人民事。凡教民孝悌、逊顺、谦俭、养生送死之事，则议其事，建其度。凡四方民事功课，岁尽则奏其殿最而行赏罚。凡郊祀之事，掌省牲视濯，大丧则掌奉安梓宫。凡国有大疑大事，与太尉同。"司徒属官有长史1人，掾属31人，令史及御属36人。本来还有一个重要的丞相司直，建武十八年（公元42年）也被刘秀下令裁掉了。

司空也是三公官，其职责，《后汉书·百官志》本注曰："掌水土事。凡营城起邑、浚沟洫、修坟防之事，则议其利，建其功。凡四方水土功课，岁尽则奏其殿最而行赏罚。凡郊祀之事，掌扫除乐器，大丧则掌将校复土。凡国有大造大疑，谏争，与太尉同。"其属官有长史1人，缘属29人，令史及御属42人。司空由御史大夫转化而来，尽管官位较以前为尊，但权力却大大削弱了。御史大夫拥有的为皇帝起草诏、诰、命、令、制、敕之类文告的职能和监察百官等重要权力都被取消了。较之司徒，司空作为三公之一更是无足轻重了。

三公之下，东汉仍设诸卿分掌皇室和国家的各项事务，即掌礼仪祭祀的太常，掌宫殿门户的光禄勋，掌宫门卫士及宫中徼循事的卫尉，掌车马的太仆，掌平狱的廷尉，掌诸侯及四方归义蛮夷事务的大鸿胪，掌皇室宗族亲属事务的宗正，掌国家钱谷金帛货币事务的大司农，掌皇帝四人财政和皇室事务的少府，掌宫外警戒、非常水火之事的执金吾，掌辅导太子的太子太傅，掌奉宣中宫命的大长秋，掌修作宗庙、宫室、陵园建筑的匠作大将，掌洛阳城门12所的城门校尉，其属官有司马、12城门候等；掌监五营的北军中候，其属官有屯骑校尉、越骑校尉、步兵校尉、长水校尉、射声校尉等。

以上中央政府的办事机构，都是自西汉继承而来。刘秀从精兵简政的原则出发，对其中机构吏员进行了省、并、裁、撤，使之适应东汉初年的

---

① 《后汉书》卷114《百官志一》。

国情。刘秀对东汉中央行政体制的改革，大体上是沿着汉武帝开启的削弱三公，加强中朝的方向进行的。

在秦朝的官制中，尚书原属少府，有自己的办事机构，官员有尚书令、尚书仆射、尚书丞及左右诸曹吏等，其地位并不重要，正如《唐六典》所云："秦置尚书禁中，有令、丞，掌通章奏而已，事皆决于丞相。"西汉武帝以前，尚书职权一如秦时。武帝为加强专制主义中央集权，建立中朝，将朝廷的决策权从丞相那里收回自己手中，尚书成为中朝的办事机构，以大司马大将军等领尚书事，作为中朝的首领。自此，尚书的职权开始扩大，员吏也逐步增加。汉成帝时置尚书五人，一人为仆射，四人分曹办事，正式成为宫廷内的办事机构。卫宏《汉旧仪》载："尚书四人，为四曹。常侍曹尚书，主丞相、御史事；二千石曹尚书，主刺史、二千石事；民曹尚书，主庶民上书事；主客曹尚书，主外国四夷事。成帝初置尚书，员五人，有三公曹，主断狱事。"① 这表明，此时尚书的职权已经相当广泛，从中央到地方，从官府到民间，从内地到边境，从国内到国外，几乎所有的事情都管到了，但实权还不大，因为其权限只是"通掌图书、秘记、章奏及封奏，宣示内外而已，其任犹轻"。② 刘秀建立东汉以后，接受王莽篡政的教训，特别注意防范大臣专权，在削弱三公职权的同时，将国家大权尤其是重要军国大事的决策权完全集中于宫廷，尚书台权力膨胀，正式成为国家政务的中枢。正如仲长统所说：

光武皇帝愠数世之失权，忿强臣之窃命，矫枉过直，故不任下，虽置三公，事归台阁。自此以来，三公之职，备员而已。③

《通典》卷二二也指出：

后汉，（尚书）则为优重，出纳王命，敷奏万机，盖政令之所由宣，选举之所由定，罪赏之所由正。斯文昌天府，众务渊薮，内外所折衷，远近所禀仰。

---

① 孙星衍等：《汉官六种》，中华书局1990年版，第64页。
② 《通典》卷22《职官》。
③ 《后汉书》卷49《王充王符仲长统列传》。

自东汉初年开始，从机构的统属上看，尚书仍然是少府的属官，但实际上它已从少府分离出来，变成直隶于皇帝的尚书台。此后，尚台就和称为外台的谒者、称为宪台的御史，合称三台，其中尚书的地位最为重要。章帝时，陈忠对"三府任轻，机事专委尚书，而灾变咎，辄切免公台"的情形很看不惯，于是上书为三公鸣不平，认为尚书权重"非国旧体"：

> 臣闻"君使臣以礼，臣事君以忠"。故三公称曰冢宰，王者待以殊敬，在舆为下，御坐为起，入则参对而议政事，出则监察而董是非。汉典旧事，悉相所请，靡有不听。今之三公，虽当其名而无其实，选举诛赏，一由尚书，尚书见任，重于三公，陵迟以来，其渐久矣。①

尽管陈忠为三公的处境鸣不平，但这正是刘秀所希望和追求的目标。从刘秀开始，尚书们即参与国家重大决策，有权拆阅章奏，裁决章奏，下达章奏，即出纳王命。正如李固所说：

> 今陛下之有尚书，犹天之有北斗也。斗为天喉舌，尚书亦为陛下喉舌……尚书出纳王命，赋政四海，权尊势重，责之所归。②

而且，尚书台还逐渐侵夺朝廷的其他权力，如选举、任用、考课官吏之权以及刑狱诛赏之权，成为凌驾于三公九卿之上的最高权力机关了。正因为如此，尚书台的主要官员也就成为凌驾于百官之上的权势集团。应劭《汉官仪》云：

> 三公、列卿、将、大夫、五营校尉行复道中，遇尚书令、仆射、左右丞，皆回车豫避。卫士传不得连台官，台官过，乃得去。③

尚书台的机构在秦和西汉时期规模不大，刘秀当国时期，它变成具体

---

① 《后汉书》卷46《郭陈列传·陈忠》。
② 《后汉书》卷63《李杜列传·李固》。
③ 孙星衍等：《汉官六种》，第140页。

的朝廷中枢机构，规模较前大大扩展了。大概在东汉王朝的机构中，唯一没有精简反而增加员额的也就是尚书台了。尚书令是尚书台的主官，秦时秩六百石，武帝时秩千石。东汉时因职尊权重，秩级也提高了。据应劭《汉官仪》记载：

> 尚书令，主赞奏，总典纲纪，无所不统，秩千石。故公为之，朝会不下陛奏事，增秩二千石。天子所服五时衣赐尚书令。
>
> 尚书令……每朝会，与司隶校尉、御史大夫中丞，皆专席坐，京师号曰三独坐，言其尊重如此。①

尚书令的属官有尚书仆射，为尚书令的副职，"署尚书事，令不在则奏下众事"。②另有诸曹尚书，分曹办事，武帝时4人，成帝时增1人，刘秀时增至6人。《后汉书·百官志三》记载：

> 尚书六人，六百石。本注曰：成帝初置尚书四人，分为四曹：常侍曹（世祖改曰吏曹）尚书主公卿事，二千石曹尚书主郡国二千石事，民曹尚书主凡吏上书事，客曹尚书主外国夷狄事。世祖承遵，后分二千石曹，又分客曹为南主客曹北主客曹，凡六曹。

应劭《汉官仪》记载成帝时增三公曹尚书为5人，与卫宏《汉旧仪》同。《通典》卷22则认为东汉尚书为五曹6人：

> 后汉尚书五曹六人，其三公曹尚书二人（掌天下岁尽集课州郡），吏曹（掌选举斋祠。后汉志谓之常侍曹，亦谓之选部），二千石曹（掌中都官水火、盗贼、辞讼、罪法，亦谓之贼曹），民曹（掌缮理功作，盐池苑囿），客曹（掌羌胡朝贺，法驾出则护驾。后汉光武分二千石曹及客曹为南主客、北主客二曹）。两梁冠，纳言帻，或说有六曹。

---

① 孙星衍等：《汉官六种》，第140页。
② 《后汉书》卷116《百官志三》。

分曹办事的六曹尚书经过魏晋南北朝时期的演变，就转化成隋唐时期的六部尚书，从内容到形式，都是中央政务的总汇了。尚书令的属官还有尚书丞、尚书郎、尚书令史等多员，共同组成了一个规模比较庞大，分工比较细密的总揽全国政务的办事机构。

尚书台虽然逐渐演变为国家政务的枢纽，尚书的实际职权也高于三公，但是，尚书台在形式上一直作为少府的下属机构，尚书也是少府的属吏，且秩仅千石，这就使其在行政时遇到低级官员指挥高级官员的矛盾。为解决这一矛盾，自汉武帝时起，实行由中央高级官吏，如大司马大将军等九卿以上官员领、平、视、录尚书事的制度，即由这些高级官员代表皇帝兼管或主持尚书台的工作。刘秀也继承这一制度。终东汉之世，直到曹操以丞相总理国政前，实行的都是以太傅或太尉，有时是二者共同录尚书事的制度。

"虽置三公，事归台阁"。秦汉时期的中央行政体制经过两百多年的演变，到刘秀建立东汉发展到一个新阶段。其标志就是尚书台制度的确立。从汉武帝建立内、外朝制度到刘秀使尚书台成为全国政务的枢纽，一百多年间，封建王朝中央行政体制的变化显示的是专制主义中央集权逐步强化的轨迹。刘秀作为一个创业之主，面临着在王莽政权灭亡后的混乱局面下完成封建统一，重建封建的上层建筑，全面恢复封建秩序的历史重任。在此非常时期，事务纷繁，千头万绪，客观形势要求他集中权力，统一意志。因此，尚书台制度在刘秀一朝确立，既是其自身演变的结果，更是时代条件使然。这一制度，尽管有其与生俱来的皇帝独裁、近臣弄权等弊端，当时和后世的政治家、思想家也不止一人对其提出过十分尖锐的批评；但是，应该承认，此一制度至少在刘秀时代所起的作用是积极的。它使刘秀依靠此一机构，比较及时有效地指挥了东汉建立后的各项行政事务的运作，迅速恢复了生产和生活秩序，使整个社会走上了安定有序的发展轨道。

刘秀登基伊始，即忙于统一全国的大业，专注于紧张、激烈、瞬息万变的军事行动，无暇顾及地方行政系统的变革。他所到之处，只是宣布恢复西汉的行政系统，几乎所有归附的地方官员都留任原职，仅在原地方官被杀或缺员的地方才选派手下的文武官员前去任职。这样做的好处是基本上保持了地方行政运作的连续性，减少了不必要的混乱。直到建武六年（公元30年），刘秀在平定关东地区的割据势力，稳定了他在中原广大地区的统治以后，才能够腾出手来进行地方行政的一些改革。这年六月，他厉行简政，宣布并省400余县，吏员减少十分之九，使地方各级行政机构大大精简。全国统一以后，刘秀在地方行政方面也"复西京之旧"，分全国为13州部，首都地区属司隶校尉部，其余12州：豫州部辖郡国6，冀州部辖郡国9，兖州部辖郡国8，徐州部辖郡国5，青州部辖郡国6，荆州部辖郡国7，扬州部辖郡国6，益州部辖郡国12，凉州部辖郡国12，并州部辖郡国9，幽州部辖郡国11，交州部辖郡国7，共有郡国98，其中诸侯王国27，郡71。加上司隶部所辖的7个郡级单位，共105郡国，较西汉平帝时的103郡国多出两个，可见东汉减少的是县级行政单位，郡国变动不大。

西汉时的司隶部辖京兆尹、左冯翊、右扶风、河东、弘农、河南、河内，刘秀虽将首都自长安迁至洛阳，但司隶部的辖区没有改变。不过，因为首都迁至洛阳，洛阳所在的河南郡改为河南尹，主官秩级提高到中二千石。原三辅名称不改，只将其主官之秩降至二千石。汉武帝初置刺史13人，秩六百石。成帝时改称州牧，秩增至二千石。建武十八年（公元42年），复名刺史，秩仍六百石。

刘秀建立东汉后，郡一级的官吏一如西汉，只个别属吏做了省并和调整。郡国以下的行政单位是县、邑、道、侯国。基本单位是县，公主所食汤沐邑称邑，少数民族聚居区曰道，侯的封地名侯国。这些单位的主官，大者置令1人（侯国曰相），秩千石。其次置长，四百石。再小一点的也置长，三百石。他们的职责是"皆掌治民，显善劝义，禁奸罚恶，理讼平贼，恤民时务，秋冬集课，上计于所属郡国"。[①] 显然，县一级的主管长官全面负责一县事务，举凡民政、司法、治安、财政，几乎无所不管。县令长的属员有丞1人，尉大县2人，小县1人。关于其职责，本注曰："丞署文书，典知仓狱，尉主盗贼。凡有盗发，主名不立，则推索行寻，案察奸宄，以起端绪。"[②] 丞、尉以下，还置有诸曹掾史。其中重要的有职总内外的功曹，监乡五部的廷掾。其他诸曹犹如郡中的曹史，与郡中有关部门对口办理相应的事务，如主管民政的户曹、田曹、时曹、水曹、将作掾；主管财政的仓曹、金曹；主管交通邮传的集曹、法曹、邮书掾、道桥掾、厩啬夫；主管军事的兵曹、库啬夫、尉曹；主管司法、治安的贼

---

① 《后汉书》卷118《百官志五》。

② 同上。

曹、狱掾史、狱司空、传舍、候舍吏、守津吏、市掾、盟掾等。另外还有门下亲近吏以及各种名目的散吏等。县级行政对上承接郡府下达的任务，对下督导乡亭办理最繁杂具体的各项事务，在地方行政体制中是承上启下的重要一环。

县以下有乡、亭、里的组织。

乡的主管长官是啬夫，啬夫分有品级、秩禄的有秩啬夫和无品级的啬夫，他们全面负责一乡的民政、税收、司法、治安等各项事务。三老是一个没有俸禄的荣誉性职务，由当地年高德劭的老人担任，任务是对乡中百姓进行教化。游徼是由县直接派往各乡进行巡察的员吏，任务是稽查盗贼。乡中还有乡佐之类少吏，协助啬夫处理乡的所有事务。亭是负责治安和邮驿等事务的机构，大都设在城镇乡里的水陆交通要冲。亭的主吏是亭长，职责是"求捕盗贼，承望都尉"，① 由县尉领导。由于其设置在城镇和交通线上，所以治安的任务比较突出，还要负担邮驿和接待过往的官员。乡以下就是民户的里和什伍组织："里有里魁，民有什伍，善恶以告。本注曰：里魁掌一里百家。什主十家，伍主五家，以相检察，民有善事恶事，以告监官"。② 里和什伍作为最基层的组织，把百姓编制在一起，让他们互相监督，实行连坐，以维护封建国家的统治秩序。

刘秀建立东汉政权以后，在地方行政方面着力实行精兵简政的政策，裁并县级机构，减少官吏员额，以便减少行政运作费用和提高工作效率。在郡、县、诸侯王国等的机构设置、职司分工以及行政法规等方面则基本上继承西汉，没有大的变动。刘秀登基以后，充分利用原有的基层政权和基层官吏为自己服务，在较短的时间内建立起一套从上到下的行政系统，理顺了上下左右的关系，使东汉王朝的各种政令得以顺利贯彻执行。这对于东汉王朝迅速有效地实行对全国的统治，较快地稳定秩序，安定民生，发展生产，应该说是有利的。

（三）厉行监察　澄清吏治

刘秀建立东汉政权后，在恢复从上到下的行政体制的同时，也恢复了从上到下的监察系统。刘秀从小生活在下层，他知道地方吏治的好坏与社会稳定、国家安危有着密切的关系，因而从一开始就比较注意对各级官吏

---

① 《后汉书》卷118《百官志五》。
② 同上。

的监察，努力营造一个清明的吏治局面。

秦和西汉时期，封建国家的最高监察官员是御史大夫。他的属员御史中丞是具体执行监察权力的官员。成帝时，御史大夫改为司空，成为正式的三公后，他本身的监察职能反而严重弱化，而中央的最高监察官实际上也就是御史中丞了。东汉建立后，御史中丞虽然成为少府的属官，其监察的职能却没有改变。《后汉书·百官志三》在少府的属官条下记载：

> 御史中丞一人，千石。本注曰：御史大夫之丞也。旧别监御史在殿中，密举非法。及御史大夫转为司空，因别留中，为御史台率，后又属少府。

东汉时期的御史中丞虽属少府，但实际上有相当大的独立性。刘秀赋予他很高的地位和权力。正如上面已经指出的，御史中丞与尚书令、司隶校尉在朝会时享有"专席独坐"的权力，他领导的御史台也是与尚书台、谒者外台鼎足而立的三台之一，又称宪台。他的职责除掌握国家的图籍秘书（由兰台令史具体负责）外，主要任务是行监察大权。他外督部刺史，监察地方郡县官吏，内领侍御史，对中央的各级官员进行监察。《后汉书·百官志》记载：

> 治书侍御史二人，六百石。本注曰：掌选明法律者为之。凡天下诸谳疑事，掌以法律当其是非。侍御史十五人，六百石。本注曰：掌察举非法，受公卿群吏奏事，有违失举劾之。凡郊庙之祠及大朝会、大封拜，则二人监威仪，有违失则还、劾奏。

御史中丞的中心任务就是监察，从宫内到宫外，从殿中到官府，从中央到地方，所有朝廷命官全在其监察之列。刘秀不仅建立了御史台这一最高监察机构，而且积极支持以御史中丞为首的监察官员行使权力。如对杜诗纠办非法官吏的支持就是一个典型的例子：

> 建武元年，岁中三迁为侍御史，安集洛阳。时将军萧广放纵兵士，暴横民间，百姓惶扰，诗敕晓不改，遂格杀广，还以状闻。世祖

召见,赐以棨戟,复使之河东,诛降逆贼杨异等。①

为了执行对地方郡国官员的监察,刘秀全面恢复十三部刺史。其中监察首都及周围七郡的是司隶校尉,也是在朝会时享有"专席独坐"殊荣的高官之一,秩级比其他部刺史高。《后汉书·百官志四》记载其职责与属吏的情况是:

> 司隶校尉一人,比二千石。本注曰:孝武帝初置,持节,掌察举百官以下,及京师近郡犯法者。元帝去节,成帝省,建武中复置,并领一州。从事史十二人。本注曰:都官从事,主察举百官犯法者。功曹从事,主州选署及众事。别驾从事,校尉行部则奉引,录众事。簿曹从事,主财谷簿书。其有军事,则置兵曹从事,主兵事。其余部郡国从事,每郡国各一人,主督促文书,察举非法,皆州自辟除,故通为百石云。假佐二十五人。本注曰:主簿录阁下事,省文书。门亭长主州正。门功曹书佐主选用。孝经师主监试经。月令师主时节祠祀。律令师主平法律。簿曹书佐主簿书。其余都官书佐及每郡国,各有典郡书佐一人,各主一郡文书,以郡吏补,岁满一更。司隶所部郡七。

由于司隶校尉的监察区是首都及其周围7郡,这些地方聚集了一大批达官贵人,横行不法之事时常发生,所以这一职务十分重要。司隶校尉处此要害部位,被皇帝授予监察的全权。不仅下察地方郡守,上察中央百官,包括三公、诸侯王、太后等,而且涉及政治、经济和生活的方方面面。司隶校尉选举得人,对于抑制诸侯王、外戚、权臣等的违法犯罪,澄清吏治,维护首都及其周围地区的社会秩序具有积极作用。刘秀既注意司隶校尉的人选,也支持司隶校尉行使监察权。建武十一年(公元35年),刘秀任命鲍永为司隶校尉。他上任伊始,就弹劾刘秀的叔父赵王刘良"大不敬"。事由是在城门与右中郎将张邯争道,并诘责城门候岑尊。刘良虽是刘秀的叔父,所犯之事亦非杀人越货抗旨违法,但刘秀却没有曲意维护,而是支持了鲍永对刘良的弹劾。此举取得的效果是很好的,"由是朝廷肃然,莫不戒慎"。在刘秀的支持下,鲍永更是无所顾忌地行使监察

---

① 《后汉书》卷31《郭杜孔张廉王苏羊贾陆列传·杜诗》。

权,"乃辟扶风鲍恢为都官从事,恢亦抗直不避强御,帝常曰:'贵戚且宜敛手,以避二鲍。'其见惮如此"。①

刘秀登基后,大概因为处于战时,且又以洛阳为首都,司隶校尉辖区一时还未确定,所以没有立即恢复司隶校尉的官职。但刺史一职一开始就继承下来。《后汉书·百官志五》记载:

> 外十二州;每州刺史一人,六百石。本注曰:秦有监御史,去临诸郡,汉兴省之,但遣丞相史分刺诸州,无常官。孝武帝初置刺史十三人,秩六百石。成帝更为牧,秩二千石。建武十八年,复为刺史,十二人各主一州,其一州属司隶校尉。诸州常以八月巡行所部郡国,录囚徒,考殿最。初岁尽诣京都奏事,中兴但因计吏。
>
> 皆有从事、假佐。本注曰:员职略与司隶同。无都官从事,其功曹从事为治中从事。

刘秀建立东汉政权之初,因系战时,州牧仍循成帝之旧。大概此期州牧之权不仅仅在监察,一州的军国大事均可过问。如此集中事权,提高效率,在战争年代显然是十分必要的。但是,在刘秀平定巴蜀,统一全国后,各项事业逐步走上正常化的轨道,至此,建立完备的监察系统对各级官吏进行经常有效的监督就十分必要了。正是在此情势下,刘秀于建武十八年(公元42年)复改州牧为刺史,目的大概就是强调和强化其作为监察官的职能。如西汉一样,东汉的刺史也以"六条"问事,在严格的法规制约下活动,对郡国守相起着有效的监察作用。刺史以下,郡县也有自己的监察官员。郡守既是行政长官,也对其属下官员特别是县令长实行全面监督。不过,由于郡守的事务太多,于是设督邮一职专司监察。一般每郡分三、四、五部,每部辖三、四、五或更多的县,设一督邮对属县官员进行监察。县令长作为县一级的主要行政长官,同时也兼司监察之责。县令长的属官中有廷掾一职,也是专司监察的官员,如同督邮一样分部对乡、亭的官吏进行监察。刘秀恢复了自西汉中期以来建立的自上而下的一套行之有效的监察制度,对东汉初年保持较清明的吏治起了积极作用。

东汉初年,由于新末农民战争对西汉末年至王莽时代社会积累的腐败

---

① 《后汉书》卷29《申屠刚鲍永郅恽列传》。

因素进行了一次大扫荡，由于东汉王朝自皇帝至各级官吏都在一定程度上接受了西汉与王莽新朝灭亡的教训，还由于刘秀恢复了自上而下的监察机构，积极支持监察官员履行监察之权，所以刘秀在位时期以及明、章两代皇帝时期出现了政治比较清明的局面。一批忠于皇帝、爱护百姓、严格执法、敢作敢为的官吏出现在各级官位上，以他们的聪明才智和卓然不群的政绩，为光武、明、章三代谱写出封建"盛世"的一页。除上面已经提到的如董宣、杜诗、鲍永等人外，还有相当一批人在刘秀及稍后的时代里为朝廷创立了显著的政绩，可列举要者如下。

扶风茂陵人郭伋，建武五年（公元29年）接任彭宠之乱刚结束的渔阳太守。在任5年，他抚循百姓，消弭反叛，整勒士马，抵御匈奴，结果是"民得安业"，"户口增倍"。以后任职颍川、并州，"所过问民疾苦"，深得百姓拥戴。①

南阳宛人张堪，随大司马吴汉征蜀，供应军需，襄赞帷幄，立下不世之功。任第一任蜀郡太守，"成都既拔，堪先入据其城，检阅库藏，收其珍宝，悉条列上言，秋毫无私。慰抚吏民，蜀人大悦"。②后转任渔阳太守，"捕击奸猾，赏罚必信，吏民皆乐为用"。又加强边防，备战备荒，8年之中，"匈奴不敢犯塞"。后来，蜀郡计掾樊显当着刘秀的面赞扬张堪说："渔阳太守张堪昔在蜀，其仁以惠下，威能讨奸。前公孙述破时，珍宝山积，卷握之物，足富十世，而堪去职之日，乘折辕车，布被囊而已。"③刘秀听罢，十分感动。正当下令征其入京师加以重用时，张堪病逝于任上。

京兆长陵人第五伦也是一个清正廉洁、直言敢谏、有守有为的好官。他历仕光武、明、章三朝，留下了良好的政绩。刘秀朝，他先为乡啬夫，"平徭赋，理怨结，得人欢心"。后任京兆尹阎兴的主簿，"时长安铸钱多奸巧，乃署伦为督铸钱掾，领长安市。伦平铨衡，正斗斛，市无阿枉，百姓悦服"。建武二十七年（公元51年），举孝廉，任职淮阳国。二十九年（公元53年），随王至京师，见刘秀，一番问答，刘秀发现他是个难得的人才。复单独召见，"与语至夕"。刘秀以开玩笑的口吻问他："闻卿为吏

---

① 《后汉书》卷31《郭杜孔张廉王苏羊贾陆列传·郭伋》。
② 《后汉书》卷31《郭杜孔张廉王苏羊贾陆列传·张堪》。
③ 同上。

笱妇公,不过从兄饭,宁有之邪?"第五伦坦然回答:"臣三娶妻皆无父。少遭饥乱,实不敢妄过人食。"刘秀欣赏他的才干与品格,任命他为会稽太守。到任后,他破除迷信,发展生产,使百姓得以安居乐业。永平五年(公元62年),第五伦因坐法被朝廷征去京师受审。他登车之际,当地民众"老小攀车叩马,啼呼相随,日裁行数里,不得前,伦乃伪止亭舍,阴乘船去。众知,复追之。及诣廷尉,吏民上书守阙者千余人"。① 后来第五伦被赦免,"迁蜀郡太守。蜀地肥饶;人吏富实,掾史家赀多至千万,皆鲜车怒马,以财货自达。伦简其丰赡者遣还之,更选孤贫志行之人以处曹任,于是争赇抑绝,文职修理"。在明、章二帝时历任郡守、大司农、司空等职,对限制外戚之权、实行宽松之政等问题都提出了很好的建议。"奉公尽节,言事无所依违",是公认的公正无私的好官。但他自己仍承认有私心:

> 或问伦曰:"公有私乎?"对曰:"昔人有与吾千里马者,吾虽不受,每三公有所选举,心不能忘,而亦终不用也。吾兄子常病,一夜十往,退而安寝;吾子有疾,虽不省视而竟夕不眠。若是者,岂可谓无私乎?"②

承认有私心而又能正确地处理公私关系的官员,在当时的社会里绝对是凤毛麟角,所以第五伦的表现实在是难能可贵!

会稽山阴人钟离意少时为郡督邮,建武十四年(公元38年),"会稽大疫,死者万数,意独身自隐亲,经给医药,所部多蒙全济"。③ 不久,举孝廉,任职大司徒侯霸府。在押送刑徒去河内的途中,他不仅要求弘农郡属县为刑徒制衣御寒,而且解去刑徒桎梏,使之自行赶路,结果全部如期到达目的地。后任瑕丘令,行政宽厚。明帝即位后,升任尚书。其时,交趾太守张恢坐贪污伏法。明帝下令将没收张恢的钱财珠玉赐予群臣。钟离意将得到的珠玑全部扔到地上,也不对皇帝的赏赐表示感谢。明帝问他为什么,他回答说:"臣闻孔子忍渴于盗泉之水,曾参回车于胜母之间,

---

① 《后汉书》卷41《第五钟离宋寒列传·第五伦》。
② 同上。
③ 《后汉书》卷41《第五钟离宋寒列传·钟离意》。

恶其名也。此臧秽之宝，诚不敢拜。"明帝叹曰："清乎尚书之言！"① 钟离意刚正不阿，敢于谏争，对明帝乐于田猎、大起宫室，都提出过批评。还多次提出爱民宽刑，以缓和阶级矛盾与社会矛盾的建议。

南阳安众人宋均，先在刘秀一朝任谒者，受命监马援军，进击反叛的武陵蛮。马援病殁后，他矫命善后，平息了武陵蛮的叛乱，得到刘秀的嘉奖。后转升九江太守，郡内的浚遒县有唐、后二山，百姓祭祀如神。众神巫借机为二山神娶百姓中的青年男子为夫，娶青年女子为妻，一年换一次，凡被娶者不能再婚嫁。以前的守令谁也不敢禁绝此种迷信活动。宋均知道后非常生气，于是下令召告四方："自今以后，为山娶者皆娶巫家，勿扰良民。"② 由此这一伤天害理的活动遂告终止。明帝时曾任东海相、尚书令、司隶校尉与河内太守等职，做了不少好事，深得民心。

河内修武人卫飒，建武初任桂阳太守。"郡与交州接境，颇染其俗，不知礼则。飒下车，修庠序之教，设婚姻之礼。期年间，邦俗从化"。"飒理恤民事，居官如家，其所施政，莫不合于物宜。视事十年，郡内清理"。③ 为边远地区的开发做出了重要贡献。

南阳宛人任延，建武初年被任为九真太守。当时这里比较落后，盛行母系氏族社会遗风，"无嫁娶礼法，各因淫好，无适对匹，不识父子之性，夫妇之道"。任延于是下书属县，要求男女各以年龄相配，贫穷无钱下聘礼者，令各级官吏省下部分俸禄加以赈济。"同时相娶者两千余人。是岁风雨顺节，谷稼丰衍。其产子者，始知种姓。咸曰：'使我有是子者，任君也。'多名子为'任'"。④ 这一切，对于促进当地生产的发展与文明的进步都起了积极作用。任延在九真做太守四年，调离后，九真吏民为他立祠纪念。后转任武威太守，赴任前，刘秀亲自召见，君臣有一段对话：

> 帝亲见，戒之曰："善事上官，无失名誉。"延对曰："臣闻忠臣不私，私臣不忠。履正奉公，臣子之节。上下雷同，非陛下之福。善

---

① 《后汉书》卷41《第五钟离宋寒列传·钟离意》。
② 《后汉书》卷41《第五钟离宋寒列传·宋均》。
③ 《后汉书》卷76《循吏列传·卫飒传》。
④ 《后汉书》卷76《循吏列传·任延传》。

事上官,臣不敢奉诏。"帝叹息曰:"卿言是也。"①

当时,武威郡的长史田绀出自郡中大姓,其子弟宾客横行不法,为害一方。任延收系田绪,将其父子宾客五六人处以极刑。田绀之子田尚聚党羽数百人乘夜袭击郡城,被任延镇压。"自是威行境内,吏民累息"。

南阳新野人樊晔,是刘秀少年时代的好朋友。建武初年,征为侍御史,转为河东都尉。上任前,刘秀在云台召见他,畅叙旧情。当年刘秀曾因事被拘于新野,其时樊晔为管理市场的小吏,即"馈饵一笥",送给危难中的刘秀。此时,已经贵为天子的刘秀仍然不忘当年樊晔的恩德,设盛宴款待他,赐"乘舆服物",还开玩笑说:"一笥饵得都尉,何如?"樊晔"顿首辞谢"。樊晔是一个雷厉风行、敢于执法的好官。他到河东后,立即诛讨横暴乡里的大姓马适匡等人,杀一儆百,使郡中治安状况大大好转。樊晔的声名也远播朝野。陇西隗嚣的割据势力被荡平后,那里社会秩序混乱,刘秀于是任命樊晔为天水太守。樊晔"为政严猛,好申韩法,善恶立断。人有犯其禁者,率不生出狱,吏人及羌胡畏之。道不拾遗"。由于他施政酷烈,使天水的社会秩序很快改观,甚至出现过这样的景观:行旅之人夜宿客店,竟将行李置于道旁,曰"以付樊公"!凉州百姓为他编了一首歌谣:

游子常苦贫,力子天所富。宁见乳虎穴,不入冀府寺。大笑期必死,忿怒或见置。
嗟我樊府君,安可再遭值!②

河内怀人李章,是在刘秀经营河北时就跟定他从事征伐的。刘秀即位以后,任命他为阳平县令。当时,"赵、魏豪右往往屯聚,清河大姓赵纲遂于县界起坞壁,缮甲兵,为在所害"。不将这些地方势力打下去,地方上就无法恢复秩序。李章到任后,大摆宴席,召赵纲前来赴宴。赵纲根本不把这个小小的县令放在眼里。他"带文剑,被羽衣",率从卒百余人赶到县衙。李章在宴会厅周围埋伏下士兵。他对赵纲一行热情招待,并亲自

---

① 《后汉书》卷76《循吏列传·任延》。
② 《后汉书》卷77《酷吏列传·樊晔》。

陪赵纲饮酒。李章乘其不备，挥剑斩杀赵纲，伏兵同时动手，把赵纲从卒全部杀死。接着，又率手下士卒，急驰奇袭赵纲的坞壁，将其彻底平毁。由此，其他豪右行动亦为之收敛，阳平一带的治安好转，官府重新树立了权威。不久，李章转任琅邪太守。这时，毗邻的北海郡安丘县大姓夏长思等反叛，囚禁北海太守处兴，并占据营陵城与官军对抗，气焰十分嚣张。李章听说后，立即率兵千余人驰赴安丘城消灭叛军。其掾史劝阻说："二千石行不得出界，兵不得擅发。"李章按剑，怒曰："逆虏无状，囚劫郡守，此何可忍！若坐讨贼而死，吾不恨也。"① 遂引兵直抵安丘城下，募勇敢之士焚烧城门，与叛军一番激战，斩夏长思及叛兵300余人，并缴获牛马500余头，将处兴也解救出来。他的原则坚定性和紧急情况下通权达变的灵活性，受到刘秀的褒奖。

尽管刘秀在位期间官吏队伍中不乏贪赃枉法之徒，官场的腐败之事屡屡发生，但是，应该承认，由于受各种因素构成的历史大环境的制约，由于刘秀逐步恢复和完善了监察制度和各种法规，还由于刘秀麾下的各级官吏大都具备较高的素质，因而形成刘秀朝及东汉初年政治清明的局面。这一局面所提供的社会环境，反过来又促进了生产的恢复和经济文化的发展与繁荣。

二 发展生产 安定民生

在中国封建社会，任何农民起义和农民战争都无法使农民获得自身的解放，其失败是必然的；但是，作为封建社会农民与地主两个阶级斗争的最高形式，其对历史发展所起的巨大推动作用却是其他任何力量都无法替代的。以绿林、赤眉、铜马等为代表的新末农民战争推动历史前进的作用，既表现在它对以王莽为代表的封建统治的直接打击上，又曲折地体现在东汉王朝所实行的一系列政策之中。

新末农民战争推动历史发展的直接作用是巨大而明显的。在漫长的中国封建社会里，农民阶级总是在最关键的时刻，表现出自己作为推动历史发展的巨大动力。西汉末年，以土地兼并和大量自耕农沦为奴婢为主要内容的阶级矛盾日益尖锐，西汉王朝危机四伏，风雨飘摇。不少有头脑的地主阶级政治家和思想家虽然看到了这些矛盾并制定了具体的限田限奴方

---

① 《后汉书》卷77《酷吏列传·李章》。

案，结果却一一失败了。

王莽以篡政为契机，希图通过一整套新政措施来缓和这些矛盾，但是，由于他从根本上违背了经济发展的客观规律，他的新政也只能以失败而告终。当统治阶级面对日趋激化的阶级和社会矛盾束手无策时，农民用暴力手段为解决这些矛盾做了可贵的努力，并且取得了地主阶级任何集团不能取得的显著成果。

这次农民起义和农民战争，经过英勇顽强的6年血战，一举推翻了以王莽为首的新朝统治，摧毁了从中央到地方的绝大部分封建政权。赤眉军"攻郡县，杀长吏及府援史"，①"贼暴纵横，残灭郡县"②，沉重地打击了封建统治，扫荡了当时社会上阻碍生产力发展的那些最腐朽的因素，创造了一个对农民阶级来说相对宽松一些的社会环境，封建的绳索较以前有所松弛。

在农民战争的过程中，地方上的地主豪绅、富商大贾，成为农民军攻击的对象。他们有的死于农民军的枪刀之下，有的被洗劫一空而失去昔日的威风，更多的举宗流亡，迁往他乡。如关中的地主富豪很多迁往巴蜀和陇西。"关中豪杰吕鲔等往往拥众以万数，莫知所属，多往归（公孙）述，皆拜为将军"。③ 而在更始政权亡于赤眉军以后，"三辅耆老士大夫皆奔归（隗）嚣"。④ 这样一来，在农民战争洗礼过的地区，压在农民头上的地主和富豪必然大大减少。

更重要的是，由于地主和富豪的大量被杀和逃亡，土地占有关系势必发生变化。农民在战争中或在战争后，通过种种手段和途径重新获得一小块土地，又有着比战争前改善了的生产条件，他们以一小块土地为基础，努力生产，顽强对抗着重新开始的土地兼并，成为东汉初期社会经济走向繁荣的最主要的推动力。经过农民战争，有不少佃农夺得了土地，变成了自耕农；还有不少官私奴婢挣脱了枷锁，夺取了土地，成为自耕农。东汉以后，中国封建社会中的奴隶制残余逐步减少，显然与这次农民战争有着直接关系。

---

① 《后汉书》卷81《独行列传·刘茂》。
② 《后汉书》卷83《逸氏列传·周党》。
③ 《后汉书》卷13《隗嚣公孙述列传》。
④ 同上。

最后，更重要的是，这次农民战争更新了封建王朝，使一批远较王莽新朝官吏开明、廉洁的地主阶级的文武之士成为新王朝的当权派，而农民战争所创造的条件和社会环境，又迫使这些新的统治者一面暂时容忍或认可农民战争所留下的那些积极成果，一面又主动地进行一些有利于发展生产的政策调整，从而或多或少地保留了农民战争的一些成果。刘秀在建立东汉政权以后所推行的政策，都是在此条件和背景下出台的。

（一）释放和禁止虐杀奴婢

自耕农因破产而沦为奴婢是西汉末年阶级矛盾激化的重要原因之一，也是王莽的新政想解决而没能解决的问题之一，同样是导致新末农民战争的主要原因之一。长期生活在农村，以后又投身农民起义军的刘秀对此问题显然不能熟视无睹，要想赢得民心，夺得并巩固政权，他必须拿出妥善解决这一问题的办法。刘秀在做皇帝以后，13年中共颁布了9次关于释放和禁止虐杀奴婢的诏令。《后汉书》卷1《光武帝纪》依次作了记载：

建武二年（公元26年）五月癸未，诏曰："民有嫁妻卖子欲归父母者，恣听之。敢执拘，论如律。"

建武六年（公元30年）十一月丁卯，"诏王莽时吏人没入为奴婢不应旧法者，皆免为庶人"。

建武七年（公元31年）五月甲寅，"诏吏人遭饥乱及为青、徐贼所略为奴婢下妻，欲去留者，恣听之。敢拘制不还，以卖人法从事"。

建武十一年（公元35年）春二月己卯，诏曰："天地之性人为贵，其杀奴婢，不得减罪。"

同年八月癸亥，诏曰："敢灸灼奴婢，论如律，免所灸灼者为庶民。"同年十月午"诏除奴婢射伤人弃市律"。

建武十二年（公元36年）三月癸酉，"诏陇、蜀民被略为奴婢自讼者，及狱官未报，一切免为庶人"。

建武十三年（公元37年）冬十二月甲寅，"诏益州民自八年以来被略为奴婢者，皆一切免为庶人；或依托为人下妻，欲去者，听之；敢拘留者，比青、徐二州以略人法从事"。

建武十四年（公元38年）十二月癸卯，"诏益、凉二州奴婢，自八年以来自讼在所官，一切免为庶人，卖者无还直"。

从公元26年至38年的13年中，伴随着统一战争的全过程，刘秀9次下诏，宣布释放奴婢和禁止虐杀奴婢的命令。细察其条文，可以看出，所有这些诏令,并不是全盘废除奴隶制残余,其释放的对象都是有着严格限制的。建武二年的诏令,虽然是面向全国的,但所释放的奴婢限于"嫁妻卖子",即私人买卖的奴婢,官府拥有的罪奴不在其列。建武六年释放的奴婢主要是王莽时期吏人没入不应旧法者,对象显然是官奴婢,但严格限定在王莽时因触犯新朝律条被罚作奴婢者。建武七年诏令释放的奴婢主要是吏人因饥饿沦为奴婢以及赤眉军在东方造反时期被掠卖的奴婢。建武十一年发布的三条诏令,是对有关奴婢问题法律条文的重大修改。建武十二年的诏令释放的奴婢限定在陇、蜀被掠卖者。建武十三年的诏令释放的奴婢,限定在建武八年以后益州民被掠卖者。建武十四年诏令释放的奴婢,限定在益、凉二州自建武八年以后本人向官府提出诉讼者。这些诏令所释放的主要是私人奴婢,而且还附加了时间、地域等条件,说明刘秀的释奴令是不彻底的,他无意宣布彻底废除当时社会上残存的奴婢制度。尽管如此,还是应该肯定,刘秀颁布的这些政策措施,较之西汉时期的奴婢政策,较之王莽新政所推行的奴婢政策,都要进步得多。因为它明确、具体,比较容易操作。西汉末年严重的奴婢问题,通过农民战争的巨大冲击,经过刘秀颁布的这些诏令,终于得到了部分的解决和缓解。由于刘秀一系列诏令的实行,王莽执政以来因种种原因变成奴婢的"吏人",基本上都得到了解放;全国各地嫁卖的妻子大部分获得了解脱;巴蜀、陇西、凉州等地在公孙述、隗嚣统治时期被掠卖为奴者也大多数得到解放。对于还没有获得解放的奴婢,其法律地位也得到相应的提高,进入了"天地之性人为贵"之列,奴婢的主人再也不能像以前那样随心所欲地杀戮和虐待他们了。这些措施,虽然还做不到彻底废除奴隶制残余,但却标志了中国封建王朝奴婢政策的重大转折。因为中国奴隶社会进入封建社会尽管经过春秋战国时期五百余年的漫长岁月,其间也伴随着武装斗争和变法的风风雨雨,然而,由于封建统治者基本上是由奴隶主转化而来,他们有意识地保留了不少奴隶制的残余,这样,在中国的封建社会里就拖上了一条长长的奴隶制残余的尾巴,作为封建生产关系的补充而长期存在。因此,消除奴隶制残余就不是一朝一夕可以完成的。"天地之性人为贵"观念的提出,说明社会上大多数人已经认识到奴婢也是人,对他们的使用不应违背当时社会认可的人道标准,但是,真正在法律上做出彻底消除奴婢制度的规定,还须经历长时期的努力。正因为如此,刘秀的上述政策措施就值得充分肯定。随着这些诏令的实施,一大批因种种原因被卖为奴婢的妻子儿女回到父母和丈夫的身边；不少被掠卖的奴婢重新变成了具有自由人身份的庶人，这不仅提高了他们的生产积极性，也增加了由国家直接控制的劳动人口；既为国家增加了税源与服役的人手，又增强了整个社会的安定因素。

（二）约法省禁

西汉自武帝信任张汤、赵禹等人，条定法律，一改文、景时期约法省刑的传统，使法律沿着繁密苛酷的路子发展。王莽时期的严刑峻法更是统治阶级残害劳动人民的重要手段，也是导致阶级和社会矛盾激化的重要原因。长期生长在民间的刘秀对此有很深的感触。所以他登上帝位以后，立即打出废除王莽苛政的旗号争取民心。"初，光武长于民间，颇达情伪，见稼穑艰难，百姓病害，至天下已定，务用安静，解王莽之繁密，还汉世之轻法"①。尤其在全国统一前，其政策更是务为宽大。从建武二年至二十四年的二十多年中，他下达了7次大赦的诏令。从建武三年到三十一年的近30年间，他下达了11次减刑的诏令。

建武二年（公元26年）三月乙未，诏曰："顷狱多冤人，用刑深刻，朕甚愍之。孔子云：'刑罚不中，则民无所措手足。'其与中二千石、诸大夫、博士、议郎议省刑法。"②

建武三年（公元27年）七月庚辰，诏曰："吏不满六百石，下至墨绶长、相，有罪先请。男子八十以上十岁以下，及妇人从坐者，自非不道，诏所名捕，皆不得系。当验问者即就验。女徒雇山归家。"

建武五年（公元29年）五月丙子，诏曰："久旱伤麦，秋种未下，朕甚忧之。将残吏未胜，狱多冤结，元元愁恨，感动天气乎？其令中都官、三辅、郡、国出系囚，罪非犯殊死一切勿案，见徒免为庶人。务进柔良，退贪酷，各正厥事焉。"

建武六年（公元30年）五月辛丑，诏曰："惟天水、陇西、安定、北地吏人为隗嚣所诖误者，又三辅遭难赤眉，有犯法不道者，自殊死以下，皆赦除之。"

同年秋九月庚子，"赦乐浪谋反大逆殊死以下"。

建武七年（公元31年）正月丙申，"诏中都官、三辅、郡、国出系

---

① 《后汉书》卷1《光武帝纪》。
② 同上。

囚,非犯殊死,皆一切勿案其罪。见徒免为庶人。耐罪亡命,吏以文除之"。

建武十八年(公元42年)四月甲戌,诏曰:"今边郡盗谷五十斛,罪至于死,开残吏妄杀之路,其蠲除此法,同之内郡。"

建武二十二年(公元46年)九月戊辰,诏曰:"其死罪系囚在戊辰以前,减死罪一等;徒皆弛解钳,衣丝絮。"

建武二十八年(公元52年)十月癸酉,"诏死罪系囚皆一切募下蚕室,其女子宫"。

建武二十九年(公元53年)二月丁巳,"遣使者举冤狱,出系囚"。

同年四月乙丑,"诏令天下系囚自殊死以下及徒,各减本罪一等,其余赎罪输作各有差"。

建武三十一年(公元55年)九月甲辰,"诏令死罪系囚皆一切募下蚕室,其女子宫"。[①]

为了维护社会秩序的稳定和百姓的安宁,封建国家必须有一部健全的法律,有一套保证这一法律实施的制度。不过,任何法律都具有二重性,一方面它体现掌握了国家权力的统治阶级的意志;另一方面它又体现了那个时代的"公正"原则,毫不客气地对违反者进行惩罚。对触犯法律者的量刑有一个宽严的"度",过与不及都达不到维护社会安定的目的。历史上,法家主张"不分贵贱亲疏,一断于法",在量刑上主张"轻罪重罚"。儒家力主德治,强调教化,倡导"德主刑辅",在量刑上主张"宽大"。一般来说,当社会处于阶级矛盾比较缓和,经济繁荣的盛世,"轻刑"的主张往往占上风。而一旦阶级矛盾尖锐,被压迫阶级的反抗日趋激烈时,"治乱世者用重刑"的主张就会得势。上面提到,西汉自武帝以后,刑罚日益加重,阶级矛盾也日益激化,终于导致新末农民起义的爆发。刘秀明于此,多次发布大赦和减刑的诏令,对于争取民心,取得统一战争的胜利显然起了重要作用。

从现有的史料看,刘秀建立东汉政权以后,并没有制定一部新的法律,只是在废除新朝法律、恢复西汉法律的基础上,沿着轻刑、减刑的方向加以损益,这大概就是《后汉书》没有《刑法志》的原因。如果与西汉末年,尤其是王莽统治时期比较,可以发现,东汉初年大赦、减刑的次

---

① 以上引文均出自《后汉书》卷1《光武帝纪》。

数不仅增多了，而且多是实质性的赦与减，这应该是缓和阶级矛盾和社会矛盾的一项重要措施。不可否认，在封建社会触犯刑律的，虽然也有封建官吏和地主豪绅，但是，在地主阶级对农民阶级和手工业者的统治下，劳动人民触犯刑律者，应该是大多数。刘秀所实行的大赦和减刑措施，对劳动人民无疑是有好处的。它保存了一部分社会生产力，对于恢复发展生产和安定社会秩序显然是有利的。

（三）裁并郡国 减省官吏

中国封建社会的官僚机构一直被一个怪圈所困扰。作为被封建经济基础所决定的上层建筑的核心，它必须与这个基础相适应并为之服务；但是，它自身的发展变化规律最后一定又要破坏它的基础，并在社会大震荡中分崩离析。官僚机构的自发要求是无限制地膨胀，由此引起各级官吏人数的无限扩张。伴随着这些官僚队伍的享受欲望的无限增长，其结果必然是加重对劳动人民的剥削。直到有一天，经济基础无法承载这个日益庞大的以官僚机构为核心的上层建筑时，其倒塌的日子也就到来了。几乎每一个封建王朝的官僚机构都要经过精简—膨胀—崩溃这样的三部曲。

刘秀明白，经过新末农民战争的洗礼，经过刘秀与各割据势力之间战争的破坏，东汉初年面临着人口减少、生产萎缩、经济凋敝、赋税锐减的局面，当时的社会已无法承载一个庞大的官僚机构，只有加以裁并减省才能与之相适应。为此，刘秀采取了一系列的措施。

建武六年（公元30年），刘秀刚刚平定关东的割据势力，陇西与巴蜀尚在割据者手中。为了安定已经占领的地区，刘秀在这年六月发布了一个裁并郡国、减省官吏的诏书：

> 夫张官置吏，所以为人也。今百姓遭难，户口耗少，而县官吏职所置尚繁，其令司隶、州牧各实所部，省减吏员。县国不足置长吏可合并者，上大司徒、大司空二府。①

二府经过研究，"于是条奏并省四百余县，吏职减损，十置其一"。这是刘秀对行政机构和官吏队伍的一次大整顿，这对东汉朝廷实现精简，从而比较高效地运转具有重要意义。之后，刘秀继续简政、裁兵、减吏。

---

① 《后汉书》卷1《光武帝纪》。

建武七年（公元31年）二月，罢护漕都尉官。三月，下诏："今国有众军，并多精勇，宜且罢轻车、骑士、材官、楼船士及军假吏，令还复民伍。"① 又于同年裁撤长水、射声二校尉官以及他们统帅的士卒。建武九年（公元33年），裁撤关都尉和他统率的士卒。下一年，又撤销定襄郡，将其合并于西河。建武十一年（公元35年）四月，减大司徒司直官。同年将朔方牧并入并州牧。建武二十年（公元44年），将五原郡并入河东郡。建武二十二年（公元46年），因匈奴北徙，"诏罢诸边郡亭候吏卒"。② 另据《后汉书·百官志》记载，从中央到地方，自西汉以来设置的官员省并很多。例如，太常属官中省去太宰、均官、都水、雍太祝、五畤令各一尉，太卜令省并入太史。光禄勋的属官中省去左右曹、请室令、羽林令，以及车、户、骑三将。卫尉的属官中省去旅贲令、卫士一人丞。太仆的属宫中省去六厩令、牧师苑等。大鸿胪的属官中省去驿官、别火二令、丞以及郡邸长、丞。宗正的属宫中省去都司空令、丞。大司农设在地方上的属官如盐官、铁官皆划归地方郡县管理，省去均输等官。少府在秦和西汉时负责收取山泽鱼盐市税，经管皇室的财政，故机构庞大。东汉时，它不再管理税收，所以省去的官员比较多。"少府本六丞，省五。又省汤官、织室令、丞，又省上林十池监、胞人长丞、宦者、昆台、佽飞三令，二十一丞。又省水衡属官令、长、丞、尉二十余人"。在执金吾的属官中，式道、左右中候三者合一，省去中垒，寺互，都船令、丞、尉及左右京辅都尉。其余中央机构及三辅也省去一些官吏。地方郡县除并省400多处之外，官员亦有所省并。"建武六年，省诸郡都尉，并职太守，无都试之役。省关都尉"。其余郡国官员在西汉景帝以后已大大省并，东汉基本沿袭旧制。侯国官员省去行人、洗马、门大夫，千户以上侯国仅值家丞、庶子各一人，不满千户者连丞也不设置了。当然，在刘秀明令撤销的机构中，有个别的后来又恢复了，他还根据需要，设置了几个新的机构和官职，但从总体上看，刘秀真正做到了精兵简政。

由于大量的机构、官吏被裁撤，一方面大大提高了官府办事的效能，简化了办事手续，加速了国家机器的运转效率，"时兵革既息，天下少

---

① 《后汉书》卷1《光武帝纪》。

② 同上。

事，文书调役，务从简寡，至乃十存一焉"；① 另一方面大大减省了国家的财政开支，为减轻对百姓的剥削创造了条件。由于实行精兵政策，东汉皇朝减少了国家常备兵的数量，裁并了地方主要是郡一级设置的军事机构和军事官员，这不仅减省了国家的财政开支，而且保证了有更多的稳定的劳动力在农业生产第一线，这对东汉初期农业生产的较快恢复和经济的走向繁荣无疑起了极大的促进作用。对此，《后汉书·百官志》赞扬他说："世祖中兴，务从节约，并官省职，费减亿计，所以补复残缺，及身未改，而四海从风，中国安乐者也。"

（四）轻徭薄赋　救灾恤贫

王莽统治时期，由于频繁的征伐，再加上连年不断的战争，搞得民穷财尽，社会经济近于崩溃。尽管如此，东汉政权建立后，为了削平割据势力，赢得统一战争的胜利，刘秀在其管辖的地区，也只能尽快恢复赋役制度，尽量向百姓征收较多的粮食、钱物，以支持战争的巨大消耗。不过，亲身经营过农业，对农民疾苦有着较深了解的刘秀明白，要想取得战胜其他割据势力的胜利，要想取得百姓的拥护，关键是减轻他们的赋役负担并为之创造一个和平、安定的生产和生活环境。所以，一旦条件允许，刘秀就毫不迟疑地推行一些轻徭薄赋、救灾恤贫的政策措施。上面提到的那些裁并郡国、减省官吏以及其他精兵简政的措施，显然为轻徭薄赋等政策的实施创造了条件。刘秀根据可能，不断地推行一些免役、免赋或减轻赋役以及救灾恤贫等的措施。建武五年（公元29年），刘秀平定了淮阳和齐地的割据者，中原广大地区基本上恢复了和平局面。刘秀就在这一年，"诏复济阳二年徭役"。② 济阳是其父当过县令而又是自己出生地的一个小县，本是微不足道的。但是，此一举措却是一个重要信号，它表明此类问题已进入刘秀思考和解决的范围，而当时的条件也已经允许他考虑解决此类问题了。果然，由此开始，刘秀加快了轻徭薄赋、救灾恤贫的步伐。第二年正月，他下诏改舂陵乡为章陵县，"世世复徭役，比丰、沛，无有所豫"，以显示对自己故乡的关切之情。五天以后，就下达了在全国恤贫的诏令：

---

① 《后汉书》卷1《光武帝纪》。
② 同上。

往岁水旱蝗虫为灾，谷价腾跃，人用困乏。朕惟百姓无以自赡，恻然愍之。其令郡国有谷者，给禀高年、鳏、寡、孤、独及笃癃、无家属贫不能自存者，如律。二千石勉加循抚，无令失职。①

这年十二月，刘秀又下达了恢复田租三十税一的诏令。而在此以前，刘秀在其统治区实行的是什一之税。诏书说："顷者师旅未解，用度不足，故行什一之税。今军士屯田，粮储差积。其令郡国收见田租三十税一，如旧制。"② 这一诏令，是刘秀赋税政策中的重大举措。这一政策的实施，一方面向世人表明刘秀是西汉王朝的忠实继承者，另一方面也宣告了中原地区由战时状态恢复到和平状态。这一税收制度的实行，显然使全国拥有土地的百姓松了一口气。过去一般论者都以荀悦的以下一段话为根据，说明此政策的受益者为地主阶级，尤其是那些大土地所有者："古者什一而税，以为天下之中正也。今汉氏或百一而税，可谓鲜矣。然豪强富人，占田逾侈，输其赋太半。官收百一之税，民输太半之赋，官家之惠，优于三代，豪强之暴，酷于亡秦。上惠不通，威福分于豪强也。文帝不正其本，而务除租税，适足以资豪强耳。"③ 如此税收政策，土地越多受益越大，这是不言而喻的。但是，由此认为劳动农民从中得不到一点实惠恐怕也不符合事实。因为在中国封建社会里，农民群体的大多数应是拥有一小块土地的自耕农，他们的安危直接关系着社会稳定的大局。东汉初年，自耕农的人数肯定占到人口的多数，由于他们是此一税收政策的受益者，自然增强了他们对东汉政权的向心力，对于社会的稳定起着至关重要的作用。实行此一税收政策，可能一时使东汉政府的财政收入有所减少，但它所带来的综合效益必然是十分巨大的。建武十九年（公元43年）九月，刘秀南巡至汝南南顿（今河南项城西），因为这里是其父为官的地方，在该地吏民的请求下，他答应减免该县两年的田租。第二年，他又下诏"复济阳县徭役六岁"。建武二十二年（公元46年）九月，南阳一带发生地震，给百姓生命财产造成巨大损失。刘秀立即下诏，对受灾百姓进行救济：

---

① 《后汉书》卷1《光武帝纪》。
② 同上。
③ 荀悦：《前汉纪》卷8。

> 日者地震，南阳尤甚。夫地者，任物至重，静而不动者也。而今震裂，咎在君上。鬼神不顺无德，灾殃将及吏人，朕甚惧焉。其令南阳勿输今年田租刍稿。遣谒者案行，其死罪系囚在戊辰以前，减死罪一等；徒皆弛解钳，衣丝絮。赐郡中居人压死者棺钱，人三千。其口赋逋税而庐宅尤破坏者，勿收责。吏人死亡，或在坏垣毁屋之下，而家羸弱不能收拾者，其以见钱谷取佣，为寻求之。①

刘秀晚年，连续实施赐爵恤贫的措施，如建武二十九年（公元53年）二月庚申，下诏"赐天下男子爵，人二级；鳏、寡、孤、独、笃癃，贫不能自存者粟，人五斛"。第二年五月，又下达了同一内容的诏令。七月，下令免除济阳县当年的徭役。建武三十一年（公元55年）五月戊辰，下诏"赐天下男子爵，人二级，鳏、寡、孤独、笃癃，贫不能自存者粟，人六斛"。第二年（中元元年）四月，下令"复嬴、博、梁父、奉高，勿出今年田租刍稿"。② 以上这些政策措施，目的是为百姓特别是广大农民创造一个较好的生产条件与生活环境，以促进生产的发展和社会的安定。这个目的基本上达到了。与以上政策措施相配合，刘秀还继承西汉的政策，实行军士屯垦和移民实边。西汉武帝打通西域的陆上交通以后，派兵至西域戍守。为了解决军粮供应，下令军队屯田，后来在河西走廊及其他边防前线，凡条件许可的地方，都实行军队屯田，不仅解决了戍边将士的粮秣供应，而且加速了边疆地区的开发。刘秀在削平了中原地区的割据者之后，除集中一部分精锐力量对付陇西的隗嚣和巴蜀的公孙述之外，另一部分军士已没有作战任务，而边境地区的汉军大部分采取守势，刘秀即不失时机地将他们转为屯田的军队。

建武六年（公元30年）恢复田租三十税一的制度，其重要理由就是军士屯田使国家的财政状况有了较大好转。其后，屯田的制度在东汉坚持下来，显然对减轻国家的财政负担有着长远的积极意义。刘秀称帝以后的十多年中，一直忙于讨伐割据势力的斗争，从一定意义上讲，其经济与政治措施都是为军事斗争服务的。早期的移民，不少是配合裁并郡县的行动，也有的是为了避开少数民族的侵扰。例如，建武九年（公元33年）

---

① 《后汉书》卷1《光武帝纪》。
② 同上。

春,"徙雁门吏人于太原",就是为了减少匈奴的侵害。第二年,因裁撤定襄郡(今山西大同以西地区),下令"徙其民于西河"(今山西离石一带),也与同匈奴的斗争有关。建武十五年(公元39年)二月,为了进一步方便对匈奴的防御斗争,又下令徙雁门、代郡、上谷三郡民于常山关、居庸关以东地区。建武二十年(公元44年),裁撤五原郡,"徙其吏人置河东"。建武二十二年(公元46年),匈奴北徙,北部边障紧张形势缓和。建武二十五年(公元49年),南匈奴"奉蕃称臣",北匈奴向北远遁千里,东汉与匈奴的关系出现重大转折,由对峙、战争转向和平共处。第二年,刘秀令南匈奴人居云中郡,设置使匈奴中郎将,对其进行管理。同时,令以前陆续迁往内地和其他地区的云中、五原、朔方、北地、定襄、雁门、上谷、代郡八郡的百姓迁回原地。又遣谒者分头督率弛刑的罪犯前往边地,修缮城池。同时,又令其他流落内地的边郡百姓,一律返回原来的地方,"皆赐以装钱,转输给食"。这是一次大规模的徙民实边的活动,既加速了边郡地区的开发,也加强了那里的防卫力量,巩固了边防,为整个东汉王朝的稳定发展做出了重要贡献。

刘秀建立东汉以后,通过以上诸多政策措施的实施,在相当范围内调整了生产关系中与生产力不相适应的部分。这个调整,有的是恢复被王莽废除的西汉的制度与政策,有的是废除王莽的制度与政策,还有的是根据新的情况制定的新的政策措施。通过调整,王莽时期极度紧张的社会矛盾和阶级矛盾得以缓和,社会恢复了稳定,百姓的生活环境和生产条件得到了改善,从而为东汉初期生产的恢复发展和经济的繁荣创造了条件。刘秀的后继者继续实行他的政策,同时着手解决他来不及解决的一些重要问题。例如,刘秀曾多次下令释放囚徒,减轻罪罚和刑期。明帝在位时期,也发布过6次减刑的诏令,特别是增加减罪戍边的政策,即使是死罪囚徒,也可以减死一等,戍边赎罪。如永平八年(公元65年)冬十月诏:"三公募郡国中都官死罪系囚,减罪一等,勿笞;诣度辽将军营,屯朔方、五原之边县,妻子自随,便占著边县;父母同产欲相代者,恣听之,凡徙者,赐弓弩衣粮。"① 永平九年(公元66年)、永平十六年(公元73年),明帝又两次下达类似的诏令。章帝即位后,也六次下达诏令,减轻刑罚,以戍边抵死罪。其中建初七年(公元82年)七月的诏书说:"天

---

① 《后汉书》卷2《明帝纪》。

下系囚减死一等,勿笞,诣边戍,妻子自随,占著所在;父母同产欲相从者,恣听之,有不到者,皆以乏军兴论。"① 以后,因汉羌关系紧张,减死戍边者大都徙往金城郡(今兰州以西至青海湖附近)。和帝在位的十多年间,也发布过四次减刑的诏令,其与以前不同的是对戍边者增加了"免归田里"的规定。如永元元年(公元89年)十月,"令郡国弛刑,输作军营,其徙出塞者,刑虽未竟,皆免归田里"。② 同时还规定了残废、老小和妇女减刑的制度,如永元十一年(公元99年)二月下诏:"郡国中都官徒及笃癃老小女徒各除半刑,其未竟三月者,皆免归田里。"③ 这些政策显然是对刘秀时期政策的继承与发展,对缓和阶级矛盾,巩固边防和开发边境地区都有积极意义。刘秀的后继者也继承和发展了他有关轻徭薄赋的政策。如章帝为了奖励增殖人口,于元和二年(公元85年)正月下诏,对产子和怀孕者减免租算,"人有产子者复,勿算三岁","诸怀妊者,赐胎养谷,人三斛,复其夫勿算一岁"④。和帝时,曾四次下令减免田租、刍稿,其中有两次减免全国田租之半。这些措施较之刘秀的政策又前进了一步。更重要的是土地问题。因土地兼并而导致的土地集中是西汉末期阶级矛盾尖锐化的根本原因之一。王莽企图通过复古的"王田"政策加以解决,结果被碰得头破血流。农民战争之后,无地少地的农民虽然通过种种途径得到了部分土地,但仍有部分农民没有土地或仅有很少的土地。如何使生产者与生产资料相结合是安定社会秩序的根本因素,也是东汉统治者需要解决的重大问题。可惜此一问题刘秀没有来得及解决就死去了。他的子孙以"假民公田"或"赋民公田"的办法使问题得到了部分解决。如汉明帝在永平九年(公元66年)四月下诏,令"郡国以公田赐贫人各有差"。永平十三年(公元70年),著名水利专家王景主持修好了卞渠的千里大堤后,明帝又下诏,"滨渠下田,赋与贫人。无令豪右,得固其利"⑤。汉章帝接踵其后,于建初元年(公元76年)七月下令将上林苑的田地"赋予贫人"。元和元年(公元84年)二月,再次下诏曰:

---

① 《后汉书》卷3《章帝纪》。
② 《后汉书》卷4《和帝纪》。
③ 同上。
④ 《后汉书》卷4《章帝纪》。
⑤ 《后汉书》卷2《明帝纪》。

令郡国募人无田欲徙它界就肥饶者，恣听之。到在所，赐给公田，为雇耕佣，赁种饷，贳与田器，勿收租五岁，除算三年。其后欲还本乡者，勿禁。①

元和三年（公元86年）二月，章帝在出巡途中，又诏令常山、魏郡、清河、巨鹿、平原、东平诸郡国，要求将各辖区未垦辟的肥田"悉以赋贫民，给与粮种，务尽地力，勿令游手"。②汉和帝时也曾五次下达"假民公田"或"赋民公田"的诏令。刘秀的后继者，主要是明、章二帝，通过以上措施使部分无地少地的农民得到了一些土地，实现了劳动者与生产资料的结合，缓解了土地占有不均的矛盾，从而使西汉中期以来严重的流民问题得到了暂时解决。

（五）任用循吏　发展生产

在东汉初年恢复发展生产的进程中，刘秀及其后继者有意识地选用的一批循吏起了很大的作用。他们的事迹值得一书。如邓晨为汝南太守，"兴鸿郤陂数千顷田，汝土以殷，鱼稻之饶，流衍它郡"。③李忠为丹阳太守，大力发展生产，"垦田增多，三岁间，流民占著者五万余口"。④杜诗任南阳太守，"善于计略，省爱民役。造作水排，铸为农器，用力少，见功多，百姓便之。又修治陂池，广拓土田，郡内比室殷足。时人方于召信臣，故南阳为之语曰：'前有召父，后有杜母。'"⑤张堪任渔阳太守，"乃于狐奴开稻田八千余顷，劝民耕种，以致殷富。百姓歌曰：'桑无附枝，青穗两歧，张君为政，乐不可支。'"⑥卫飒为桂阳太守，"凿山通道五百余里，列亭传，置邮驿"，⑦使地处深山中的三县百姓免除了"发民乘船"的"传役"。后来茨充继卫飒为桂阳太守，"教民种殖桑拓麻纻之属，劝令养蚕织履。民得利益焉"。⑧任延任武威太守，"河西旧少雨泽，

---

① 《后汉书》卷3《章帝纪》。
② 同上。
③ 《后汉书》卷15《李王邓来列传·邓晨》。
④ 《后汉书》卷21《任李万邳刘耿列传·李忠》。
⑤ 《后汉书》卷31《郭杜孔张廉王苏羊贾陆列传·杜诗》。
⑥ 《后汉书》卷31《郭杜孔张廉王苏羊贾陆列传·张堪》。
⑦ 《后汉书》卷76《循吏列传·卫飒》。
⑧ 同上。

乃为置水官吏，修理沟渠，皆蒙其利"。① 鲍昱任汝南太守时，"郡多陂池，岁岁决坏，年费常三千余万。昱乃上作方梁石洫，水常饶足，溉田倍多，人以殷富"。② 章帝时也有几个循吏，在发展生产方面做出了突出成绩。如秦彭任山阳太守，"兴起稻田数千顷，每于农月，亲度顷亩，分别肥瘠，差为三品，各立分簿，藏之乡县。于是奸吏跼蹐，无所容诈。彭乃上言，宜令天下齐同其制。诏书以其所立条式，班令三府，并下州郡"。③ 王景任庐江太守时，当地"百姓不知牛耕，致地力有余而食常不足。郡县有楚相叔孙敖所起芍陂稻田，景乃驱率吏民修起芜废，教用犁耕。由是垦辟倍多，境内丰给"。④ 张禹任下邳相时，"徐县北界有蒲阳坡，傍多良田，而堙废莫修。禹为开水门，通引灌溉，遂成熟田数百顷。劝率吏民，假与种粮，亲自勉劳，遂大收谷实。邻郡贫者归之千余户，室庐相属，其下成市。后岁至垦千余顷，民用温给"。⑤ 马棱任广陵太守，"时谷贵民饥，奏罢盐官以利百姓，赈贫羸，薄赋税，兴复陂湖，溉田二万余顷，吏民刻石颂之"。⑥

以前，人们在历史研究中比较注重封建王朝及其各级官府对劳动人民压迫剥削的功能，这当然是对的。不过，在正常情况下，封建王朝及其官府还有组织、引导社会生产的功能。这种功能突出体现在一些担任地方官的循吏身上，东汉初年的循吏在这方面的事功十分显著。

东汉初年社会生产的发展，表现在农业技术基础的加强、生产工具的改进、水利事业的兴修、人口与垦田数量的增加、手工业的进步以及经济区域的变化等许多方面。大量的汉画像石和出土的文物提供了生动的证明。如耕作工具，东汉发明了操作灵活、便于在小块农田上耕作的短辕一牛挽犁，⑦ 比以前使用的长辕二牛抬杠式的挽犁要进步得多。同时，在四川乐山崖基石刻画像中见到的曲柄锄，是除草的重要工具。在四川绵阳和牧马山崖墓中发现的铁制钩镰，是用于收割的重要工具。在灌溉方面，也

---

① 《后汉书》卷76《循吏列传·任延》。
② 《后汉书》卷29《申屠刚鲍永郅恽列传·鲍昱》。
③ 《后汉书》卷76《循吏列传·秦彭》。
④ 《后汉书》卷76《循吏列传·王景》。
⑤ 《后汉书》卷44《邓张徐张胡列传·张禹》。
⑥ 《后汉书》卷24《马援列传·马棱》。
⑦ 陕西省博物馆：《陕北东汉画像石刻选集》，文物出版社1959年版。

有不少新创造，如四川彭山和成都等地发现的东汉墓葬里，可以看到不少水田和池塘组合的模型，出水口处的闸门，通向田间的自流灌溉水渠，设计得十分精巧和科学。上面提到的邓晨、杜诗等人都在其任职的地方修建陂塘，这是中国历史上较早出现的水库，对灌溉农田起了很大作用。考古工作者已经在寿县发现了东汉芍陂的遗址。农产品加工工具也有显著进步，如用水力推动的碾米工具水碓，用风力推动的磨面工具石磨等，都有陶制模型出土。另外，牛耕技术从东汉初年即逐渐由中原向江南和北方以及西北的黄土高原推广。任延任九真太守，王景任庐江太守，其政绩之一就是推广牛耕技术。陕西绥德县东汉王得元室宅画像石上的牛耕图、米脂县东汉墓室门上的牛耕图，都证明陕北高原上已普遍推广了牛耕技术。

东汉初年手工业的进步突出表现在冶铁技术的提高和铁器的推广方面。例如，南阳地区在太守杜诗指挥下冶铁工人发明的水力鼓风炉（水排），"用力少，见功多，百姓便之"，① 是世界冶铁史上的巨大进步。此项技术，欧洲人直到12世纪才开始应用，比中国晚了一千多年。同时，东汉还掌握了层叠铸造的先进技术，河南温县出土的一座洪范窑，其中有500多套铸造车马零器件的叠铸泥范。在浇铸技术方面也由双孔浇铸改为单孔浇铸，从而大大提高了生产效率，节约了原料。冶铸技术水平和效率的提高，大大增加了铁器的产量，促进了铁器的普遍使用。考古材料证明，铁制工具和生活用品已经普及到当时社会生产和生活的各个领域。

以上事实说明，刘秀自建立东汉王朝之后，在进行紧张复杂的军事斗争的同时，也逐步在上层建筑与经济基础的领域里进行了一系列的政策调整，既保留了农民战争所取得的某些胜利成果，又消除了生产关系中与生产力发展不相适应的一些环节，从而为东汉初年生产力的发展和社会经济的繁荣创造了较好的条件。明帝时，"天下安平，人无徭役，岁比登稔，百姓殷富，粟斛三十，牛羊被野"。② 劳动人民终于又过上了相对安定的生活。历史的灾难虽然总是给人类社会造成巨大的损失，但也总是得到合理的补偿。王莽制造的历史灾难恰恰由东汉初年的繁荣做了补偿。这里既体现了农民战争推动历史前进的巨大动力，也显示了刘秀等这类帝王将相的不可替代的历史作用。

---

① 《后汉书》卷31《郭杜孔张廉王苏羊贾陆列传·杜诗》。
② 《后汉书》卷2《明帝纪》。

三 所谓"以柔道治天下"

上面记述了光武帝刘秀建立东汉以后实行的政治经济措施,下面就他的政治思想进行提炼和归纳。

刘秀(公元前5—公元57年),字文叔,南阳蔡阳(今湖北枣阳)人。西汉开国皇帝刘邦的九世孙,汉景帝的七世孙。是由景帝的儿子长沙定王刘发传下来的汉朝宗室贵族,其父刘钦做过南顿(今河南项城西)令。刘秀虽然有确切的汉朝宗室血统,但已经没有封爵,降至平民百姓的行列。刘秀年轻时曾在洛阳太学读书,后回故乡经营农业和从事粮食贸易。地皇三年(公元22年),他与长兄刘縯在故乡举义起兵,汇入新朝末年讨伐王莽的造反洪流中,成为绿林军中的劲旅。新朝灭亡后,他于建武元年(公元25年)在河北高邑(今河北柏乡北)称帝,建立东汉,至建武十二年(公元36年)统一全国,成为继秦、西汉和新莽之后又一位全国统一王朝的开创者。刘秀虽然是一位雄图远略的政治家、谋略超众的军事家,创建了辉煌的功业,但他留下的思想资料却十分贫乏。我们只能从他的大量诏书和事功中抽绎概括他的思想。

建武十七年(公元41年)十月,刘秀做皇帝后第二次返回故乡,修园庙,祠旧宅,观田庐,置酒招待宗亲。时宗亲诸母因酣悦,相与语曰:"文叔少时谨信,与人不款曲,惟直柔耳。今乃能如此!"刘秀听后,大笑曰:"吾理天下,亦欲以柔道行之。"① 这"柔道"二字,有着丰富的内涵,蕴含着他治国平天下的全部之术,其中也包括他的一些政治思想。建武二十七年(公元51年),臧宫与马武二位将军上书刘秀,建议北伐匈奴。刘秀回书,讲了一通柔克刚、弱胜强的道理。

"《黄石公记》曰:'柔能制刚,弱能制强。'柔者德也,刚者贼也,弱者仁之助也,强者怨之归也。故曰有德之君,以所乐乐人;无德之君,以所乐乐身。乐人者其乐长,乐身者不久而亡。舍近谋远者,劳而无功;舍远谋近者,逸而有终。逸政多忠臣,劳政多乱人。故曰务广地者荒,务广德者强。有其有者安,贪人有者残。残灭之政,虽成必败。今国无善政,灾变不息,百姓惊惶,人不自保,而复

---

① 《后汉书》卷1《光武帝纪》。

欲远事边外乎？孔子曰：'吾恐季孙之忧不在颛臾。'且北狄尚强，而屯田警备传闻之事，恒多失实。诚能举天下之半以灭大寇，岂非至愿；苟非其时，不如息人。"①

这里刘秀申述了不对匈奴开战的理由，阐发了他在少数民族政策上采取守势的原因，其中似乎顺便也对"柔道"做了一个解释，这就是以德治国、以逸待劳、以民为本，不贪不残。然而，"柔道"并不能概括刘秀的全部政治思想，他的政治思想比"柔道"的内涵更加丰富和宽泛。

刘秀的政治思想，有许多同他的祖先高帝、文帝、景帝、武帝近似。例如，他强调皇帝专制和中央集权，这从他做皇帝后恢复和加强中央集权以及完善从中央到地方的各项制度的举措可以证明。他坚持"家天下"的理念，这从他恢复封国爵邑制，大封宗室贵族为王和功臣宿将为侯的政策可以证明。他同时认为行政的清廉和有序运行需要一支能力卓越、操守廉洁的官吏队伍，所以他裁并郡国，减省官吏，"退功臣，进文吏"，约法省禁，厉行监察，重用循吏，等等。在他统治时期，政治清明，社会安定，是中国封建社会历史上有数的"盛世"之一。

刘秀具有强烈的民本意识，这既与他具有较深厚的儒学修养有关，更与他布衣出身、曾广泛接触社会下层的百姓有关，还与他目睹王莽时代的弊政有关，所以在他登基以后，就采取了一系列发展生产、安定和改善民生的措施，如释放和禁止虐杀奴婢，轻徭薄赋，救灾恤贫等。

作为一个"创业艰难百战多"的帝王，刘秀有着很强的自我约束意识，勤政节俭，谦和纳谏。《后汉书·循吏传》颂扬他说：

> 初，光武长于民间，颇达情伪，稼穑艰难，百姓病害，至天下已定，务用安静，解王莽之繁密，还汉世之轻法。身衣大练，色无重彩，耳不听郑卫之音，手不持珠玉之玩。宫房无私爱，左右无偏恩。建武十三年，异国有献名马者，日行千里，又进宝剑，贾兼百金。诏以马驾鼓车，剑赐骑士。损上林池籞之官，废骋望弋猎之事。其以手迹赐方国者，皆一札十行，细书成文。勤约之风，行于上下。数引公卿郎将，列于禁坐，广求民瘼，观纳风谣。故能内外匪懈，百姓

---

① 《后汉书》卷1《光武帝纪》。

宽息。

刘秀的勤政不仅表现在战争期间的多次亲临前线，运筹帷幄，还表现在和平时期的风尘仆仆巡视各地，了解民情，指导工作，更表现在平日的勤于政务、及时妥善地处理军国大事。

与勤之相联系，刘秀的节俭也相当突出。他认为皇帝必须自觉地在各方面约束自己，借以在臣民中树立率己正人的形象。他的节俭主要表现在以下几个方面。

第一，大大减少后宫嫔妃的数量。秦朝与西汉的皇帝大都从民间选取大量妇女充塞后宫，造成"内多怨女，外多旷夫"的局面："秦并天下，多自骄大，宫备七国，爵列八品。汉兴，因循其号，而妇制莫厘。高祖帷薄不修，孝文衽席不辨。然而选纳尚简，饰玩少华。自武、元之后，世增淫费，至乃掖庭三千，增级十四"。① 刘秀一反乃祖旧制，不仅减少后宫嫔妃的数量，而且压低她们的待遇，使后宫终光武之世没有成为腐败之源，"及光武中兴，斫雕为扑，六宫称号，惟皇后、贵人。贵人金印紫绶，奉不过粟数十斛。又置美人、宫人、采女三等，并无爵秩，岁时赏赐充给而已"。②

第二，对皇帝备用法物，修旧利废，因陋就简，力避奢华铺张。刘秀在战争年代登基，一切设施都服从战争需要，经常轻车简从，巡视各地。对于展示皇帝威严和气派的仪仗、礼乐等法物无暇追求。直到平定蜀地公孙述，将他使用的那套"瞽师、郊庙乐器、葆车、舆辇"作为战利品送到洛阳后，"于是法物始备"，③ 此时已是公元 37 年，距刘秀登基已经 13 个年头了。

第三，明令禁止郡国向皇帝进献贡品。自西汉始，地方郡国就以自己的土特产品为贡献之物不断地向皇帝进献。东汉建立不久，这一制度就复活了。虽经刘秀下令禁止，但进献者仍络绎不绝。刘秀于是在建武十三年（公元 37 年）正月，再次下令禁止："往年已敕郡国，异味不得有所献御，今犹未止，非徒有豫养导择之劳，至乃烦扰道上，疲费过所。其令太

---

① 《后汉书》卷 10《皇后纪》。
② 同上。
③ 《后汉书》卷 1《光武帝纪》。

官勿复受。"①

第四，身体力行，倡薄葬之风。长期以来，由于统治阶级率先实行厚葬，富贵人家竞相效尤，流风所及，一般百姓也只得倾家荡产厚葬父母，从而造成严重的社会问题。刘秀深感此风不可长，于是在建武七年（公元 31 年）下达了薄葬的诏令：

> 世以厚葬为德，薄终为鄙，至于富者奢僭，贫者单财，法令不能禁，礼义不能止，仓卒乃知其咎。其布告天下，令知忠臣、孝子、慈兄、悌弟薄葬送终之义。②

为了给天下臣民做出榜样，刘秀在建武二十六年（公元 50 年）为自己"初作寿陵"时，即指示管领此项工程的将作大匠窦融一切从简：

> 古者帝王之葬，皆陶人瓦器，木车茅马，使后世之人不知其处。太宗识终始之义，景帝能述遵孝道，遭天下反覆，而霸陵独完受其福，岂不美哉！令所置地不过二三顷，无为山陵，陂池栽令流水而已。③

刘秀作为皇帝，率先垂范，将节俭的作风贯彻始终，在当时产生了很大影响，不仅抑制了统治阶级的享受欲望，而且减轻了百姓的负担，使"勤约之风，行于上下"，对形成较好的官风、民风起了积极的促进作用。

刘秀作为一个创业皇帝，知道优秀人才对于国家的重要意义，因此，一生礼贤下士，扬人之善，用人之长，对声望卓著的耆老硕儒更是优礼有加。如即位之初，就访求卓茂，任为太傅，封褒德侯。对名儒张纯、郑兴、范升、陈元、桓荣之辈，也给予崇高的礼遇。对于各种来路的将领，更是来者不拒，信任重用，使之人尽其才，才尽其用。如此一来，就使当时中国最有才干的精英人才集合在他的麾下，为东汉王朝的建立和巩固发展进行出生入死的奋斗。东汉建立后，他也重视人才的选拔，曾下达

---

① 《后汉书》卷 1《光武帝纪》。

② 同上。

③ 同上。

《四科取士诏》：

> 方今选举，贤佞朱紫错用。丞相故事，四科取士。一曰德行高妙，志节清白；二曰学通行修，经中博士；三曰明达法令，足以决疑，能案章覆问，文中御史；四曰刚毅多略，遭事不惑，明足以决，才任三辅令：皆有孝悌廉公之行。自今以后，审四科辟召，及刺史、二千石察茂才尤异孝廉之吏，务尽实覈，选择英俊、贤行、廉洁、平端于县邑，务授试以职。有非其人，临计过署，不便习官事，书疏不端正，不如诏书，有司奏罪名，并正举者。①

规定如此明确具体，足见他对官吏队伍品格与才干的严格要求。同时，刘秀也明白，对于有才干而不愿为自己服务的个别人物，要以帝王的胸襟宽大对待，允许他们按自己的理念生活。如他青年时代的好友严光，坚决拒绝他的征召，一生躬耕富春江边，刘秀不强求。太原名士周党，曾被征召为议郎，但不久即离去。刘秀再次征召时，他坚决拒绝。范升等人认为周党不识抬举，不给皇帝面子，建议对其加以惩罚。但刘秀不同意，还回了范升一个诏书，对周党的行为表示理解：

> 自古尧有许由、巢父，周有伯夷、叔齐，自朕高祖有南山四皓。自古圣王皆有异士，非独今也。太原周党不食朕禄，亦各有志焉。②

这种同情的理解，实际上更有利于强化刘秀对优秀人才的凝聚力。

刘秀明白虚心纳谏是所有圣帝明王成就功业的重要原因，所以他特别善于和乐于听善言，纳忠谏。如建立巩固的河北根据地是听信了冯异、任光、邳彤的建议，亲征南阳群起的"盗贼"是采纳了寇恂的谏言，放弃御驾亲征渔阳彭宠是接受了伏湛的忠告，等等，例子不胜枚举。由于虚心纳谏，刘秀广收群策群力之效，充分调动了臣下的积极性，最大限度地发挥了他们的聪明才智，从而使自己的决策很少失误，大都取得了预期

---

① 《后汉书》卷114《百官志一》。
② 袁宏：《后汉纪》卷5。

的效果。

最后，应该特别指明，刘秀思想的总的倾向是崇尚儒学，迷信谶纬。他把汉武帝开其端的经学治国方略又向前推进了一步。太学生出身的刘秀比他手下的那批赳赳武夫更了解儒学的价值。当战争刚刚在关东地区平息，他就在建武五年（公元 29 年）十月来到曲阜，命大司空祭祀孔子，同时下令在洛阳重建太学，他还亲临太学视察，"赐博士弟子各有差"。①此后，他千方百计地将自己的活动与经义联系起来，不断地推尊孔子及其后裔。建武十四年（公元 38 年）四月，他下诏封孔子后裔、当时的密令孔志为褒成侯。临终前一年，还"起明堂、灵台、辟雍，及北郊兆域"，②以完善经书所记载的各种祭祀等礼乐制度。由于刘秀的重视，加上陆续恢复的各种制度上的保证，东汉初年经学又重新再现昔日的盛况并发扬光大。《后汉书·儒林传》记载：

> 昔王莽、更始之际，天下散乱，礼乐分崩，典文残落。及光武中兴，爱好经术，未及下车，而先访儒雅，采求阙文，补缀漏逸。先是四方学士多怀挟图书，遁逃林薮。自是莫不抱负坟策，云会京师。范升、陈元、郑兴、杜林、卫宏、刘昆、桓荣之徒，继踵而集。于是立五经博士，各以家法教授，《易》有施、孟、梁丘、京氏，《尚书》欧阳、大小夏侯，《诗》齐、鲁、韩，《礼》大小戴，《春秋》严、颜，凡十四博士，太常差次总领焉。

刘秀不仅崇尚儒学，而且在人事制度上又实行"推功臣，进文吏"的政策，所以不少儒生、博士获取了高官。这样，就使汉武帝开其端的经学治国达到其成熟期。由于经学治国基本上适应了中国封建宗法社会的需要，其积极作用应该基本肯定。首先，崇尚经学，有利于思想统一。因为无论今文经还是古文经，都遵孔子为圣人，将儒家经典视为神圣不可侵犯的教条和评判是非的标准。其次，在政治上，经学鼓吹专制主义中央集权的大一统理论，维护封建王朝政治上的统一和封建帝王的绝对权威，同时又宣扬"王道""仁政""轻徭薄赋""节俭省刑"等民本思想，为封建

---

① 《后汉书》卷1《光武帝纪》。

② 同上。

统治筹措长治久安之策。再次，在伦理思想上，经学提倡三纲、五常、六纪等道德信条，用以规范和调节人们之间的关系，这对稳定社会秩序是有利的。最后，经学重视教育，培养了一个人数众多的知识分子群体，为国家提供了源源不断的具有较高文化素质的官吏队伍。特别是经学以一以贯之的强大的舆论导向，影响着社会风气的形成。

如果说，刘秀崇尚儒学其积极意义是主要的话，那么，他之迷信谶纬，就没有多少积极意义可言了。自从今文经学在西汉被立为官学，成为占统治地位的意识形态以来，它就沿着经学神学化的路子发展。到两汉之际，随着社会危机的日趋严重和政治斗争的尖锐激烈，统治阶级越来越崇尚谶纬迷信，今文经学也越来越多地与谶纬迷信相结合，使儒家宗教化，经学神学化，孔子教主化。刘秀在这种氛围中走进激烈的政治军事斗争的旋涡，谶纬成了他进行斗争的一种手段。如《赤伏符》中的谶语"刘秀发兵捕不道，四夷云集龙斗野，四七之际火为主"，成了他登上帝位的舆论先导。后来在他登基的祝文中更郑重其事地提及谶记"刘秀发兵捕不道，卯金修德为天子"。正是因为他的政治活动深受谶纬之益，所以他一生对谶纬情有独钟，对于反对谶纬神学的儒生，如郑兴、尹敏和谭桓等，非但不予重用，甚至进行迫害。直到中元元年（公元56年），即他去世的前一年，他还"宣布图谶于天下"，[①]向全国公布谶纬的合法性。其实，刘秀之迷信谶纬，更多的是从政治斗争策略的意义上考虑的，但作为一言九鼎的皇帝，他的思想倾向肯定对当时的思想产生任何人都无法比拟的影响，因此，对整个东汉时期思想界谶纬迷信的泛滥，刘秀是难辞其咎的。

第二节　明帝、章帝和献帝的政治意识

一　明帝的治国方略和理论

汉明帝刘庄（公元28—75年）初名阳，是光武帝刘秀的第四个儿子。建武十五年（公元39年）封为东海公，建武十七年（公元41年）晋爵为王。建武十九年（公元43年），刘秀改易太子，将建武二年（公元26年）立为太子的刘强（郭贵人所生的长子）改封为东海王，而将刘庄立为太子。刘庄自幼聪慧，勤奋好学，拜名儒桓荣为师，熟读了大量儒

[①] 《后汉书》卷1《光武帝纪》。

家经典，10岁即能通《春秋》，深得刘秀喜爱。他从小就十分留心政事，认真思考问题，表现了锐敏而准确的判断能力。建武十五年，年仅12岁的刘庄在帷幄后面观察刘秀与群臣商讨国家大事。当时正值朝廷推行"度田"政策，对河南、南阳"度田"不实的原因，在刘秀还未理出头绪时，刘庄却一语中的："河南帝城，多近臣，南阳帝乡，多近亲，田宅逾制，不可为准。"①

刘庄继承帝位后，"遵奉建武制度，无敢违者"，② 不仅继承了刘秀既定的制度和政策，在守成中进取，在进取中守成，将刘秀时期奠定的政治稳定和经济发展的形势推向前进，而且在思想上也继承了刘秀的基本理念，使以经治国的思想文化政策较好地延续下去。

刘庄坚定不移地维护皇帝专制、中央集权的政治理念，为此，他比乃父时期进一步加大了抑制贵族和外戚专擅与腐败的力度。他即位之初，封诸皇子食邑的数量仅及光武时期的一半，每岁俸禄也不过两千万，在整个东汉时期是最少的。他对贵族和外戚危及皇权的行为严加防范，对"谋反活动"更是严厉惩处。仅楚王刘英谋反一案，牵连被杀者即达千余人。在此形势下，诸侯王都在诚恐诚惶的氛围中打发日子，因而很难酿成皇族内部争夺君位的武装斗争。北海王刘睦的表现很具典型性。当他遣使入京朝贺时，问使者："'朝廷设问寡人，大夫将何辞以对？'使者曰：'大王忠孝慈仁，敬贤乐士，臣……敢不以实对？'睦曰：'吁，子危我哉！此乃孤幼时进趣之行也。大夫其对以孤袭爵以来，志意衰堕，声色是娱，犬马是好，乃为相爱耳。'"③ 为了抑制外戚，刘庄明确规定："后宫之家不得封侯与政。"迄明帝之世，外戚无一人得到三公的职位。如马皇后之兄马廖、马光，居官仅至虎贲郎中和黄门郎。尚书阎显，虽然精晓旧典，精明干练，但因其二妹为贵人，也就历久不得升迁。刘庄恪守"唯名与器，不可假人"的古训，一般不让外戚因裙带关系轻而易举地获得高官。对于功臣死后的荣宠，刘庄也注意让外戚"避嫌"。他曾下令将光武中兴名臣图画云台，以作为永久的纪念和表彰。开始为28人，后增至32人。本来，功勋卓著的马援完全有资格入选，但因为他是马皇后之父，故"独

---

① 《后汉书》卷22《朱景王杜马刘傅坚马列传·刘隆》。
② 《后汉书》卷2《明帝纪》。
③ 《后汉书》卷14《宗室四王三侯列传·北海静王刘兴》。

不及援"。刘庄的上述措施，在一定程度上抑制了贵族和外戚势力的发展，约束了他们的言行，减少了他们对中央和地方政务的干扰，这其中展现的是刘庄皇权独擅和中央集权的理想。

刘庄继承乃父精审选举和加强考课督责官吏的政策措施，展现的是对吏治清明的期盼。他认同乃父"退功臣，进文吏"的政策，坚持"不以功臣任官"，同时，完善和加强对官吏的考核制度，多次训令"有司勉遵时政，务平刑罚"，要求司隶校尉和各部刺史严格执行对各级官吏的监察，把官吏的政绩作为升迁的依据。如永平九年（公元66年）四月下诏："令司隶校尉、部刺史岁上墨绶长吏视事三岁已上理状优异者各一人，与计偕上。其尤不政理者，亦以闻。"他还经常巡视各地，亲自考察官吏的政绩，随时加以赏罚黜陟。他对待官吏以"严切"著称，所谓"政事严切，九卿皆鞭杖"，① 其实是赏罚分明，不姑息养奸，严切中有公道。永平三年（公元60年），他到南阳视察，发现荆州刺史郭贺"官有殊政"，立即"赐以三公之服，黼黻冕旒，敕行部去襜帷，使百姓见其容服，以章有德"。② 对一些不奉制令、贪赃枉法的官吏，一经发现，则严惩不贷。如交阯太守张恢，因贪污千金，即被召回伏法，没收财物。北地太守廖信，也因贪污被没收财物，逮捕下狱，赃物"班诸廉吏"。这些措施的实行，使"在位者咸自勉励"，一批清廉正直的官吏涌现出来，正是他们的公正执法，为民谋利，廉洁奉公，造成了明帝时代政平讼理的穆穆气象。

刘庄具有很强的民本意识。他明白农业是国民经济的命脉，农民是社会财富的主要创造者，所以，稳定农民的地位，为农业生产的发展创造良好的条件具有至关重要的意义。因此，他继承刘秀的政策，多次推行赐爵赐田、赦免罪犯、减轻刑罚、徙民屯田、假民公田、供给种子、贷给田器、复出租税、推广区种法等措施。例如，他在中元二年（公元57年）十二月登基伊始下达的《听赎罪诏》，既有听罪犯赎罪的内容，又有对官吏不良、相为奸利的谴责：

> 方春戒节，人以耕桑。其敕有司务顺时气，使无烦扰。天下亡命

---

① 《东汉会要·职官七》。
② 《资治通鉴》卷44。

殊死以下，听得赎论：死罪入缣二十匹，右趾至髡钳城旦舂十匹，完城旦舂至司寇作三匹。其未发觉，诏书到先自告者，半入赎。今选举不实，邪佞未去，权门请托，残吏放手，百姓愁怨，情无告诉。有司明奏罪名，并正举者。又郡县每因征发，轻为奸利，诡责羸弱，先急下贫。其务在均平，无令枉刻。①

这些措施促进农民与土地的结合，使他们在过得去的条件下从事生产，创造了东汉经济繁荣的物质基础。刘庄还特别重视水利事业，他任用著名水利专家王景领导治理黄河，取得了黄河900多年没有改道、决口的历史，"无复遗漏之患"。② 永平十三年（公元70年），刘庄率群臣登上黄河大堤，巡视竣工的治河工程，并下诏将治河开拓出来的土地交给贫人耕种："滨渠下田，赋与贫人，无令豪农得固其利。"③ 正因为刘庄以民本思想为指导推行了这些措施，才使东汉经济在他统治时期达到繁荣的顶点。《后汉书·明帝纪》描述永平十二年（公元69年）的盛况时说："是时，天下太平，人无徭役，岁比登稔，百姓殷富，粟斛三十，牛羊被野。"这些记载虽不无溢美之词，但基本可以反映当时的真实历史。

刘庄作为一个守成之君，具有较清醒的"明君"理念。在他当国的18年中，基本上保持了一副清醒的头脑，既没有过分迷信权力，也没有过分迷恋声色犬马，更没有被谄媚者的颂扬搅得昏昏然、飘飘然。相反，他在一定程度上敢于正视自己的缺点和不足，鼓励臣下上书言事，虚心纳谏。永平八年（公元65年），他诏令"群司勉修职事，极言无讳"。结果臣子们"皆上封事，各言得失"。他阅看奏章后"深自引咎"，不仅将这些奏章"班示百官"，而且下诏承认自己的过错："群僚所言，皆朕之过。人冤不能理，吏黠不能禁；而轻用人力，缮修宫宇，出入无节，喜怒过差。"表示要"永览前戒，竦然竞惧"。④ 他不仅虚心纳谏，而且公开下诏禁止臣子对自己歌功颂德。与乃父一样，主张革除弊政和奢靡之俗，提倡良好的世风美俗。如永平十二年（公元69年）五月，他下诏禁止奢靡之

---

① 《后汉书》卷2《明帝纪》。
② 《后汉书》卷76《循吏列传·王景》。
③ 《后汉书》卷2《明帝纪》。
④ 同上。

风，提倡薄葬：

> 昔曾、闵奉亲，竭欢致养；仲尼葬子，有棺无椁。丧贵致哀，礼存宁俭。今百姓送终之制，竞为奢靡。生者无担石之储，而财力尽于坟土。伏腊无糟糠，而牲牢兼于一奠。糜破积世之业，以供终朝之费，子孙饥寒，绝命于此，岂祖考之意哉！又车服制度，恣极耳目。田荒不耕，游食者众。有司其申明科禁，宜于今者，宣下郡国。①

他自己也身体力行，永平十四年（公元71年）他对自己的寿陵做了节俭的安排：

> 帝初作寿陵制，令流水而已，石椁广一丈二尺，长二丈五尺，无得起坟。万年之后，扫地而祭，杅水脯糒而已。过百日，惟四时设奠，置吏卒数人供给洒扫，勿开修道。敢有所兴作者，以擅议宗庙法从事。②

由于刘庄带头兴节俭之风，他的马皇后也一体躬行，致使宫廷之中，朝野上下，奢靡之风受到一定的抑制，自然对当时的社会风气产生良好影响。这一切，正是刘庄的"明君"意识想要的结果。

如果说在政治、经济政策等诸多方面刘庄都是按乃父的既定方针办，那么，在处理汉与少数民族关系上，他则有较大的变通，将光武帝保守消极的"羁縻"政策改变为以武力为后盾的积极进取的政策，因为他看到，乃父的政策并没有带来边境的安宁，而是使匈奴的侵扰有增无减。永平八年（公元65年），他下令重设度辽营，进行进攻匈奴的一系列准备。永平十六年（公元73年），即命令窦固、耿秉、祭肜、来苗率四路大军出塞，与北匈奴展开大规模的战略决战。窦固指挥的汉军主力大破北匈奴呼衍王于天山（今祁连山），穷追至蒲类海（今新疆巴里坤湖），取得了对匈之战的决定性胜利。接着，汉军屯田伊吾庐（今新疆哈密），并在此设宜禾都尉，从而控制了通往西域北路的咽喉要地，为重新打通与西域的关

---

① 《后汉书》卷2《明帝纪》。
② 同上。

系建立了战略立足点。

西汉末年和新朝时期，由于王莽实行大汉族主义政策而导致西域诸国的反叛，使他们再次被匈奴奴役。光武帝时期，西域诸国派使者来洛阳请求内属，被持保守政策的光武帝婉拒。刘庄认识到控制西域对解除匈奴威胁的关键意义，于是在永平十七年（公元74年）十一月命耿秉和窦固统率14000名精骑，冒雪千里奔袭，大破白山匈奴于蒲类海上，入据车师，并在车师前后王两部设戊己校尉，同时又设置西域都护，作为汉朝管理西域的最高军事长官。从此，中原地区与西域中断了65年的联系又重新架通，一支支商队，伴随着清脆的驼铃声，再次使古老的丝绸之路呈现无限生机。之后，班超率36人，运用机智灵活的军事外交手段，团结西域各国人民，经过一番艰苦卓绝的斗争，最终使西域诸国重新内属。这既保证了东汉王朝西北边境的安宁，也保证了丝绸之路畅通无阻。班超的忠于祖国、机智顽强，明帝的知人善任、信而不疑，都留下千古传诵的佳话。由于对匈奴战争的胜利形成的巨大威慑力量，使居于北部和东北边疆地区的乌桓、鲜卑主动与东汉政权保持友好关系，也使西南少数民族主动内附，从而使明帝一朝成为国内民族关系最好的时期之一。

二 章帝的治国方略和理论

汉章帝刘炟（公元56—88年），汉明帝的第五子，"少宽容，好儒术"，永平三年（公元60年）立为皇太子。永平十八年（公元75年）八月即帝位，在位13年。他当国期间，基本上继承刘秀、刘庄两代制定和实行的制度和政策，保持了东汉王朝发展的连续性，形成了三代连续构成的又一个"盛世"。范晔评论他说：

> 魏文帝称"明帝察察，章帝长者"。章帝素知人，厌明帝苛切，事从宽厚。感陈宠之义，除惨狱之科，深元元之爱，著胎养之令。奉承明德太后，尽心孝道。割裂名都，以崇建周亲。平徭简赋，而人赖其庆。又体之以忠恕，文之以礼乐。故乃蕃辅克谐，群后德让，谓之长者，不亦宜乎![1]

---

[1] 《后汉书》卷3《章帝纪》。

范晔对比刘庄、刘炟父子,认为他们一个"察察""苛切",一个"长者""宽厚",仿佛他们是截然不同的两个君王。其实,范晔这里对比的主要是他们的行政风格,而不是他们的基本政治意识,不是他们的治国方略和理论。就政治思想来说,他们基本上是一致的。不仅如此,而且正是在章帝当国的建初四年(公元 79 年),按照他的诏令,召开了中国儒学发展史上具有里程碑意义的白虎观会议,"使诸儒共经义",即统一对经义的诠释。章帝的诏书是这样行文的:

> 盖三代导人,教学为本。汉承暴秦,褒显儒术,建立五经,为置博士。其后学者精进,虽曰承师,亦别名家。孝宣皇帝以为去圣久远。学不厌博,故遂立大、小夏侯《尚书》,后又立京氏《易》。至建武中,复置颜氏、严氏《春秋》大、小戴《礼》博士。此皆所以扶进微学,尊广道艺也。中元元年诏书,五经章句烦多,议欲减省。至永平元年,长水校尉儵奏言,先帝大业,当以时施行。欲使诸儒共经义,颇令学者得以自助。孔子曰:"学之不讲,是吾忧也。"又曰:"博学而笃志,切问而近思,仁在其中矣。"於戏,其勉之哉!①

根据他的指令,"于是下太常,将、大夫、博士、议郎、郎官及诸生、诸儒会白虎观,讲议五经同异,使五官中郎将魏应承制问,侍中淳于恭奏,帝亲称制临决,如孝宣甘露石渠故事,作《白虎议奏》"。② 由此确定了"以经治国"的最基本的内容和方式。

章帝坚持的"以经治国"的方略和理论,首先表现在人才选举上。建初八年(公元 83 年),他发了两个选拔人才的诏书。一是选高才生学习古文经典:

> 五经剖判,去圣弥远,章句遗辞,乖疑难正,恐先师微言将遂废绝,非所以重稽古,求道真也。其令群儒选高才生,受学《左氏》《谷梁春秋》《古文尚书》《毛诗》,以扶微学,广异义焉。③

---

① 《后汉书》卷 3《章帝纪》。
② 同上。
③ 同上。

二是通过四科取士选拔官吏：

> 《汉官仪》曰：建初八年十二月己未诏书：辟士四科：其一曰德行高妙，志节清白；二曰经明行修，能任博士；三曰明晓法律，足以决疑，能案章覆问，文任御史；四曰刚毅多略，遭事不惑，明足照奸，勇足决断，才任三辅令。皆存孝悌清公之行。自今已后，审四科辟召，及刺史、二千石察举茂才尤异孝廉吏，务实校试以职。有非其人，不习曹事，正举者故不以实法。①

以上这些选拔人才的标准突出显示了经学的影响。按照"以经治国"的原则，章帝毫不动摇地维护皇帝的独尊地位和权力。所以这个被誉为"宽厚"的人主对犯有"大逆"罪的诸侯王绝不宽恕。如有谋反嫌疑的阜陵王刘延就被毫不客气地贬为侯爵，放逐到一个小县闭门思过，而外戚窦宪也因为夺占沁水公主的土地冒犯皇室尊严而受到"切责"：

> 深思前过，夺主田园时，何用愈赵高指鹿为马？久念使人惊怖。昔永平中，常令阴党、阴博、邓叠三人更相纠察，故诸豪戚莫敢犯法者，而诏书切切，犹以舅氏田宅为言。今贵主尚见枉夺，何况小人哉！国家弃宪如孤雏腐鼠耳。②

从"以经治国"的原则出发，章帝坚持"民本"理念，当国期间执行轻徭、薄赋、节俭、省刑的基本政策，多次下诏，要求各级官吏严格约束自己的行为，禁奢侈，察民瘼，公正执法，准确断狱，纠举冤假错案，赦免或减轻惩罚等级，不停地赐爵，抚恤高年、鳏、寡、孤、独钱帛，假民公田，鼓励垦荒，减免百姓租赋，奖励生育等，同时还表彰循吏，贬斥残民枉法的无良贪官，如建初二年（公元77年）三月诏：

> 比年阴阳不调，饥馑屡臻。深惟先帝忧人之本，诏书曰"不伤财，不害人"，诚欲元元去末归本。而今贵戚近亲，奢纵无度，嫁娶

---

① 《后汉书》卷4《和帝纪》注引《汉官仪》。
② 《后汉书》卷23《窦融列传》。

送终，尤为僭侈。有司废典，莫肯举察。《春秋》之义，以贵理贱。今自三公，并宜明纠非法，宣振威风。朕在弱冠，未知稼穑之艰难，区区管窥，岂能照一隅哉！其科条制度所宜施行，在事者备为之禁，先京师而后诸夏。

建初五年（公元80年）三月诏：

孔子曰："刑罚不中，则人无所措手足。"今吏多不良，擅行喜怒，或案不以罪，迫胁无辜，致令自杀者，一岁且多于断狱，甚非为人父母之意也。有司其议纠举之。

建初七年（公元82年）九月诏：

车驾行秋稼，观收获，因涉郡界。皆精骑轻行，无它辎重。不得辄修桥道，远离城郭，遣吏逢迎，刺探起居，出入前后以为烦扰。动务省约，但患不能脱粟瓢饮耳。所过欲令贫弱有利，无违诏书。

天下系囚减死一等，勿笞，诣边戍；妻子自随，占著所在；父母同产欲相从者，恣听之；有不到者，皆以乏军兴论。及犯殊死，一切募下蚕室；其女子宫。系囚鬼薪、白粲已上，皆减本罪各一等，输司寇作。亡命赎；死罪入缣二十匹，右趾至髡钳城旦舂十匹，完城旦至司寇三匹，吏人有罪未发觉，诏书到自告者，半入赎。

元和元年（公元84年）二月诏：

王者八政，以食为本，故古者急耕稼之业，致耒耜之勤，节用储蓄，以备凶灾，是以岁虽不登而人无饥色。自牛疫已来，谷食连少，良由吏教未至，刺史、二千石不以为负。其令郡国募人无田欲徙它界就肥饶者，恣听之。到在所，赐给公田，为雇耕佣，赁种饷，贳与田器，勿收租五岁，除算三年。其后欲还本乡者，勿禁。

元和元年（公元84年）七月诏：

《律》云:"掠者唯得榜、笞、立。"又《令丙》,棰长短有数,自往者大狱已来,掠考多酷,钻钻之属,惨苦无极。念其痛毒,怵然动心。《书》曰"鞭作官刑",岂云若此?宜及秋冬理狱,明为其禁。

元和元年(公元84年)八月诏:

……郡国中都官系囚减死一等,勿笞,诣边县;妻子自随,占著在所。其犯殊死,一切募下蚕室;其女子宫。系囚鬼薪、白粲以上,皆减本罪一等,输司寇作。亡命者赎,各有差。①

元和二年(公元85年)正月诏:

《令》云:"人有产子者复,勿算三岁。"今诸怀妊者,赐胎养谷人三斛,复其夫,勿算一岁,著以为令。

又诏三公曰:

方春生养,万物莩甲,宜助萌阳,以育时物。其令有司,罪非殊死且勿案验,及吏人条书相告不得听受,冀以息事宁人,敬奉天气。立秋如故。夫俗吏矫饰外貌,似是而非,揆之人事则悦耳,论之阴阳则伤化,朕甚厌之,甚苦之。安静之吏,悃愊无华,日计不足,月计有余。如襄城令刘方,吏人同声谓之不烦,虽未有它异,斯亦殆近之矣。间敕二千石各尚宽明,而今富奸行赂于下,贪吏枉法于上,使有罪不论而无过被刑,甚大逆也。夫以苛为察,以刻为明,以轻为德,以重为威,四者或兴,则下有怨心。吾诏书数下,冠盖接道,而吏不加理,人或失职,其咎安在?勉思旧令,称朕意焉。

元和二年(公元85年)二月"赐三老等帛诏":

三老,尊年也。孝悌,淑行也。力田,勤劳也。国家甚休之。其

---

① 《后汉书》卷3《章帝纪》。

赐帛人一匹，勉率农功。

"东巡大赦诏"：

> ……其大赦天下。诸犯罪不当得赦者，皆除之。复博、奉高、嬴，无出今年田租、刍稿。

元和二年（公元 85 年）五月"东巡还告祠高庙下诏"：

> ……其赐天下吏爵，人三级；高年、鳏、寡、孤、独帛，人一匹。《经》曰："无侮鳏寡，惠此茕独。"加赐河南女子百户牛酒，令天下大酺五日。赐公卿已下钱帛各有差。及洛阳人当酺者布，户一匹，城外三户共一匹。赐博士员弟子见在太学者布，人三匹。令郡国上明经者，口十万以上五人，不满十万三人。

元和三年（公元 86 年）正月诏：

> 盖人君者，视民如父母，有憯怛之忧，有忠和之教，匍匐之救。其婴儿无父母亲属，及有子不能养食者，禀给如《律》。

元和三年（公元 86 年）二月"北巡告常山等郡守相"：

> ……《月令》，孟春善相邱陵土地所宜。今肥田尚多，未有垦辟。其悉以赋贫民，给与粮种，务尽地力，勿令游手。所县过邑，听半入今年田租，以劝农夫之劳。

章和元年（公元 87 年）九月诏：

> 郡国中都官系囚减死罪一等，诣金城戍；犯殊死者，一切募下蚕室；其女子宫；系囚鬼薪、白粲已上，减罪一等，输司寇作。亡命者赎；死罪缣二十匹，右趾至髡钳城旦舂七匹，完城旦至司寇三匹；吏

民犯罪未发觉，诏书到自告者，半入赎。①

以上诏书，既是章帝的执政记录，也是他政治思想的展示。这些文献说明，他力求将自己的行政风格从乃父"察察""苛切"之政向"长者""宽厚"之政转化，贯穿其中的是对自己"明君"形象的塑造，对清官廉吏的期许和对"德政"的向往。不过，作为一个守成之君，他不仅没有光武帝的雄图远略，也没有明帝的进取精神，他只想守住祖宗的基业，平安而稳定地持续刘氏王朝的统治。这突出表现在处理汉与匈奴等少数民族关系的政策上。由于明帝时汉军与南匈奴的联合夹击，北匈奴日益衰落。"时北虏衰耗，党众离畔。南部攻其前，丁零寇其后，鲜卑击其左，西域侵其右，不复自立，乃远引而去"。②元和二年（公元85年），南北匈奴发生遭遇战，归附汉朝的南匈奴掠得一批北匈奴的人众，章帝采纳孟云、袁安等臣子的建议，毅然决定退还被掳的北匈奴人，下诏说：

> 昔獯狁、獫狁之敌中国，其所由来尚矣。往者虽有和亲之名，终无丝发之效，硗埆之人，屡婴涂炭，父战于前，子死于后。弱女乘于亭障，孤儿号于道路。老母寡妻设虚祭，饮泣泪，想望归魂于沙漠之表，岂不哀哉！传曰："江海所以能长百川者，以其下之也。"少加屈下，尚何足病？况今与匈奴君臣分定，辞顺约明，贡献累至，岂宜违信，自受其曲。其敕度辽及领中郎将庞奋倍雇南部所得生口，以还北虏。其南部斩首获生，计功受赏如常。③

这说明，章帝在处理汉与匈奴等少数民族关系问题上已经采取息事宁人的政策了。

三 献帝的"禅让"理念

东汉的最后一位君王汉献帝刘协（公元181—234年），是灵帝的中子，中平六年（公元189年），被即位的少帝刘辩封为勃海王，继而改封

---

① 《后汉书》卷3《章帝纪》。
② 《后汉书》卷89《南匈奴列传》。
③ 同上。

陈留王。第二年，带兵进京的雍州牧董卓废少帝，刘协被立为帝，时年9岁。当时，朝廷孱弱，地方军阀势力坐大，献帝被董卓操控。由于关东地方军阀联合讨伐董卓，首都洛阳周围战乱频仍。董卓在焚烧洛阳后，胁迫献帝迁长安。初平三年（公元192年）董卓被王允、吕布诛杀后，长安又陷于战乱。献帝在杨定、杨奉、董承等将军保护下辗转东归，于建安元年（公元196年）返回洛阳。因此时洛阳残破，被曹操接至许（今河南许昌）安顿。从此成为曹操"挟天子以令诸侯"的工具，一切由曹操摆布。延康元年（公元220年），曹操死去，在曹氏集团的胁迫下，将帝位"禅让"给曹操的儿子曹丕，宣告了东汉王朝的灭亡。他被曹丕封为山阳公，守着山阳（今河南焦作东）一县之地，享受着一万户百姓提供的衣食租税，又度过了14年的凄苦岁月，于青龙二年（公元234年）病逝。这一年，他54岁。

献帝虽有皇帝之名，且在位31个年头，然而，他在龙座上享有的仅仅是皇帝的形式上也残缺不全的一点尊严，而在实质上，他不过是一个地道的傀儡，一切听命于他的监护人，先是凶悍残暴的董卓，后是雄猜而又无情的曹操。但是，作为刘氏皇统的继承人，他骨子里又不甘于傀儡的地位，一刻也没有忘记恢复皇帝应该享有的真正的尊严和权力，也试图为他的子民做一些恤灾救穷的好事。兴平元年（公元194年），他14岁，就惩罚了一个贪污救灾粮米的侍御史：

> 秋七月……三辅大旱，自四月至于是月。帝避正殿请雨，遣使者洗囚徒，原轻系。是岁谷一斛五十万，豆麦一斛二十万，人相食啖，白骨委积。帝使侍御史侯汶出太仓米豆，为饥人作糜粥，经日而死者无数。帝疑赋恤有虚，乃亲于御坐前量试作糜，乃知非实。使侍中刘艾出让有司。于是尚书令以下皆诣省阁谢，奏收侯汶考实。诏曰："未忍致汶于理，可杖五十。"自是之后，多得全济。①

这是他作为皇帝行使权力的记载，由于无关军国大权，董卓乐得让他体味因此行驶权力的乐趣，没有干预。建安五年（公元200年），他策划了一次诛除曹操的密谋，但以失败告终：

---

① 《后汉书》卷9《献帝纪》。

> 五年春正月，车骑将军董承、偏将军王服、越骑校尉种辑受密诏诛曹操，事泄。壬午，曹操杀董承等，夷三族。①

这一年，他19岁，策划这次冒险行动，目的是夺回本来属于自己的权力，事后曹操尽管没有追究他的责任，但对参与者进行了最严厉的惩罚，意在警告他小心自己的脑袋。然而，由于皇帝的实权太具诱惑力，他后来仍然冒着生命危险策划了两次诛杀曹操的密谋。一次是建安十九年（公元214年）十一月，他与伏皇后及伏后的父亲伏完密谋除掉曹操，结果事泄，付出了伏后父女和伏后所生两个皇子命丧黄泉的代价，同时曹操的女儿被硬送进宫做了皇后，成为安插在他身边的监护人。另一次是建安二十三年（公元218年），他与少府耿纪、丞相司直韦晃密谋起兵诛杀曹操，结果被打垮，耿纪和韦晃遭到"夷三族"的惩罚。此后，在曹操严密的监视下，献帝再也不敢向曹操叫板了。

延康元年（公元220年）正月曹操病逝，到十月，曹氏集团就策划了"禅让"的闹剧：

> 汉帝以众望在魏，乃召群公卿士，告祠高庙。使兼御史大夫张音持节奉玺绶禅位，册曰："咨尔魏王，昔者帝尧禅位于虞舜，舜亦以命禹，天命不于常，惟归有德。汉道陵迟，世失其序，降及朕躬，大乱兹昏，群凶肆逆，宇内颠覆。赖武王神武，拯兹难于四方，惟清区夏，以保绥我宗庙，岂予一人获乂，俾九服实受其赐。今王钦承前绪，光于乃德，恢文武之大业，昭尔考之弘烈。皇灵降瑞，人神告征，诞惟亮采，师锡朕命，金曰尔度克协于虞舜，用率我唐典，敬逊尔位。于戏！天之历数在尔躬，允执其中，天禄永终；君其祗顺大礼，飨兹万国，以肃承天命。"②

由曹氏集团导演的这场"禅让"戏，是中国自夏朝以来的第二次演出。第一次是王莽代汉立新，以"禅让"的形式表明统治权的合法转移，

---

① 《后汉书》卷9《献帝纪》。
② 《三国志·魏书》卷2《文帝纪》。

向全国臣民昭示新朝统治权的合法性。这次汉魏禅代,尽管献帝完全出于胁迫和无奈,但他的诏书却以"自愿"的形式将刘氏汉家江山变成曹氏魏家江山,创造了朝代"禅让"的最标准的款式。据《三国志·魏书·文帝纪》注引《献帝传》记载,这出"禅让"戏实在是演得跌宕起伏,精彩纷呈。先是左中郎将李伏上书魏王曹丕,以符瑞屡现为据,吹捧"殿下即位初年,祯祥众瑞,日月而至,有命自天,昭然著见。然圣德洞达,符表豫明,实乾坤挺庆,万国作孚","今洪泽被四表,灵恩格天地,海内禽习,殊方归服,兆应并集,以扬休命,始终允臧"。曹丕心知肚明,下令说:"以示外。薄德之人,何能致此!未敢当也;斯诚先王至德通于神明,固非人力也。"这表明,曹丕对这种为自己制造的"禅代"舆论是非常欢迎的。接着,侍中刘廙、辛毗、刘晔、尚书令桓阶、尚书陈矫、陈群、给事黄门侍郎王毖、童遇等,一同借李伏上书对曹丕进言,认定其言不虚,要求曹丕俯顺天命:"自汉德衰,渐染数世,桓、灵之末,皇极不建,暨于大乱,二十余年。天之不泯,诞生明圣,以济其难,是以符谶先著,以彰至德。殿下践阼未期,而灵象变于上,群瑞应于下,四方不羁之民,归心向义,惟惧在后,虽典籍所传,未若今之盛也。臣妾远近,莫不凫藻。"曹丕故意表示谦虚说:"犁牛之驳似虎,莠之幼似禾,事有似是而非者,今日是矣。睹斯言事,良重吾不德。"但还是令尚书仆射将这份上言宣告天下,使臣民周知,实际上是曹丕准备篡汉的舆论动员。紧接着,太史丞许芝上书曹丕,将所谓魏代汉的谶纬作了进一步系统详细的叙述,最后说:"伏惟殿下,体尧舜之盛明,膺七百之禅代,当汤武之期运,值天命之移授,河洛所表,图谶所载,昭然明白,天下学士所共见也。臣职在史官,考符察征,图谶效见,际会之期,谨以上闻。"曹丕仍然是谦虚有加,对许芝的上书作了如下回应:

> 昔周文三分天下有其二,以服事殷,仲尼叹其至德;公旦履天子之籍,听天下之断,终然复子明辟,《书》美其人。吾虽德不及二圣,敢忘高山景行之义哉?若夫唐尧、舜、禹之迹,皆以圣质茂德处之,故能上和灵祇,下宁万姓,流称今日。今吾德至薄也,人至鄙也,遭遇际会,幸承先王余业,恩未被四海,泽未及天下,虽倾仓竭府以振魏国百姓,犹寒者未尽暖,饥者未尽饱。夙夜忧惧,弗敢遑宁,庶欲保全发齿,长守今日,以没于地,以全魏国,下见先王,以

塞负荷之责。望狭志局，守此而已；虽屡蒙祥瑞，当之战惶，五色无主。若芝之，岂所闻乎？心栗手悼，书不成字，辞不宣口。吾闲作诗曰："丧乱悠悠过纪，白骨从横万里，哀哀下民靡恃，吾将佐时整理，复子明辟致仕。"庶欲守此辞以自终，卒不虚言也。宜宣示远近。使昭赤心。

由于曹丕表示了仿周公"复子明辟"的志向，侍中辛毗、刘晔、散骑常侍傅巽、卫臻、尚书令桓阶、尚书陈矫、陈群、给事中博士骑都尉苏林、董巴等再一次上奏，认定"汉室衰替，帝纲堕坠，天子之诏，歇灭无闻，皇天将舍旧而命新，百姓既去汉而为魏，昭然著明"，谏议曹丕"览图籍之明文，急天下之公义，辄宣令外内，布告州郡，使知符命著明，而殿下谦虚之意"。曹丕大概认为自己的谦让戏刚刚开始，所以还必须做下去，作更广泛的舆论动员，于是下令说：

> 下四方以明孤款心，是也。至于览余辞，岂余所谓哉？宁所堪哉？诸卿指论，未若孤自料之审也。夫虚谈谬称，鄙薄所弗当也。且闻比来东征，经郡县，历屯田，百姓面有饥色，衣或裋褐不完，罪皆在孤；是以上惭众瑞，下愧士民。由斯言之，德尚未堪偏王，何言帝者也！宜止息此议，无重吾不德，使逝之后，不愧后之君子。

曹丕越谦虚，臣子劝进的劲头越足。许芝所上符瑞向全国臣民百姓公布后，督军御史中丞司马懿、侍御史郑浑、羊祕、鲍勋、武周等进而上言，祈求曹丕顺应皇天眷顾，无违"八方颙颙"，迈出代汉的最后一步：

> 伏读太史丞许芝上符命事，臣等闻有唐世衰，天命在虞，虞氏世衰，天命在夏；然则天地之灵，历数之运，去就之符，惟德所在。故孔子曰："凤鸟不至，河不出图，吾已矣夫！"今汉室衰，自安、和、冲、质以来，国统屡绝，桓、灵荒淫，禄去公室，此乃天命去就，非一朝一夕，其所由来久矣。殿下践阼，至德广被，格于上下，天人感应，符瑞并臻，考之旧史，未有若今日之盛。夫大人者，先天而天弗违，后天而奉天时，天时已至而犹谦让者，舜、禹所不为也，故生民蒙救济之惠，群类受育长之施。今八方颙颙，大小注望，皇天乃眷，

神人同谋,十分而九以委质,义过周文,所谓过恭也。臣妾上下,伏所不安。

然而,曹丕仍然是"心如铁石",坚决不答应:"吾德非周武而义惭夷、齐,庶欲远苟望之失道,立丹石之不夺,迈于陵之所富,蹈柏城之所贵,执鲍焦之贞至,遵薪者之清节,故曰:'三军可夺帅,匹夫不可夺志。'吾之斯志,岂可夺哉?"戏演至此,群臣的劝进节目结束,接着就来了献帝的"禅位诏书",恳请曹丕接受帝位,"永君万国,敬御天威,允执其中,天禄永终"。但曹丕执意不受:"当议孤不当承之意而已。犹猎,还方有令。"紧接着,是尚书令奏请,曹丕不允;再后,侍中刘廙、常侍卫臻等奏议劝进,曹丕还是不答应。再后,辅国将军清苑侯等120人上书劝进,曹丕再次拒绝;再后,辅国将军清苑侯等120人再上书劝进,曹丕还是"上还玺绶",加以拒绝。再后,侍中刘廙等再奏劝进,曹丕不仅再次拒绝,还上献帝一书,表明心迹,信誓旦旦地表示自己决心"守节以当大命"。然而,这出"禅让"戏一定要有声有色地演下去,所以接着就有给事中博士苏林、董巴的上表劝进,而曹丕仍然以自己"德薄"回应。于是,献帝再来一次"册诏",命御史大夫张音奉玺绶呈曹丕,再次恳请他接受帝位。紧跟其后,尚书令桓阶等再奏,"死请"曹丕"敕有司修治坛场,择吉日,受禅命,发玺绶"。可是曹丕依然表示不能接受,还不耐烦地斥责说:"冀三让而不见听,何汲汲于斯乎?"为了表示自己不接受帝位的至诚,曹丕又上书献帝,假惺惺地作了一番披肝沥胆的表白:"敢守微节,归志箕山,不胜大愿。"侍中刘廙于是再上书苦劝,曹丕再加以拒绝,并煞有介事地说:"天下重器,王者正统,以圣德当之,犹有惧心,吾何人哉?且公卿未至乏主,斯岂小事,且宜以待固让之后,乃当更议其可耳。"面对曹丕的谦让,献帝再次册诏说:

> 天讫汉祚,辰象著明,朕祇天命,致位于王,仍陈历数于诏册,喻符运于翰墨;神器不可以辞拒,皇位不可以谦让,稽于天命,至于再三。且四海不可一日旷主,万机不可以斯须无统,故建大业者不拘小节,知天命者不希细物,是以舜受大业之命而无逊让之辞,圣人达节,不亦远乎!今使音奉皇帝玺绶,王其钦承,以答天下响应之望焉。

紧接着，相国华歆、太尉贾诩、御史大夫王朗及九卿再次上言，在历数应该禅汉的百般理由之后，恳求说："天命不可久稽，民望不可久违，臣等楼楼，不胜大愿。伏请陛下割执之志，修受禅之礼，副人神之意，慰外内之愿。"然而，曹丕认为自己的谦之德让还有表演的空间，于是再来一次婉拒：

> 以德则孤不足，以时则戎虏未灭。若以群贤之灵，得保首领，终君魏国，于孤足矣。若孤者，胡足以辱四海？至乎天瑞人事，皆先王圣德遗庆，孤何有焉？是以未敢闻命。

与此同时，曹丕又上书献帝，恳请他收回"禅让"的成命。至此，大概按照原来设定的脚本，禅让戏应该达到高潮，于是相国华歆、太尉贾诩、御史大夫王朗及九卿等再次上奏，将曹丕吹捧成空前绝后的圣君，"死请"他立即受禅：

> 陛下即位，光昭文德，以翊武功，勤恤民隐，视之如伤，惧者宁之，劳者息之，寒者以暖，饥者以充，远人以恩服，寇敌以恩降，迈恩种德，光被四表；稽古笃睦，茂于放勋，网漏吞舟，弘乎周文。是以布政未期，人神并和，皇天则降甘露而臻四灵，后土则挺芝草而吐醴泉，虎豹鹿兔，皆素其色，雉鸠燕雀，亦白其羽，连理之木，同心之瓜，五采之鱼，珍祥瑞物，杂沓于其间者，无不毕备……微大魏，则臣等之白骨交横于旷野矣。伏省群臣外内前后章奏所以陈叙陛下之符命者，莫不条《河》《洛》之图书，据天地之瑞应，因汉朝之款诚，宣万方之景附，可谓信矣省矣；三王无以及，五帝无以加。民命之悬于魏政，三十有余年矣，此乃千世时至之会，万载一遇之秋；达节广度，宜昭于斯际，拘牵小节，不施于此时。仰稽天命，罪在臣等。辄营坛场，具礼仪，择吉日，昭告昊天上帝，秩群神之礼，须祼祭毕，会群寮于朝堂，议年号、正朔、服色当施行，上。

至此，曹丕才认为自己的谦让戏已经做足，也就毫不客气地接受了帝位："群公卿士诚以天命不可拒，民望不可违，孤亦曷以辞焉？"接着，

献帝发出了最后一道诏书,按程序完成了他这个角色的最后一个动作:

> 昔尧以配天之德,秉六合之重,犹睹历运之数,移于有虞,委让帝位,忽如遗跡。今天既讫我汉命,乃眷北顾,帝皇之业,实在大魏。朕守空名以窃古义,顾视前事,犹有惭德,而王逊让至于三四,朕用惧焉。夫不辞万乘之位者,知命达节之数也,虞、夏之君,处之不疑,故勋烈垂于万载,美名传于无穷。今遣守尚书令侍中觊喻,王其速陟帝位,以顺天人之心,副朕之大愿。①

紧接着,举行了隆重的受禅仪式,完成了魏代汉的最后一幕,据《魏氏春秋》记载,曹丕在完成受禅礼之后,才讲了一句真心话:"舜、禹之事,吾知之矣。"其实,曹丕对原始社会部落联盟首领通过"禅让"这种形式更替的理解是完全错误的。那时的"禅让"是军事民主的一种实施形式,而王莽和他所导演的"禅让"则是权臣篡政借用的一种皇统转移的形式而已,其形式和内容都已经发生了根本性的变化。

这里,我们之所以比较详细地叙述了汉、魏"禅让"的全过程,原因就在于这幕"禅让"戏之精彩绝伦和经典无匹,实在是空前绝后。因自秦汉以降,特别是王莽篡汉落得死无葬身之地以后,统治权的合法性问题受到当权者的极度重视。即使具有操废立之权的重臣,一般也不敢觊觎皇位,改变皇统,而仅仅是选取能够听命于自己的傀儡,如霍光、梁冀之所为。因为皇统已经确立,其合法性就不容置疑,觊觎皇统就成为臣子的大忌。曹操尽管完全掌控了东汉朝廷的统治权,一言九鼎,人莫予毒,但终其一生,也没有窃据龙座。所以,曹丕及其亲信党徒,才精心编排了这一出假戏真唱的"禅让"喜剧。在这出喜剧中,操权的曹丕成竹在胸,面对献帝的一再"主动"禅位,一让再让,做足了谦让的姿态。被动的献帝如木偶般一再下诏,将禅让帝位的急迫和诚意一表再表。急切的臣子一奏再奏,将曹丕的功业和"圣德"吹上九天。所有这一切,无非是给曹魏的篡汉之举披上合法的外衣。而在背后,真正起作用的不过是权力。显然,皇权的合法性如果离开了权力,其合法性也就没有了依恃。这时,另外的权力重心就会寻一个合法性的理由,改变皇统,易姓而治。而在所

---

① 以上引文皆出自《三国志·魏书》卷2《文帝纪》注引《献帝传》。

有的理由中,"禅让"这个古老的模式最能给篡政者文饰道德的亏欠。由于魏代汉的禅让戏创造了一个经典模式,所以以后晋代魏、宋代晋、齐代宋、梁代齐、陈代梁、隋代周、北宋代后周,都几乎无一例外地沿用了这个模式。

第三节 东汉两大外戚集团代表人物窦融、窦宪和梁统、梁冀的政治思想

一 窦融和梁统的政治思想

在东汉一朝,最大的两家外戚集团是窦氏和梁氏,他们家族虽然屡屡在政治上制造耸动朝野的波澜,但这两个家族的创始人窦融和梁统却是东汉的开国功臣,其政治思想也有可取之处。

窦氏在东汉的第一代重臣是窦融,窦家是世居扶风平陵(今陕西咸阳西北)的世宦望族。

窦融曾任新朝的强弩将军司马,随王匡东征青、徐一带的起义军。王莽新朝灭亡后,他归降更始政权,先被任为钜鹿太守,由于他的先祖多人在河西任地方官,在那里有较广泛的人脉,于是要求改去那里任职。他与自己的兄弟分析形势说:"天下安危未可知,河西殷富,带河为固,张掖属国精兵万骑,一旦缓急,杜绝河津,足以自守,此遗种处也。"① 这说明他有高瞻远瞩的政治眼光。窦融如愿得到张掖属国都尉的职务,全家西迁。他上任后,即与酒泉太守梁统、金城太守库钧、张掖都尉史苞、酒泉都尉竺曾、敦煌都尉辛彤相友善。更始政权灭亡后,他被其他四郡推举为行河西五郡大将军事,据河西自保。在中原兵燹鱼烂之时,窦融割据河西走廊,"保塞羌胡皆震服亲附,安定、北地、上郡流人避凶饥者,归之不绝",一时成为一片和平绿洲。窦融放眼中原,割据数以十计,称帝者不乏其人,但以雄踞洛阳的刘秀"土地最广,甲兵最强,号令最明",于是"决策东向",于建武五年(公元29年)遣使奉书献马,归附了东汉政权。刘秀喜出望外,立即回书,倍加赞誉,并任命其为凉州牧,承认他对河西的统治权。窦融得刘秀赐书,立即回书,表明自己拥戴东汉朝廷的赤诚:

---

① 《后汉书》卷23《窦融列传》。

臣融窃伏自惟，幸得托先后末属，蒙恩为外戚，累世二千石。至臣之身，复备列位，假历将帅，守持一隅。以委质则易为辞，以纳忠则易为力。书不足以深达至诚，故遣刘钧口陈肝胆。自以底里上露，长无纤介。而玺书盛称蜀、汉二主，三分鼎足之权，任嚣、尉佗之谋，窃自痛伤。臣融虽无识，犹知利害之际，顺逆之分。岂可背真旧之主，事奸伪之人，废忠贞之节，为倾覆之事；弃已成之基，求无冀之利。此三者虽问狂夫，犹知去就，而臣独何以用心！①

这封回书，表明窦融坚定拥护刘秀的决心，字里行间流露的是他拥戴汉朝为正统的信念。接着，为了向刘秀表明归附的真心和与天水割据势力隗嚣决绝的态度，他向对刘秀先臣服又反叛的隗嚣发出了一封义正词严的责让信：

　　伏惟将军国富政修，士兵怀附。亲遇厄会之际，国家不利之时，守节不回，承事本朝，后遣伯春委身于国，无疑之诚，于斯有效。融等所以欣服高义，愿从役于将军者，良为此也。而忿悁之间，改节易图，君臣分争，上下接兵。委成功，造难就，去从义，为横谋，百年累之，一朝毁之，岂不惜乎！殆执事者贪功建谋，以至于此，融窃痛之！当今西州地势局迫，人兵离散，易以辅人，难以自建。计若失路不反，闻道犹迷，不南合子阳，则北入文伯耳。夫负虚交而易强御，恃远救而轻近敌，未见其利也。融闻智者不危众以举事，仁者不违义以要功。今以小敌大，于众何如？弃子徼功，于义何如？且初事本朝，稽首北面，忠臣节也。及遣伯春，垂涕相送，慈父恩也。俄而背之，谓吏士何？忍而弃之，谓留子何？自起兵以来，转相攻击，城郭皆为丘墟，生人转于沟壑。今其存者，非锋刃之余，则流亡之孤。迄今伤痍之体未愈，哭泣之声尚闻。幸赖天运少还，而大将军复重于难，是使积疴不得遂瘳，幼孤将复流离，其为悲痛，尤足愍伤，言之可为酸鼻！庸人且犹不忍，况仁者乎？融闻为忠甚易，得宜实难。忧

---

① 《后汉书》卷23《窦融列传》。

人大过，以德取怨，知且以言获罪也。区区所献，唯将军省焉。①

这封责让信揭示的政治理念是臣子必须忠于君王，忧恤百姓，体察恩义。为了自己的私利背叛君王，首鼠两端，不顾恩义，不恤民情，致百姓于伤痍流离之地是罪不可逭的。

建武八年（公元32年），窦融参与刘秀指挥的讨伐隗嚣的战争并取得胜利，刘秀酬赏他的功劳，封其为安丰侯，食邑四县，他的亲族与河西部属都得到相应封赏，同时仍将河西地区交他管理。陇西隗嚣和蜀地公孙述平定后，窦融及其属下五郡太守进京晋见皇帝，被待以殊荣。他被改任冀州牧，不久再转司空，成为朝廷三公之一。不过，窦融明白，作为臣子，他已经有"功高震主"之嫌了，于是处事低调，数次辞让爵位，并上疏说：

> 臣融年五十三。有子年十五，质性顽钝。臣融朝夕教导以经艺，不得令观天文，见谶记。诚欲令恭肃畏事，恂恂循道，不愿其有才能，何况乃当传以连城广土，享故诸侯王国哉？②

窦融以谦让之德践行着臣子的道德，他认识到臣子最大的安全是君王不感觉你是威胁。所以他自动交出河西五郡的统治权，而在朝廷担任司空、卫尉、将作大将等高官时也一直低眉顺眼，唯恐触犯皇帝敏感的神经。他显然是参透了君臣之道的奥秘，所以在伺候了两个皇帝后得以善终。范晔对他的为官之智十分赞扬，说他"始以豪侠为名，拔起风尘之中，以投天隙。遂蝉蜕王侯之尊，终膺卿相之位，此则徼功趣势之士也"。特别赞赏他为高官之时的应对之术："及其爵位崇满，至乃放远权宠，恂恂似若不能已者，又何智也！尝独味此子之风度，虽经国之术无足多谈，而进退之礼良可言矣。"③然而，窦融的官场自保之术却无法传给子孙，作为权势显赫、历时百年的外戚之家，他们的权势传到窦宪时达到顶点，但也就在这时戛然而止了。

---

① 《后汉书》卷23《窦融列传》。
② 同上。
③ 同上。

梁氏家族在东汉的第一代创业之祖梁统,是安定(今河北深县西)乌氏人。在新朝末年的混乱岁月,他与窦融共守河西,任武威太守。后与窦融一起归附刘秀,入朝封侯,任太中大夫。他是东汉初年主张以严刑峻法治国的代表人物。他在上疏中说:

> 臣窃见元、哀二帝轻殊死之刑以一百二十三事,手杀人者减死一等,自是以后著为常准,故人轻犯法,吏易杀人。臣闻立君之道,仁义为主,仁者爱人,义者政理,爱人以除残为务,政理以去乱为心。刑罚在衷,无取于轻,是以五帝有流、殛、放、杀之诛,三王有大辟、刻肌之法。故孔子称"仁者必有勇",又曰"理财正辞,禁民为非曰义"。高帝受命诛暴,平荡天下,约令定律,诚得其宜。文帝宽惠柔克,遭世康平,唯除省肉刑、相坐之法,他皆率由,无革旧章。武帝值中国隆盛,财力有余,征伐远方,军役数兴,豪杰犯禁,奸吏弄法,故重首匿之科,著知从之律,以破朋党,以惩隐匿。宣帝聪明正直,总御海内,臣下奉宪,无所失坠,因循先典,天下称理。至哀、平继体,而即位日浅,听断尚寡,丞相王嘉轻为穿凿,亏除先帝旧约成律,数年之间,百有余事,或不便于理,或不厌民心。谨表其尤害于体者傅奏于左。伏惟陛下包元履德,权时拨乱,功逾文武,德侔高皇,诚不宜因循季末衰微之轨。回神明察,考量得失,宣诏有司,详择其善,定不易之典,施无穷之法,天下幸甚。①

梁统看到西汉末年法纪废弛出现的问题,要求刘秀"权时拨乱","定不易之典,施无穷之法",迅速恢复秩序,使国家和社会迅速进入有序运行的轨道。但是,他不了解,在"以经治国"已经成为思维定势的情况下,不加文饰地提倡赤裸裸的严刑峻法是难以被认同的。果然,"事下三公、廷尉,议者以为隆刑峻法,非明王急务,施行日久,岂一朝所厘。统今所定,不宜开可"。面对群臣的反对,梁统依然坚持自己的观点,要求面见尚书,当面陈情。刘秀让尚书听取他的意见,于是他再次申述自己的观点:

---

① 《后汉书》卷34《梁统列传》。

闻圣帝明王，制立刑罚，故虽尧舜之盛，犹诛四凶。经曰："天讨有罪，五刑五庸哉。"又曰："爰制百姓于刑之衷。"孔子曰："刑罚不衷，则人无所厝手足。"衷之为言，不轻不重之谓也。《春秋》之诛，不避亲戚，所以防患救乱，坐安众庶，岂无仁爱之恩，贵绝残贼之路也？自高祖之兴，至于孝宣，君明臣忠，谋谟深博，犹因循旧章，不轻改革，海内称理，断狱益少。至初元、建平，所减刑罚百有余条，而盗贼浸多，岁以万数。间者三辅从横，群辈并起，至燔烧茂陵，火见未央。其后陇西、北地、西河之贼，越州度郡，万里交结，攻取库兵，劫略吏人，诏书讨捕，连年不获。是时以天下无难，百姓安平，而狂狡之势，犹至于此，皆刑罚不衷，愚人易犯之所致也。由此观之，则刑轻之作，反生大患；惠加奸轨，而害及良善也。故臣统愿陛下采择贤臣孔光、师丹等议。①

这里，梁统力辩自己的观点并非坚持"严刑"，而是"不轻不重"，完全符合孔子的"衷"之意。西汉从高祖至宣帝，实行的正是这种"不轻不重"的法纪，结果是断狱少而秩序好。反观明帝时期，轻刑的结果却是盗贼群起，出现了严重的治安问题。所以他的结论是"刑轻之作，反生大患；惠加奸轨，而害及良善"，只有严肃法纪，才能使社会治安转好。应该说，梁统的意见不无道理，但热衷"以经治国"的刘秀却不予采纳。

二 窦宪和梁冀的政治思想

东汉在和帝以后，皇帝几乎都是幼弱继统，皇太后于是依靠外戚执掌国柄，由此引发绵延至东汉末年的外戚擅权的局面。这其中，最大的两家外戚就是窦氏和梁氏，擅权的两个顶尖人物是窦宪和梁冀。

窦氏外戚在东汉开国的窦融时期，就已经是父子兄弟并荷荣宠，"窦氏一公，两侯，三公主，四二千石，皆相与并时。自祖及孙，官府邸第相望京邑，奴婢以千数，与亲戚、功臣中莫与为比"。② 其后，窦氏一家更是子孙绳绳，历任高官。至窦融曾孙窦宪达到顶峰，女弟为章帝皇后，他

---

① 《后汉书》卷34《梁统列传》。
② 《后汉书》卷23《窦融列传》。

也一路走高,由虎贲中郎将侍宫省,"赏赐累积,宠贵日盛"。和帝即位,其妹以太后之尊临朝,"宪以侍中,内干机密,出宣诰命",被任为太傅,"百官总己以听……事无不从"。后任车骑将军,率兵伐北匈奴,出塞三千里,将北匈奴逐出大漠,登燕然山,刻石纪功。此后,他更是"威权震朝廷",以大将军之尊,为所欲为:

> 宪既平匈奴,威名大盛,以耿夔、任尚等为爪牙,邓叠、郭璜为心腹,班固、傅毅之徒,皆置幕府,以典文章。刺史、守令多出其门。……由是朝臣震慑,望风承旨。①

对于窦宪的结党营私、专权自恣,不少朝内外大臣看在眼里,恨在心头,大多数人既不敢怒又不敢言,只有时任会稽太守的第五伦上书皇帝,对窦宪交往那些作奸犯科的贵戚和无良之辈提出非议:

> 伏见虎贲中郎将窦宪,椒房之亲,典司禁兵,出入省闼,年盛志美,卑谦乐善,此诚其好士交结之方。然诸出入贵戚者,类多瑕衅禁锢之人,尤少守约安贫之节,士大夫无志之徒更相贩卖,云集其门。众煦飘山,聚蚊成雷,盖骄佚所从生也。三辅议论者,至云以贵戚废锢,当复以贵戚浣濯之,犹解酲当以酒也。披险趋势之徒,诚不可亲近。臣愚愿陛下中官严敕宪等闭门自守,无妄交通士大夫,防其未萌,虑于无形,令宪永保福禄,君臣交欢,无纤介之隙,此臣之至所愿也。②

虽然第五伦的上书暂时没有得到回应,但窦宪的专权自恣终于引发和帝的忌惮,于是就与亲近宦官郑众谋划,在永元四年(公元92年)六月窦宪征伐匈奴回朝的时候,将窦宪及其党羽一网打尽:"窦宪潜图弑逆。庚申,幸北宫。诏收捕宪党射声校尉郭璜,璜子侍中举,卫尉邓叠,叠弟步兵校尉磊,皆下狱死。使谒者仆射收宪大将军印绶,遣宪及弟笃、景就

---

① 《后汉书》卷23《窦融列传》。
② 《后汉书》卷41《第五仲离宋寒列传·第五伦》。

国，到皆自杀"①。

梁氏家族自梁统之后，几乎世代为官，世代外戚，至曾孙梁商，女为顺帝皇后，妹为贵人，自己任大将军执掌朝政。传至儿子梁冀，更是登峰造极。但梁冀从小就是一个纨绔子弟、无赖儿郎：

> 冀字伯卓。为人鸢肩豺目，洞精矘眄，口吟舌言，裁能书计。少为贵戚，逸游自恣。性嗜酒，能挽满、弹棋、格五、六博、蹴鞠、意钱之戏，又好臂鹰走狗，骋马斗鸡。初为黄门侍郎，转侍中虎贲中郎将，越骑、步兵校尉、执金吾。②

顺帝永和元年（公元136年），梁冀被任为河南尹。其父死后，承父职继任大将军。不久顺帝死去，他连仕冲、质、桓三朝，权倾朝野，玩皇帝于股掌之上，视群臣如奴才，视百姓如草芥，为所欲为，人莫予毒，成为东汉王朝的真正当权者。由于其权力严重侵越皇权，引起桓帝的嫉恨，遂于延熹二年（公元159年）八月与宦官密谋将梁冀外戚集团诛除。曾经显赫一时、贵宠莫比的梁氏外戚集团最后被斩草除根，不仅宗族无少长全部死于非命，而且几乎鸡犬无存了。

窦宪与梁冀，其经历、品性、结局，宛如一对孪生兄弟，其政治思想也颇多相近之处，可以放在一起论列。

他们一朝权在手，便把令来行，压根就不认为自己是代皇帝行政，而是认为就是应该自己行政，全然不晓得借权行政需小心翼翼，三思而后行，而是毫无顾忌，为所欲为。窦宪刚当上虎贲中郎将，就敢"以贱直请夺沁水公主园田"，而梁冀在就任河南尹后，就急不可耐地派人刺杀他父亲的亲信洛阳令吕放，并栽赃陷害别人。两人做大将军，得以操持国家最高权柄之后，更是肆无忌惮，率意而行。窦宪令人杀死谒者韩纡之子，原因是韩纡曾奉皇帝之命审讯他的父亲；他指使刺客刺杀都乡侯刘畅，为的是驱除政坛上潜在的对手。梁冀敲诈扶风富豪士孙奋5000万，人家已经奉送3000万，仍不满足，就捏造罪名逮其入狱，将其家全部财产1亿7000万全部收入囊中。显然，在他们心目中，国家一切制度法纪都不存

---

① 《后汉书》卷4《和帝纪》。
② 《后汉书》卷34《梁统列传》。

在，我就是国家，我就是法纪，只要我想干的，一切都合乎法纪。

他们认为己权高于皇权。和帝即位，太后临朝，窦宪"令百官总己以听"，根本不把皇帝放在眼里。梁冀更是擅自废立皇帝，将面对朝臣斥自己为"跋扈将军"的质帝鸩杀。各地方调发、贡献的金银财宝、土特珍品，先送梁冀府上，任其挑选，剩余者再送皇帝。在其党羽示意下，桓帝几乎把历史上权臣能有的权柄和荣宠加倍奉送给他，他仍然不满足：

> 元嘉元年，帝以冀有援立之功，欲崇殊典，乃大会公卿，共议其礼。于是有司奏冀入朝不趋，剑履上殿，谒赞不名，礼仪比萧何；悉以定陶、阳成余户增封为四县，比邓禹；赏赐金钱、奴婢、彩帛、车马、衣服、甲第，比霍光；以殊元勋。每朝会，与三公绝席。十日一入，平尚书事。宣布天下，为万世法。冀犹以所奏礼薄，意不悦。专擅威柄，凶恣日积，机事大小，莫不谘决之。宫卫近侍，并所亲树，禁省起居，纤微必知。百官迁召，皆先到冀门笺檄谢恩，然后敢诣尚书。①

非但如此，窦宪、梁冀长期垄断朝政，使他们将皇帝"家国同构"的"家天下"观念，置换成外戚自己一家的"家天下"观念。为此，他们"肥水不落外人田"，政治上，千方百计地在朝廷中央和地方安插亲戚故旧、死士党徒，垄断一切权力；经济上，勒索富豪，掠夺百姓，讨贡品于少数民族，攫取尽锱铢。在这方面，梁冀的表现尤为典型：

> 冀一门前后七封侯，三皇后，六贵人，二大将军，夫人、女食邑称君者七人，尚公主三人，其余卿、将、尹、校五十七人。在位二十余年，穷极满盛，威行内外，百僚侧目，莫敢违命，天子恭己而不得有所亲豫。②

正因为如此，到梁冀集团被诛灭的时候，中央和地方的大量官吏都被牵连治罪，"朝廷为空"。而抄其家得到的财物竟达30万万之多，使朝廷

---

① 《后汉书》卷34《梁统列传》。
② 同上。

能够减免全国一年租税之半，以苏民困。

窦宪与梁冀之类外戚的政治思想，只能在其具体活动中抽绎出来。这种思想，在一些非外戚的权臣身上也偶有体现，但这种思想既是非主流的，也无法摆到台面上，更由于他只是作为负面的东西展现，所以在思想史上影响寥寥，几乎可以忽略不计。

第四节 曹操的权力独擅观念

一 迈向权力极峰

曹操（公元155—220年），字孟德，沛国谯（今安徽亳州人），其父曹嵩是桓帝时大宦官曹腾的养子。曹操因自幼聪慧，加之政治上有靠山，20岁即任洛阳北部尉、顿丘（今河南濮阳北）令。后因事免官。不久，因参与镇压黄巾起义有功，迁济南相，旋改任东郡太守。曹操数次任官，皆能抑制豪强，罢斥贪官，留下较好政声。灵帝末年，任西园八校尉之一的典军校尉。灵帝死后，他对董卓专权不满，遂"变异姓名，间行东归"，①回乡后变卖家产，组织起5000人的队伍，参与了以袁绍为盟主的讨伐董卓的军事行动。初平二年（公元191年），在东郡（今濮阳）击溃河北黑山军白饶部，被袁绍任命为东郡太守，继而任兖州牧，击破青州黄巾军，收其众百余万口，从中挑选精锐30万人，编为"青州兵"，成为曹操后来东征西讨的重要军事力量。尽管此后在与吕布的斗争中一度受挫，但至兴平二年（公元195年）又在兖州立定脚跟，进而向河南地区发展。建安元年（公元196年）二月，击破颍川、汝南一带的黄巾军，攻克许县。七月，应安集将军董承密诏，进入洛阳。九月，迁汉献帝都许县，自任大将军，专擅朝政。由于他控制了汉献帝，在政治上取得了较其他军阀不可比拟的优势，一方面使大量优秀人才归附到他的麾下，造成他幕中猛将如云、谋臣如雨的盛况；另一方面又可以以皇帝的名义发号施令，名正言顺地讨伐异己。由此，曹操集团步入了快速发展壮大的新阶段。

建安初年，曹操尽管取得兖、豫、徐、扬四州大部分地区，兵精将广，人才济济，但却面临着极其严重的经济财政问题。因为自黄巾起义爆

---

① 《三国志·魏书》卷1《武帝纪》。

发以来，十多年间，最富庶的黄河流域就陷入了连年不断的战火，大量百姓死于屠杀、饥馑，"是时天下户口减耗，十裁一在"，① 有的城市和乡村甚至百不一在，荒无人烟，"名都空而不居，百里绝而无民者，不可胜数"，② "白骨蔽于野，千里无鸡鸣"。③ 农业生产几乎陷于停顿，社会经济全面崩溃，以劫掠为生的军阀武装也没有粮食果腹，"袁绍在河北，军人仰食桑葚；袁术在江南，取给蒲蠃"，④ 一些军阀部队因乏粮而散伙。曹操认识到，不解决安定百姓、发展生产的问题，他获得地区的统治也无法巩固。为此，他在建安元年接受枣祗、韩浩的建议，开始在许县实行屯田，当年便"得谷百万斛"。以后他在其统治地区广泛推广屯田，获得极大成功，"数年中所在积粟，仓廪皆满"。⑤ 曹操的屯田后来形成较严密的制度。屯田分民屯和军屯两种。民屯是招抚流亡农民按军事组织严格编制，在指定地点为国家种田，中央设大司农管理全国民屯事宜，郡国设典农中郎将或典农校尉，秩级同于郡国守相，管理诸郡国屯田事务。再下设典农校尉，秩级同于县令，管理一县屯田事务。最基层为屯司马，管理称为屯田客或典农部民的50人进行具体的生产活动。军屯是在相对稳定的区域组织士卒进行农业生产，保持原有军事编制，每营60人，同时设置与将领并行的度支校尉和度支都尉，专管屯田事宜。这些参加屯田的士卒平时种田，遇有战事必须参加作战。他们被称为屯田士或田卒。曹操实行屯田政策，将屯田客和屯田士变成国家的佃客，并强制他们为国家生产粮食，实现了生产者与生产资料的重新结合，在当时的条件下，既为流亡的农民创造了较安定的生产和生活条件，使他们免于饥馑，更使国家收获了大量的粮食，加速了曹操统治区的复苏，保证了军粮的稳定供应，为曹操统一北方和进军江南奠定了坚实的经济基础。

在推行屯田的同时，曹操继续对其他割据军阀用兵。建安二年（公元197年），将称帝的袁术赶出淮北地区。建安三年（公元198年），攻取吕布占据的徐州。建安四年（公元199年），攻取张绣盘踞的南阳地区。至此，黄、淮中下游的广大地区尽皆为曹操控制。此时，袁绍已消灭

---

① 《三国志·魏书》卷8《张绣传》。
② 《后汉书》卷49《王充王符仲长统列传》。
③ 曹操：《蒿里行》。
④ 《三国志·魏书》卷1《武帝纪》注引《魏书》。
⑤ 《三国志·魏书》卷16《任峻传》。

了占据幽州的公孙瓒，完全控制了冀、青、幽、并四州，拥有十多万精兵，成为实力最雄厚的军阀。他决定乘战胜公孙瓒之威，督兵南下，一举摧毁曹操集团，推翻东汉王朝，实现蹑足九五的迷梦。面对气势汹汹的袁绍军，曹操毫无惧意，坦然率军迎敌。因为他清醒地认识到，袁绍及其军队有许多不可克服的弱点和困难，曹军实力虽不及袁军，但能够战胜它。曹操分析说，袁绍"志大而智小，色厉而胆薄，忌克而少威，兵多而分画不明，将骄而政令不一，土地虽广，粮食虽丰，适足以为吾奉也"。①曹操怀着必胜的信心于建安四年八月进驻黎阳（今河南浚县东北）。他先将青州刺史、袁绍长子袁谭的军队赶到黄河以北，解除了袁军对其东北翼的威胁。九月，将主力集中官渡（今河南中牟东北）与袁军对峙。建安五年（公元200年）正月，又击破叛曹而据徐州的刘备，解除了曹军的后顾之忧。之后，全力在官渡一线迎敌。不久，两军在白马（今河南滑县东）交战，曹军斩杀袁军颜良、文丑两员大将，大挫了袁军的锋芒。四月，袁军渡过黄河，八月，进至官渡，双方开始了紧张的搏战。当时，袁军以10万大军对曹操的三四万兵马，且粮草充足，在军事上具有明显优势。正因此，袁绍拒绝谋士沮授以持久战拖垮曹军和许攸以奇兵突袭许都的正确建议，而是督军急攻曹军营垒。尽管攻势凶猛，战况激烈，但由于曹军拼死抵抗，曹军营垒岿然不动，使袁军陷于进退失据的困境。曹操抓住袁军对军粮疏于防范的弱点，派部将徐晃烧毁了袁军在官渡的数千辆运粮车。十月，又亲率精兵5000人，夜袭袁军的后勤基地乌巢，烧掉万余辆运粮车。袁军将士获悉粮车遭劫，顿起恐慌，均无斗志。谋士许攸、大将张郃先后投降曹操。在曹军凌厉的攻势下，袁绍10万大军土崩瓦解。他只得带儿子袁谭和800名骑兵仓皇渡河逃命。袁军大量军资财物都成了曹操的战利品。官渡之战是我国历史上以少胜多的著名战例。经此一战，袁绍势力每况愈下，北中国再也没有足以与曹操抗衡的力量，这就为他统一北方奠定了基础。

官渡之战以后，曹操趁热打铁，加速了统一北中国的步伐。建安六年（公元201年），击破豫州牧刘备一军，迫使其南逃依附荆州牧刘表。建安七年（公元202年）至建安十二年（公元207年）的六七年间，曹操继续对袁绍残部和乌桓用兵。建安九年（公元204年）五月攻克袁氏老

---

① 《三国志·魏书》卷1《武帝纪》。

巢邺城（今河北磁县南）。第二年春，斩杀降而复叛的袁谭，平定青州和冀州。此后曹操将自己的大本营安放邺城，自封魏公，再晋魏王，全力经营北方。建安十年（公元 205 年）攻占幽州。建安十一年（公元 206 年），攻破并州，斩杀并州刺史、袁绍外甥高干。幽、并二州全入曹操彀中。建安十二年（公元 207 年），曹操亲征与袁绍结盟的三郡乌桓，取胜后，接回被掳去的十多万汉人，迁乌桓于内地同汉人杂居，同时又征调善骑射的乌桓组成一支骑兵劲旅。接着，进军辽东，迫使盘踞辽东的公孙渡之子公孙康杀死前来投奔的袁绍之子袁尚和袁熙并向曹操臣服。至此，曹操完成了统一北方的伟业。

应该说，在初平元年（公元 190 年）参加讨伐董卓的山东诸侯联军的队伍中，曹操率领的数千兵马是一支很弱的力量。不仅与袁绍不能比肩，就是与其他州牧、郡守相比也是小巫见大巫。因为此时的曹操没有朝廷任命的官位，仅以布衣之身跻身其他名公巨卿和将军之中，而其统率的武装也只是临时招募的 5000 人的乌合之众。然而，经过十多年的艰难搏战，北中国数以十计的大小军阀却——倒在他的马前，或死或降，或逸或灭。曹操的成功除了时势导向的趋势外，更多的是他本人超出其他人的卓越的政治和军事才能。迎奉汉献帝使他获得巨大的政治资源，大兴屯田使他获得雄厚的经济基础，杰出的战略眼光和军事指挥艺术使他以少胜多，取得一系列出其不意的胜利，而"唯才是举"的选才政策，扬长避短的用人方略使他麾下不仅汇集了当时中国的各类精英，而且使他们的才能得到了最大限度的发挥。显然，占尽天时固然为曹操的成功提供了较他人得天独厚的条件，但将这些条件转化为胜利和成功还是要靠百折不回的主观努力。

建安十二年（公元 207 年），曹操平定乌桓，完成了北中国的统一。第二年七月，亲率大军近 20 万人，长驱南下，兵锋直指刘表占据的荆州，希图一举击垮刘表，渡江吞并东吴，完成中国的统一大业。然而，一方面由于曹操轻兵冒进，骄傲轻敌；另一方面由于孙权、刘备的联军巧运智谋，拼死抵抗，这次战役以曹操的失败而告终。赤壁之战奠定了魏、蜀、吴三国分立的基础。

赤壁之战以后曹操认识到一时难以攻破孙刘联军，夺取江南。于是将战略重心转至巩固后方和平定怀有异志的关西军阀方面。建安十六年（公元 211 年）春，曹操派大军进击关中的以马超、韩遂为首的割据军阀。当年秋，他亲临前线，使用离间计，拆散马超、韩遂之间的联盟，将其各个击破，韩遂被杀，马超逃归汉中张鲁，后又归蜀做了刘备手下的将军。与此同时，又派夏侯渊攻灭割据抱罕（今甘肃临夏）30年的河首平汉王宋建，从而完全控制了关中和陇右（今陕、甘、青毗连地区），打开了从北面越汉中进军益州的道路。建安二十年（公元215年），曹操亲率10万大军征伐割据汉中的张鲁，逼使他投诚。但不久汉中被刘备夺去，曹操南下益州、奄有巴蜀的计划只能向后推迟。

曹操自建安元年（公元196年）迎奉汉献帝入许都，就成为东汉朝廷的实际当国者，汉献帝只不过是他手中随意玩弄的傀儡而已。曹操在建安十三年（公元208年）废除三公，自任丞相，实现了由三公制向丞相制的回归。十八年（公元213年）自封魏公，二十一年（公元216年）自封魏王，军国大事全由设在邺城的魏王府运作，其实际权力完全超过暂时还占据龙座的汉献帝。朝廷上下，所有人几乎都心知肚明：此时曹操所缺的仅仅是一个皇帝的名号而已。但曹操却终生坚守作为汉臣的底线，《三国志·魏书·武帝纪》注引《魏略》记载：

> 孙权上书称臣，称说天命。王以权书示外曰："是儿欲踞吾著炉火上邪！"侍中陈群、尚书桓阶奏曰："汉自安帝已来，政去公室，国统数绝，至于今者，唯有名号，尺土一民，皆非汉有，期运久已进，历数久已终，非适今日也。是以桓、灵之间，诸明图纬者，皆言'汉行气尽，黄家当兴'。殿下应期，十分天下而有其九，以服事汉，群生注望，遐迩怨叹，是故孙权在远称臣，此天人之应，异气齐声。臣愚以为虞、夏不以谦辞，殷、周不吝诛放，畏天知命，无所与让也。"

又注引《魏氏春秋》记载：

> 夏侯惇谓王曰："天下咸知汉祚已尽，异代方起。自古已来，能除民害为百姓所归者，即民主也。今殿下即戎三十余年，功德著于黎庶，为天下所依归，应天顺民，复何疑哉！"王曰："'施于有政，是亦为政'。若天命在吾，吾为周文王矣。"

果不其然，建安二十五年（公元220年）正月，曹操病逝洛阳，十月，其世子曹丕就逼汉献帝以禅让的方式完成了皇统的转移，魏朝代替了汉朝，曹操也就被其做了皇帝的儿子谥号魏武帝了。

二 "宁负天下人"的极权观念

曹操是汉魏之际屈指可数的政治家、军事家和文学家，同时也是一个思想家。尽管他没有成体系的思想方面的论著，但从他的行事和留下的令、教、表、奏事、策、书、序、祭文以及诗文中，仍可窥见他独特的政治思想方面的内容。

曹操的父亲曹嵩官至三公之一的太尉，所以他从小就在最高层级的高官显贵的圈子里生活。20岁举孝廉后，很快就升至济南相、东郡太守的高官。在东汉末年朝臣残酷争权、地方军阀血腥混战的岁月里，他目睹了权力的威力，所以一生坚定了一个信念，一个有理想的政治家，只有掌握国家的最高权力，才能实现自己的意志。不过，他同时又看到，国家的最高权力尽管在观念上是属于皇帝的，但是，在实际运作上却可以操控于权臣之手。所以曹操一生的行事原则是不挑战"皇权独擅"的观念，但通过实际运作掌握最高权力。为此，就要遵守两个准则，一是不改变汉朝皇统，二是在权力问题上"宁我负人，毋人负我"。[①] 灵帝末年，当冀州刺史王芬、南阳许攸、沛国周旌等密谋废汉灵帝、改立合肥侯的时候，曹操坚决予以抵制，使这一密谋胎死腹中。他的理由是：

> 夫废立之事，天下之至不祥也。古人有权成败，计轻重而行之者，伊尹、霍光是也。伊尹怀至忠之诚，据宰臣之势，处官司之上，故进退废置，计从事立。及至霍光受托国之任，藉宗臣之位，内因太后秉政之重，外有群卿同欲之势，昌邑即位日浅，未有贵宠，朝乏谠臣，议出密近，故计行如转圜，事成如摧朽。今诸君徒见曩者之易，未睹当今之难。诸君自度结众连党，何若七国？合肥之贵，孰若吴、楚？而造作非常，欲望必克，不亦危乎！[②]

---

① 《三国志·魏书》卷1《武帝纪》注引孙盛《杂记》。
② 《三国志·魏书》卷1《武帝纪》注引《魏书》。

初平二年（公元191年），袁绍和韩馥谋立幽州牧刘虞为帝时，也遭到曹操的坚决抵制。从此一直到生命终结，曹操其实有不少篡汉的机会，但他却一直坚守维护汉朝皇统的底线，原因就在于他始终将自己确立于臣子的定位。不过与一般哼唱"臣罪当诛，天王圣明"的臣子不同，他要做的是能够"挟天子以令诸侯"的臣子。他之迎接失魂落魄的汉献帝于许都供养起来，目的是借用这个牌位运作自己的权力。

因此，曹操这个臣子却一直视权力尤其是独享权力如生命，对于挑战他权力的人，甚至只是对他擅权稍示疑义者，不论是何许人，他都毫不手软地加以排除，让其付出鲜血和生命的代价。公开对他表示不怿的孔融、祢衡不必说了，就是才能卓异但不为其所用的杨修也被其罗织罪名残酷杀害，而对其铸就大业立下不世之功的荀彧一旦对他加九锡之举稍示疑虑，也被他毫不留情地胁迫自杀。建安十五年（公元210年），当有人希望他交出兵权就武平侯国之位颐养天年时，他写了《让县自明本志令》，其中讲到自己的功劳，自信满满地说："设使国家无有孤，不知当几人称帝，几人称王。"最后说：

> 所以勤勤恳恳叙心腹者，见周公有《金縢》之书以自明，恐人不信之故。然欲孤便尔委捐所典兵众以还执事，归就武平侯国，实不可也。何者？诚恐已离兵为人所祸也。既为子孙计，又已败则国家倾危，是以不得慕虚名而处实祸，此所不得为也。前朝恩封三子为侯，固辞不受，今更欲受之，非欲复以为荣，欲以为外援，为万安计。孤闻介推之避晋封，申胥之逃楚赏，未尝不舍书而叹，有以自省也。奉国威灵，仗钺征伐，推弱以克强，处小而禽大，意之所图，动无违事，心之所虑，何向不济，遂荡平天下，不辱主命，可谓天助汉室，非人力也。然封兼四县，食户三万，何德堪之！江湖未静，不可让位；至于邑土，可得而辞。今上还阳夏、柘、苦三县户二万，但食武平万户，且以分损谤议，少减孤之责也。①

曹操这里实话实说：对我来说，什么爵位封邑都可让，只有权力，尤其是军权，是绝对不能让的，因为一旦相让，必然"得慕虚名而处实

---

① 《三国志·魏书》卷1《武帝纪》注引《魏武故事》。

祸",其他觊觎权力者就会将自己由刀俎变成鱼肉,到那时叫天天不应,叫地地不灵,就只有任人宰割的份儿了。

曹操的政治思想中,爱才、识才、选才、用才的意识别具特色。他明白,在当时军阀混战,各种政治势力角智角力的情况下,人才是制胜的最重要的资本。所以当他成为一方势力的首领之后,就千方百计延揽人才。为此,他多次出台《建学令》《求贤令》《举士令》《选举令》等文件,提出"唯才是举"的原则,向全国的智能之士发出建功立业的热切召唤。

如建安八年(公元203年)秋七月,他发出《建学令》:

> 丧乱已来,十有五年,后生者不见仁义礼让之风,吾甚伤之。其令郡国各修文学,县满五百户置校官,选其乡之后俊造而教学之,庶几先王之道不废而有以益于天下。①

建安十五年(公元210年)春,发出《求贤令》:

> 自古受命及中兴之君,曷尝不得贤人君子与之共治天下者乎!及其得贤也,曾不出闾巷,岂幸相遇哉?上之人不求之耳。今天下尚未定,此特求贤之急时也。"孟公绰为赵、魏老则优,不可以为滕、薛大夫。"若必廉士而后可用,则齐桓其何以霸世!今天下得无有被褐怀玉而钓与渭滨者乎?又得无盗嫂受金而未遇无知者乎?二三子其佐我明扬仄陋,唯才是举,吾得而用之。②

建安十九年(公元214年)十二月,发出《举士令》:

> 夫有行之士未必能进取,进取之士未必能有行也。陈平岂笃行,苏秦岂守信邪?而陈平定汉业,苏秦济弱燕。由此言之,士有偏短,庸可废乎!有司明思此义,则士无遗滞,官无废业矣……夫刑,百姓之命也,而军中典狱者或非其人,而任以三军死生之事,吾甚惧之。

---

① 《三国志·魏书》卷1《武帝纪》。
② 同上。

其选明达法理者，使持典刑。①

《魏武帝集》所载《求逸才令》：

> 昔伊挚、傅说出于贱人，管仲，桓公之贼也，皆用之以兴。萧何、曹参，县吏也，韩信、陈平负污辱之名，有见笑之耻，卒能成就王业，升著千载。吴起贪将，杀妻自信，散金求官，母死不归，然在魏，秦人不敢东向，在楚，则三晋不敢南谋。今天下得无有至德之人放在民间，及果勇不顾，临敌力战；若文俗之吏，高才异质，或堪为将守；负污辱之名，见笑之行，或不仁不孝而有治国用兵之术；其各举所知，勿有所遗。②

这些令文展示了曹操的人才观，其核心是"唯才是举"，用其所长，而不要斤斤计较品德上的一些曾经的污点，极而言之就是连那些"不仁不孝而有治国用兵之术"的人也给予建功立业的机会。实际上，曹操的选才用人原则，绝不是丝毫不顾忌他们的品德，而是全面权衡，扬长避短，使人才的潜能最大限度地发挥出来。同时，曹操也重视人才的品格，其中特别重要的一点是必须绝对忠于自己，否则，曹操会毫不犹豫地将其除掉。曹操的人才观和人才政策是在汉魏之际特殊的历史条件下形成的：在用才孔急的非常时期，对人才不能求全责备，而必须突出其才能，不拘一格，不次拔擢，"治平尚德行，有事赏功能"，评价人才，必须以实际功能为准。为此，曹操特发了一个《重功德令》：

> 议者或以军吏虽有功能，德行不足堪任郡国之选，所谓"可与适道，未可与权"。管仲曰："使贤者食于能则上尊，斗士食于功则卒轻于死，二者设于国，则天下治。"未闻无能之人，不斗之士，并受禄赏，而可以立功兴国者也。故明君不官无功之臣，不赏不战之士；治平尚德行，有事赏功能。论者之言，一似管窥虎欤！③

---

① 《三国志·魏书》卷1《武帝纪》。
② 《两汉全书》第31册，山东大学出版社2009年版，第17867—17868页。
③ 同上书，第17865页。

曹操的人才政策收到了十分明显的预期效果，在不太长的时间内，中国当时最优秀的一批人才集中到他的麾下，猛将如云，谋臣如雨，还有以"建安七子"为代表的文士，被曹操安排到适合他们发挥才能的岗位上，为曹魏的政治、经济、文化建设，特别是为他一系列的军事胜利贡献了力量。三国人才之盛，谁也比不上曹魏，比较政治、经济和文化建设的成就，谁也无出其右。

曹操不仅善于延揽人才，更善于使用人才。他尽管雄才大略，足智多谋，但仍然虚心听取属下的意见和建议，几乎每一个重大政策的出台，每一次重大战役的谋划，都是群策群力的结果。为了使属下大胆贡献真知灼见，他下达过《求直言令》：

> 夫治世御众，建立辅弼，诚在面从，《诗》称"听用我谋，庶无大悔"，斯实君臣恳恳之求也。吾充重任，每惧失中，频年以来，不闻嘉谋，岂吾开延不勤之咎邪？自今以后，诸掾属治中、别驾，常以月旦各名其失，吾将览焉。①

还下达过《掾属进得失令》："自今诸掾属，侍中、别驾，常以月朔各进得失，纸书函封，主者朝常给纸函各一。"② 不过，曹操对东汉末年官场朋党比周、相互攻讦、清议之风盛行的官风和士风很不满意，认为此种风气极其不利官吏队伍的保持一致和国家政令军令的统一，特别严重影响行政效率的提高，所以他适时发布《禁比周令》，目的是摈弃和杜绝这种风气：

> 阿党比周，先圣所疾也。闻冀州俗，父子异部，更相毁誉。昔者不疑无兄，世人谓之盗嫂；第五伯鱼三娶孤女，谓之捆妇翁；王凤擅权，谷永比之申伯；王商忠议，张匡谓之左道；此皆以白为黑，欺天罔君者也。吾欲整齐风俗，四者不除，吾以为羞。③

---

① 《两汉全书》第 31 册，第 17868 页。
② 同上书，第 17869 页。
③ 同上书，第 17870 页。

进而又发布《禁用诽谤令》:"丧乱已来,风教凋薄,谤议之言,难用褒贬。自建安五年以前,一切勿论,其以断前诽议者,以其罪罪之。"① 目的是净化社会风气。不仅如此,曹操还明白,要属下贡献聪明才智,甚至献出生命,必须给他们相应的回报,这就是封爵、官位和财富以及对遗属的抚恤。为此,他发布《封功臣令》:

> 吾起义兵,诛暴乱,于今十九年,所征必克,岂吾功哉?乃贤士大夫之力也。天下虽未悉定,吾当要与贤士大夫共定之;而专飨其劳,吾何以安焉!其促定功行封。于是大封功臣二十余人,皆为列侯,其余各以次受封。反复死事之孤,轻重各有差。②

到建安二十年(公元215年)冬十月,"始置名号侯至五大夫,与旧列侯、关内侯凡六等,以赏军功",③ 使封赏进一步规范化。为了使跟随他征战的将士和遗属感受到他的"深仁厚泽",他还将自己受封的户邑三万户的租赋分给他们:

> 昔赵奢、窦婴之为将也,受赐千金,一朝散之,故能济成大功,永世流声。吾读其文,未尝不慕其人也。与诸将士大夫共从戎事,幸赖贤人不爱其谋,群士不遗其力,是以夷险平乱,而吾得窃大赏,户邑三万。追思窦婴散金之义,今分所受租与诸将掾属及故戎于陈、蔡者,庶以畴答众劳,不擅大惠也。宜差死事之孤,以租谷及之。若年殷用足,租奉毕人,将大与众人悉共飨之。④

同时,他还专门发布《存恤令》,规定由政府安排已逝军人遗属的生活:"自顷已来,军数征行,或遇疫气,吏士死亡不归,家室怨旷,百姓流离,而仁者岂乐之哉?不得已也。其令死者家无基业不能自存者,县官勿绝廪,长吏存恤抚循,以称吾意。"⑤ 建安六年(201年)又下令为死

---

① 《两汉全书》第31册,第17885页。
② 同上书,第17868页。
③ 《三国志·魏书》卷1《武帝纪》。
④ 《两汉全书》第31册,第17869页。
⑤ 同上书,第17870页。

去无后的将士之置亲戚为后，以继承其香火：

> 吾起义兵，为天下除暴乱。旧土人民，死丧略尽，国中终日行，不见所识，使吾悽怆伤怀。其举义兵已来，将士绝无后者，求其亲戚以后之，授土田，官给耕牛，置学师以教之。为存者立庙，使祀其先人，魂而有灵，吾百年之后何恨哉！①

正因为曹操充分照顾到文武官吏和从军士卒对富贵利禄的期盼，才使他属下的这些人与之结成较稳固的政治军事集团，上下同心，奋力拼搏，打造出一个北中国的统一局面，为后来他的儿子篡汉立魏奠定了人才的基础。

曹操作为一个以澄清天下为己任的政治家，行政实践中不时闪现法家的理念和作风，如在《拜高柔为理曹掾令》中，就直言不讳地申明对刑法的钟爱：

> 夫治定之化，以礼为首；拨乱之政，以刑为先。是以舜流四凶族，皋陶作士。汉祖除秦苛法，萧何定律。掾清识平当，明于宪典，勉恤治哉！②

但是，曹操毕竟是长期处在东汉"以经治国"的氛围中，所以儒家的民本意识也时刻萦绕心怀。他知道，没有百姓稳定的生产和生活，尤其是没有他们提供的赋役，政府和军队就不能存活，还遑论什么发展壮大。因此，曹操较三国的其他统治者更关注民生。除了推行具有关键作用的屯田政策之外，他还发布了诸如抑兼并、给贷、慎刑等一系列改善民生的命令。

如建安九年（公元204年）九月，在免除河北"罹袁氏之难"百姓当年的租赋的同时，宣布了《抑兼并令》：

> 有国有家者，不患寡而患不均，不患贫而患不安。袁氏之治也，

---

① 《三国志·魏书》卷1《武帝纪》。
② 《两汉全书》第31册，第17876页。

使豪强擅恣，亲戚兼并；下民贫弱，代出租赋，炫鬻家财，不足应命。审配宗族，至乃藏匿罪人，为逋逃主。欲望百姓亲附，甲兵强盛，岂可得邪！其收田租亩四升，户出绢二疋、绵二斤而已，他不得擅兴发。郡国守相明检察之，无令强民有所隐藏，而弱民兼赋也。①

接着，又发布了《给贷令》：

去冬天降疫疠，民有凋伤，军兴于外，垦田损少，吾甚忧之。其令吏民男女：女年七十已上无夫子，若年十二已下无父母兄弟，及目无所见，手不能作，足不能行，而无妻子父兄产业者，廪食终身。幼者至十二止，贫穷不能自赡者，随口给贷。老耄须待养者，年九十已上，复不事，家一人。②

由于一系列惠及民生政策的实施，曹操统治的北中国地区，主要是黄河流域百姓的生产和生活逐步进入恢复和发展的轨道，成为三国中经济实力最雄厚的地区，为后来西晋的统一全中国奠定了物质基础。

曹操是他那个时代最卓越的军事家之一，他指挥的官渡之战、征乌桓之战、征西凉韩遂、马腾之战等，都成为军事上的经典战例。他特别注意研究中国古代留传下来的兵学著作，精心研读《孙子兵法》并为之作注，成为《孙子》十家注的第一篇。在《孙子序》中，他阐述了自己的战争观：

操闻上古有孤矢之利，《论语》曰"足兵"，《尚书》八政曰"师"，《易》曰"师贞丈人吉"，《诗》曰"王赫斯怒，爰征其旅"，黄帝、汤、武咸用干戚以济世也。《司马法》曰："人故杀人，杀之可也。"恃武者灭，恃文者亡，夫差、偃王是也。圣人用兵，戢时而动，不得已而用之。③

---

① 《三国志·魏书》卷1《武帝纪》注引《魏书》。
② 《两汉全书》第31册，第17871页。
③ 同上书，第17938页。

这就是说，在曹操看来，战争作为解决社会矛盾的最高手段是必要的，但不能穷兵黩武，只能"不得已而用之"。

总起来看，曹操的政治实践活动丰富多彩，但有关政治思想的论述则显得单薄而支离，没有构筑出一个严整的体系。不过，曹操有着自己的政治理想，期望澄清天下，创造一个与历史上的尧、舜、禹、汤、文、武相媲美的太平盛世。这种理想大多通过他具有浪漫情怀的诗文展示出来。如《短歌行》通过对自己服膺的历史人物的歌颂，抒发对圣君贤相的向往之情，寄托着对自己人生的期许：

> 对酒当歌，人生几何！譬如朝露，去日苦多。慨当以慷，忧思难忘。何以解忧，唯有杜康。青青子衿，悠悠我心，但为君故，沉吟至今。呦呦鹿鸣，食野之苹。我有嘉宾，鼓瑟吹笙。明明如月，何时可掇？忧从中来，不可断绝。越陌度阡，枉用相存。契阔谈䜩，心念旧恩。月明星稀，乌鹊南飞。绕树三匝，何枝可依？山不厌高，水不厌深，周公吐哺，天下归心。
>
> 周西伯昌，怀此圣德。三分天下，而有其二。修奉贡献，臣节不坠。崇侯谗之，是以拘系。一解后见赦原，赐之斧钺，得使征伐，为仲尼所称：建及德行，犹奉事殷，论叔其美。二解齐桓之功，为霸之首。九合诸侯，一匡天下。一匡天下，不以兵车。正而不谲，其德传称。三解孔子所叹，并称夷吾，民受其恩。赐与庙胙。命无下拜。小白不敢尔，天威在颜咫尺。四解晋文亦霸，躬奉天王。受赐珪瓒，秬鬯彤弓，卢弓矢千，虎贲三百人。五解威服诸侯，师之者尊。八方闻之，名亚齐桓。河阳之会，诈称周王，是以其名纷葩。[①]

如《度关山》《对酒》则是对自己心目中的太平盛世的描绘：

> 天地间，人为贵。立君牧民，为之轨则。车辙马迹，经纬四极。黜陟幽明，黎庶繁息。于铄贤圣，总统邦域。封建五爵，井田刑狱。有燔丹书，无普赦赎。皋陶甫侯，何有失职？嗟哉后世，改制易律。劳民为君，役赋其力。舜漆食器，畔者十国，不及唐尧，采椽不斫。

[①]《两汉全书》第 31 册，第 17929—17930 页。

世叹伯夷，欲以厉俗。侈恶之大，俭为共德。许由推让，岂有讼曲？兼爱尚同，疏者为戚。①

对酒歌。太平时，吏不呼门。王者贤且明，宰相股肱皆忠良。咸礼让，民无所争讼。三年耕有九年储，仓谷满盈。班白不负戴。雨泽如此，百谷用成。却走马，以粪其土田。爵公侯伯子男，咸爱其民，以黜陟幽明。子养有若父与兄。犯礼法，轻重随其刑。路无拾遗之私，囹圄空虚，冬节不断。人耄耋，皆得以寿终。恩泽广及草木昆虫。②

这些描绘自然带有强烈的主观色彩，其中不乏浓重的空想的成分，但在这些瑰丽的诗篇中，我们依然能够看到曹操一颗跳动的追求美好理想社会的诚心，看到他对明君、贤相、忠臣、守法淳朴之民以及国泰民安、良风美俗的向往和追求。

---

① 《两汉全书》第 31 册，第 17927—17928 页。
② 同上书，第 17928—17929 页。

第六章 思想家的政治思想

第一节 桓谭的政治思想

一 反谶纬神学的斗士

桓谭（公元前43—公元28年），字君山，沛国相（今安徽淮北相山）人。"父成帝时为太乐令，谭以父任为郎。因好音律，善鼓琴，博学多通，遍习五经，皆诂训大义，不为章句。能文章，尤好古学，数从刘歆、扬雄辨析疑异。性嗜倡乐，简易不修威仪，而憙非毁俗儒。由是多见排抵。"哀、平之世，一直在郎官的位子上不得升迁。"当王莽居摄篡弑之际，天下之士莫不竞褒称德，美作符命，以求容媚，谭独自守，默然无言"。① 王莽建立新朝以后，被任命为掌乐大夫。新朝灭亡后，先任更始政权的太中大夫，归刘秀后，两次上书，对东汉建立初期的政治、经济、思想文化等问题提出极具真知灼见的建议，但因不合刘秀的口味，均未被采纳。

西汉末年尤其是王莽之世，谶纬迷信盛行。刘秀因为做皇帝与当时流行的谶语相符契，于是特别痴迷谶纬。一次在朝议论灵台基址时，群臣争论不休。"帝谓谭曰：'吾欲谶决之，何如？'谭默然良久，曰：'臣不读谶。'帝问其故，谭复极言谶之非经，帝大怒曰：'桓谭非圣无法，将下斩之。'谭叩头流血，良久乃得解"。② 在刘秀眼里，桓谭简直就是一个不识相、认死理、目无天子的不可理喻之人，于是贬他为六安（今属安徽）郡丞。他只得匆匆离京赶往任所，"意忽忽不乐，道病卒，时年七十余"。显然，桓谭是死于捍卫真理的战斗。

---

① 《后汉书》卷28《桓谭冯衍列传》。
② 同上。

连仕西汉、新、东汉三朝的桓谭是当时学识最渊博、思想最敏锐的学者。当其时，正是今文经学与谶纬神学日益结合，将经学神学化、儒家宗教化、孔子教主化的岁月。从王莽到刘秀，到公孙述之类的政治人物，几乎无一不利用谶纬神化自己，刻意塑造自己天意所钟的帝王形象。而一般攀龙附凤的势利儒生、无耻政客、无聊文人，更是推波助澜，精心制造谶语符瑞投其所好。王莽由权臣篡汉立新、变刘氏皇统为王氏皇统的过程，就是在层出不穷的谶语符瑞推动下完成的。而刘秀自己的登基称帝，在一定程度上也借谶语符瑞为助力。所以东汉建立后，即使最清醒的思想家，也只能以沉默表示自己的态度，谁也不敢站出来揭穿谶语符瑞的虚妄。然而，年逾七十岁的桓谭却站出来，发出了狮吼般的大海潮音：

> 臣前献瞽言，未蒙诏报，不胜愤懑，冒死复陈。愚夫策谋有益于政道者，以合人心而得事理也。凡人情忽于见事而贵于异闻，观先王之所记述，咸以仁义正道为本，非有奇怪虚诞之事。盖天道性命，圣人所难言也。自子贡以下，不得而闻，况后世浅儒，能通之乎！今诸巧慧小才伎数之人，增益图书，矫称谶记，以欺惑贪邪，诖误人主，焉可不抑远之哉！臣谭伏闻陛下穷折方士黄白之术，甚为明矣；而乃欲听纳谶记，又何误也！其事虽有时合䜩，犹卜数只偶之类。陛下宜垂明听，发圣意，屏群小之曲说，述五经之正义，略雷同之俗语，详通人之雅谋。①

在当时的情况下，这是多么不容易！人微言轻的桓谭敢于公开站出来，逆龙鳞顶风而上，向这一最粗鄙的神学迷信发起挑战，就显得极其难能可贵。最后的结果虽然是赔上了自己的老命，但他以生命捍卫真理的无畏勇气和战斗精神却在东汉历史上树起了第一面不朽的旗帜。

桓谭留下的著作是《新论》。《后汉书·桓谭传》记载："初，谭著书言当世行事二十九篇，号曰《新论》，上书献之，世祖善焉。《琴道》一篇未成，肃宗使班固续成之。所著赋、诔、书、奏凡二十六篇，元和中肃宗行东巡狩至沛，使使者祠谭冢，乡里以为荣。"看来刘秀的后世子孙对乃祖加于桓谭的不公实际上做了一定程度的纠正，桓谭地下有知，也该含

---

① 《后汉书》卷28《桓谭冯衍列传》。

笑九泉了。

二 "明君""贤臣""修德""善政"

桓谭是两汉之际最清醒的唯物论思想家，他继承先秦以荀子为代表的以"气"为万物本原的唯物论思想，对自然界和人类的生、老、病、死等现象以及形、神关系等问题做了唯物论的回答：

> 草木五谷，以阴阳气生于土，及其长大成实，实复入土，而后能生，犹人与禽兽昆虫，皆以雄雌交接相生。生之有长，长之有老，老之有死，若四时之代谢矣。而欲变易其性，求为异道，惑之不解也。①

他以烛火喻形神，说明人的形体与精神有不可分割的关系，驳斥了形神离即精神可以脱离形体单独存在的理论：

> 精神居形体，犹火之燃烛矣。如善扶持，随火而侧之，可毋灭而竟烛。烛无，火亦不能独行于虚空，又不能后然其妣，妣犹人之耆老，齿堕发白，肌肉枯腊，而精神弗为之能润泽内外周遍，则气索而死，如火烛之俱尽矣。②

由形神关系推及对神学目的论的批判：

> 余与刘子骏言养性无益。其兄子伯玉曰："天生杀人药，必有生人药也。"余曰："钩吻不与人相宜，故食则死。非为杀人生也。譬若巴豆毒鱼，岩石贼鼠，桂害獭，杏核杀猪，天非故为作也。"③

不过，桓谭同时认为，在世界万物之中，人是最宝贵的"生之最灵"，因为他所具备的貌、言、视、听、思是别的生物不具备的：

---

① 《新论·祛蔽第八》，《两汉全书》第 12 册，山东大学出版社 2009 年版，第 6635 页。
② 同上书，第 6634 页。
③ 同上书，第 6635—6636 页。

> 人抱天地之体，怀纯粹之精，有生之最灵者也。是以貌动于木，言信于金，视明于火，听聪于水，思睿于土，五行之用，动静还与神通。貌恭则肃，肃时雨若。言从则乂，乂时旸若。视明则哲，哲则燠若。听聪则谋，谋则寒若。心严则圣，圣则风若。金、木、水、火，皆载于土。雨、旸、燠、寒，皆发于风。貌、言、视、听，皆生于心。①

这表明，桓谭将他的政治和社会思想建立在唯物主义的基础之上。

在政治思想方面，桓谭认为，征诸历史事实，治理天下的政治形式，其实只有王、霸两种，而在更多的情况下，两者是混在一起使用的：

> 夫上古称三皇、五帝，而次有三王、五霸，此天下君之冠首也。故言三皇以道理，而五帝用德化；三王由仁义，五霸以权智。其说之曰：无制令刑罚谓之皇；有制令而无刑罚谓之帝；赏善诛恶，诸侯朝事谓之王；兴兵众，以信义矫世谓之霸。王者，往也，言其惠泽优游，天下归往也。五帝以上久远，经传无事，唯王霸二盛之义，以定古今之理焉。夫王道之治，先除人害，而足其衣食，然后教以礼义，使知好恶去就，是故大化四凑，天下安乐：此王者之术。霸功之大者，尊君卑臣，权统由一，政不二门，赏罚必信，法令著明，百官修理，威令必行：此霸者之术。王者纯粹，其德如彼，霸道驳杂，其功如此，俱有天下，而君万民，垂统子孙，其实一也。②

桓谭进而认为："举纲以纲，千目皆张。振裘持领，万毛自整。治大国者，亦当如此。"③

那么，这个纲举目张的"纲"究竟是什么？首先就是"明君""贤臣"：

> 臣闻国之废兴，在于政事；政事得失，由乎辅佐。辅佐贤明，则

---

① 《新论·正经第九》，《两汉全书》第12册，第6637页。
② 同上书，第6615页。
③ 《新论·离事第十一》，《两汉全书》第12册，第6640页。

俊士充朝，而理合世务；辅佐不明，则论失时宜，而举多过事。夫有国之君，俱欲兴化建善，然而政道未理者，其所谓贤者异也。昔楚庄王问孙叔敖曰："寡人未得所以为国是也。"叔敖曰："国之有是，众所恶也，恐王不能定也。"王曰："不定独在君，亦在臣乎？"对曰："君骄士，曰士非我无从富贵；士骄君，曰君非士无从安存。人君或至失国而不悟，士或至饥寒而不进。君臣不合，则国是无从定矣。"庄王曰："善。愿相国与诸大夫共定国是也。"盖善政者，视俗而施教，察失而立防，威德更兴，文武迭用，然后政调于时，而躁人可定。昔董仲舒言"理国譬若琴瑟，其不调者则解而更张"。夫更张难行，而拂众者亡，是故贾谊以才逐，而晁错以智死。世虽有殊能而终莫敢谈者，惧于前事也。①

桓谭特别强调"贤臣"的重要性，他说："治国者，辅佐之本，其任用咸得大才。大才乃主之股肱羽翮也。"②他举例说，殷朝的伊尹，周朝的姜太公，秦国的百里奚，尽管出道时都已经70多岁，但也成为"王霸师"，发挥了重要作用。相反，秦始皇、王莽都是自视高明，"不听纳谏臣谋士"，最后身死国灭。在桓谭看来，所谓治国理政，就是在明君、贤臣协和，对国是达成共识的前提下，实行"善政"，办法是"视俗而施教，察失而立防，威德更兴，文武迭用"，然后再根据形势的发展不断进行调整。再进一步说，就是根据形势决定政策，建立制度，德教与刑罚交互为用，也是王道与霸道紧密结合。不过，由于其时儒学的影响已经深入人心，因此桓谭有时特别强调德治的重要："圣人治国，崇礼让，显仁义，以尊贤爱民为务，是为卜筮维寡，祭祀用稀。"对于自然界的所谓灾异，要以一颗平常心因应：

> 夫灾异变怪者，天下所常有，无世而不然。逢明主贤臣智士仁人，则修德善政省职慎行以应之，故咎殃消亡而祸转为福焉。③

---

① 《后汉书》卷28《桓谭冯衍列传》。
② 《新论·求辅第三》，《两汉全书》第12册，第6616页。
③ 同上书，第6628页。

与此相联系。他对迷信卜筮鬼神的帝王如楚灵王、王莽等进行了辛辣的批判：

> 王翁好卜筮，信时日，而笃于事鬼神，多作庙兆，洁斋祀祭，牺牲殽膳之费，吏卒辨治之苦，不可称道。为政不善，见叛天下。及难作兵起，无权策以自救解，乃驰之南郊告祷，搏心言冤，号兴流涕，叩头请命，幸天哀助之也。当兵入宫日，矢射交集，燔火大起，逃渐台下，尚抱其符命书及所作威斗，可谓蔽惑至甚矣。①

桓谭对东汉初期实行的法禁也提出意见和建议。他认为"县赏设罚，以别善恶"，目的是使恶人得到惩罚，而善人得到"蒙福"：

> 且设法禁者没非能尽塞天下之奸，皆合众人之所欲也，大抵取便国利事多者，则可矣。夫张官置吏，以理万人，县赏设罚，以别善恶，恶人诛伤，则善人蒙福矣。

然而，对于血亲复仇的法禁不力却容易引发冤冤相报，仇杀无已，毒化社会风气，必须严禁，使所有人只接受国家法律的制裁。他建议，今后凡血亲复仇者，一律按国家法律严惩不贷。

同时，在量刑上必须以事实为根据，以法律为准绳，坚决杜绝无良官吏上下其手，量刑畸轻畸重，贪赃枉法，草菅人命：

> 又见法令决事，轻重不齐，或一事殊法，同罪异论，奸吏得因缘为市，所欲活则出生议，所欲陷则与死比，是为刑开二门也。今可令通义理明习法律者，校定科比，一其法度，班下郡国，蠲除故条。如此，天下知方，而狱无怨滥矣。

最后，桓谭对于国家的经济政策也重申"重本抑末""禁民二业"的传统理念，目的是稳定农业和农民，保证国家最重要的税源稳定和发展：

---

① 《新论·言体第四》，《两汉全书》第 12 册，第 6623 页。

> 夫理国之道，举本业而抑末利，是以先帝禁人二业，锢商贾不得宦为吏，此所以抑并兼长廉耻也。今富商大贾，多放钱货，中家子弟，为之保役，趋走与臣仆等勤，收税与封君比入，是以众人慕效，不耕而食，至乃多通侈靡，以淫耳目。今可令诸商贾自相纠告，若非身力所得，皆以赃界告者。如此，则专役一己，不敢以货与人，事寡力弱，必归功田亩，田亩修则谷入多而地力尽矣。①

第二节　班彪、班固父子的政治思想

一　班彪的政治思想

班彪（公元3—54年），字叔度，扶风安陵（今陕西咸阳东北）人。生当两汉之际的乱世。他不仅有当时第一流的学问，而且具有第一流的政治眼光。他洞悉时事，不慕荣利，稳稳地把握着自己的命运。当更始政权败亡、三辅大乱之时，他悄悄离开故乡，投奔陇西割据者隗嚣，静观时变。隗嚣认为王莽灭亡后的中国政治形势颇似战国纷争之局，自己执意做一个割据一方的霸主作威作福。班彪已看出汉室复兴的趋势，力劝他不要做七雄并立的迷梦。他精辟地分析说：

> 汉承秦制，改立郡县，主有专己之威，臣无百年之柄。至于成帝，假借外家，哀、平短祚，国嗣三绝。故王氏擅朝，因窃位号。危自上起，伤不及下，是以即真之后，天下莫不引领而叹。十余年间，中外骚扰，远近俱发，假号云合，咸称刘氏，不谋同辞。方今雄杰带州域者，皆无七国世业之资，而百姓讴吟，思仰汉德，已可知矣。②

后来，班彪看到隗嚣不可理喻，即毅然离去，转赴河西依靠割据者窦融，并规劝他归附了刘秀。窦融作为刘秀的盟友，据守河西，有力地牵制了隗嚣和割据蜀地的公孙述，为刘秀的统一事业立下不世之功，这其中有着班彪的重要贡献。然而，班彪尽管才华横溢，识见高远，但在以战功博取高官厚禄的年代，他作为一介儒生却难以得到重用。归附刘秀后，他被

---

① 《后汉书》卷28《桓谭冯衍列传》。
② 《后汉书》卷40《班彪列传》。

任命为徐（今江苏泗洪南）令，因病未赴任。继而任司徒掾，最后做了年余的望都（今河北唐县东北）长，第二年即死于任上。终其一生，官秩亦未过千石。依才能而论，实在委屈了他。不过，班彪对自己的遭际始终未露半点不满情绪，他甘于寂寞，安于清贫，位卑未敢忘忧国。他知道自己的所长在于"才高而好述作，遂专心史籍之间"，①作《史记后传》数十篇，为后来班固撰写《汉书》打下了较好的基础。他为东汉皇朝的长治久安毫无保留地献出了自己的赤诚，但并未以此索要官位利禄。他与官居大司空高位的窦融有着很深的感情，但也未在他面前要求提携。他将自己定位学者客卿，因而对寂寞和清贫安之若素。所以范晔评论他说：

> 班彪以通儒上才，倾侧危乱之间，行不逾方，言不失正，仕不急进，贞不违人，敷文华以纬国典，守贱薄而无闷容。彼将以世运未弘，非所谓贱焉耻乎？何其守道恬淡之笃也？②

班彪的政治思想主要体现在他的《王命论》一文，这篇文章是针对隗嚣的割据论而发，通篇强调刘邦创建汉朝是"天命攸归"，其中阐述的基本理论是董仲舒的君权神授说：

> 昔在帝尧之禅曰："咨尔舜，天之历数在尔躬。"舜亦以命禹。臬于稷契，咸佐唐虞，光济四海，奕世载德，至于汤武，而有天下。虽其遭遇异时，禅代不同，至乎应天顺民，其揆一也。是故刘氏承尧之祚，氏族之世，著乎《春秋》。唐据火德，而汉绍之，始起沛泽，则神母夜号以章赤帝之符。由是言之，帝王之祚，必有明圣显懿之德，丰功厚利积累之业，然后精诚通于神明，流泽加于生民，故能为鬼神所福飨，天下所归往，未见运世无本，功德不纪，而得屈起在此位者也。世俗见高祖兴于布衣，不达其故，以为适遭暴乱，得奋其剑，游说之士至比天下于逐鹿，幸捷而得之，不知神器有命，不可以智力求也。③

---

① 《后汉书》卷40《班彪列传》。
② 同上。
③ 《汉书》卷100《叙传》。

班彪写这篇文章的目的虽然是告诫隗嚣之类的割据者放弃与刘秀争天下的非分之想，但以神道迷信论证刘秀复兴汉家大业的合理性毕竟是一种毫无价值的陈词滥调，这说明班彪还囿于当时的官方意识形态不能自拔。不过，他在具体论述中仍然能展示清醒的人文主义倾向，即他对"穷达有命，吉凶由人"的认知。在论及刘邦创立西汉王朝的时候，他也表述了同样的观点：

> 盖在高祖，其兴也有五：一曰帝尧之苗裔，二曰体貌多奇异，三曰神武有征应，四曰宽明而仁恕，五曰知人善任使。加之以信诚好谋，达于听受，见善如不及，用人如由己，从谏如顺流，趋时如向赴；当食吐哺，纳子房之策；拔足挥洗，揖郦生之说；寤戍卒之言，断怀土之情；高四皓之名，割肌肤之爱；举韩信于行陈，收陈平于亡命，英雄陈力，群策毕举：此高祖之大略，所以成帝业也。①

在他列举的刘邦取得天下的五个原因中，四、五两项就全是讲的人谋，特别是知人善任，这恰恰是明君应该具备的素质。班彪十分关注太子及各王国世子的教育，因为这关系到王朝最高执政者的培养和帝国的未来。他上书光武帝，指出此事的重要性，"圣人审所与居，而戒慎所习"，所以应该为太子慎选太傅和东宫属官，也应该为诸王国的世子慎选师傅和官属：

> 汉兴，太宗使晁错导太子以法术，贾谊教梁王以《诗》《书》。及至中宗，亦令刘向、王褒、萧望之、周堪之徒，以文章儒学保训东宫以下，莫不崇简其人，就成德器。今皇太子诸王，虽结发学问，修习礼乐，而傅相未置贤才，官属多阙旧典，宜博选名儒有威重明通政事者，以为太子太傅，东宫及诸王国，备置官属。②

班彪的这个建议被刘秀采纳。班彪还一直关注周边的少数民族事务，因为他知道这不仅关系到边境地区的安宁，而且关系到全国的稳定。所以

---

① 《汉书》卷100《叙传》。
② 《后汉书》卷40《班彪列传》。

他在建武九年（公元33年）提出恢复护羌校尉的设置：

> 今凉州部皆有降羌，羌胡被发左衽，而与汉人杂处，习俗既异，言语不通，数为小吏黠人所见侵夺，穷恚无聊，故致反叛。夫蛮夷寇乱，皆为此也。旧制益州部置蛮夷骑都尉，幽州部置领乌桓校尉，凉州部置护羌校尉，皆持节领护，理其怨结，岁时循行，问所疾苦。又数遣使译通动静，使塞外羌夷为吏耳目，州郡因此可得儆备。今宜复如旧，以明威防。①

在建武二十五年（公元49年）又提出恢复护乌桓校尉的设置：

> 乌桓天性轻黠，好为寇贼，若久放纵而无总领者，必复侵掠居人，但委主降掾史，恐非所能制。臣愚以为宜复置乌桓校尉，诚有益于附集，省国家之边虑。②

班彪的建议都得到了刘秀的首肯，护羌校尉和护乌桓校尉的恢复设置，对于维护东汉王朝东北和西部边境地区的安宁，促进汉民族与少数民族经济文化交流起了重要作用。

另外，东汉初年，匈奴已经分裂为南北两部，当时朝廷与南匈奴交好，对北匈奴的示好屡屡加以拒绝。建武二十八年（公元52年）北匈奴再次通使贡物，乞求和亲。朝廷间求臣下意见，大多数主张拒绝，只有班彪主张接受，采取与对南匈奴一样的政策：

> 臣闻孝宣皇帝敕边守尉曰："匈奴大国，多变诈。交接得其情，则却敌折冲；应对入其数，则反为轻欺。"今北匈奴见南单于来附，惧谋其国，故数乞和亲，又远驱牛马与汉合市，重遣名王，多所贡献，斯皆外示富强，以相欺诞也。臣见其献益重，知其国益虚，归亲愈数，为惧愈多。然今既未获助南，则亦不宜绝北，羁縻之义，礼无不答。谓可颇加赏赐，略与所献相当，明加晓告以前世呼韩、邪郅支

---

① 《后汉书》卷87《西羌传》。
② 《后汉书》卷90《乌桓鲜卑列传》。

行事。①

为此，班彪拟好代朝廷拟就答北匈奴的回书，然而，刘秀却没有采纳班彪正确的建议，结果在北匈奴问题上严重失策，导致与北匈奴连绵不断的战争，直到窦宪率军将其驱出漠北，这种劳民伤财的战争才告平息。

二　班固的政治思想

班固（公元 32—92 年），字孟坚，是班彪的长子。他九岁能属文，诵诗赋。十六岁即入太学，博览群籍，九流百家之言无不穷究，颇为当时人所钦重。显然，班固的资质，优势在于读书为文做学问，且生当东汉光、明、章三代社会稳定、经济繁荣的岁月里，正可以平静的心态，从事学术文化的创造。然而，班固更感兴趣的却是参与政治，梦寐以求的是官场的权势、利禄和荣光，因而不断结交权贵就成为他乐此不疲的活动。永平初年，东平王刘苍以当今皇帝之弟任骠骑大将军，大权在握，一言九鼎，是一个能给人带来富贵利禄的大人物。班固以布衣之身，向他上书，推荐人才，希冀刘苍赏识他的才干，但未获青睐。他只能继续以太学生的身份度过寒窗苦读与著述的凄清时光。在这之后，他开始接续父亲撰写《汉书》。永平五年（公元 62 年），因有人告发他私自改作国史而被捕入狱。但因祸得福，真相查明后，明帝欣赏他的才华，任命他为兰台令史，使其开始了 20 余年潜心著述《汉书》的生涯。正是这二十多年的辛勤劳作，使他写出了中国第一部断代史的辉煌巨著，奠定了他在中国史学史上不可替代的地位。不过，班固在守住清贫、努力著述的同时，并没有忘记寻机为当今朝廷献上深情的颂歌，更没有忘记有朝一日得到当权者的拔擢而平步青云。其间，他写过洋洋洒洒、辞采华美的《两都赋》，极力称颂东汉创业的艰辛与伟大，赞美洛阳的雄奇壮伟、阔大宏丽。汉章帝即位后，由于他"雅好文章"，对班固倍加宠幸，"数入读书禁中，或连日继夜，每行幽狩，辄献上赋颂，朝廷有大议，使难问公卿，辩论于前，赏赐恩宠甚渥"。② 然而，在章帝眼里，班固始终不过是一个文学侍从，尽管宠爱有加，却压根不想委他军国重任。建初三年（公元 78 年），他擢升

---

① 《后汉书》卷 89《南匈奴列传》。
② 《后汉书》卷 40《班彪列传·班固》。

玄武司马，但也只是一个秩级比千石的宫门卫士长，在高官如云的京城中，实在微不足道。而这一年，班固已经47岁，对自己的前程无奈而茫然。和帝即位的永元元年（公元89年），班固望眼欲穿的机会终于等来了：车骑将军窦宪统兵北征匈奴，他被任命为中护军随军出征。他满以为自己飞黄腾达的机遇降临了，所以卖力为窦宪服务，对其征伐北匈奴的并不光彩的胜利极尽讴歌颂誉之能事。然而，由于窦宪作为外戚专权自恣，大大激化了与皇室的矛盾，所以当永元四年（公元92年）率军凯旋回朝时，等待他的却是和帝与宦官精心策划的诛杀。班固作为窦宪的党羽也沦为阶下囚，因为与之有隙的洛阳令种竞借机报复，使一代良史在惊悸与悔恨中死于狱中。

班固虽然是一场政治斗争的牺牲品，但也与他自身对富贵利禄的刻意追求不无关系。其实班固的职位不过是一个兰台令史，他在这个位子上足以把自己的聪明才智发挥到淋漓尽致的程度。可悲的是，班固不安其位，既缺乏自知之明，也没有知人之明。他的超越自身定位的努力带来的是杀身之祸。最后，不管他愿意与否，他必须饮下自己酿造的苦酒。

班固的政治思想集中体现在他的巨著《汉书》中。可能受其父《王命论》的影响，他也认为王朝的更替有一个冥冥中的天命起决定作用，所以在评论汉朝开国皇帝刘邦时十分肯定地写道："由是推之，汉承尧运，德祚已盛，断蛇著符，旗帜尚赤，协于火德，自然之应，得天统矣。"① 不唯如此，他的历史观中还有报应论的因子，例如，对戾太子之狱，他就不是从制度上探索原因，而是从武帝长期地对少数民族的战争中寻求报应的必然：

> 赞曰：巫蛊之祸，岂不哀哉！此不惟一江充之辜，亦有天时，非人力所致焉。建元六年，蚩尤之旗见，其长竟天。后遂命将出征，略取河南，建置朔方。其春，戾太子生。自是之后，师行三十年，兵所诛屠夷灭死者不可胜数。及巫蛊事起，京师流血，僵尸数万，太子子父皆败。故太子生长与兵，与之终始，何独一婢臣哉！秦始皇即位三十九年，内平六国，外攘四夷，死人如乱麻，暴骨长城之下，头颅相属于道，不一日而无兵。由是山东之难兴，四方溃而逆秦。秦将吏外

---

① 《汉书》卷1《高祖纪》。

畔，贼臣内发，乱作萧墙，祸成二世。故曰"兵犹火也，弗戢必自焚"，信矣。是以仓颉作书，"止""戈"为"武"。圣人以武禁暴整乱，止息兵戈，非以为残而兴纵之也。《易》曰："天之所助者顺也，人之所助者信也；君子履信思顺，自天祐之，吉无不利也。"故车千秋指明蛊情，章太子之冤。千秋材知未必能过人也，以其销恶运，遏乱原，因衰激极，道迎善气，传得天人之祐助云。①

这些论述，显示出传统历史观和政治观对他的影响。然而，当他接触到大量的历史事实并对之深入分析之后，他还是从人事的角度解释人类社会的发展变化。如在《汉书·食货志》中，他就突出经济基础的作用：

《洪范》八政，一曰食，二曰货。食谓农殖嘉谷可食之物，货谓布帛可衣，及金刀龟贝，所以分财布利通有无者也。二者，生民之本，兴自神农之世。"斫木为耜，煣木为耒，耒耨之利以教天下"，而食足；"日中为市，致天下之民，聚天下之货，交易而退，各得其所"，而货通。食足货通，然后国实民富，而教化成。黄帝以下"通其变，使民不倦"。尧命四子以"敬授民时"，舜命后稷以"黎民祖饥"，是为政首。禹平洪水，定九州，制土田，各因所生远近，赋入贡棐，楙迁有无，万国作乂。殷周之盛，《诗》《书》所述，要在安民，富而教之。故《易》称"天地之大德曰生，圣人之大宝曰位；何以守位曰仁，何以聚人曰财。"财者，帝王所以聚人守位，养成群生，奉顺天德，治国安民之本也。故曰："不患寡而患不均，不患贫而患不安；盖均亡贫，和亡寡，安亡倾。"是以圣王域民，筑城郭以居之，制庐井以均之，开市肆以通之，设庠序以教之；士农工商，四民有业，学以居位曰士，辟土殖谷曰农，作巧成器曰工，通财鬻货曰商。圣王量能授事，四民陈力受职，故朝亡废官，邑亡敖民，地亡旷土。

而同时，他也明确肯定礼乐刑罚等制度和法纪对治国理民的不可或缺的作用：

---

① 《汉书》卷63《武五子传》。

《六经》之道同归，而《礼》《乐》之用为急。治身者斯须忘礼，则暴嫚入之矣；为国者一朝失礼，则荒乱及之矣。人函天地阴阳之气，有喜怒哀乐之情。天禀其性而不能节也。圣人能为之节而不能绝也，故象天地而制礼乐，所以通神明，立人伦，正情性，节万事者也。人性有男女之情，妒忌之别，为制婚姻之礼；有交接长幼之序，为制乡饮之礼；有哀死思远之情，为制丧祭之礼；有尊尊敬上之心，为制朝觐之礼。哀有哭踊之节，乐有歌舞之容，正人足以副其诚，邪人足以防其失。故婚姻之礼废，则夫妇之道苦，而淫辟之罪多；乡饮之礼废，则长幼之序乱，而争斗之狱蕃；丧祭之礼废，则骨肉之恩薄，而背死忘先者众；朝聘之礼废，则君臣之位失，而侵陵之渐起。故孔子曰："安上治民，莫善于礼，移风易俗，莫善于乐。"礼节民心，乐和民声，政以行之，刑以防之。礼乐政刑四达而不誖，则王道备矣。①

夫人宵天地之貌，怀五常之性，聪明精粹，有生之最灵者也。爪牙不足以供耆欲，趋走不足以避利害，无毛羽以御寒暑，必将役物以为养。任智而不恃力，此其所以为贵也。故不仁爱则不能群，不能群则不胜物，不胜物则养不足。群而不足，争心将作，上圣卓然先行敬让博爱之德者，众心说而从之。从之成群，是为君矣；归而往之，是为王矣。《洪范》曰："天子作民父母，为天下王。"圣人取类以正名，而谓君为父母，明仁爱德让，王道之本也。爱待敬而不败，德须威而久立，故制礼以崇敬，作刑以明威也。圣人既躬明悊之性，必通天地之心，制礼作教，立法设刑，动缘民情，而则天象地。故曰先王立礼，"则天之明，因地之性"也。刑罚威狱，以类天之震曜杀戮也；温慈惠和，以效天之生殖长育也。《书》云"天秩有礼"，"天讨有罪"。故圣人因天秩而制五礼，因天讨而作五刑。大刑用甲兵，其次用斧钺；中刑用刀锯，其次用钻凿；薄刑用鞭扑，大者陈诸原野，小者致之市朝，其所繇来者上矣。②

---

① 《汉书》卷22《礼乐志》。
② 《汉书》卷23《刑法志》。

班固显然认识到，礼、乐、政、刑对于治理国家和社会的重要作用，礼乐，包括道德，是从教化入手，对百姓进行潜移默化的精神化育，而刑政则是以强制的制度和法纪，规范百姓的言行，从而保证国家和社会安定有序地运行。这些观点基本上是正确的。

班固撰写的《汉书》，大量篇幅记述的是从帝王将相到士、民、工、商以及游侠等各类人物的生平事迹，其中的重点是帝王和他的各级官吏，从中可以看出他对皇帝和官吏的道德、才智以及能力等的要求。例如，他认为一个明君应该是雄才大略、英武明断、慧眼识才、爱才用才、善驭臣下、善待百姓、知错必改、自奉简约等。在他看来，西汉十多个皇帝没有一个完全达到他设定的标准，所以，他对每个皇帝的评价，只是突出某个或某几个方面，而对一些所谓昏君，他也能毫不客气地加以谴责。如对文帝，主要表彰他的节俭、宽仁和以德化民等几个方面：

> 赞曰：孝文皇帝即位二十三年，宫室苑囿车骑服御无所增益。有不便，辄弛以利民。尝欲作露台，召匠计之，直百金。上曰："百金，中人十家之产也。吾奉先帝宫室，尝恐羞之，何以台为！"身衣弋绨，所幸慎夫人衣不曳地，帷帐无文绣，以示敦朴，为天下先。治霸陵，皆瓦器，不得以金银铜锡为饰，因其山，不起坟。南越尉佗自立为帝，召贵佗兄弟，以德怀之，佗遂称臣。与匈奴结和亲，后而背约入盗，令边备守，不发兵深入，恐烦百姓。吴王诈病不朝，赐以几杖。群臣袁盎等谏说虽切，常假借纳用焉。张武等受赂金钱，觉，更加赏赐，以愧其心。专务以德化民，是以海内殷富，兴于礼义，断狱数百，几致刑措。呜呼，仁哉！①

而对武帝，尽管高度肯定了他的文治武功，但对他的奢侈享乐则予以负面评价：

> 赞曰：汉承百王之弊，高祖拨乱反正，文景务在养民，至于稽古礼文之事，犹多阙焉。孝武初立，卓然罢黜百家，表章六经。遂畴咨海内，举其俊茂，与之立功。兴太学，修郊祀，改正朔，定历数，协

---

① 《汉书》卷4《文帝纪》。

音律，作诗乐，建封禅，礼百神，绍周后，号令文章，焕焉可述。后嗣得遵洪业，而有三代之风。如武帝之雄材大略，不改文景之恭俭以济斯民，虽《诗》《书》所称何有加焉！①

昭、宣两代皇帝承武帝好大喜功、大作大为之后"海内虚耗，户口减半"的政况国势，君臣同心，上下一致，努力恢复文、景时期的与民休息政策，使一度危殆的形势重新稳定下来，创造了汉王朝的中兴气象，所以得到班固由衷的赞誉：

> 赞曰：昔周成以孺子继统，而有管、蔡四国流言之变。孝昭幼年即位，亦有燕、盖、上官逆乱之谋。成王不疑周公，孝昭委任霍光，各因其时以成名，大矣哉！承孝武奢侈余敝师旅之后，海内虚耗，户口减半，光知时务之要，轻徭薄赋，与民休息。至始元、元凤之间，匈奴和亲，百姓充实，举贤良文学，问民所疾苦，议盐铁而罢榷酤。尊号曰"昭"，不亦宜乎！②
>
> 赞曰：孝宣之治，信赏必罚，综核名实，政事文学法理之士咸精其能，至于技巧工匠器械，自元、成间鲜能及之，亦足以知吏称其职，民安其业也。遭值匈奴乖乱，推亡固存，信威北夷，单于慕义，稽首称藩。功光祖宗，业垂后嗣，可谓中兴，侔德殷宗、周宣矣。③

对于元帝，班固仅仅肯定他"多材艺，善史书"以及音乐方面的天赋，同时对他"牵制文义，优游不断"，无所作为，导致孝宣之业的衰败则大有微词。对于成帝，也只说他"善修容仪"，有所谓"穆穆天子之容"，对他"湛于酒色"，使"赵氏乱内，外家擅朝"，最后种下王莽篡政的祸根则大加谴责。班固认定，国家政治的好坏，对社会和民众治理的优劣，皇帝是无可争辩的第一责任人，是功别人夺不去，是祸更难辞其咎。所以，他通过对皇帝的评判彰显自己的明君意识。

班固同时认定，好皇帝固然重要，但皇帝的意志必须通过自上而下的

---

① 《汉书》卷6《武帝纪》。
② 《汉书》卷7《昭帝纪》。
③ 《汉书》卷8《宣帝纪》。

众多臣子贯彻执行，所以有没有一支良好的官吏队伍对吏治的好坏更是至关重要。从一定意义上讲，他《汉书》中的《本纪》和人物传，都是在探索君臣关系，特别是探索什么样的君臣关系能够促进盛世的出现。在《汉书·魏相丙吉传》的"赞曰"中，他写下这样一段话：

> 赞曰：古之制名，必繇象类，远取诸物，近取诸身。故经谓君为元首，臣为股肱，明其一体，相待而成也。是故君臣相配，古今常道，自然之势也。近观汉相，高祖开基，萧、曹为冠；孝宣中兴，丙魏有声。是时黜陟有序，众职修理，公卿多称其位，海内兴于礼让。览其行事，岂虚呼哉！

在《汉书·公孙弘卜式儿宽传》的"赞曰"中，他对武帝和昭、宣时代的人才之盛发出了由衷的赞美，认为这是构成西汉鼎盛时代的最重要的原因：

> 赞曰：公孙弘、卜式、儿宽皆以鸿渐之翼困于燕爵，远迹羊豕之间，非遇其时，焉能致此位乎？是时，汉兴六十余载，海内艾安，府库充实，而四夷未宾，制度多阙。上方欲用文武，求之如弗及，始以蒲轮迎枚生，见主父而叹息。群士慕向，异人并出。卜式拔于刍牧，弘羊擢于贾竖，卫青奋于奴仆，日䃅出于降虏，斯亦曩时版筑贩牛之朋已。汉之得人，于兹为盛，儒雅则公孙弘、董仲舒、儿宽，笃行则石建、石庆，质直则汲黯、卜式，推贤则韩安国、郑当时，定令则赵禹、张汤，文章则司马迁、相如，滑稽则东方朔、枚皋，应对则严助、朱买臣，历数则唐都、洛下闳，协律则李延年，运筹则桑弘羊，奉使则张骞、苏武，将率则卫青、霍去病。受遗则霍光、金日䃅，其余不可胜纪。是以兴造功业，制度遗文，后世莫及。孝宣承统，纂修洪业，亦讲论六艺，招选茂异，而萧望之、梁邱贺、夏侯胜、韦玄成、严彭祖、尹更始以儒术进，刘向、王襃以文章显，将相则张安世、赵充国、魏相、丙吉、于定国、杜延年，治民则黄霸、王成、龚遂、郑弘、召信臣、韩延寿、尹翁归、赵广汉、严延年、张敞之属，皆有功迹见述于世。参其名臣，亦其次也。

与明君相对应,班固认为良臣也自有其标准。从他对一些良臣的评判看,他心目中的良臣起码是对君王忠贞,对国事鞠躬尽瘁,关心百姓疾苦,刚正不阿、严正执法、清正廉明、自奉简约,道德行事足可为民表率。依照这个标准,他对那些勋业卓著的功臣宿将和政绩显著、品格优异的清官廉吏大加表彰,而对那些欺君篡政、贪残害民的奸臣、佞臣、酷吏则大张挞伐。他对萧何、曹参、张良、陈平和周勃等汉初的创业功臣都是由衷颂赞:

> 赞曰:萧何、曹参皆起秦刀笔吏,当时录录未有奇节。汉兴,依日月之末光,何以信谨守管籥,参与韩信俱征伐。天下既定,因民之疾秦法,顺流与之更始,二人同心,遂安海内。淮阴、黥布等已灭,唯何、参擅功名,位冠群臣,声施后世,为一代宗臣,庆流苗裔,盛矣哉!①
>
> 赞曰:……高祖数离困阸,良常有力,岂可谓非天乎!陈平之志见于社下,倾侧扰攘楚、魏之间,卒归于汉,而为谋臣。及吕后时,事多故矣,平竟自免,以智终。王陵廷争,杜门自绝,亦各其志也。周勃为布衣时,鄙朴庸人,至登辅佐,匡国家难,诛诸吕,立孝文,为汉伊周,何其盛也!②

班固认定"廊庙之材非一木之枝,帝王之功非一士之略"的古训,对"脱挽辂而建金城之安"的刘敬、"舍枹鼓而立一王之仪"的叔孙通以及郦食其、陆贾等的才智和功绩也倍加称颂,对执掌京师行政权的几个名臣更是送上由衷的赞语:

> 赞曰:自孝武置左冯翊、右扶风、京兆尹,而吏民为之语曰:"前有赵、张,后有三王。"然刘向独序赵广汉、尹翁归、韩延寿,冯商传王尊,扬雄亦如之。广汉聪明,下不能欺,延寿厉善,所居移风,然皆讦上不信,以失身堕功。翁归抱公洁已,为近世表。张敞衎衎,履忠进言,缘饰儒雅,刑罚必行,纵赦有度,条教可观,然被轻

---

① 《汉书》卷39《萧何曹参传》。
② 《汉书》卷40《张陈王周传》。

婿之名。王尊文武自将，所在必发，谲诡不经，好为大言。王章刚直守节，不量轻重，以陷刑戮，妻子流迁，哀哉！①

对于辅佐昭、宣二帝达成中兴的名臣霍光、金日䃅，除对霍光的"不学亡术"稍有微词外，班固总体上也是十分称颂：

> 赞曰：霍光以结发内侍起于阶闼之间，确然秉志，谊形于主。受襁褓之讬，任汉室之寄，当庙堂，拥幼君，摧燕王，仆上官，因权制敌，以成其忠。处废置之际，临大节而不可夺，遂匡国家，安社稷。拥昭立宣，光为师保，虽周公、阿衡，何以加此！然光不学亡术，暗于大理，阴妻邪谋，立女为后，湛溺盈溢之欲以，增颠覆之祸，死财三年，宗族诛夷，哀哉！……金日䃅夷狄亡国，羁虏汉庭，而以笃敬寤主，忠信自著，勒功上将，传国后嗣，世名忠孝，七世内侍，何其盛也！②

班固特别推崇清官廉吏，如对敢于逆皇帝意旨而严格执法的廷尉张释之，敢在皇帝面前讲真话的汲黯，无私荐士的郑当时，以及各有千秋的骨鲠之臣隽不疑、疏广、于定国父子、薛广德、平当、彭宣等，也都给予肯定的评价。班固还专门设《循吏传》，集中表彰那些政绩卓著、品格优异的官吏。对于昭、宣时期君臣联手促成中兴之局的形成，给予了深情的赞誉：

> 孝昭幼冲，霍光秉政，承奢侈师旅之后，海内虚耗，光因循守职，无所改作。至于始元、元凤之间，匈奴乡化，百姓益富，举贤良文学，问民所疾苦，于是罢酒榷而议盐铁矣。及至孝宣，繇仄陋而登至尊，兴于闾阎，知民事之艰难。自霍光薨后始躬万机，厉精为治，五日一听事，自丞相已下各奉职而进。及拜刺史守相，辄亲见问，观其所繇，退而考察所行以质其言，有名实不相应，必知其所以然。常称曰："庶民所以安其田里而亡叹息愁恨之心者，政平讼理也。与我

---

① 《汉书》卷76《赵尹韩张两王传》。
② 《汉书》卷68《霍光金日䃅传》。

共此者，其唯良二千石乎！"以为太守，吏民之本也，数变易则下不安，民知其将久，不可欺罔，乃服从其教化。故二千石有治理效，辄以玺书勉厉，增秩赐金，或爵至关内侯，公卿缺则选诸所表以次用之。是故汉世良吏于是为盛，称中兴焉。若赵广汉、韩延寿、尹翁归、严延年、张敞之属皆称其位，然任刑罚，或抵罪诛。王成、黄霸、朱邑、龚遂、郑当时、召信臣等，所居民富，所去见思，生有荣号，死见奉祀，此廪廪庶几德让君子之遗风矣。①

与对贤臣的颂扬相反，班固对奸臣、佞臣、酷吏极尽鞭挞，认为是他们的谗邪败坏了国家政治，陷害了忠良之臣，危害了黎民百姓，造成了皇朝的衰败和灭亡。在《蒯伍江息夫传》中，他对历史的奸佞之臣发出了情绪激越的猛烈抨击：

> 赞曰：仲尼"恶利口之覆邦家"，蒯通一说而丧三隽，其得不亨者，幸也。伍被安于危国，身为谋主，忠不终而诈雠，诛夷不亦宜乎！《书》放四罪，《诗》歌《青蝇》，春秋以来，祸败多矣。昔子翚谋桓而鲁隐危，栾书构郤而晋厉弑。竖牛奔仲，叔孙卒；郈伯毁季，昭公逐；费忌纳女，楚建走；宰嚭谮胥，夫差丧；李园进妹，春申毙；上官诉屈，怀王执；赵高败斯，二世缢；伊戾坎盟，宋痤死；江充造蛊，太子杀；息夫作奸，东平诛：皆自小覆大，繇疏陷亲，可不惧哉！可不惧哉！

班固还专门设了《佞幸传》，对他认定的佞臣邓通、李延年、石显、淳于长、董贤等集中记述，进行了严厉的谴责：

> 赞曰：柔曼之倾意，非独女德，盖亦有男色焉。观籍、闳、邓、韩之徒非一，而董贤之宠尤盛，父子并为公卿，可谓贵重人臣无二矣。然进不繇道，位过其任，莫能有终，所谓爱之适足以害之者也。汉世衰于元、成，坏于哀、平。哀、平之际，国多衅矣。主疾无嗣，弄臣为辅，鼎足不强，栋干微挠。一朝帝崩，奸臣擅命，董贤缢死，

---

① 《汉书》卷89《循吏传》。

丁、傅流放，辜及母后，夺位幽废，咎在亲便嬖，所任非仁贤。故仲尼著"损者三友"，王者不私人以官，殆为此也。

班固对王莽之类的篡位的巨奸大憝尤其义愤填膺，认为他开启了以臣子篡帝位的最恶劣的先例。尽管王莽建立的新朝经历了15个年头，但他在《汉书》中坚决不承认这是一个皇朝，所以不为他立"纪"而为之立一个篇幅最长的"传"。在这个传中，他将王莽的狡猾、奸诈、阴毒、残忍、无耻和愚蠢进行了细密翔实、淋漓尽致的展示，同时也对他进行了最严厉的谴责和抨击：

> 赞曰：王莽始起外戚，折节力行，以要名誉，宗族称孝，师友归仁。及其居位辅政，成、哀之际，勤劳国家，直道而行，动见称述。岂所谓"在家必闻，在国必闻"，"色取仁而行违"者邪？莽既不仁而有佞邪之材，又乘四父历世之权，遭汉中微，国统三绝，而太后寿考为之宗主，故得肆其奸慝，以成篡盗之祸。推是言之，亦天时，非人力之致矣。及其窃位南面，处非所据，颠覆之势，险于桀、纣，而莽晏然自以黄、虞复出也。乃始恣睢，奋其威诈，滔天虐民，穷凶极恶，毒流诸夏，乱延蛮貊，犹未足逞其欲焉。是以四海之内，嚣然丧其乐生之心，中外愤怨，远近俱发，城池不守，支体分裂，遂令天下城邑为虚，邱垄发掘，害遍生民，辜及朽骨，自书传所载乱臣贼子无道之人，考其祸败，未有如莽之甚者也。昔秦燔《诗》《书》以立私议，莽诵六艺以文奸言，同归殊途，俱用灭亡，皆炕龙绝气，非命之运，紫色蛙声，余分闰位，圣王之驱除云尔！①

班固对酷吏的态度比较复杂，一方面，他认同孔子"导之以政，齐之以刑，民免而无耻；导之以德，齐之以礼，有耻且格"和老子"上德不德，是以有德；下德不失德，是以无德。法令滋章，盗贼多有"的著名论断，认定"法令者，治之具，而非制治清浊之源"。另一方面，又认为在"奸轨愈起""上下相遁"的情况下，"吏治若救火扬沸，非武健严酷"的官吏不能胜任，所以酷吏也就有了存在的价值。因此，他在记述

---

① 《汉书》卷99《王莽传》。

酷吏的事迹时，既对他们刚正不阿、不畏强暴、严格执法、惩治贪腐、搏击豪强的作为予以表彰，又对他们无视法纪、随意杀罚、草菅人命的苛虐酷烈之行加以谴责，目的还是维护他德主刑辅、相得益彰的政治理想：

> 赞曰：自郅都以下皆以酷烈为声，然都抗直，引是非，争大体。张汤以知阿邑人主，与俱上下，时辩当否，国家赖其便。赵禹据法守正。杜周从谀，以少言为重。张汤死后，罔密事丛，浸以耗废，九卿奉职，救过不给，何暇论绳墨之外乎！自是以至哀、平，酷吏众多，然莫足数，此其知名见纪者。其廉者足以为仪表，其污者方略教道，一切禁奸，亦质有文武焉。虽酷，称其位矣。①

西汉鼎盛的武帝时期，对边疆少数民族采取征伐与怀柔并行的政策，取得了显著成绩：军事上战胜匈奴，漠南无王庭，安定了北部边疆；凿通西域，开辟了中外经济文化交流的丝绸之路；羁縻东越、闽越、南越、西南夷，大大拓展了汉帝国的疆域，造就了空前的民族融合的伟大时代。当然，为了这一旷世的功业，汉朝也付出了"海内虚耗，户口减半"的巨大代价。班固写《汉书》，自然要对汉朝治理边疆和少数民族政策提出自己的看法。他秉承中国传统的"内诸夏而外夷狄"的带有大汉族主义色彩的理念，一律将边疆少数民族视为"外人""野蛮人"，他理想的政策是不强行将他们纳入"王化"之域，不惹事，不主动挑起事端；但也不惧事，坚决以武力对付入侵者；最好的状态是以德招徕，以义羁縻，礼尚往来，和睦相处。就如何对待匈奴的策略，他在回顾了汉朝对匈奴政策的演变史后，提出了自己的观点：

> 赞曰：《书》戒"蛮夷猾夏"，《诗》称"戎狄是膺"，《春秋》"有道守在四夷"，久矣夷狄之为患也。故自汉兴，忠言嘉谋之臣曷尝不运筹策相与争于庙堂之上乎？高祖时则刘敬，吕后时樊哙、季布，孝文时贾谊、晁错，孝武时王恢、韩安国、朱买臣、公孙弘、董仲舒，人持所见，各有同异，然总其要归两科而已。缙绅之儒则守和亲，介胄之士则言征伐，皆偏见一时之利害，而未究匈奴之终始也。

---

① 《汉书》卷90《酷吏传》。

自汉兴以至于今，旷世历年，多于春秋，其与匈奴，有修文而和亲之矣，有用武而克伐之矣，有卑下而承事之矣，有威服而臣畜之矣，诎伸异变，强弱相反，是故其详可得而言也……

夫规事建议，不图万世之固，而偷恃一时之事者，未可以经远也。若乃征伐之功，秦汉行事，严尤论之当矣。故先王度土，中立封畿，分九州，列五服，物土贡，制外内，或修刑政，或昭文德，远近之势异也。是以《春秋》内诸夏而外夷狄。夷狄之人贪而好利，被发左衽，人面兽心，其与中国殊章服，异习俗，饮食不同，言语不通，辟居北垂寒露之野，逐草随畜，射猎为生，隔以山谷，雍以沙幕，天地所以绝外内也。是故圣王以德绥之，不与约誓，不就攻伐；约之则费赂而见欺，攻之则劳师而招寇。其地不可耕而食也，其民不可臣而畜也，是以外而不内，疏而不戚，政教不及其人，正朔不加其国；来则惩而御之，去则备而守之。其慕义而贡献，则接之以礼让，羁縻不绝，使曲在彼，盖圣王制御蛮夷之常道也。①

班固这里所主张的基本上是偏于保守的策略。在《汉书·西南夷两粤朝鲜传》中，这种策略就更加明显了：

赞曰：楚、粤之先，历世有土。及周之衰，楚地方五千里，而句践亦以粤伯。秦灭诸侯，唯楚尚有滇王。汉诛西南夷，独滇复宠。及东粤灭国迁众，繇王居股等犹为万户侯。三方之开，皆自好事之臣。故西南夷发于唐蒙、司马相如，两粤起严助、朱买臣，朝鲜由涉何。遭世富盛，动能成功，然已勤矣。追观太宗填抚尉佗，岂古所谓"招携以礼，怀远以德"者哉！

最后，在《汉书·西域传》中，班固进一步阐述了自己以德、义羁縻边疆少数民族的偏于保守的策略，说明他根深蒂固的儒家意识：

赞曰：孝武之世，图制匈奴，患其兼从西国，结党南羌，乃表河西，列西郡，开玉门，通西域，以断匈奴右臂，隔绝南羌、月氏。单

---

① 《汉书》卷94《匈奴传》。

于失援，由是远遁，而幕南无王庭。遭值文、景玄默，养民五世，天下殷富，财力有余，士马强盛。故能睹犀布、瑇瑁则建珠崖七郡，感枸酱、竹杖则开牂柯、越巂，闻天马、蒲陶，则通大宛、安息。自是之后，明珠、文甲、通犀、翠羽之珍盈于后宫，蒲梢、龙文、鱼目、汗血之马充于黄门，钜象、师子、猛犬、大雀之群食于外囿。殊方异物，四面而至。于是广开上林，穿昆明池，营千门万户之宫，立神明通天之台，兴造甲乙之帐，落以随珠和璧，天子负黼依，袭翠被，冯玉几，而处其中。设酒池肉林以飨四夷之客，作《巴俞》都卢，海中《砀极》、漫衍鱼龙、角抵之戏以观视之。及赂遗赠送，万里相奉，师旅之费，不可胜计。至于用度不足，乃榷酒酤，筦盐铁，铸白金，造皮币，算至车船，租及六畜。民力屈，财用竭。因之以凶年，寇盗并起，道路不通，直指之使始出，衣绣杖斧，断斩于郡国，然后胜之。是以末年遂弃轮台之地而下哀痛之诏，岂非仁圣之所悔哉！且通西域，近有龙堆，远则葱岭，身热、头痛、县度之阨。淮南、杜钦、扬雄之论，皆以为此天地所以界别区域，绝外内也。《书》曰："西戎即序。"禹既就而序之，非上威服致其贡物也。西域诸国，各有君长，兵众分弱，无所统一，虽属匈奴，不相亲附。匈奴能得其马畜旃罽，而不能统率与之进退。与汉隔绝，道里又远，得之不为益，弃之不为损。盛德在我，无取于彼。故自建武以来，西域思汉威德，咸乐内属。唯其小邑鄯善、车师，界迫匈奴，尚为所拘。而其大国莎车、于阗之属，数遣使置质于汉，愿请属都护，圣上远览古今，因时之宜，羁縻不绝，辞而未许。虽大禹之序西戎，周公之让白雉，太宗之郄走马，义兼之矣，亦何以尚兹！

第三节　王充的政治思想

一　东汉唯物论思想的旗帜

在谶纬迷信的恶浊气氛弥漫东汉思想界的时候，继扬雄、桓谭之后，又出现了一个高举批判大旗的人物，这就是杰出的朴素唯物论者王充。在东汉历史上，他以对以往思想文化成果的全面检视和批判，树起了一面唯物论思想的辉煌旗帜。

王充（公元27—79年），字仲任，会稽上虞（今浙江上虞）人，出身"细族孤门"。他自幼聪颖好学，6岁在家读书识字，8岁进书馆学习，后保送入首都太学深造。在太学时，他因家贫买不起书，"常游洛阳市肆，阅所卖书，一见辄能诵忆，遂博通众流百家之言"，① 成为一个博通古今、卓然不群的学者。王充虽然满腹经纶，才华横溢，但在仕进路上却很不顺利，只做过幕僚属吏之类的小官，"在县，位至掾，功曹。在都尉府，位亦掾，功曹。在太守府，为列掾，五官功曹行事。入州，为从事"。② 但仍为当权者所不容，时间不长即去职还家，以教书维持清贫的生活。在这样的条件下，他以战斗的唯物论者的姿态，潜心从事著述，写下了大量著作，可惜除了《论衡》外，都没有流传下来。

王充针对西汉以来居于统治地位的神秘主义的天人感应论，提出了"气"一元论的唯物主义天道观。他认为"气"是客观世界最基本的元素，它"广大无垠，无边无际，不生不灭"，构成了天地万物，"天地，含气之自然也"。③ 天地和自然界一切事物都按照既定的规律自己发展变化，根本不存在什么神秘外力的驱动，"自然之化，固疑难知，外若有为，内实自然"。④ 万物的春生、夏长、秋成、冬藏，都是"自然之化"，作为"含气之自然"的天地对它们不施行什么干预，而是"自然无为"，"夫天复于上，地偃于下，下气蒸上，上气降下，万物自生其中矣"。⑤ 神学目的论认为，天神按照自己的形象创造了人类，又创造了五谷丝麻供人类衣食之用，世界的繁盛富丽，证明了上帝的万能。王充认为，这一切都出于自然，"天地合气，万物自生，犹夫妇合气，子自生矣。万物之生，含血之类，知饥知寒，见五谷可食，取而食之；见丝麻可衣，取而衣之"，⑥ 根本就不是上帝的有意安排。王充进一步批判了符瑞和阴阳灾异，指出天人之间可以交互感应的说教没有任何根据："夫人不能以行感天，天亦不能随行而应人"，⑦ "人不能动地，而亦不能动天"，⑧ 因为天是自

---

① 《后汉书》卷49《王充王符仲长统列传》。
② 《论衡·自纪》。
③ 《论衡·谈天》。
④ 《论衡·自然》。
⑤ 同上。
⑥ 同上。
⑦ 《论衡·明雩》。
⑧ 《论衡·变动》。

然无为的。他根据当时的科学水平,力求对日月食、"春杀冬生"、雷电云雨、水旱灾害等自然现象尽可能做出实事求是的解释,尽管有些解释并不科学,但却达到了当时唯物论的最高水平。王充还对当时长生不老的神仙方术和鬼神迷信作了有力批判。他认为人与万物都是"因气而生,种类相产",①"凡有生者必有死",②"阴阳之气,凝而为人,年终寿尽,死还为气"。③ 因此,不仅长生不老和成为神仙是根本做不到的,死后变鬼继续人间的生活同样也做不到。原因是,"人之所以生者,精气也,死而精气灭。能为精气者,血脉也,人死血脉竭。竭而精气灭,灭而形体朽,朽而成灰土,何用为鬼?"④ 他又继承桓谭的烛火之喻,把形体、精神和知觉的关系比作蜡烛、烛火与烛光的关系,"人之死,犹火之灭也。火灭而耀不照,人死而智不慧,二者宜同一实……火灭光消而烛在,人死精亡而形存。谓人死有知,是谓火灭复有光也"。⑤ 人死之后,失去了活人的一切生理机能,既不能为鬼,也不能说话,更不能害人。世间广泛传说的鬼神只是人们"思念存想"的结果,是精神失去常态的表现。在肯定了人死不为鬼、不能害人的前提下,王充以犀利的笔锋批判了福祸报应的观念。他尖锐指出,恶人杀人越货,巧取豪夺,反而飞黄腾达,富贵长寿;善人做了大量好事,却有的穷愁潦倒,有的不得寿终,善恶报应又在哪里?他进而指出,相信善恶报应,以占卜、祭祀求福,是乱世的现象,蠢人的行为,"衰世好信鬼,愚人好求福"。⑥ 这里已经接触到神道迷信观念的社会原因了。

在认识论上,王充坚持唯物论的反映论,反对圣人"生知说",指出所有知识都来源于自己的感官与外界事物的接触,"不学自知,不问自晓,古今行事,未之有也"。⑦ 他对人的感性认识到理性认识的过程也进行了有益的探索,认为感性知识来源于耳目,"须任耳目以定情实"。但是,完全相信耳目,不通过理性认识的"心意"对耳目得来的知识加以

---

① 《论衡·物势》。
② 《论衡·论死》。
③ 同上。
④ 同上。
⑤ 同上。
⑥ 《论衡·解除》。
⑦ 《论衡·实知》。

分析考辨，有时也会"失实"，得不到正确的认识，"夫论不留心澄意，苟以外效立事是非，信闻见于外，不铨订于内，是用耳目论，不以心意议也。夫以耳目论，则以虚象为言，虚象效，则以实事为非。是故是非者，不徒耳目，必开心意"。① 这个"心意"，就是运用自己的理性思维能力，通过"案兆察迹，推原事类""原始见终""由微见校""方比物类"等方法，获得对事物的真知识。"圣人"之所以在认识上胜于常人，"知人所不知"，"智若渊海"，就是因为善于运用自己的理性思维能力。更可贵的是，王充十分强调学用一致，注重效验，即事实根据和实行效果，"凡论事者，违实不引效验，则虽甘义繁说，众不见信"。② 他还指出，知识和技能，主要由实践经验获取，不单凭人的天资，"齐都世刺绣，恒女无不能。襄邑俗织锦，钝妇无不巧，日见之，月为之，手狎也……方今论事，不谓希更，而曰材不敏，不曰未尝为，而曰知不达，失其实也"。③ 说明他已经意识到实践与认识的密切关系。当然，王充的认识论基本上是朴素的和直观的。他不了解感性认识和理性认识的辩证关系，看不到认识不是一次完成而是一个不断深入的过程，因而对认识作了形而上学的理解："以今而见古，以往而知来，千岁之前，万世之后，无以异也。"④ 他也不知道认识所达到的界限随着历史的发展不断被突破，因而错误地把知识分为难知之事和不可知之事："故夫难知之事，学问所能及也，不可知之事，问之学之，不能晓也。"⑤ 这就为不可知论留下了存在的空间。

王充竭力把唯物论的自然观贯彻到社会历史领域。但由于这是一个与自然界有着本质区别的领域，因而其社会历史观虽然不乏积极因素与合理内核，但最终陷入了命定论的泥坑。他反对崇古非今的儒家传统历史观，用天地元气不变论证明人类社会不会退化："上世之天，下世之天也，天不变易，气不改更。上世之民，下世之民也。"⑥ 同时提出了"汉高于周"这样的进化观点，还意识到社会治乱与人民经济生活的密切联系，提出"世之所以为乱者，由谷食乏绝，不能忍饥寒。夫饥寒并至，而能无为非

---

① 《论衡·薄葬》。
② 《论衡·知实》。
③ 《论衡·程材》。
④ 《论衡·实知》。
⑤ 同上。
⑥ 《论衡·齐世》。

者寡。然则温饱并至,而能不为善者稀",结论是"谷足食多,礼义之心生,礼丰义重,平安之基立"。① 这是他运用唯物论解释经济与道德关系的有价值的探索,是管子和司马迁思想的继承。他否认传统的圣人英雄史观,摈弃把社会治乱归结为人君贤与不肖的观念,力图寻找出隐藏在纷纭复杂的人事背后的、不以人的意志为转移的决定历史发展的客观必然性。他把这种必然性称之为"天地历数"。他认为"治有时,命有期",②"昌必有衰,兴必有废。兴昌,非德所能成,然则衰废非德所败也。昌衰兴废,皆天时也","世之治乱,在时不在政,国之安危,在数不在教。贤不贤之君,明不明之政,无能损益"③。这种观点虽不乏肯定历史必然性,反对英雄创造历史的合理因素,但却走向极端。认为社会治乱与人的活动完全没有关系,实际上把历史最重要的内容——人的活动——排挤在外,从而使历史变得神秘而不可理解。这一方面为昏君奸相、贪官污吏开脱了罪责;另一方面又把人看成没有任何主动积极性的客观历史结果的消极承受者,把历史的必然性与人的活动完全分开。应该认识到,"自然主义的历史观是片面的,它认为只是自然界作用于人,只是自然条件到处在决定人的历史发展,它忘记了人也反作用于自然界,改变自然界,为自己创造新的生存条件"。④

与历史命定论相联系,王充也直接用自然规律去说明人的富贵贫贱、吉凶祸福等社会现象,同样陷入了命定论。在面对这个令无数思想家困惑的问题上,王充主观上也力图贯彻其唯物论原则。他反对善恶报应的神学目的论,认为人的贫富贵贱、吉凶祸福决定于不以人的意志为转移的客观必然性,既不存在主宰人命运的天,也与人的能力、才干和道德品质无关。因为在当时的社会里,飞黄腾达、高官厚禄的大多数是奸佞小人,而品格高贵、学识渊博的志士仁人却往往历经坎坷、屡遭磨难,赍志以殁。他对人的命运与社会不平的观察是深刻的,但在寻找造成人们不同遭遇的原因时却离开了真理,把它归结为一种盲目的、自发的必然性:命。他说:"自王公逮庶人,圣贤及下愚,凡有首目之类,含血之属,莫不有

---

① 《论衡·须颂》。
② 《论衡·治期》。
③ 同上。
④ 恩格斯:《自然辩证法》,《马克思恩格斯选集》第3卷,人民出版社1972年版,第551页。

命。命当贫贱，虽富贵之，犹涉祸患矣，命当富贵，虽贫贱之，犹逢福善矣。故命贵，从贱地自达，命贱，从高位自危。故夫富贵若有神助，贫贱若有鬼祸。"① 王充看到在阶级社会里个人无法左右自己的命运，又不信服统治阶级宣扬的善恶报应的说教，只好把寿夭生死、富贵贫贱交给那个神秘的"命"去安排。他否定人的主观能动性，不相信人在与命运的抗争中会迸发出巨大的力量，要人们消极等待命运的恩赐或惩罚，反映了出身"细族孤门"的王充在不公的命运面前无可奈何的心情。王充又进一步把命的不同归结于禀气的差异："天施气而众星布精……人禀气而生，含气而长，得贵则贵，得贱则贱。贵或秩有高下，富或资有多少，皆星位尊卑大小之所受也。"② 因禀气不同，人的骨相也不同，"富贵之骨，不遇贫贱之苦；贫贱之相，不遭富贵之乐"。③ 沿着这条路子走下去，他实际上最后已经落入宗教巫术的圈套。王充认为，"凡人遇偶及遭累害，皆由命也"，④ 吕望当宰相，箕子做奴隶，鲁哀公成国君，孔夫子穷愁潦倒，颜回年少夭折，一切都是命中注定的。王充虽然否认了天意决定一切的神学迷信，但其客观论证所显示的依然是剥削压迫的不可抗拒和不可避免，与天命论殊途同归。

在人性论上，王充从"禀气有厚泊，故性有美恶"⑤ 出发，把人性分为三种，即极少数人纯性善和纯性恶与大多数人善恶相混。这种把人先天分为上、中、下三等的做法，实际上为人的不平等找到人性的根据，与董仲舒的性三品说没有什么本质的区别。但王充的人性论中也有合理因素，如强调后天的教育对人性形成的作用："学校勉其前，法禁防其后，使丹朱之志，亦将可勉。何以验之？三军之士，非能制也，勇将率勉，视死如归。"⑥ 他甚至认为性恶的人也可以通过教育改变其习性："夫性恶者，心比木石，木石犹为人用，况非木石？"⑦ 这些观点显然是王充长期从事教育工作的体验，也为教育存在的合理性找到了理论根据。

---

① 《论衡·禄命》。
② 《论衡·命义》。
③ 《论衡·骨相》。
④ 《论衡·命禄》。
⑤ 《论衡·率性》。
⑥ 同上。
⑦ 同上。

二 命定论统摄下的政治观

正因为王充在政治社会领域坚持命定论，基本上排除了人的主观能动性的作用，这必然造成他的政治思想的贫乏。例如，他一方面承认贤君治国，百姓平安，国家昌盛；另一方面又坚信治乱与贤君无关，而是与"时""数"紧密相连：

> 贤君之治国也，犹慈父之治家。慈父耐平教明令，耐使子孙皆为孝善。子孙孝善，是家兴也；百姓平安，是国昌也。昌必有衰，兴必有废。兴昌非德所能成，然则衰废非德所能败也。昌衰兴废，皆天时也。此善恶之实，未言苦乐之效也。家安人乐，富饶财用足也。案富饶者命厚所致，非贤惠所获也。人皆知富饶居安乐者命禄厚，而不知国安治化行者历数吉也。故世治非贤圣之功，衰乱非无道之致。国当衰乱，贤圣不能盛；时当治，恶人不能乱。世之治乱，在时不在政；国之安危，在数不在教。贤不贤之君，明不明之政，无能损益。①

既然贤君和明政都与治乱兴衰没有任何关系，那么，贤君之贤和明政之明也就没有任何积极意义，贤君和贤臣的个人修养也就没有任何积极意义。良好的制度和法纪，恶劣的制度和法纪更是没有区别了。这样一来，君王和臣子也就不需要为良好的制度和法纪呕心沥血地进行谋划了。如此一来，人活在世上，积极地作为和消极地等待，精心地修为和肆无忌惮地作奸犯科，又有什么区别？

不过，王充又承认人们的道德水准与物质生活条件有着密切的关系，隐隐猜测到物质基础对上层建筑的决定作用：

> 夫世之所以为乱者，不以贼盗众多，兵革并起，民弃礼义，负畔其上乎？若此者，由谷食乏绝，不能忍饥寒。夫饥寒并至而能无为非者寡，然则温饱并至而能不为善者希。传曰"仓廪实，民知礼节；衣食足，民知荣辱"。让生于有余，争起于不足。谷足食多，礼义之心生；礼丰义重，平安之基立矣。故饥岁之春，不食亲戚；穰岁之

---

① 《论衡·治期》。

秋，召及四邻。不食亲戚，恶行也；召及四邻，善义也。为善恶之行，不在人质性，在于岁之饥穰。由此言之，礼义之行，在谷足也。①

接着，王充又搬出他的命定论：谷之丰歉与政治的好坏无关，而是"时数然也"。

然而，王充生活的时代毕竟是中国进入文明社会近三千年之久了，礼乐行政对国家、社会和人民生活的规范作用已经不可须臾离，所以王充在《论衡》的一些篇章中也承认道德、制度和法纪的作用。在《本性篇》中，他说：

> 情性者，人治之本，礼乐所由生也。故原情性之极，礼为之防，乐为之节。性有卑谦辞让，故制礼以适其宜；情有好恶喜怒哀乐，故作乐以通其敬。礼所以制，乐所为作者，情与性也。

由此出发，王充对韩非坚持"明法尚功"而卑薄礼义作用的极端片面的理论进行了猛烈批判。他指出："夫儒生，礼义也，耕战，饮食也。贵耕战而贱儒生，是弃礼义求饮食也。使礼义废，纲纪败，上下乱而阴阳缪，水旱失时，五谷不登，万民饥死，农不得耕，士不得战也……故以旧防为无益而去之，必有水灾；以旧礼为无补而去之，必有乱患。"他进一步肯定儒者和礼义的作用说：

> 儒者之在世，礼义之旧防也，有之无益，无之有损。庠序之设，自古有之，重本尊始，故立官置吏。官不可废，道不可弃。儒生，道官之吏也，以为无益而废之，是弃道也。夫道无成效于人，成效者须道而成。如足蹈路而行，所蹈之路，须不蹈者；身须手足而动，待不动者。故事或无益，而益者须之；无效，而效者待之。儒生，耕战所须待也，弃而不存，如何也？
>
> 韩子非儒，谓之无益有损。盖谓俗儒无行操。举措不重礼，以儒名而俗行，以实学而伪说，贪官尊荣，故不足贵。夫志洁行显，不徇

---

① 《论衡·治期》。

爵禄，去卿相之位若脱躧者，居位治职，功虽不立，此礼义为业者也。国之所以存者，礼义也。民无礼义，倾国危主。今儒者之操，重礼爱义，率无礼之士，激无义之人，人民为善，爱其主上，此亦有益也。①

这实际上就是承认，治国虽然离不开制度和法纪，但绝不能放弃礼义这些儒家的基本理念。接着，他就强调治国必须"德""力"双举，使二者各有侧重，互为补充，互相支持，才能立于不败之地。即使遇到所谓"衰世"，也不能放弃德治，"专意于刑"；相反，即使遇到所谓"盛世"，也不能忽视国家的实力建设，因为当国外的强力向你进攻时，"德"是没有抵抗能力的：

> 治国之道，所养有二：一曰养德，二曰养力。养德者，养名高之人，以示能敬贤；养力者，养气力之士，以明能用兵。此所谓文武张设，德力具足者也。事或可以德怀，或可以力摧。外以德自立，内以力自备，慕德者不战而服，犯德者畏兵而却。徐偃王修行仁义，陆地朝者三十二国，强楚闻之，举兵而灭之。此有德守，无力备者也。夫德不可独任以治国，力不可直任以御敌也。韩子之术不养德，偃王之操不任力，二者偏驳，各有不足。偃王有无力之祸，知韩子必有无德之患。②

> 治国犹治身也。治一身，省恩德之行，多伤害之操，则交党疏绝耻辱至身。推治身以况治国，治国之道当任德也。韩子任刑，独以治世，是则治身之人，任伤害也。韩子岂不知任德之为善哉？以为世衰事变，民心靡薄，故作法术，专意于刑也。夫世不乏于德，犹岁不绝于春也。谓世衰难以德治，可谓岁乱不可以春生乎？人君治一国，犹天地生万物。天地不为乱岁去春，人君不以衰世屏德。③

最后，王充还是将治世与圣人联系起来，"夫上世治者，圣人也；下

---

① 《论衡·非韩篇》。
② 同上。
③ 同上。

世治者,亦圣人也。圣人之德,前后不殊,则其治世,古今不异"。① 其实,转来转去,王充的政治思想也没有转出儒家的圣君贤臣、德主刑辅的基本套路,尽管他"问孔""刺孟",将批判的矛头指向了他之前的几乎所有"圣人",可他最后也没有跳出"圣人"的掌心,这大概就是传统文化的巨大张力使然。

第四节　清流派官吏与太学生的政治思想

一　清流派官吏的政治思想

在"党锢之祸"发生的前后,东汉皇朝从中央和地方有一批清流派官吏,在太学生的拥戴下,同执掌朝政大权的宦官进行了殊死的斗争。他们之中,杨震、李膺、陈蕃等的政治思想展现了浓重的儒家传统理念。

杨震(？—124年),字伯起,弘农华阴(今属陕西)人,他自幼好学,博览群书,有"关西孔子"之称,是清流派的领袖之一。他笃信为官必须清廉的古训,一生正气凛然。一个流传遐迩的故事凸显了他的品格:

> 举茂才,四迁荆州刺史、东莱太守。当之郡,道经昌邑,故所居荆州茂才王密为昌邑令谒见,至夜,怀金十斤以遗震。震曰:"故人知君,君不知故人,何也?"密曰:"暮夜,无知者。"震曰:"天知,神知,我知,子知,何谓无知?"密愧而出。后转涿郡太守,性公廉,不受私谒,子孙常蔬食步行。故旧长者或欲令为开产业,震不肯,曰:"使后世称为清白吏,子孙以此遗之,不亦厚乎?"②

元初四年(公元117年),杨震被征为太仆,继而迁太常。永宁元年(公元120年),代刘恺为司徒。延光二年(公元123年)代刘恺为太尉。因为坚持与顺帝乳母王圣及其党羽的贪腐之行进行不妥协的斗争,第二年即被佞臣樊丰、大将军耿宝等谗害策免,诏遣归本郡。他见朝政日非,而自己又无力回天,于是愤而自杀:

---

① 《论衡·齐世篇》。
② 《后汉书》卷54《杨震列传》。

震行至城西夕阳亭，乃慷慨谓其诸子门人曰："死者士之常分，吾蒙恩居上司，疾奸臣狡猾而不能诛，嬖女倾乱而不能禁，何面目复见日月！身死之日，以杂木为棺，布单被裁足盖形，勿归冢次，勿设祭祠。"因饮鸩而卒，时年七十余。①

可以说，杨震一生是在同东汉朝廷的腐败进行不屈不挠的斗争中以身殉职的。

杨震的政治思想本持的是儒家的传统理念。首先是贤人政治，认为名器赏罚必须得当。在请出乳母王圣的上疏中，他明确指出："政以得贤为本，理以去秽为务。是以唐、虞俊乂在官，四凶流放，天下咸服，以致雍熙。"而现在一个小小的乳母却搅得天下不宁，实在太不应该："方今九德未事，嬖幸充庭。阿母王圣出自贱微，得遭千载，奉养圣躬。虽有推燥居湿之勤，前后赏惠，过报劳苦，而无厌之心，不知纪极，外交属托，扰乱天下，损辱清朝，尘点日月。"要求将她驱出皇宫，永远断绝往来。接着，刘瓌因为王圣的关系得以袭爵，这直接违背了"名与器不可假人"的古训，他于是上疏予以谏止：

臣闻高祖与群臣约，非功臣不得封。攻城野战，弃身沙漠，降服百蛮不羁之虏，然后得受茅土。故经制父死子继，兄亡弟及，所以别亲疏，殊嫡庶，尊国体，重继嗣，以防淫篡，绝奸谋，百王不易之道也。伏见诏书封故朝阳侯刘护再从兄瓌袭爵为侯。护同产弟威，今犹见在。臣闻天子不专封，封有功；诸侯不专爵，爵有德。今瓌无他功德，但以配阿母女，既忝位侍中，一时之间，超至封侯，不稽旧制，不合经义，行人喧哗，百寮不安……②

其次是以民为本，珍惜民力，轻徭薄赋、节俭省役。顺帝为王圣大兴土木，他上疏力谏，痛陈国家的财政危机，要求停工：

---

① 《后汉书》卷54《杨震列传》。
② 《两汉全书》第16册，山东大学出版社2009年版，第9959页。

> 臣闻古者九年耕必有三年之储，故尧遭洪水人，民无菜色。传曰："国无三年之储，非其国也。"故丰年知礼，凶年减除。臣伏念方今灾害发起，弥弥滋甚，百姓空虚，不能自赡。重以螟蝗，羌虏钞掠，三边震扰，战斗之役至今未息，兵甲军粮不能复给。大司农帑藏匮乏，殆非社稷安宁之时。伏见诏书为阿母兴起津城门内第舍，合两为一，连里竟街，雕修缮饰，穷极巧伎。今盛夏土王，而攻山采石，百姓布野，农民废业，其大匠左校，别部将作合数十处，转相迫促，为费巨亿。周广、谢恽兄弟，与国无肺腑枝叶之属，依倚近幸奸佞之人，与樊丰、王永等分威共权，属讬州郡，倾动大臣。宰司辟召，承望旨意，招来海内贪污之人，受其货赂，至有臧锢弃世之徒复得显用。白黑溷淆，清浊同源，天下欢哗，咸曰财货上流，为朝结讥。臣闻师言："上之所取，财尽则怨，力尽则叛。"怨叛之人，不可复使。故曰："百姓不足，君谁与足？"惟陛下度之。①

不久，他又借地震上疏，表达了同样的愿望。再次，他还认为君王应该虚心听取臣下和百姓谏议，"达聪明，开不讳"，使行政减少失误。当时河间百姓赵腾伏阙上书，触怒顺帝，被下狱治罪。他上疏营救说：

> 臣闻尧、舜之世，谏鼓谤木，立之于朝；殷、周哲王，小人怨詈，则还自敬德。所以达聪明，开不讳，博采负薪，尽极下情也。今赵腾所坐激讦谤语为罪，与手刃犯法有差。乞为亏除，全腾之命，以诱刍荛舆人之言。②

尽管杨震的上疏未能挽救赵腾的生命，他竟以"伏尸都市"彰显了顺帝的残暴和愚蠢，但也彰显了杨震作为诤臣的苦心孤诣。

窦武（？—168年），字游平，扶风平陵（今陕西咸阳西北）人。是清流派的领袖之一。延熹（公元158—167年）末，拜郎中。后因长女立为桓帝皇后，被封槐里侯，任城门校尉。灵帝即位，任大将军。建宁元年（公元168年）八月，因密谋诛杀宦官，被宦官侦知，在双方的激战中兵

---

① 《两汉全书》第16册，第9959—9960页。
② 《后汉书》卷54《杨震列传》。

败自杀。窦武一贯认定，朝廷官吏应由儒生出身的清流派担任，对宦官把持朝政深恶痛绝，因而才与陈蕃等谋划了诛除宦官的军事冒险行动。窦武的政治思想主要展现在他于永康元年（公元167年）给桓帝的一篇上表中，基本内容就是任用贤人即家世清白、儒学修养深厚的清廉正直的知识分子为官，诛除污秽不堪的宦官，使国家政治走上君明臣忠、君贤臣廉的正确轨道：

> 臣闻明主不讳讥刺之言，以探幽暗之实；忠臣不恤谏争之患，以畅万端之事。是以君臣并熙，名奋百世。臣幸得遭盛明之世，逢文武之化，岂敢怀禄逃罪，不竭其诚？陛下初从藩国，爰登圣祚，天下逸豫，谓当中兴。自即位以来，未闻善政。梁、孙、寇、邓虽或诛灭，而常侍黄门，续为祸虐，欺罔陛下，竞行谲诈，自造制度，妄爵非人，朝政日衰，奸臣日强。伏寻西京放恣王氏，佞臣执政，终丧天下。今不虑前事之失，复循覆车之轨，臣恐二世之难。必将复及，赵高之变，不朝则夕。近者奸臣牢修，造设党议，遂收前司隶校尉李膺、太仆杜密、御史中丞陈翔、太尉掾范滂等逮考，连及数百人，旷年拘录，事无效验。臣惟膺等建忠抗节，志经王室，此诚陛下稷、卨、伊、吕之佐，而虚为奸臣贼子之所诬枉，天下寒心，海内失望。惟陛下留神澄省，时见理出，以厌人鬼喁喁之心。臣闻古之明君，必须贤佐，以成政道。今台阁近臣，尚书令陈蕃、仆射胡广、尚书朱宇、荀绲、刘祐、魏朗、刘矩、尹勋等，皆国之贞士，朝之良佐。尚书郎张陵、妫皓、苑康、杨乔、边韶、戴恢等，文质彬彬，明达国典。内外之职，群才并列。而陛下委任近习，专树饕餮，外典州郡，内干心膂。宜以次贬黜，案罪纠罚，抑夺宦官欺国之封，案其无状诬罔之罪，信任忠良，平决臧否，使邪正毁誉，各得其所，宝爱天官，唯善是授。如此，咎征可消，天应可待。间者有嘉禾、芝草、黄龙之见。夫瑞生必于嘉士，福至实由善人，在德为瑞，无德为灾。陛下所行，不合天意，不宜称庆。①

然而，窦武设计的东汉官吏的替代方案，由于宦官挟持灵帝对其谋划

---

① 《后汉书》卷69《窦何列传·窦武》。

反噬的成功而胎死腹中，致使东汉政权只能在导向灭亡的路上加快步伐。

与窦武同协力谋划诛杀宦官的陈蕃（？—168年），字仲举，汝南平舆（今属河南）人。自幼聪慧，博学多才，胸有大志。有这样一个故事：

> 年十五，尝闲处一室，而庭宇芜秽。父友同郡薛勤来，候之，谓蕃曰："孺子何不洒扫以待宾客？"蕃曰："大丈夫处世，当扫除天下，安事一室乎！"①

陈蕃初仕郡府，举孝廉后，任郎中，继任州别驾从事，再后征拜议郎，转升乐安（今山东惠民）太守，因忤权臣梁冀，降为修武（今属河南）令。后迁尚书，出为豫章太守，继而升尚书令，迁大鸿胪。因李云案免官。再起拜议郎，迁光禄勋，又被免官。不久征为尚书仆射，转太中大夫，代杨秉任太尉，因救李膺再次被免官。灵帝继位后，窦太后临朝，陈蕃再次出山，任太傅，录尚书事，封高阳侯，参与窦武诛杀宦官的谋划，事败被杀。

陈蕃是清流派的领袖之一。他秉持儒家"民本"的基本理念，主张"抚养百姓，同之赤子"，任用清正廉明之人为官，以教化理民，惠及百姓。在朝廷决定以武力讨伐零陵、桂阳的民变时，他提出相反的意见：

> 昔高祖创业，万邦息肩，抚养百姓，同之赤子。今二郡之民，亦陛下之赤子也。致令赤子为害，岂非所在贪虐，使其然乎？宜严敕三府，隐核牧守令长，其有在政失和，侵暴百姓者，即便举奏，更选清贤奉公之人，能班宣法令情在爱惠者，可不劳王师，而群贼弭息矣。又三署郎吏二千余人，三府掾属过限未除，但当择善而授之，简恶而去之。岂烦一切之诏，以长请属之路乎？②

陈蕃特别注重朝廷的用人，他一方面大力推荐清流之吏，将徐稺、姜肱、袁闳、韦著、李云等上荐给朝廷，为救李云冒死犯难；另一方面对桓

---

① 《后汉书》卷66《陈王列传·陈蕃》。
② 同上。

帝胡封滥赏内宠力谏其不可，同时规劝他带头节俭，出采女，平冤狱，公平选举，公正诛赏：

> 夫诸侯上象四七，垂耀在天，下应分土，藩屏上国。高祖之约，非功臣不侯。而闻追录河南尹邓万世父遵之微功，更爵尚书令黄儁先人之绝封，近习以非义授邑，左右以无功传赏，授位不料其任，裂土莫纪其功，至乃一门之内，侯者数人，故纬象失度，阴阳谬序，稼用不成，民用不康。臣知封事已行，言之无及，诚欲陛下从是而止。又比年收敛，十伤五六，万人饥寒，不聊生活，而采女数千，食肉衣绮，脂油粉黛，不可赀计。鄙谚云"盗不过五女门"，以女贫家也。今后宫之女，岂不贫国乎！是以倾宫嫁而天下化，楚女悲而西宫灾，且聚而不御，必生忧悲之感，以致并隔水旱之困。夫狱以禁止奸违，官以称才理物。若法亏于平，官失其人，则王道有缺。而令天下之论，皆谓狱由怨起，爵以贿成。夫不有臭秽，则苍蝇不飞。陛下宜采求失得，择从忠善，尺一选举，委尚书三公，使褒责诛赏，各有所归，岂不幸甚！①

陈蕃代杨秉任太尉后，与朝廷和地方的清流派官吏互为奥援，对宦官进行毫不妥协的斗争，太原太守刘瓆、南阳太守成瑨毅然诛杀横行无忌的宦官及其走狗，被宦官挟持桓帝判弃市，陈蕃不避险难，上书为之讼冤，并对宦官的罪行大加挞伐：

> 臣闻齐桓修霸，务为内政；《春秋》于鲁，小恶必书。宜先自整敕，后以及人。今寇贼在外，四支之疾；内政不理，心腹之患。臣寝不能寐，食不能饱，实忧左右日亲，忠言以疏，内患渐积，外难方深。陛下超从列侯，继承天位。小家畜产百万之资，子孙尚耻愧失其先业，况乃产兼天下，受之先帝，而欲懈怠以自轻忽乎？诚不爱己，不当念先帝得之勤苦耶？前梁氏五侯，毒遍海内，天启圣意，收而戮之，天下之议，冀当小平。明鉴未远，覆车如昨，而近习之权，复相扇结。小黄门赵津、大猾张汜等，肆行贪虐，奸媚左右，前太原太守

---

① 《后汉书》卷66《陈王列传·陈蕃》。

刘瓆、南阳太守成瑨，纠而戮之，虽言赦后不当诛杀，原其诚心，在乎去恶。至于陛下，有何悁悁？而小人道长，营惑圣听，遂使天威为之发怒。如加刑谪，已为过甚，况乃重罚，令伏欧刀乎！又前山阳太守翟超，东海相黄浮，奉公不挠，疾恶如仇，超没侯览财物，浮诛徐宣之罪，并蒙刑坐，不逢赦恕，览之从横，没财已幸；宣犯衅过，死有余辜。昔丞相申屠嘉召责邓通，洛阳令董宣折辱公主，而文帝从而请之，光武加以重赏，未闻二臣有专命之诛。而今左右群竖，恶伤党类，妄相交构，致此刑谴。闻臣是言，当复啼诉。陛下深宜割塞近习豫政之源，引纳尚书朝省之事，公卿大夫，五日一朝，简练清高，斥黜佞邪。如是天和于上，地洽于下，休祯符瑞，岂远乎哉！陛下虽厌毒臣言，凡人主有自勉强，敢以死陈。①

延熹九年（公元166年），党锢之祸发生后，李膺等清流派官吏受到死、徙、禁锢等不同的惩罚，陈蕃上书为他们讼冤，认为"君为元首，臣为股肱，同体相须"，关系密切，君王"摄天地之政，秉四海之维，举动不可以违圣法，进退不可以离道规"，应该信任和善待那些忠贞的辅佐，虚心听取他们的"直辞"：

臣闻贤明之君，委心辅佐；亡国之主，讳闻直辞。故汤、武虽圣，而兴于伊、吕；桀、纣迷惑，亡在失人。由此言之，君为元首，臣为股肱，同体相须，共成美恶者也。伏见前司校尉李膺、太仆杜密、太尉掾范滂等，正身无玷，死心社稷。以忠忤旨，横加考案，或禁锢闭隔。或死徙非所。杜塞天下之口，聋盲一世之人，与秦焚书坑儒，何以为异？昔武王克殷，表闾封墓，今陛下临政，先诛忠贤。遇善何薄？待恶何优？夫谗人似实，巧言如簧，使听之者惑，视之者昏。夫吉凶之效，存乎识善；成败之机，在于察言。人君者，摄天地之政，秉四海之维，举动不可以违圣法，进退不可以离道规。谬言出口，则乱及八方，何况髡无罪于狱，杀无辜于市乎！昔禹巡狩苍梧，见市杀人，下车而哭之曰："万方有罪，在予一人！"故其兴也勃焉。又青、徐炎旱，五谷损伤，民物流迁，茹菽不足。而宫女积于房掖，

---

① 《后汉书》卷66《陈王列传·陈蕃》。

国用尽于罗纨，外戚私门，贪财受赂，所谓"禄去公室，政在大夫"。昔春秋之末，周德衰蒙，数十年间无复灾眚者，天所弃也。①

然而，陈蕃这些椎心泣血的规劝，对桓帝却不啻对牛弹琴，一个言之谆谆，一个听之藐藐。东汉朝廷再也不配有比灭亡更好的命运了。

在与窦武、陈蕃一同死于诛杀宦官谋划的清流派官吏中，还有魏朗（？—168年），字少英，会稽上虞（今属浙江）人，他任尚书时被牵连进党锢之祸，被禁锢，接着又被牵连进窦武、陈蕃一案，被逼自杀身死。他留下《魏子》一书，其中展现的政治思想也基本都是儒家的传统理念。如说："君以臣为本，以民为根，犹室与柱梁相持也，梁不强则上下俱亡，故蓼虫在蓼则生，在芥则死，非蓼仁而芥贼也，本不可失也。"② 另有刘瑜（？—168年），字季节，广陵（今江苏扬州）人，灵帝时任侍中，因参与窦武、陈蕃一案被杀。他在延熹八年（公元165年）的举贤良方正的上书中，重申了儒家传统的君王正身、纳谏、远佞、亲贤的理论：

> 诚愿陛下且以须臾之虑，览今往之事，人何为咨嗟，天曷为动变。盖诸侯之位，上法四七，垂文炳燿，关之盛衰者也。今中官邪孽，比肩裂土，皆竞立胤嗣，继体传爵，或乞子疏属，或买儿市道，殆乖开国承家之义。古者天子一娶九女，娣姪有序，《河图》授嗣，正在九房。今女嬖令色，充积闺帷，皆当盛其玩饰，冗食空宫，劳散精神，生长六疾。此国之费也。生之伤也……又常侍黄门，亦广妻娶。怨毒之气，结成妖眚。行路之言，官发略人女，取而复置，转相惊惧。孰不悉然，无绿空生此谤。邹衍匹夫，杞氏匹妇，尚有城崩霜陨之异；况乃群辈咨怨，能无感乎！昔秦作阿房，国多刑人。今第舍增多，穷极奇巧，掘山攻石，不避时令。促以严刑，威以法正。民无罪而覆入之，民有田而覆夺之。州郡官府，各自考事，奸情赇略，皆为吏饵。民愁郁结，起入贼党，官辄兴兵，诛讨其罪。贫困之民，或有卖其首级以要酬赏，父兄相代残身，妻孥相视分裂。穷之如彼，伐

---

① 《后汉书》卷66《陈王列传·陈蕃》。
② 《两汉全书》第22册，山东大学出版社2009年版，第12826—12827页。

之如此，岂不痛哉！又陛下以北辰之尊，神器之宝，而蒙行近习之家，私幸宦官之舍，宾客市买，熏灼道路，因此暴纵，无所不容……惟陛下设置七臣，以广谏道，及开东序金縢史官之书，从尧舜禹汤文武致兴之道，远佞邪之人，放郑卫之声，则政致和平，德感祥风矣。①

刘瑜的上书中尽管没有多少新意，但在东汉末年腐败的政治已经将这些传统理论践踏净尽的时候，其现实意义就不言而喻了。

二　太学生的政治思想

在党锢之祸中，与清流派官吏结合在一起的是太学生，这些人是官吏队伍的后备军，他们深受传统儒家思想的影响，对外戚、宦官的腐败深恶痛绝，更由于宦官把持朝政堵塞了他们通往官场的道路，所以他们在揭露和抨击宦官的腐败问题上特别激昂和坚决。他们中以刘陶为代表。刘陶（？—185年），字子奇，一名伟，颖川颖阴（今河南许昌）人，桓帝时入太学读书，后举孝廉，任顺阳（今河南内乡西南）长。灵帝时升侍御史，封中陵乡侯。后历任尚书令、侍中、京兆尹、谏议大夫。他自做太学生起，就同清流派官员站在一起，成为向宦官和东汉腐败政治冲锋陷阵的先锋，但最后还是被宦官陷害，死于狱中。

刘陶的政治思想深受儒家思想影响，具有强烈的民本意识，认定皇帝与百姓是一个利益共同体，"帝非民不立，民非帝不宁"，但由于皇帝昏妄，任用非人，就使东汉朝廷从中央到地方，都被一班虎豹豺狼般的官吏，尤其是宦官把持，搞得朝政日非，民不聊生：

臣闻人非天地无以为生，天地非人无以为灵，是故帝非民不立，民非帝不宁。夫天之与帝，帝之与民，犹头之与足，相须而行也。伏惟陛下年隆德茂，中天称号，袭常存之庆，循不易之制，目不视鸣条之事，耳不闻檀车之声，天灾不有痛于肌肤，震食不即损于圣体，故蔑三光之谬，轻上天之怒。伏念高祖之起，始自布衣，拾暴秦之散，追亡周之鹿，合散扶伤，克成帝业。功既显矣，勤亦至矣。流福遗祚，至于陛下。陛下既不能增明烈考之轨，而忽高祖之勤，妄假利

---

① 《后汉书》卷57《杜栾刘李刘谢列传·刘瑜》。

器，委授国柄，使群丑刑隶，芟刈小民，雕敝诸夏，虐流远近，故天降众异，以戒陛下。陛下不悟，而竟令虎豹窟于麑场，豺狼乳于春囿。斯岂唐咨禹、稷，益典朕虞，议物赋土蒸民之意哉？又令牧守长吏，上下交竞；封豕长蛇，蚕食天下；货殖者为穷冤之魂，贫馁者作饥寒之鬼；高门获东观之辜，丰室罗妖叛之罪；死者悲于窀穸，生者戚于朝野；是愚臣所为咨嗟长怀叹息者也。且秦之将亡，正谏者诛，谀进者赏，嘉言结于忠舌，国命出于谗口，擅闾乐于咸阳，授赵高以车府。权去已而不知，威离身而不顾。古今一揆，成败同势。①

尽管刘陶的警示如此沉痛和激烈，但未能使桓帝警醒。不久，清流派官员朱穆因严惩为非作歹的宦官遭朝廷"输作左校"的惩罚，刘陶等率数千太学生伏阙上书，为之讼冤，再次对宦官"手握王爵，口含天宪"的气焰进行猛烈抨击：

> 伏见施刑徒朱穆，处公忧国，拜州之日，志清奸恶。诚以常侍贵宠，父兄子弟布在州郡，竞为虎狼，噬食小人，故穆张理天网，补缀漏目，罗取残祸，以塞天意。由是内官咸共恚疾，谤讟烦兴，谗隙仍作，极其刑谴，输作左校。天下有识，皆以穆同勤禹、稷而被共、鲧之戾，若死者有知，则唐帝怒于崇山，重华忿于苍墓矣。当今中官近习，窃持国柄，手握王爵，口含天宪，运赏则使饿隶富于季孙，呼嘘则令伊、颜化为桀、跖。而穆独亢然不顾身害。非恶荣而好辱，恶生而好死也，徒感王纲之不摄，惧天网之久失，故竭心怀忧，为上深计。臣愿黥首系趾，代穆校作。②

刘陶等人的上书，使桓帝惮于舆论的压力，没有将朱穆"输作左校"。在做了如此沉痛的警示以后，刘陶直接要求皇帝起用清流派官吏，让被禁锢的李膺、朱穆等人出山秉政，还政治以清明：

> 愿陛下远览强秦之倾，近察哀、平之变，得失昭然，祸福可见。

---

① 《后汉书》卷57《杜栾刘李刘谢列传·刘陶》。
② 《后汉书》卷43《朱乐何列传·朱穆》。

> 臣又闻危非仁不扶,乱非智不救,故武丁得传说,以消鼎雉之灾,周宣用申、甫,以济夷、厉之荒。窃见故冀州刺史南阳朱穆,前乌桓校尉臣同郡李膺,皆履正清平,贞高绝俗。穆前在冀州,奉宪操平,摧破奸党,扫清万里。膺历典牧守,正身率下,及掌戎马,威扬朔北。斯实中兴之良佐,国家之柱臣也。宜还本朝,挟辅王室,上齐七燿,下镇万国。①

尽管刘陶的上书击中了桓帝任官非人的弊端,但昏聩的桓帝却无心听取一个小小太学生的诤言。不久,"有上书言人以货轻钱薄故致贫困,宜改铸大钱,事下四府群僚及太学能言之士"。这其实是一个搜刮民脂民膏的虐民之策,因为不注重发展经济,而仅仅想通过增大币值的办法增加国家财政收入,实在不啻明火执仗地对百姓进行抢劫。刘陶借机上书,将民本的理念作了淋漓尽致的阐述,同时对东汉皇朝面临的"八方分崩,中夏鱼溃"的尖锐的社会矛盾和阶级矛盾作了深刻的揭示:

> 盖以为当今之忧。不在于货,在乎民饥。夫生养之道,先食后货,民是以先王观象育物,敬授民时,使男不逾亩,女不下机。故君臣之道行,王路之教通。由是言之,食者乃有国之所宝,生民之至贵也。窃见比年已来,良苗尽于螟螣之口,杼柚空于公私之求,所急朝夕之餐,所患靡盬之事,岂谓钱货之厚薄,铢两之轻重哉?就使当今沙砾化为南金,瓦石变为和玉,使百姓渴无所饮,饥无所食,虽皇羲之纯德,唐虞之文明,犹不能以保萧墙之内也。盖民可百年无货,不可一朝有饥,故食为至急也。议者不达农殖之本,多言铸冶之便,或欲因缘行诈,以贾国利。国利将尽,取者争竞,造铸之端于是乎生。盖万人铸之,一人夺之,犹不能给;况今一人铸之,则万人夺之乎?虽以阴阳为炭,万物为铜,役不食之民,使不饥之士,犹不能足无厌之求也。夫欲民殷财阜,要在止役禁夺,则百姓不劳而足。陛下圣德,愍海内之忧戚,伤天下之艰难,欲铸钱齐货以救其敝,此犹养鱼沸鼎之中,栖鸟烈火之上。水木本鱼鸟之所生也,用之不时,必至燋烂。愿陛下宽锲薄之禁,后冶铸之议,听民庶之谣吟,问路叟之所

---

① 《后汉书》卷57《杜栾刘李刘谢列传·刘陶》。

忧，瞰三光之文耀，视山河之分流。天下之心，国家大事，灿然皆见，无有遗惑者矣。臣尝诵《诗》，至于鸿雁于野之劳，哀勤百堵之，事每喟尔长怀，中篇而叹。近听征夫饥劳之声，甚于斯歌。是以追悟匹妇吟鲁之忧，始于此乎？见白驹之意，屏营傍徨，不能监寐。伏念当今地广而不得耕，民众而无所食。群小竞进，秉国之位，鹰扬天下，乌钞求饱，吞肌及骨，并噬无厌。诚恐卒有役夫穷匠，起于板筑之间，投斤攘臂，登高远呼，使愁怨之民，响应云合，八方分崩，中夏鱼溃。方尺之钱，何能有救！其危犹举函牛之鼎，絓纤枯之末，诗人所以眷然顾之，潸焉出涕者也。①

刘陶的上书，虽然显示了他对货币认识的不足，但对民本、农本的认识还是相当深刻的，而其中对东汉末年政治危机的揭露，则达到了当时认知的较高水平。

第五节　郎𫖮与襄楷的政治思想

一　郎𫖮"为仁为俭"、修礼任贤的政治思想

郎𫖮，字雅光，北海安丘（今属山东）人。其父郎宗"学京氏《易》，善风角、星算、六日七分，能望气，占候吉凶。常卖卜自奉"。曾征拜吴令，因预言京师火灾应验，被征博士，他耻而不就，归家，终身未再入仕。郎𫖮"少传父业，兼明经典，隐居海畔，延致学徒常数百人。昼研精义，夜占象度，勤心锐思，朝夕无倦。州郡辟召，举有道方正，不就"。顺帝时，因灾异屡见，阳嘉二年（公元133年）正月被征至京师任郎中，辞病不就。后再征，仍不就。同郡有一个名叫孙礼的无赖，"积恶凶暴好游侠"，慕郎𫖮之名，欲与之交好被拒，遂残忍地将其杀害。

郎𫖮终身未仕，但关心国事，情系民瘼，他多次伏阙上书，借灾异向朝廷提出忠谏，其中展示了自己基于传统儒学的政治思想。基本要点有以下四个方面。

第一，要求君王"修礼尊约"，"为仁为俭"。他在上书中说：

---

① 《后汉书》卷57《杜栾刘李刘谢列传·刘陶》。

> 臣闻天垂妖象，地见灾符，所以谴告人主，责躬修德，使正机平衡，流化兴政也……方今时俗奢佚，浅恩薄义。夫救奢必于俭约，拯薄无若敦厚，安上理人，莫善于礼。修礼遵约，盖惟上兴，革文变薄，事不在下。故《周南》之德，《关雎》政本。本立道生，风行草从，澄其源者流清，涸其本者末浊……自顷缮理西苑，修复太学，宫殿官府，多所构饰……臣愚以为诸所缮修，事可省减，禀恤贫人，赈赡孤寡，此天之意也，人之庆也，仁之本也，俭之要也。焉有应天养人，为仁为俭，而不降福者哉？

对于宫殿官府、离房别馆等无休止的修建，且"务精土木，营建无已，消功单贿，巨亿为计"以及其他奢华浪费的现象，他尤其深恶痛绝，要求君王"校计缮修之费，永念百姓之劳，罢将作之官，减雕文之饰，损庖厨之馔，退宴私之乐"，从而减轻百姓的负担。

第二，要求君王坚持选贤任能的用人原则，因为征诸历史和现实，"得贤为功，失事为败"：

> 臣闻刳舟剡楫，将欲济江海也；聘贤选佐，将以安天下也。昔唐尧在上，群龙为用，文武创德，周召作辅，是以能建天地之功，增日月之耀者也……陛下践祚以来，勤心庶政，而三九之位，未见其人，是以灾害屡臻，四国未宁。臣考之国典，验之闻见，莫不以得贤为功，失事为败。且贤者出处，翔而后集，爵以德进，则其情不苟，然后使君子耻贫贱而乐富贵矣。若有德不报，有言不酬，来无所乐，进无所趋，则皆怀归薮泽，修其故志矣。夫求贤者，上以承天，下以为人。不用之则逆天统，违人望。逆天统则灾眚降，违人望则化不行。灾眚降则下吁嗟，化不行则君道亏。四始之缺，五际之厄，其咎由此。

在整个朝廷的官僚系统中，三公责任攸归，必须严责他们负起责任：

> 三公上应台阶，下同元首。政失其道，则阴阳反节……而今之在位，竞托高虚。纳累钟之奉，忘天下之忧，栖迟偃仰，寝疾自逸，被

策文，得赐钱即复起矣。何疾之易而愈之速？以此消伏灾眚，兴致升平，其可得乎？今选举牧守，委任三府。长吏不良，既咎州郡，州郡有失，岂得不归责举者？而陛下崇之弥犹，自下慢事愈甚，所谓大纲疏，小纲数。今三公皆令色足恭，外厉内荏，以虚事上，无佐国之实。

在责成三公负起治国重任的同时，更要赏拔贞贤良臣："夫十室之邑，必有忠信，率土之人，岂无贞贤，未闻朝廷有所赏拔，非所以求善赞务，弘济元元。宜采纳良臣，以助圣化。"再进一步，他要求将选举之权收归尚书掌握，以便杜绝其中各种不正之风：

> 今选举皆归三司，非有周召之才，而当则哲之重，每有选用，辄参之掾属，公府门巷，宾客填集，送去迎来，财货无已。其当迁者，竞相荐谒，各遣子弟，充塞道路，开长奸门，兴致浮伪非所谓率由旧章也。尚书职在机衡，宫禁严密，私曲之意，差不得通，偏党之恩，或无所用。选举之任，不如还在机密。①

出于赏拔贞贤良臣的目的，他以布衣之身，上书举荐黄琼和李固两位桢干之臣，要求朝廷予以重用。

第三，鉴于东汉朝廷外戚宦官交替擅权的现实，他要求君王"乾纲独断"，"臣愿陛下发扬乾刚，援引贤能，勤求机衡之寄，以获断金之利"，②排除权臣专政对皇权的威胁。

第四，要求君王从民本出发，善待百姓，"存问孤寡，赈恤贫弱"，"广被恩泽，贷赡元元"，将儒家传统"仁政"的方方面面贯彻实行，给臣民一个更始的气象。

总体来看，郎𫖮的政治思想没有多少创新之处，也构不成完整体系，但他"位卑未敢忘忧国"，多次大胆上书朝廷，坦陈自己对国家大事的意见，他的谏议具有较强的针对性，对当朝有一定的警醒作用。

---

① 《后汉书》卷30《郎𫖮襄楷列传》。
② 同上。

二 襄楷要求君王纳谏用贤、"修德省刑"、无为节欲的政治思想

襄楷,字公矩,平原隰阴(今山东临邑)人。生当桓、灵之世,"好学博古,善天文阴阳之术",数次以布衣之身上书朝廷,借天象气候之变对朝政尤其是宦官专权提出激烈的批评,因此被下狱治罪而不悔。襄楷的政治思想主要展现在他的上书中,可以归纳为以下几个要点。

第一,要求君王纳谏用贤,修德省刑。

襄楷在上书中多次为一批因诛除宦官和直言敢谏而遭惩罚的清正廉明的官吏辩冤,批评朝廷"拒谏诛贤、用刑太深",要求"修德省刑":

> 太原太守刘瓆、南阳太守成瑨,志除奸邪,其所诛翦,皆合人望,而陛下受阉竖之谮,乃远加考逮。三公上书乞哀瓆等,不见采察,而严被谴让。忧国之臣,将遂杜口矣。臣闻杀无罪,诛贤者,祸及三世。自陛下即位以来,频行诛伐,梁、寇、孙、邓,并见族灭,其从坐者,又非其数。李云上书,明主所不当讳,杜众乞死,谅以感悟圣,朝曾无赦宥,而并被残戮,天下之人,咸知其冤。汉兴以来,未有拒谏诛贤、用刑太深如今者也。永平旧典,诸当重论皆须冬狱,先请后刑,所以重人命也。顷数十岁以来,州郡玩习,又欲避请谳之烦,辄托疾病,多死牢狱。长吏杀生自己,死者多非其罪,魂神冤结,无所归诉,淫厉疾疫自此而起。
>
> 臣伏见太白北入数日,复出东方,其占当有大兵,中国弱,四夷强。臣又推步,荧惑今当出而潜,必有阴谋。皆由狱多冤结,忠臣被戮。德星所以久守执法,亦为此也。陛下宜承天意,理察冤狱,为刘瓆、成瑨亏除罪辟,追录李云、杜众等子孙。

第二,要求君王摈除对宦官的信任和重用,使之回归厮役之域:

> 臣又闻之,得主所好,自非正道,神为生虐。故周衰,诸侯以力征相尚,于是夏育、申休、宋万、彭生、任鄙之徒生于其时。殷纣好色,妲己是出。叶公好龙,真龙游廷。今黄门常侍,天刑之人,陛下爱待,兼倍常宠,系嗣未兆,岂不为此?天官宦者星,不在紫宫而在天市,明当给使主市里也。今乃反处常伯之位,实非天意。

> 臣闻古者本无宦官，武帝末，春秋高，数游后宫，始置之耳。后稍见任，至于顺帝，遂益繁炽。今陛下爵之，十倍于前。至今无继嗣者，岂独好之而使之然乎？

这里，襄楷对东汉末年数代皇帝信用宦官的批评击中了当时政治昏乱的症结，但由于此一弊端是极其复杂政治局面逐步演化的结果，要根除它并不容易。

第三，要求君王摈弃声色犬马，回归无为节欲：

> 又闻宫中立黄老、浮屠之祠，此道清虚，贵尚无为，好生恶杀，省欲去奢。今陛下嗜欲不去，杀罚过理，既乖其道，岂获其祚哉！或言老子入夷狄为浮屠，浮屠不三宿桑下，不欲久生恩爱，精之至也。天神遗以好女，浮屠曰："此但革囊盛血。"遂不盼之。其守一如此，乃能成道。今陛下淫女艳妇，极天下之丽，甘肥饮美，单天下之味，奈何欲如黄老乎？①

显然，襄楷的政治思想基本上还停留在就事论事的水平，其理论支撑亦没有超出君明臣贤的传统儒家观点，但作为一介布衣之士，他能利用当时朝野热衷的以天象气候之变附会政治的谏议形式，对昏暗的朝政进行尖锐的批评，不仅显示了自己位卑而忧国的情怀，同时也展现了过人的胆识。

第六节 《太平经》与张鲁的政治思想

一 《太平经》的政治思想

从汉安帝登基开始，七八十年间，农民起义的烽火几乎遍布东汉统治区的每个地方。桓帝时的刘陶就已经预言，这种农民起义对东汉皇朝必将造成致命的威胁："诚恐卒有役夫穷匠，起于板筑之间，投斤攘臂，登高远呼，使愁怨之民，响应云合，八方分崩，中夏鱼溃。"② 东汉后期连绵

---

① 《后汉书》卷30《郎𫖮襄楷列传》。
② 《后汉书》卷57《杜栾刘李刘谢列传·刘陶》。

不断的农民起义最后终于酿成了规模宏大的历史狂飙——黄巾农民大起义，使东汉皇朝在分崩离析中走向灭亡。

黄巾起义与《太平经》有着十分密切的关系，从一定意义上讲，《太平经》就是黄巾起义军的教科书。那么，《太平经》展示了怎样的政治思想呢？

《太平经》的起源可以追溯到西汉成帝时期。当时一个名叫甘忠可的方士造作了《天官历包元太平经》，鼓吹用异想天开的第二次再受命，挽救汉室的危机，结果被下狱处死。哀帝当国时，甘忠可的弟子夏贺良再上此书，结果演出了哀帝变成"陈圣刘太平皇帝"的再受命闹剧。然而，夏贺良也因其术无效验，遭到与自己老师同样的命运。东汉时，传说于吉得"神书百七十卷"号《太平清领书》。顺帝时，由其弟子宫崇献给朝廷。据李贤注，该书就是《太平经》，"后张角颇有其书焉"。① 事实是，张角不仅"有其书"，而且其传道起事都与该书有着密切的联系。《太平经》说："太平道，其文约，其国富，天之命，身之宝。近出胸心，周流天下，此文行之，国可安，家可富。"② 这应该是太平道教义的根据。《太平经》谈天道、地道、人道，天神、地神、人神，又称三神为三公，这大概是张角、张梁、张宝分别称天公将军、地公将军和人公将军的根据吧。其实，找出《太平经》与太平道和黄巾起义的关系并不困难，问题的症结在于说明，一部宗教的经典为什么变成了农民起义的教科书？

《太平经》的前身是《太平清领书》，从西汉成帝到东汉顺帝，在民间流传了一百多年。在这一漫长的历史过程中，它肯定被许多人加工过，这些加工虽然没有改变这部宗教经典的神学体系，但即使从在民间争取信徒的角度出发，它也会加上某些反映劳动人民愿望并为劳动人民所乐意接受的东西。这样，呈现在后世读者面前的《太平经》就成为一个十分复杂而又矛盾的体系。它一方面有一个精心构制的有天神、地神、人神的系统的神学体系，充满着阴阳五行的图谶怪异之说，还夹杂着民间巫祝的宗教迷信，以及求神仙、寻仙药和炼丹服食等方术；另一方面又有着元气论的唯物主义因素。一方面充斥着董仲舒式的五德终始和"天不变道亦不变"的形而上学的观念；另一方面又蕴含着"阴极当反阳""下极当反上"的辩证法因素。一方面大力推崇汉德，称颂汉代皇帝为"圣明天

---

① 《后汉书》卷30《郎顗襄楷列传》。
② 王明：《太平经合校》，中华书局1960年版，第697页。

子",把实现"太平盛世"的愿望寄托在当权的统治者身上,表现了维护封建统治的原则立场;另一方面又以土德胜火德为根据,祈愿一次改天换地的大变革,去实现农民的均平理想等。由于农民小生产者的局限性,他们比较容易接受宗教有神论的宣传。更由于东汉后期日益沉重的阶级压迫和剥削,使他们希望从茫茫苍天那里找到救星。《太平经》中那些曲折反映劳动人民愿望和要求的东西,使他们在无涯的苦海中仿佛瞥见遥远天际那一线微明的晨曦。在《太平经》描绘的天国里,阴阳调和,生产发展,生活富裕,"无有刑,无穷物,无冤民",[①] 没有盗贼,没有夷夏之别,没有战争,国家兴盛,所有的人,从一般普通百姓到封建帝王都"可竟天年,各得其所"。这种理想描绘得越美妙和谐,地狱般黑暗的社会现实——"风雨不调,行气转易""阴气蔽日""人民恐惧,谷少滋息,水旱无常""家事大小,皆被灾殃"——就越令人愤慨而难以容忍。在理想与现实的对比映照中,推翻现实凶恶污浊社会的革命热情自然会被激发出来。

《太平经》认为,自然界和人类社会是由元气的三种形体即太阳、太阴、中和相互变化而成。天、地、人、日、月、星、山、川、土、父、母、子、君、臣、民,"使同一忧,合成一家,立致太平"。而社会所需要经常解决的三件大事是吃饭、男女和穿衣。为了解决这三件大事,《太平经》提出"大平均"的思想,"天地施化得均,尊卑大小得一"。"平者,言治大平均。凡事悉治,无复不平","调和平均,使各从其愿,不夺其所安"。更难能可贵的是,在对均、平的解释中,提出了"财物共有"和"人人劳动"的思想。《太平经》卷六十七"六罪十治诀"进一步明确指出:"积财亿万,不肯救穷周急,使人饥寒而死,罪不除也。"其中还说:

> 或有遇得善富地,并得天地中和之财,积之乃亿亿万种,珍物金银亿万,反封藏逃匿于幽室,令皆腐涂。见人穷困往求而不予,既予不即许,必求取倍增也。而或但一增,或四五乃止。赐予富人,绝去贫子,令使其饥寒而死,不以道理,反就笑之。与天为怒,与地为咎,与人为大仇,百神憎之。所以然者,此财物乃天地中和所有,以

[①] 王明:《太平经合校》,第206页。

共养人也。此家但遇得其聚处,比若仓中之鼠,常独足食,此大仓之粟,本非独鼠有也;少内(内应作府)之钱财,本非独以给一人也,其有不足者,悉当从其取也。愚人无知,以为终古独当有之,不知乃万户之委输,皆当得衣食于是也。①

这种财产共有的思想,谴责了包括皇帝在内的少数富人,揭露了他们积累亿万金银财物和粮食、自己独享甚至任其腐烂而不肯与别人分享的丑行,怒斥这种人不过是仓中的大老鼠,是罪不容逭的。这里提出的天下财应共养天下人的主张,尽管还不是废除私有制,但它反对富人对穷人的过分剥剥,呼吁"周急救贫",表现了对高压下的劳动人民的同情,这很自然地能够引起劳动人民心灵的共鸣。《太平经》还宣称,"男者,乃天之精神也。女者,乃地之精神也","至于长老巨细,当随其力而求其食,故万物尚皆去其父母而自衣食也"。"女之就夫家,乃当相与并力同治生,乃共传天地统,到死尚复骨肉同处,当相与并力,而因得衣食之"。②"耕田得谷独成实多善者?用心密,用力多也",③"凡事相须成事者,皆两手也"。④"凡财物可以养人者,各当随力聚之","不肯力为之"而向人"求索","皆为强取人物,与中和为仇,其罪当死"。⑤ 这种人人都要靠自己的劳动而取得生活资料的主张,实际上是否定了剥剥的合理性。它要求人们将相互关系建立在劳动的基础上,也就是要求将劳动者之间的关系推广到整个社会。这种观念尽管是超前的一种空想,但它反映的却是广大劳动人民对未来社会的美好憧憬。此外,《太平经》针对豪族地主垄断选举,任人唯亲的现实,提出举贤使能的主张。针对东汉后期刑罚残酷、诛杀无辜的现实,提出"无刑而自治"的主张。认为"教其无刑而自治者,即其上也","教其小刑治之者,即其大中下也,多数功伪,以虚为实,失其法,浮华投书,治事暴用刑罚,多邪文,无真道可守者,即是其下霸道之效也"⑥。进而要求减轻刑罚,即使死罪亦不要"尽灭杀",更不要

---

① 王明:《太平经合校》,第246—247页。
② 同上书,第34—35页。
③ 同上书,第415页。
④ 同上书,第518页。
⑤ 同上书,第243页。
⑥ 同上书,第140页。

"罪及家小比伍"。针对当时社会"多贱女子而反杀之"的残害妇女的状况，提出男人继承天统，女人继承地统，杀害妇女就是"断绝地统""灭人类"的逆天悖地之行。针对当时贵族官僚和豪族地主的奢侈腐化，提出男女衣食外，"其余皆伪之物"的禁欲主义主张。针对当时厚葬、淫祀和饮酒成风的倾向，提出了薄葬和节俭的主张。这些思想虽然不无偏颇之处，但无疑可以受到广大劳动人民的欢迎。

从以上分析可以看出，在《太平经》的宗教神学体系中，的确有不少涂抹着浓烈宗教色彩的合理内核。这些思想和主张，对当时处于死亡线上奋力挣扎的劳动人民，自然会产生巨大的吸引力。对自己苦难生活的愤怒和对未来太平世界的向往，使他们团结在以张角为首的太平道旗帜下，演出了一幕反对封建压迫和封建剥削的威武雄壮的活剧。

二 张鲁的政治思想

在东汉末年军阀混战的战乱岁月中，张鲁在汉中割据30年，保境息民，招抚流亡，发展生产，轻徭薄赋，使那里成为和平安宁的绿洲。更称奇的是，他在那里建立了政教合一的政权，根据五斗米道的教义，实行了一套有别于其他地方的制度和政策，某些方面显示了与众不同的政治意识。

张鲁，字公祺，沛国丰（今江苏丰县）人。其祖父张陵在蜀鹄鸣山中学道，"造作道书以惑百姓，从受道者出五斗米，故世号米贼"。张陵死后，其子衡继续行其道，影响不断扩大。张衡死后，其子张鲁复行其道，在蜀地的影响越来越大。益州牧刘焉认为如将其纳入自己体制内，肯定能够发挥比一般官吏更大的作用，于是任命他为督义司马，与别部司马张修共同进击汉中太守苏固。进占汉中之后，张鲁乘机袭杀张修，夺其众，完全掌控了这里的军政和民事，拒不执行来自刘焉的一切行政命令，建立起半独立的政权。刘焉死后，其子刘璋继任益州牧，以张鲁不服管辖为由，尽杀其留在成都的亲属。张鲁一气之下，宣布正式与刘璋的益州脱离关系，据汉中自立。据《三国志·魏书·张鲁传》记载，他在这里推行了一套与其他地方有很大差别的制度和政策：

> 以鬼道教民，自号师君。其来学道者，初皆名鬼卒，受本道已信，号祭酒，各领部众，多者为治头大祭酒。皆教以诚信，不欺诈。

> 有病自首其过，大都与黄巾相似。诸祭酒皆作义舍，如今之亭传，又置义米、肉，悬于义舍，行路者量腹取足，若过多，鬼道辄病之。犯法者三原，然后乃行刑。不置长吏，皆以祭酒为治，民夷便乐之，雄据巴汉垂三十年。

从其实行的这些制度和政策中，可以略窥张鲁其人的政治思想。

第一，张鲁认定政教合一的政权带有极强的神秘色彩，不仅容易为百姓所接受，同时对他们也有一种震慑作用。所以他"不置长吏，皆以祭酒为治"，取消了汉政权原来的郡、县、乡、里的组织系统，而代之以治头大祭酒、祭酒的组织系统，实际上是政教合一的政权系统。也就是说，张鲁并不是一个否定政权存在的空想社会主义者，而是一个巧妙地将政权寓于宗教教权系统中的理政高手。他给自己建立的政权披上宗教的外衣，通过形式的变异增强了政权对百姓的吸引力。

第二，他实行的"教以诚信，不欺诈"，"犯法者三原，然后乃行刑"的政策，实际上体现的仍然是儒家的"德主刑辅"的行政理念。与汉朝复杂的行政法律相比，他的行政原则、程序和实践已经大大简化了。这种经过简化的制度和政策较易为百姓理解和接受，也较易在百姓中推行并产生预期的效果。

第三，他设置的"义舍"大概是最受人颂扬的措施，究其实质，不过是政府恤民和救济政策的延续和扩大而已。这仍然是儒家惠民理想，即救济贫弱、惠及鳏寡孤独等信条的反映。但由于他将这种理想落实到制度上，因而使百姓得到实惠，受到欢迎。不过，这也谈不上空想社会主义。

显然，张鲁在汉中的行政所展示的政治思想，大体上没有超脱儒家的基本理论，所不同的是他披上了一件宗教的斑斓外衣而已。当然，张鲁在汉中30年的行政，还是应该肯定的，因为他在战乱的年代为部分百姓提供了一个相对安宁的庇护所，不仅原汉中的百姓受益，而且使"关西民从子午谷奔之者数万家"[①] 也得到安置，避免了流离失所和死亡的威胁。他得到当地百姓的拥戴是自然的。不过，张鲁在汉中30年的统治之所以成功，是特殊历史条件造成的。在东汉末年战乱频仍的时代，汉中相对封闭的地理环境，各大军阀忙于对中原和长江流域最富庶地区的争夺，使张

---

① 《三国志·魏书》卷8《张鲁传》。

鲁在各派政治势力夹缝中的暂时割据成为可能。一旦情况有变,他的闭关自守式的割据就难以维持。所以最后在曹操强大势力的威逼下,他只能俯首称臣,归到曹操的势力范围。

第七节 何休与郑玄的政治思想

一 何休的君主本位思想

在东汉经学史上,治今文经的大师首推何休,治古文经的大师首推郑玄,他们是当时经学领域中当之无愧的双子星座。

何休(公元129—182年),字邵公,任城樊县(今山东济宁东)人,是东汉时期治《公羊春秋》影响最大的今文经学大师。他出身名门,父亲何豹官至少府。何休自小聪明好学,长大后"为人质朴讷口,而雅有心思,精研《六经》,世儒无及者"。[①] 后以父荫召拜郎中,在朝中服务。但他对做官了无兴趣,不久即辞职返家读书。桓帝时,太尉陈蕃辟何休在自己府上服务,参与政事。不久,"党锢之祸"发生,陈蕃被免职,所谓党人被治罪。何休因属于陈蕃的门生故吏之列,自然也遭禁锢。他本来就不热衷官场,禁锢中正好发挥自己潜心学问的长处。他精心研读《公羊学》,"覃思不窥门,十有七年"。[②] 著有《春秋公羊解诂》,又注训《孝经》《论语》等。他之注经,敢于标新立异,不囿于成说,发明不少新意,所以他的著作"皆经纬典谟,不与守文同说"。他还以《春秋》驳《汉书》所载事有误者600多条,"妙得《公羊》本意"。何休对历法和算学也深有研究,但他的主要贡献是在东汉今文经学江河日下的情况下,力图重振今文经学,尤其是公羊学的雄风。他与师傅、博士羊弼合作,上承今文学家李育"以公羊义难贾逵"的余绪,写下了三篇大文章。一是《公羊墨守》,极力捍卫《公羊学》的观点,"坚信《公羊》之义不可改,如墨翟之守城"。二是《左氏膏肓》,攻击《春秋左氏传》病入膏肓,无可救药。三是《谷梁废疾》,攻击《春秋谷梁传》犹如废疾之人,气息奄奄。尽管何休使出浑身解数,竭尽全力捍卫公羊学的观点,但他的努力却收效甚微,因为在今文经学处于整体衰颓的形势下,个别精英人物的奋斗

[①] 《后汉书》卷79《儒林列传》。

[②] 同上。

无法挽狂澜于既倒，何休只能眼睁睁地看着今文经学"无可奈何花落去"了。党禁解除后，何休又被辟到司徒府任职，最后升至谏议大夫。为官期间，他虽"屡陈忠言"，但由于此时的东汉皇朝已经彻底腐朽，失去了对忠言的感应能力，人微言轻的何休的忠言对当权者不啻耳畔清风，是不会产生什么影响的。光和五年（公元182年）何休以54岁之年死于任上。①

如果说，西汉最著名的公羊学家是董仲舒，那么，东汉最著名的公羊学家就是何休。何休是一个比较纯正的学者，善于治学而疏于治事。他之冷漠官场而执着于学问，恰恰是他对自己的准确定位。他著作甚多，但完整保留下来的只有《春秋公羊解诂》。不过，作为何休的代表作，他经学的精华集中于该书，思想的精华亦集中于该书。有此一部书留传下来，何休作为公羊学巨子的地位就是不可动摇的。

《春秋公羊解诂》一书是东汉今文经学的代表作，它充分发挥董仲舒创设和系统化了的天人感应的神学目的论，大量吸收谶纬神学的内容，对春秋时期的自然现象、政治变化进行随心所欲的解释。尽管其中不乏谴责帝王荒唐行径、同情百姓疾苦等理性思想的内容，但从总体上看，它超脱不了唯心主义和有神论的窠臼，这一方面值得肯定的内容不多。《春秋公羊解诂》最值得珍视的是它所展现的何休的政治与伦理思想的内容。其中的"五始""三科""九旨"等内容，就是他从《春秋公羊传》中提炼出来的政治伦理观念：

> 三科九旨者，新周、故宋、以春秋当新王，此一科三旨也；所见异辞，所闻异辞，所传闻异辞，二科六旨也；内其国而外诸夏，内诸夏而外夷狄，是三科九旨也。五始者，元年、春、王、正月、公即位是也。②

其中，他上承董仲舒，从"天人合一"的哲学的高度，论证了"大一统"的神圣性与合理性。他要求树立君王本位的原则，做到"一法统，尊天子"，"重本尊统"，维护以天子为中心的专制主义中央集权的绝对权

---

① 《后汉书》卷79《儒林列传》所载何休卒年可能有误。见《中国史研究》2002年第3期孟祥才《〈后汉书·儒林列传〉所记何休卒年献疑》，推断其卒年当在中平年间。
② 《两汉全书》第23册，山东大学出版社2009年版，第13347页。

威。为了做到这一点，天子必须加强自我修养，在天下臣民中树立起既威严而又慈善的良好形象，时时想到上天的监视警戒作用，不要为所欲为，更不要胡作非为。身正的天子是无言的榜样，同时也是震慑权臣的无形的力量。他要求毫不妥协地反对和制止贵戚专政与大臣擅权，实际上是对东汉后期外戚专权自恣、州牧郡守分裂割据的影射抨击。这突出反映了今文经学家，尤其是公羊学家对现实的热切关照。不过，何休的"大一统"理论也有明显的局限，即将君权绝对化，失去了孟子思想中"民贵君轻"以及君臣对等的带有民主性精华的理念。

何休继承孟子的"仁义"和荀子的礼乐思想，并将其与"大一统"紧密结合。他认为"仁义"应是从帝王到臣民共同遵循的伦理原则，每一个人都必须按照"仁义"的原则从事符合自己身份地位的活动："有帝王之君，宜有帝王之臣，有帝王之臣，宜有帝王之民。"① 即要求君为"仁义"之君，臣为"仁义"之臣，民为"仁义"之民。他要求"大一统"之君必须首先成为"仁义"之君，以自己恪守"仁义"的行动成为臣民的表率。同时君主还必须对百姓实行"仁政"和"德治"，"尊老爱民"，像对待自己的父兄子弟一样对待臣民百姓："上敬老，则民益孝；上尊齿，则民益弟。是以王者以父事三老，兄事五更。食之于辟雍，天子亲祖而割牲，执酱而馈，执爵而酳，冕而总干，率民之至也。先王之所以治天下者五：贵有德为其近于道也，贵臣为其近于君也，贵老为其近于父也，敬长为其近于兄也，慈幼为其近于弟也。"② 他严厉抨击那些不修文德，穷奢极欲，对百姓进行横征暴敛的君王和诸侯的无耻行径，大力张扬儒家传统的"民本"意识，要求国君和诸侯都要时刻关心民瘼，忧百姓之急，缓刑罚，薄赋敛，节制剥削。当百姓遭遇水旱等自然灾害时，应千方百计使他们获得食物，免遭死亡："民食不足，百姓不可复兴，危亡将至，故重而书之，明当自减省，开仓库，赡振乏。"③ 他继承传统儒学关于"汤武革命"的观点，将祸国殃民、残害百姓的暴君直视为独夫民贼，肯定人民有加以诛讨的权力。最后，何休强调限制兼并、节俭省刑、轻徭薄赋，更希望生产者有一定数量的生产资料。在这个问题上，他也像许多

---

① 《春秋公羊解诂·僖公二十二年》。
② 《春秋公羊解诂·桓公四年》。
③ 《春秋公羊解诂·宣公十年》。

儒家学者一样，寄希望于"井田制"的恢复。而在他的笔下，"井田制"下的社会被描绘成一幅异常美好的图景：

《春秋》经传数万，指意无穷，状相须而举，相待而成，至此独言颂声作者，民以食为本也。夫饥寒并至，虽尧舜躬化，不能使野无寇盗，贫富兼并，虽皋陶制法，不能使强不陵弱，是故圣人制井田之法而口分之，一夫一妇受田百亩，以养父母妻子，五口为一家，公田十亩，即所谓什一而税也，庐舍二亩半，凡为田一顷十二亩半，八家而九顷，共为一井，故曰井田。庐舍在内，贵人也。公田次之，重公也。私田在外，贱私也。井田之义：一曰无泄地气，二曰无费一家，三曰同风俗，四曰合巧拙，五曰通财货。因井田以为市，故俗语曰市井。种谷不得种一谷，以备灾害。田中不得有树，以妨五谷。还庐舍种桑荻杂菜，畜五母鸡、两母豕，瓜果种疆畔，女工蚕织，老者得衣帛焉，得食肉焉，死者得葬焉。多于五口，名曰余夫，余夫以率受田二十五亩。十井共出兵车一乘。司空谨别田之高下善恶，分为三品；上田一岁一垦，中田二岁一垦，下田三岁一垦；肥饶不得独乐，硗埆不得独苦，故三年一换主易居，财均力平，兵车素定，是谓均民力，强国家。在田曰庐，在邑曰里。一里八十户，八家共一巷。中里为校室，选其耆老有高德者名曰父老，其有辩护伉健者为里正，皆受倍田，得乘马，父老比三老孝弟官属，里正比庶人在官吏。民春夏出田，秋冬入保城郭。田作之时，春，父老及里正旦开门坐塾上，晏出后时者不得出，莫不持樵者不得入。五谷毕入，民皆居宅，里正趋缉绩，男女同巷，相从夜绩，至于夜中，故女功一月得四十五日作，从十月尽正月止。男女有所怨恨，相从而歌，饥者歌其食，劳者歌其事。男年六十，女年五十，无子者，官衣食之，使之民间求诗，乡移于邑，邑移于国，国以闻于天子，故王者不出牖户尽知天下所苦，不下堂而知四方。十月事讫，父老教于校室，八岁者学小学，十五者学大学，其有秀者移于乡学，乡学之秀者移于庠，庠之秀者移于国学，学于小学，诸侯岁贡小学之秀者于天子，学于大学，其有秀者命曰进士，行同而能偶，别之以射，然后爵之。士以才能进取，君以考功授官。三年耕余一年之畜，九年耕余三年之积，三十年耕有十年之储，虽遇唐尧之水，殷汤之旱，民无近忧，四海之内莫不乐其业，故曰颂声作矣。①

这显然是对西周"井田制"的一种想当然的理想化描绘,其中添加了不少何休的"臆断"。尽管是一厢情愿的"迂阔之论",但反映的却是他期望百姓安居乐业的真诚愿望。其实,剔除其中的理想化成分,他要求的不过是一个四民各安其位的稳定社会:"古者有四民:一曰德能居位曰士,二曰辟土殖谷曰农,三曰巧心劳手以成器物曰工,四曰通财粥货曰商。四民不相兼,然后财用足。"②

何休重视礼治,他认为要想维护社会的稳定,使社会上的各个阶级与集团和睦相处,礼乐是不可须臾离的东西:

> 故乐从中出,礼从外作也。礼乐接于身,望其容而民不敢慢,观其色而民不敢争。故礼乐者,君子之深教也,不可须臾离也。君子须臾离礼,则暴慢袭之;须臾离乐,则奸佞入之。③

何休阐发了不同性质的许多礼制,其基本精神是维护以"君主本位"和"父本位"为核心的封建的等级名分和等级秩序。

何休也重视乐"风化天下"之移风易俗的潜移默化的社会功能:

> 夫乐本起于和顺,和顺积于中,然后荣华发于外。是故八音者,德之华也;歌者,德之言也;舞者,德之荣也;故听其音可以知其德;察其诗可以达其意;论其数可以正其荣。荐之宗庙足以享鬼神,用之朝廷足以序群臣,立之学官足以协万民。④

以上这些认识,基本上都是对传统儒学思想的复述与衍义,但其中还是蕴含着不少合理的内容和意念。这些内容和意念反映了他对当时政治和社会问题的深入思考和理性因应。另外,何休对传统儒学的孝悌观念、诸

---

① 《春秋公羊解诂·宣公十五年》。
② 《春秋公羊解诂·出公元年》。
③ 《春秋公羊解诂·隐公五年》。
④ 同上。

夏夷狄观念都有所发挥，大大丰富了董仲舒之后今文经学的内容。

尽管从总体上看，东汉的今文经学呈衰颓之势，何休的努力也无法挽救它。但是，由于何休的努力，今文经学，尤其是其中的公羊学毕竟展示了它关心国计民生、干预现实政治的优良传统。《春秋公羊解诂》一书颇多创新之点，是董仲舒之后公羊学发展史上最具创造性的总结性成果，对研究两汉经学，尤其是公羊学具有重要意义，是经学史研究者不能跳过去的著作。特别重要的是，何休的著作在整个中国经学史上起了承前启后的作用。尽管东汉以后，历经魏晋南北朝、隋唐五代、宋辽金元、明和清朝前期，经学领域几乎一直是古文经的天下，但是，总有少数治今文经的学者踵绪着何休的事业，使公羊学在寂寞中代有传人，不绝如缕，从而为清朝晚期今文经学的再度崛起做了资料和学术的准备。这其中，何休的著作发挥了不可替代的作用。

二　郑玄的传统儒家理念

郑玄（公元127—200年），字康成，北海高密人，两汉经学的集大成者。他自幼聪慧，13岁诵读《五经》，16岁已是博学多识，被乡里视为神童。20岁时被任命为乡啬夫，但很快辞职，开始了纯学者的生涯。"玄少为乡啬夫，得休归，常诣学官，不乐为吏，父数怒之，不能禁，遂造太学受业"。[①] 进入太学后，他如鱼得水，先师事京兆第五元，学习《京氏易》《公羊春秋》《三统历》《九章算术》，又师事东郡张恭祖，学习《周官》《礼记》《左氏春秋》《韩诗》《古文尚书》。这一阶段的刻苦攻读，使他熟悉了今古文经的主要经典，为以后会通今古文经打下了坚实的基础。后又拜古文经大师马融为师，夜以继日，潜心研读，学问大进。数年后，当他辞师东归时，傲视群伦的马融也对他刮目相看，叹息自己的学问被郑玄带到了东方。郑玄返回故里后，"家贫，客耕东莱，学徒相随已数百千人"。不久，"党锢之祸"发生，尽管郑玄没有参与官僚和太学生反对宦官的斗争，但因为他与原北海相杜密有旧，也被牵连进去，遭禁锢14年。对于官欲熏心的人来说，这14年肯定是痛苦难熬的日子，但郑玄却将其变成排除干扰、潜心学问的美好岁月。他"隐修经学，杜门不出"，并通过与今文经学大师何休的论战，进一步壮大了古文经学的声

[①] 《后汉书》卷36《郑范陈贾张列传·郑玄》。

威，使古文经学压倒了今文经学。《后汉书·郑玄传》记载：

> 时任城何休好《公羊》学，遂著《公羊墨守》《左氏膏肓》《谷梁废疾》，玄乃发《墨守》、针《膏肓》、起《废疾》。休见而叹曰："康成入吾室，操吾矛，以伐我乎！"初，中兴之后，范升、陈元、李育、贾逵之徒争论古今学，后马融答北地太守刘瑰及玄答何休，义据通深，由是古学遂明。

黄巾起义爆发后，党锢解除。郑玄受到地方官和朝廷的极大礼遇，屡次被征召，都被他婉言谢绝。最后朝廷征他为大司农，他虽勉强赴任，但很快"以病令还家"。建安五年（公元 200 年）六月，他以 74 岁高龄辞世。消息传出，其受业弟子同声悲悼，"自郡守以下尝受业者，缞绖赴会千余人"。作为一介儒生，郑玄的确是生荣死哀了。

郑玄是两汉经学的最后一位大师，也是结束两汉经学的一位里程碑式的伟大人物。

两汉经学发展到东汉后期，一方面是立于学官的今文经学沿着迷信化、谶纬化、烦琐化和极度僵化的路子走进死胡同；另一方面是古文经学在同今文经学的斗争中不断发展壮大，并逐渐在学术上占据优势。然而，无论是今文经还是古文经，都是学派林立，师法与家法森严，对经文的解释更是歧义纷呈。这不仅削弱了它们服务于政治的效力，而且给年轻士子的学习带来不少困难、困惑与麻烦。因此，无论是从政治的需要还是从学术的发展看，今文经与古文经的走向统一都是十分必要的。而恰在此时，郑玄出现了。他虽然宗古文经，但在今文经方面也有相当高的素养，在今古文领域都有丰厚的积累。他学识渊博，涉猎广泛，几乎熟悉当时的各种知识门类；他眼光锐敏，识断精审，能理性地超越学派、家法、师法的樊篱，择善而从。因而既能"述先圣之元意"，又能"整百家之不齐"，较好地完成了统一经学的历史使命。

郑玄的学识，突出表现在他对群经的注释。据《后汉书·郑玄传》记载，郑玄注释的经典有《周易》《尚书》《毛诗》《仪礼》《礼记》《论语》《孝经》《尚书大传》《中候》《乾象历》等。其他著作如门人撰述的郑玄答弟子问《五经》，依《论语》模式所作的《郑志》以及《天文七政论》《鲁礼禘祫义》《六艺论》《毛诗谱》《驳许慎五经异义》《答临孝存周礼难》等,也显然与注经有密切的关系。郑玄注经的最显著特点,一是对经书文本进行整理,用今古文互校、不同版本互校的办法,整理出一个在文字上比较可信的定本;二是力摈门户之见,不盲从师说,广采群言,出以己意,兼采古今,择善而从。他一反今文经师深为周纳、极端烦琐的章句式注经模式,力求简明扼要、融会贯通,把重点放在要点、难点的诠释上,使注文简洁明晰,因而比较便于经生的学习。今日翻检《十三经注疏》中保留郑笺的《毛诗》《周礼》《仪礼》《礼记》等,都能看到这一特点,即其中的"笺"远远少于"疏"的文字。如《周礼·天官冢宰》中"体国经野"四个字,郑笺45个字,贾公彦疏400多字。又如《礼记·有司彻》经文共4790字,郑注只有3356字。《礼记》中的《学记》《乐记》二篇经文共4695字,郑注也只有5533字。①

由于郑玄混一古今,遍注群经,既吸收前人精华,又断以己意,多有创新,就使那些固守今古文樊篱、死守一经、不敢越师法家法半步的经师们相形见绌。郑玄通过注经展示了自己极其渊博的学识,诸凡历史、文学、哲学、法律、制度、风俗、礼仪,乃至自然界的动植物、医药疾病、科学迷信等,他样样涉猎,几乎囊括了当时所有的知识领域,展现了一个百科全书式学者的风范,受到士林广泛的赞誉与推崇,"当时之学,名冠华夏,世为儒宗"。② 因为郑玄所注经书被士子们普遍接受,风行于世,此前各守门户的今古文经师们注释的经书就不可避免地被摈弃和淘汰。于是"郑学"统一天下,结束了两汉近三百年的今古文之争。他的经注,作为中国传统文化元典最权威的诠释,在此后近两千年间为传播传统文化立下了不可磨灭的功勋。

不过,郑玄的贡献主要表现在学术文化的传承方面,他对经书的注释和解读基本上没有超出传统儒学的范畴。例如,他这样注释《尚书·尧典》的"光被四表,格于上下":"言尧德光耀及四海之外,至于天地,所谓大人与天地合其德,与日月齐其明。"③ 这样注释《尚书·洪范》的"恭作肃,才作艾,明作哲,聪作谋,睿作胜":"君貌恭则臣礼肃,君言

---

① 《郑玄研究文集》,齐鲁书社1998年版,第12页。
② 《三国志·魏书》卷4《少帝纪》注引华歆语。
③ 《两汉全书》第27册,山东大学出版社2009年版,第15516页。

从则臣职治，君视明则臣照晰，君听聪则臣进谋，君思睿则臣贤智。"①这样注释《尚书·洪范》的"六极"："王者思睿则致寿，听聪则致富，视明则致康宁，言从则致攸好德，貌恭则考终命。"② 这样注释《论语·泰伯》的"民可使由之，不可使知之"："民，冥也，其见人道远。由，从也。言王者设教，务使人从之。若皆知其本末，则愚者或轻而不行。"③这样注释《论语·子路》的"如有王者，必世而后仁"：

> 圣人受命而已，必父子相承，然后天下之民能仁也。周自太王、王季、文王、武王，贤圣相承四世。周道至美，至成王乃至太平，由承殷纣敝化之后故也。④

显然，这些注释都没有超出原始儒学的基本理念。显而易见，郑玄在对今文经学的迷信、虚妄和烦琐加以扬弃的同时，也抛弃了今文经学以"微言大义"架设的密切联系政治的桥梁；学术气息虽然空前浓厚，但是调节现实社会政治生活的功能却大大削弱了。这样，郑玄的经学在很大程度上只能是书斋的学问，与时代日益澎湃的批判思潮严重脱节，不能对当时重大的社会政治问题做出有力的回应，因而在政治思想史上极少创新的亮点，没有提供多少有价值的成果。所以有的学者对他作了这样比较中肯的评论："尽管郑玄的经学宏通博大，无所不包，对经文字义的训诂远远超过了前辈经师，但是，贯串在汉代经学特别是今文经学中的浓郁的生活气息以及跳动着的时代精神，却是消失不见了。从思想史的角度看，所谓'郑玄虽盛而汉学终衰'这种转变的意义，只是标志着自汉武帝以来阴阳术数与经义结合的时代思潮至郑玄而终结。郑玄的经学，可以说是旧的时代思潮的掘墓人，却不能算作新的时代思潮的催生婆。"⑤

---

① 《两汉全书》第 27 册，第 15582 页。
② 同上书，第 15589 页。
③ 同上书，第 16023 页。
④ 同上书，第 16045 页。
⑤ 余敦康：《内圣外王的贯通——北宋易学的现代阐释》，上海学林出版社 1979 年版，第 480 页。

第八节　东汉末年社会批判思潮中的政治思想（上）

一　左雄的"选贤"理论和张纲的排拒宦官、外戚的主张

左雄，字伯豪，南郡涅阳（今河南邓州穰东）人。安帝时，举孝廉，迁冀州刺史。时"州部多豪族，好请托，雄常闭门不与交通。奏案贪猾二千石，无所回忌"，获得良好政声。顺帝永建初年，征拜议郎，尚书仆射虞诩上疏推荐，赞扬他"实有王臣蹇蹇之节，周公谟成王之风"，得以任尚书，再迁尚书令。桓帝阳嘉中，任司隶校尉，不久"坐法免去"。①后复为尚书，卒于任上。

左雄是东汉后期对当时社会政治形势认识最清醒的思想家之一。他看到朝政在外戚和宦官交替擅权下日益腐败的事实，忧心如焚，认为要想刷新政治，弃旧图新，关键是皇帝自己树立民本观念，行政"以济民为务"，同时遵循"宁静无为"② 的原则，不要过多包揽那些属于臣子管理的事务，即要求君臣同心，各司其职。他特别要求君王在制度上坚持选贤任能的原则，将真正品学兼优的精英人才选拔到各级官位上。为此，他上书朝廷，提出了自己系统的见解：

> 臣闻柔远和迩，莫大宁人，宁人之务，莫重用贤，用贤之道，必存考黜。是以皋陶对禹，贵在知人。"安人则惠，黎民怀之。"昔三代垂统，分伯建侯，代位亲民，民用和睦，礼让以兴。故《诗》云："有渰凄凄，兴雨祁祁。雨我公田，遂及我私。"及幽、厉昏乱，不自为政，褒擅用权，七子党进，贤愚错绪，深谷为陵。故其诗云："四国无政，不用其良。"又曰："哀今之人，胡为虺蜴？"言人畏吏如虺蜴也。宗周既灭，六国并秦，阬儒泯典，划革五等，更立郡县，县设令长，郡置守尉，什伍相司，封豕其民。大汉受命，虽未复古，然克慎庶官，蠲苛救敝，悦以济难，抚而循之。至于文景，天下康乂。诚由玄靖宽柔，克慎官人故也。降及宣帝，兴于仄陋，综核名实，知时所病，刺史守相，辄亲引见，考察言行，信赏必罚。帝乃叹

---

① 《后汉书》卷61《左周黄列传·左雄》。
② 同上。

曰："民所以安而无怨者，政平吏良也。与我共此者，其唯良二千石乎！"以为吏数变易，则下不安业；久于其事，则民服教化。其有政理者，辄以玺书勉励，增秩赐金，或爵至关内侯，公卿缺则以次用之。是以吏称其职，人安其业。汉世良吏，于兹为盛，故能降来仪之瑞，建中兴之功。汉初至今，三百余载，俗浸雕敝，巧伪滋萌，下饰其诈，上肆其残。典城百里，转动无常，各怀一切，莫虑长久。谓杀害不辜为威风，聚敛整办为贤能，以理己安民为劣弱，以奉法循理为不化。髡钳之戮，生于睚眦；覆尸之祸，成于喜怒。视民如寇仇，税之如豺虎。监司项背相望，与同疾疢，见非不举，闻恶不察，观政于亭传，责成于期月，言善不称德，论功不据实，虚诞者获誉，拘检者离毁。或因罪而引高，或色斯以求名。州宰不覆，竞共辟召，踊跃升腾，超等逾匹。或考奏捕案，而亡不受罪，会赦行赂，复见洗涤。朱紫同色，清浊不分。故使奸猾枉滥，轻忽去就，拜除如流，缺动百数。乡官部吏，职斯禄薄，车马衣服，一出于民，廉者取足，贪者充家，特选横调，纷纷不绝，送迎烦费，损政伤民。和气未洽，灾眚不消，咎皆在此。今之墨绶，犹古之诸侯，拜爵王庭，舆服有庸，而齐于匹竖，叛命避负，非所以崇宪明理，惠育元元也。臣愚以为守相长吏，惠和有显效者，可就增秩，勿使移徙，非父母丧不得去官。其不从法禁，不式王命，锢之终身，虽会赦令，不得齿列。若被劾奏，亡不就法者，徙家边郡，以惩其后。乡部亲民之吏，皆用儒生清白任从政者，宽其负算，增其秩禄，吏职满岁，宰府州郡乃得辟举。如此，威福之路塞，虚伪之端绝，送迎之役损，赋敛之源息。循理之吏，得成其化；率土之民，各宁其所。追配文、宣中兴之轨，流光垂祚，永世不刊。①

在这一长篇上书中，他一方面提出"柔远和迩，莫大宁人，宁人之务，莫重用贤，用贤之道，必存考黜"的基本思想，同时回顾了自三代至西汉昭、宣时期选贤用贤的主要经验；另一方面又痛陈东汉中期以来吏治无以复加的腐败，进而要求朝廷选用"儒生清白"之人担任各级官吏，以便塞"威福之路"，绝"虚伪之端"，使吏治恢复到"文、宣中兴之

---

① 《后汉书》卷61《左周黄列传·左雄》。

轨"。为了保证郡国举孝廉的质量，他进一步提出自己的建议：

> 郡国孝廉，古之贡士，出则宰民，宣协风教。若其面墙，则无所施化，招灾致祸，为害不细。孔子曰"四十而不惑"，《礼》"四十强而壮"。请自今孝廉年不满四十，不得察举，皆先诣公府，诸生试家法，文吏课笺奏，覆之端门，练其虚实，以观异能，以美风俗。有不承科令者，正其罪法。若有茂才异行，自可不拘年齿。①

不久，发生了顺帝乳母宋娥被"封为山阳君，邑五千户"和梁冀被封的事件，左雄认为朝廷如此的胡封滥赏，必然败坏吏治和社会风气，于是上书劝阻：

> 夫裂土封侯，王制所重。高皇帝约，非刘氏不王，非有功不侯。孝安皇帝封江京、王圣等，遂致地震之异。永建二年，封阴谋之功，又有日食之变。数术之士，咸归咎于封爵。今青州饥虚，盗贼未息，民有乏绝，上求禀贷。陛下乾乾劳思，以济民为务。宜循古法，宁静无为，以求天意，以消灾异。诚不宜追录小恩，亏失大典。

但是，顺帝却听不进这铮铮诤言，仍然执意封赏。左雄于是再次上书，进一步阐发自己的观点，送上椎心泣血的忠告：

> 臣闻人君莫不好忠正而恶谗谀，然而历世之患，莫不以忠正得罪，谗谀蒙幸者，盖听忠难，从谀易也。夫刑罪，人情之所甚恶；贵宠，人情之所甚欲。是以时俗为忠者少，而习谀者多。故令人主数闻其美，稀知其过，迷而不悟，至于危亡。臣伏见诏书顾念阿母旧德宿恩，欲特加显赏。案尚书故事，无乳母爵邑之制，唯先帝时阿母王圣为野王君。圣造生谗贼废立之祸，生为天下所咀嚼，死为天下所欢快。桀、纣贵天子，而庸仆羞与为比者，以其无义也。夷、齐贱为匹夫，而王侯争与为伍者，以其有德也。今阿母躬蹈约俭，以身率下，群僚蒸庶，莫不向风，而与王圣并同爵号，惧违本操，失其常愿。臣

---

① 《后汉书》卷61《左周黄列传·左雄》。

愚以为凡人之心，理不相远，其所不安，古今一也。百姓深惩王圣倾覆之祸，民萌之命，危于累卵，常惧时世复有此类。怵惕之念，未离于心；恐惧之言，未绝于口。乞如前议，岁以千万给奉阿母，内足以尽恩爱之欢，外可不为吏民所怪。梁冀之封，事非机急，宜过灾厄之运，然后平议可否。①

综观左雄这些上书所展现的政治思想，基本上都是儒家在选官上坚持的斥佞用贤的传统理念，但在当时宦官和乳母之类厮役都可轻而易举地封侯得官的荒唐岁月里，他对传统儒家理念的坚持和弘扬，仍然具有积极的现实意义，可惜昏聩到对现实丧失基本感应能力的东汉皇帝已经无法吸纳这些诤言了。

张纲（公元108—143年），字文纪，犍为武阳（今四川彭山）人。"少明经学，虽为公子而厉布衣之节，举孝廉不就，司徒高第辟为御史。"他的政治思想展示在上书排拒宦官和外戚梁冀的行动中，更展示在他平息以广陵（今江苏扬州）张婴为首的反叛队伍上。他为御史时，看到顺帝"委纵宦官"，"有识危心"，慨然叹息说："秽恶满朝，不能奋身出命，扫国家之难，虽生吾不愿也。"退而毅然上书，对顺帝进上恳切的忠谏：

《诗》曰："不愆不忘，率由旧章。"寻大汉初隆，及中兴之世，文、明二帝，德化尤盛。观其理为，易循易见，但恭俭守节，约身尚德而已。中官常侍不过两人，近幸赏赐裁满数金，惜费重人，故家给人足。夷狄闻中国优富，任信道德，所以奸谋自消而和气感应。而顷者以来，不遵旧典，无功小人皆有官爵，富之骄之而复害之，非爱人重器，承天顺道者也。伏愿陛下少留圣思，割损左右，以奉天心。②

这个上书尽管没有得到顺帝的回应，但反映了张纲对皇帝"恭俭守节，约身尚德"的要求和对宦官的倾心排拒。与此同时，他更注意到外戚梁冀权力的无限膨胀对朝政造成的危害。汉安元年（公元142年），朝

---

① 《后汉书》卷61《左周黄列传·左雄》。
② 《后汉书》卷56《张王种陈列传·张纲》。

廷"选遣八使徇行风俗,皆耆儒知名,多历显位,唯纲年少,官次最蒙,余人受命之部,而纲独埋其车轮于洛阳都亭,曰:'豺狼当路,安问狐狸!'"这是何等的正义凛然!接着上书弹劾梁冀:

> 大将军冀,河南尹不疑,蒙外戚之援,荷国厚恩,以芄莞之资,居阿衡之任,不能敷扬五教,翼赞日月,而专为封豕长蛇,肆其贪叨,甘心好货,纵恣无底,多树谄谀,以害忠良。诚天威所不赦,大辟所宜加也。谨条其无君之心十五事,斯皆臣子所切齿也。①

在梁冀的势力如日中天的情势下,张纲敢于如此大胆地不计个人利害向他叫板,实在太不容易了。这说明在他的意识里,始终有一个皇权不容臣子逾越的观念,有一个臣子必须忠诚事君、廉洁从政的理念。不出所料,张纲的上书立即引来梁冀的仇恨,梁冀于是找到一个冠冕堂皇的理由报复张纲:"时广陵贼张婴等众数万人杀刺史二千石,寇乱扬徐间积十余年,朝廷不能讨。冀乃讽尚书以纲为广陵太守。"目的是将这个烫手山芋硬塞给张纲,待他不能消弭这股反叛势力时,就追究他的责任,从而轻而易举地除掉他,以消心头之恨。然而,梁冀没有料到,张纲正是在妥善处理这股反叛势力的过程中展示了他卓越的能力和深邃的思想。张纲明知这是梁冀给自己设置的陷阱,但毅然上任,之后单车赴张婴营垒,设身处地地向他们"晓以大义",讲了这样一段话:

> 前后二千石多肆贪暴,故致公等怀愤相聚,二千石信有罪矣。然为之者又非义也。今主上仁圣,欲以文德服叛,故遣太守,思以爵禄相荣,不愿以刑罚相加。今诚转祸为福之时也。若闻义不服,天子赫然震怒,荆、扬、兖、豫大兵云合,岂不危乎?若不料强弱,非明也;弃善取恶,非智也;去顺效逆,非忠也;身绝血嗣,非孝也;背正从邪,非直也;见义不为,非勇也。六者,成败之几,利害所从,公其深计之。②

---

① 《后汉书》卷56《张王种陈列传·张纲》。
② 同上。

一席话，竟使张婴等幡然悔悟，答应归降。张纲"约之以天地，誓之以日月"，使这些归降的反叛之众都得到了妥善安置，从而和平解决了延续十多年的"叛乱"。张纲处理此事件的言行，鲜明地展示了他所坚持的儒家传统的民本思想和德主刑辅行政的理念。

二　张衡的政治思想

张衡（公元78—139年），字平子，南阳西鄂（今河南南阳石桥）人。其祖父张堪曾任蜀郡太守，他"少善属文，游于三辅，因入京师观太学，遂通五经，贯六艺。虽才高于世而无骄尚之情，常从容淡静，不好交接俗人"。① 和帝永元中，举孝廉，连辟公府，皆不应征。安帝永初中，大将军邓骘数次征召，也不应征。后公车特征，拜郎中，继而升尚书郎，转任太史令。顺帝阳嘉中，升侍中。永和初年，出任河间相，再征拜尚书。张衡是东汉最著名的天文学家，曾造出浑天仪和候风地动仪，并有《灵宪》《浑天仪》等著作留世。他同时又是著名的文学家，有《思玄赋》《西京赋》《东京赋》《南都赋》《归田赋》等宏文流传后世。

张衡的政治思想主要体现在他的几篇上书中。作为天文学家，他的上书大多以灾异说事，因而不可避免地显示"天人感应"的色彩，如阳嘉二年（公元133年）京都地震，他上了一个《对策》：

> 臣闻政善则休祥降，政恶则咎征见。苟非圣人，或有失误。昔成王疑周公，而大风拔树木，开金縢而反风至。天人之应，速于影响。故称《诗》曰："无曰高高在上，日监在兹。"间者，京都地震，雷电赫怒。夫动静无常，变改正道，则有奔雷土崩之异，自初举孝廉，迄今二百岁矣，皆先孝行，行有余力，始及文法。辛卯诏，以能宣章句奏案为限。岁有至孝，犹不应科。此弃本而就末。曾子长于孝，然实鲁钝，文学不若游、夏，政事不若冉、季。今欲使一人兼之，苟外可观，内必有阙，则违选举孝廉之制矣。且郡国守相，割符宁境为大臣，一旦免黜十有余人，吏民罢于送迎之役。新故交际，公私放滥。或临政苈民，为百姓取便，而以小过免之，是为夺人父母，使嗟号也。又察选举，一任三府，台阁秘密，振暴于外，货赇多行，人事流

---

① 《后汉书》卷59《张衡列传》。

通。今真伪浑淆,昏乱清朝。此为下陵上替,分威共德,灾异之兴,不亦宜乎!①

张衡在这里是借灾异谈选举和官风,要求选举重德行,为官贵清廉。不久,他又借陇西地震上书:

> 伏惟陛下宣哲克明,继体承天,中遭倾覆,龙德泥蟠。今乘云高跻,磐桓天位,诚所谓将隆大位,必先倥偬之也。亲履艰难者知下情,备经险易者达物伪。故能一贯万机,靡所疑惑,百揆允当,庶绩咸熙。宜获福祉神祇,受誉黎庶。而阴阳未和,灾眚屡见,神明幽远,宜鉴在兹。福仁祸淫,景响而应,因德降休,乘失致咎,天道虽远,吉凶可见。近世郑、蔡、江、樊、周广、王圣,皆为效矣。故恭俭畏忌,必蒙祉祚,奢淫谄慢,鲜不夷戮,前事不忘,后事之师也。夫情胜其性,流遁忘反,岂唯不肖,中才皆然。苟非大贤,不能见得思义,故积恶成衅,罪不可解也。向使能瞻前顾后,援镜自戒,则何陷于凶患乎!贵宠之臣,众所属仰,其有愆尤,上下知之。褒美讥恶,有心皆同。故怨裌溢乎四海,神明降其祸辟也。顷年雨常不足,思求所失,则《洪范》所谓"僭恒阳若"者也。惧群臣奢侈,昏逾典式,自下逼上,用速咎征。又前年京师地震土裂,裂者威分,震者人扰也。君以静唱,臣以动和,威自上出,不趣于下,礼之政也。窃惧圣思厌倦,制不专己,恩不忍割,与众共威。威不可分,德不可共。《洪范》曰:"臣有作威作福玉食,害于而家,凶于而国。"天鉴孔明,虽疏不失,灾异示人,前后数矣,而未见所革,以复往悔。自非圣人,不能无过。愿陛下思惟所以稽古率旧,勿令刑德八柄,不由天子。若恩从上下,事依礼制,礼制修则奢僭息,事令宜则无凶咎。然后神望允塞,灾消不至矣。②

这仍然是以灾异为引子,要求顺帝紧握"刑德八柄",不使属于皇帝的大权旁落,更要接受前朝奸佞弄权搞乱朝政的教训,牢记"前事不忘,

---

① 《两汉全书》第18册,山东大学出版社2009年版,第10997页。
② 《后汉书》卷59《张衡列传》。

后事之师"的古训,重用贤臣,摈弃奸佞,使朝政恢复到"神望允塞,灾消不至"的良好局面。由此认识出发,他在上书中屡屡对朝廷设立"鸿都门学"、以才艺取士的措施提出非议,认为选官中抛弃或不突出"至孝"的德行标准,就是"损本而求末"。更为难能可贵的是,张衡尽管数次拿灾异说事,但对于对政治、社会和思想影响甚巨的谶纬之学却持坚决的否定态度,在一次上书中,他对自己的观点作了详细的阐发:

> 臣闻圣人明审律历以定吉凶,重之以卜筮,杂之以九宫,经天验道,本尽于此。或观星辰逆顺,寒燠所由,或察龟策之占,巫觋之言,其所因者,非一术也。立言于前,有征于后,故智者贵焉,谓之谶书。谶书始出,盖知之者寡。自汉取秦,用兵力战,功成业遂,可谓大事,当此之时,莫或称谶。若夏侯胜、眭孟之徒,以道术立名,其所述著,无谶一言。刘向父子领校秘书,阅定九流,亦无谶录。成、哀之后,乃始闻之。《尚书》尧使鲧理洪水,九载绩用不成,鲧则殛死,禹乃嗣兴。而《春秋谶》云"共工理水"。凡谶皆云黄帝伐蚩尤,而《诗谶》独以为"蚩尤败,然后尧受命"。《春秋元命苞》中有公输班与墨翟,事见战国,非春秋时也。又言"别有益州"。益州之置,在于汉世。其名三辅诸陵,世数可知。至于图中讫于成帝。一卷之书,互异数事,圣人之言,势无若是,殆必虚伪之徒,以要世取资。往者侍中贾逵摘谶互异三十余事,诸言谶者皆不能说。至于王莽篡位,汉世大祸,八十篇何为不戒?则知图谶成于哀、平之际也。且《河洛》《六艺》,篇录已定,后人皮传,无所容篡。永元中,清河宋景遂以历纪推言水灾,而伪称洞视玉版。或者至于弃家业,入山林。后皆无效,而复采前世成事,以为证验。至于永建复统,则不能知。此皆欺世罔俗,以昧势位,情伪较然,莫之纠禁。且律历、卦候、九宫、风角,数有征效,世莫肯学,而竞称不占之书。譬犹画工,恶图犬马而好作鬼魅,诚以实事难形,而虚伪不穷也。宜收藏图谶,一禁绝之,则朱紫无所眩,典籍无瑕玷矣。①

这里张衡虽然表示了对掺杂迷信的律历、卦候、九宫、风角等的钟

---

① 《后汉书》卷59《张衡列传》。

情,但他对谶纬虚妄的揭露和批判在当时仍有思想解放的积极意义。正是因为张衡等一批清醒的思想家不断的批判,谶纬神学在东汉末年,尤其是魏晋时期,就悄然退出了历史舞台,从而迎来了理性在思想史上又一次极度的张扬。

三 王符的"民本"意识

王符(约公元85—162年),字节信,安定临泾(今甘肃镇原)人,生平事迹已不可详考。据《后汉书》本传记载,他"少好学,有志操,与马融、窦章、张衡、崔瑗等友善。安定俗鄙庶孽,而符无外家,为乡人所贱。自和、安之后,世务游宦当途者更相荐引,而符独耿介不同于俗,以此遂不得升进。志意蕴愤,乃隐居著书三十余篇,以讥当时失得,不欲彰显其名,故号曰《潜夫论》,其指评时短,讨谪物情,足以观见当时风政"。由他的交游者可以看出,由于王符为人为学不同流俗,所以在士林已经具有相当的知名度。本传还记述了这样一个故事:

> 后度辽将军皇甫规解官归安定,乡人有以货得雁门太守者亦去职还家,书刺谒规,规卧不迎。既入而问:"卿前在郡食雁美乎?"有顷,又白王符在门,规素闻符名,乃惊遽而起,衣不及带,屣履出迎,援符手而还,与同坐,极欢。时人为之语曰:"徒见二千石,不如一缝掖!"言书生道义之为贵也。

王符终生不仕,隐居家乡,埋首做学问,对经、史、子、集无所不窥,既钟情儒术,又着意申、商、韩非等的刑名之学,特别关注当时的政治状况和社情民意。他倾尽一生精力撰写的《潜夫论》36篇,展现了他对东汉末年腐败政治、黑暗社会现实的痛彻针砭,同时也展示了他具有浓烈"民本"意识的政治理想。

王符有一个唯物论的自然观,对于天、地、人的关系有着他自己的辩证理解:

> 上古之世,太素之时,元气窈冥,未有形兆,万精合并,混而为一,莫制莫御。若斯久之,翻然自化,清浊分别,变成阴阳。阴阳有体,实生两仪。天地絪缊,万物化醇,和气生人,以统理之。是故天

本诸阳,地本诸阴,人本中和。三才异务,相待而成,各循其道,和气乃臻,机衡乃平。天道日施,地道日化,人道日为。为者,盖所谓感通阴阳而致珍异也。人行之动天地,譬犹车上御驷马,篷中擢舟船矣。虽为所覆载,然亦在我何所之耳。孔子曰:"时乘六龙以御天。""言行,君子所以动天地也,可不慎乎?"从此观之,天呈其兆,人序其勋,《书》故曰:"天工人其代之。"盖理其政,以和天气,以臻其功。①

这里,王符对人与自然(天、地)的关系作了具有相当辩证意义的理解。他认为,人虽是自然不断运动变化的产物,但人一旦产生出来,他又有着自己的主观能动性,与天地有着不同的运动空间和运动方式,这就是"天道日施,地道日化,人道日为"。由于他认定"人道日为",更由于他钟情儒家的政治理念,所以,他就认定君王治民的最根本原则就是道、德、教、化:

人君之治,莫大于道,莫盛于德,莫美于教,莫神于化。道者,所以持之也;德者,所以苞之也;教者,所以知之也;化者,所以致之也。民有性,有情,有化,有俗。情、性者,心也,本也;化、俗者,行也,末也。末生于本,行起于心。是以上君抚世,先其本而后其末,慎其心而理其行。心精苟亡,则奸匿无所生,邪意无所载矣。②

道、德、教、化最后归结为"治民心","化变民心也,犹正变民体也","是故上圣常不务治民事而务治民心"。这种将"治民心"先于治民事的理念,尽管在物质和精神的关系上有颠倒之嫌,但却是儒家一贯的传统思维。而在王符看来,民心能否治好,世俗民风能否良好,关键在于君王的所作所为:

是故世之善否,俗之薄厚,皆在于君。上圣和气以化民心,正表

---

① 《潜夫论》卷8《本训第三十二》。
② 《潜夫论》卷8《德化第三十三》。

仪以率群下，故能使民比屋可封，尧、舜是也。其次躬道德而敦慈爱，美教训而崇礼让，故能使民无争心而致刑措，文、武是也。其次明好恶而显法禁，平赏罚而无阿私，故能使民辟奸邪而趋公正，理弱乱以致治强，中兴是也。治天下，身处污而放情，怠民事而急酒乐，近顽童而远贤才，亲谄谀而疏正直，重赋税以赏无功，妄加喜怒以伤无辜，故能乱其政以败其民，弊其身以丧其国者，幽、厉是也。①

正因为如此，王符对君王提出了非常高的要求。他认为，君王必须是道德学问皆可成为官民表率的"圣人"，为此，君王必须虚心向学：

> 天地之所贵者人也，圣人之所尚者义也，德义之所成者智也，明智之所求者学问也。虽有至圣，不生而智；虽有至材，不生而能。故志曰：黄帝师风后，颛顼师老彭，帝喾师祝融，尧师务成，舜师纪后，禹师墨如，汤师伊尹，文武师姜尚，周公师庶秀，孔子师老聃。若此言之而信，则人不可以不就师矣。夫此十一君者，皆上圣也，犹待学问，其智乃博，其德乃硕，而况于凡人乎？②

君王只有虚心向学才能"明智"，不唯如此，君王要想成为明君，更必须"通聪兼听"，即不仅听取最亲近的贵臣亲信的意见，更要听取疏远而卑贱者的意见，让各色人通过不同的方式、不同的途径，将真实的意见反映上来：

> 国之所以治者君明也，其所以乱者君暗也。君之所以明者兼听也，所以暗者偏信也。是故人君通聪兼听，则圣日广矣；庸说偏信，则愚日甚矣。《诗》云："先民有言，询于刍荛。"……故人君兼听纳下，则贵臣不得诬，而远人不得欺也；慢贱信贵，则朝廷谠言无以至，而洁士奉身伏罪于野矣。
>
> 夫朝臣所以统理，而多比周则法乱；贤人所以奉已，而隐遁伏野则君孤。法乱君孤而能存者，未之尝有也。是故明君莅众，务纳下言

---

① 《潜夫论》卷8《德化第三十三》。
② 《潜夫论》卷1《赞学第一》。

以昭外，敬纳卑贱以诱贤也。其无距言，未必言者之尽可用也，乃惧距无用而让有用也；其无慢贱，未必其人尽贤也，乃惧慢不肖而绝贤望也。是故圣王表小以厉大，赏鄙以招贤，然后良士集于朝，下情达于君也。故上无遗失之策，官无乱法之臣。此君民之所利，而奸佞之所患也。①

是以明圣之君于正道也，不专驱于贵宠，惑于嬖媚，不弃疏远，不轻幼贱，又参而任之。故有周之制也，天子听政，使三公至于列士献典，良史献书，师箴，瞍赋，蒙诵，百工谏，庶人传语，近臣尽规，亲戚补察，瞽史教诲，耆艾修之，而后王斟酌焉，是以事行而无败也。②

同时，明君还有一个重要的表征，就是"尊贤任能，信忠纳谏"③。这其中，一要谨慎选举，通过"贡士"选拔贤才；二要注重考功，通过严格有效的考绩辨明各级官吏的德才智能，以便升陟黜赏：

圣王之建百官也，皆以承天治地，牧养万民者也。是故有号者必称于名，典理者必效于实，则官无废职，位无非人。夫守相令长，效在治民；州牧刺史，在悉聪明，九卿分职，以佐三公；三公总统，典和阴阳；皆当考治以效实为王休者也。侍中、大夫、博士、议郎，以言语为职，谏诤为官。及选茂才、孝廉、贤良方正、惇朴、有道、明经、宽博、武猛、治剧，此皆名自命而号自定，群臣所当尽情竭虑称君诏也。④

接着，王符痛切地指出，当时东汉的政治腐败已经达到无以复加的程度，从三公到州县的各级官吏，几乎没有一个称职者：

今则不然，令长守相不思立功，贪残专恣，不奉法令，侵冤小

---

① 《潜夫论》卷2《明暗第六》。
② 《潜夫论》卷2《潜叹第十》。
③ 《潜夫论》卷2《思贤第八》。
④ 《潜夫论》卷2《考绩第七》。

民。州司不治，令远诣阙上书诉讼。尚书不以责三公，三公不以让州郡，州郡不以讨县邑，是以凶恶狡猾易相冤也。侍中、博士谏议之官，或处位历年，终无进贤嫉恶、拾遗补阙之语，而贬黜之忧。群僚举士者，或以顽鲁应茂才，以桀逆应至孝，以贪饕应廉吏，以狡猾应方正，以谀谄应直言，以轻薄应敦厚，以空虚应有道，以罾暗应明经，以残酷应宽博，以怯弱应武猛，以顽愚应治剧，名实不相副，求贡不相称。富者乘其材力，贵者阻其势要，以钱多为贤，以刚强为上。凡在位所以多非其人，而官职所以数乱荒也。①

在王符笔下，东汉的官场似乎已经不可救药了。这是他以在野之身对政局的准确观察。他转而进一步探索造成这一困局的原因："凡有国之君者，未尝不欲治也，而治不世见者，所任不贤故也。"而这种状况之所以屡屡出现，是因为"乱臣""污吏"与"正义之士"势不两立，是他们用种种卑鄙的手段阻塞了贤人的进身之阶：

夫贤者之为人臣，不损君以奉佞，不阿众以取容，不惰公以听私，不挠法以吐刚，其明能照奸，而义不比党。是以范武归晋而国奸逃，华元反朝而鱼氏亡。故正义之士与邪枉之人不两立。而人君之取士也，不能参听民氓，断之聪明，反徒信乱臣之说，独用污吏之言，此所谓"与仇选使""令囚择吏"者也。②

王符同时认为，在排除"乱臣""污吏"的干扰后，君王在选贤任能的时候，还应该注意不要求全责备，因为"金无足赤，人无完人"，所以应该注重大节，不计小疵，避其所短，用其所长：

是故选贤贡士，必考核其清素，据实而言，其有小疵，勿强衣饰，以壮虚声。一能之士，各贡所长，出处默语，勿强相兼，则萧、曹、周、韩之伦，何足得矣？吴、邓、梁、窦之徒，可得而致也。各

---

① 《潜夫论》卷2《考绩第七》。
② 《潜夫论》卷2《潜叹第十》。

以所宜，量材授任，则庶官无旷，兴功可成，太平可致，麒麟可臻。①

王符热切期望出现一个"君明""臣正""百姓化""奸匿绝"的美好社会：

> 是故明君临众，必以正轨，既无厌有，务节礼而厚下，复德而崇化，使皆阜于养生而竞于廉耻也。是以官长正而百姓化，邪心黜而奸匿绝，然后乃能协和气而致太平也。《易》曰："圣人养贤，以及万民。"国以民为本，君以臣为基。基厚，然后高能可崇也；马肥，然后远能可致也。人君不务此而欲致六平，此犹薄趾而望高墙，骥癠而贵远道，其不可得也必矣！②

然而，这样的美好社会只能存在于王符的殷殷想望之中，在当时的社会中是找不到一点影子的。

王符在强调道、德、教、化、君王自律和选贤任能这些儒家传统理论的同时，并没有忽略法、术、势的在治国理民中的重要作用，因为单靠教化还不能保证社会的安宁。所以他特别重视"法"的功用：

> 无法制而成天下者，三皇也；画则象而化四表者，五帝也；明法禁而和海内者，三王也；行赏罚而齐万民者，治国也；君立法而下不行者，乱国也；臣作政而君不制者，亡国也。是故民之所以不乱者，上有吏；吏之所以无奸者，官有法；法之所以顺行者，国有君也；君之所以位尊者，身有义也。夫义者，君之政也；法者，君之命也。人君思正以出令，而贵贱贤愚莫得违也，则君位于上，而民岷治于下矣。人君出令而贵臣骄吏弗顺也，则君几于弑，而民几于乱矣。
>
> 夫法令者，君之所以用其国也。君出令而不从，是与无君等。主令不从则臣令行，国危矣。夫法令者，人君之衔辔棰策也，而民者，君之舆马也。若使人臣废君法禁而施己政令，则是夺君之辔策，而己

---

① 《潜夫论》卷3《实贡第十四》。
② 《潜夫论》卷4《班禄第十五》。

独御之也……是故妄违法之吏，妄造令之臣，不可不诛也。①

在论述了以法治国理民的重要性和君王执掌出令权的必要性之后，他进而批驳"德化可独任"的迂儒之论，认为那只是尧、舜之类"上圣"行政的特殊岁月实行的特殊政策，而即使在那样的时代条件下，"刑杀"也仍然使用，从而强调了君王与法令的不可须臾离的关系。再进一步，他突出术和势的重要意义。他认为，"人君之称，莫大于明；人臣之誉，莫美于忠。此二德者，古来君臣所共愿也"。而要做到君明臣忠，关键在于君王"明操法术，自握权秉"。他解释说："所谓术者，使下不得欺也；所谓权者，使势不得乱也。术诚明，则虽万里之外，幽冥之内，不得不求效；权诚用，则远近亲疏，贵贱贤愚，无不归心矣。"② 由于君王势处独尊之位，握有生杀予夺之权，利重威大，这正是诱使臣民尽忠心、出死力的最有利的条件：

夫帝王者，其利重矣，其威大矣。徒悬重利，足以劝善，徒设严威，可以惩奸。乃张重利以诱民，操大威以驱之，则举世之人，可令冒白刃而不恨，赴汤火而不难，岂云但率之以共治而不宜哉？若鹰，野鸟也，然猎夫御之，犹使终日奋击而不敢怠，岂有人臣而不可使尽力者乎？③

王符进而认为，"贡忠言"与"奉法术"，对治国而言皆不可少，但能否做到，关键也在于君王，因为只有君王才能创造让臣子心甘情愿地"贡忠言"与"奉法术"的条件：

夫忠言所以为安也，不贡必危；法禁所以为治也，不奉必乱。忠之贡与不贡，法之奉与不奉，其秉皆在于君，非臣下所能为也。是以圣人求之于己，不以责下。④

---

① 《潜夫论》卷5《衰制第二十》。
② 《潜夫论》卷8《明忠第三十一》。
③ 同上。
④ 同上。

而在这些条件中,最重要的是形成使臣民乐于"贡忠言"与"奉法术"的"治势",即社会大环境:

> 凡为人上,法术不明而赏罚必者,虽无言语而势自治。治势一成,君自不能乱也,况臣下乎?法术不明而赏罚不必者,虽曰号令,然势自乱。乱势一成,君自不能治也,况臣下乎?是故势治者,虽委之不乱。势乱者,虽勤之不治也。尧、舜恭已无为而有余,势治也;胡亥、王莽驰骛而不足,势乱也。故曰:善者求之于势,弗责于人。是以明王审法度而布教令,不行私以欺法,不黩教以辱命,故臣下敬其言而奉其禁,竭其心而称其职。此由法术明而威权任也。①

王符的上述观点尽管基本没有超出儒家传统的"德主刑辅"的理论,但面对东汉末年日益腐败的官场和混乱的社会情势,他更强调易操作、见效快的法、术、势的作用,这显然已经与儒家思想拉开了一段距离。再进一步,从严格实行法、术、势的理论出发,他对被视为"德化"重要标志的由皇帝发布的赦免罪犯的举措表示了深恶痛绝的态度,认定这一举措只能起到相反的作用:

> 今日贼良民之甚者,莫大于数赦。赦赎数,则恶人昌而善人伤矣。奚以明之哉?曰:孝悌之家,修身慎行,不犯上禁,从生至死,无铢两罪,数有赦赎,未尝蒙恩,常反为祸。何者?正直之士之为吏也,不避强御,不辞上官,从事督察,方怀不快,而奸猾之党又加诬言,皆知赦之不久,则且共横枉侵冤,诬奏罪法,令主上妄行刑辟,高至死徙,下乃论免。而被冤之家,乃甫当乞鞠告故以信直,亦无益于死亡矣。②

这里王符认定一般孝悌守法的百姓之家无人犯罪,而犯罪者都是社会上敢于违法犯禁的刁民,赦赎对善良百姓毫无意义,而徒然让刁民捞好处,甚至鼓励"奸猾之党"陷害善良百姓,实在有百害而无一利,应该

---

① 《潜夫论》卷8《明忠第三十一》。
② 《潜夫论》卷4《术赦第十六》。

坚决杜绝。他严厉批驳"久不赦则奸宄炽而吏不制"的观点是"招乱之本原，不察祸福之所生者之言"，给出的理由是："凡民所以轻为盗贼，吏之所以易作奸匿者，以赦赎数而有侥望也。若使犯罪之人终身被命，得而必刑，则计奸之谋破而虑恶之心绝矣。"他对当时皇帝"不显行赏罚以明善恶，严督牧守以擒奸猾，而反数赦以劝之"的政策提出质疑，认为与其屡屡赦赎，不如严格执法："夫国无常治，又无常乱。法令行则国治，法令弛则国乱。法无常行，法无常弛。君敬法则法行，君慢法则法弛。"① 他这些论断尽管不无偏颇，某些观点也有极端化倾向，但从总体上看，不啻是对当时改良东汉政治的极有价值的谏议。

王符政治思想中最珍贵的是他的"民本"理念。请看他的论证：

> 凡人君之治，莫大于和阴阳。阴阳者以天为本，天心顺则阴阳和，天心逆则阴阳乖。天以民为心，民安乐则天心顺，民愁苦则天心逆。民以君为统，君政善则民和治，君政恶则民冤乱。君以得臣为本，臣忠良则君政善，臣奸枉则君政恶。得臣以选为本，选举实则忠贤进，选虚伪为则邪党贡。选以法令为本，法令正则选举实，法令诈则选虚伪。法以君为主，君信法则法顺行，君欺法则法委弃。君臣法令之功，必效于民。故君臣法令善则民安乐，民安乐则天心慰，天心慰则阴阳和，阴阳和则五谷丰，五谷丰而民眉寿，民眉寿则兴于义，兴于义而无奸行，无奸行则世平，而国家宁、社稷安，而君尊荣矣。是故天心、阴阳、君臣、民氓、善恶相辅至而代相征也夫。夫民者国之基也，君者民之统也，臣者治之材也。工欲善其事，必先利其器。是故将致太平者，必先调阴阳；调阴阳者，必先顺天心；顺天心者，必先安其民；安其民者，必先审择其人。是故国家存亡之本，治乱之机，在于明选而已矣。圣人知之，故以为黜陟之首。②

> 且夫国以民为基，贵以贱为本。是以圣王养民，爱之如子，忧之如家，危者安之，亡者存之，救其灾患，除其祸乱。③

---

① 《潜夫论》卷4《术赦第十六》。
② 《潜夫论》卷2《本政第九》。
③ 《潜夫论》卷5《救边第二十二》。

王符这里论述了天、君、民、臣的关系，其最重要的结论则是"天以民为心"和"民者国之基"。接下来，他就将民本与重本抑末的经济政策联系起来，重申中国传统经济思想的核心观念：

> 凡为治之大体，莫善于抑末而务本，莫不善于离本而饬末。夫为国者以富民为本，以正学为基。民富乃可教，学正乃得义；民贫则背善，学淫则诈伪；入学则不乱，得义则忠孝。故明君之法，务此二者，以为成太平之基，致休征之祥。夫富民者，以农桑为本，以游业为末；百工者，以致用为本，以巧饰为末；商贾者，以通货为本，以鬻奇为末。三者守本离末则民富，离本守末则民贫。贫则厄而忌善，富则乐而可教。①

他的民本思想最后归结为"力田所以富国"，因而要求"明君莅国，必崇本抑末，以遏乱危之萌"。那么，如何保证民全力从事本业呢？他认为最重要的是保证民有充裕的生产时间，因而提出"爱日"之说：

> 国之所以为国者，以有民也。民之所以为民者，以有谷也。谷之所以丰殖者，以有人功也；功之所以能建者，以日力也。治国之日舒以长，故其民闲暇而力有余；乱国之日促以短，故其民困务而力不足。②

为了保证民有充裕的生产时间，最根本的条件是"君明察""臣循正"，政治清明，赋役轻而均平：

> 所谓治国之日舒以长者，非能谒羲和而令安行也，又非能增分度而益漏刻也；乃君明察而百官治，下循正而得其所，则民安静而力有余，故视日长也。所谓乱国之日促以短者，非谒羲和而令疾驱也，又非能减分度而损漏刻也；乃君不明则百官乱而奸宄兴，法令鬻而役赋繁，则庶民困于吏政，仕者穷于曲礼，冤民鬻狱乃得直，烈士交私乃

---

① 《潜夫论》卷1《务本第二》。
② 《潜夫论》卷4《爱日第十八》。

见保，奸臣肆心于上，乱化流行于下。君子载质而车驰，细民怀财而趋走，故视日短也。①

王符深情呼唤君王"为民爱日"："孔子称庶则富之，既富则教之。是故礼义生于富足，盗贼起于贫穷；富足生于宽暇，贫穷起于无日。圣人深知力者乃民之本也而国之基也，故务省役而为民爱日。"然而，东汉的现实却与王符的理想截然相反，腐败的政治已经造成百姓之日既短而又难熬了：

> 今则不然。万官挠民，令长自炫。百姓废农桑而趋府庭者，非朝晡不得通，非意气不得见，讼不讼辄连月日，举室释作，以相瞻视。辞人之家，辄请邻里应对送饷，比事讫，竟亡一岁功，则天下独有受其饥者矣。而品人俗士之司典者，曾不觉也。郡县既知冤枉，州司不治，令破家活，远诣公府。公府不能昭察真伪，则但欲罢之以久困之资，故猥设一科，令此注百日，乃为移书，其不满百日，辄更造赦，甚违召伯颂棠之义，此所谓诵《诗》三百，授之以政，不达，虽多亦奚以为者也。②

王符与当时的几乎所有致力于社会批判的思想家一样，只要面对现实，他们就气短情悲，因为现实的黑暗、龌龊，从政情、士风到民俗，几乎使他们看不到希望。这似乎也可以解释他终生不入仕的原因。

王符《潜夫论》的内容非常丰富，他所处时代的政治、经济、军事、思想、文化，几乎所有的问题都有所涉及。如《劝将》就涉及军事，可以看出他对《孙子》等中国古代兵书下过一番功夫和所具备的军事素养，《救边》《边议》《实边》可以窥见他对朝廷处理周边少数民族政策的思考，等等。更为可贵的是，他贯穿全书的人文主义精神。例如在谈到卜筮时，他虽然还没有从正面完全否定它，但在其论述中却展示了极为清醒的理性。他说："圣王之立卜筮也，不违民以为吉，不专任以断事。"又说：

---

① 《潜夫论》卷4《爱日第十八》。
② 同上。

> 圣人甚重卜筮，然不疑之事，亦不问也；甚敬祭祀，非礼之祈，亦不为也。故曰"圣人不烦卜筮"，"敬鬼神而远之"。夫鬼神与人殊气异务，非有事故，何奈于我？故孔子善楚昭之不祀河，而恶季氏之旅泰山。今俗人筴于卜筮，而祭非其鬼，岂不惑哉！①

与卜筮相联系的还有对鬼神祭祀的态度，他认为："凡人吉凶，以人为主，以命为决。行者，已之质也；命者，天之制也。在于已者，固可为也；在于天者，不可知也。巫觋祝请，亦其助也，然非德不行。"进而又说：

> 夫妖不胜德，邪不伐正，天之经也。虽时有违，然智者守其正道，而不近于淫鬼。所谓淫鬼者，闲邪精物，非有守司真神灵也。鬼之有此，犹人之有奸言卖平以干求者也。若或诱之，则远来不止，而终必有咎。鬼神亦然……是谓人不可多忌。多忌妄畏，实致妖祥。②

再如对社会上广泛流传的"骨相"之类的迷信，他虽然没有全然否定，但也给予了相当理性的解释：

> 虽然，人之有骨法也，犹万物之有种类，材木之有常宜。巧匠因象，各有所授，曲者宜为轮，直者宜为舆，檀宜作辐，榆宜作毂，此其正法通率也。若有其质，而工不材，可如何？故凡相者，能期其所极，不能使之必至。十种之地，膏壤虽肥，弗耕不获；千里之马，骨法虽具，弗策不致。③

这种解释，强调了人们后天作为的重要性，透出的是从经验出发的现实理性，较之王充的命定论更接近真理。

总体来看，布衣之身的王符不愧为东汉末年黑暗政治社会的理性批判者之一。他的《潜夫论》展示的学识、素养、眼界、认识、论辩，是一

---

① 《潜夫论》卷6《卜列第二十五》。
② 《潜夫论》卷6《巫列第二十六》。
③ 《潜夫论》卷6《相列第二十七》。

个不与腥秽官场同流合污的智者冷眼观察与思考的成果,其中凝结着深沉的历史眼光和强烈的使命意识,足以使他站在当时思想家的最前列。尽管他终生布衣,一介寒素,但"位卑未敢忘忧国"的情怀,仍然透出了一个不忘国忧民瘼的知识分子的担当意识。

四 崔寔的严刑峻法论

崔寔,字子真,一名台,字元始,冀州安平(今属河北)人,出身世宦之家,生活于东汉桓、灵时期。其父崔瑗曾任济北相。"少沈静好典籍……桓帝初诏公卿郡国举至孝独行之士,寔以郡举征诣公车,病,不对策,除为郎"。① 就在此时,他撰写了著名的《政论》,引起官府和知识界的重视。后辟太尉袁汤府、大将军梁冀府,皆未就。不久,召拜议郎,任梁冀府司马,转任五原太守,因病回京,再任议郎。延熹二年(公元159年),梁冀被诛,崔寔因曾任梁冀司马,受牵连被免官禁锢。后出任辽东太守、尚书等官,于建宁(公元168—172年)年间去世。

崔寔家学渊源,祖、父两代均有著作诗文名世。他一生关注国计民生,同情百姓疾苦。任五原太守时,当地百姓"不知缉绩,冬积草,伏卧其中。若见吏,以草缠身,令人酸鼻。吾乃卖储峙,得二十余万,诣雁门、广武迎织师,使巧手作机,乃纺以教民织",② 使当地百姓改善了生活条件。他撰写的《四民月令》,详细记述北中国士、农、工、商四民一年 12 个月内应做之事,而以农事为主。书成后广泛流传,成为指导农事活动的宝典。他撰写的《政论》一书,全面论述了自己的政治思想。这部书在当时就引起了政治思想界的极大关注,与他同时代的著名思想家仲长统就意味深长地说:"凡为人主,宜写一通,置之坐侧。"③ 可见时人对它的赞扬和期许。

《政论》所展示的政治思想,具有很强的针对性。崔寔看到东汉社会经过百余年的发展,已经积累了众多的矛盾和积垢,危机重重,积重难返。他认为只有认清形势,从实际出发,不必拘于祖宗成宪,大胆兴革,才能挽颓势而进中兴:

---

① 《后汉书》卷 52《崔骃列传·崔寔》。
② 《两汉全书》第 22 册,山东大学出版社 2009 年版,第 12878—12879 页。
③ 《后汉书》卷 52《崔骃列传·崔寔》。

>自汉兴以来，三百五十余岁矣。政令垢玩，上下怠懈，风俗雕敝，人庶巧伪，百姓嚣然，咸复思中兴之救矣。且济时拯世之术，岂必体尧蹈舜然后乃理哉？期于补袒决坏，枝柱邪倾，随形裁割，要措斯世于安宁之域而已。故圣人执权，遭时定制，步骤之差，各有云设。不强人以不能，背急切而慕所闻也。昔孝武皇帝策书曰："三代不同法，所由殊路，而建德一也。"盖孔子对叶公以来远，哀公以临人，景公以节礼，非其不同，所急异务也。是以受命之君，每辄创制；中兴之主，亦匡时失。昔盘庚愍殷，迁都易民；周穆有阙，甫侯正刑。俗人拘文牵古，不达权制，奇伟所闻，简忽所见，策不见珍，计不见信。夫入既不知善之为善，又将不知不善之为不善，乌可与论国家之大事哉！故每有言事颇合圣听者，或下群臣，令集议之，虽有可采，辄见掎夺。何者？其顽士暗于时权，安习所见，殆不知乐成，况可与虑始乎？心闪意舛，不知所云，则苟云率由旧章而已。其达者或矜名妒能，耻善策不从己出，则舞笔奋辞，以破其义。寡不胜众，遂见屏弃。虽稷、契复存，犹将困焉。斯实贾生之所以排于绛、灌，吊屈子以舒愤者也。夫以文帝之明，贾生之贤，绛、灌之忠，而有此患，况其余哉！况其余哉！①

崔寔的这一大段论述，中心内容是，革旧布新必须因时而异，特别需要排除守旧臣僚的干扰，认定目标，全力以赴，才能取得预期的效果。针对东汉朝政日非、文恬武嬉、"王纲纵弛于上，智士郁伊于下"、奸佞执柄、酷吏虐民的政况国势，他明确指出当时的东汉社会面临三大祸患。第一大患是奢侈之风遍朝野，上下尊卑的制度荡然无存：

>夫人之情，莫不乐富贵荣华、美服丽饰、铿锵眩耀、芬芳嘉味者也，昼则思之，夜则梦焉。唯斯之务，无须臾不存于心。犹水之归下，下川之赴壑。不厚为之制度，则皆侯服王食，僭至尊，逾天制矣。是故先王之御世也，必明法度以闭民欲，崇堤防以御水害。法度替而民散乱，堤防堕而水泛滥。顷者法度颇不稽古，而旧号网漏吞舟。故庸夫设藻棁之饰，匹竖享方丈之馔。下僭其上，尊卑无别。如

---

① 《两汉全书》第22册，第12865—12866页。

使鸡鹜蛇颈龟身，五色纷丽，亦可贵于凤乎？礼坏而莫救，法堕而不恒。斯盖有识之士，所为于邑而增叹也。律令虽有舆服制度，然断之不自源，禁之又不密。今使列肆卖侈功，商贾鬻僭服，百工作淫器，民见可欲，不能不买。贾人之列，户蹈逾侈矣。故王政一倾，普天率土莫不奢僭者，非至家人告，乃时势驱之使然。此之一患也。①

第二大患是弃本趋末，农业生产萎缩，"百姓穷匮"，"仓廪空而囹圄实"：

> 且世奢服僭，则无用之器贵，本务之业贱矣。农桑勤而利薄，工商逸而入厚，故农夫辍耒而雕镂，工女投杼而刺文，躬耕者少，末作者众。生土虽皆垦义，故地功不致。苟无力稼，焉得有年？财郁蓄而不尽出，百姓穷匮而为奸盗，是以仓廪空而囹圄实。一谷不登，则饥馁流死。上下俱匮，无以相济。国以民为基，民以谷为命。命尽则根拔，根拔则本颠。此最国家之毒忧，可为热心者也。斯则天下之患二也。②

第三大患是厚葬成风，使百姓"竭家尽业"，"迫为盗贼"：

> 法度既堕，舆服无限，婢妾皆戴瑱樀之饰，而被织文之衣。乃送终之家，亦无法度。至用楩梓黄肠，多藏宝货，享牛作倡，高坟大寝。是可忍也，孰不可忍！而俗人多之，咸曰健子。天下跂慕，耻不相逮。念亲将终，无以奉遣，乃约其供养，豫修亡殁之备。老亲之饥寒，以事淫法之华称。竭家尽业，甘心而不恨。穷厄既迫，迫为盗贼，拘执陷罪，为世大戮。痛乎化俗之刑陷愚民也。且橘柚之贡，尧舜所不尝御；山龙华虫，帝王不以为亵服。今之臣妾，皆余黄甘而厌文绣者，盖以万数矣。其余称此，不可胜记。古者墓而不坟，文、武之兆，与平地齐。今豪民之坟，已千坊矣。欲民不匮，诚亦难矣。是以天戚戚，人汲汲，外溺奢风，内忧穷竭。故在位者则犯王法以聚

---

① 《两汉全书》第 22 册，第 12868—12869 页。
② 同上书，第 12869 页。

敛，愚民则冒罪豿以为健。俗之坏败，乃至于斯。此天下之患三也。①

崔寔列举的东汉朝政和社会的三大祸患尽管还不是当时弊端的最准确的指认，但却都是当时朝政和社会存在的严重问题。为了解决这些问题，他在重申中国传统的任贤使能、求"明哲之佐，博物之臣"、"重本抑末"等观念的同时，特别提出了"深其刑而重其罚"的对策。他说："承三患之弊，继荒顿之绪，而徒欲修旧修故而无匡改，虽唐、虞复存，无益于治乱也。昔圣王远虑深思，患民情之难防，忧奢淫之害政，乃塞其源以绝其末，深其刑而重其罚。"② 他从治乱世用重刑的理论出发，揆诸历史经验，认为当时的政情国势，只能实行"重赏深罚以御之"的政策：

量力度德，春秋之义。今既不能纯法八代，故宜参以霸政，则重赏深罚以御之，明著法术以检之。自非上德，严之则理，宽之则乱。何以明其然也？近孝宣皇帝明于君人之道，审于为政之理，故严刑峻法，破奸轨之胆，海内清肃，天下密如，嘉瑞并集，屡获丰年，荐勋祖庙，享号中宗，算计见效，优于孝文。元帝即位，多行宽政，卒以堕损，威权始夺，遂为汉室基祸之主。政道得失，于斯可监。昔孔子作《春秋》，褒齐桓，懿晋文，叹管仲之功。夫岂不美文、武之道哉？诚达权救敝之理也。故圣人能与世推移，而俗士苦不知变，以为结绳之约，可复理乱秦之绪，《干戚》之舞，足以解平城之围。夫熊经鸟伸，虽延历之术，非伤寒之理；呼吸吐纳，虽度纪之道，非续骨之膏。盖为国之法，有似理身，平则致养，疾则攻焉。夫刑罚者，治乱之药石也；德教者，兴平之粱肉也。夫以德教除残，是以粱肉理疾也；以刑罚理平，是以药石供养也。方今承百王之敝，值厄运之会。自数世以来，政多恩贷，驭委其辔，马骀其衔，四牡横奔，皇路险倾。方将柑勒鞭辀以救之，岂暇鸣和銮，清节奏哉？昔高祖令萧何作九章之律，有夷三族之令，黥、劓、斩、断舌、枭首，故谓之具五刑。文帝虽除肉刑，当劓者笞三百，当斩左趾者笞五百，当斩右趾者

---

① 《两汉全书》第22册，第12869—12870页。
② 同上书，第12870页。

弃市。右趾者既殒其命,笞挞者往往至死,虽有轻刑之名,其实杀也。当此之时,民皆思复肉刑。

至景帝元年,乃下诏曰:"加笞与重罪无异,幸而不死,不可为民。"乃定律,减笞轻捶。自是之后,笞者得全。以此言之,文帝乃重刑,非轻之也;以严致平,非以宽致平也。必欲行若言,当大定其本,使人主师五帝而式三王。荡亡秦之俗,遵先圣之风,弃苟全之政,蹈稽古之踪,复五等之爵,立井田之制。然后选稷、契为佐,伊、吕为辅,乐作而凤凰仪,击石而百兽舞。若不然,则多为累而已。①

崔寔严刑峻法的行政理念,显示了他向刑名之学的倾斜,这反映了他希望迅速廓清东汉末年乱世之局的急迫心绪。从一定意义上看,他的对策似乎不无道理,但他开出的只能是药不对症的疗方。因为东汉末年的混乱局面之所以出现,最根本的原因乃是外戚和宦官交替擅权,各级官吏竞相腐败,黎民百姓陷入水深火热之中。不去纠正从中央到地方政治权力的失衡,不去整治官场的腐败,不去源头上抑制政治混乱的生发,而幻想以严刑峻法抑制奢靡之风和弃本趋末的社会风气,实在是南辕而北辙了。崔寔从严刑峻法的理念出发,与王符一样反对朝廷赦免罪犯的举措:

大赦之造,乃圣王受命而兴,讨乱除残,诛其鲸鲵,赦其臣民,渐染化者耳。及战国之时,犯罪者辄亡奔邻国,遂赦之,以诱还其逋逃之民。汉承秦制,遵而不越。孝文皇帝即位二十三年乃赦,示不废旧章而已。近永平、建初之际,亦六七年乃一赦。亡命之子,皆老于草野,穷困惩艾,比之于死。顷间以来,岁且一赦。百姓怊怅,轻为奸非。每迫春节,侥幸之会,犯恶尤多。近前年一期之中,大小四赦。谚曰:"一岁再赦,奴儿喑哑。"况不轨之民,孰不肆意!遂以赦为常俗,初期望之,过期不至,亡命蓄积,群辈屯聚,为朝廷忧。如是则劫,不得不赦,赦以趣奸,奸以趣赦,转相驱蹴,两不得息。虽日赦之,乱甫繁耳!由坐饮多发消渴,而水更不得去口,其归亦无终矣。又践祚改元际,未尝不赦。每其令曰:"涤荡旧恶,将与士大

---

① 《两汉全书》第 22 册,第 12867—12868 页。

夫更始。"是哀已薄先，且违无改之义，非所以明孝抑邪之道也。昔茺子有云：赦者，奔马之委辔；不赦者，痤疽之砭石。及匡衡、吴汉，将相之隽，而皆建言不当数赦。今如欲尊先王之制，宜旷然更下大赦令，因明谕使知永不复赦，则群下震慄，莫轻犯罪。纵不能然，宜十岁以上，乃时一赦。①

崔寔认为频繁赦免罪犯恰恰是鼓励犯罪，而犯罪者都是不应该赦免的坏人，这种观点正说明他是站在朝廷和官府的立场上看待犯罪。他不知道，在从上到下的贪残官吏暗箱操作下，不知有多少异见者、无辜者，尤其是下层百姓身罹冤狱。与强调严刑峻法的治世原则一样，他要求朝廷放弃和减少赦免措施的建议，开出的也只能是药不对症的疗方。崔寔在这些问题上展示的立场似乎与他在梁冀司马府任职的经历不无关系。

崔寔提出的另外几项改进与改善朝政的思想和措施还是有些实践价值的。如他提出稳定和延长地方官的任期以增强他们的责任感，使官民彼此熟悉，增进感情，以便改善地方政务。他赞扬西汉文、景时期地方令长任期长，"令长视事，至十余载，居位或长子孙"，这样做的好处是，"永久则相习，上下无所窜情。加以心坚意专，安官乐职，图虑久长，而无苟且之政。吏民供奉，亦竭忠尽节，而无壹切之计，故能君臣和睦，百姓康乐"。② 又如他提出增加基层小吏俸禄即厚薪养廉的问题。他指出当时基层小吏俸禄特别微薄，"昔在暴秦，反道违圣，厚自封宠，而虐遇臣下。汉兴因循，未改其制。夫百里长吏，荷诸侯之任，而食监门之禄"，根本不足以维持父母妻子过上体面的生活。如此一来，必然是"逼良为娼"，"有卖官鬻狱，盗贼主守之奸生"：

> 人非食不活，衣食足然后可教以礼义，威以刑罚。苟其不足，慈亲不能畜其子，况君能检其臣乎！故古记曰："仓廪实而知礼节，衣食足而知荣辱。"今所使分威权、御民人、理狱讼、干府库者，皆群臣之所为，而其俸禄甚薄，仰不足以养父母，俯不足以活妻子。父母者，性所爱也；妻子者，性所亲也。所爱所亲方将冻喂，虽冒刃求

---

① 《两汉全书》第22册，第12876—12877页。
② 同上书，第12872页。

利,尚犹不避,况可令临财御众乎!是所谓渴马守水,饿犬护肉,欲其不侵,亦不几矣!①

再如他提出的恢复景帝、武帝移民边陲垦田的建议,同样具有积极意义:

> 昔者,圣王立井田之制,分口耕耦地,各相副适,使人饥饱不偏,老逸齐均。富者不足僭差,贫者无所企慕。始暴秦隳坏法度,制人之财,既无纪纲,而乃尊奖并兼之人。乌氏以牧竖致财,宠比诸侯;寡妇清以攻丹殖业,礼以国宾。于是巧猾之萌,遂肆其意。上家累巨亿之资,斥地侔封君之土,行苞苴以乱执政,养剑客以威黔首。专杀不辜,号无市死之子。生死之奉多拟人主。故下户踦(跛),无所(跱)足,乃父子低首,奴事富人,躬帅妻孥,为之服役。故富者席余而日炽,贫者蹑短而岁踧,历代为虏犹不赡于衣食。生有终身之勤,死有暴骨之忧。岁小不登,流离沟壑,嫁妻卖子。其所以伤心腐藏,失生人之乐者,盖不可胜陈。故古有移人通财,以赡蒸黎。今青、徐、兖、冀,人稠土狭,不足相供。而三辅左右及凉、幽州,内附近郡,皆土旷人稀,厥田宜稼,悉不垦。小人之情,安土重迁,宁就饥馁,无适乐土之虑。故人之为言瞑也,谓瞑瞑无所知,犹群羊聚畜,须主者牧养处置。置之茂草,则肥泽繁息;置之硗卤,则零丁耗减。是以景帝六年,下诏郡国,令人得去硗狭,就宽肥。至武帝,遂徙关东贫人于陇西、北地、西河、上郡、会稽,凡七十二万五千口。后加徙猾吏于关内。今宜复遵故事,徙贫人不能自业者于宽地。此亦开草辟土,振人之术也。②

在这一长篇上书中,除了对井田的理想化理解,对秦朝政策的苛责显示传统的儒家偏见外,其他对东汉贫富不均的描绘,对移民实边垦田的建议,都是恳切而有实践价值的。

---

① 《两汉全书》第22册,第12875页。
② 同上书,第12877—12878页。

第九节　东汉末年社会批判思潮中的政治思想（下）

一　徐干的"贤人"政治思想

徐干（公元171—218年），字伟长，北海郡（今山东昌乐西）人。少时聪慧过人，博览群书。灵帝之后，董卓带兵入洛阳，挟持皇室去长安。关东地方军阀联合讨伐董卓，长安、洛阳一线狼烟四起，血雨腥风。徐干怀着"乱世独善其身"之志，隐居不仕，以读书自娱。建安年间，曹操统一北方，政治渐上轨道。他认为展示自己才能的时机到了，才应征进入曹操父子麾下做幕僚。建安十三年（公元208年）前，徐干应曹操之邀，出任司空军谋祭酒掾属、五官中郎将文学。当时曹丕任五官中郎将，徐干作为建安七子之一在他幕中服务。因为都喜好文学，彼此结下了深厚的情谊。但徐干淡泊功名利禄，热衷读书思考，写下了《中论》二卷20篇。建安二十二年（公元217年），发生大的疾疫，徐干和建安七子中的陈琳、应玚、刘桢一时俱逝。曹丕评价他"怀文抱质，恬淡寡欲，有箕山之志，可谓彬彬君子矣。著《中论》二十余篇，辞义典雅，足传于后"，① 显示了他的知人之明。

徐干对富贵利禄有自己的看法。他认为在"邦有道"的政治清明的时代，德才兼备的有志之士应该入仕并获得高官厚禄。而在"邦无道"的时代，入仕并获得高官厚禄则是一种耻辱："文武之教衰，黜陟之道废，诸侯僭恣，大夫世位，爵人不以德，禄人不以功，窃国而富者有之，窃地而富者有之，奸邪得愿，仁贤失志，于是则以富贵相诟病矣。故孔子曰：'邦无道，富且贵焉，耻也。'"② 在徐干的心目中，他所处的东汉末年恰恰就是一个"邦无道"的时代。在《中论·亡国》篇中，他借"亡国"政象的描绘，影射当时的社会现实：

粗秽暴虐，馨香不登，谗邪在侧，佞媚充朝，杀戮不辜，刑罚滥害，宫室崇侈，妻妾无度，撞钟舞女，淫乐日纵；赋税繁多，财力匮

---

① 《三国志·魏书》卷21《王卫二刘传》。
② 《中论·爵禄》。

竭，百姓冻饿，死殍盈野，矜己自得，谏者被诛，内外震骇，远近怨悲。则贤者之视我，容貌也如魍魉；台殿也如狴犴，采服也如衰绖，弦歌也如号哭，酒醴也如滫涤，肴馔也如粪土，从事举措，每无一善。彼之恶我也如是，其肯至哉？

面对如此昏暗的时代，特别是面对一些卓尔不群的才华之士惨死于军阀的屠刀下，徐干显然激发不出从政的热情。他认为在这样的时代取得高官厚禄是一种耻辱，但作为无权无勇的一介书生，他本人既无力改变这种现状，也不愿与这个社会的统治阶层决裂，他只能将自己的冷峻思考留给世人，传于后世。

徐干的《中论》内容丰富，涉及生命观、富贵观、言论观、辩论观以及学习的意义和方法等许多问题，但比较集中的还是对清明政治和君子人格修养的论述。在他看来，政治清明与否关键在于国君是英明还是愚暗，二者的区分在于是"务本"还是"详于小事而略于大道，察于近物而暗于远数"。[1] 一个英明的君主必须眼光远大，胸怀四海，其所务必在"大道、远数"：

> 为仁足以覆帱群生，惠足以抚养百姓，明足以照见四方，智足以统理万物，权足以变应无端，义足以阜生财用，威足以禁遏奸非，武足以平定祸乱；详于听受，而审于官人；达于兴废之原，通于安危政分。如此，则君道毕矣。[2]

这就是说，一个英明的君主必须致力于中正之道和长远谋略。为此，要求他仁德足以覆盖生民，慈惠足以抚养百姓，光明足以照耀四方，智慧足以管理万物，机变足以应付无穷变化，道义足以丰富财物器用，威严足以应付奸邪不法，雄武足以敉平灾祸混乱。同时，还要求他明达国家治乱兴废的原因，熟知社会安定与危殆的区别。而且，他还应该能够虚心详尽地听取他人的意见，审慎地选取和任用人才。这里，徐干为他心目中的"圣明天子"立下了一个标准。这个标准基本上涵盖了传统儒学对一个英

---

[1] 《中论·务本》。
[2] 同上。

明君主的要求，其中包括他的品格修养、智慧才能、威严气度和用人准则。徐干明白，尽管一个"务本"的"圣明天子"是清明政治的首要条件，但一个清明政府的运作却必须由成千上万的贤才组成的官吏队伍去完成。所以，选取和任用忠贞睿智的宰辅去领导整个国家机器的运转就十分重要了。在《中论·审大臣》中，他一再阐明大臣是"治万邦之重器"，任用得人是良好政治的关键：

> 大臣者，君之股肱耳目也，所以视听也，所以行事也。先王知其如是也，故博求聪明锐哲君子，措诸上位，执邦之政令焉。执政聪明锐哲，则其事举；其事举，则百僚莫不任其职；百僚莫不任其职，则庶事莫不致其治；庶事莫不致其治，则九牧之民莫不得其所。

为了选取符合要求的执政大臣，君主不仅要看"众誉"，即众人尤其是时论对他们的评价，更必须"亲察"他们的品格和才能，犹如文王之识姜尚，齐桓公之拔擢宁戚。徐干还特别指出，对"众誉"不能迷信和盲从，因为"众誉"往往反映的是流俗之见，而大贤一般都居于"陋巷"，不去刻意迎合流俗。如果君主"非有独见之明，专任众人之誉，不以己察，不以事考"，就难以发现他们，就会与之失之交臂。徐干认为，大贤不但有着独特的品格和才干，而且有着自己独特的行事原则，"诚非流俗之所豫知"。不过，只有他们执政秉权，国家才能得到治理，社稷才能得到安宁：

> 大贤为行也，裒然不自见，儒然若无能，不与时争是非，不与俗辩曲直，不矜名，不辞谤，不求誉，其味至淡，其观至拙。夫如是，则何以异乎人哉？其异乎人者，谓心统乎群理而不缪，智周乎万物而不过，变故暴至而不惑，真伪丛萃而不迷。故其得志，则邦家治以和，社稷安以固，兆民受其庆，群生赖其泽，八极之内为一。①

这里，徐干的观点隐含着对东汉末年浮华交会之风和通过清议臧否人物的否定，这似乎与曹操"破浮华交会"的意愿不谋而合。徐干进而认

---

① 《中论·审大臣》。

为,"圣明天子"在选取大贤之人为辅弼之臣的同时,还应该虚心纳谏,随时听取那些公忠体国的真知灼见。因为国君地位显赫,众目睽睽,经常需要面对来自方方面面的言论,因而就有一个辨别取舍问题。他不同意将"明君舍己而从人,故其国治以安;暗君违人而专己,故其国乱以危"的观点绝对化。在他看来,明君之明不在于"舍己而从人",暗君之暗也不在于"违人而专己",而在于接受什么言论和排拒什么言论。他说:"凡安危之势,治乱之分,在乎知所从,不在乎必从人也。"① 因为事实上绝对不听从别人意见的国君是不存在的,可是有的却造成社会的动荡不安,这是因为他听从的意见是不正确的;完全不拒绝他人意见的国君也是不存在的,可是有的却能使社会安定不乱,这是因为他知道应该拒绝什么样的意见。圣明的国君所亲近信任的都是符合大道的坚贞、贤能、聪明睿智的仁人君子,他们的言论都是符合大道的仁德信义忠诚之类,所以听从就安宁,不听从就动荡;反之,那些昏庸的国君亲近信任的都是奸佞邪恶、愚昧无知的宵小之辈,他们的言论都是奸恶邪僻、阿谀奉承之论,听从这样的言论怎么能够使社会安定,不听从又怎么会使社会陷于混乱呢?因此,国君对言论必须有一个取舍的标准,取其当取,舍其当舍。徐干认为,听从他人的意见并不难,鉴别意见的正确与否而决定取舍却十分困难。因为不少佞臣都是巧舌如簧,天花乱坠,极能迎合国君心理,所以国君往往对其言听计从,最后招致灭国破家。骨鲠之臣的忠言谠论一般都是逆耳之言,国君不易听从,因而极易失去良策善谋。

总起来看,徐干的政治思想没有超越传统儒学的框架,但他希望有一个"圣明天子",选取几个"大贤"的宰辅,主持一个高效运作的官府,创造一个清明的政治局面的思想还是有进步意义的。因为他的理想同当时昏乱的政治局面恰恰成为鲜明的对比映照,势必引起人们的深沉思索,启迪人们改变现状的愿望。

徐干《中论》的另一个论述重点是君子人格。东汉末年,清议盛行,士林浮华交会成为时尚。士子对皓首穷经已失去兴趣和耐心,希冀在浮华交会中通过名流品评一举成名,身价百倍。整个知识界弥漫着浮躁、矫饰的风气。徐干对这种风气十分痛心。他认为古代人们之所以不事交游,努力工作,原因在于当时政治清明,人人各安其位,各得其所,升迁制度完

---

① 《中论·慎所从》。

备合理，人人都能得到及时的晋升。可是，后来世道衰微，国君是非不明，臣下黑白不分；录取士人不由乡党举荐，考察德行不根据功德阅历；帮衬多的人就是贤才，帮衬少的人就是不肖；安排爵位听从没有验证的言论，颁发俸禄依据州郡的歌谣。这种风气自然就成了浮华交会盛行不衰的土壤：

> 民见其如此者，知富贵可以从众为也，知名誉可以虚哗获也，乃离其父兄，去其邑里，不修道艺，不治德行，讲偶时之说，结比周之党，汲汲皇皇，无日以处，更相叹扬，迭为表里。桴机生华，憔悴布衣，以欺人主、惑宰相、窃选举、盗荣宠者，不可胜数也。既获者贤己而遂往，羡慕者并驱而追之，悠悠皆是，孰能不然者乎！桓、灵之世，其甚者也！自公、卿、大夫、州牧、郡守，王事不恤，宾客为务，冠盖填门，儒服塞道，饥不暇餐，倦不获已；殷殷沄沄，俾夜作昼，下及小司，列城墨绶，莫不相高以得人，自矜以下士，星言夙驾，送往迎来，亭传常满，吏卒传问，矩火夜行，阍寺不闭，把臂捩腕，扣天矢誓，推托恩好；不较轻重，文书委于官曹，系囚积于囹圄，而不遑省也。详察其为也，非欲忧国、恤民、谋道、讲德也，徒营己、治私、求势、逐利而已，有策名于朝而称门生于富贵之家者，比屋有之；为之师而无以教，弟子亦不受业，然于其事也，至乎怀丈夫之容，而袭婢妾之态；或奉货而行赂以自固结，求志属托，规图仕进，然掷目指掌，高谈大语。若此之类，言之犹可羞。而行之者不知耻。嗟乎！王教之败，乃至于斯乎！①

此一段对东汉末年士林风气的描绘，特别是对热衷仕进的知识分子心灵的揭示和行为的剖析，实在是入木三分，淋漓尽致！徐干痛心于士林的堕落，希望儒生们恢复传统的君子人格。为此，他特别强调知识分子的人格修养。他认为，要达到人格的完善，具备高尚的道德，就必须抓住根本。这就要从四个方面下功夫。首先，严于律己，宽以待人，学习别人长处，去掉自己短处："君子之于己也，无事而不惧焉：我之有善，惧人之未吾好也；我之有不善，惧人之未吾恶也；见人之善，惧我之不能修也；

---

① 《中论·谴交》。

见人之不善，惧我之必若彼也。"① 一生兢兢业业，不断反省自己，做到日新又日新，"故君子不恤命之将衰，而忧志之有倦"。其次，要言行一致，言信行果，"君子务以行前言"。再次，见微知著，从小事做起，从自我做起，处处时时以君子人格要求自己，只有积小才能致大，"朝为而夕求其成"，"行一日之善而求终身之誉"，纯粹是小人的心理和行为。最后，一生修养，一生为善，不求福必至，而求心之安。不能因为个别人为善得祸就弃善而不为，更不能因为个别人为恶而得福而去为恶。君子修养抓根本，就是着重练内功，在练内功的同时，也要注意自己的仪表容貌、言行举止，即"正容貌，慎威仪"，因为它是一个人内在操行的外在表现。而一个"威而不猛，泰而不骄"的君子，"无尺土之封而万民尊之，无刑罚之威而万民畏之，无羽籥之乐而万民乐之，无爵禄之赏而万民怀之"。② 因此，他必须使自己的言谈举止合乎礼法，不管在孤身独处的时候，还是在颠沛穷困的时候，都不要忘记自己的君子身份，都要随时检点自己的言行，做到"立必磬折，坐必抱鼓，周旋中规，折旋中矩，视不离乎结袷之间，言不越乎表著之位，声气可范，精神可爱，俯仰可宗，揖让可贵，述作有方，动静有常，帅礼不荒，故为万夫之望也"。③ 徐干进而认为，君子人格还表现在虚怀若谷，永不自满，时时检点自己的短处，学习别人的长处。一个人最可贵的品质不在于他有超常的才智和能力，而在于他能不断学习别人的长处和改正自己的错误："君子之善于道也，大则大识之，小则小识之，善无大小，咸载于心，然后举而行之；我之所有，既不可夺，而我之所无，又取于人；是以功常前人而人后之也。故夫才敏过人，未足贵也；博辩过人，未足贵也；勇决过人，未足贵也；君子之所贵者，迁善惧其不及，改过恐其有余。"只要"鉴于人以观得失"，就会目光宏远，"见邦国之表"，"闻千里之外"，使"我之聪明无敌于天下"④。

徐干还将君子与孜孜不倦的学习联系在一起。他说："昔之君子，成德立行，身没而名不朽，其故何也？学也。学也者，所以疏神、达思、怡

---

① 《中论·修本》。
② 《中论·法象》。
③ 同上。
④ 《中论·虚道》。

情、理性，圣人之上务也。"① 而能否学有所成，关键在于有正确的态度和方法。首先，必须有坚持不懈、锲而不舍的精神。因为学如"登山"，"动而益高"；学如"寙瘵"，"久而愈足"。所以君子必须"不懈犹上天之动，犹日月之行，终身亹亹，没而后已"。② 其次，必须立下大志，自强不息，认定目标，全力以赴。再次，兼收并蓄，触类旁通。最后，学大义，择名师。不要学鄙儒只能"务于物名，详于器械，矜于训诂，摘其章句，而不能统其大义之所极"。③ 这些关于学习态度和学习方法的论述，有针对性地批评了当时经师们僵化烦琐的教学方法，要求恢复孔子、孟子当年教书育人的生动活泼的教学方法，显示了徐干在教育思想上的进步倾向。

显然，在东汉末年政治极度昏乱的时代，徐干的《中论》展示了一个清醒士人的冷峻思考。他既不满意清议士人的浮华交会，也不满意经生们的皓首穷经，希望恢复儒家知识分子关心国家、民族命运的优良传统，共同创造一个天子圣明、宰辅贤良、百官尽职、百姓安乐的政治清明局面。然而，他的理想在当时不过是一厢情愿而已。与同时代人相比，徐干对东汉末社会的批判锋芒远逊于王符、仲长统，在经学上的造诣也远不及何休、郑玄，唯有对士风的思考和对君子人格的呼唤显示出他的个性特色，这恰恰是他立足于思想之林的最重要的条件。

二　仲长统儒道互补的政治思想

仲长统，字公理，山阳高平（今山东滕州）人。生于灵帝光和三年（公元180年），卒于魏文帝黄初元年（公元220年），只活了40岁。他生活的年代，政治上是东汉经由黄巾起义导入三国分裂割据的转折时期，思想上是两汉经学经由清议、清谈导入玄学的转折时期。一生目睹了连绵不断的农民起义，羌人反叛，鲜卑寇边，武陵蛮乱，外戚、宦官肆虐，军阀割据称雄的混乱，以及决定历史走向的官渡之战和赤壁之战，加上他博览群书，熟谙历史，又能以旁观者的身份冷静理智地观察现实，审视人生，因而其思想就表现得特别深邃、洞彻和独具慧眼。《后汉书》本传记

---

① 《中论·治学》。
② 同上。
③ 同上。

载他"少好学，博涉书记，赡于文辞"，是一个早熟的才子型人物。二十多岁游学青、徐、并、冀之间，凡接触到的人都对他博异的才华表示惊诧与感佩。在并州（今山西太原南）时，他对袁绍的外甥、并州刺史高干说："君有雄志而无雄才，好士而不能择人，所以为君深戒也。"① 自视不凡的高干对他的劝诫不屑一顾。仲长统见其不可理喻，知其必败，为避免祸连于己，即离并州南下。建安十一年（公元206年）并州被曹操攻取，高干死于非命。此一事件，使并、冀一带的士人无不佩服仲长统的知人之明。大概在此前后，他被时任尚书令的荀彧举荐为尚书郎，参与丞相曹操的军事活动。公元207年的曹操破乌桓之役，208年的赤壁鏖兵，210年的西征韩遂、马腾的争战，他可能都躬于其事。不过，估计此时仲长统在军中的事务仅限于书记文牍之类，既不可能参与重要军事机密，也不可能身先士卒冲锋陷阵，更不可能在军事上建立丰功伟绩。所以，史书对他参与的军事活动没有什么记载，这表明军事非仲长统之所长。知人善任的一代英雄曹操理应知道仲长统的优长缺失，并尽量用其所长，但他却没有用其所长并使之获得晋升。其中的缘由可能与荀彧有关。荀彧是曹操身边为数不多的几个洞悉世事、明察舆情、多谋善断的政治家。当他投到曹操麾下时，已被视为张良式的智谋之士。此后，他一直深受倚重，在曹操统一北中国的政治军事斗争中立下不世之功。然而，由于他对曹操的日益专横不满，对其显露篡政之念的加九锡之议投了反对票，由此失去了曹操的信任，终使他以50岁之年自杀于忧愤之中。荀彧是仲长统的长辈，在政治上他们可能有较多的共同语言。既然荀彧对曹操的僭越不予认同，仲长统极有可能与之采取同一立场。如此一来，荀彧之死，就使仲长统失去相知相亲的有力奥援，他也就被曹操借机打入另册。在曹操的权势如日中天的情况下，仲长统的晋升之路也就彻底堵塞了。213—219年的7年间，他的活动失载，估计他在仕途上不是无所作为，就是辞官闲居。他的主要著作应该是在这一时期完成的。仲长统的代表作是《昌言》，据《后汉书》本传记载，该著作共34篇，10余万言，可惜后来大部分遗失了。本传保留的残篇和收入《群书治要》中的辑佚文字虽然数量远少于原作，但也是评述仲长统思想的主要依据了。

综观仲长统的思想，可用儒道互补概之。他生活的年代尽管经学已呈

---

① 《后汉书》卷49《王充王符仲长统列传》。

衰颓之象，但在思想界仍居于主导地位，仲长统不能不受其影响。同时由于其时政治特别黑暗，两次"党锢之祸"使儒生的精英受到致命打击。加上战乱频仍，前途迷茫，儒生们对政治由热衷到冷漠，其趋时的舆论也就由"清议"转向"清谈"。空灵且闪烁着智慧之光的道家思想，因其鄙薄世俗政治、向往自然、珍视生命而受到苦闷中的知识阶层的垂青。这种时代特点在仲长统身上反映出来，就使其在思想上呈现儒道互补的倾向。

仲长统的哲学、政治、经济、社会等思想以及伦理观念等，更多显示的是儒家思想的特征。他继承儒家传统的注重人事、反对鬼神迷信的唯物论思想，提出了"人事为本，天道为末"的观点，旗帜鲜明地反对祈祷鬼神以避祸。他以刘邦、刘秀创建帝业，萧何、曹参、丙吉、陈平、霍光等建立不世勋业的事实为根据，得出了"惟人世之尽耳，无天道之学焉"的结论。进而还指出，所谓用天道，不是祈求上天神祇的佑护，而是使自己的活动不违背并顺应自然规律："所贵于用天道者，则指星辰以授民事，顺四时而兴功业。"因为政治的好坏，社会的安危，关键在于统治者。国君必须尽人道，明是非。其大意是："王者官人无私，惟贤是亲；勤恤政事，屡省功臣，赏赐期于功劳，刑罚归于罪恶。政平民安，各得其所。则天地将自我而正矣，休祥将自应我而集矣，恶物将自舍我而亡矣。"王者如反其道而行之，"所官者非亲属则崇幸也，所爱者非美色则巧佞也，以同异为善恶，以喜怒为赏罚……虽五方之兆不失四时之礼，断狱之政不违冬日之期，蓍龟积于庙门之中，牺牲群于丽碑之间，冯相坐台上而不下，祝史伏坛旁而不去，犹无益于败亡也。以此言之，人事为本，天道为末，不其然与？故审我已善，而不复恃乎天道，上也；疑我未善，引天道以自济者，其次也；不求诸己而求诸于天者，下愚之主也。"① 这些论断，无疑显示了仲长统坚定的唯物主义无神论的立场和清醒的现实主义态度，不啻当时思想园地里的一朵怒放的奇葩。它出现在谶纬神学弥漫、符瑞灵异之说盛行的东汉末年，是十分难能可贵的。仅此而言，东汉末年唯物论旗手的桂冠也非他莫属。

仲长统的许多思想，集中体现在他提出的16条纲领中：

> 明版籍以相数阅，审什伍以相连持，限夫田以断兼并，定五刑以

---

① 《全汉文》卷89。

救死亡，益君长以兴政理，急农桑以丰委积，去末作以一本业，敦教学以移性情，表德行以厉风俗，核才艺以叙官宜，简精悍以习师田，修武器以存守战，严禁令以防僭差，信赏罚以验惩劝，纠游戏以杜奸邪，察苛刻以绝烦暴。①

这十六条纲领，既是仲长统政治、经济、军事、教育、教化、伦理思想的总汇，也是他为挽救东汉皇朝颓势而开的药方。他对自己的纲领信心十足，自诩道："审此十六者以为政务，操之有常，课之有限，安宁勿懈惰，有事不迫遽，圣人复起，不能易也。"实在说来，这十六条纲领基本上都是儒家传统思想的归纳与复述，创新之处并不多，但反映了他强烈的社会责任感与对国家政务的参与意识。正因为如此，他特别关注东汉末社会的各种弊端，对其揭露之大胆，剖析之深入，抨击之猛烈，当时思想界实无一人能望其项背。比如他揭露和抨击皇室奢侈淫乱之风，宦官专权之害，外戚擅政之患，以及豪族势力膨胀引起的阶级矛盾和社会矛盾的激化，不仅犀利、辛辣、深刻、准确，字字击中要害，生动而形象地揭示了东汉王朝走向灭亡的必然性，而且以强烈的使命感，深沉的忧患意识，提出了一系列救治之方。他要求加强对皇室子弟的教育，使他们成为品格高尚、率己正人、勤政爱民的表率，以担负起统治万民、管理国家的重任。他力倡建立严格的选士制度，真正把社会的精英选拔出来，以组织一支高效廉洁的国家官吏队伍，并以高薪养廉的办法保证他们衣食无虞，以使之毫无后顾之忧地投入到政务活动中去。同时要求朝廷任人以专，赋权以重，使之大胆决策，果断行政，从而实现国家行政的高效有序运作。他提倡德、刑并用，既反对轻德重刑，又反对弃刑而只靠教化，甚至主张恢复肉刑以达到对犯罪者的威慑。在经济上，他看到土地私有、土地买卖，尤其是皇室、豪民兼并土地给整个社会，特别是给社会下层百姓带来的危害，极力主张恢复井田制。这些主张尽管反映了那个时代相当一批知识分子从解决土地问题入手抑制贫富分化的热望，但展示的却是他们带有迂腐气息的幻想。仲长统对东汉朝廷日益恶化的财政状况忧心如焚，认为这一切都是三十税一的轻税政策造成的。他主张限制土地兼并，让无地少地的农民耕种无主荒地，发展生产，培养税源，同时恢复什一税制，以解决朝

---

① 《后汉书》卷49《王充王符仲长统列传》。

廷财政能力弱化的问题。这里，仲长统不仅认识到财政能力对国家行政至关重要的意义，而且也认识到轻税政策的弊端。此点与荀悦对两汉税制的评判是一致的。然而，他的观点并非没有偏颇。因为他关注的轻税只是三十税一的土地税，而没有看到"舍地税人"的人头税给百姓带来的负担更为沉重。

仲长统最具创意的是他对历史的认识。中国文明社会的历史即使从夏朝算起，到东汉也已经两千三百多年。历史发展的某些规律在治乱相循中不时闪现，从而被一些高明的政治家和历史学家所发现和认识。五德终始、三统、三正的观念，虽然就其体系而言并不科学，但其中蕴含的对改朝换代必然性的认识，应该说比较接近历史真实。仲长统有意识地总结历史上治乱兴亡的规律，对一个又一个朝代的创立、兴盛、衰颓直至灭亡的历程作了比较接近历史实际的描述：

> 豪杰之当天命者，未始有天下之分也。无天下之分，故战争者竞起焉。于斯之时，并伪假天威，矫据方国，拥甲兵与我角才智，程勇力与我竞雌雄，不知去就，疑误天下，盖不可数也。角智者皆穷，角力者皆负，形不堪复伉，势不足复校，乃始羁首系颈，就我之衔绁耳。夫或曾为我之尊长矣，或曾与我为等侪矣，或曾臣虏我矣，或曾执囚我矣。彼之蔚蔚，皆匈詈腹诅，幸我之不成，而以奋其前志，讵肯用此为终死之分邪？
>
> 及继体之时，民心定矣。普天之下，赖我而得生育，由我而得富贵，安居乐业，长养子孙，天下晏然，皆归心于我矣。豪杰之心既绝，士民之志已定，贵有常家，尊在一人。当此之时，虽下愚之才居之犹能使恩同天地，威侔鬼神。暴风疾霆，不足以方其怒；阳春时雨，不足以喻其泽；周、孔数千，无所复角其圣；贲、育百万，无所复奋其勇矣。
>
> 彼后嗣之愚主，见天下莫敢与之违，自谓若天地之不可亡也。乃奔其私嗜，骋其邪欲，君臣宣淫，上下同恶。目极角抵之观，耳穷郑、卫之声，入则耽于妇人，出则驰于田猎。荒废庶政，弃亡人物，澶漫弥流，无所底极。信任亲爱者，尽佞谄容说之人也；宠贵隆丰者，尽后妃姬妾之家也。使饿狼守庖厨，饥虎牧牢豚，遂至熬天下之脂膏，斫生人之骨髓。怨毒无聊，祸乱并起，中国扰攘，四夷侵叛，

土崩瓦解，一朝而去。昔之为我哺乳之子孙者，今尽是我饮血之寇仇也。至于运徙势去，犹不觉悟者，岂非富贵生不仁，沉溺致愚疾邪？存亡以之迭代，政乱从此周复，天道常然之大数也。①

以上论述，大体上可以看作对夏、商、周三代，秦、西汉、东汉三朝等几个朝代创、兴、衰、亡历程的总结。尽管这一论述还停留在对历史表象进行描述的浅层次上，但已不是就事论事，而是尽其所能作了初步的概括与抽象。在中国历史哲学的发展演变中，做出了超越前人的独特贡献。仲长统追忆春秋战国时期近五百多年的战乱，秦汉之际七八年的血雨腥风，以及两汉之际长达30年之久的殊死搏战，面对黄巾起义以后地方割据势力无休止的厮杀，他陷入了难以排解的困惑，对历史发展的前景得出了悲观的结论："昔春秋之时，周氏之乱世也。逮乎战国，则又甚矣。秦政乘并兼之势，放虎狼之心，屠裂天下，吞食生人，暴虐不已，以招楚汉用兵之苦，甚于战国之时也。汉二百年而遭王莽之乱，计其残夷灭亡之数，又复倍乎秦、项矣。以及今日，名都空而不居，百里绝而无民者，不可胜数，此则又甚于亡新之时也，悲夫！不及五百年，大难三起，中间之乱，尚不数焉。变而弥猜，下而加酷，推此以往，可及于尽矣。"② 仲长统认为，已经过去的历史证明，社会发展的规律是"乱世长而化世短"。之所以出现如此结局，原因就在于"小人贵宠，君子困贱"："当君子困贱之时，跼高天，蹐厚地，犹恐有镇厌之祸也。逮至清世，则复入于矫枉过正之检。老者耄矣，不能及宽饶之俗；少者方壮，将复困于衰乱之时。是使奸人擅无穷之福利，而善士挂不赦之罪辜。"③ 至此，仲长统最后把历史上的治乱兴废归结为君子小人之争，而得志的总是小人，受害的往往是君子。这其中，不可否认有着仲长统自己的身世沧桑之感，但却是对历史最肤浅的解释，没有超脱此前历史学家们的思维定势，还在旧框架中盘旋。不过，从总体上看，仲长统不失为那个时代最清醒的社会批判思潮的代表。他的历史认识虽然充溢着难以抑止的悲观情绪，但其深沉的思考展示的却是他对历史与现实的认真的事实求是的解读。他没有粉饰，没有谎

---

① 《后汉书》卷49《王充王符仲长统列传》。
② 同上。
③ 同上。

言，没有对当权者违心的阿谀，更没有给百姓未来进入天国的承诺，有的只是一介书生忧国忧民的赤子情怀和矢志报国的一腔热血。这里展示的，是仲长统身上高扬的儒家积极进取的人生态度和奋发有为的入世精神。

然而，积极入世的仲长统在仕途上却没有一帆风顺地步步攀升，而是在小小的郎官位子上就走到了尽头。当荀彧于建安十七年（公元212年）在曹操的淫威下自杀身亡的时候，32岁的仲长统就知道自己的仕途已经画上了遗憾的句号。这对于满腹经纶、才华横溢、睥睨天地的一代才子来说，不消说是一次致命的打击。大概从此以后，仲长统身上潜在的道家意识就开始升腾，并逐渐占据了主导地位，他的头脑也重点转向关于个人命运与人生价值的思考了。与此同时，险象环生的汉末社会大环境也在促使部分醉心于经学的士人猛醒：忠而见疑，信而遭谤，忧国忧民、愤而与恶势力拼死抗争的忠贞之士，得到的却是身死族灭的下场。"党锢之祸"引发的惊悸还未消失，一批恃才傲物、卓尔不群的优秀士人就又被各地割据称雄的军阀们送上了断头台：建安十三年（公元208年），建安七子之一的孔融被曹操处死；建安十五年（公元210年），时任丞相主簿的杨修也因才情过人死于曹操的屠刀之下；另外，祢衡之被杀于江夏太守黄祖，田丰之遭诛于冀州牧袁绍。血淋淋的事实使不少士子明白，现在已经是"邦无道"的时代，神圣的经学给积极参与政治斗争的士子们带来的并不是荣华富贵，而是令人不忍卒睹的悲惨结局，何必向着刀口逞英雄呢？既然"清议"招来杀身之祸，那就转向"清谈"。"清谈"不涉及政治，不臧否人物，变成显示个人学识、智慧和机敏的竞技；既然仕进无望，抗争招祸，何不远离官场，摈弃是非，或隐居闹市，或遁逸山林，在优游岁月中享受生活的乐趣？在这种形势下，道家思想自然就派上了用场，变成了一些失意儒生的信仰。仲长统之转向道家学说，并对其倾注满腔的深情，实际上是为了让自己那躁动一时的心灵恢复平静，使自己的生命有一个回归的家园。大概就在此时，他写了两首才气纵横、构思奇特的诗篇。诗中充满着浪漫的想象，荡漾着超尘拔俗、乘云骋风的理想，甚至不惮"叛散《五经》，灭弃《风》《雅》"，以火焚尽百家之学。其对儒学的决绝态度，前后判若两人。然而所有这一切，都只能在幻觉中存在，在梦境中恍惚，在醉意朦胧中体味。只要回到现实中来，这一切全都烟消云散。不过，道家者流还有一种对付现时的真实手段，这就是隐逸。与众不同的是，仲长统心目中的隐逸生活已经排除了庄子的贫困，摈弃了陶渊明的劳作，要的是富足、闲适和随心所欲：

> 使居有良田广宅，背山临流，沟池环匝，竹木周布，场圃筑前，果园树后。舟车足以代步涉之艰，使令足以息四体之役。养亲有兼珍之膳，妻孥无苦身之劳。良朋萃止，则陈酒肴以娱之；嘉时吉日，则烹羔豚以奉之。躕躇畦苑，游戏平林，濯清水，追凉风，钓游鲤，弋高鸿。讽于舞雩之下，咏归高堂之上。安神闺房，思老氏之玄虚；呼吸精和，求至人之仿佛。与达者数子，论道讲书，俯仰二仪，错综人物。弹《南风》之雅操，发清商之妙曲。消摇一世之上，睥睨天地之间。不受当时之责，永保性命之期。如是，则可以陵霄汉，出宇宙之外矣。岂羡夫入帝王之门哉！①

其实，仲长统笔下这种美妙的隐逸生活，不过是东汉时期已经大量存在的田庄地主生活的诗化。至此，可以明白，仲长统理想的超尘拔俗的生活还是建筑在现实的基础之上。

仕以儒学，隐以道学，外以儒学，内以道学。儒道互补，进退有据。此后中国封建社会的不少知识分子都采取这样的生活态度，而仲长统则是开其端绪的人物之一。

三　荀悦和荀彧兄弟的政治思想

荀悦（公元148—209年），字仲豫，东汉末年颍川颍阴（今河南许昌）人，是荀彧的本家兄长。"年十二能说《春秋》。家贫无书，每之人间，所见篇牍，一览多能诵记。性沈静，美姿容，尤好著述。灵帝时阉官用权，士多退身穷处。悦乃托疾隐居，时人莫之识。从弟彧特称敬焉"。② 建安初年，应曹操征召入其幕，继任黄门侍郎。因献帝喜好文学，荀悦与其从弟荀彧和少府孔融一起侍讲禁中，"旦夕谈论"。后升任秘书监、侍中等官职。他的主要著作是《汉纪》和《申鉴》，另有《崇论》《正论》等文章数十篇。

荀悦的政治思想主要展现在《申鉴》和《汉纪》中。与东汉后期许

---

① 《后汉书》卷49《王充王符仲长统列传》。
② 《后汉书》卷62《荀韩钟陈列传·荀悦》。

多笃信传统儒学的思想家一样，荀悦在有条件地认同"天人感应"的神学目的论的同时，更相信人的主观能动性在社会发展进程中的作用，所以，他的著作中充满着强烈的人文主义气息。例如他提出的"三势"说就大大突破了神学目的论的藩篱，在肯定人事之后，还希图探索隐藏在纷繁缭乱的社会现象背后的历史必然性：

> 凡三光精气变异，此皆阴阳之精也。其本在地，而上发于天也。政失于此，则变见于彼，由影之象形，响之应声。是以明王见之而悟，敕身正己，省其咎，谢其过，则祸除而福生，自然之应也。《诗》云："上天之载，无声无臭。"其详难得而闻矣，岂不然乎！灾祥之报，或应或否。故称《洪范》咎征，则有尧、汤水旱之灾；称消灾复异，则有周宣《云汉》"宁莫我听"，称《易》"积善有庆"，则有颜、冉夭疾之凶。善恶之效，事物之类，变化万端，不可齐一，是以视听者惑焉。若乃禀自然之数，揆性命之理，稽之经典，校之古今，乘其三势以通其精，撮其两端以御其中，参伍以变，错综其纪，则可以仿佛其咎矣。夫事物之性，有自然而成者，有待人事而成者，有失人事不成者，有虽加人事终身不可成者，是谓三势。凡此三势，物无不然。以小知大，近取诸身。譬之疾病，不治而自瘳者，有治之则瘳者，有不治则不瘳者，有虽治而终身不可愈者，岂非类乎？①

这种理念，在分析刘邦创建汉朝这一空前功业的时候，得到了进一步的体现，这就是他将"天工"和"人代"的结合：

> 赞曰：高祖起于布衣之中，奋剑而取天下，不由唐、虞之禅，不阶汤、武之王，龙行虎变，率从风云，征乱伐暴，廓清帝宇，八载之间，海内克定，遂何天之衢，登建皇极，上古已来，书籍所载，未尝有也。非雄俊之才，宽明之略，历数所授，神祇所相，安能致功如此！夫帝王之作，必有神人之助，非德无以建业，非命无以定众，或以文昭，或以武兴，或以圣立，或以人崇，焚鱼斩蛇，异功同符，岂

---

① 《汉纪》卷6。

非精灵之感哉!《书》曰:"天工,人其代之。"《易》曰:"汤、武革命,顺乎天而应乎人。"其斯之谓乎!故观秦、项之所亡,察大汉之所兴,得失之验,可见于兹矣。太史公曰:"夏政忠,政忠之弊野,故殷承之以敬。以敬之弊鬼,故周承之以文。以文之弊薄,救薄莫若忠。三王之道周而复始。周、秦之间,可谓文弊。秦不改,反酷刑。汉承秦弊,得天统矣。"①

荀悦在对秦和西汉的观察中,注意到政体的变化,比较了分封制与郡县制的优劣,认为适合当时情势的制度就是最好的制度,永恒的"百王之法"是不存在的,这里已经蕴含着变化是永恒的可贵思想了:

> 诸侯之制,所由来尚矣。《易》曰:"先王建万国,亲诸侯。"孔子作《春秋》为后世法,讥世卿不讥世侯。昔者圣王之有天下,非所以自为,所以为民也,不得专其权利,与天下同之,唯义而已,无所私焉。封建诸侯,各世其位,欲使亲民如子,爱国如家,于是为置贤卿大夫,考绩黜陟,使有分土而无分民,而王者总其一统,以御其政。故有暴礼于其国者,则民叛于下,王诛加于上。是以计利虑害,劝赏畏威,各竞其力,而无乱心。及至天子失道,诸侯正之;王室微弱,则大国辅之;虽无道,不得虐于天下。贤人君子,有所周流,上下左右,皆相夹辅,凡此所以辅相天地之宜,以左右民者也。故民主两利,上下俱便,是则先王之所以能永有其世也。然古之建国,或小或大,监前之弊,变而通之。夏、殷之时,盖不过百里,故诸侯微而天子强,桀、纣得肆其虐,纣脯邢侯而醢九侯,以文王之上德,不免于羑里。周承之弊,故大国方五百里,所以崇宠诸侯而自抑损也。至其末流,诸侯强大,更相侵伐,周室卑微,祸乱用作。秦承其弊,不能正其制以求其中,而遂废诸侯,改为郡县,以一威权,以专天下。其意主以自为,非以为民,深浅之虑,德量之殊,岂不远哉!故秦得擅其海内之势,无所拘忌,肆行奢淫,暴虐天下,然十四年而灭亡。故人主失道,则天下遍被其害;百姓一乱,则鱼烂土崩,莫之匡救。贤人君子,复无息肩。众庶无所迁徙,此民主俱害,上下两危。汉

---

① 《汉纪》卷4。

兴，承周、秦之弊，故兼而用之。六王、七国之难作者，诚失之于强大，非诸侯治国之咎。其后遂皆郡县治民，而绝诸侯之权矣，当时之制，未必百王之法也。①

如果说荀悦上面论述的偏重历史哲学的层面，反映了他对历史问题的深度思考，那么，《申鉴·政体》一篇就是他对政治思想方方面面的具体探求，是他在前辈成就基础上更细密地延伸的思索：

夫道之本，仁义而已矣。《五典》以经之，群籍以纬之。咏之歌之，弦之舞之。前监既明，后复申之。故古之圣王，其于仁义也，申重而已……立天之道曰阴与阳，立地之道曰柔与刚，立人之道曰仁与义。阴阳以统其精气，刚柔以品其群形，仁义以经其事业，是为道也。故凡政之大经，法教而已。教者，阳之化也；法者，阴之符也。仁也者，慈此者也。义也者，宜此者也；礼也者，履此者也；信也者，守此者也；智也者，知此者也。

是故好恶以章之，喜怒以莅之，哀乐以恤之。若乃二端不悠，五德不离，六节不悖，则三才允序，五事交备，百工惟厘，庶绩咸熙。天作道，皇作极，臣作辅，民作基。惟先喆王之政，一曰承天，二曰正身，三曰任贤，四曰恤民，五曰明制，六曰立业。承天惟允，正身惟常，任贤惟固，恤民惟勤，明制惟典，立业惟敦。是谓政体也。致政之术，先屏四患，乃崇五政。一曰伪，二曰私，三曰放，四曰奢。伪乱俗，私坏法，放越轨，奢败制。四者不除，则政末由行矣。夫俗乱则道荒，虽天地不得保其性矣；法坏则世倾，虽人主不得守其度矣；轨越则礼亡，虽圣人不得全其道矣；制败则欲肆，虽四表不得充其求矣，是谓四患。兴农桑以养其生；审好恶以正其俗；宣文教以章其化；立武备以秉其威；明赏罚以统其法，是谓五政。民不畏死，不可惧以罪；人不乐生，不可劝以善。虽使契布五教，皋陶作士，政不行焉。故在上者，先丰民财，以定其志。帝耕籍田，后桑蚕宫，国无游民，野无荒业，财不虚用，力不妄加，以周人事，是谓养生。君子之所以动天地应神明正万物而成王化者，必本乎真实而已。故在上者

---

① 《汉纪》卷5。

审，则仪道，以定好恶。善恶要于功罪，毁誉效于准验。听言责事，举名察实无惑诈伪，以荡众心。故事无不核，物无不切，善无不显，恶无不章，俗无奸怪，民无淫风。百姓上下，睹利害之存乎己也，故肃恭其心，慎修其行，内不忒惑，外无异望，虑其睹去侥幸，无罪过不忧惧。请谒无所听，财赂无所用，则民志平矣。是谓正俗。君子以情用，小人以刑用。故荣辱者，赏罚之精华也。故礼教荣辱以加君子，化其情也；桎梏鞭扑以加小人，治其刑也。君子不犯辱，况于刑乎？小人不忌刑，况于辱乎？若夫中人之伦，则刑礼兼焉。教化之废，推中人而坠于小人之域；教化之行，引中人而纳于君子之途，是谓章化。小人之情，缓则骄，骄则恣，恣则怨，怨则叛，危则谋乱，安则思欲，非威强无以惩之。故在上者，必有武备以戒不虞，以遏寇虐。安居则寄之内政，有事则用之军旅，是谓秉威。赏罚，政之柄也。明赏必罚，审信慎令，赏以劝善，罚以惩恶。人主不妄赏，非徒爱其财也，赏妄行，则善不劝矣；不妄罚，非独慎其刑也，妄罚行，则恶不惩矣。赏不劝，谓之止善；罚不惩，谓之纵恶。在上者能不止下为善，不纵下为恶，则国治矣。是谓统法。四患既蠲，五政既立，行之以诚，守之以固，简而不怠，疏而不失。无为为之，使自施之；无事事之，使自交之。不肃而治，不严而化，垂拱揖让，而海内平矣。是谓为政之方也。①

综上所述，荀悦政治思想的内容可以归结为政之大经——法教；仁、义、礼、智、信；"天作道，皇作极，臣作辅，民作基"。具体到圣哲王之政，就是承天、正身、任贤、恤民、明制、立业。进而还要屏四患——伪、私、放、奢；崇五政——兴农桑、审好恶、宣文教、立武备、明赏罚。这些内容基本上概括了儒家"仁政"思想的主要组成部分。再进一步，他又解释了一个明哲君王应该坚持中、和、正、公、诚、通六项"立道经"的原则，还应去除任贤能的十大障碍：不知、不尽、不任、不终、以小怨弃大德、以小过黜大功、以小失掩大美、以奸评伤忠正、以邪说乱正度、以逸嫉废贤能，并能"察九风以定国常"，具体就是发扬"治风"而整顿驱除衰、弱、乖、乱、荒、叛、危、亡八风，从而给社会造

---

① 《两汉全书》第 28 册，山东大学出版社 2009 年版，第 16807—16808 页。

就一片晴明的天空：

> 君臣亲而有礼，百僚和而不同，让而不争，勤而不怨，无事惟职是司。此治国之风也。礼俗不一，位职不重，小臣谗嫉，庶人作议，此衰国之风也。君臣争名，朝廷争功，士大夫争名，庶人争利，此乖国之风也。上多欲，下多端，法不定，政多门，此乱国之风也。以侈为博，以伉为高，以滥为通，遵礼谓之劬，守法谓之固，此荒国之风也。以苛为密，以利为公，以割下为能，以附上为忠，此叛国之风也。上下相疏，内外相蒙，小臣争宠，大臣争权，此危国之风也。上不访，下不谏，妇言用，私政行，此亡国之风也。①

以上这些内容基本上都是对君王的要求，荀悦再进一步细化，又强调慎庶狱、"稽五赦"，还必须兢兢业业、孜孜祈祈，"朝以听政，昼以访问，夕以修令，夜以安身。上有师傅，下有燕臣。大有讲业，小则咨询。不拒直辞，不耻下问。公私不衍，外内不二"。② 在《汉纪》中，他对各种类型的君、臣做了分类：

> 故曰有六主焉：有王主，有治主，有存主，有衰主，有危主，有亡主。体正性仁，心明智固，动以为人，不以为己：是谓王主。克己恕躬，好问力行，动以从义，不以纵情：是谓治主。勤事守业，不敢怠荒，动以先公，不以先私：是谓存主。悖逆交争，公私并行，一得一失，不纯道度：是谓衰主。情过于义，私多于公，制度殊限，政令失常：是谓危主。亲用谗邪，放逐忠贤，纵情遂欲，不顾礼度；出入游放，不拘仪禁；赏赐行私，以越公用，恣怒施罚，以逾法制；遂非文过，知而不改；忠信壅塞，直谏诛戮：是谓亡主。故王主能致兴平；治主能行其政；存主能保其国；衰主遭无难则庶几得全，有难则殆；危主遇无难则幸而免，有难则亡；亡主必亡而已矣。夫王主为人而后己利焉，治主从义而后情得焉，存主先公而后私立焉。故遵亡主之行而求存主之福，行危主之政而求治主之业，蹈衰主之迹而求王

---

① 《两汉全书》第28册，第16808—16809页。
② 同上书，第16809页。

主之功,不可得也。夫为善之至易,莫易于人主;立业之至难,莫难于人主;至福之所隆,莫大于人主;至祸之所加,莫深于人主。夫行至易,以立至难,便计也;兴至福而降至祸,厚实也。其要不元,在乎所存而已矣。虽在下才,可以庶几!然迹观前后,中人左右多不免于乱亡。何则?沉于宴安,诱于谄导,放于情欲,不思之咎也。仁远乎哉?存之则至。是以昔者明王战战兢兢,如履虎尾,劳谦日昃,夙夜不怠,诚达于此理也。故有六主,亦有六臣:有王臣,有良臣,有直臣,有具臣,有嬖臣,有佞臣。以道事君,匪躬之故,达节通方,立功兴化,是谓王臣。忠顺不失,夙夜匪懈,顺理处和,以辅上德,是谓良臣。犯颜逆意,抵失不挠,直谏遏非,不避死罪,是谓直臣。奉法守职,无能往来,是谓具臣。便嬖苟容,顺意从谀,是谓嬖臣。倾险谗害,诬下惑上专权擅宠,唯利是务,是谓佞臣。或有君而无臣,或有臣而无君,同善则治,同恶则乱,杂则交争,故明主慎所用也。六主之有轻重,六臣之有简易,其存亡成败之机,在于是矣,可不取而深览乎!①

显然,没有对历史的深入研究,没有对各类君、臣的细密考察,这样恰如其分的类型分析是很难概括出来的。不仅如此,他还对封建王朝臣子的动辄得咎的艰难处境进行了细致入微的描绘,没有身临其境地认真体验,没有作为旁观者清的冷峻观察,这样入木三分的刻画也做不出来:

> 夫臣之所以难言者何也?其故多矣。言出于口则咎悔及身。举过扬非则有干忤之祸,劝励教诲则有刺上之讥。下言而当则以为胜已,不当贱其鄙愚。先已而明则恶其夺已之明,后已而明则以为顺从。违下从上则以为谄谀,违上从下则以为雷同,与众共言则以为专美。言而浅露则简而薄之,深妙弘远则不知而非之。特见独知则众以为盖已,虽是而不见称;与众同之则以为附随,虽得之不以为功。据事不尽理则以为专必,谦让不争则以为易。穷言不尽则以为怀隐,尽说竭情则为不知量。言而不效则受其怨责,言而事效则以为固当。或利于上不利于下,或便于左不便于右,或合于前而忤于后。或应事当理,

---

① 《汉纪》卷16。

决疑定功，超然独见，值所欲闻，不害上下，无妨左右，言立策成，终无咎悔。若此之事百不一遇，其知之所见万不及一也。且犯言致罪，下之所难言也；怫旨忤情，上之所难闻也。以难言之臣干难闻之主，以万不及一之时求百不一遇之知，此下情所以不得上通。非但君臣，而凡言百姓亦如之。是乃仲尼所以愤叹"予欲无言"也。①

荀悦在强调圣君贤臣的同时，更强调制度在稳定和促进社会发展中的作用，进而将东汉末年出现的腐败和混乱归结为制度的废弛，尤其是将重本抑末政策的破坏和从上到下的奢靡之风的蔓延作为导致腐败和混乱的根本原因，最后引证《汉书》的"陵迟至于桓、文之后，礼仪大坏，上下相冒，国异政，家殊俗，奢靡不制，僭差无极"，大加申斥：

先王立政，以制为本。三正五行，服色历数。承天之制，经国序民。列官布职，疆理品类。辩方定物，人伦之度。自上已下，降杀有序。上有常制则政不颇，下有常制则民不二；官无淫度则事不悖，民无淫制则业不废。贵不专宠，富不独奢，民虽积财无所用之。故世俗易足而情不滥，奸宄不兴，祸乱不作。此先王所以纲纪天下，统成大业，立德兴功，为政之德也。故：谨权量，审法度，修废官，四方之政行矣。②

他在不少地方强调重民、爱民和君民一体："天下国家一体也，君为元首，臣为股肱，民为手足。下有忧民，则上不尽乐；下有饥民，则上不备膳；下有寒民，则上不具服。"③

他特别锐敏地看到西汉朝廷"薄赋"政策的弊端，第一次揭示了这个政策对豪强有利，并提出"以口数占田"的办法稳定自耕的地位，缓和阶级矛盾和社会矛盾：

古者什一而税，以为天下之中正也。今汉民或百一而税，可谓鲜

---

① 《汉纪》卷29。
② 《汉纪》卷7。
③ 《两汉全书》第28册，第16809页。

矣。然豪强富人占田逾侈，输其赋太半。官收百一之税，民收太半之赋。官家之惠优于三代，豪强之暴酷于亡秦。是上惠不通，威福分于豪强也。今不正其本，而务除租税，适足以资富强。夫土地者，天下之本也。《春秋》之义，诸侯不得专封，大夫不得专地。今豪民占田或至数百千顷，富过王侯，是自专封也；买卖由己，是自专地也。孝武时，董仲舒尝言宜限民占田；至哀帝时，乃限民占田不得过三十顷。虽有其制，卒不得施行，然三十顷有不平矣。且夫井田之制，宜于民众之时，地广民稀勿为可也。然欲废之于寡，立之于众，土地既富，列在豪强，卒而规之，并有怨心，则生纷乱，制度难行。由是观之，若高帝初定天下，及光武中兴之后，民人稀少，立之易矣。就未悉备井田之法，宜以口数占田，为立科限，民得耕种，不得买卖，以赡民弱，以防兼并，且为制度张本，不亦宜乎！虽古今异制，损益随时，然纪纲大略，其致一也。①

他以水喻民，以道德治民喻舟，认为"民由水也，济大川者，太上乘舟，其次泅。泅者劳而危，乘舟者逸而安。虚入水，则必溺矣。以知能治民者，泅也；以道德治民者，舟也。纵民之情，谓之乱；绝民之情，谓之荒"。② 他还将重民提升至"重社稷而承天命"的高度：

或问："爱民如子，仁之至乎？"曰："未也。"曰："爱民如身，仁之至乎？"曰："未也。汤祷桑林，邾迁于绎，景祠于旱，可谓爱民矣。"曰："何重民而轻身也？"曰："人主，承天命以养民者也。民存，则社稷存；民亡，则社稷亡。故重民者所以重社稷而承天命也。"③

在如何治民的问题上，荀悦信奉的依然是董仲舒的"德刑并用"政策，但他并没有强调"德主刑辅"的理念，似乎二者的功用是不分轩轾的：

---

① 《汉纪》卷8。
② 《两汉全书》第28册，第16810页。
③ 同上书，第16823页。

> 德刑并用，常典也，或先或后，时宜。刑教不行，势极也。教初必简，刑始必略，事渐也。教化之隆，莫不兴行，然后责备；刑法之定，莫不避罪，然后求密。未可以备，谓之虚教；谓可以密，谓之峻刑。虚教伤化，峻刑害民。君子弗由也。设必违之教，不量民力之未能，是招民于恶也，故谓之伤化；设必犯之法，不度民情之不堪，是陷民于罪也，故谓之害民。莫不兴行，则一毫之善可得而劝也，然后教备；莫不避罪，则纤介之恶可得而禁也，然后刑密。①

这说明，面对东汉末年社会的乱象，荀悦更看重"刑辅"的作用。另外，荀悦还对东汉的官禄之薄、赦令之繁以及应对周边少数民族的政策等问题，提出了自己的见解。最后，他与一切传统儒家学者一样，对游侠、游说、游行所谓"三游"表示了深恶痛绝的态度，似乎世之大患莫过于这三种人了：

> 世有三游，德之贼也。一曰游侠，二曰游说，三曰游行。立气势，作威福，结私交以立强于世者，谓之游侠。饰辨辞，设诈谋，驰逐于天下以要时势者，谓之游说。色取仁以合时，好连党类，立虚誉以为权利者，谓之游行。此三游者，乱之所由生也。伤道害德，败法惑世，失先王之所慎也。国有四民，各修其业。不由四民之业者，谓之奸民。奸民不生，王道乃成。凡此三游之作，生于季世，周、秦之末尤甚焉。上不明，下不正，制度不立，纲纪废弛。以毁誉为荣辱，不核其真；以爱憎为利害，不论其实；以喜怒为赏罚，不察其理。上下相冒，万事乖错。是以言论者计薄厚而吐辞，选举者度亲疏而举笔；善恶谬于众声，功罪乱于王法……故大道之行，则三游废矣。是以圣王在上，经国序民，正其制度，善恶要于功罪，而不淫于毁誉，听其言而责其事，举其名而指其实，故实不应其声者谓之虚，情不覆其貌者谓之伪；毁誉失其真者谓之诬，言事失其类者谓之罔。虚伪之行不得设，诬罔之辞不得行；有罪恶者无侥幸；无罪过者不忧惧；请谒无所行，货赂无所用；民志定矣。民志既定，于是先之以德义，示之以好恶，奉业劝功，以敦本务，不求无益之物，不畜难得之货，绝

---

① 《两汉全书》第28册，第16814—16815页。

靡丽之饰,遏利欲之巧,则淫流之民定矣,而贪秽之俗清矣。息华文,去浮辞,禁伪辨,绝淫智,放百家之纷乱,一圣人之至道,则虚诞之术绝,而道德有所定矣。尊天地而不渎,敬鬼神而远之,除小忌,去淫祀,绝奇怪,正人事,则妖伪之言塞而性命之理得矣。然后百姓上下皆反其本,人人亲其亲,尊其尊,修其身,守其业,于是养之以仁惠,文之以礼乐,则风俗定而大化成矣。[1]

"儒以文乱法,侠以武犯禁",是战国时期法家从齐一制度和法律出发的诉求,因为他们要求社会所有人的活动都必须在体制之内,认为人们游离于体制外的活动就可能影响国家和社会的稳定。后来,到汉武帝实行"罢黜百家,独尊儒术"的政策以后,儒家知识分子基本上进入体制之内,他们对游侠之类人的看法就自然地向法家思想倾斜,他们也要求将社会上所有人的活动都纳入体制之内。荀悦的观点,正是儒家知识分子思想倾向的反映。

荀彧(公元162—212年),字文若,东汉末年颍川颍阴(今河南许昌)人,出身世家大族,父荀绲,任济南相,叔父荀爽,官至司空。荀彧少而聪慧,被当时名士何颙誉为"王佐才"。永汉元年(公元189年)举孝廉,任守宫令。后转亢父(今山东济宁南)令,开始了他的从政生涯。初平二年(公元191年),他由袁绍处归转曹操。此后二十多年间,他作为曹操幕中最主要的文臣,与程昱、钟繇、华歆等一道,在曹操统一、治理北中国的惊心动魄、险象环生的军事、政治斗争中立下首功。然而,在曹操稳定了在北中国的统治,以晋公爵、加九锡之议显露其代汉的征兆时,他却出人意料地投了反对票,结果被曹操逼令自杀,以五十之年走完了自己不平凡的人生路。荀彧一生,不遗余力地辅佐曹操成功于前,又义无反顾地阻其代汉于后,最后白白送掉自己的性命,使到手的功名利禄化作一缕青烟随风而逝。

荀彧的政治思想表现在他始终不渝地维护汉室的正统地位。他坚定地认为,只要刘氏皇统后继有人,任何外姓人都没有权力觊觎皇位,任何臣子都不应该产生这种非分之想。所以他虽在曹操幕中,但却时刻关注着汉献帝的行踪和安危。建安元年(公元196年),一度被董卓虏至长安的汉

---

[1] 《前汉纪》卷10。

献帝虽然历尽艰险经河东返回洛阳，但仍陷在极度困危之中。在曹操与其幕僚研议如何对待这位蒙尘的天子时，其中不少人不同意迎奉这位失势的主人，理由一是山东未平，曹操集团当时在北方既不是唯一的势力，也不是最强大的势力，没有迎奉的义务；二是杨奉、韩暹北连张扬，麇集献帝身边，还有相当实力，收罗进来，不易驾驭，还可能带来意想不到的麻烦。只有荀彧力排众议，坚决主张将困顿中的天子迎至曹操的根据地许都。他劝曹操说：

> 昔晋文公纳周襄王，而诸侯景从；汉高祖为义帝缟素，而天下归心。自天子蒙尘，而将军首唱义兵，徒以山东扰乱，未遑远赴，虽御于外，外乃心无不在王室。今銮驾旋轸，东京榛芜，义士有存本之思，兆人怀感旧之哀。诚因此时奉主上以从人望，大顺也；秉至公以服天下，大略也；扶弘义以致英雄，大德也。四方虽有逆节，其何能为？韩暹、杨奉，安足恤哉！若不时定，使豪杰生心，后虽为虑，亦无及矣。①

荀彧力劝曹操迎接汉献帝，既表明他倾心维护东汉皇统，更显示了他高瞻远瞩的战略策略思想。之后，曹操"挟天子以令诸侯"，名正言顺地讨伐其他割据势力，加快了统一北中国的步伐。此后，曹操因为迎驾有功，被汉献帝任命为司空、车骑将军，实际上总揽朝政，号令一切。荀彧也被任命为侍中，守尚书令，坐镇许昌，担当起主持曹操统治区日常政务的重任。尽管随曹操在外征战的时间大大减少，但他仍然参与了许多重要军国大事的谋划，"军国事皆与彧筹"。荀彧知道，当时各派政治军事集团的斗争，在一定意义上是人才的竞争，所以他就屡屡向曹操推荐各类贤才，荀攸、钟繇、郭嘉、陈群、杜袭、司马懿、戏志才等一批治国安邦的智谋之士，经过荀彧的推荐，一一集合在曹操的麾下，使曹操集团的力量较之其他集团显示了更强劲的人才优势。

再后，在曹操破吕布、征张绣、灭袁绍的军事行动中，荀彧继续贡献了出众的智谋和韬略。建安九年（公元204年），曹操攻克袁绍的老巢邺城（今河北磁县南），当时，有幕僚提议恢复古九州的区划，并乘机扩大

---

① 《后汉书》卷70《郑孔荀列传·荀彧》。

冀州的范围，以增加曹操的地盘和权力。曹操自然也希望实施这一建议。但荀彧却极力阻止，其理由是：

> 若是，则冀州当得河东、冯翊、扶风、西河、幽、并之地，所夺者众。前日公破袁尚，禽审配，海内震骇，必人人自恐不得保其土地，守其兵众也；今使分属冀州，将皆动心。且人多说关右诸将以闭关之计，今闻此，以为必以次见夺。一旦生变，虽有善守者，转相胁为非，则袁尚得宽其死，而袁谭怀贰，刘表遂保江汉之间，天下未易图也。愿公急引兵先定河北，然后修复旧京，南临荆州，责贡之不入，则天下咸知公意，人人自安。天下大定，乃议古制，此社稷长久之利也。①

表面上看，荀彧是在为曹操进行万全的军事政治谋划，实际上是反对曹操削弱汉献帝的权力，维护刘氏皇统。此时的曹操心知肚明，尽管内心对荀彧的建议很不满意，但鉴于这个建议在军事和政治策略上还有可取之处，所以也就勉强接受下来。不过，曹操与荀彧之间的裂痕大概从此也就萌生了。然而，荀彧自己并未觉察。他依然按照自己的思路向曹操进忠言。不久，又推出"隆礼兴学"的建议：

> 昔舜分命禹、稷、契、皋陶以揆庶绩，教化征伐，并时而用。及高祖之初，金革方殷，犹举民能善教训者，叔孙通习礼仪于戎旅之间，世祖有投戈讲艺、息马论道之事，君子无终食之间违仁。今公外定武功，内兴文学，使干戈戢睦，大道流行，国难方弭，六礼俱洽，此姬旦宰周之所以速平也。既立德立功，而又兼立言，诚仲尼述作之，显制度于当时，扬名于后世，岂不盛哉！若须武事毕而后制作，以稽治化，于事未敏。宜集天下大才通儒，考论六经，刊定传记，存古今之学，除其烦重，以一圣真，并隆礼学，渐敦教化，则王道两济。②

---

① 《后汉书》卷70《郑孔荀列传·荀彧》。
② 《三国志·魏书》卷10《荀彧传》裴松之注。

荀彧"隆礼兴学"的建议既有希望曹操立德立功、立言的真诚，又有借此约束他行为不越臣子之规的潜意。然而，曹操随着权力的膨胀越来越期望取得更多形式上的尊位和实际的权势，臣子们自然更是顺旨积极谋划，于是建安十七年（公元212年）董昭等上书献帝，谏议晋曹操爵为公并加九锡，以尊奖他的不世之功。但因为这个谏议有损刘氏皇统，遭到荀彧的断然否决。他的理由是："曹公本兴义兵，以匡振汉朝，虽勋庸崇著，犹秉忠贞之节，君子爱人以德，不宜如此。"① 荀彧的态度使曹操再也无法容忍，就逼令他"饮药而卒"了。这一年他刚刚50岁。

显然，荀彧坚持的是君臣不易位、君臣各安其位的政治理想，所以他宁愿死去也不认可曹操及其亲信改易刘氏皇统的谋划，而他的"隆礼兴学"的建议无非是进一步筑牢这一思想和制度的长城而已。在后世对荀彧的评价中，只有裴松之是他的知音：

> 世之论者，多讥彧协规魏氏，以倾汉祚；君臣易位，实彧之由。虽晚节立异，无救运移；功既违义，识亦疚焉。陈氏此评，盖亦同乎世识。臣松之以为斯言之作，诚未得其远大者也。彧岂不知魏武之志气，非衰汉之贞臣哉？良以于时王道既蒙，横流已极，雄豪虎视，人怀异心，不有拨乱之资，杖顺之略，则汉室之亡忽诸，黔首之类殄矣。夫欲翼赞时英，一匡屯运，非斯人之与而谁与哉？是故经纶急病，若救身首，用能动于嶮中，至于大亨，苍生蒙舟航之接，刘宗延二纪之祚，岂非荀生之本图，仁恕之远致乎？及至霸业既隆，翦汉迹著，然后亡身殉节，以申素情，全大正于当年，布诚心于百代，可谓任重道远，志行义立，谓之未充，其殆诬欤？②

裴松之作为一位杰出的学者，已经深入荀彧心灵的腠理了。

四 孔融的政治思想

孔融（公元153—208年），字北海，东汉后期鲁国（今山东曲阜）人，出身名门望族，为孔子二十世孙。他自幼聪慧，四岁即在七兄弟中留

---

① 《后汉书》卷70《郑孔荀列传·荀彧》。
② 《三国志·魏书》卷10《荀彧传》裴松之注。

下了"让梨"的故事。灵帝时任侍御史、司空掾、虎贲中郎将。献帝时转任北海相、青州刺史、将作大匠、少府，成为九卿之一的高官。孔融继承了乃祖孔子对于国家和社会的责任意识，渴望建功立业。在《杂诗》第一首中，他以吕望、管仲自比，抒发自己匡扶汉室的大志和宏图未酬的怅然之情：

> 岩岩钟山首，赫赫炎天路。高明曜云门，远景灼寒素。昂昂累世士，结根在所固。吕望老匹夫，苟为因世故。管仲小囚臣，独能建功祚。人生有何常，但患年岁暮。幸托不肖躯，且当猛虎步。安能苦一身，与世同举厝。由不慎小节，庸夫笑我度。吕望尚不希，夷齐何足慕？①

孔融不慕伯夷、叔齐，表明他的入世思想异常坚定。在东汉末年世事变化无常，儒隐、道隐之人呈上升之势的情况下，他不放弃建功立业的志向，说明传统儒家昂扬向上、以服务国家社会为己任的人生态度在他身上占了主导地位。孔融一直以复兴汉室为己任，与专权自恣的曹操发生矛盾，多次与他对着干，引起曹操的疑忌与不满。当曹操以邺城（今河北磁县南）为自己的封地，全心经营之时，孔融抛出了《请准古王畿制》的上书：

> 臣闻先王分九圻以远及近，《春秋》内诸夏而外夷狄。《诗》云："封畿千里，惟民所止。"故曰天子所居，必以众大言之。周室既衰，六国力征受赂，割裂诸夏。镐京之制，商邑之度，历载弥久，遂以暗昧。秦兼天下，政不遵旧，革划五等，扫灭侯甸，筑城万里，滨海立门。欲以六合为一区，五服为一家，关卫不要。遂使陈项作难，家庭临海，击柝不救。圣汉因循，未之匡改，犹依古法，颍川、南阳、陈留、上党，三海近郡，不封爵诸侯。臣愚以为千里国内，可略从周官六乡六遂之文，分比北郡，皆令属司隶校尉，以正王赋，以崇帝室。役自近以宽远，徭华贡献，外薄四海，揆文奋武，各有典书。②

---

① 俞绍初辑校：《中国古典文学基本丛书·建安七子集》，中华书局 2005 年版。
② 《全汉文》卷 83。

从政治学的观点看，孔融的王畿千里制不啻痴人说梦，没有丝毫的价值。但他的目的却是明确的，即让献帝通过直接控制王畿千里的土地改变自己的傀儡无权状态。曹操听出了这个上书的弦外之音，借机免去他的少府之职，并警告孔融不要以"浮华交会"评议时政。否则，他就不客气了。但孔融对曹操的警告置若罔闻，仍然广交士林，"宾客日盈其门"，"海内英俊皆信服之"。曹操决心除掉孔融，就指使亲信郗虑和路粹诬陷孔融"谤讪朝廷"，不孝父母，"下狱弃市"。

孔融出身名门，年纪轻轻便暴得大名，很快就成为士林领袖。过多的颂扬使他飘飘然、懵懵然，把什么事情都看得十分容易。他名士派头十足，举手投足，锋芒毕露，事无大小，率性而行。加之他长曹操两岁，在学识与士林之誉上又超过曹操，因而对曹操不屑一顾，处处与之作对，时不时地冷嘲热讽。他过高地估计了自己的地位和影响，总认为曹操对他无可奈何。其实，孔融不过虚有其表，除了文化修养略可骄人外，他不懂军事，政治才能平平，特别不善于保护自己，在复杂多变的政治环境中缺乏应付的本领。他的朋友也大多是无拳无勇的文人，而得罪的却是老谋深算的军阀与政客。尤其是他将自己的命运与皇位岌岌可危的汉献帝连在一起，而把权倾朝野的曹操视为不共戴天的仇敌。这样一来，他的人生悲剧就不可避免了。当然，孔融的优点也很突出。他心地善良，直率坦诚，好才爱士，疾恶如仇，为官清正，佑护百姓，注重文教，乐于助人，提携后进。如当曹操以太尉杨彪与袁术有姻亲关系而决定将其杀戮时，孔融"不及朝服"，往见曹操，据理力争，以《周书》之"父子兄弟，罪不相及"为由，坚持要求赦免杨彪。最后以"挂冠"为筹码，救了杨彪一条老命。不过，总起来看，孔融虽是一个古道热肠、个性鲜明的文士，却不是一个机敏睿智的政治家；是一个心雄万夫的理想主义者，却不是一个足智多谋的政治军事干才。他忠于汉室，却看不清汉祚将尽；他戏侮曹操，却不明白他正是当时中国北方秩序的救主；他学识渊博，却窥不透历史的走向；他的气质、才情根本就不适宜从事政治活动，但他偏偏热衷此道。正是这种错位的选择，铸就了他合家死灭的悲剧。孔融56岁被曹操枉杀前写下了一首绝命辞《临终诗》：

言多令事败，器漏苦不密。河溃蚁孔端，山坏由猿穴。涓涓江汉流，天窗通冥室。谗邪害公正，浮云翳白日。靡辞无忠诚，华繁竟不实。人有两三心，安能合为一？三人成市虎，浸渍解胶漆。生存多所虑，长寝万事毕。①

这首诗是孔融临终前生命的绝叫，其中虽有自责，但更多的是对"谗邪害公正"的、黑暗的、不公正的社会制度和社会风气的控诉。其中，内疚伴着愤怒，悔意掺着血泪，悲哀和着无可奈何的达观，展示的是一个生命即将结束的天才的极其复杂的心态。

第十节　东汉隐者群的政治思想

一　隐逸者的历史谱系

隐逸是社会上很少一部分人选择的生活方式，这种人很早就出现了。大概在阶级产生，国家出现，权力、财富、声名成为世人追逐的目标之后，一部分不慕富贵利禄，崇尚自然和生命的智者，就采取离群索居的方式，避开尘嚣，隐居山林，默默地度过自己的一生。他们甘于寂寞，安于清贫，不事张扬，自得其乐。在中国奴隶社会中，这些人的身份至少属于"国人"之列。他们必须具备这样的条件：可以自主地决定自己的进退出处，而不必受制于别人。传说中的五帝以及夏、商、周三代时期，究竟有多少隐逸之人，恐怕永远难以稽考。因为这些人自己不希望为世人所知，当时的社会与国家似乎也不屑关注他们的行止。巢父、许由、务光、涓子之俦，可以作为他们的代表。春秋末到战国时期，"百家争鸣"思潮勃兴，其势"如春雷一声，万绿齐茁于广野；似火山乍裂，热石竞飞于天外"。众多学派的代表人物，频频出场，为自己的政治观点、人生态度、价值理念不遗余力地宣传呐喊，于是有老子其人，先孔子名世，写了《道德经》五千言，将隐逸者的理论、思想、感情，做了一次酣畅淋漓的宣泄，被后世视为隐逸者的宣言书。由此，道家作为一个学派站立起来，他们所代表的隐逸之人也引起了社会的关注。不过，这位道家创始人本身并不是一个隐逸者，他思想邃密，学问渊博，以周朝的守藏史之职度过了自己食禄的一生。此后，隐逸之人不断见于记载。如孔子周游列国滞留楚国期间，就碰到一些隐逸之人。他漫游汉北，听了一个小伙子唱《沧浪

---

① 俞绍初辑校：《中国古典文学基本丛书·建安七子集》。

之歌》:"沧浪之水清兮,可以濯我缨;沧浪之水浊兮,可以濯我足。"这首歌在相传为屈原所作的《渔父》中也出现过,反映的情绪有点近似隐逸者。孔子在这里还碰到过接舆和桀溺,他们都向孔子宣扬避世无为的人生理想:"滔滔者天下是也,而谁以易之?且而与其从避人之士也,岂若从避世之士哉?"① 但此时的孔子丝毫不为其所动,还批判他们缺乏社会责任意识。然而,或许因为受到道家思想的影响,或许因为想从政而不可得,晚年的孔子却不时发出对隐逸的赞美。他说:"笃信好学,守死善道,危邦不入,乱邦不居。天下有道则见,无道则隐。"② "君子哉遽伯玉! 邦有道则仕,邦无道则可卷而怀之。"③ 当他与弟子们各述其志时,他赞赏的不是做官从政的志向,而是曾皙的那个近乎隐逸者的自况:"暮春者,春服既成,冠者五六人,童子六七人,浴乎沂,风乎舞雩,咏而归。"④ 战国前期,产生了道家代表人物杨朱,此人无著作传世,他之青史留名全因孟子的攻讦所致。在《孟子》一书中,他被斥为"拔一毛利天下而不为"的绝对个人主义者,是"无君无父"的禽兽。实在说来,孟子的攻击是毫无道理的"欲加之罪"。因为杨朱的思想反映的是个体生命意识的觉醒:我是自己的主人,自己生命的主宰,拔毛与否,用不着别人说三道四。战国后期,出现了道家的重要代表人物庄子。此公做了很短时间的漆园吏之后,即隐居不仕,在偏远的农村过着清贫自守、读书著述的生活。他崇尚自然,珍视生命,鄙薄官位,视宰相之职若牺牲之牛。在他周围,聚集了一批志同道合的门徒。《庄子》一书,记载了这个学派对于政治社会、个体生命和人生价值的思考。那奇伟的想象,超人的智慧,汪洋恣肆的文字,千载之后,仍使人摄魂荡魄,拍案叫绝。此后,在中国历史上,隐逸者的队伍虽未形成浩荡的大军,但总是子孙绳绳,香火不灭。西汉初年,当刘邦在未央宫的龙座上顾盼自雄,认为天下之人都应该在他面前俯首称臣时,偏偏有白发飘拂的商山四皓昂首天外,拒绝他的征召,向他的权威提出了挑战。这使他认识到,皇权并非法力无边。不过,终西汉之世,隐逸之路仅仅是个别社会精英的选择,他们还没有形成一个

---

① 《论语·微子》。
② 《论语·泰伯》。
③ 《论语·卫灵公》。
④ 《论语·先进》。

令社会瞩目的群体。

二　隐逸者的政治思想

两汉之际，社会动荡，持续不断的战争达二十多年之久，不仅一般百姓的生命财产得不到保障，而且不少置身官场的社会精英也难保不身首异处，死于非命。东汉中期以后，外戚和宦官交替擅权，政治愈来愈黑暗和腐败，致使不少正直的官吏和敢于抗争的知识分子被冤杀和治罪。这种社会现实强化了士人的自我保护意识，于是隐逸者的队伍迅速扩大，以至范晔在写《后汉书》的时候也要为他们设立专传了。综东汉一朝，尽管隐逸者蔚为大观，但仔细分析，每个人的情况又千差万别。其中，不但有真隐和假隐的区别，永久隐和暂时隐的不同，而且真隐者中还有道隐与儒隐的差异，以隐为目的和以隐为手段的分野，等等。

第一类是假隐。东汉时期，士人入仕的主要途径是察举与征辟，而名誉则成为被征、举的重要条件。一批士子以拒绝征召作为抬高身价的手段，他们摆出一副永远隐逸的架势和对官位利禄不屑一顾的神态，一次又一次地拒绝朝廷与官府的征召，目的是播扬名声，抬高身价，以获取更大的官位和利禄。一旦看到入仕的条件成熟，就会毫不犹豫地抓住机遇，抢占官位，陶醉于名利场上的气势与声威。这种人以黄允为代表。黄允多次不应朝廷征召，声名大震。引起司徒袁隗的倾慕，要把侄女嫁给他。他看到攀龙附凤、猎取大的功名利禄的机会终于到来，于是寻机将自己的结发妻子赶走。后来因为其妻子的揭发，伪君子的面目暴露，才未跻入高官行列。此类人是典型的投机分子，他们是具有两副截然不同面孔的假名士、假隐逸。孔稚的《北山移文》，辛辣地讽刺了这类人的丑态："虽假容于江皋，乃缨情于好爵。"

第二类是儒隐。儒生一般都积极入仕，具有强烈的社会责任感。其中的激进分子"知其不可而为之"，直至"杀身成仁"，"舍生取义"。但是，面对官场的黑暗，仕途的险恶，他们中的不少人则怀着"达则兼济天下，穷则独善其身""邦有道则仕，邦无道则隐"的人生态度，根据实际情况决定自己的进退行止。这些人或先隐后仕，或先仕后隐，或隐、仕几次反复，但隐、仕都出自主观的真诚。他们不是伪君子，他们的行动体现着自己的信仰，闪烁着人格力量的光辉。《后汉书》中的《儒林传》《文苑传》《独行传》中的一些人是他们的代表。在东汉，他们是一个较大的群体。其中较著名的人物有陈留东昏（今河南兰考北）人刘昆、南阳育阳（今河南新野北）人洼丹、广汉绵竹（今属四川）人任安、济阴成武（今属山东）人孙期、陈留东昏（今河南兰考北）人扬伦、广汉梓潼（今属四川）人景鸾、会稽山阴（今浙江绍兴）人赵晔、陈国长平（今河南西华北）人颖容、汉阳西县（今甘肃天水西南）人赵壹、范阳（今河北徐水北）人郦炎、敦煌（今属甘肃）人侯瑾、巴郡阆中（今属四川）人谯玄、广汉梓潼人李业、陈留外黄（今河南民权西北）人范冉、太原人王烈等。这些人的政治思想凸显他们对国家的认识，只要这个国家政权还基本在"有道"的范围内运行，自己入仕还能发挥积极作用，他们一般都会应征在朝廷中央或地方任官，按照儒家的理想行政。但只要国家政权离开"有道"运行，他们也绝不去同流合污蹚浑水，以亏自己的名节。如杨伦曾任常山王傅，因"直谏不合"，即毅然辞官去职，辞职上书中留下的是他的铮铮之言："有留死一尺，无北行一寸。刎颈不易，九裂不恨。匹夫所执，强于三军。固敢有辞。"① 又如谯玄，先在平帝时任绣衣使者，王莽居摄后，他即"纵使者车，变易姓名，间窜归家，因以隐遁"。后来公孙述称帝，遣太守登门相聘，要他二者选一：或入仕，或饮药自杀。他仰天长叹说："唐尧大圣，许由耻仕，周武至德，伯夷守饿；彼独何人，我亦何人。保志全高，死亦奚恨。"② 李业也是先辞王莽之官，再辞公孙述之官，面对高官的诱惑和死亡的威胁，毅然选择死亡。这些人始终对国家抱着理想主义的态度，视名节重于生命。

第三类是"道隐"。他们是隐逸者中的正宗。《后汉书·逸民传》记载了25位代表人物，他们是野王（今河南沁阳）二老，河内朝歌（今河南淇县）人向长，北海都昌（今山东昌邑）人逄萌，太原广武（今山西代县西南）人周党、王霸、谭贤，雁门（今山西东北部）人殷谟，会稽余姚（今属浙江）人严光，扶风郿（今陕西眉县）人井丹，扶风平陵（今陕西咸阳西）人梁鸿，京兆（今陕西西安及其东南地区）人高恢，南阳叶（今河南叶县西南）人高凤，魏郡邺（今河北磁县）人臺佟，京兆霸陵（今陕西临潼西）人韩康，扶风茂陵（今陕西咸阳西）人矫慎、马瑶，汝南慎阳（今河南正阳北）人戴良，扶风郿（今陕西眉县）人法真，

---

① 《后汉书》卷79《儒林列传》。
② 《后汉书》卷81《独行列传》。

汉阴老父，陈留（今河南开封东南）老父，南郡襄阳（今湖北襄樊市）人庞公。这些"道隐"者是真正的隐逸之人，他们惧怕官场的恶浊，厌恶尘世的嚣扰，以隐为目的，不求富贵利禄，不慕权势声名，只求保身全性，在无拘无束中度过自己的一生。对于这些人的人生态度，《后汉书·逸民传》作了如下概括：

> 或隐居以求其志，或曲避以全其道，或静己以镇其躁，或去危以图其安，或垢俗以动其概，或疵物以激其清。然观其甘心畎亩之中，憔悴江海之上，岂必亲鱼鸟乐林草哉，亦云性分所至而已。故蒙耻之宾，屡黜不去其国；蹈海之节，千乘莫移其情。适使矫易去就，则不能相为矣。彼虽硁硁有类沽名者，然而蝉蜕嚣埃之中，自致寰区之外，异夫饰智巧以逐浮利者乎！

显然，这些"道隐"者选择隐逸是无条件的，不管社会是治世还是乱世，是恶浊还是清平，是圣主临朝还是昏君当政，他们都选择隐逸。王莽篡汉立新时隐逸，刘秀中兴汉室时亦隐逸。十分清楚，他们的隐逸不是因为外部条件的胁迫，而是出于自身的需求，即"性分所至"。所以，他们的隐逸，既不是浑浑噩噩地打发日子，也不是为了在无为中消耗自己的生命，而是经过深思熟虑、精心选择的一种生活方式。从这里展示出他们与众不同的政治思想。他们固执地认为，以国家政权产生为标志的文明社会，不过是一个强盗当道的社会，混乱之世是强盗露出了本来面目，太平之世只不过是强盗戴上了"圣""贤"的桂冠，二者没有本质的区别。所有文明社会的制度以及与之相应的伦理观念，如忠、孝、节、义、仁、礼、智、信等，统统违背人类生命的自然要求，都是对人类本性的戕害。"大道废，有仁义，智慧出，有大伪。六亲不和，有慈孝。国家昏乱，有忠臣"。① 老子的理想是："邻国相望，鸡犬之声相闻，民至老死不相往来。"② 庄子的理想则是："同于禽兽居，族与万物并。"③ 但是，人类文明的发展已经不可能回到老庄理想的那种境地了，那就不得已而求其次，

---

① 《老子》第18章。
② 同上。
③ 《庄子·马蹄》。

勉强寻一个差强人意的去处——隐逸之地。生活在光武帝和章帝那样相对清明的时代，梁鸿不仅写不出班固、张衡那样歌颂君王圣明、帝都壮丽的大赋，反而写出了谴责帝王劳民伤财的《五噫之歌》：

> 陟彼北芒兮，噫！顾览帝京兮，噫！宫室崔嵬兮，噫！人之劬劳兮，噫！辽辽未央兮，噫！

接着，他又写了一首抒发感怀的诗，表示了对当时黑暗政治的愤懑和自己不容于世的悲叹：

> 逝旧邦兮遐征，将遥集兮东南。心恻怛兮伤悴，志菲菲兮升降。欲乘策兮纵迈，疾吾俗兮作谗。竞举枉兮措直，咸先佞兮唌唌。固靡惭兮独建，冀异州兮尚贤。聊逍摇兮遨嬉，缵仲尼兮周流。倪云睹兮我悦，遂舍车兮即浮。过季札兮延陵，求鲁连兮海隅。虽不察兮光貌，幸神灵兮与休。惟季春兮华阜，麦含含兮方秀。哀茂时兮逾迈，愍芳香兮日臭。悼吾心兮不获，长委结兮焉究！口嚣嚣兮余讪，嗟恓恓兮谁留？①

在梁鸿看来，如此国家，如此社会，实在没有必要去为之贡献自己的才华和精力。

显而易见，隐逸者们特别珍视自己的生命，因而千方百计避开所有危及生命的险境。在他们看来，自从国家产生以后，人类社会就到处布满生命的陷阱，而诱导人们掉进陷阱的主要是官位、权力和富贵利禄，所以他们的结论是，贵不如贱，富不如贫。而为了避开危及生命的险境，也只有走入与贫贱为伍的隐逸之地了。

第十一节　黄宪的政治思想

一　《天禄阁外史》释疑

黄宪，字叔度，生卒年不详，大致生活于桓、灵之世。汝南慎阳

---

① 《后汉书》卷83《逸民列传·梁鸿》。

（今河南正阳）人，"世贫贱，父为牛医"。颍川的名士荀淑至慎阳时，与他相遇于旅社。当时黄宪14岁，荀淑与他交谈，十分投缘，"移日不能去"，誉其为自己的"师表"，又对名士袁阆说他是当今该郡的"颜回"。当时汝南有一个才高倨傲的戴良，见着黄宪也"未尝不正容"。就是同郡的陈蕃、周举也常深有感触地说："时月之间不见黄生，则鄙吝之萌复存乎心！"后来陈蕃做到三公的高官，还临朝叹息说："叔度若在，吾不敢先佩印绶矣！"大名士郭泰赞扬他："汪汪若千顷陂，澄之不清，淆之不浊，不可量也。"① 可见黄宪当时名气之大。不过，他举孝廉、辟公府、至京师上任后不久就返乡隐居。再后，正值48岁的有为之年即阖然长逝，其才华没有得到灿烂的绽放。

按说以黄宪的名气和才华，他应该有著作留世，然而，《后汉书》本传却没有这方面的信息。明朝时期，出现一部名为《天禄阁外史》的著作，注明为黄宪所撰。因为晚出，明以前无文献称引著录，所以自明末以迄清朝，多数学者视其为伪托。该书初刊于嘉靖二年（公元1523年）王鏊为其撰写的《序》这样说：

> 此书不恒有于世，仅处于晋，后藏于唐之田弘万卷楼，复流散不传，至宋韩洎学士乃得之秘阁典籍中，加之以论赞。岂斯文之绝续果有数乎？……其文多自述之辞，虽或出弟子之所记，而事不征诸列国，以或类于左氏之诬，未可知也……意者晋时隐君子值晋室之末运，忠愤激烈而不敢言，讬为此书……其或然与？

王鏊显然也不敢绝对肯定黄宪对该书的著作权。由于该书是一部游说东汉中期诸侯王的著作，类似《战国策》，且所指韩、鲁、齐、魏、秦、晋、蜀、楚等诸侯国也难以与东汉时期的各地诸侯国确切对应，这自然使后世学者怀疑该书是否为黄宪所作。仔细考察该书的内容，其人和事大致能与东汉史实对应，黄宪对此是熟悉的，所以他有条件撰写；但征诸黄宪经历，他又似乎没有可能与诸侯王们进行如此坦率且内容丰富的对话，否则，《后汉书》失记的可能性是很小的。所以只能做出这样的判断：要么该书是好事者伪托，要么出自黄宪想当然的闭门造车。

---

① 《后汉书》卷83《逸氏列传·黄宪》。

正因为是闭门造车的近乎梦游之作，所以他羞于拿出来面世，这就是该书蹉跎后出的原因。

我们姑且将《天禄阁外史》作为黄宪的著作予以置评。

二　社会批判中展示的儒家传统政治理念

《天禄阁外史》展现的政治思想基本上是儒家的传统理念。

书中多次涉及东汉后期的昏乱腐败政治，对外戚的擅权、贵宠的作威作福、百姓的啼饥号寒以及羌与匈奴的侵扰形成的边患，特别是官吏贪赃枉法造成的刑罚不当，发出了椎心泣血的忧心之论：

> 陛下龙飞初，躬勤于政，天下想太平之风。日食则赦，地震则省，此初政之勤是矣。安、顺之朝，贵戚怙宠以卖威福于天下，延及今日，海内愁困，相寻以兵。市无商贾，陛下则以为清静之治；饥民号泣，陛下则以为鸡犬之鸣。由此观之，奸臣之壅也，亦众矣。陛下不悟其奸，而高拱无为，以避其乱。①
>
> 今外戚盛而主柄移，羌虏獗而皇威伏，赋敛急而颂声息，灾异虐而德音乖，云扰之祸酿于朝夕，可坐而待也。②
>
> 今之为廷尉者，刑不当其罪，罚不当其过，以货为权衡而折刑于民，民以轻过而受重刑，微罪而得厚罚，故笞者多桎梏，不赦者多无刑，禁弛而暴者多纵逸。囹圄成市，强弱相欺……自廷尉不平，而郡县之有司皆效其刑罚，亦以货为权衡，是以刑之不平，以贪致也。贪则馁而诐，廉则刚而直，故贪者若明，廉者若愚，此刑之所缘而疑晰也。是故郡县之失刑于民者，其起于廷尉之不平乎？虽然，廷尉之不平，亦视乎国之诛赏黜陟焉尔矣。今无罪者诛，无功者赏，无过者黜，有过者陟。由此观之，廷尉安得而平哉？③

书中进而将东汉王朝的危殆之势归结为"六蠹在汉室"："地瘠于芜莽而不知屯，兵弱于私役而不知战，马疲于驱驰而不知畜，将委于执政而

---

① 《两汉全书》第 22 册，第 12673—12674 页。
② 同上书，第 12694 页。
③ 同上书，第 12784—12785 页。

不知廉，财困于空币而不知信，武玩于饵虏而不知驭。"① 有鉴于此，黄宪将扭转颓势的希望寄托于皇帝的圣心独断和睿智之行。他衷心期望皇帝是圣明天子，能够"慎刑罚，躬节俭，礼儒臣，放佞人，以疏骨鲠忠言之路"②，同时坚持文武并用的治世方略，"修文德于用武之世"，"修武德于用文之世"，兴礼乐，行仁义，用贤士，特别要兢兢业业，励精图治，不避危险，不怕麻烦，放低身段，躬践"牛马之劳"：

> 夫为天子而有牛马之劳，则天子益尊；为诸侯而有牛马之劳，则诸侯益强；为大夫而有牛马之劳，则大夫益显；为庶人而有牛马之劳，则庶人益义……昔虞舜殛鲧而诛有苗，伯禹掘壤而疏洪水，伊尹负鼎而干汤，周公吐哺而求士，宁戚贩牛而兴齐，句践卧薪而霸越，墨翟九拒而存宋，曹沫三败而复鲁，毛遂歃血而动楚，蔺生完璧而秦靡。夫以圣贤而有牛马心，故勋德流于海内，馨香覆于民伸，而民至于今不替，是皆效牛马之劳者也。③

黄宪认为，作为君王，还应该加强自身的道德修养，切戒"六荒"："兽而无度则荒，色而无度则荒，味而无度则荒，役而无度则荒，音而无度则荒，弃贤而事鬼则荒。慎此六者，国其不亡。"④ 更进一步，必须"远欲而亲民"：

> 夫有国者，将以远欲而亲民也。故封建一国，则一国之民赖焉，不敢弃也，民亦不能弃其所牧而求治于邻。故天子远欲以亲兆民，诸侯远欲以亲百姓，百姓怀之，是以能有其国。⑤

与此同时，君王还必须加强对官吏恰切的赏罚黜陟，使之成为激励他们向廉戒贪的工具：

---

① 《两汉全书》第 22 册，第 12764—12765 页。
② 同上书，第 12678 页。
③ 同上书，第 12733 页。
④ 同上书，第 12801 页。
⑤ 同上书，第 12751 页。

> 黜而不诛，则贪者希进而忘其耻；诛而不黜，则贪者希退而忘其忠。既黜而赏，非以劝廉也；既陟而诛，非以劝能也。宜黜者黜，宜陟者陟，宜赏者赏，宜诛者诛，然后贪鄙化而廉能劝。典刑明于上，政教畅于下，则黎民乂安而优于唯正之供。故农者乐为农，工者乐为工，商贾者乐为商贾。无流徙之患，无鬻贷之忧，无怨詟之悖，而信让行焉。①

不唯如此，由于爵和禄是国家的名和器，所以在赏授的时候更必须慎重，切不可胡封滥赏，只有做到"诏爵以德，诏禄以功"，才能弘扬正气，避免"主弱臣强"这样"国病"现象的产生：

> 夫先王之爵禄，自畿甸而颁于侯国，太宰掌之，天子不得而私其臣，诸侯不得而私其士。故诏爵以德，诏禄以功，皆天子之明制也。至于衰世庸主，废灭先王之法，爵禄无纪，轨物不经。挟权据宠之家珠玉以为渊，丹青以为谷，罗绮丝竹之乐交陈于前，互以长夜。若此者，岂皆君之赐乎？卖宠幸于士庶，借甫福于人主，无德者爵，无功者禄，百姓怨困于下，而国病矣。人主疑而不能悟，悟也；悟而不能振，弱也。主弱则臣强，强则侵，侵则毒。臣毒于内则诸侯毒于外。②

黄宪这里对爵禄赏赐如此措意，显然是针对东汉后期的胡封滥赏而言，认为作为一种激励机制，爵禄的滥施只能起"主弱臣强"的相反作用。所以，与其胡封滥赏使爵禄丧失其激励作用，不如从提倡仁义、收揽民心士心入手，挽回世道人心："得民之心者不以威武，得士之心者不以爵禄，得诸侯之心者不以山川，亦自得其心而已矣。"③ 黄宪最后又回到儒家传统的道德说教，这说明，面对东汉末年日益衰颓的政况国势，谁也没有起死回生的灵丹妙药了。

黄宪在《天禄阁外史》中多次提到"党锢之祸"，曾直言不讳地说：

---

① 《两汉全书》第22册，第12785页。
② 同上书，第12744—12745页。
③ 同上书，第12745页。

"臣闻明仁之主,国无锢忠;幽、厉之王,国无锢佞。今主昏于上,忠锢于下,外则乌孙之种骄而入寇,内则黄巾之属叛而不宁,又甚于窦宪、梁冀之世矣。"① 愤激之情溢于言表。这或许就是他坚持不入仕的自保之策。《天禄阁外史》卷二《宾鲁文·论易》透出了这样的信息:

> 征君将见鲁王,骤雨至,居而读《易》,周岑、左权、朱儁、孔绍祖侍坐。
>
> 朱儁曰:"儁闻之,古之豪杰不以章句而媚时,故有志者往往得奋其策而树功于天下,刊名于竹帛,此豪杰之所为也。夫子宾于鲁,鲁王师之,出不为宁戚之穷,进不为冯谖之乞,动不为子方之骄,语不为韩非之激;温裕足以宁其人民,忠恕足以达其政事,贞亮足以光其社稷,而值多难之朝,遭惛蚀之世,此诚豪杰得志之秋也。今夫子疏疏然,暗而若拙,默而若愚,终日端居而读《周易》,不亦钝乎!"
>
> 征君曰:"汝恶知哉!昔者吴起以兵机见魏文侯,得显其身,而卒以自毙。商鞅以刑名说秦孝公,秦国治强,封商於之地,秦是以有窥周之心。苏秦以纵术说六国诸侯,得相其身,然二子卒蹈车裂之祸,民无思焉。至于韩非、李斯、刘淮南之徒,皆明智而通达,博文而延誉,然犹不免于显戮,此由昧《易》之道也。故知《易》者,善为巧拙愚智之间,随时而动,缘机而流,宜柔宜刚,宜弛宜张,宜行宜藏,宜圆宜方,此之谓知《易》,故曰:'知变化之道者,其知神之所为乎?'"②

面对混乱失序、臣子随时有性命之忧的东汉末年的政治局面,黄宪只能退守《周易》和老庄的"随时而动,缘机而流,宜柔宜刚,宜弛宜张,宜行宜藏,宜圆宜方"的处世哲学,"苟全性命于乱世,不求闻达于诸侯"了。

---

① 《两汉全书》第 22 册,第 12767 页。
② 同上书,第 12709—12710 页。

主要参考文献

《十三经注疏》，中华书局1980年影印本。
《战国策》，上海古籍出版社1985年版。
（汉）司马迁：《史记》，中华书局1959年版。
（汉）班固：《汉书》，中华书局1962年版。
（汉）荀悦：《两汉纪》，中华书局2002年版。
魏连科：《汉书人名索引》，中华书局1979年版。
王利器等：《汉书古今人名表疏证》，齐鲁书社1988年版。
（南朝）范晔：《后汉书》，中华书局1965年版。
（晋）陈寿：《三国志》，中华书局1959年版。
（唐）魏征等：《隋书》，中华书局1973年版。
《二十五史补编》，中华书局1955年版。
［日］泷川资言、水泽利忠：《史记会注考证附校补》，上海古籍出版社1986年版。
（宋）熊方等：《后汉书三国志补表三十种》，中华书局1984年版。
（清）梁玉绳：《史记志疑》，中华书局1981年版。
（清）王先谦：《汉书补注》，中华书局1983年影印本。
（清）王先谦：《后汉书集解》，中华书局1984年影印本。
（明）于慎行：《读史漫录》，齐鲁书社1996年版。
卢弼：《三国志集解》，中华书局1982年影印本。
吴树平：《东观汉记校注》，中州古籍出版社1987年版。
（宋）司马光：《资治通鉴》，中华书局1956年版。
（清）王夫之：《读通鉴论》，中华书局1983年版。
（唐）杜佑：《通典》，中华书局1988年版。
（元）马端临：《文献通考》，中华书局1986年影印本。

（汉）陆贾：《新语》，吉林大学出版社1992年《汉魏丛书》影印本。
（汉）贾谊：《新书》，吉林大学出版社1992年《汉魏丛书》影印本。
（汉）韩婴：《韩诗外传》，吉林大学出版社1992年《汉魏丛书》影印本。
（汉）董仲舒：《春秋繁露》，吉林大学出版社1992年《汉魏丛书》影印本。
《孔丛子》，吉林大学出版社1992年《汉魏丛书》影印本。
（汉）班固：《白虎通德论》，吉林大学出版社1992年《汉魏丛书》影印本。
（战国）吕不韦：《吕氏春秋》，上海书店1986年《诸子集成》影印本。
（汉）刘安：《淮南子》，上海书店1986年《诸子集成》影印本。
（汉）王充：《论衡》，上海书店1986年《诸子集成》影印本。
（汉）桓宽：《盐铁论》，上海书店1986年《诸子集成》影印本。
（汉）王符：《潜夫论笺》，中华书局1979年版。
（晋）葛洪：《抱朴子》，上海书店1986年《诸子集成》影印本。
（清）段玉裁：《说文解字注》，上海古籍出版社1981年版。
（清）王先谦：《释名疏证补》，上海古籍出版社1984年影印本。
王国维：《水经注校》，上海人民出版社1984年版。
吴树平：《风俗通义校释》，天津人民出版社1980年版。
王明：《太平经合校》，中华书局1960年版。
［日］安居香山、中村璋八：《纬书集成》，河北人民出版社1994年版。
（清）严可均：《全上古三代秦汉三国六朝文》，中华书局1958年版。
费振刚：《全汉赋》，北京大学出版社1993年版。
（清）马国翰：《玉函山房辑佚书》，上海古籍出版社1989年影印本。
（清）永瑢：《四库全书总目》，中华书局1956年版。
（唐）魏征：《群书治要》，商务印书馆四部丛刊本。
（唐）虞世南：《北堂书钞》，中国书店1989年影印本。
（唐）欧阳询：《艺文类聚》，上海古籍出版社1982年版。
（宋）李昉：《太平御览》，上海古籍出版社1960年影印本。
（清）朱彝尊：《经义考》，中华书局1998年影印本。

（清）黄汝成：《日知录集释》，岳麓书社1994年版。

皮锡瑞：《经学通论》，中华书局1954年重印商务印书馆《国学基本丛书》本。

皮锡瑞：《经学历史》，中华书局1959年版。

石声汉：《氾胜之书今释》，科学出版社1956年版。

万国鼎：《氾胜之书辑释》，中华书局1957年版。

（宋）赵明诚：《金石录》，四库全书本。

（清）毕沅、阮元：《山左金石志》，小琅仙馆嘉庆二年刻。

（清）王昶：《金石萃编》，中国书店1985年影印本。

（清）王懿荣：《汉石存目》，雪堂丛刊本1915年刻。

范文澜：《中国通史简编》（第2册），人民出版社1949年版。

柳诒徵：《中国文化史》，大百科全书出版社1983年版。

白寿彝：《中国通史》（第4卷），上海人民出版社1995年版。

安作璋：《山东通史》（秦汉卷），山东人民出版社1993年版。

[英] 李约瑟：《中国科学技术史》，科学出版社1978年版。

崔瑞德：《剑桥中国秦汉史》，中国社会科学出版社1992年版。

《睡虎地秦墓竹简》，文物出版社1978年版。

吕思勉：《秦汉史》，上海古籍出版社1983年版。

翦伯赞：《秦汉史》，北京大学出版社1983年版。

马非百：《秦集史》，中华书局1982年版。

林剑鸣：《秦史稿》，上海人民出版社1981年版。

林剑鸣：《秦汉史》，上海人民出版社1989年版。

韩复智：《秦汉史》，台湾大学出版社1996年版。

田昌五、安作璋：《秦汉史》，人民出版社1993年版。

马植杰：《三国史》，人民出版社1993年版。

安作璋、熊铁基：《秦汉官制史稿》，齐鲁书社1984年版。

安作璋、孟祥才：《秦始皇帝大传》，中华书局2005年版。

安作璋、孟祥才：《刘邦评传》，齐鲁书社1988年版。

安作璋、孟祥才：《汉高帝大传》，河南人民出版社1996年版。

安作璋、孟祥才：《汉光武帝大传》，河南人民出版社1999年版。

余嘉锡：《四库提要辨证》，科学出版社1958年版。

吕思勉：《吕思勉读史札记》，上海古籍出版社1982年版。

范文澜：《范文澜历史论文选集》，中国社会科学出版社1983年版。
梁启超：《饮冰室合集》，中华书局1936年版。
章太炎：《章氏丛书》，浙江省图书馆1919年版。
顾颉刚等：《古史辨》（1—7册），上海古籍出版社1982年影印本。
齐思和：《中国史探研》，中华书局1981年版。
陈寅恪：《金明馆丛稿初编》，上海古籍出版社1980年版。
饶宗颐：《饶宗颐东方学论集》，汕头大学出版社1999年版。
陈直：《文史考古丛刊》，天津古籍出版社1988年版。
童书业：《春秋左传研究》，上海人民出版社1980年版。
童书业：《先秦七子研究》，齐鲁书社1982年版。
余英时：《士与中国文化》，上海人民出版社1987年版。
丁原明：《黄老学论纲》，山东大学出版社1997年版。
孟祥才：《王莽传》，天津人民出版社1982年版。
孟祥才：《新朝旧政·王莽》，哈尔滨出版社1996年版。
孟祥才：《先秦秦汉史论》，山东大学出版社2001年版。
孟祥才：《中国农民战争史·秦汉卷》，湖北人民出版社1989年版。
孟祥才：《中国政治制度通史·秦汉卷》，人民出版社1996年版。
孟祥才：《秦汉人物散论》，上海古籍出版社2005年版。
孟祥才：《细说王莽》，中华书局2006年版。
孟祥才：《秦汉史》，人民出版社2009年版。
孟祥才：《汉朝开国六十年》，齐鲁书社2009年版。
胡适：《中国哲学大纲》（卷上），东方出版社1996年版。
胡适：《中国中古思想史长编》，华东师范大学出版社1996年版。
郭沫若：《郭沫若全集》（历史编1—4），人民出版社1982年版。
冯友兰：《中国哲学史》，中华书局1961年重印商务书馆本。
侯外庐等：《中国思想通史》，人民出版社1957年版。
张岱年：《中国哲学史大纲》，河北人民出版社1996年《张岱年全集》本。
任继愈主编：《中国哲学史》，人民出版社1979年版。
葛兆光：《中国思想史》（第1卷），复旦大学出版社1998年版。
李泽厚：《美的历程》，广西师范大学出版社2001年版。
胡寄窗：《中国经济思想史》，上海人民出版社1962年版。

徐复观：《两汉思想史》，学生书局（卷一）1974年版、（卷二）1976年版、（卷三）1979年版。

金春峰：《汉代思想史》，中国社会科学出版社1997年版。

张国华：《中国秦汉思想史》，人民出版社1994年版。

王克奇：《传统思想新论》，齐鲁书社2000年版。

孟祥才、胡新生：《齐鲁思想文化史》（先秦秦汉卷），山东大学出版社2002年版。

孟祥才、王克奇：《齐鲁文化通史·秦汉卷》，中华书局2005年版。

顾颉刚：《汉代学术史略》，东方出版社1996年版。

王铁：《汉代学术史》，华东师范大学出版社1995年版。

朱维铮：《周予同经学史论著选集》，上海人民出版社1983年版。

周予同：《中国经学史讲义》，上海文艺出版社1999年版。

钱穆：《两汉经学今古文平议》，商务印书馆2001年版。

汤志钧等：《西汉经学与政治》，上海古籍出版社1994年版。

晋文：《以经治国与汉代社会》，广州出版社2001年版。

张涛：《经学与汉代社会》，河北人民出版社2002年版。

王葆玹：《今古文经学新论》，中国社会科学出版社1997年版。

张文立：《秦始皇帝评传》，陕西人民出版社1996年版。

王云度、张文立：《秦帝国史》，陕西人民教育出版社1997年版。

田静：《秦宫廷文化》，陕西人民教育出版社1998年版。

张文立：《秦俑学》，陕西人民教育出版社1999年版。

徐卫民：《秦都城研究》，陕西人民教育出版社2000年版。

郭淑珍、王关成：《秦军事史》，陕西人民教育出版社2000年版。

吴树平：《秦汉文献研究》，齐鲁书社1998年版。

张金光：《秦制研究》，上海古籍出版社2004年版。

李学勤：《东周与秦代文明》，文物出版社1984年版。

林剑鸣等：《秦汉社会文明》，西北大学出版社1985年版。

韩养民：《秦汉文化史》，陕西人民教育出版社1986年版。

熊铁基：《汉唐文化史》，湖南出版社1992年版。

岳庆平：《中国秦汉习俗史》，人民出版社1994年版。

王友三：《中国宗教史》，齐鲁书社1991年版。

牟钟鉴等：《中国宗教通史》，社会科学文献出版社2000年版。

黎家勇等：《中国秦汉宗教史》，人民出版社 1994 年版。
傅勤家：《中国道教史》，商务印书馆 1937 年版。
许地山：《道教史》，华东师范大学出版社 1996 年版。
卿希泰：《道教史》，中国社会科学出版社 1994 年版。
王明：《道家与道教思想研究》，中国社会科学出版社 1984 年版。
胡孚琛：《道学通论：道家、道教、仙学》，中国社会科学出版社 1998 年版。
姜生：《汉魏晋南北朝道教伦理论稿》，四川大学出版社 1995 年版。
肖川等：《中国秦汉教育史》，人民出版社 1994 年版。
董粉和：《中国秦汉科技史》，人民出版社 1994 年版。
卢南乔：《山东古代科技人物论集》，齐鲁书社 1979 年版。
钱宝琮：《中国数学史》，科学出版社 1981 年版。
吴炜华：《中国秦汉文学史》，人民出版社 1994 年版。
岳庆平：《中国秦汉艺术史》，人民出版社 1994 年版。
赵明等：《两汉大文学史》，吉林大学出版社 1998 年版。
陆侃如：《建安七子集》，中华书局 1989 年版。
李发林：《山东汉画像石研究》，齐鲁书社 1982 年版。
《汉代画像石研究》，文物出版社 1987 年版。
《汉代画像石选集》，齐鲁书社 1982 年版。
《中国画像石全集》，山东美术出版社、河南美术出版社 2000 年版。
王建中：《汉代画像石通论》，紫禁城出版社 2001 年版。
信立祥：《汉代画像石综合研究》，文物出版社 2000 年版。
孙机：《汉代物质文化资料图说》，文物出版社 1991 年版。
《沂南古画像石墓发掘报告》，文物出版社 1956 年版。
[韩] 李基白：《韩国史新论》，国际文化出版公司 1994 年版。